내셔널리즘론의 명저 50

NATIONALISM-RON NO MEICHO 50

Edited by Masachi OOSAWA

NATIONALISM

내셔널리즘론의 명저50

오사와 마사치 엮음 | 김영작 · 이이범 외 옮김

일조각

일러두기

1. 본문의 각주는 옮긴이의 주이다.
2. 인명과 지명을 비롯한 모든 외래어는 현행 외래어표기법에 따라 표기했으며, 필요한 경우 원어를 병기했다. 단, 일본어 가운데 몇몇은 관용에 따라 한자음을 그대로 썼다.
3. 본문 가운데 〔 〕로 묶은 부분은 옮긴이가 문장의 의미를 명확히 하기 위해 덧붙인 것이다.

머리말

이 책은 내셔널리즘론의 주요 저작을 소개하고 비판하는 것을 목적으로 하고 있다. 여기서 '비판'이라는 것은 비난이 아니라 그 가능성과 한계에 대해 반성의 시선을 보내자는 것이다.

네이션(국민 · 민족)이나 내셔널리즘이라는 현상이 언제 시작되었는가라는 질문은 내셔널리즘론의 가장 중요한 쟁점 중 하나이다. 많은 학자들은 네이션과 내셔널리즘을 근대적인 현상으로 보며, 그 시초를 18세기 후기 이전으로 거슬러 올라가 찾는 것은 불가능하다고 보고 있다(근대주의). 그러나 반대로, 대부분의 내셔널리스트들이 스스로 인정하듯이 네이션 또는 그 맹아萌芽가 될 만한 공동체는 고대에 이미 존재하고 있었다고 보는 학자도 있다(원초주의). 이러한 주장 가운데 어느 쪽이 타당한가는 이 책에서 해설하는 다양한 설을 비교하여 독자 스스로 판단하기 바란다.

그런데 어느 쪽 주장이 옳든지 간에 몇 가지 확실한 것이 있다. '네이션nation'이란 말은 고대부터 있었지만, 오늘날과 같은 의미로 사용된 것은 근대에 이르러서이다. '내셔널리즘nationalism'이란 말은 19세기에 나온 대부분의 사전에는 실려 있지 않다. 이 말이 일반에게 정착한 것은 19세기 말의 일이었다고 볼 수밖에 없다. 그리고 무엇보다 네이션이나 내셔널리즘이 학문적인 탐구의 대상이 된 것은 주로 20세기에 들어서부터이다. 근대주의자의 주장이 옳다면, 내셔널리즘이 현상으로서 등장하고부터 지적인 반성의 대상이 되기까지는 1세기 남짓한 시차가 있게 된다. 반대로 원초주의자의 주장이 옳다면, 내셔널리즘은 탐구 대상이 되기까지 수천 년의 시간을 필요로 한 것이 된다. 어쨌든 내셔널리즘에 관한 학문적 탐구의 역사는 그리 오래되지 않았다. 이 책에서는 이러한 학설사學說史의 사정을 고려하여, 소수의 예외를 제외하면 해외 저작은 주로 20세기 초의 것부터, 그리고 일본의 저작은 주로 제2차 세계대전 후의 연구부터 '명저名著'를 골라냈다.

내셔널리즘에 관한 논고는 정치학, 사회학, 역사학, 사회언어학, 문화연구, 문학연구, 철학 등 매우 많은 분야에 걸쳐 있다. 이 책에서는 이러한 여러 분야의 연구를 가능한 한 폭넓게 수록함으로써, 독자가 평소에는 함께 논할 수 없는 여러 조류를 가로지르고 그것들을 비교할 수 있도록 심혈을 기울였다. 더욱이 '내셔널리즘론'이라는 말을 가능한 한 넓고 느슨한 의미로 풀어서, 일반적으로는 내셔널리즘론으로 볼 수 없는 저작이라도 내셔널리즘에 관하여 생각하는 데 시사하는 것이 많은 것들은 포함하려고 했다.

내가 앞에서 한 말은, 요컨대 주요한 내셔널리즘론의 역사가 1세기에도 미치지 못한다는 의미이다. 실은 그뿐만 아니라 일부 뛰어난 예외를 제외하면, 볼 만한 내셔널리즘에 관한 연구는 최근 20년 남짓한 기간에 집중되어 있다. 그것은 이 책에 수록된 저작군의 분포에서도 명확하다. 왜일까? 이 책에서도 소개하고 있는 저서 속에서 에릭 홉스봄은, 네이션의 관념이나 내셔널리즘의 운동이 지금 종말을 향하기 때문이 아닐까, 즉 최근의 여러 연구는 황혼에 우는 올빼미들이 아닌가라고 논하고 있다. 홉스봄이 이렇게 기술한 것은 약 10년 전의 일이었지만, 그의 이러한 해석은 적중하지 않은 것 같다. 내셔널리즘이 쇠퇴하거나 종식을 향하는 징후를 보이기는커녕, 20세기 말이 되어 세계 각지에서 오히려 강화되고 그 힘을 과시하고 있기 때문이다. 종교적인 '원리주의' 운동처럼 좁은 의미의 내셔널리즘에는 포함되지 않지만(또는 때로 내셔널리즘에 저항하는 면조차 지니고 있지만), 목표가 되는 대상에 대한 추종이나 집착의 태도에 있어서 내셔널리즘과 많이 유사한 운동·이데올로기까지 포함한다면, (넓은 의미의) 내셔널리즘이 20세기 말에 현저해졌다는 판단은 점점 진실성을 띠고 있다.

내 생각으로는 현재 내셔널리즘이 종언을 맞이하고 있지는 않다. 그렇다기보다는 20세기 말 이후 내셔널리즘은 질적으로 전환하고 있다. 그러므로 홉스봄이 말한 것은 반은 맞다. 고전적인 내셔널리즘에 관해서는 황혼기라고 보는 것이 가능하기 때문이다. 그렇지만 동시에 그것은 내셔널리즘의 새로운 조류의 출현기이기도 했다. 그러므로 "이 정도로 긴 시기에 걸쳐 예언되어온 '내셔널리즘 시대의 종언'은 지평선의 저쪽에서조차 나타나 있지 않다"고 한 베네딕트 앤더슨의 명제는 여전히 타당하다. 이 20년 남짓한 기간에 내셔널리즘론이 많은 결실을 거두면서 전개된 것은, 황혼의 징후가 아니라 오히려 현저한 질적 전환에 대한 민감한 반응으로 해석해야 할 것이다.

내셔널리즘이 이러한 변용 과정에 있다고 한다면, 그리고 좀 더 말하자면 최근의 내셔널리즘론 자체가 이러한 변용 과정의 일부인 것을 생각한다면,

현재 내셔널리즘에 대해 생각하고 관련 저서를 읽는 것은 매우 실제적인 지적 작업이라고 할 수 있다. 이 책이 이러한 지적 작업을 자극하는 독서 체험을 가져다주기를 엮은이이자 집필자로서 무척 바란다.

이 책의 각 항목 집필자 가운데는 매우 젊은 연구자가 있는가 하면, 이미 많은 실적이 있는 베테랑 연구자도 있다. 어떻든 내가 '신뢰할 수 있는 집필자'로 확신하고 의뢰한 분들이다. 나는 집필을 의뢰하면서 집필자들에게 간단한 통설적인 소개를 넘어 독자적인 평가·해석 등을 대담하게 전면에 내세워도 무방하다는 것을 당부했다. 더욱이 이 책 항목의 집필이라는 작은 작업이 각 집필자들의 학문적 탐구라는 면에서 볼 때 무의미한 시간으로 끝나지 않고, 이미 숙독하여온 책을 대상으로 하는 경우에도 그 '고전'을 새롭게 읽는다든지 새롭게 논한다든지 하여, 설령 작지만 집필자 자신에게 매우 새로운 발견이나 시사점을 얻는 기회가 되길 바란다는 것도 덧붙여 전했다. 집필자들은 나의 이러한 기대에 훌륭하게 부응해주어, 각각의 항목은 아주 짧음에도 불구하고 대학에 입학한 지 얼마 되지 않은 신입생들에게는 면학의 지침이 됨과 동시에 내셔널리즘에 전문적인 관심을 지닌 사람에게는 사고를 자극하기도 하는 글로서 완성되었다고 나는 자부한다. 이 지면을 빌려 바쁜 가운데 집필해준 분들 모두에게 감사한다.

이 책의 편집 실무는 마쓰시타 사치코와 세키 마사노리가 맡아주었다. 특히 마쓰시타는 이 책의 준비 과정에서 헤이본샤平凡社를 퇴직했으나 퇴직후에도 사외 직원으로서 이 책의 편집 실무를 맡아주었다. 이 책을 기획한 지 이미 몇 년이 지났다. 마쓰시타의 강한 인내와 노력이 없었다면 이 책은 이처럼 완성되지 못했을 것이다. 집필자와의 직접적인 교섭은 거의 마쓰시타가 맡았는데, 마쓰시타에게 가장 골치 아픈 집필자는 다름 아닌 엮은이인 나였다는 사실을 고백한다. 마쓰시타와 세키 두 분께 깊이 감사한다.

2001년 12월

오사와 마사치

차례

요한 G. 피히테, 『독일 국민에게 고함』

사토 다쿠미佐藤卓己 | 김영작 옮김

Johann Gottlieb Fichte, *Reden an die deutsche Nation*, 1807～08.
『ドイツ國民に告ぐ』, 石原達二 譯, 玉川大學出版部, 1999.
「ドイツ國民に告ぐ」(抄譯), 細見和之・上野成利 譯, 『國民とは何か』, インスクリプト・河出書房新社, 1997 수록.
『독일 국민에게 고함』, 황문수 옮김, 범우사, 1998 / 곽복록 옮김, 민성사, 1999.

『독일 국민에게 고함』의 수용과 번역—전체주의인가, 자유주의인가

이 책에 수록된 명저 중에서 가장 많이 반복하여 번역된 고전이 『독일 국민에게 고告함』이다. 옮긴이별로는 9종, 출판사별로는 11종이나 되는 번역본이 존재한다는 사실이 이 책이 일본에 미친 영향을 잘 말해주고 있다. 일본의 고등학교 세계사 교과서에서 이 연설은 베를린대학교 창설, 프로이센 개혁, 반反나폴레옹 해방전쟁을 다룰 때 등장한다. 당연히 나폴레옹 지배하에서 애국주의자가 행한 '구국救國연설'이라는 인상이 강하다. 더욱이 피터 비렉Peter Viereck[1](1916～2006)의 저서 『낭만파에서 히틀러까지』 등에 의해 피히테를 '나치즘의 원류'로 보는 시점은 증폭되어왔다.

『독일 국민에게 고함』은 근대 독일의 현실정치의 철학적 기초이다. 즉, 개인이 하면 부정不正한 것이 되지만, 국민에 의해 행해지면 신성神聖한 것이 된다. 개인과 달리 국민은 승리를 위해 필요하다면 사기·법률위반·폭력행위 등 어떠한 수단

1 미국 뉴욕 출신의 시인이자 역사가이며 정치평론가이기도 하다. 1941년에 『낭만파에서 히틀러까지*From the Romantics to Hitler*』를 집필했고, 보수주의의 옹호자였다.

이라도 행사해야만 한다. 총체적인 민족자아는 일체의 외적 법률·제한에 속박되어서는 안 된다. 피히테는 인종적 순수 혈통의 신화를 주장하면서 독일인은 가장 피가 섞이지 않았고 따라서 신비적 자연력에 가장 가깝다고 말한다.

국민화와 총력전

『독일 국민에게 고함』을 논한 가장 초기의 일본어 논문으로서, 페스탈로치를 소개했으며 후일 교토京都대학교 총장을 지낸 고니시 시게나오小西重直가 쓴 「피히테의 교육사상과 현재의 교육문제」(『藝文』 1914년 1월호)가 있다. 고니시는 피히테가 주장한 교육개혁이야말로, 나폴레옹을 격파한 프로이센 개혁의 정신이며, 그 영향은 독일 통일전쟁에까지 미쳤다고 보았다. 즉 고니시는 "보불전쟁 당시 독일의 취학아동 비율은 학령아동 100명 중 93명 정도에 달했는데, 프랑스는 겨우 72~73명 정도인 상황이었다. 독일은 초등학교 교육이 진보해 있었기 때문에 이 전쟁에서 승리한 것이고, 교육의 전쟁에서 독일이 이겼다는 말도 결코 지나친 말이 아니다. 피히테도 지하에서 대단히 만족스러워하고 있을 것이라고 생각한다"고 주장했다.

근대 국민교육론으로서 『독일 국민에게 고함』을 높이 평가한 고니시의 논문이 나온 지 반년 후에, 사상 최초의 총력전인 제1차 세계대전이 발발했다. 독일제국 정부는 『독일 국민에게 고함』을 대량 인쇄하여, 전후방 가릴 것 없이 널리 배포했다. 일본의 문부성 보통학무국은 국민동원연구에 착수하는 가운데, 1917년 내부 자료 「시국에 관한 교육자료 특집호」로서 이 책을 번역했다. 일반에게 널리 보급된 것은 금융공황이 시작된 쇼와昭和 초년이었다. 가와이 데쓰오河合哲雄 번역 『독일 국민에게 고함』(岡倉書店, 1927)에 이어, 다음 해 1928년에는 앞서 언급한 문부성 판이 오쓰 야스시大津康의 번역으로 이와나미문고岩波文庫에서 한 권으로 출간되었다. 이 시기부터 다키구치 다카시瀧口堯 번역 「피히테의 국민교화 원리」(『原理日本』, 1927 수록) 등, 전

체주의적 색채로 물든 피히테 상像이 등장한다(秋澤修二, 「フィヒテ哲學とファシズム」, 『唯物論研究』, 1935 참조).

정평이 나 있는 것으로는, 전시하에 방송된 도쿄문리대학 교수 도모에다 다카히코友枝高彦의 「피히테의 국민 격려의 말」이 있다.

> 나치당이 강하게 주장하고 있는 민족국가의 관념과 '사리私利에 앞서 공익'이라는 사상은 피히테가 이미 선구를 이루고 있었다……피히테의 이상은 히틀러에 의해 다시 실현되기에 이르렀다. (『丁酉倫理會 倫理講演集』, 1939)

난바라 시게루와 일본의 전후 민주주의

그러나 전전戰前의 일본에서는, 같은 피히테를 인용하여 나치즘을 비판한 자유주의자도 있었다. 도쿄제국대학 법학부 교수였던 난바라 시게루南原繁가 그러했다. 난바라는 「피히테에게 있어서의 국민주의 이론」(『筧教授還曆祝賀論文集』, 有斐閣, 1933)을 이렇게 끝맺고 있다.

> 피히테에게 있어서 이 세계시민적 보편주의의 요소야말로 그의 철학을 이해하기 위한 열쇠임과 동시에, 그의 국민주의를 영원히 빛나게 하는 것이기도 하다.

일본이 패전한 후, 제국대학 총장에 취임한 난바라 시게루는 GHQ[2] 점령하에서 의기소침해 있던 일본 국민에게 민족의 자각을 설파하고, '정신혁명'의 필요성을 호소했다. 그때 『독일 국민에게 고함』은 '세계시민주의'의 문맥에서 되살아났다. 맥아더 점령체제를 나폴레옹 점령체제에 비유하고, '국민의 정신적 혁명'과 '민족의 재생'을 제창한 난바라 시게루의 연설집은

2 제2차 세계대전 후 연합군이 도쿄에 설치했던 총사령부.

『조국을 흥하게 하는 것』(東京帝國大學協同組合出版部, 1947)으로 간행되었다. 같은 해 그는 교육쇄신위원회 위원장으로 취임하여 전후戰後 민주개혁의 핵심적 위치를 차지했다. 이러한 난바라의 정치사상은, 다름 아닌 이 『독일 국민에게 고함』에 대한 새로운 해석학에 기초한 것이었다. 그의 주요 저서인 『피히테의 정치철학』(岩波書店, 1956)에 대해 제자인 마루야마 마사오丸山眞男가 쓴 서평에는 이렇게 적혀 있다.

> 마치 저자의 전全 인격이 바로 피히테를 초점으로 불타오르는 듯하고, 두 영혼이 메아리처럼 서로 호응하여 가기 때문에, 장章을 넘김에 따라 피히테를 접하고 있는 것인지 난바라를 접하고 있는 것인지 언뜻 알 수 없게 되는 순간들을 경험하게 된다. (丸山眞男集 제8권)

'전후 일본의 피히테'라 할 수 있는 난바라 시게루는 『독일 국민에게 고함』으로부터 '문화국민', '자유의 강조', '세계주의와의 종합'이라는 3요소를 끌어내고 있다. 공동체에서 문화적 삶의 영위를 통해 자율적으로 형성된 국민의 원리는 '개인의 자유'와 동일하며, 그 원리는 또한 다른 국민국가와의 연합에 의한 '세계주의'로 종합되어 영구 평화의 공동체이념이 된다고 하는 것이다. 이러한 전후 민주화의 흐름을 타고, 도미노 요시쿠니富野敬邦의 번역본(玉川大學出版部, 1984)이 등장한다. 또한 샌프란시스코 강화조약·미일안보조약이 발효되면서 일본이 독립한 직후에도, 나가오 사쿠로永雄策郎의 번역본(法政大學出版局, 1953; 講談社, 1958), 오노 히로시小野浩의 번역본(角川文庫, 1953), 시노하라 세이에이篠原正瑛의 번역본(河出書房, 1955) 등이 뒤를 이어 서점에 등장했다.

그러나 경제의 고도성장기가 되자, 시이나 만키치椎名萬吉가 번역한 『독일 국민 교육론』(明治圖書出版, 1970)의 간행을 마지막으로, 쉽게 입수할 수 있는 번역서는 자취를 감추게 되었다. 결국 『독일 국민에게 고함』은 1930년대의 국체명징기國體明徵期[3]에 많이 읽히다가, 이어서 1950년대 전후 부흥기에는 180도 다른 각도에서 읽힌 후 망각되었다고 할 수 있다.

포스트콜로니얼 상황에서의 재심再審

그러나 그것이 정말 '180도 다른 각도'였던 것일까? 이 질문은 특히 1989년 베를린 장벽이 붕괴되고 냉전이 종언을 고한 이후, 국민국가 패러다임을 비판한 문맥에서 논의되어왔다. 1990년대 후반에 들어서 우카이 사토시鵜飼哲의 명쾌한 해설을 붙인 호소미 가즈유키細見和之와 우에노 나리토시上野成利의 초역抄譯본(1997), 그리고 이시하라 다쓰지石原達二의 새로운 전역全譯본(1999)이 등장했다. 앞 책의 띠지에 '자유주의 사관에 대한 응답'이라고 쓰여 있는 것에서도 알 수 있듯이 정보, 경제의 글로벌화에 노출된 일본에서도 새로운 내셔널리즘이 대두하고 있었다. 지금이야말로 난바라의 다음과 같은 말을 검증하고 피히테를 다시 읽어야 할 때가 아닐까?

> 자국을 다른 민족으로부터 구별하여 특히 신성시함으로써, 그 역사적이고 전통적인 제도문물을 무비판적으로 구가謳歌하고, 한편으로 자국 내의 모든 악에 대해서는 반대로 눈을 감고 절대 침묵하는 것과 같은 것은, 피히테에게는 결코 애국심의 내용이 아니다.

---

3 1930년대 들어 일본은 정당 중심의 정치가 혼란에 빠지면서 군부가 주도하는 군국주의 시기로 전환되었다. 일본 군부는 정권 주도의 명분을 천황의 절대 주권을 수호하기 위함이라고 강조했다. 군부는 이 과정에서 천황은 헌법상의 기관이라는 천황기관설을 배척하고, "천황은 일본의 국체國體로서 일본을 통치하는 대권은 천황에 속한다는 것을 명확하게 증명하는 선언"(국체명징선언國體明徵宣言)을 했다.

피히테의 생애와 연설의 배경

피히테는 1762년 5월 19일, 작센 지방의 한촌寒村 라메나우에서 한 리본 직공 가정의 7남 1녀 가운데 장남으로 태어났다. 절망적인 가난 속에서 성장했지만, 목사의 설교를 듣고 그 자리에서 암송하는 발군의 기억력을 발휘하여, 9세에 영주에게 발탁되어 교육을 받았다. 예나대학, 라이프치히대학에서 공부한 후, 프랑스혁명이 발생하기 전해부터 취리히에 체재했다. 1791년 칸트를 방문하고 비판철학의 관점에서 종교 문제를 고찰한 『모든 계시에 대한 비판을 시도함』(1792)을 집필했다. 칸트의 알선으로 출판된 이 책으로 예나대학 조교수에 취임했고, 『모든 지식학의 기초』(1794)로 자아중심주의 철학체계를 확립했다. 한편 프랑스혁명의 정신에 공명共鳴하여, 1793년에 『프랑스혁명에 대한 공중公衆의 판단을 시정하기 위한 기여』와 『지금까지 억압해온 유럽 군주들로부터의 사상의 자유 반환을 요구함』을 익명으로 출판했다. 이러한 피히테의 '독일 자코뱅' 적인 활동에는 주위와의 알력도 끊이지 않아, 결국에는 무신론자라는 비난을 받고 바이마르 정부에 의해 대학에서 쫓겨났다.

피히테가 프로이센 왕국의 수도 베를린에 도착한 1799년, 공화주의를 내세운 프랑스혁명은 나폴레옹의 제국주의 독재로 변모하고 있었다. 이 시기를 경계로 하여, 피히테의 저술은 종교적·민족적 경향이 더욱 깊어져 이른바 '후기사상' 으로 바뀌게 된다. 1800년, '실천으로서의 신앙' 을 주장하는 『인간의 사명』, 이어서 『폐쇄적 상업국가』를 공간公刊했다. 1805년에는 나폴레옹에게 패한 프로이센 정부와 함께 쾨니히스베르크로 도망갔지만, 이듬해 그곳 역시 점령되자 다시 베를린으로 귀환했다. 이러한 상황하에서 독일 민족의 독립과 국민교육의 구상을 주장하면서 베를린 학사원 강당에서 감행한 연속강연을 묶은 것이 바로 『독일 국민에게 고함』이었다.

교육개혁의 지도자로서 피히테는 1810년 베를린대학 창설과 함께 교수로 취임했고, 이듬해 초대 총장이 되었다. 1813년 라이프치히 제諸 국민전쟁에 지원하지만 허가되지 않았고, 그다음 해 1월 27일 부상병 간호 일에 종사하고 있던 아내 요하나로부터 티푸스에 감염되어, 독일군이 패주하는 나폴레옹군을 뒤쫓아 라인 강을 넘었다는 소식을 들으면서 세상을 떠났다고 한다.

『독일 국민에게 고함』의 개요

강연은 1807년 12월 13일부터 다음해 3월 20일까지 매주 일요일 저녁, 모두 14회에 걸쳐 행해졌다. 제1강 「서론緖論과 전체 개요」, 제2강 「새로운 교육 일반의 본질에 대해」, 제3강 「새로운 교육 서술의 계속」, 제4강 「독일인과 다른 게르만 민족의 주요 차이점」, 제5강 「전술한 차이점에 따른 결과」, 제6강 「역사에 나타난 독일적 특성의 해명」, 제7강 「독일 민족의 근원성과 기질에 대한 심층적 파악」, 제8강 「높은 의미에서 국민이란 무엇인가, 조국애란 무엇인가」, 제9강 「독일인의 새로운 국민교육은 현재의 어떤 점과 결부되어야 하는가」, 제10강 「독일 국민교육의 더 자세한 규정」, 제11강 「이 교육안은 누가 실시해야 하는가」, 제12강 「주목적을 달성할 때까지 우리가 취해야 할 수단에 대해」, 제13강 「전회 고찰의 계속」, 제14강 「결론」.

틸지트의 굴욕적 강화Treaties of Tilsit하에 독일 대중은 안온함과 태만 속에 빠져 있었다. 피히테는 이러한 독일 대중을 향하여 프랑스 문화에 대한 독일 국민문화의 우수성을 설명하고, 계급을 초월한 국민 전체의 교육제도를 확립하는 것이 조국부흥의 길이라고 역설했다. 새로운 국민교육의 목적은 예전의 수동적 기억교육과는 달리, 자발적·창조적 방법으로 명석한 인식과 확고한 도의적 의지를 형성하는 것이었다. 종교심에 뿌리를 둔 '고차원적인 조국애'를 함양하는 교육으로서, 페스탈로치의 방법이 참조되었다. 그런데 이 강연은 그 안에 민주주의적·공화주의적 요소를 포함하고 있었기 때문에, 빈 체제하에서 재판再版이 금지되었다. 한편 이 강연은 하층계급 출신의 피히테가 교양시민 비판을 전개한 것이었기에 사회주의교육론으로 읽히기도 했다. 이러한 점들은 이 책을 읽으면서 간과되어서는 안 된다.

그의 국민교육론은 3단계로 구성되어 있다. 첫째, 국민교육은 독일 재생에 불가결한 조건이며, 이 재생은 "역사에서 아직 존재하기 시작한 적도 없는 근원적 특징의 현실화"이다. 둘째, 이 재생은 단순히 시민계급의 교양교육도 하층민중의 대중교육도 아닌, 국민 전체의 교육으로 구상될 경우에만 가능하다. 국민교육은 여러 계층 간의 차이를 지양止揚하는 것으로, 조국공동체를 창조한다. 셋째, 그러한 국민교육은 인간적 자유의 공동체이며 도덕적 진보의 장場인 조국공동체, 곧 국가에 의해 조직되어야만 한다. 교육이야말로 국가의 중심적 기능이며, 그러하기에 국가는 이성적理性的 성격을 지니는 것이다. 국가는 교육을 통해 이성국가가 되며, 그 궁극적인 목표로서 '국가의 종언'을 준비하는 것이다.

즉, 피히테가 말하는 '참된 독일인'이란 현실의 독일인이 아니라, 새로운 교육으로 탄생해야만 하는 이상理想의 독일인이다. 다만 이 이상주의 교육은 확실히 출신계급의 차이를 없앨지도 모르지만, 도덕적인 인간과 비도덕적인 인간, 필요한 인간과 불필요한 인간이라는 또 다른 이분법을 도입하는 것이 되지는 않을까? 이 점은 20세기의 무모한 실험으로 사회주의 교육의 이상이 파탄한 현시점에서 재확인해야 할 것이다.

'내적 국경론'의 논의 범위

> 국가와 국가를 나누는 최초의 시원적始原的인, 그리고 참된 의미로 자연적인 국경이란, 의심할 여지 없이 그 내적內的인 국경입니다. (제13강)

에티엔 발리바르Etienne Balibar[4](1942~)는 이 '내적 국경'이라는 개념

4 프랑스의 사상가이자 철학자.

에서 근대 내셔널리즘의 양의성을 이끌어내고 있다. 원래 '국경'(경계) Grenzen이란 사람을 가두는 내부이면서, 동시에 교통의 장場으로 접촉하게 하는 외부이다. 즉, 경계 없이 타자와의 만남은 있을 수 없으며, 경계 밖과의 교섭 없이 내부를 확정할 수는 없다.

피히테에게 있어서 자연적인 국경이란, 자발적인 언어공동체가 가진 정신적인 국경이다. 영토적인 국경은 항상 정치적이고 제도와 사물의 점유라는 표시에 불과하며, 자유가 아니라 권력을 나타내주는 것이다. 이에 비해 언어의 동일성에 의한 경계는 '내적'인 것이지 '외적'인 것이 아니다. 게다가 외적인 언어와의 혼합이야말로 민족의 정신적인 동일성을 파괴하고 민족의 장래를 막아버린다고 피히테는 경고했다. 나폴레옹 숭배까지 나타난 점령하의 독일에서 '내적 국경'을 강조한 것에 대해서는 두 가지 해석이 가능할 것이다.

첫 번째 해석은 외적 국경을 제패당해도 내적 국경이 무사하다면, 국민교육은 '도덕적인 재군비화'로서 외적 국경을 무력해방하는 조건이 된다는 것이다. 두 번째 해석은 독일이 프랑스의 속국이 되는 것은 외적인 것이자 2차적인 것에 지나지 않는다는 것이다. 언어라는 내적이고 본질적인 국민적 동일성이 무사히 남아 있는 이상, 국경을 무력으로 탈환하는 것은 필요하지 않고 깊은 내성內省과 교육으로 도덕성을 고양하는 것이 중요하다는 것이다. 역사적으로는 첫 번째 해석이 선택되어, 연설에 감동한 청중 가운데 많은 사람들이 피히테의 공화주의와 이상주의를 뛰어 넘어서는 '해방전쟁'을 조직했다. 이러한 선택은 독일 국민을 근원적 언어를 가진 근원적 민족Urvolk이라고 특권적으로 정의한 것에서 필연적으로 나온 결과라고도 할 수 있다.

"언어가 인간에 의해 만들어지는 것보다 인간이 언어에 의해 만들어지는 정도가 훨씬 크다"고 주장하는 피히테에게 있어서, 독일 국민의 정의定義는 주로 언어의 형성에서 유래한다. 이런 의미에서 피히테가 말하는 '근원적 민족'이란 모든 자연주의적, 더 나아가 역사주의적 내용을 제거한 관념이다.

그 근원성은 민족의 기원에 존재하는 것이 아니라 민족의 목표로서 존재하는 것이며, 또한 독일 국민은 자유라는 도덕적 사명을 향해 나아가는 영속적인 운동체로 간주되었다. 그렇다면 "국민이란 매일의 인민투표다"라고 한 에르네스트 르낭Joseph Ernest Renan(1823~1892)과 피히테의 거리는 실은 아주 가깝다.

'내적 국경'을 넘어서?

그러나 일반적으로 독일인 피히테의 내셔널리즘론은 다문화주의적인 사회의 통합원리를 상기하게 하는 프랑스인 르낭의 '안전한' 구성주의적 내셔널리즘론과는 대극對極으로 배치되는 경우가 많다. 확실히 '근원적 민족의 순수성'이라는 말에서는, '위험한' 본질주의적 내셔널리즘의 이미지가 떠오른다. 그러나 예를 들어 빈번히 인용되어온 다음 문장 등은 본질주의와는 정면으로 대립하는 이상주의의 표명이다.

> 자유를 사랑하는 사람들은 모두 시원적인 인간이며, 만약 그들을 하나의 민족으로 본다면, 하나의 근원적인 민족, 민족 그 자체인 민족, 즉 독일인인 것입니다. ……정신성 및 이 정신성의 자유를 믿는 사람, 그리고 이 정신성을 자유를 통해 영원히 발전시키기를 바라는 사람, 그러한 사람들은 어디에서 태어나 어떤 언어를 사용하든, 우리들의 동포인 것입니다. 그들은 우리의 일부이며, 우리들에게 더하여질 것입니다. (제7강)

곧, 혈통도 언어도 아닌 자유의 정신이야말로 독일 국민의 '본질'이며, 그러한 '정신의 조국'에 참가하기를 희망하는 자를 기쁘게 맞아들이겠다고 피히테는 표명하고 있다. 그러나 뒤이어 계속되는 한 문장은 이상주의가 배외주의로 반전될 가능성을 잘 보여주고 있다.

정체와 퇴행, 순환을 믿거나 혹은 죽는 자연에 전면적으로 세계통치의 키를 맡기려 드는 자는 어디에서 태어나 어떤 언어를 사용하든, 비非독일적이며 우리에게는 이방인입니다. 그러한 사람들은 될 수 있는 대로 빨리 우리에게서 자취도 없이 떠나버리기를 바랍니다.

20세기를 체험한 우리는 이 말 속에 히틀러의 '쇼아shoah'(홀로코스트), 스탈린의 '공산당 독재'(계급 절멸)란 말들을 겹쳐놓기 십상이다. 이상주의를 내세워 인간을 선별하는 것은 '이성의 숭배'를 강요한 자코뱅주의의 공포정치에서부터 '노동자의 조국'을 내세워 숙청을 되풀이한 레닌주의에 이르기까지 근대정신의 병리인 것일까? 현재의 전쟁은 '국가의 권익'을 기치로 행해지는 것이 아니라 '인도적 원조'와 '국제공헌'의 이름으로 행해지고 있으니 말이다.

참고문헌

번역본 가운데 현재 최신 완역본은 이시하라 다쓰지가 번역한 것인데, 먼저 르낭의 「국민이란 무엇인가」를 포함하고 있는 호소미 가즈유키와 우에노 나리토리의 초역을 읽는 것이 좋을 것이다(서지사항은 이 글의 맨 앞 참조).

福吉勝男, 『フィヒテ』, 清水書院, 1990.

제1부 「피히테의 생애」, 제2부 「피히테의 사상」을 통해, 일본에서의 피히테 수용의 전체상을 개관할 수 있다.

務臺理作, 『フィヒテ』, 大教育家文庫 16, 岩波書店, 1938(복간판 1984).

국민교육론을 중심으로 「독일 국민에게 고함」의 내용을 충실히 요약한 해설서. 전전戰前 연구의 도달점이라고 할 수 있다.

椎名萬吉 譯, 『ドイツ國民教育論』, 世界教育學選書 56, 明治圖書出版, 1970.

「독일 국민에게 고함」의 초역 외에 피히테의 교육론 두 편(「教育寸言」, 「もっともいちじるしい教育の誤りについて」)을 담고 있다.

南原繁, 『フィヒテの政治哲學』, 岩波書店, 1956/南原繁著作集 제2권, 岩波書店, 1973 수록.

'전후 일본의 피히테'인 난바라 시게루의 주요 저서. 피히테 정치이론의 발전을 자유주의-

사회주의-민족주의로 정리하고 있다. 가토 다카시加藤節, 『난바라 시게루—근대 일본과 지식인』(岩波新書, 1997)에서 난바라의 위치를 확인한 후 읽기 바란다.

エティエンヌ・バリバール, 「フィヒテと內的境界」, 大西雅一郎 譯, 『國民とは何か』, 河出書房新社, 1997 수록.

현대 내셔널리즘론에서의 피히테의 의의를 생각할 때 필독 문헌이다. 이 책 전체의 해설이 있는 우카이 사토시鵜飼哲의 「국민적 인간주의의 한계」도 날카로운 지적을 담고 있다. 르낭의 「국민이란 무엇인가」도 담겨 있는 이 책을 구입하는 것이 좋다.

ピーター・ヴィーレック, 『ロマン派からヒトラーへ— ナチズムの源流』, 西城信 譯, 紀伊國屋書店, 1973.

피히테를 전체주의, 비합리주의, 사회유기체론의 선구자로 자리매김하는 '고전적인' 파시즘사상사. 다만, 독일적인 특수성을 강조한 나머지, 나치즘에 의한 아리아 인종우월주의를 뒤따르는 경향이 있다.

ジョン・デューイ, 『ドイツ哲學と政治— ナチズムの思想的淵源』, 足立幸男 譯, 木鐸社, 1997.

1차 대전 중에 듀이가 대학에서 행한 강연집. 특히 제2장 「독일의 도덕철학과 정치철학」에서 피히테를 국가사회주의자로 자리매김하고 있다.

マンフレート・ブール, 『革命と哲學』, 藤野涉・小栗嘉浩・福吉勝男 譯, 法政大學出版局, 1976.

부제는 「프랑스혁명과 피히테의 근원적 철학」. 구동독의 마르크스주의 철학자가 쓴 '부르주아 혁명사상가'로서의 피히테 평가이다.

村上隆夫, 「フィヒテ研究者としての南原繁」, 家永三郎 외 編, 『哲學と日本社會』, 弘文堂, 1978 수록.

우치무라 간조內村鑑三 문하의 기독교도이자 엘리트 관료, 제국대학 교수인 난바라가, 마르크스주의가 대두하는 위협에 직면하여 대항사상으로서 피히테의 국가사회주의에 침잠되어가는 과정을 비판적으로 서술한다.

南原繁・大塚久雄・福田歡一, 「'ナショナリズム'をめぐって」, 『南原繁對話—民族と教育』, 東京大學出版會, 1966 수록.

마루야마 마사오와의 대화 「전후 일본의 정신혁명」과 함께, 『세카이世界』(岩波書店)지의 좌담회를 재수록한 것이다. 전후를 대표하는 진보적 지식인이 피히테와 어떻게 대면하고 있는지에 대한 증언이다.

J. 에르네스트 르낭, 『국민이란 무엇인가』

니시타니 오사무西谷修 | 한상일 옮김

Joseph Ernest Renan, *Qu'est-ce qu'une nation?*, 1882.
「國民とは何か」, 鵜飼哲 외 譯, 『國民とは何か』, インスクリプト・河出書房新社, 1997 수록.
『민족이란 무엇인가』, 신행선 옮김, 책세상, 2002.

『국민이란 무엇인가』[1]는 문헌학자이면서 과학적 실증주의 사상가로 알려진 르낭이 1882년 소르본에서 행한 강연이다. 이 강연은 이보다 70여 년[2] 앞서 나폴레옹 점령하의 베를린에서 행한 피히테의 강연 『독일 국민에게 고함』과 함께, 두 가지 유형의 고전적 '국민'의 개념을 대표하는 것으로서 최근의 내셔널리즘 논의 가운데 자주 인용되고 있다.

간단히 말해서 피히테의 '국민'은 종족적 본질과 연결된 유기체적 구성이고, 그것이 독일어라는 언어로 표현된 것이라고 할 수 있다. 이에 반해 르낭의 '국민'은 인종이나 언어에 의한 것이 아니라 의지적이고 동시에 선택적인 구성으로, 보다 개인주의나 민주주의에 적합하다고 할 수 있다. 전자가 독일적인 '국민'의 개념을 대표하는 것이라면, 후자는 프랑스적인 것을 대표하는 것이라 할 수 있다.

물론 이 두 가지 생각에는 각각 '국민'의 이념이 문제로 떠올랐던 시국적인 모티브가 반영되어 있다. 피히테는 프랑스에 굴복한 독일(프로이센) 민중

1 이 책에서 'nation'은 국민을 의미한다.
2 원 저작에는 사반세기라고 표현되어 있으나, 피히테의 저작은 1807년에 출판되었고 르낭의 저작은 1882년에 출판되었으니 실제로는 약 70년의 차이가 있다.

에게 국민적 각성을 촉구한다는 뚜렷한 목적을 가지고 있었다. 르낭의 강연 또한 보불전쟁普佛戰爭의 결과로 프로이센에 병합된 알자스, 로렌 두 주의 프랑스 귀속을 정당화하려는 의도를 감추고 있었다. 이러한 의미에서 이 두 가지 유형의 '국민' 개념은 모두 독일과 프랑스라는 두 근대국가의 대항 관계를 통해 태어났다고 말할 수도 있다.

'매일의 인민투표'

그러면 르낭의 『국민이란 무엇인가』의 내용을 살펴보자.

르낭은 먼저 '국민'이라는 것은 고래古來로부터 존재해온 부족이나 그리스의 폴리스, 또는 제국帝國이나 그 밖의 정치지배 형태와 다르며, 또한 인종이나 민족과도 다르다는 것을 지적하고 있다. 그것은 역사적으로 새로운 것이며, 단적으로 말하면 샤를마뉴Charlemagne[3]의 제국 해체 이래 서유럽을 구성해온 요소로서, 게르만인의 침공이 그 발단이었다고 말한다.

샤를마뉴 이후의 여러 국가는 국가를 구성하는 주민 간의 융합을 특징으로 하고 있으며, 그 융합은 게르만인이 기독교를 채용했다는 것(그 결과 승자와 패자가 동일한 종교를 믿게 됐다), 그리고 정복자가 자신들의 언어를 망각했다는 것에 의해 설명되고 있다. 즉 피지배자의 신앙이나 언어(라틴어) 속으로 게르만의 귀족제나 군사적 습관, 애국심 등이 침투하여 마치 옛날부터 있었던 것처럼 정착했다는 것이다.

따라서 르낭은 '망각' 또는 '역사적 오류'가 '한 국민을 창출하는 본질적 인자'이기 때문에 역사학의 진보는 때때로 위험을 무릅쓰기도 한다고 말한다. 왜냐하면 역사적 탐구는 유익하게 기능하고 있는 정치구성체(국가)의 기원에 존재하는 폭력적 사건을 다시 표면화해버리기 때문이다. 그러나 통일

---

3 서로마제국의 황제, 742~814.

은 언제나 난폭하게 이루어지는 것이며 프랑스왕국도 그 예외는 아니다.

르낭은 같은 게르만 태생이면서 민족성과 언어의 보존을 '독일 국민'의 본질적 우위의 근거로 간주하는 피히테와는 전혀 다른 '국민'의 개념을 프랑스를 모델로 하여 만들어냈다.

> 프랑스 시민은 누구 한 사람도 자신이 부르군트Burgund인, 알란Alan인, 타이팔Taifal인, 서고트Visigoth인 중 어느 쪽의 후예인지를 알지 못한다. 어떠한 프랑스 시민도 누구나 다 성 바르톨로메오St. Bartholomew의 학살[4]과 13세기 남부 프랑스에서 일어난 학살을 잊어야 한다. ……그러므로 근대에 등장한 국민은 동일 방향으로 수렴된 일련의 사건에 의해 영향을 받은 역사의 산물인 것이다.

통일은 왕조나 지역의 권력에 의해 이루어진 것도 있고, 또한 독일과 같이 어떠한 일반적 정신에서 생겨난 것도 있다. 그러나 프랑스의 영광은 프랑스 혁명을 통해서 '국민' 자신이 존재한다고 선언한 것에 있다. 따라서 프랑스는 '국민'의 모델이며, '국민'의 원리는 프랑스적인 것이라고 르낭은 주장한다.

그렇다면 '국민'이란 무엇인가? 국민은 어떠한 점에서 종족의 원리와 다른 것인가? 왕조나 혼인관계 등은 절대적인 것이 아니다. 프랑스왕국은 고도의 국민적 존재였기 때문에, 왕조가 몰락한 다음날에도 국민은 왕조 없이 유지될 수 있었다. 더욱이 18세기에는 인간이 고대의 정신으로, 자기 자신의 존엄으로, 자신의 권리라고 하는 관념으로 되돌아갔다. 비유해서 말하면 혁명은 뇌와 심장을 제거한 몸을 최초의 동일성 그대로 살리려고 하는 경험이었고, '국민'은 왕조의 원리 없이도 존재할 수 있다는 것을 보여주었다. 따라서 왕조의 권리 이외에 '국민적 권리'라는 것이 존재할 수 있게 되었다.

---

4 1572년 8월 구교도가 신교도 5천~3만 명을 학살한 사건.

그렇다면 그 권리의 근거는 무엇일까? 르낭은 이 질문에 대해 ①종족, ②언어, ③종교, ④공통의 이해利害, ⑤지리적 조건이라는 여건을 차례차례 그 대답에서 제외해간다. 기독교와 로마제국이라는 통합요인이 있고, 순혈純血의 종족 따위는 존재하지 않는다. 고도의 국가는 혼혈이 진전된 국가라고도 말한다. 프랑스란 프랑스왕의 감독하에 가장 다채로운 요소를 발효시킨 큰 솥에서 나온 것이다. 또한 언어도 결정적인 요인이 될 수 없으며, 그것은 의지에 의해 극복될 수 있다. 너무 언어만을 중시하게 되면 국민적이라고 간주되는 한정된 문화에 몸을 가두게 된다. 종족이나 문화의 일원이기 전에, 인간은 이성적이고 도덕적인 존재인 것이다. 종교도 국민 간의 경계선을 긋는 이유가 더 이상 될 수 없고, 국민성에는 이해利害를 초월하는 감정의 측면이 있다.

그리하여 르낭은 다음과 같은 결론을 내린다. 즉 '국민'이란 혼魂이며 정신적 원리이다. 이 두 가지 요소는 과거와 현재에 존재하고 있어, 기억의 유산을 공유하고 현재에 동의하는 것(함께 생활하고자 하는 희망과 유산을 운용하고자 하는 의지)이 '국민'의 형태를 형성한다. 그것은 노력, 희생, 헌신으로부터 이루어지는 오랜 과거의 결과이며, 조상숭배는 가장 정당한 것이다. 그리고 그것은 위인이나 영광으로부터 이루어지는 영웅적인 과거로서 국민의 관념이 자리 잡는 사회적 자본이며, 민족다울 수 있는 본질적 요건이다. 사람은 '고통에 비례해서 사랑하는 존재'라고도 말한다.

과거에 있어서는 공유해야 할 영광과 회오悔悟의 유산, 미래를 향해서는 실현해야 할 동일한 프로그램, 그것이 '국민'의 본질이며, 공통의 고통은 환희 이상으로 사람들을 결속시킨다. 국민적 추억이나 애도는 승리 이상으로 가치가 있다. 그러므로 '국민'이란, 사람들이 과거에 이미 치렀고, 앞으로도 치를 용의가 있는 희생의 감정에 의해 구성된 커다란 연대심이다. 그리고 개인의 존재가 생명의 끊임없는 긍정인 것과 마찬가지로, "국민의 존재는 매일의 인민투표인 것이다". 결국 '국민'이란 도덕의식이며, 공동체의 이익을 위해 개인의 희생을 요구함으로써 그 힘을 증명하는 한, '국민'은 정통적이며 존재할 권리를 갖는다.

세속화와 국민국가

르낭은 '국민' 개념의 역사적인 새로움과 그 구성적 성격, 그리고 그 의식성을 지적했다. 다시 말해서 '국민'이란 옛날부터 존재하는 다른 집단의 형성과는 달리 인종, 언어, 종교 그 어느 것에도 의존하지 않고, 그와 같은 생물학적, 민속지적民俗誌的인 카테고리를 넘어서 성립하는 도덕적 의식이라는 것이다. 그렇기 때문에 '국민'이란 '흘러가는 것'(역사)의 '망각' 위에 쌓아 올려져, 매일 걸러지고 다시 새로워지는 귀속歸屬 의식이라는 것이다.

여기서 르낭은 이것이라고 명시하지는 않지만, 이 인간집단의 '정치적' 성격을 지적하고 있는 듯하다. '국민'이 '역사적으로 새로운' 인간집단으로 형성되는 것은 기독교 세계에서의 이른바 '세속화'와 관계하고 있다.

절대주의 왕제王制시대에는 기본적인 정치단위가 왕가이며 그 지배권으로서의 왕국이었다. 그리고 그 지배권 혹은 왕의 주권은 초월적인 신의 권위에 의해 정통화되었다. 비록 왕권의 실질이 무력이었다고 해도, 왕이 그 국가를 통치하는 권한은 신의神意에 의해 정통화되었다. 그렇지 않다면 맥베스의 경우에서 전형적으로 나타나고 있는 것처럼, 왕의 권력은 보다 강력한 다른 권력에 의해 언제든지 전복될 위험을 감수하지 않으면 안 된다. 정통성은 그와 같은 취약함으로부터 지배권을 지켜주는 것이다. 그러나 사회가 변화하면서 왕의 지배권은 지상에 점차로 대두하는 새로운 사회계층에 의존하게 된다. 그리고 드디어 프랑스혁명으로 국왕이 없는 '국가'가 실현되었고, 왕권의 부재를 메우면서 처음으로 인민이 '국가'의 주권자가 되었다. 그 이후 왕제이든 공화제이든 '국가'는 '국민'을 내실로 하여 이에 의존하는 '국민국가'의 체제를 취하게 된다. 그리고 통치 권력은 더 이상 천상의 신에 의

한 것이 아니라, 지상의 '국민'에게 그 정통성의 기반을 구한다.

'국민국가'가 이와 같은 의미를 갖는 것이라면, 그것은 기본적으로 '세속적' 국가인 것이다. 그리고 거기에 등장하는 '국민'이란 '정치적' 카테고리가 된 국가의 주민이라는 것이다. 확실히 과거에는 왕이나 귀족의 영지에 사는 사람에 불과했던 왕권 지배하의 주민들은, '국민'이 됨으로써 다른 모든 '민속지적' 속성을 초월하여 국가의 정치적 요소가 되었다. 르낭은 이상에서 요약한 '국민'의 정의에서 그것을 주장하는 것이라고 생각된다.

르낭의 '국민' 개념은 피히테의 그것과 비교할 때 보다 '민주주의적'이고 '개인주의적'이라고 한다. 그것은 '국민'이 다양한 요소의 집합이라는 것을 전제로 하여, 상호 폭력적인 항쟁의 역사를 '망각'하고 성립하는 집합체이며, 그것도 '매일의 인민투표'로 의지적으로 선택되는 것이라고 여겨지기 때문이다. 그러나 르낭은 그와 같은 '국민'의 역사적 구성을, 마지막에는 규범적인 '도덕의식'에 중첩해 맞추고 있다. 그리고 이 '도덕의식'의 내실은 과거 유산의 위에서 미래의 프로그램을 공유하고, "공동체의 이익을 위해 요구되는 희생으로서의 개인의 방기放棄"를 받아들이는 것이다. 즉 개인에 대한 전체의 우위가 이미 구조화되어서 개인의 의지도 민주주의도 전체에 봉사하도록 방향이 설정되어 있다. 이것은 '국민'과 '국가'는 같은 뜻이라는 근대의 '국민=국가'의 틀이 르낭의 사고를 이미 규정하고 있기 때문일 것이다.

'국민'이 논의되는 이 텍스트에서 '국가'는 거의 문제되고 있지 않다. 뿐만 아니라 주권이나 정치권력에 대해서도 언급하고 있지 않다. 그러나 '국가' 없이 '국민'을 논할 수는 없을 것이다. 인간 집합으로서의 '국민'의 특질이 그 '정치성'에 있다고 한다면, '정치권력'과의 관계를 제외하고 '국민'을 논하는 것 또한 자의적으로 '정신성'을 날조하는 함정에 빠질 것이다. 여기서 결여되어 있는 것은 '국민'이란 인간의 어떠한 카테고리인가 하는 시점視點이다.

'나라[國]' 가 빠진 네이션nation

다만 여기서 주의를 환기해두고 싶은 것이 있는데, '국민' 이라는 일본어가 'nation' 의 번역어이고, 르낭이 문제 삼고 있는 것은 'nation' 이라는 것, 그리고 이 'nation' 에는 원래 '나라[國]' 라는 의미는 포함되어 있지 않다는 점이다. 라틴어의 'natio' 에서 생성된 이 말이 '출생' 에 의한 집합이나 귀속(출생을 동일하게 하는)을 의미한다고 해도, 그것이 그대로 '국가' 를 함의하는 것은 아니다.

'nation' 은 일반적으로 기원을 같이한다거나 생활습관을 같이해서 어떤 일정한 통합을 이루는 사람의 집합을 가리킨다. 어원은 라틴어의 '출생' 을 의미하는 동사 'natum' 에서 파생한 'natio' 이며, '출생' 에 의해 연결되는 사람의 집단이라는 의미를 내포하고 있다. 당연한 것이지만, 그것은 정치적 조직체로서의 'Etat' (국가)와는 구별된다. 그러므로 예컨대 'Etat' 가 소멸하더라도 'nation' 은 존속할 수 있으며, 복수의 'nations' 가 하나의 'Etat' 를 구성할 수도 있다. 그렇다면 'nation' 에다 언제나 하나의 'Etat' (국가)를 상정하고 있는 '국민' 이라는 번역어는, 실은 그 자체가 'nation' 이 'Etat' 와 불가분의 관계가 된 시대, 즉 'Etat-nation' (국민국가)체제를 전제로 한 번역어라고 볼 수밖에 없다. 확실히 근대적인 의미에서 'nation' 은 'Etat' 의 구성원이며, 특히 전형적인 '국민국가Etat-nation' 에서는 실질적으로 'nation' 이 'Etat' 이고 그 주권자가 되지만, 그것은 어디까지나 'nation' 의 근대적인 의미에 있어서일 뿐이다. 본래는 'Etat' 없이 'nation' 이 존재할 수 있다.

덧붙인다면 'Etat' 는 원래 어떠한 '상태' 나 '지위' 를 의미한다. 말하자면 공허한 개념이며, 'Etat-nation' 이란 'nation' 이라고 하는 'Etat' (상태)를 의미하는 정도가 된다. 그리고 이 'Etat' 도 일본어에서는 '국가' 로 번역하고 있어 'Etat-nation' 은 '국민국가' 가 되지만, 'nation' 과 국가가 그대로 중복된다는 의미에서는 그것을 '국-민國-民' (혹은 '민-국')이라고 표기할 수도 있을 것이다.

어찌되었든 'nation'과 'Etat'는 무조건적으로 반드시 결부되는 것은 아니다. 'nation'이 함의하는 것은 '출생'이고, 거기에서 문제는 '출생에 의한 연결(귀속)'이란 무엇이냐는 것이다. 이 '출생'이 지리적 수준에 귀착하는 것인가, 아니면 생물학적 수준에 귀착하는 것인가, 또는 언어적인가 아니면 민속지적 수준에 귀착하는 것인가, 바꾸어 말해서 "사람은 '어디에서' 출생하는가"라는 것이 문제가 된다. 이러한 문제에 대해 르낭은 결국 선택적인 '도덕의식'이라고 대답하고 있다. 그리고 그 도덕의식은 'Etat'의 성립을 가능하게 하는 '권리'의 실체라고 말하고 있다.[5]

르낭의 정의에 따르면, 결국 'nation'은 'Etat'를 '매일의 투표'에 의해 의지적으로 창출하여 짊어지고 가는 존재일 뿐이다. 그러나 르낭이 이 텍스트를 쓴 시기에 일본에서는 '국가' 측에서 '국민'을 통합적으로 창출했고, 그 번역어에 당시의 정치적 언설의 역사성을 그대로 반영시켰다. 그 결과 (일본어의) '국민'이라고 하는 말 속에서는 'nation'의 개념에 내재된 '국가'와의 불가분적 구속력과 둘 사이의 분리 가능성을 동시에 명료하게 볼 수가 있다. 여기에서 'nation-국가' 개념의 비판적 해체 가능성도 엿볼 수 있다.

참고문헌

이 텍스트의 일본어 번역은 『국민이란 무엇인가』(서지사항은 이 글의 맨 앞 참조)에 피히테의 「독일 국민에게 고함」(초역)과 함께 수록되어 있다.

이 책에는 그 밖에 두 가지의 국민개념을 현대 프랑스의 정치사상적 문맥 속에서 검토한 J. 로망Joel Roman의 「두 가지의 국민개념」, 피히테를 논한 E. 발리바르Etienne Balibar의 「피히테와 내적 경계」, 르낭의 텍스트가 이 사상가 외부의 측면이나 세기말의 유럽사상 속에서

5 르낭은 과거의 희생과 헌신의 유산, 장래 공동생활을 지속하려는 열망 같은 정신적 요인들이 'nation'의 실체인 도덕의식the kind of moral conscience을 생성해내고, 이 도덕의식이 강화될수록 'nation'이 존재할 권리와 정통성을 갖는다고 주장했다.

갖는 의미 등을 논한 우카이 사토시鵜飼哲의 「'시민대상隊商' 또는 에르네스트 르낭에 있어서의 정신의 정치학」 등 대단히 자극적인 논문도 같이 실려 있다. 우카이의 해설과 각 옮긴이의 코멘트도 유익하다.

르낭의 텍스트에 관해서는 우카이가 지적하는 것처럼, 이 선택적 국민개념의 제창자가 동시에 인종주의자이며 식민지주의자이기도 했다는 것에 주의한다는 의미에서 다음의 책도 같이 읽어야 할 것이다.

エメ・セゼール, 『歸鄕ノート/植民地主義論』, 砂野幸稔 譯, 平凡社, 1996.

E・サイード, 『オリエンタリズム』, 板垣雄三・杉田英明 監修, 平凡社, 1986/1993.

モーリス・オランデール, 『エデンの園の言語—アーリア人とセム人, 攝理のカップル』, 浜崎設夫 譯, 法政大學出版局, 1995.

국내 참고문헌

신행선, 「에르네스트 르낭의 '인종'과 인종주의」, 『서양사론』 73권, 한국서양사학회, 2002.

이오시프 V. 스탈린, 『마르크스주의와 민족 문제』

다나카 가쓰히코田中克彦 | 박홍영 옮김

Iosif V. Stalin, *Marksizm i natsional'nyi vopros*, 1914.
「マルクス主義と民族問題」, スターリン全集刊行委員會 譯, 國民文庫 203, 大月書店, 1953.
『마르크스주의와 민족 문제: 계급운동과 민족운동의 기초이론』, 배동문 엮음, 한울, 1986.

이 논문은 레닌Vladimir Ilich Lenin(1870~1924)이 주재해 발행했던 볼셰비키 잡지인 『프로스베시체니에』 제3호에서 제5호(1913)까지 3회에 걸쳐 「민족 문제와 사회민주당」이라는 제목으로 먼저 게재되었다. 그리고 그 다음해 『마르크스주의와 민족 문제』[1]라는 한 권의 단행본으로 상트페테르부르크에서 간행되었다.

레닌의 기대에 부응하기 위해 집필된 이 논문은 스탈린이 32세 때 빈에서 망명 중에 썼다. 레닌은 고리키Maksim Gorky(1868~1936)에게 보낸 편지에서 "아주 훌륭한 그루지야Gruziya인이 있다. 그는 오스트리아나 그 밖의 자료를 전부 모아놓았다" 고 칭찬했다. 전체 차례는 '민족', '민족운동', '문제와 제기', '문화적 민족 자치제', '분트Bund의 민족주의와 분리주의', '카프카스파 및 해당解黨파 협의회', '러시아의 민족 문제' 등 7개 절로 구성되어 있다. 앞의 '민족' 절은 그 후 사회주의권에서 민족 문제가 제기될 때마다 '민족의 정의'를 보여주는 준거가 되었다. 그 때문에 이 논문은 20세기를 통해 민족의 정의를 보여준 고전으로 참조되면서 긴 생명력을 갖게 되었다. 이

1 이 책에서 'nation'은 민족을 의미한다.

러한 사정은 소비에트연방 붕괴 후인 오늘날에도 중국에서 그대로 이어지고 있다.

러시아 혁명기의 민족 문제

러시아의 마르크스주의자가 당면해야 했던 혁명의 무대는, 지리적으로는 유럽과 아시아에 걸쳐 분포했고 민족적으로는 200에 가까운 다양한 민족을 포괄하고 있었다. 그런데 서구의 정통 마르크스주의는 이러한 유럽만이 아닌 아시아까지 포함한 다민족 상황을 고려하지 않았다. 또한 잠재적으로 민족 문제가 있다고 해도 민족 그 자체를 없어져야 할 부정적인 혹은 기껏해야 부차적인 존재로 생각했기 때문에 그것을 정면으로 해결하려는 논의를 하지 않았다.

그러나 이 논문이 쓰일 당시 볼셰비키는 타타르인이 이끄는 범이슬람주의 운동이나 유대인 사회민주주의자 조직인 분트로부터 당이 해체될지도 모르는 심각한 도전을 받고 있었다. 이에 따라 다민족의 존재는 해소되어야 할 유산이 아니라 사회주의체제 건설을 위한 적극적인 요인으로 받아들여졌다. 그러나 이 문제는 마르크스주의적 인터내셔널리즘을 옹호해야만 하는 러시아 마르크스주의자에게는 모순투성이의 과제였다. 그리고 이 문제는 개별 문제를 상황에 따라 각각 대응해야 하는 것이 아니었다. 이후에도 발생할지도 모를 다양한 민족의 입장에서 문제를 예상하면서, 일반적이고 원리적인 기준을 세워야만 하는 것이었다.

이 경우 마르크스주의자가 다루어야 하는 민족 문제의 구체적인 사례는 역시 다민족 제국인 오스트리아의 사회민주당의 경험에서 찾을 수밖에 없었다. 그런데 오토 바우어Otto Bauer[2](1881~1938)로 대표되는 오스트리아 사

2 오스트리아의 사회민주주의자로, 오스트리아 좌파 사회주의자들의 지도적인 사상가로 인정되었다.

회민주당의 사상은 볼셰비키에게는 유해한 요소를 포함하고 있었다. 더욱이 그 사상은 러시아의 당내에도 강한 영향력을 가지고 있었다. 스탈린은 그러한 점을 논파論破하는 것을 이 논문을 쓴 중요한 목적의 하나로 했다. 집필 장소가 빈이었다는 것은 이 논문의 성격을 상징적으로 보여준다.

민족의 정의

제1절은 우선 '민족이란 무엇인가?' 라는 물음으로 시작된다. 이에 대해 '사람들의 우연한 혹은 일시적인 혼합물이 아니라 사람들의 견고한 공동체 a stable community' 라는 매우 일반적인 답이 제시된다. 그리고 그 공동체를 구성하는 요인 하나하나를 열거하며 논하고 있다. 그리고 "민족이란 언어, 지역, 경제생활, 그리고 문화의 공통성 가운데 나타나는 심리 상태 등의 공통성을 기초로 생긴, 역사적으로 구성된, 사람들의 견고한 공동체이다"라는 식으로 정의하고 있다. 또한 위의 공통성을 이루는 각각의 요소들이 민족을 만드는 것이 아니라 "전체의 특징들이 동시에 존재할 경우, 비로소 민족이라 할 수 있다"라고 강조한다.

이러한 요소 하나하나는 결코 자명한 것으로 해석되어서는 곤란하며, 각각이 이 정의 가운데서 특유의 의미를 띠고 있음을 염두에 두어야 한다고 한다. 예를 들어 여기서 말하는 '언어' 는 서구의 마르크스주의자들에게서 나타날 법한 단순한 커뮤니케이션의 도구일 뿐만 아니라 정신의 형성에도 관계하고 있음을 시사하고 있다. 더욱이 주목해야 하는 것은 예를 들어 엥겔스 등과는 달리, 후진적인 언어가 보다 선진화된 언어에 의해 대체된다는 진화론적 인식이 전혀 보이지 않는다는 점이다.

지역의 공통성

민족이 존속하는 데 언어를 불가결한 항목으로 보는 전통은, 유럽에서는 이미 고전적인 지위를 차지하고 있다. 그러나 지역을 강조한다는 것은 바우어 등의 이른바 '문화적 민족 자치' 원리와 대항관계에 있다는 점에서 매우 중요한 의미를 가진다.

'문화적 민족 자치'에서는 행정단위로서의 민족은 특정지역을 생활공간으로 소유할 필요가 없다고 한다. 민족은 지역에 한정되는 것이 아니라, 어디에 살든 그 민족의 '민족문화, 민족적 성격'을 지닌 개개인에 의해 구성된다는 것이다. 따라서 민족의 구성원은 초지역, 탈지역의 민족적 귀속성에 근거해 민족 자치를 행사하는 것으로 규정된다. 이러한 논리로 볼 때, 민족의 귀속성을 규정하는 것은 문화이며, 문화는 개개인을 통해서 나타나는 '민족적 성격'이라는 점이 특히 강조된다.

이에 대해 스탈린은 지역을 기반으로 한 경제생활의 일체성에 의해 비로소 정치적 존재로서의 민족존속이 가능하다고 주장한다. 언어도 물론 일체성이 있는 지역에 의해 보증되는 것이기 때문에, 지역은 앞의 4요소 모두의 기반이 된다는 점에서 무엇보다 중요한 의미를 갖는다. 이 점이 바우어의 '문화적 자치'와 대비할 때 두드러진 중요성을 갖고 있다.

이러한 정의 가운데 마지막의 '심리 상태psikhicheskij sklad'라고 하는, 어쩌면 일반 독자에게는 좀 당황스러울지도 모를 용어에 대해서는 약간의 설명이 필요할 것이다. '문화의 공통성 가운데 나타나는 심리 상태'라는 설명구를 이루는 이 말은, 바우어의 '문화적 자치'의 근거가 되고 있는 문화적 개념으로서, 그것과 조합한 민족적 '성격character'과 거의 같은 의미이다. 좀 더 비약하면 스탈린의 '심리 상태'는 바우어의 '민족적 성격'을 거의 그대로 받아들인 것이 되기 때문에 스탈린은 그것과 구별하고자 이 말을 선택했다고 생각된다. 여기서 우리는 논적論敵인 바우어와 같은 용어를 사용함으로써 그 논법에 빠져드는 것을 피하기 위한 주도면밀한 의미론적인 배려가 들어 있음을 알 수 있다.

'자치가 아닌 자결을' 이라는 말의 의미— '지역' 의 중요성

스탈린뿐 아니라 레닌도 '문화적 자치' 에 대항해서 제시한 것이 '민족의 자결' 이다. 그의 말에 따르면 자결권이란 "민족의 운명을 결정하는 권리를 가지는 것은 그 민족 자신뿐이다" 라는 것이다. 또한 자결권은 "타 민족과 연방관계를 유지할 권리" 혹은 "완전히 분리할 수 있는 권리" 라고 주장한다. 여기서 말하는 분리란 연방 혹은 국가로부터 분리하여 독립하는 것을 의미한다.

한편 문화적 자치는 한 국가 내에서 그 민족이 거주하는 지역과 관계없이, 바꿔 말하면 초지역적으로 개인이 신고한 소속 민족의 등록부에 기초해서 자치권을 행사한다는 것을 의미한다. 즉 여기에서의 민족은 지역을 가진 정치체가 아니라 문화체라는 것이다. 이에 비해 스탈린의 주장은 민족에게 '완전히 분리할 수 있는 권리', 즉 '민족자결권' 을 보장해야 한다는 것이기에 매우 급진적으로 보인다.

사회주의 민족이론에서 민족자결권의 원류는 1898년 인터내셔널 런던대회의 결정에 연유하는데, 러시아 사회민주노동자당이 이것을 1903년 강령으로 채택하면서 인정되었다. 그리고 이 민족자결권은 1924년에 제정된 최초의 소비에트연방헌법에서 보증되었다. 그 이후 1936년의 이른바 스탈린헌법, 1977년의 브레주네프Leonid Ilich Brezhnev(1906~1982) 헌법에서도 확인·답습되었으며, 소련이 붕괴하기까지 정치적 현실과 관계없이 유지되었다.

분리권까지도 포함한 민족자결권이 극단적으로 행사된다면 국가로서는 아마도 매우 중대하고 결정적인 결과에 직면할지도 모른다. 이에 비해 '문화적 민족 자치'는 직접적으로 국가의 정치적 분열을 초래하지는 않는다. 스탈린은 이러한 내용을 기초로 "(오스트리아 사회민주당의) 출발점은 오스트리아의 국가적 통일성(을 유지하는 것)"이며 또한 그러한 사실에 대해 "오스트리아의 모든 민족은 지금 생활하고 있는 국가적 통합 속에 머물 것이다"라는 바우어의 말을 인용하면서 그 한계를 지적하고 있다. 이에 비해 "러시아 사회민주당은 처음부터 민족자결의 입장에 서 있는데, 왜냐하면 이러한 견지에서 볼 때 민족은 분리권을 가지고 있기 때문이다"라고 하면서 급진성과 철저성을 더 한층 강조하고 있다.

그럼에도 불구하고 '자결'의 철저한 급진성이 '국가적 통일'의 틀을 붕괴시킬 리가 없는 문화적 '자치'를 왜 두려워해야만 하는가의 문제가 남는다.

두려운 '문화적 자치'

언뜻 보기에 특정 지역(영토)을 단위로 한 민족자결을 보증하는 것은 국가의 일체성을 유지하는 데 치명적인 위협이 될 것이다. 그렇지만 실제로는 문화적 자치를 주장하는 쪽이 당黨의 일체성의 문제에서 훨씬 중대한 결과를 초래할 수밖에 없었다. 문제는 유대인 당 조직인 분트와 카프카스의 당 조직이 민족별로 독자적인 당을 가지려고 했을 때 시작되었다. 이 논문이 분트와 카프카스 당을 별도로 취급하는 것에서도 알 수 있듯이, 이 글의 집필 의도는 민족 문제 일반에 대해 서술하기보다는 이와 같은 '민족별 당'으로의 분열을 이론적으로 저지하는 데 있었다.

즉 오스트리아 사회민주당의 문화적 민족 자치는 '일정의 집합 지역'(스탈린)을 갖고 있지 않은 유대인에게 지역 없이도 하나의 정치체로서 독립의 당을 조직할 수 있다는 논거를 부여했다. 여기서는 지역을 초월한 공통의 모태인 이디시yiddish어의 사용, 토요일을 안식일로 하는 권리 등의 비정치적이고 문화적인 특유성이 특별히 강조될 수 있었다.

분트가 채용하고 발전시킨 문화적 자치사상은 다른 '고유의 지역'을 갖고 있지 않은 여러 민족, 특히 카프카스족에게 큰 영향력을 미쳤다. 스탈린이 상대하지 않으면 안 되었던 것은 그루지야 신문에 게재된 다음과 같은 주장이었다. "그루지야인은 어디에 살더라도 한결같이 그루지야어의 운명에 관심을 가지고 있다." "……이럴 경우 지역은 어떠한 역할도 하지 않는다." 이런 주장은 더 나아가 "즉 모든 문화적·민족적 사업을 관리하고 지도한다는 것은 이와 관계가 있는 민족 자신들에게 맡겨지지 않으면 안 된다"고 결론 짓고 있다.

이렇듯 민족은 지역에 의존하지 않는 그 자체로서 자립한 문화적 존재라고 하는 주장에 대해 스탈린은 단순한 문화적 자치가 아닌 '정치적 자결'이야말로 민족의 권리를 보증할 수 있으며, 정치적 자결은 반드시 일정 영역의 지역을 배경으로 하는 것이라고 설명한다. 그리고 이 지역이 분리할 권리를 가진다는 것, 이것이 정치적 자결을 의미한다고 설명한다. 스탈린은 지역을 소유하지 않는 제도〔국가 혹은 통치체〕를 '가공架空의 것'이라고 말한다.

그러나 이 '가공의 것'은 '가공'이기 때문에 강력하다. 이 점은 스탈린이 인용하고 있는 그루지야어 신문에 실린 다음과 같은 논의에서 날카롭게 시사되고 있다.

> "지방의 물질적인 발전 문제가 모든 민족을 단결시킨다고 한다면, 민족적·문화적 문제는 모든 민족을 분열시켜 각 민족을 개개의 활동무대로 내몰 것이다. 제1종류(물질적 발전)의 활동은 일정 지역과 연결되어 있다." 그런데 "문화적·민족적 문제는 그렇지 않다. 이는 일정 지역과 관련된 것이 아니라, 일정 민족의 존재와 관련되어 있다."

문화란 말하자면, 분열적이면서도 초지역적인 것을 본질에 담고 있다고 주장한다. 이로써 이 논의의 급진성은 정치를 능가하는 것이 될 수 있다. 그리고 이러한 논의는 유대인, 아르메니아인[3]을 비롯한 디아스포라diaspora의 민족을 강하게 움직이게 하는 요인을 내포하고 있다.

지역을 초월한 문화에 소속하는 것을 지렛대로 하여 민족별 당을 요구하는 것은 이미 1903년 아르메니아의 당원으로부터 제기되었다. 이것은 이른바 '당의 자결'로 부를 수 있는 것이었다. 레닌은 이 요구에 대해, "필요한 것은 민족의 자결이 아니라 각 민족 내 프롤레타리아의 자결이다"라고 서술하는 데 그치고 있다. 그러나 스탈린은 '민족이란 무엇인가'라고 묻고 정의를 내려가면서, 그 가운데 '문화'에 대항하는 '지역'의 결정적 중요성을 강조했던 것이다.

민족의 권리와 프롤레타리아의 이익

레닌은 "필요한 것은 민족의 자결이 아닌 프롤레타리아의 자결이다"라고 말하면서 이를 보다 분명히 "프롤레타리아의 계급투쟁에 이익이 되게 민족 자결 요구를 종속시키지 않으면 안 된다"(예를 들어 1903년 「우리 강령에서의 민족 문제」)라고 명확히 서술했다. 이것이 가능했던 것은 "민족의 자유는 시민적 자유 일반 가운데 하나에 불과하다"는 단순한 생각이 있었기 때문이다.

민족 대 계급이라는 근원적인 모순은 정통 마르크스주의자인 레닌에게는 큰 문제가 아니었다. 이유는 민족이라는 카테고리는 문명발달 과정에서 종국에는 의미를 잃고 계급 속으로 녹아들 것으로 보았기 때문이다. 이에 반해 스탈린은 민족을 실체를 가진 견고한 공동체로 생각하고 있었다.

---

3 아르메니아인은 중동계의 민족으로 인도유럽어족에 속하는 아르메니아어를 사용한다. 세계에서 최초로 그리스도교를 국가종교로 삼은 민족이기도 하며, 12세기 아르메니아왕국과 동로마제국이 쇠퇴하고 붕괴한 이후 세계 각지로 확산되어 상공업을 주로 담당했다. 자신들의 종교를 매개로 한 독자적인 네트워크를 형성했고, 오스만투르크제국과 무굴제국 시대에는 영내에서 자신들만의 커뮤니티를 형성하는 등 유대인과 비교되는 점이 많다.

민족은 시민적 자유 일반 가운데서 해소되는 것이 아니었다. 그러한 배경으로는 그 자신이 그루지야인으로서 카프카스의 복잡한 민족공간의 체험자였다는 것이 지적될 수 있다. 그러한 경험으로부터 그는 "한편으로는 마르크스주의자의 의무가 있고 다른 한편으로는 여러 계급으로 구성된 민족의 권리가 있다"고 하는 깊은 고민을 담은 표현을 하게 되었을 것이다.

그 후의 전개

스탈린의 '민족'의 정의에서, 또한 민족과 계급의 모순관계aporia를 논하는 가운데에서, 언어는 특별히 정밀한 고찰을 요하는 지위를 점하고 있다. 예를 들어 언어를 하나의 집합된 카테고리로 보는 것이 아니라, 이를 사회적 계층조직hierarchie의 가운데에서 구별하려고 시도하고 있다. 이러한 그의 시도는 이미 이 논문에서 다음과 같이 논의되고 있다.

> 바우어의 "문화적 민족 자치제는 발달된 문화나 문학을 가진 다소 발달한 민족을 전제로 하고 있다." 그렇지만 "카프카스에는 원시적인 문화나 특수한 언어를 가지고는 있으나 자기 문자를 가지고 있지 않은 것과 같은 수많은 민족체〔종족 혹은 에스닉 그룹〕도 있다." "이러한 민족에게 문화적 민족 자치제를 어떻게 적용할 것인가?"

라고 스탈린은 문제를 제기한다. 이렇듯 그 모어母語가 문자를 가지고 있는가 아닌가의 차이에 대응하여 나치아natsia 언어와 나로드노스치narodnosti 언어[4]로 사회적 형태를 구분하는 것은 그 후 소비에트연방의 언어정책에 반

4 나치아는 구 소비에트연방 시기에 언어, 지역, 경제생활, 문화의 공통성이 인정되어 공화국 또는 자치공화국을 갖게 된 민족을 의미하며, 나로드노스치는 자치주 또는 민족관구를 갖는 준민족 내지 그룹을 의미한다.

영되었다. 뿐만 아니라 이러한 구분은 오늘날의 사회언어학 분야에서 주요한 테마의 하나로 확립되어 있다.

또한 스탈린이 모어에 대한 권리, 존엄을 이른바 불가침의 테제로 제시했기 때문에, 1920년대에는 나로드노스치 언어가 모두 나치아 언어의 지위를 획득하면서 소련에는 예상치 못했던 다언어 상태가 출현했다. 이것에 대해 스탈린은 "사회주의 혁명은 언어의 수를 (카우츠키가 말하고 있는 것처럼) 증가시키고 있다. 왜냐하면 사회주의 혁명은 인류의 밑바닥까지 움직이게 하여 그들을 정치무대로 밀어냄으로써, 지금까지 알 수가 없었던, 아니면 좀처럼 알려져 있지 않았던 새로운 민족들이 새로운 생활에 눈뜨도록 하기 때문이다"라고 모어 해방의 의미를 과시했다. 이는 프랑스혁명이 보여준, '문명어〔프랑스어〕'에 의해 단일 국어로 통합해가는 것과는 정반대의 길이었다.

이렇게 생겨난 다언어 상황 가운데서 특정의 유력 언어에 대하여, 예를 들어 '국가어'의 지위를 부여하는 시도는 오스트리아 사회민주당의 강령을 본떠 레닌이 1914년 논문에서 금지했다. 따라서 어떠한 형태로든 정책적인 방향 설정을 제시해야만 했다. 이에 따라 스탈린이 고안해 널리 전개한 슬로건이 '형식에 있어서는 민족적인, 내용에 있어서는 사회주의적인 문화'의 건설이었다. 여기서 형식을 대표하는 것이 언어였다.

그 후 스탈린이 육성한 언어의 일원적 발생, 일원적 발전의 도식을 이론적으로 구축하려는 소비에트언어학의 어려운 싸움은 1930~40년대에 걸쳐 계속되었다. 그렇지만 1950년 스탈린 자신의 『마르크스주의와 언어학의 여러 문제』에서 전면적으로 부정되었다.

1913년에 쓴 이 논문과 1950년의 언어학 논문 사이의 기간 동안 연출된 민족·언어의 소비에트적인 드라마는, 이론과 현실의 깊은 균열을 확대시키면서 미완의 상태로 막을 내렸다.

참고문헌

I·V·レーニン,『民族問題にかんする批判的覺書 他』, 川內唯彦 譯, 國民文庫 117, 大月書店, 1953.

I·V·レーニン,『民族自決權について』, レーニン選集 第5册, マルクス・レーニン主義研究會 譯, 大月書店, 1956 수록.

田中克彦,『'スターリン言語學'精讀』, 岩波現代文庫, 2000.

田中克彦,『言語からみた民族と國家』, 岩波現代文庫, 2001.

オットー・バウアー,『民族問題と社會民主主義』, 丸山敬一 외 譯, 御茶の水書房, 2001.

丸山敬一 編,『民族問題—現代のアポリア』, ナカニシヤ出版, 1997.

相田愼一,『カウツキー研究—民族と分權』, 昭和黨, 1993.

ローザ・ルクセンブルク,『マルクス主義と民族問題』, 丸山敬一 譯, 福村出版, 1974.

加藤一夫,『アポリアとしての民族問題』, 社會評論社, 1991.

上條勇,『民族と民族問題の社會思想史—オットー・バウアー民族理論の再評價』, 梓出版, 1994.

다나베 하지메, 『「종의 논리」 논문집』

사카이 나오키酒井直樹 | 박홍영 옮김

田邊元, 『「種の論理」論文集 I · II』, 田邊元全集 제6 · 7권, 筑摩書房, 1963.

「종種의 논리」와 국민 · 국가주의의 폭력

국민주의에는 배제와 포섭이라고 하는, 언뜻 보면 서로 모순되는 측면이 반드시 존재한다. 한편 국민공동체를 만들어가기 위해 국민과 국민이 아닌 사람을 엄밀하게 구분하는 것이 필요하다. 국민이 아닌 사람, 즉 외국인을 배제하지 않는다면 국적, 즉 국가가 구성원을 인정하는 제도가 성립하기 어려울 뿐만 아니라, 공상 혹은 상상으로 만들어지는 민족·국민적 동일성도 불명확해질 것이다. 국민공동체는 인종, 종교, 토지, 언어, 습관 혹은 역사를 공유한다는 확신에서 오는, 동포를 옹호하고 외인을 차별하는 '편애' 정서(국민성이라 함은 이러한 감정이 투영된 국민적 동일성을 말한다)가 없다면 통일성을 유지할 수가 없다. 또한 어떠한 국민공동체든지 다양한 이질적인 요소를 포함하고 있어 차별과 아집으로 내부가 분단되어 있다. 그렇기 때문에 이질적이면서 대립적인 요소를 통합하고 포섭해나가지 않으면 공동체의 통일은 불가능하다.

그런데 본래 누구를 외국인으로 할까 하는 문제는 역사적으로 끊임없이 변해간다. 그래서 이전에는 배제의 대상이었던 사람이라도 포섭의 대상이 되기도 하고, 반대로 이전에는 포섭의 대상이었지만 배제의 대상이 되는 경우도 빈번히 발생한다. 일본의 국민국가와의 관계에서, 패전까지는 천황의 적자赤子로서 포섭의 대상이었다가 전후에는 일본 내에 거주하는 비일본인으로 간주된 재일 한국·조선인의 경우가 전형적인 예일 것이다. 아시아·태평양전쟁에서 패전한 후의 일본에서는, 최근에 이르기까지 국민주의의 배제 측면이 당연시되어, 일본인과 비일본인의 구별이 자연적으로 이루어져왔다고 생각되었다. 그렇기에 국민주의의 포섭이라는 측면에 대한 비판적인 고찰이 매우 적었다.

교토대학에서 철학을 가르치던 다나베는 1930년대 초부터 패전 후인 1946년에 이르기까지 '종의 논리'라는 제목으로 일련의 논문들을 집필했다. 그는 이 논문들에서 배제와 포섭의 양면에서 국민주의를 고찰하고 있는데, 주로 국민국가에 참여하는 개인의 시점에서 철학적으로 고찰하고 있다. 이 논문들은 일본어로 쓰인 것들로서는 이례적으로 이론적인 치밀함을 보여주고 있다. 다나베는 "국가의 구성원다운 것이 개인의 최고 의무이다"라고 설파한 헤겔Georg Wilhelm Friedrich Hegel(1770~1831)의 말을 신조로 삼았던 애국주의자였다. 이러한 다나베가 더욱 국민주의의 포섭 측면에 관심을 기울이게 된 것은, 그가 헌신적인 충성을 바친 당시의 일본이 제국帝國이었고, 또한 식민지로 만든 많은 민족이나 계급 등의 집단 사이에서 분열의 위험에 늘 노출되어 있었던 국민국가였기 때문이다. 「종의 논리」는 여러 차례 변경되거나 오해를 받으면서도 일본 제국주의 정책에 편입되어갔고, 마침내는 대동아공영권의 형이상학적 근거를 제공하는 역할을 하게 되고 만다. 그리고 확장적인 국민주의의 폭력성을 체현하는 철학적 이론으로서의 성격도 띠었다.

패전 후 미합중국의 세계적인 헤게모니 속에서 민족주의적인 국민주의가 일본을 뒤엎으면서, 과거 다나베의 국민·국가주의가 왜 지식인의 관심을 그 정도까지 불러일으키는 것이 가능했는가가 이해하기 어렵게 되었다. 「종의 논리」를 불러일으켰던 문제들은 일본인들의 관심에서 사라져버렸다. 그러나 다나베가 생각해야만 했던 문제들 자체는 결코 옛것이 되어 있지는 않다. 지면이 한정되어 있기에 짧은 논의에서 다나베 사상의 다방면에 걸친 논점들을 독자들이 납득할 수 있도록 간단하게 서술할 자신이 별로 없다. 그러나 포섭의 논리가 실은 배제의 논리와 깊게 연관되어 「종의 논리」 속에 맺어져 있다는 사실을 적어도 시사할 수는 있지 않을까 생각한다.

기체와 주체, 전통적인 것과 근대적인 것

「종의 논리의 변증법」 가운데에서 다나베가 탄식하듯, 다나베의 '종'의 개념은 전전부터 빈번히 오해되어왔다[田邊元全集 제7권, 257~269쪽. 실례로 전후의 것으로서는, 「종의 논리」가 저자 자신의 인종주의를 긍정하는 것이라고 긍정적으로 평가한 유아사 야스오湯淺泰雄(『身體』, 創文社, 1977)가 있다. 반대로 제임스 하이지히(James Heisig, "Tanabe's Logic of the Specific and the Spirit of Nationalism," in J. Heisig & John Moraldo ed., *Rude Awakening-Zen, the Kyoto School & the Question of Nationalism*, Univ. of Hawaii Press, 1994, pp. 255~288)는 부정적으로 평가한다. 하이지히는 다나베의 「종의 논리」가 보편성보다는 특수성을 강조하는 입장이며, 인류 공통의 가치보다는 민족 고유성을 강조한 논의였다고 지적하고 있다].

전 세계의 인간을 인류[類]라 하고 한 사람 한 사람을 개인[個]이라 한다면, '유類'와 '개個' 사이에 '종種'이라는 분류 범주가 가능할 것이다. 고전논리학에서 말하는 개·종·유의 분류체계에 따른다면 종은 인종에 해당될 것이다. 따라서 다나베의 「종의 논리」는 인종주의 논리일 것이다. 호모 사피엔스로서의 인간 전체에 대해 그 구성원으로서 개인이 있고, 그 개인이 소속한 민족, 국민, 인종, 계급 등의 사회집단은 인간 전체에게 바로 중첩되는 것이 아니라 인류의 부분집합에 지나지 않기 때문에, 인류와 개인의 중간 것을

'종'으로 다룰 수가 있다.

그러나 다나베가 「종의 논리」에서 이렇게 초보적인 것을 말하려고 한 것일까? 인류와 민족 내지 인종의 관계는 일반성과 특수성의 관계이며, 오랑우탄과 고릴라의 차이는 영장류라는 일반성에 있어서의 특수성의 차이라고 할 수 있다. 이와 마찬가지로 중국인과 일본인의 차이는 인간이라는 일반성에 있어서의 특수성 사이의 종차種差라고 논의될 것이다. 그런데 과연 이런 논의가 정말로 이에나가 사부로家永三郎로 대표되는 당시 일본이나 그 식민지의 젊은 지식인에게 관심을 끌 수가 있었을까?(이에나가는 다나베 철학의 강한 영향 아래 『일본사상사에서의 부정의 논리 발달』을 1938~39년에 발표했다. 이 책에서 이에나가는 다나베의 부정의 개념을 중심으로 일본사상사를 유럽사상사와 평행관계로 보려고 한다. 또한 이에나가는 전후 1974년에 발표한 『다나베 하지메의 사상사적 연구』에서 자신의 학문과 다나베 철학의 관계를 비판적으로 고찰하고 있다)

오히려 다나베는 민족이나 국민 등의 집단과 개인의 관계는 분류의 논리로는 충분히 밝히기가 어렵다고 보았다. 그의 관심은 어떤 개인이 일본인이라는 공동체에 귀속하는 것, 즉 개인이 종種적인 동일성을 갖는 것은 실천의 문제이며, 반드시 도덕의 과제를 불러일으키게 된다는 점에 있었다. 다나베가 생각한 사회존재론에서 궁극적으로 존재는 동시에 당위이기 때문에, 어떤 종이 존재한다는 것은 일정한 당위를 받아들이고 살아가는 사람들이 있다는 것을 의미할 것이다. 개인이 '나는 일본인입니다'라는 인식을 갖는다는 것은 반드시 '나는 일본인이 되겠습니다'라는 실천적 계기를 동반할 것이다. 사람은 즉자적卽自的으로는 민족이나 국민에 귀속하지 못하기 때문에, 일본인이기 위해서는 '일본인이 되겠다'는 것을 계속하지 않으면 안 된다는 통찰이 거기에 있었던 것이다. 개인에게 민족이나 국민이라는 종의 존재는 일군一群의 정언명제定言命題[1]에 의해 표현되는 책무로서 나타난다. 동

1 전통논리학에서 술어가 주어의 전체나 부분을 긍정 또는 부정하는 명제. 정언명제에는 〈모든 S

시에 세계 각지의 사람이 짊어지고 있는 서로 다른 전통, 습관이나 사회체제 등과 같은 다양한 역사 조건은 개인의 행위를 구속하는 각각의 서로 다른 강제력으로 작용한다. 사람들은 서로 다른 책무를 지고 살 수밖에 없다는 사실이 종을 생각해야만 하는 이유이다.

다나베는 프랑스 사회학의 지견知見을 인용하면서 종이 개인에게 책무를 부과하는 관계를 '분유分有의 논리'라고 부른다(「사회존재의 논리」에서 다나베는 뒤르켐Emile Durkeim, 레비 브륄Lucien Levy Bruhl 등의 프랑스 사회학에 의한 '토템'의 고찰을 중시하고 있다. 단 프랑스 사회학의 칸트 이해에 대한 근본적인 과오를 지적하면서 그의 '유' 개념이 필요하다는 것을 증명하기 위해 프랑스 사회학을 참조하고 있다). 거기서 다나베가 생각한 것은 만약 집단이 개인에게 부과하는 책무가 개인에 의해 명령으로 받아들여진다면, 책무는 따라야만 하는 것이면서 동시에 따르지 않는 것도 가능해야 한다는 것이었다. 책무가 강제력으로서 개인에게 작용하기 위해서는 책무를 거절하는 것, 즉 '나는 (지금과 같은) 일본인이 안 되겠다'라는 가능성도 보장되어야만 한다. 만약 개인에게 책무를 거절할 자유가 없다면 본래 책무를 의식하는 것조차 없을 것이다. 그렇지만 책무를 거절하는 것에는 '나는 싫다'고 하는 것만이 아니라, 책무를 수행하는 것을 현실에 비추어보고 '그것은 틀렸다'고 말할 수 있는 개인의 확신이 없으면 안 된다.

근대적인(서양적인 것으로 간혹 오인되는) 개인은 공동체의 강제력을 거절하면서 자유로운 인간으로서 행동할지도 모르지만, 전통적인(비서양적인 것으로 오인되는) 사회의 인간은 공동체에 의해 부여된 책무를 맹목적으로 수용한다는 주장(프랑스 사회학의 원시 사회관에는 이러한 전제가 깔려 있다)에 대해, 다나베는 이 주장이 근본적인 오류라고 한다. 그는 서양-개인주의 대 비서양-집단주의라는 공식을 떠들어대는 지식인을 가장 경멸했다.

는 P이다〉, 〈어느 S도 P가 아니다〉, 〈어떤 S는 P이다〉, 〈어떤 S는 P가 아니다〉 등 네 가지 기본형이 있다.

기존의 국민공동체가 강요하는 책무를 거절할 가능성이 없는 곳에서는 '일본인이 된다'는 것이, 미래에 대한 투기投企[2]로서의 내실을 담보할 수 없다. 개인의 자유가 부여되지 않은 곳에서는 민족이나 국민에 대한 귀속을 말하는 것조차 불가능할 것이다. 자유란 부여된 습관을 맹목적으로 수행하는 것이 아니라, 현상이 제시하는 문제에 대해 지금까지는 없었던 새로운 해답을 제출하는 능력일 것이다. 처음부터 자유가 없는 개인이 무슨 방법으로 '일본인이 된다'는 것이 가능할까?

여기서 다나베는 기체基體와 주체主體라는 대조적인 개념을 도입하여 이 사태를 설명하려 한다. 선배인 니시다 기타로西田幾多郎의 '장소의 논리'를 계승하면서, 사람과 사람 사이의 사회관계나 개인의 사회적 존재는 일정하게 역사적으로 축적된 제도적인 전제에서만 의미를 갖는다고 그는 강조한다. 여기서 개인의 행동에서 중요한, 이러한 사회적 전제의 총체를 개인이 의식화하고 대상화하는 것은 불가능하다고 니시다가 강조한 점을 잊어서는 안 된다. 논리적으로 이러한 전제의 총체를 대상화하는 것은 불가능하다. 그리고 이러한 개인 행동의 유의미함의 조건이 되고 있는 전제를 다나베는 기체라고 부르는 것이다.

기체는 개인의 자각에 선행하는 것으로 존재한다. 그러나 기체가 개인에 의해 의식되는 것은 오히려 기체를 부정하는 존재로서 개인이 자기의식을 지닐 때이다. 개인은 부여된 사회적 조건에 이의異意를 주장하는 존재이자, 기체를 대상화시키는 존재이며, 기체를 변혁시키고자 하는 범위에서 자신의

2 독일어 'Entwurf'의 의미. 직설적 의미로는 미래 가능성에 대한 기획을 뜻하며, 기투企投라고도 사용된다. 20세기 독일의 실존 철학을 대표하는 하이데거Martin Heidegger(1889~1976)의 설명을 보면, 인간은 자신이 선택하거나 주도하지 못하는 세계에 던져진 존재라고 규정한다. 인간은 이러한 세계에서 어쩔 수 없이 살아가야만 하는데 이런 상태를 하이데거는 '피투성被投性'이라고 불렀고, 인간은 불안과 같은 기분을 통해 이를 자각한다고 설명한다. 또한 인간이 이러한 피투성을 자각하고, 자신이 죽는다면 이 세계에서 강제적으로 퇴장당한다는 것을 의식하는 것을 '선구적 각오성先驅的覺悟性'이라고 불렀다. 이때 인간이 자신의 삶의 의미를 되새겨 재구성하려는 시도를 투기라고 했다.

존재를 자각하는 '주체'라고 다나베는 생각한다. 기체와 대결하여 기체를 변혁시키려 하는 개인은, 기체에 의해 구속된 자기를 넘어 탈자脫自적으로 투기하는 것에 한해서 주체로서 파악되는 것이다. 개인이 기체에 안주하는 것이 불가능해서 개인과 기체를 연결시키는 것은 부정성否定性이다. 독일 관념론에서 고전적인 '주체'는 끊임없이 미래를 향해 자기제작自己制作을 해나감으로써 자기의 동일성을 확보하는 존재이다. 「종의 논리」에서는 이러한 '주체'가 중심적 역할을 하고 있다.

「종의 논리」의 근대주의적 성격이 가장 분명히 나타나는 곳은 여기이다. 그러므로 사회편제를 바꾸려 하는 '근대적인' 개인에게 기체는, '전통적인 것'의 중압감으로서 그 모습을 나타낸다. 즉자적인 기체의 존재는 개인으로서의 '자각'보다 선행하지만, 논리적으로는 '자각'(집단적인 것으로부터의 개인의 소외가 없다면 '자각'은 생각할 수 없다)이 없다면 기체도 있을 수 없다. '근대적인' 주체성의 문맥에서 '전통적인 것'으로서의 기체가 이해 가능한 것은 이 때문이다.

'전통적인 것'은 실은 '근대적인' 주체에 의한 부정성의 문맥을 벗어난 곳에서는 무의미하다. 즉자적인 기체는 주체의 부정성에 의해 매개되지 않는다면 본래 존재할 수 없다. 다나베는 기체의 즉자성 그 자체가 하나의 매개 형태이며, 매개되지 않은 자연적인 것이나 직접적으로 부여된 것은 생각할 수도 없다는 점을 강조한다("물론 종의 직접 형태도 절대매개의 논리에서는 매개의 계기일 뿐이며, 매개와 달리 직접 형태로서 무매개無媒介로 존재하는 것은 아니다. 이를 기체라고 부르는 것도 명백히 같은 것으로, 매개의 계기일 뿐이다" — 「종의 논리와 세계 도식」 전집 제6권, 623쪽). 그는 이러한 그의 사회존재론의 성격을 '절대매개의 논리'라고 부르며, 민족의 전통이나 문화를 개인의 실천과 독립에 자연적으로 부여된 것으로 보는 민족주의의 주장을 이런 입장에서 철학적으로 논파하려 하고 있다.

근대적인 '종種'으로서의 국가

종의 존재를 개인에게 부과된 책무로서 이해한다면 책무의 실천 문제는 현재에서 미래로의 투기와 관련된다. 이 때문에 공동체에 대한 개인의 귀속은 미래의(혹은 시간성의) 문제로 파악될 것이다. 이에 대해 특수성과 일반성 분류의 논리로 종의 존재를 이해하려 한다면 이는 과거의(혹은 공간성의) 문제가 될 수밖에 없다(「종의 논리」가 시간성과 공간성을 어떻게 연결하는가에서 출발한 것은 이 때문이다. 1932년에 발표된 「도식 '시간'에서 도식 '세계'에로」가 『「종의 논리」 논문집』의 앞부분에 놓여 있는 것은 이 때문이다. 시간성과 공간성이 부정성을 매개로 해서 연결된다는 것, 즉 시간과 공간은 한쪽이 성립되면 다른 한쪽은 성립되지 않는 상호배제의 관계에 있다는 고찰이, 다나베가 도입한 도식 '세계'라는 개념인 것이다). 이러한 시간성과 공간성의 이해는 베르그송Henri Bergson(1859~1941)으로부터 많은 시사를 받았는데, 이런 관점에서 다나베는 주체를 미래로의 투기와 관련된 개체의 시간성으로서, 기체를 과거와 관련된 종의 공간성으로서 파악하는 것이 가능하다고 제시한다. 그리고 주체와 기체는 서로 끊임없이 부정하는 관계일 때 연결된다.

시간성에서 종에 대한 개체의 주체적인 귀속을 생각할 때 우선 직면할 수밖에 없는 난제는, 주어진 종에서는 당연시되는 책무 전부를 수용할 수 있는 개인은 어디에도 없을 것이라는 점이다. 개인이 귀속하고자 해서 충성을 맹세하는 종은 기체 그 자체가 아니며, 공동체에 대한 충성은 늘 공동체에 대한 비판의식과 더불어 존재한다. 자유로운 개인과 종은 조화로운 관계일 수가 없다. 그렇기 때문에 어떤 개인이 책무를 다하고 종에 귀속하는 것은, 종이 부과해온 책무를 거절하는 자유를 굳이 방기하는 것이다. 때로 종은 개체를 형벌 등의 공동체적 규범에 의거해 폭력적으로 유린하기도 한다. 그러나 이러한 개체의 자유를 절대 받아들이지 않는 종은 근대적인 종으로서 성립할 수가 없다. 근대적인 종으로서의 민족국가(국민국가)는 개체의 자유를 활발하게 하는 가능성을 늘 내포하고 있지 않으면 안 된다. 즉 개체가 종을 부정하고 비판하면서 종을 변환시켜갈 가능성에 대해, 종은 개방적이지 않으면 안 된다. 다나베에게 있어 근대국가가 민족(국민)과 국가를 애매한 하이픈으로 연결시킨 민족-국가가 된 것은, 기체가 주체에 의해 부정되고 보편성을 향해 열려 있는 국가 형태를 취하고 있기 때문이다. 여기서 문제가 되는 것이 '유類'라는 개념이다.

개체가 종을 변환시키기 위해 근거로 삼아야 하는 것은 전 인류가 타당하다고 생각하는 보편적 가치이다. 개체의 자유는 이 가치를 향해 현존의 종을 부정하고 마땅히 있어야 할 종으로 변혁시키기 위해 활용된다. 종이 자기 완결적으로 폐쇄된 세계를 만들어버리는 것을 방지하고, 종을 열린 모습으로 만들어내는 것이야말로 '유'이다. 그러나 유는, 종이 국민이나 민족공동체 혹은 사회계급으로서 (상상으로) 존재하는 것처럼 존재할 리가 없다. 그것은 상상의 공동체도 아니다. 또한 그것은 전 인류가 타당하다고 생각하는 것이라 할지라도 다수결로 결정되는 것이 아니라 어떤 이념적인 규범의 것이다. '유'는 개인이 대결하는 역사적으로 한정된 '종'의 외부 어딘가에 실체적으로 존재하는 것이 아니다. 이렇듯 인류 전체에게 타당할 수 있는 이념은 개인 행위를 좌우하면서 종의 역사적 변혁을 추진하고, 종을 세계사 속에서 변화하는 요소로서 인식하는 것을 가능하게 한다. 「종의 논리」에서 '유'의 개념이 개체와 종의 대립을 매개한다고 하는 것은 이 때문이고, 이러한 고찰은 개인 속에 살아 있는 '유'와 개체의 관계에 초점을 맞추고 있다.

그리고 기체로서 생각되고 있는 '전통적인 것'으로서의 종이라 해도 천편일률적인 통일체는 아니다. 또한 종이 무수한 종으로 분열할 수 있는 '비연속의 연속'으로 존재하는 이상, 「종의 논리」에서의 모든 국민공동체는 늘 다수의 민족통일체이며 내부에 계급차별이나 민족차별에 의한 분열의 위기를 내포하고 있는 것으로 생각된다. 즉 다나베가 생각하는 「종의 논리」는 다민족국가의 현실에서 출발하여 "민족국가를 더욱 연합시켜 국가의 국가를 형성한 것"을 끊임없이 시야에 넣은 국가철학이었다(앞의 책, 「사회존재의 논리」, 132쪽). 다나베에 의하면 다민족국가와 같지 않은 국가는 원리상 존재할 수 없는 것이다.

필자가 다나베의 사회존재론에는 국민주의의 포섭의 측면이 강하게 표출되어 있다고 생각한 것은 이 같은 이유에서이다. '유'에 의해 매개된 '종'이 기존의 사회편제에 대립하는 개인을 포섭하는 것은, 종에 대한 개체의 귀속을 주체적인 부정과 변혁에서 찾고 있기 때문이다. 어떤 출신이든지 일본사회를 비판하기 위해 일본이라는 국가에 주체적으로 참여하는 자는 일본인이 된다고 하는 논리가 그곳에는 거칠게 묘사되고 있다. 다나베가 "국가의 구성원다운 것이 개인의 최고 의무이다"라는 신조를 간직하고 있었던 것도 그리 놀랄 일이 아니다. 기체에 있어서 출신이 다른 개인이더라도 종의 변혁을 위해 '인류적 개인'이 된 주체가 된 이상, '인류적 국가'인 일본을 통해 미래에 대한 투기를 행하는 자는 모두 일본인이 될 것이다.

국민주의의 배제와 포섭

그러나 이러한 보편주의적인 국가철학은 간단히 제국주의적인 국가를 정당화하는 논리가 되고 마는 것은 아닐까? 나아가 제국주의적인 국민국가 내의 마이너리티 지식인을 국가체제 내로 동원하는 강력한 논리로 되는 것은 아닐까? 「종의 논리」에서는 '유'의 실현을 위해 개인은 자기 생명을 거는 것이 되는데, 세계사적인 사명을 짊어진 일본국가를 위해 개인은 생명을 걸라고 명령하는 설교로서 기능하게 되는 것은 아닐까? 본래 '유'적인 보편성을 표방하지 않은 제국주의가 있었던가? 다나베가 이상화한 국가가 아닌 현존하는 일본국가가 제국주의 정책을 수행하는 데 「종의 논리」가 이용된 사실을 보고도 못 본 척할 수는 없다. 그리고 다나베의 「종의 논리」는 의외로 다나베 본인의 의도를 넘어 예를 들어 미합중국의 국민주의와 공명하고 있다는 것이 판명되고 있다.

확실히 분류의 논리에서 즉시 귀결되는 인종주의로부터 「종의 논리」는 자유로운 듯이 보인다. 그러나 역사적으로 보아 인종주의는 오히려 보편주의적인 신조하에서 그 폭력성을 발휘해왔던 것은 아닐까? 아시아 · 태평양전쟁 중에 일본이라는 국민국가가 저지른 학살이나 잔혹성에는 인종주의의 징후가 역력하다. 우리는 또 다른 보편주의적인 교의와 인종주의의 관계를 묻는 것처럼, 「종의 논리」와 인종주의 그리고 국민국가의 폭력 관계에 대해 묻지 않으면 안 될 것이다(이 점에 대한 뛰어난 고찰은 Etienne Balibar, "Le racisme: encore un universalisme?," in *La crainte des masses*, Galilée, 1997, pp. 337~351 참조).

다나베가 고교 시절부터 큰 영향을 받은 기독교와 자유주의적인 휴머니즘의 흔적과 불교에 대한 그의 관심 등을 「종의 논리」에서 발견하는 것은 그리 어려운 일이 아닐 것이다. 다나베는 1930년대 상황에서 「종의 논리」를 민족주의적인 전체주의에 대한 철학적 비판으로 제출했다.

당시의 민족주의적인 전체주의에는 다나베의 뛰어난 제자였던 도사카 준戶坂潤이 그의 「일본 이데올로기」에서 비판했듯이 와쓰지 데쓰로和辻哲郎의 윤리학 등도 포함되어 있다고 봐도 좋을 것이다. 일본 패전 후 와쓰지의 철학이 널리 수용되면서 이른바 교토대학이라는 라벨이 다나베나 니시다의 교토대학 제자 가운데서도 민족주의적인 경향이 강한 자들에 의해 독점되어갔다. 이에 따라 다나베의 본모습이 잊혀감은 당연하다면 당연한 것이었다. 다나베가 잊혀감에 따라 이전의 일본제국이 다민족을 포섭해서 한반도와 타이완의 현지인에게도 일본인으로서 '오쿠니御國〔일본제국〕와 천황폐하'를 위해 생명을 바치도록 강요했던 사실도 잊혀갔던 것이다.

전후 일본에서는 국민주의와 배제가 논의되기는 했지만, 배제가 국민주의의 포섭논리와 어떠한 공범관계를 만들었는가를 주제로 문제가 제기된 적은 거의 없었다. 「종의 논리」가 오늘날에도 사상적으로 중요성을 가지고 있다면 그 이유 중 하나는, 국민주의는 배제와 포섭의 양면에서 동시에 분석하지 않으면 안 되고, 미합중국이나 호주 등의 국민주의뿐 아니라 일본의 국민주의도 다문화·다민족주의적 관점에서 비판을 필요로 한다는 점일 것이다.

참고문헌

戸坂潤, 「現代唯物論講話」(처음 게재 1936), 戸坂潤全集 제3권, 勁草書房, 1966 수록.

高坂正顯, 『民族の哲學』, 岩波書店, 1942.

家永三郎, 『民族思想史における否定の論理の發達』(처음 게재 1938), 家永三郎集 제1권, 岩波書店, 1997 수록.

家永三郎, 『田邊元の思想史的研究』, 法政大學出版局, 1974/家永三郎集 제3권 수록.

港道隆, 「自己犠牲と思辨」, 『現代思想』 1993년 1월호(204~219쪽), 2월호(274~302쪽) 수록.

酒井直樹, 「日本人であること—多民族國家における國民主體の構築の問題と田邊元の'種の論理'」, 『思想』 1997년 12월호(5~48쪽) 수록(영어 원문은 "Subject and Substratum: On Japanese Imperial Nationalism," in *Cultural Studies*, vol. 14, no. 3/4, 2000, pp. 462~530).

니시다 기타로, 『일본 문화의 문제』

고바야시 도시아키小林敏明 | 박홍영 옮김

西田幾多郎, 『日本文化の問題』, 岩波新書, 1940 · 1982(復刊) / 西田幾多郎全集 제12권, 安倍能成 외 編, 岩波書店, 1950 수록.
「日本文化の問題」(1938 講演筆記), 同全集 제14권 수록.

세계가 하나가 되다

긴박한 시국이었던 쇼와 16년, 즉 1941년 1월 23일, 황궁의 봉황실에서 니시다 기타로는 천황 히로히토裕仁를 상대로 〈역사철학에 관하여〉라는 개인 강의를 했다. 말하자면 왕 앞에서 학문을 강의한 것이다. 이 가운데 니시다는 오늘날 세계가 하나로 된 결과 여러 민족 간의 마찰과 알력이 생기고 있으며 전쟁도 불가피한 상황을 맞고 있는데, 이러한 투쟁 가운데서 세계 인류 문화의 총체적인 발전이 가능할 것이라고 하면서 나아가 다음과 같이 말하고 있다.

> 그런데 오늘날은 세계 교통의 발달에 의해 전 세계가 하나가 되었습니다. 오늘날의 국가주의는 이러한 입장에서 생각하지 않으면 안 됩니다. 각국이 각 국가체로 되돌아간다는 의미의 국가주의가 아니라, 각국이 현 세계에서 자기 위치를 점한다는 의미의 국가주의입니다. 즉 각국이 세계적으로 되지 않으면 안 된다는 의미의 국가주의라고 생각합니다. (중략) 한 국가가 세계사적 성질을 갖는다는 것이 어떤 것을 의미하는가에 대해 말씀드리면, 그것은 어디까지나 전체주의적이면서

도 단순히 개인을 부정하는 것이 아니라, 어디까지나 개인의 창조를 매개로 한다고 말하는 것에 있다고 생각합니다. (전집 12권, 270~271쪽)

이러한 발언을 단순히 시국에 대한 영합으로 해석하는 것은 잘못이다. 왜냐하면 여기서는 분명하게 당시 일본 군사정부가 갖고 있던 것과는 다른 인식이 보이기 때문이다. '세계가 하나가 된다'는 일종의 인터내셔널리즘을 전제로 한 이 내셔널리즘은 '개인'의 창조성을 강조하고 있다. 이는 전년인 1940년 10월에 발족하여 오로지 '멸사봉공'을 향해서 돌진하던 대정익찬회大政翼贊會[1]의 동향에 역류하는 것이라고까지 할 수 있다. 특히 이 발언 가운데 있는 두 가지 부정에 대해 주의하지 않으면 안 된다. '각국이 각 국가체로 되돌아간다는 의미의 국가주의가 아니라'와 '단순히 개인을 부정하는 것이 아니라'이다. 이러한 니시다의 부정은 〔국가주의적 전체주의에 대한〕 항의이다. 그러나 현실의 사태는 오히려 니시다의 의도와 반대로 '각국 자신으로 돌아가고' 있고 '단순히 개인을 부정하는' 방향으로 나아가고 있음을 말하고 있다.

이러한 서술에서도 보듯 니시다가 전쟁 중, 군부와 우익의 압력에 끝까지 저항하지 못하고 결국 '패배'·'가담'했다는 것은 속단에 불과하다고 말할 수 있다. 그러나 반면에 정말로 그와 같은 숨겨진 항의를 이유로 니시다의 국체나 황실에 대한 발언을 감안해서 해석해야만 한다는 옹호론 역시, 의식적이든 무의식적이든 어떤 결정적인 점을 무시하고 있다는 점에서는 잘못이다. 그것은 니시다가 기본적으로 민족 간의 투쟁, 전쟁을 부정하기는커녕 그것을 역사의 필연으로 보고 있다는 점이다. 이미 헌팅턴의 '문명의 충돌'에 앞서서 주장한 듯한 이러한 니시다의 견해는 이제 신중하게 해석하지 않으

1 태평양전쟁을 앞두고 군국주의 체제가 국민총동원 체제를 구축하기 위해 거의 모든 정당세력들을 해체하도록 하여 구성한 공사결사체이다. 태평양전쟁 체제에서 군부의 방침을 추인하고 지지하는 데 중핵적인 조직이었으며, 1940년 10월 12일부터 1945년 6월 13일까지 존재했다.

면 안 될 것이다.

도대체 '세계가 하나가 된다'는 말은 무슨 말인가? 확실히 이는 근대 자본주의 시스템의 세계화이며, 이렇게 말해도 좋다면 유럽 중심주의의 현재화顯在化를 의미한다. 이러한 인식은 어느 하나도 오늘날의 '글로벌화' 시대의 것이 아니다. 한때의 마르크스주의자나 사회과학자는 물론 니시다를 비롯한 교토학파에게도 이러한 것들은 자명한 것이었다. 이러한 전제 위에서 니시다의 '민족 간 투쟁'이나 '국가주의'를 다시 생각해볼 때, 거기에서 바로 오늘날의 과제가 발견된다는 점을 깨닫게 된다. 중요한 것은 니시다의 발언을 '전근대'로 치부할 것이 아니라 오히려 그것을 철저하게 '근대'의 현상으로 바라보자는 것이다. 옹호파에 의한 선불교나 신비사상으로의 회귀, 비판파에 의한 스테레오 타입의 라벨 붙이기 등이 오늘날에는 모두 진부하게 여겨진다. 그 이유는 그들 모두가 니시다가 지니고 있었던 근대에 대한 시점을 놓치고 있기 때문이다.

이 책에 앞선 두 개의 텍스트

그런데 1940년 이와나미신서岩波新書의 하나로 출판된 『일본 문화의 문제』라는 저작에 앞서 두 개의 텍스트가 존재한다. 하나는 1937년 문부성 교학국 주최로 히비야日比谷 공회당에서 열린 강연 〈학문적 방법〉이며, 또 다른 하나는 1938년 교토대학 학생과 주최로 열린 '월요강의'의 일환으로 진행된 강연인 〈일본 문화의 문제〉이다(덧붙이면 전자는 신서 『일본 문화의 문제』의 부록으로 간행되었으며, 후자의 개요 필기록은 전후 1948년에 교토대학신문에 발표되었다). 두 강연이 시국적으로 어떠한 의미를 지니고 있는가에 대해 말할 여유는 없지만, '월요강의'에서는 니시다의 라이벌이며 '종의 논리의 변증법'을 주창한 다나베 하지메도 '사생死生'이라는 제목으로, 출정하려는 학생들 앞에서, 유럽적인 죽음의 개념을 능가하는 일본적인 죽음의 의미를 강연하고 있었다는 것을 지적해둔다. 당시 이들 강연을 둘러싸고 있던 분위기가 어떠한 것이었는가는 쉽게 짐작이 갈 것이다.

우선 강연 〈학문적 방법〉이 주창하는 것은 '세계적 원리'에 입각한 '동양 문화', 나아가서는 '일본 정신'의 건설이었다. 이를 요약하면 황실을 중심으로 한 일본은 이제 '세계적·공간적' 시대를 맞이하고 있다는 것이다. 이러한 시대에는 이성적이며 학문적인 이론투쟁이 필요하다. 그런데 지금까지 동양에는 '교敎'는 있어도 '학學'은 없었다. 그렇기에 지금이야말로 '학문적 방법'이 필요하다는 것이다. 이것이 심정형心情型 울트라 내셔널리즘 ultra-nationalism[2]에 대한 간접적 비판임은 두말할 나위가 없다.

또 다른 강연인 〈일본 문화의 문제〉에서는 우선 세계의 시간적·공간적 다이너미즘 구조가 '만들어진 것에서 만든 것으로'나 '모순적인 자기 동일'이라는 니시다 특유의 용어로 설명된다. 거기서 니시다는 다나베류의 '역사적 생명'으로서의 '종' 개념을 도출한다. 황실을 중심으로 한 일본 민족이 그 '종'의 하나임을 말함은 물론이다. 그 종이 이제 세계적인 규모의 종과 만나면서 상극현상을 빚는 것이 오늘날의 상황이라고 규정한다. 따라서 "오늘날 우리들의 '일본 문화의 문제'"라 함은 "우리 일본인이 직선적인 문화 속에 성장해 와서 외부의 세계적인 문화에 부딪히고 있는 오늘날, 어떻게 하면 세계 문화를 소화해 섭취할 것인가, 또는 세계 문화에 대해 어떤 태도를 취할 것인가"(전집 14권, 399쪽)라는 것이다. 그런데 일본에는 아직 이러한 상황에 대처할 만한 '학문의 근본원리'가 없으며 안타깝게도 '일본 정신'만이 들려올 뿐이다. 일본 문화의 특수성을 과장하지 말고, 오히려 '만국사萬國史적인 일본 원리'를 만들지 않으면 안 된다는 것이다. 인류에게는 '원문화原文化'라는 것이 있고, 동양 문화, 일본 문화도 그것에서 기원한 것 중 하나이다. 이런 점에서 서양 문화와 동양 문화를 비교한다면, 전자는 공간적이

2 초국가주의를 말한다. 이 글에서는 1930년대 이후 종전까지의 군국주의시대 내셔널리즘을 지칭한다.

고 이지적이어서 유有의 문화이며 형태가 있는 문화라고 할 수 있다. 이에 비해 후자인 동양 문화는 시간적이고 정의情意적이며 형태가 없는 문화이다. 그 가운데에서도 일본 문화는 음악적이며 직선적이다. 일본 문화의 우수함과 약점은 바로 여기에 있다. 즉 "지속적으로 외국 문화를 그대로 받아들이고, 다시 자신이 변해가면서", "다종의 문화를 통합시켜가는" 가능성이 있는 반면에, "자신의 것을 갖지 않고", "내용이 없고 명목론nominalism이 될" 가능성도 있기 때문이다. 일본이 전자의 장점을 살려나가야 함은 당연하다(전집 14권, 416~417쪽).

이상 간단히 살펴본 두 텍스트의 요지는 글로벌화된 세계 공간 속에서의 일본의 위상 문제였다. 그러면서 아직 일본은 그러한 자각이 없다는 '비판' 의식도 작용하고 있다. 그러면 이러한 내셔널리즘은 어떤 내셔널리즘이었을까? 이 내셔널리즘은 단순한 '복고'를 비판한다. 말 그대로 '유신維新'이어야 한다는 것이다. 동양에는 '학'이 없고 지금이야말로 그것이 필요하다는 인식이 엄밀한 것이 아닌 것은 분명하다. 그렇지만 문제는 그러한 주장의 배후에는 무엇이 작용하고 있는가이다. 니시다는 서양에서 유래한 '학'을 적극적으로 채용하라고 말한다. 이는 민족 간의 투쟁이 필연이 되고 있는 '세계사적인 세계' 시대에 필수적인 무기라는 것이다. 이를 매개로 '형태 없는 음악적인' 고유의 문화를 표현하고 '투쟁'하는 것, 그것이 지금 일본인에게 주어진 초미의 과제라고 말한다. 즉 니시다는 서양의 패러다임을 새로운 세계질서 형성을 위한 기본논리로서 수용할 것을 호소하고 있는 것이다. 동시에 서양을 반면 거울로 삼아 자기상自己像을 만들 것을 희구한 것이다. 이 발상은 메이지 초기 서양 근대에 최초로 직면했던 계몽파의 그것과 닮아 있다. 그렇기 때문에 니시다가 악명 높은 '국체國體' 개념을 말할 때에도 그것은 군부 우익의 광신적인 개념과 일단 구별되지 않으면 안 된다. 그것은 오히려 『문명론의 개략文明論之概略』에서 후쿠자와 유키치福澤諭吉가 말한 것처럼 nationality의 번역어로서의 '국체'였다. 즉 니시다가 희구한 것은 근대적인 네이션이었다고 볼 수 있다.

『일본 문화의 문제』

이러한 것을 전제로 1940년의 『일본 문화의 문제』를 살펴보자. 앞선 텍스트에 비해 철학적 논의가 많아진 것 외에 전체적인 논지는 기본적으로 변하지는 않았다. 그러나 몇 가지 점이 강조되기도 하고 추가되기도 했다. 우선 눈에 띄는 것은 '투쟁' 개념이 한층 명확히 자리 매김되어 강조된 점이다. 예를 들면 이렇다.

> 시간·공간의 모순적인 자기 동일의 세계에서는 어디까지나 공간적으로 대립하는 것의 통일로서, 비연속의 연속으로서 무수한 시간이 성립하고, 무수한 종이 성립한다. 종과 종은 직접적으로 결합하지 않는다. 종과 종 사이에는 어디까지나 투쟁이 있을 뿐이다. (중략) 역사적 세계는 모순적인 자기 동일로서 어디까지나 종과 종이 서로 대립하고 서로 싸우는 투쟁의 세계이다. (전집 12권, 334쪽)

여기서 메이지 이래 일본 사상에 적지 않게 영향을 준 다위니즘Darwinism의 모습을 확실히 볼 수 있다. 일본에서도 이러한 사상이 마르크스주의와 연동되어 생물진화론의 영역을 넘어 사회사상, 역사관에까지 넓은 영향을 미쳤음은 잘 알려져 있다. 아마도 사회다위니즘식의 발상은 '세계 시스템'이 작동하는 가운데 '문명의 충돌'이 불가피하다고 보는 인식과 무관하지 않을 것이다. 이런 의미에서 그것은 매우 근대적인 현상이라고 볼 수 있다. 니시다는 이것을 후에 '(절대) 모순적 자기 동일'이라든가 '비연속의 연속'이라는 자기 고유의 철학 용어로 설명하려고 했다.

이러한 종과 종의 투쟁에 관해서 또 하나 간과할 수 없는 강조가 있다. 그것은 그 속에 보이는 셀프 오리엔탈리즘self-orientalism적인 일본의 특수한 위상이다. 일본 역사는 다양한 세력에 의한 권력투쟁의 역사였다. 그러나 그 사이에도 황실은 일관되게 지켜졌고, 일이 있을 때마다 '황실로 돌아간다'고 하는 일이 일어났다.[3] 이것이 "일본 역사에서 황실은 어디까지나 무無의 유有였고 모순적인 자기 동일이었다" (전집 12권, 336쪽)고 하는 테제의 구체적인 내용이다. 이러한 '무의 유'를 중심에 놓은 일본 문화야말로 '만들어진 것에서 만드는 것으로라는 역사적 형성 작용'을 갖지 못한 중국 문화를 뛰어넘어 유일의 '세계 형성의 원리'의 가능성을 간직하고 있다는 것이다.

> 동양의 하나의 고도孤島로 위치해 수천 년 이래 거의 고립된 사회로서, 독자적인 발전을 이뤄낸 일본 민족에게는 일본이라는 것이 곧 세계였다. 일본은 종縱의 세계였다. 일본 정신은 일본 역사의 건설에 있었다. 이제 일본은 더 이상 동양의 하나의 고도인 일본이 아니며, 고립된 사회가 아니다. 세계의 일본이고, 세계를 향해 선 일본이다. 일본 형성의 원리는 바로 세계 형성의 원리가 되지 않으면 안 된다. (전집 12권, 341쪽)

쇄국에서 개국으로라는 과정을 연상시키는 이 발언은, 지금은 일본이 세계를 향해서 열려 있다는 시대의 필연성만을 말하고 있는 것이 아니다. 여기에는 이미 일본을 세계 역사의 특권적 위치에 올려놓으려는 열망이 보인다. 일본 문화의 특색은 '자기를 비우고 사물을 바라보며 자기가 사물의 중심에 빠져버리는 것'과 같은 '무심'에 있다(346쪽). 그렇기 때문에 거기에는 인도나 중국과는 달리 '동서 문화의 결합점'(360쪽)으로서의 가능성이 있다. 일본주의 이데올로기나 이후의 일본인론 등에 자주 보이는 역사에 대한 '무'의 편의주의opportunism적 적용인 것이다. 이런 인식에다 "유럽의 중세에는 중세적인 인간이 있었고, 근세 유럽에는 근세 유럽적인 인간이 있었다.

---

3 일본 역사를 볼 때 역사상 큰 전환기에는 (정치적 실권이 없었던 시기에도) 천황의 의사가 중시되고, 천황이 주요 결정의 중심 역할을 수행했다는 역사 사실들을 염두에 둔 표현이다.

그런데 오늘날 유럽에는 이러한 흐름이 막혀 있다"(374쪽)고 한 슈펭글러 Oswald Spengler(1880~1936)식의 '서구의 몰락' 인식이 겹쳐질 때 어떠한 것이 될까? 세계가 하나가 된다는 '세계사적 세계' 에서 유럽이 그 주도적 지위를 상실해가고 있다면, 그 후계는 동서 문화의 결합 가능성을 유일하게 간직하고 있는 일본 이외에는 없는 셈이다. 그렇지만 니시다에게 있어서 이런 지위의 달성에는 원리적으로 민족 간의 투쟁을 피할 수가 없다.

> 역사에서의 투쟁은 늘 새로운 세계로 전개할 때의 고충이다. 역사의 진보는 비극적이다. 그곳에는 새로운 인간이 태어나지 않으면 안 된다. (중략) 오늘날의 세계 투쟁으로부터 다시 새로운 인간의 형태가 태어나지 않으면 안 된다. (전집 12권, 334쪽)

'오늘날의 세계 투쟁' 이 지시하는 내용은 자명하다. 그렇기에 '투쟁' 의 구체적인 내용을 등한시한 채 니시다가 이렇게 선언하는 경우, 이 주장은 한없이 군부의 그것에 접근해버린다. 그러므로 니시다는 여기서 유보 하나를 추가해두어야만 한다. 그것은 근대 유럽이 체현하는 패권주의, 제국주의, 그 결과로서의 식민지정책에 대해 거리를 두는 것이다.

니시다에 따르면 세계가 환경적으로 하나가 된다는 것은 '하나의 주체가 세계' 가 되거나 '하나의 국가가 세계를 지배' 하는 것처럼 되는 것이 아니다. 거기에서는 '주체적인 것이 부정되어가는' 것이 되어야만 한다(373쪽). '대동아공영권大東亞共榮圈' 도 그 안에서만 의미를 갖는다. 이런 이상理想에서는 '무' 를 중심에 둔 일본 문화가 기축이 된다. '주체' 로서의 일본은 사라지고 그 이념인 '무' 만이 남는다. 그리고 황실도 '무의 유' 로서 남는다. 니체의 말을 빌리면 "인간은 욕심이 없는 것보다는 무無를 욕심내는 편이 낫다"라는 것이다. 이는 기묘한 궤변으로 들린다. 그러나 이는 무無로 환원된 천황이라는 존재에 의탁해 내셔널 아이덴티티를 얻으려는 변형된 근대의 욕망에 지나지 않는다. 나는 여기서 천황기관설天皇機關說[4]의 니시다판인, 전후 상징천황제의 선구까지도 보고 싶은 생각이 든다.

참고문헌

西田幾多郎全集, 岩波書店, 1947~53.

河上徹太郎 외,『近代の超克』, 富山房百科文庫, 1979.

高山岩男,『世界史の哲學』, 岩波書店, 1942.

小林敏明,『西田幾多郎 他性の文體』, 太田出版, 1997.

田邊元,『種の論理の辨證法』, 田邊元全集 제7권, 筑摩書房, 1963 수록.

戶坂潤,『日本イデオロギー論』, 戶坂潤全集 제2권, 勁草書房, 1966 수록.

廣松涉,『'近代の超克' 論』, 廣松涉著作集 제14권, 岩波書店, 1997 수록.

4 메이지헌법하에서 일본 국가의 통치권(주권)은 법인인 국가에 있고, 천황은 최고기관으로서 타 기관의 참여와 보필을 받아 통치권을 행사한다고 하는 헌법학설을 의미한다. 이러한 학설은 1930년대 일본 군부가 집권하고, "일본은 만세일계의 천황을 군주로 하며, 천황이 국가를 통치한다"는 국체사상이 확산되면서 배격되고 탄압되었다.

프리드리히 헤르츠, 『역사와 정치에서의 국민성』

구로미야 가즈모토黒宮一太 | 박홍영 옮김

Frederick Hertz, *Nationality in History and Politics: A Psychology and sociology of National Sentiment and Nationalism*, Routledge & K. Paul, London, 1944.

내셔널리즘 연구가 내셔널리즘론이라는 모습으로 체계화된 것은 전후의 일이며, 그 역사는 겨우 50여 년이라고 한다. 그 체계화에 기여한 인물로는 내셔널리즘 연구의 '쌍둥이 창시자'라고 불리는 한스 콘Hans Kohn(1891~1971)과 칼턴 헤이스Carlton Joseph Huntley Hayes(1882~1964) 두 사람이 있다.

헤이스가 1931년에 『현대 내셔널리즘의 역사적 진화*The Historical Evolution of Modern Nationalism*』를, 콘이 1944년에 『내셔널리즘의 사상 *The Idea of Nationalism*』을 내놓은 이래 현재에도 두 사람은 창시자로서 확고한 자리를 지키고 있다고 해도 좋다. 내셔널리즘을 '서구형'과 '비서구형'이라는 두 가지 타입으로 분류한 '콘의 이분법'이 현재에도 연구자들 사이에 영향력을 미치고 있음은 좋은 예이다.

이렇듯 내셔널리즘 연구의 역사에서 이 책은 콘의 책과 같이 1944년에 출판되긴 했지만, 앞의 두 저서만큼 영향력이 있다고는 말할 수 없다. 현재 내셔널리즘 연구에서 헤르츠가 언급된다든지, 그의 저서가 문헌에 인용되는 것은 앞의 두 사람보다 많다고 말할 수 없기 때문이다. 그럼에도 이 책을 손에 한번 잡은 독자라면 이러한 취급에 대해 조금은 이상하다고 생각할 것이다. 전쟁 중의 여러 제한 속에 저술되었음에도 불구하고 다방면에 걸쳐 국민성(내셔널리티)에 관한 상세한 고찰을 하고 있는 이 책은, 많은 연구서들 가운데서도 드물게 보이는 대작이라고 말해도 좋을 것이다.

1878년 빈의 독일계 가정에서 태어난 헤르츠는 빈, 뮌헨, 런던 등의 대학에서 경제학을 공부했다. 1차 대전 후 경제학과 사회학 교수가 되기까지 오스트리아의 공무원으로 일하는 등, 폭넓은 문화적 환경 속에 있었던 사람이라고 전해진다. 그리고 그의 일생의 관심사였던 국민성과 인종에 관한 문제에 대해 고찰한 것이 이 책이다. 그 구성은 다음과 같다.

제1장 국민의식의 구조와 형태
제2장 국민성과 인종
제3장 국민성과 언어
제4장 종교와 국민성
제5장 국가의 영토
제6장 국민의 국가와 국민의 의지 및 성격
제7장 근대 내셔널리즘의 사회적 배경
제8장 정치사상과 국민 이데올로기

지면 사정상 흥미 있는 상세한 차례를 전부 나열하지 못하는 것이 유감이지만, 이것만 보아도 내셔널리즘 혹은 네이션을 고찰할 때 반드시 문제가 되는 물음들이 각 장마다 상세히 고찰되고 있음을 알 수 있을 것이다.

내셔널리즘의 신비

내셔널리즘이 다른 어떤 정치적 신조보다도 강력하다는 것이 증명되어왔음에도 불구하고 이를 공공연히 비판하는 사람은 거의 없다고 헤르츠는 지적한다. 영어권에서는 내셔널리즘이 국민감정과 동일시되기 때문에 이 감정을 배제한다든가 하는 것은 거부된다. 오히려 일반적인 시각에서는, 국민성이나 국민감정이나 어떤 것이든 내셔널리즘으로 통합되어 취급되기에 가치 있는 것이 된다. 헤르츠는 이러한 내셔널리즘의 취급 방식을 '내셔널리즘의 신비'라고 부른다. 이 신비라는 것에는 용어 자체의 다양한 이용 방식이 적지 않게 영향을 미치고 있을 것이다.

예를 들어 영국에서 네이션은 사람들로 해석되면서 '인민의', '민주적인'이라는 의미가 더해진다. 이에 반해 독일에서는 국가의 위신이나 존엄과 같은 훨씬 감정적인 언어가 된다. 이러한 용어 사용의 다양성은 갖가지 이데올로기나 이해관계가 적대되고 대립하는 가운데 정착한 것이다. 그리고 앞서 언급했던 이 시대의 저명한 내셔널리즘 연구자인 헤이스는 근대에 들어서 무엇이 내셔널리즘을 크게 유행시켰는지 모르겠다고 곤혹스럽게 고백했다. 그는 내셔널리즘 연구에서 용어 사용이 명확하지 않았기에 이러한 곤경에 당면했다고 말한다. 그래서 헤르츠는 이 책 속에서 우선 명확하고 안정된 용어법의 확립을 지향한다.

국민성에 관한 고찰

이 책은 '내셔널리즘론'이라고 말하기보다는 '내셔널리티론'이라고 하는 것이 더 정확하다. 이런 점에 이 책의 최대 특징이 나타난다. 헤르츠가 첫머리에서 이 책은 인간성과 인간사회에 대한 연구이며, 역사적인 고찰과 심리학적, 사회학적 방법을 연계시킬 필요가 있다고 언급한 것을 보아도 이 점이 분명하다.

헤르츠는 국민의식의 모든 발현을 모두 '내셔널리즘'으로 부르는 관례를 비판한다. 이것은 국민감정의 온화한 형태와 공격적인 형태의 차이를 간과함으로써, 내셔널리즘을 국민의식과 동일시해온 영어 용법에 현저히 나타나 있다. 따라서 이 책에서는 내셔널리즘을 어디까지나 위신이나 지배 등을 중심에 둔, 국민의식의 특별한 형태라고 한다. 그리고 '국민성'에 관한 고찰을 통하여, 공격적인 형태로 나타나는 내셔널리즘에 한하지 않고 'national'이라는 단어가 앞에 붙는 보다 광범위한 현상들을 다루려 했다.

헤르츠의 국민성에 관한 고찰은 지금 서술한 것 같은 애매함이 남는 용어에 명확한 의미를 부여하는 것에서부터 출발한다. 그런데 일본어로 번역할 때도 보이듯이 national이라는 단어가 앞에 붙는 일련의 용어들은 '국민'이나 '민족', 때로는 '국가'에 가까운 의미로 사용되고 있어 그 다양성을 엿볼 수 있다. 따라서 이 용어가 나타내는 의미에 명확성을 부여한다는 것이 쉽지는 않다. 더욱이 헤르츠가 지적하듯이 이 책의 고찰 대상인 국민성과 관련한 현상은, 내셔널한 언어나 영토 등의 객관적이고 외적인 요소와 국민의식이나 국민감정 등의 주관적이고 내적인 요소가 복잡하게 얽혀 일어나는 현상이기도 하다. 따라서 헤르츠는 이 객관적 요소·주관적 요소와 국민성의 관계를 정밀하게 고찰한다.

국민성과 인종, 언어, 종교, 영토

헤르츠의 지적에 의하면 지금까지의 내셔널리즘론에서 네이션 개념을 정의할 때 결정적인 요소로 간주된 것이 인종이나 언어 등의 객관적 요소였다. 국민성에 대해서도 마찬가지였다.

국민성과 인종이라는 두 개의 개념에는 많은 유사점이 있어, 이 두 개의 개념을 각각 분리시키는 것은 어렵다고 생각되고 있다. 물론 이론적으로 인종감정人種感情은 교육이나 동화에 의해서는 변화하지 않는 뿌리 깊고 자연스런 것이며, 더욱이 유전적 상이함에 따르는 신념으로 구성되어 있다. 이에 비해 국민감정은 사회에 의해 변화시킬 수 있는 역사적, 사회적인 차이를 가정하고 있으므로 이들의 구별은 분명하다. 그러나 실제로 이러한 차이를 확실히 이해하고 있는 사람은 거의 없다. 대부분의 사람은 이를 의식하지 못하고 내셔널한 차원에서의 상이함을 인종적인 상이함으로 늘 해석하고 있다고 말한다.

이것은 일반적으로 대부분의 사람들이 육체적인 관련성이 없이는 긴밀한 사회적 통합을 생각할 수 없고, 공통으로 흐르는 피가 없이는 공통의 심성에 대해 생각하는 것이 불가능했기 때문이라고 생각된다. 따라서 많은 사람은 인종과 네이션은 긴밀한 관계에 있다고 보며 동일시하기도 한다. 그러나 네이션은 사회과학 용어이며 인종은 자연과학 용어로 둘의 개념은 인간의 다른 측면을 말하는 것이라고 헤르츠는 지적한다.

언어에 대해서도 마찬가지인데 국민의식은 내셔널한 언어를 통해 형성된 공동체의 전통적인 결합으로 본다. 언어는 사람들의 국민적 연대를 교육하는 수단이며 국민성을 나타내는 상징으로 간주된다. 즉 동일 언어를 사용하는 사람들에 의해 하나의 네이션이 형성된다고 하는 것이 일반적인 생각이다. 나아가 내셔널리즘은 내셔널한 언어가 한 나라에서 지배적이라는 것을 위신에 관계된 문제로 간주한다. 그래서 내셔널리즘은 타국에 사는 사람이라 해도 같은 언어를 사용한다면 모두 합병시켜야 한다고 주장하거나 외국어와 혼합되지 않는 언어의 순화純化를 바란다. 특히 언어가 네이션 혹은 국민성을 규정하는 기준이라는 생각은 독일 내셔널리즘의 이데올로기 가운데 특별한 역할을 해왔다. 범게르만주의라든가 그 후계자인 나치즘은 동유럽 및 중부유럽에 흩어져 독일어를 사용하는 사람들을 독일 국민의 일부로 간주하여 확장주의적인 이데올로기를 정당화했던 것이다. 그러나 헤르츠는 네이션을 같은 언어를 사용하는 집단이라고 생각하는 견해에 대해서는 옹호할 수 없다고 한다. 다양한 언어를 사용하는 사람들이 같은 네이션의 구성원이 되기도 하고, 반대로 복수의 네이션에서 동일 언어가 사용되고 있는 사실을 생각한다면, 언어는 네이션을 규정하는 중요 요인이기는 하지만 충분한 기준이 될 수는 없다는 것이다.

종교와 영토에 관해서는 더 복잡해진다. 근대 내셔널리즘에서 종교는 매우 어려운 위치에 있다고 헤르츠는 지적한다. 내셔널리즘이 종교적인 충성심에 적대적인 경우도 있고, 내셔널리스트가 종교에 대해 적대감을 공공연하게 표시하지 않는 경우도 있다. 또한 모든 국민성은 그 국민정신을 상징화하는 독자적인 종교를 갖는 것을 희망하고 있다고 말한다.

국민성에 있어서 영토의 중요성은 주로 국민감정에 영향을 미친다고 말한다. 많은 사람들은 태어나 자란 고향에 대해 특별한 생각을 품고 있을 것이다. 고향에 대한 우리의 감정은 각자의 삶 가운데서 긴밀하고도 개인적인 많은 경험, 즉 어린 시절의 기억이나 가족 및 친구들과의 추억의 산물이다. 그러나 국민감정과 고향에 대한 감정이 같은 것은 아니다. 내셔널의 영토에 대한 애착이나 애정은 공통의 역사, 여론의 힘, 교육, 문학, 국민가國民歌, 기념비 등의 수단에 의해 마음속에 심어지는 것이기 때문이다. 물론 고향에 대한 감정도 내셔널한 충성심을 만들어내는 요인의 하나라는 것을 헤르츠는 지적하고 있다.

국민의식의 분석

그러나 언어의 예에서 보듯이 이러한 객관적인 요소는 내셔널리스트들의 정당화에 이용되어왔다. 이러한 객관주의의 결함 때문에 많은 정치이론가들은 네이션이 되고자 하는 사람들의 의지에 의해서 네이션이 형성된다고 하는 주관주의를 지지하게 되었다고 말한다. "네이션이라 함은 매일의 인민투표다" 라고 말한 르낭Ernest Renan의 정의는 이러한 주관주의의 대표일 것이다. 그러나 단순히 의지만으로 네이션을 만들 수 있는 것은 아니다. 헤르츠는 네이션이 되고자 하는 의지를 중시하는 주관적인 요소를 지나치게 강조해버리면, 네이션이 갖는 숙명적인 요소를 이해할 수 없게 된다고 지적한다. 그 숙명적 요소란 네이션은 단순한 회사나 클럽과 같은 공동체와 달리 역사적 사건이나 자연적 요소에 의해 만들어진 운명의 공동체라는 것이며, 그리고 모든 개인은 스스로의 국민성을 선택한다든가 근본적인 특성을 바꿀 수가 없다는 것이다.

헤르츠는 주관주의는 본질적으로 옳다고 하면서도 주의 깊게 고찰할 필요가 있다고 지적한다. 그에게 근본적인 물음이란 국민성을 형성하는 주관적 요소인 국민의식이다. 그러나 그것은 복잡한 심리적 구조를 갖고 있어 수많은 역사적, 사회적 상이성을 나타낸다. 게다가 앞서 살펴본 대로 내셔널한 언어나 영토 등의 객관적 요소와도 긴밀하게 관련되어 있다. 여기서 헤르츠는 시대나 상황에 의해 변화하는 네이션의 의미를 정적靜的인 정의定義에서 고찰하는 것이 아니라 국민의식의 동적動的인 요인에 주목해 기술하는 것이 필요하다고 주장한다. 그리고 헤르츠는 네이션을 국민의식을 가지고 있는 사람들이라고 정의하고, 그 위에서 국민의식을 고찰해나가고 있다.

그렇다면 국민의식이란 무엇인가? 헤르츠는 우선 국민의식이란 특수한 집단의식 혹은 집단적 연대라고 한다. 그리고 그것은 어떤 특정 목적을 추구하는 가운데 집단 구성원들 간의 연결을 구성한다고 한다. 그러나 이와 같은 정의는 내셔널리스트들에 의해 설명도 정당화도 필요 없는 자연적 본능으로서의 숙명적인 이데올로기로서 이용될 수밖에 없을 것이다. 여기서 헤르츠는 네이션을 과거와 연결하는 전통, 현재와 연결하는 이해관계, 장래와 연결하는 이념이라는 세 요소가 중요하다고 생각한다. 네이션 속의 지배적인 전통, 이해관계, 이념이 국민적 성격이라는 것을 생성하고, 그것이 국민적 욕구와 국민적 이데올로기를 형성한다고 하고 있다.

우선 국민적 욕구부터 살펴보면, 이는 다음의 네 가지로 구성된다.

① 정치적, 경제적, 사회적, 종교적, 문화적인 통일체, 공동체, 연대로부터 형성되는 국민적 통일. ② 외국의 지배나 간섭으로부터의 독립과, 네이션이 비국민적이고 능멸적이라고 느끼도록 하는 여러 압력으로부터의 국내의 자유를 포함한 국민적 자유. ③ 분리, 특수성, 개별성, 오리지낼리티, 특성. ④

여러 네이션들 사이에서의 구별, 즉 명예, 존엄, 위신, 권세.

국민의식은 이러한 국민적 욕구가 통일, 자유, 개별성, 위신이라는 4요소들로 만들어져 결합되는 가운데에서 구성된다는 것이다. 그리고 국민의식은 다양한 형태나 정도로 발현하는데, 내셔널리즘으로 동일시되어온 것과 같이 반드시 공격적인 형태만 있는 것이 아니며, 반대로 온화한 형태로 발전해가는 경우도 많다고 지적한다.

헤르츠에 의하면 국민의식 또는 국민성에는 두 가지 측면이 있다고 한다. 즉 긍정적이고 건설적인 측면은 국민적 결속이나 자유를 향한 노력으로 나타난다. 반면에 부정적이고 파괴적인 측면은 서로의 불신이나 편견, 다른 네이션에 대한 우월감이나, 지배하려는 욕구를 불러일으키는 거부감이나 차단으로 마음속에 나타난다는 것이다. 국민의식의 부정적이고 파괴적인 측면의 특징인 배타적인 경향은 내셔널리즘 가운데서 표명된다.

전통, 이해관계, 이념에 의해 형성된 국민적 성격은 독자적인 성격을 표명하려는 욕구로부터 국민적 이데올로기를 만들어내기도 한다. 이는 국민적 영웅의 숭배나 국가적 공적에 대한 자부심을 확대하고 문학, 음악, 예술, 제사, 문장紋章 등에 특별한 심성을 부여한다. 나아가 이 이데올로기는 네이션이 고귀하고 유서 깊으며 정통의 계통이라는 신화와, 이를 계승하는 것이 네이션의 위대한 사명이라는 또 다른 신화를 만들어내어, 이들 신화를 최대한으로 이용한다는 것이다. 개인이 완전히 네이션에 종속되어 있는 곳에서는 그 국민적 이데올로기가 개인의 성격까지도 결정할 수밖에 없다고 한다. 또한 자기 네이션의 탁월함을 강조하는 신념에 의해서 다른 네이션에 대한 불신 등과 같은 내셔널한 차원의 편견도 생겨날 수 있다고 헤르츠는 지적한다.

이 책에서는 국민의식과 국민성에 관한 상세한 고찰이 절반 이상을 차지하고 있다. 헤르츠가 국민성에 대해 명확한 의미를 부여하고 주변 개념과 비교 고찰하는 것을 고집한 이유는, '국민성'에 대한 윤곽을 확실히 그려놓아야만 공격적인 내셔널리즘이 생겨나는 원인을 고찰할 수 있다고 생각했기 때문일 것이다. 그러므로 마지막 두 개의 장에서 국민적 의지를 형성하는 데 막대한 영향을 준다고 하는 보수주의자, 자유주의자, 민주주의자, 내셔널리스트의 국가관, 사회관, 국민성관國民性觀을 고찰하고, 근대적 내셔널리즘의 발흥에 중요한 역할을 했다는 지식인 계급의 역할을 고찰하고 있다. 그리고 정치사상과 국민적 이데올로기에 대해서도 또한 고찰하고 있다.

그는 철학적인 사상과 정치적인 이데올로기가 일종의 연계성을 지니고 있다는 것은 부정할 수 없으며, 특정의 사상가가 공격적인 내셔널리즘을 만드는 데 기여했다는 것도 사실이라고 서술하고 있다. 그러나 단지 하나의 철학적 사상이 아니라 수많은 사상, 감정, 이해관계의 조류 하나하나가 내셔널리즘이 발흥하는 데 부분적으로 공헌했고, 또한 부분적으로는 그것을 저지해온 것도 있다고 말한다. 그가 마지막 장에서 정치사상사를 장식해온 대사상가들에 대해 언급한 것도, 특정 사상가와 국민적 성격의 모든 측면 사이의 상관관계를 찾아보려는 데 목적이 있는 것이 아니었다. 그것은 바로 사상가를 국민성의 원리적 문제로 이끈 사상을 고찰하려는 것이 목적이었다. 내셔널리즘 문제는 특히 답을 성급히 구하려 하기 쉬운데 이러한 원리적 문제까지 깊게 파고 들어가 고찰하려는 헤르츠와 같은 진지한 자세도 필요하다.

내셔널리즘의 이론화라는 과제

아직도 내셔널리즘을 일반이론으로서 이론화하려는 작업은 매우 어려운 과제이다. 내셔널리즘은 그것이 미치고 있는 광범위한 영향력과는 대조적으로, 타당한 이론의 존재가 빈곤하기 짝이 없을 정도라는 지적이 있을 정도로 미미하다.

그 원인은 몇 가지로 생각할 수 있겠지만, 그 하나는 내셔널리즘론이 고찰 대상으로 하는 네이션 및 내셔널리즘의 개념이 다양하다는 데에 있다는 것이다. 내셔널리즘에 대한 정의의 수는 내셔널리즘을 연구하는 학자의 수만큼 있다고 할 정도이다. 헤르츠의 국민성론은 이렇듯 다양하고 명확하지 않은 'national'이라는 말이 앞에 붙는 일련의 용어에 대해 명확하고 안정된 의미를 부여하려는 것이다. 그의 국민성론은 아직 다의적으로 사용되고 있는 내셔널리즘을 연구하는 데 있어서, 또한 내셔널리즘을 이론화하는 작업이 과제로 남아 있는 1990년대 후반 이후의 연구 경향을 보더라도 한번 읽어볼 가치가 있다.

1980년대 이후 내셔널리즘 이론이 눈부시게 세련되어지는 과정을 지켜본 우리들이 볼 때 이 책이 역사학적 연구의 영역을 넘지 못하고 있다는 것도 사실이다. 그러나 이 책을 읽어보면 초기의 역사학적 접근에 의한 내셔널리즘론이, 최근의 과제인 내셔널리즘을 이론화하는 데 결코 무시할 수 없는 것이라는 것도 알 수 있을 것이다.

참고문헌

Ronald Beiner ed., *Theorizing Nationalism*, State Univ. of New York, 1999.

내셔널리즘론에 대한 현대적인 주제들을 다룬 논문집. 내셔널리즘의 이론화라는 작업을 시도하고 있다.

Margaret Canovan, *Nationhood and Political theory*, Edward Elgar, 1996.

한나 아렌트 연구가이기도 한 저자가 네이션을 정치이론이라는 관점에서 고찰했다. 네이션 개념에 대한 고찰이 흥미를 끈다.

Adrian Hastings, *The Construction of Nationhood: Ethnicity, Religion and Nationalism*, Cambridge Univ. Press, 1998.

네이션과 내셔널리즘이 성서적인 종교와 토착적인 문학에 의거해 있으며 중세적 기원을 가진다고 주장하면서 국민성 형성에 대해 고찰한 책.

Paul James, *Nation Formation*, Sage, 1996.

네이션의 형태와 그 형성 과정에 대해 이론적으로 고찰한 책. 마르크스, 뒤르켐, 베버, 겔너, 기든스 등의 이론도 다루고 있다.

한스 콘, 『내셔널리즘의 사상』

사토 시게키佐藤成基 | 박홍영 옮김

Hans Kohn, *The Idea of Nationalism*, Macmillan, New York, 1944.

이 책은 고대 이스라엘과 그리스 시대부터 18세기 말의 프랑스혁명에 이르기까지 서양 내셔널리즘 발전사의 사상적 계보를 다루고 있는 내셔널리즘 연구의 고전이다. 저자인 콘은 19세기 이후를 '내셔널리즘의 시대'로 부르고 있기 때문에 이 책은 그 전사前史를 다룬다고 할 수 있다. 이 책은 유럽의 여러 언어 사료史料를 다양하게 이용하고, 많은 사상가나 정치지도자의 주장을 그 역사적 배경과 더불어 검토하고 있어 700쪽이 넘는다. 이러한 방대한 규모로 폭넓은 시야와 박식함을 담고 있어 이 책은 내셔널리즘 연구의 압권이라고 할 수밖에 없다. 물론 반세기 이상 전에 쓰였다는 것에서 오는 여러 한계는 있다. 그러나 이 저작은 전후 내셔널리즘 연구의 기초가 되어 많은 연구에 무시할 수 없는 영향을 미쳤다. 현재에도 내셔널리즘 연구에 뜻을 둔 사람이라면 한 번은 반드시 읽을 필요가 있는 중요 문헌이다.

저자인 한스 콘(1891~1971)은 20세기를 대표하는 내셔널리즘 연구가이며 1910년대부터 죽음에 이르기 직전까지 50여 권의 저작 및 편저, 수백 편에 이르는 논문을 집필했다(콘의 전기적 연구에 대해서는 참고문헌 참조). 콘은 합스부르크제국 시대에 프라하에서 태어났다. 젊은 시절에는 시오니즘운동의 활동가로 활약했으나 1930년대에 운동을 그만두고, 1934년 이후 미국에 정착하면서 내셔널리즘을 연구하게 된다. 그 가운데 제1차 세계대전 중부터 5년 정도는 병사 및 전쟁포로로서 러시아에 머물렀고, 전후에는 잠시 예루살렘에도 체재했다. 이러한 세계 편력의 경험은 내셔널리즘에 대한 그의 관심을 형성하는 데 매우 중요했다고 생각된다. 그의 연구가 다루는 범위는 유럽과 미국뿐 아니라 중근동[1]이나 인도 등 '제3세계'에까지 이르고 있다. 그 가운데서도 제2차 세계대전 중 미국에서 쓴 이 책 『내셔널리즘의 사상』은 그의 방대한 내셔널리즘 연구를 대표하는 것이다.

세 가지 기본적 논점

우선 그의 저작에 보이는 중요 논점을 정리해보면 대개 다음의 세 가지로 집약할 수 있을 것이다.

첫째, 내셔널리즘이 그 사상적 기원을 고대에 두고 있으면서도 근대에 이르러 발생했다고 하는 점이다. 왕족, 귀족, 승려를 지배계층으로 한 전통적인 사회적 지위 구조는 신흥계층(제3신분)이 발흥하면서 변화하고, 모든 인간의 권리와 존엄을 주장하는 자유주의 사상이 발생하며, '인민주권'의 이름하에 정치 참여를 추구하는 운동이 전개되고, 권력을 집중한 근대국가가 출현한다. 이러한 근대의 역사적 배경이 없었다면, 내셔널리즘의 존재는 생각할 수도 없다. 이런 점에서 내셔널리즘은 역사상 늘 존재하는 향토애나 친밀한 근친近親에 대한 사랑과는 구별해서 이해해야 한다. '원격자遠隔者에 대한 사랑Fernstliebe'(니체)이라는 점에서 내셔널리즘은 향토애나 친족애보다는 인류애에 가까운 것이 된다.

둘째, '서〔서구형〕의 내셔널리즘'과 '동〔동구형〕의 내셔널리즘'이라는 유형론을 제시한다. '서의 내셔널리즘'이라 함은 영국, 미국, 프랑스를 중심으

1 중동 지역과 북아프리카 지역을 포함하는 지역을 말한다.

로 하는 선진 지역에서 발전한 합리적이고 자유주의적인 내셔널리즘을 말한다. '동의 내셔널리즘'은 독일 동쪽의 후진 지역에서 발전한 비합리적이며 배타적인 내셔널리즘이라는 것이다. '서'의 선진 지역에서는 신흥 중산계급의 발흥이나 정치적 통일과 내셔널리즘의 발생이 연동되어 있다. 이에 반해, '동'의 지역에서는 사회적·정치적 발전이 없는 가운데 '서'로부터의 내셔널리즘의 영향을 소수의 지식인이 받아들이게 된다. 그들은 사회적·정치적 현실에서 유리된 가운데 주로 문화·사상 영역에서 역사적 과거와 결부된 네이션 개념을 기초로 하여 내셔널리즘을 전개한다. 이러한 문화적 내셔널리즘은 '서'의 '합리적'인 사회·정치개혁을 동반한 내셔널리즘과는 대조적으로, 문화적·에스닉적인 동질성을 전제로 한 '비합리적'인 신비주의에 빠진다.

셋째, 내셔널리즘은 그 사상적 기원을 고대 이스라엘이나 그리스에 두고 있다는 것이다. 특히 고대 이스라엘이 중시된다. 여기서 '네이션' 관념의 원형이라고도 이야기할 만한 유대인공동체가 형성되었다는 것이다. 그 전통은 구약성서를 통해서 유럽으로 전해져, 근대 내셔널리즘 발생의 중요한 사상적 원천이 된다. 특히 영국이나 미국에서 초기 내셔널리즘이 발생하는 데 구약성서가 '네이션'의 모델을 제공했다.

내셔널리즘의 역사적 계보

이 책의 내용을 보다 상세하게 검토하겠다. 우선 이 책의 전체 구성은 다음과 같다.

제1장 서론—내셔널리즘의 성질

제2장 고대 이스라엘과 그리스—부족주의에서 보편주의로

제3장 로마와 중세—보편주의의 전통

제4장 르네상스와 종교개혁—내셔널리즘의 발생

제5장 주권자로서의 네이션—군주와 인민

제6장 신세계로—자유민의 약속

제7장 구세계의 소요—과거의 민속학folklore

제8장 구세계의 소요—위대한 각성으로

서론에 이어 제2장부터는 시대를 밟아간 역사적인 서술이다. 각 장별로 간단히 요약하면, 제2장에서는 내셔널리즘의 사상적 기원이 되는 고대 이스라엘과 그리스가 검토된다. 여기서는 특별한 사명의 자각을 공유한 사람들의 의지로, 부족주의를 초월한 공동체가 형성된다. 이것이 근대 내셔널리즘에서 '네이션'의 원형이 된다는 것이다.

고대 이스라엘에서는 신과의 계약Covenant으로 하나의 '백성'을 형성한 유대인이, 그 특별한 사명을 자각함으로써 '선택된 백성'이라는 의식을 공유하게 된다. 이 유대인 공동체 가운데에는 혈통이나 인종을 초월한 보편주의와 함께, 배타주의나 에고이즘을 포함한 부분이 공존하고 있다. 전자〔보편주의〕로부터 보편종교로서 기독교가 생겨난 것에 비해, 고대 이후의 유대인 역사는 배타주의 경향을 강하게 띠어왔다는 것이다. 한편 고대 그리스에서의 정치적 귀속의식은 도시국가 단위였기에 그리스 전체의 정치적 통합력은 약했다. 그리고 '그리스인'을 그 이외의 '바르바로이Barbaroi(야만인)'[2]와 구분하는 개념도 존재했다. 그러나 이것은 신체적·인종적 특징에 기초한 것이었고, 공통의지에 의해 결합된 유대인의 백성 개념과는 다른 것이었다. 그런데 기원전 4세기 알렉산더 대왕의 제국 형성은 그리스문명을 인종적 벽을 초월한 보편적인 것으로 바꾸어놓았다. 이후의 서양문명에서 큰 의미를 갖게 되는 것이 이 그리스문명의 보편주의였다. 이렇듯 보편주의와 배타주

2 고대 그리스인이 이민족을 낮추어 부른 호칭이다.

의의 길항拮抗이라고 할 수 있는 그 이후의 내셔널리즘 발전사의 역동성은 이미 고대에서도 나타나고 있다.

제3장은 로마제국에서 중세에 걸친 보편주의 시대에 대해 고찰하고 있다. 로마제국의 확립(특히 로마법의 제정)은 유럽문명에 보편주의 전통을 뿌리내리게 된다. 게르만민족의 이동으로 로마제국이 멸망한 서유럽에서도, 로마교회는 기독교가 포교되면서 세속권력을 초월한 보편주의적 지배를 계속 유지했고, 교회 언어인 라틴어가 공통어로 되었다. 기독교의 보편주의가 지속되고 민중생활이 지역적으로 분산된 가운데, 내셔널리즘이 발생할 여지는 없었다. 그러나 그 가운데에서도 세속권력(군주국가)이 점차 강해지고 로마교황과의 대립이 생기게 된다. 이 세속권력과 교회의 대립은 마침내 로마교회의 보편주의를 뒤흔드는 하나의 계기가 된다는 것이다. 군주국가는 권력을 집중해서 점차 로마교회의 정신적 지배로부터 벗어나 '주권'을 주장하게 되고, 영토 내의 교회를 통제하에 두려는 움직임을 일으키게 된다.

제4장은 제목대로, 르네상스와 종교개혁 시기를 검토하고 있다. 르네상스와 종교개혁은 중세 기독교의 보편주의를 타파한 정신사적 혁명이었다. 르네상스에서는 세속적인 지식이 만들어졌다. 그 세속적인 지식은 신학적 세계관에 대항하는 인간의 개성이나 힘을 중시하는 것, 자연계나 역사적 사실을 관찰하는 것, 기독교 이전의 고전문명을 재발견하는 것 등을 기반으로 했다. 르네상스는 일부 지식층에 한정된 문화운동이었지만, 지방언어를 기록언어로 하고 '국가이성'을 명확하게 하는 것 등으로 이어졌다.

한편 종교개혁은 로마교회의 일원적·보편적 지배를 붕괴시켰다. 게다가 스위스에서의 칼뱅이나 츠빙글리의 운동은 후에 인민주권 개념과 이어지는 사상의 원형을 생성시켰다. 르네상스나 종교개혁도 그 자체로는 내셔널리즘을 생성시키는 존재가 아니었다. 그러나 영국에서는 영국 고유의 역사적 상황하에서 이 두 가지 정신사적 혁명이 최초로 내셔널리즘을 발생시켰다는 것이다. 17세기에 일어난 청교도혁명은 모든 인간의 '자유'를 전제로 한 진정한 기독교 공동체를 세우려는 종교운동이었다. 그러나 이것은 또한 하나의 '네이션' 으로서 '영국 인민' 의 개념을 발현시키게 되었다. 그것은 밀턴이나 크롬웰의 사상에 반영되어 있다.

인종·혈통의 차이를 초월해 자유로운 개인의 자발적인 의지로 연결된 '네이션' 개념이야말로 근대 내셔널리즘의 핵심이다. 거기에는 구약성서의 '선택된 백성' 이라는 은유metaphor도 내포되어 있었다. 청교도혁명은 또한 자유주의나 민주주의의 사상 발전에 연결되어 홉스T. Hobbes나 로크J. Locke의 사상을 만들어냈다.

제5장에서는 인간의 이성이나 자유를 기조로 한 합리주의나 계몽사상이 성행했던 17세기에서 18세기의 시대가 검토된다. 합리주의나 계몽사상은 기독교적 세계관에서 탈피한 것이었지만 보편주의적이라는 점에서는 기독교적 세계관과 일치하고 있다. 그러나 이 시기에는 내셔널리즘의 발생에 기여한 두 가지의 전개가 있었다. 하나는 절대왕정하에서 '국가이성' 에 의한 지배가 강화되었다는 것이다. 국가는 교회로부터 자립하여 분립상태를 만들었고, 근대적인 국가들 간의 관계도 발생했다. 그러나 이러한 절대왕정의 국가주의etatism[3]는 내셔널리즘과 달라서 영토의 확대도, 충성심의 요구도, 행정언어의 채용도 내셔널한 〔근대적인 국민국가〕 사상에 기초하여 행해진 것이 아니었다.

또 하나는 단순한 향토애와 구분되는 새로운 애국주의patriotism의 발생이다. 그것은 개인의 자유의지에 의해서 조국의 '공공선' 에 공헌하고자 하는 의식이나 주장이며, 거기서는 군주가 아닌 인민이 정치의 주체가 된다. 프랑스 계몽사상가의 계보(볼테르, 중농주의자, 루소 등) 가운데에서 전개된 애국주의는, 왕권신수설에 의거한 군주주권을 '인민주권' 으로 전환해가는 운동이었다. 이런 '인민주권' 의 관념이 가장 과격하게 표현되고 있는 것이 루소

3 국가의 독립성과 통일성에 중점을 두고 국가의 이익을 개인의 이익보다 절대적으로 우선시하는 사상원리나 정책을 의미한다.

의 사상이다.

자유로운 개인의 '일반의지'에 의해 형성된 공동체인 '인민'에게 주권이 존재한다는 루소의 사상은 프랑스혁명에도 큰 영향을 미쳤다. 루소의 '인민' 개념을 바탕으로 생겨난 프랑스혁명의 '유일하고도 불가분'한 네이션 개념은, 그 이후의 내셔널리즘에 대해 모델 역할을 다하게 된다. 한편 루소에게는 근대문명을 비판하고 원초적인 인간의 상황을 미화하는 측면도 있다. 이러한 문명비판자로서의 루소는 그 이후 독일이나 동유럽에서 서유럽과는 다른 형태의 내셔널리즘이 발전하는 데에서도 중요한 사상적 원천이 되고 있다.

제6장은 미국의 독립혁명에 대한 것이다. 미국의 독립혁명은 영국의 식민지로부터 하나의 새로운 '네이션'을 탄생시켰다. 영국 고래古來의 '법 아래에서의 자유'라는 전통은 영국의 일부였던 미 대륙의 식민지에도 큰 영향을 끼쳤다. 독립혁명에서 주창된 천부인권론은 영국혁명에서 생겨난 자유주의사상을 순화시킨 것이었다. 또한 미국 식민지에 칼뱅주의Calvinism의 종교적 풍토가 짙게 존재하고 있었다는 것도 무시할 수 없다. 종교적 신권정치가 채용된 식민지도 많았고, 그런 곳에서는 고대 이스라엘을 모델로 하면서 자신을 '선택된 백성'이라고 하는 관념도 보인다.

이러한 사상적 배경하에서 발생한 미국 독립혁명은 인민의 자유의지에 의해 구성된 '아메리카'라는 새로운 네이션을 탄생시킨 것이다. 혁명 당시 미국 식민지는 결코 통합되어 있지 않았고 상호 교통편도 나빴다. 그런 가운데서 '미국'이라는 하나의 '네이션'을 통합시킨 것은 자유와 권리라는 공통의 관념이었고, 그것은 합중국 헌법과 권리장전에도 삽입되어 있다. '미국'은 신분이나 혈통, 인종이나 종교를 초월한 개인의지에 바탕을 둔 공동체였다. 그리고 자유나 권리라는 인류보편의 관념을 가장 잘 실현시켰다는 의미에서 '선택된 백성'의 공동체이기도 했다.

제7장은 독일에서 '동유럽'형 내셔널리즘이 발생한 것을 검토한다. 18세

기 독일에서 중요한 의미를 갖는 것은 프로이센의 발전과 지식계층의 발생이었다. 프로이센은 절대왕정하에서 강력한 국가를 발전시켰지만 내셔널리즘을 촉진시키지는 않았고, 오히려 '독일 네이션'을 분단시켰다. 한편 신흥 지식계층 사이에서는 프랑스 계몽사상의 영향으로 애국주의가 널리 퍼졌다. 그러나 이러한 사상도 프랑스와는 달리 현실 정치개혁과는 분리되어 전개되었다. 이 때문에 독일의 계몽사상은 오히려 다양하게 전개되었다.

즉 한편에서는 실러Johann Christoph Friedrich von Schiller(1759~1805), 괴테Johann Wolfgang von Goethe(1749~1832), 칸트Immanuel Kant(1724~1804)로 연결되어가는 바와 같이 인간의 자유나 이성, 인류애 등을 강조한 합리주의·보편주의가 발전했다. 이에 반해 다른 한편에서는 '질풍노도Sturm und Drang, 疾風怒濤'의 사상가들이나 헤르더Johann Gottfried von Herder(1744~1803)와 같은 반보편주의·반합리주의 입장에서 인간의 원초적인 개성을 강조하는 사상도 생겨나게 되었다. 독일 내셔널리즘의 독자적 발전에 기여한 것은 후자 쪽이었다. 특히 헤르더는 원초적인 언어 공동체로서 '네이션'(혹은 '민족Volk')을 명확히 내세웠다. 그는 민중에 뿌리내린 문화 활동 가운데 '네이션'의 개성이 자연스럽게 발로한 것을 발견하고, 민요 등의 민중문화 수집에도 흥미를 보였다. 그러한 헤르더의 사상은 19세기 이후의 독일 내셔널리즘에 결정적인 사상적 공리idiom를 제공했다. 게다가 그의 사상은 동유럽 문화내셔널리즘의 발흥에도 큰 영향을 주었다.

제8장에서는 영국, 프랑스, 미국, 독일 이외의 여타 많은 지역의 내셔널리즘을 다루고 있다.

독일보다 서쪽 지역 및 북유럽에서는 웨일스Wales의 경우를 제외하고 자유주의를 기조로 하는 '서구형'의 내셔널리즘이 우세하다. 예를 들어 아일랜드에서 18세기에 발생한 내셔널리즘은 프로테스탄트 영국인 식민자植民者가 주도한 것이고, 영국의 자유 전통이나 계몽사상의 인권주의가 큰 역할을 했다. 그것은 인종이나 혈통, 종교의 차이를 초월한 자유의지에 의한 내셔널리즘이며, 마찬가지로 영국에 맞서 일어난 미국 독립혁명과 유사한 것이었다. 또한 스페인 식민지에서도 식민자들의 자손(크리올creole)이 독립운동을 일으키고 있다.

이것에 비해 폴란드, 유고슬라비아,[4] 러시아 등 독일보다 동쪽 지역에서는 '동구형'의 내셔널리즘이 보다 우세하다. 이들 지역에서는 대제국의 지배하에서 국가적인 바탕이 결여되어 있든가, 강력한 전제정치가 행해진 상황이었다. 이러한 곳에 18세기 후반에는 서쪽으로부터 계몽사상이나 내셔널리즘이 도입되었고, 프랑스혁명의 정보도 전해졌다. 그러나 정치개혁의 시도(예를 들어 폴란드)는 대부분 성공하지 못했고, 그 대신에 오로지 문화 영역에서의 내셔널리즘이 전개되었다. 일부 지식인들에 의해 언어나 역사, 민중의 전통이 연구되었고, 이를 통해 네이션의 '위대함'이 발견되었던 것이다(그러나 그리스와 체코슬로바키아[5]에서는 상당히 '서구형'에 가까운 내셔널리즘이 전개된 예도 보인다).

'콘의 이분법'의 공죄功罪

이 책은 사상사적 시각에서 내셔널리즘의 발전사를 고찰한 것이다. 이것은 1980년대 이후 성행한 겔너Ernest Gellner, 앤더슨Benedict Anderson, 홉스봄Eric John Ernst Hobsbawm 등으로 대표되는 사회사적·제도사적 접근과 비교하면 고전적이다. 그렇지만 양자는 상호 보완적인 관계에 있다고 생각된다.

또한 이 책의 중대한 의의 중 하나는 내셔널리즘을 서양 근대문명의 발전사 가운데 정당하게 위치시켰다는 것이다. 이 책이 쓰인 제2차 세계대전 말기, 내셔널리즘은 잔학한 전쟁의 원인을 만든 '반문명적' 현상이며 서양문

---

4 1929년부터 2003년까지 존속하다 사라진 유럽의 연방공화국.

5 1993년 1월 1일 체크와 슬로바키아로 각각 분리 독립했다.

명으로부터의 '일탈'이라고 보는 시각이 많았다. 그러나 콘은 내셔널리즘이 자유주의와 휴머니즘이라는 서양문명의 역사와 불가분하게 발전해왔다는 것을 역사적으로 검증하고, 그 세계사적 의의를 강조했던 것이다. 영국혁명, 계몽사상, 미국독립혁명, 프랑스혁명이라는 서양사의 발전과 내셔널리즘의 역사를 관련시킨 해석은, 현재의 내셔널리즘 연구자들 사이에서도 거의 정설이 되어 있다. 콘의 연구는 이러한 해석의 한 원형을 형성했다고 보는 것이 가능할 것이다(예를 들어 마찬가지로 내셔널리즘의 발생을 '근대로의 도정道程'이라고 한 최근의 비교연구로서 리아 그린펠드Liah Greenfeld의 것이 있다. 참고문헌 참조).

그 반면에 젊은 시절 시오니즘에 경도되고, 그 후 일관해서 인류의 자유와 문명 발전에 대한 내셔널리즘의 역할을 계속 강조해온 콘의 '리버럴 내셔널리즘'은, 이 연구 안에서도 짙게 투영되어 있다(콘의 리버럴 내셔널리즘에 대한 비판으로는 채터지의 『내셔널리스트의 사상과 식민지 세계』가 흥미를 끈다).

콘의 '리버럴 내셔널리즘'은 '동구형'과 '서구형'의 유형론과도 관계가 있다. '콘의 이분법'으로도 불리는 이 유형론은 '서양문명'의 발전사에서 바라본 '좋은' 내셔널리즘과 '나쁜' 내셔널리즘을 대비시킨다. 이 대비 도식으로 콘은 제2차 세계대전의 어두운 파시즘의 그림자로부터 내셔널리즘을 '구출'한 것이라고도 볼 수 있다.

정치적 의지에 기초한 합리적인 '서구형'의 내셔널리즘, 문화적 동질성에 기초한 비합리적인 '동구형'의 내셔널리즘이라는 명쾌한 콘의 유형론은, 거기에 가미된 가치판단과 함께 전후 내셔널리즘 연구에 큰 영향을 주었다. 'civic(시민적)'과 'ethnic' 혹은 '국가적'과 '문화적' 등과 같이, 명칭의 변화는 있지만 콘의 유형론과 거의 동일한 유형론이 현재에 이르기까지 널리 쓰이고 있다. 콘의 유형론은 비교 내셔널리즘론의 가장 유명한 분류 도식으로 정착해 있다. 최근의 것으로는 스미스A. D. Smith, 브루베이커R. Brubaker, 이그나티에프M. Ignatieff, 그린펠드L. Greenfeld의 저작에 콘 식의(혹은 그와 유사한) 유형론이 쓰이고 있다.

확실히 이 유형론은 알기 쉽다. 그러나 유형론이 다 그러하듯 단순화의 위험도 가지고 있다. '서구형'의 사례에서 '좋은' 측면이 낙관적으로 강조되고, '동구형'의 사례에서 '나쁜' 측면이 숙명론적으로 강조된다고 한다면, 각 사례의 역사적 다의성이 봉쇄될 가능성도 있다. 실제로 콘의 1967년 저작인 『네이션-스테이트의 서곡*Prelude to Nation-State*』에 그러한 경향이 보이는 것은 부정할 수 없다(참고문헌 참조). 나아가 이러한 유형론 자체에는 다양한 요소가 하나로 통합되고 만다. 예를 들어 '서유럽형의 내셔널리즘'에는 그것이 통일국가하에서 형성된 '영역적'인 것이라는 것과, '시민적 자유'가 인정된다는 것이 함께 내포되어 있다. 그러나 이 양자는 항상 서로 연관되는 것이 아니라, 서로 모순되는 경우까지 있다.

그렇지만 이 유형론이 비교 내셔널리즘 연구에 매우 유효한 분석도구라는 것은 의심의 여지가 없다. 이를 실체화해서 숙명론적 이분법에 빠지지 않도록 노력하는 것이 필요하다. 그러기 위해서는 이 도식을 보다 유연한 분석적 틀로서 활용하여, 내셔널리즘의 역사적 다의성이나 동태성을 분명히 해나가는 것이 필요하다. 그러한 실례로서 A. D. 스미스나 브루베이커의 연구를 들 수 있을 것이다.

참고문헌

Kohn, *Nationalism: Its Meaning and History*(revised ed.), Van Nostrand, 1955/1967.

전후에 콘이 쓴 내셔널리즘에 관한 간결한 통사.

Kohn, *Prelude to Nation-State: The French and German Experience*, 1789~1815, Van Nostrand, 1967.

프랑스와 독일의 내셔널리즘 발생사에 대한 비교연구. '콘의 이분법'이 명료하게 나타나 있다.

Ken Wolf, "Hans Kohn's Liberal Nationalism: The Historian as Prophet," *Journal of the History of Ideas*, xxxvii/4, 1976.

콘에 대한 전기적 연구. 초기 시오니즘과의 관계에서부터 1930년대 이후의 리버럴 내셔널리즘에 이르기까지 알기 쉽게 서술한 책.

A. D. スミス, 『ネイションとエスニシティ』, 巢山靖司 외 譯, 名古屋大學出版會, 1999(원저 1986); Rogers Brubaker, *Citizenship and Nationhood in France and Germany*, Harvard Univ. Press, 1992.

둘 다 시빅civic과 에스닉ethnic 혹은 정치적(영역적)과 문화적이라는 콘의 이분법적 분류를 더 세련되게 발전시킨 예이다. 스미스는 내셔널리즘의 모든 경우에는 '영역적' 요소와 '에스닉' 요소가 공존하는데, 이 '이중성'이야말로 내셔널리즘에 역동성을 제공한다고 말한다. 브루베이커의 경우, 프랑스와 독일의 국적과 네이션 개념의 역사적 변용을 콘의 이분법을 사용해 분석하고 있다.

Rogers Brubaker, "Myths and Misconceptions in the Study of Nationalism," in John Hall ed., *The State of the Nation*, Cambridge Univ. Press, 1998.

시빅(시민적)과 에스닉이라는 대비도식의 실체를 직접 비판한 글.

マイケル・イグナティエフ, 『民族はなぜ殺しあうのか』, 幸田敦子 譯, TBSブリタニカ, 1996(원저 1993).

냉전 종결 후의 몇몇 민족분쟁을 취재한 뛰어난 보고서인데, 콘의 이분법이 큰 분석틀로 사용되고 있다.

Liah Greenfeld, *Nationalism: Five Roads to Modernity*, Harvard Univ. Press, 1992.

영국, 프랑스, 러시아, 독일, 미국에서의 내셔널리즘 발생을 비교사회학적 관점에서 논하고 있다. 유럽에 대한 비교연구로 주로 지식인, 귀족, 정치지도자 등의 계층에서 보이는 사상과 주장들을 분석하고 있다. 또한 시기적으로도 18세기 이전을 주로 다루고 있다는 점에서 콘의 연구에 비교할 만한 연구서이다. 단, 내셔널리즘을 그와 관련한 계층의 사회적 상황(지위 불안 등)과 관계시켜 분석한다는 점에서 매우 사회학적이다.

에드워드 H. 카, 『내셔널리즘과 그 이후』

사토 시게키佐藤成基 | 박홍영 옮김

Edward Hallett Carr, *Nationalism and After*, Macmillan, London, 1945.
『ナショナリズムの發展』, 大窪愿二 譯, みすず書房, 1952 / 『ナショナリズムの進展』, 坂本和男 譯, 南雲堂, 1963.

제2차 세계대전이 종결된 1945년 런던에서 출판된 이 책은, 이 전쟁에서 정점에 달할 때까지의 내셔널리즘 발전사를 유럽사의 맥락에서 살피고, 전후의 내셔널리즘과 국제정치의 전망을 논하고 있다.

저자인 카(1892~1982)는 일반적으로 러시아·소비에트사 연구로 알려진 영국의 역사가이지만, 그의 경력은 그것에만 머물지 않는다. 그는 케임브리지대학을 졸업한 후 외교관으로 활약했고, 1919년에는 파리강화회의 대표단을 수행하기도 했다. 그 후 파리와 리가에서의 재외 근무, 러시아 문제나 국제연맹관계를 담당한 본부 근무를 거쳤고, 1936년에 웨일스대학 국제정치학 교수로 초빙되어 정식으로 연구자로서의 경력을 쌓게 된다. 그러나 한편으로는 『타임스』지의 논설 부주간(1941~46)으로 활약했으며, 1948년에는 유엔세계인권선언 기초起草위원장도 역임했다. 카의 내셔널리즘에 대한 관심은 이러한 국제정치의 학문적이고 실천적인 문제들에 대한 관심과 밀접하게 관계되어 있었다고 생각된다.

그의 내셔널리즘 연구는 1930년대 후반에서 1940년대에 걸쳐 집중적으로 행해졌다. 왕립국제문제연구소Royal Institute of International Affairs의 내셔널리즘 연구 그룹의 책임을 맡았고, 1939년에는 『내셔널리즘』 보고서를 발표했다. 1945년에 저술된 이 책 『내셔널리즘과 그 이후』는 왕립국제문제연구소에서의 연구 성과를 기초로 하면서도 2차 대전 후의 세계정치를 시야에 넣고 기술되었다.

이 책은 두 개의 장으로 구성되어 있다. 제1장은 내셔널리즘의 역사를 중심으로 분석하고 있으며, 제2장은 2차 대전 후의 '인터내셔널리즘internationalism'의 가능성에 대해 검토하고 있다. 차례는 아래와 같다.

제1장 내셔널리즘의 클라이맥스
- 제1기
- 제2기
- 제3기
- 클라이맥스
- 제4기?

제2장 인터내셔널리즘의 전망
- 개인과 네이션
- 인터내셔널한 질서 속의 권력
- 원리와 목적

내셔널리즘의 역사적 경과

카는 제2차 세계대전까지의 내셔널리즘 발전사를 서로 중복되는 세 시대로 구분하고 있다. 그 위에서 전후戰後를 '제4기'로 하여 미래를 향한 전망을 말한다. 여기에서는 제3기까지의 역사적 분석을 소개하고, 다음 절에서 '제4기'에서의 카의 '인터내셔널리즘'에 대한 전망을 검토하겠다.

제1기는 16세기의 종교개혁으로 시작되어 19세기 초반의 나폴레옹시대에서 끝나는 군주제적 주권국가의 시대이다. 이 시대에는 기독교의 보편적인 세계가 해체되고 그것과 병행해서 군주가 지배하는 주권국가가 출현한다. '네이션'은 국가의 주권자인 군주/제후와 동일화된 개념으로서 이 시기에 출현한다. 그러나 많은 일반민중은 그 '네이션'으로부터 배제되어 있었다. 군주는 전쟁과 무역을 통해 국가의 정치적·경제적 단위로서의 자율성을 강화했다. 그러나 전쟁은 기본적으로 군주/제후들 간의 전쟁이었으며, 중상주의에 기초한 무역정책도 군주의 재정력을 부풀리는 것이 목적이었다. 이 시대에는 또한 거듭된 전쟁을 통해서 '네이션' 사이의 '국제(인터내셔널) 관계'가 형성되어갔다. 국제법과 국제조약이 국제관계의 룰(규칙)로 형성되었다. 그러나 그 국제관계도 군주/제후들 사이의 관계에 불과했고, 그들 공통의 이해관계나 혼인관계, 공통의 문화·전통에 기초한 '인터내셔널리즘'에 의해 지탱되었다.

제2기는 나폴레옹시대에서 1914년 제1차 세계대전의 개전에 이르기까지의 시대이다. 이 시대에는 프랑스혁명과 나폴레옹 침공의 결과로 유럽 내에 내셔널리즘이 확산되면서 유럽의 국제질서가 지켜지고 전쟁도 적었다. 한편으로는 루소나 자코뱅Jacobins파의 사상을 계기로 해서, 그때까지의 군주/제후에 한정되었던 '네이션' 개념이 '민주적'인 것으로 변모했다. 그리고 '네이션'을 자유롭고 평등한 하나의 인격과 동일시하여 그 권리를 주장하는 사상이 널리 나타나게 된다. 그러나 이 같은 '민주적' 내셔널리즘도 그 주역은 재산을 소유한 중산 계급(부르주아 계급)이었다.

또한 이 시대에는 두 가지 수준에서 '인터내셔널리즘'이 형성되어 있었다. 첫째는, 네이션에서 배제된 노동자(이 시대에 산업화가 진전되면서 발생했다)들의 인터내셔널리즘이다. 그들은 정말로 '조국 없는' 계급이었다. 또 하나는 노동자 계급의 대두로 위기감을 갖게 된 부르주아 계급의 인터내셔널리즘이다. 그들은 자유방임laissez-faire형의 자본주의 경제 질서를 매개로 상호 공통의 이해利害와 이념을 찾아내고 있었다. 제2기의 국제 질서를 지탱한 것은 이 같은 자유방임원칙에 기초한 부르주아들의 세계경제였다.

그러나 카는 이 시대의 세계경제 질서의 '인터내셔널리즘' 배후에 영국의 정치적 헤게모니가 있었다는 점을 지적하는 것을 잊지 않는다. 대제국 영국의 통화는 세계경제를 지탱하고 있었고, 런던 시장을 지배하는 소수 영국 자본가의 힘은 강대했다. 게다가 그 배후에는 영국 해군력이 존재했다.

제3기는 1871년(독일 통일의 해)에 시작해 1914년을 계기로 본격화하고 대중화된 내셔널리즘의 시대이다. 이 시대에 제2기의 세계경제 질서가 붕괴하고 세계대전이라는 파국catastrophe에 이른다. 카는 이 시대에 일어난 내셔널리즘 변화의 사회적 요인을 세 가지 들고 있다. 첫째는 산업화, 도시화, 노동운동의 전개, 의무교육제도의 도입이나 참정권 확대 등의 결과로 일반 대중이 '네이션'의 구성원으로 참가하게 되었다는 것이다. 카는 이것을 '네이션의 사회화socialization'라고 부른다. 그 결과 정부도 '네이션'의 구성원인 인민 전체의 복지(임금이나 고용문제 등에 관해서)에 힘을 기울이지 않으면 안 되었다. 이렇게 해서 내셔널리즘은 점차 사회주의와 결합하고 노동자도 '조국'을 갖게 된다.[1] 이 시대에 내셔널리즘이 격화된 것은 무엇보다도 이러한 '네이션의 사회화'에 기인하는 점이 크다.

둘째 요인은, 국민국가가 '자유방임' 정책을 바꾸어 점차적으로 경제적 기능을 강화해갔다는 것이다. 이 때문에 제2기에 세계경제 질서를 지탱하고 있던 경제적 차원에서의 '인터내셔널리즘'이 붕괴하고, 국민국가는 배타적인 경제정책을 추진하게 되었다. 국경을 초월한 경제관계는 국민국가에 의해 분단되었다.

셋째 요인은, '네이션'의 수가 증가한 것이다. 제2기에는 국제정치를 담당하던 '네이션'이 소수의 '열강'에 한정되어 있었다. 그러나 당시는 많은

1 본래 사회주의 깃발 아래서는 '노동자에게는 조국이 없다'고 해왔다. 즉 노동자에게는 조국보다는 계급연대로서의 노동자 국가(프롤레타리아 국가)가 있을 뿐이었다. 그런데 내셔널리즘이 대두하면서 노동자의 임금과 복지 등이 민족국가 문제가 되었고, 이에 따라서 nationalization of socialism이 전개된다. 이에 노동자도 조국을 갖게 되었다.

중소의 '네이션'이 '민족자결'을 내걸고 독립했다. 이러한 '네이션'의 증대가 경제적 격차와 연결되었을 때, 경제적 자원이나 기회를 둘러싼 세력권 다툼이 발생하게 된다.

이렇게 해서 '사회화'된 '네이션'은 양 대전에서의 '총력전total war'을 가능하게 했으며, 동시에 전쟁이 '네이션'의 '사회화'를 촉진하게 된다. 전시에는 군민軍民의 차이가 없이 남녀 모두가 전쟁에 동원된다. 적敵의 국민과의 경제관계는 금지되고 적의 국민재산은 몰수된다. 적의 국민 경제수준을 저하시키는 것이 전쟁 목적의 하나가 된다. 즉 전쟁은 일부 지배자 간의 싸움에서 '국민' 간의 싸움으로 변모한 것이다. 지금까지 지배자들 사이의 '인터내셔널'한 관계에 의해 지탱되었던 국제 질서도 붕괴되었다. 국제법이나 국제조약도 이제는 국민(네이션)의 복지를 침해하면서까지 지켜야 할 것으로 간주되지 않게 되었다.

그러나 '사회화된 내셔널리즘'은 '개인'의 가치를 '네이션'에 종속하는 것으로 하는 전체주의적 논리로 발전했다. 원래 근대 내셔널리즘은 '네이션'을 근대 개인주의사상에서의 '개인'에 비유해 설명하려 했다. 즉 사회가 자유롭고 평등한 '자연권'을 가진 '개인'으로 구성되어 있는 것과 같이, 국제사회는 '민족자결'이라는 권리를 평등하게 가진 '네이션'이라는 단위에 의해 구성되어 있다는 관점이다. 이미 제2기부터 널리 퍼진 이러한 내셔널리즘 사상은 제3기, 특히 제1차 세계대전의 강화조약에서 국제정치의 원칙으로서 실제로 인정받게 된다. 내셔널리즘을 격화시킨 하나의 요인은 이러한 '국제사회'관이었다.

개인주의와의 비유에서 설명된 내셔널리즘이, 역으로 '네이션'을 구성하는 개인의 권리를 유린한 것은 역사의 큰 역설이다. 그러나 카에 의하면 '자연권'을 갖는 것은 개인뿐이고 네이션은 그것을 가질 수 없다고 한다. '권리'를 '네이션' 쪽으로부터 '개인' 쪽으로 탈환하는 것, 이것이 2차 대전 후의 국제 질서를 구축해나가는 데 무엇보다도 중요하다는 것이다.

'인터내셔널리즘'에 대한 전망

이 책에서 '제4기'로 불린 제2차 세계대전 후의 시대는, 내셔널리즘이 '파산'하고 새로운 '인터내셔널리즘'이 형성되는 시대이다. 이 시대의 '인터내셔널리즘'을 촉진시킨 요인으로서 두 가지를 들고 있다. 첫째는 전체주의를 만들어낸 내셔널리즘에 대한 도덕적 반발이다. 이것이 내셔널리즘에 의해 유린된 개인의 권리를 보장하고 실현하는 국제기관을 설립하는 이념적 압력이 되었다. 둘째는 세계 수준에서의 군사적·경제적 권력의 집중이 '인터내셔널'한 광역적 세력권을 만들어낸다는 것이다. 구체적으로는 영연방 British Commonwealth, 소비에트연방, 아메리카합중국 등이 국제사회를 이끌어갈 것이라고 카는 생각한다. 이러한 광역권력은 '네이션'을 넘는 하나의 문명권을 만들어냄과 동시에 그 군사력으로 국제적인 안전보장을 유지시키는 역할을 수행한다는 것이다.

군사기술의 발달은 이미 중소의 정치단위가 중립을 지키는 것을 불가능하게 하고 있다. '민족자결'의 주장은 오히려 국제적인 안전보장과 모순된다. 확실히 광역적 세력권은 '제국주의'로 발전할 위험성을 가지고 있다. 그러나 '민족자결'이라는 내셔널리즘의 원리보다도 광역적 권력에 의해 안전보장을 유지하는 쪽이, 개인의 '권리'를 위해서는 보다 적합하다고 간주된다.

그러나 제4기에서도 '네이션'이라는 단위가 소멸한다고 생각되고 있는 것은 아니다. '사회화된 네이션'의 요구는 여전히 존속하고 있기 때문이다. 그러나 그 요구도 더 이상 '내셔널'한 단위만으로 해결될 수 있는 것은 아니다. 더욱이 그 요구는 구성원의 사회적 지위 등에 따라 다양하기 때문에, 단일의 국제기관에 의해 모두 처리될 수 있는 것이 아니다. 여기서 카는 목적별·기능별로 다양한 국제조직을 설립할 필요성을 주장하고, 이것을 '기능적 인터내셔널리즘'이라고 부른다(카는 이러한 국제기관이 이미 2차 대전 중에 발생하고 있는 것에 착안하고 있다. 1943년에 설립된 유엔구제부흥기관인 UNRRA

나 국제연합식량농업기구인 FAO 등이 그것이다). 또한 광역적 권력도 '내셔널'한 단위를 전혀 인정하지 않는 것은 아니다.

그러나 카는 최종적으로 '네이션'의 요구보다도 '인터내셔널리즘'이 우선할 것이라고 생각하고 있다. 이와 같은 '인터내셔널리즘'의 우위는 군사적인 국제적 안전보장과 더불어 세계 공통의 이념과 목적에 의해 지탱되고 있다. 개인의 권리에 입각한 '사회적 정의'(기회균등, 결핍으로부터의 자유, 완전고용 등의 세 개를 들고 있다)의 실현은 이제 세계 공통의 이념이며 목적이 되었다. 전후의 인터내셔널리즘은 이러한 공통의 이념과 목적에 의해 통합될 것이다.

내셔널리즘과 인터내셔널리즘의 길항 · 연관—카의 내셔널리즘론의 의의

카는 무엇보다도 소비에트사 연구자이며, 또한 『역사란 무엇인가』로 알려진 역사학 방법론의 논자였다. 내셔널리즘 연구자로서의 카는 현재 거의 잊혀 있다고 해도 좋을 것이다. 이 책 『내셔널리즘과 그 이후』도 현재 내셔널리즘 연구에서 언급되는 것이 드물고, 비판의 대상으로도 거론되는 것이 적다. 그러나 이 책에는 주목할 만한 많은 논점들이 명석하게 고찰되고 있으며 카의 역사가로서의 뛰어난 역량이 엿보인다.

예를 들어 '내셔널리즘의 사회화'가 내셔널리즘의 '클라이맥스'를 이끌어내는 중요한 요인이었다는 시각은 현재에도 충분히 유효하다. 이 '내셔널리즘의 사회화'가 어떻게 이루어졌는가라는 점이 현재의 내셔널리즘 연구에서 하나의 중요한 문제라는 것은 틀림없다(예를 들어 독일의 역사학자 하겐 슐체Hagen Schulze는 1차 대전 후 유럽에서의 국민국가 변모를, 국가의 사회에 대한 전면적인 침투에 의한 '전체적 국민국가'의 출현으로 파악한다. 참고문헌 참조). 카는 역사적 사례에 입각해 구체적인 분석을 한 것은 결코 아니지만, 역사의 흐름에 입각한 간결한 일반화에는 설득력이 있다.

특히 내셔널리즘 발전사를 국제관계나 '인터내셔널리즘'과의 길항・연관 관계 속에서 파악하는 시점은 지금도 신선하다. 2차 대전 종결과 냉전체제의 성립이라는 두 가지 '전쟁'의 역사적 틈새에서 저술된 이 책에는, 이 시대에 널리 보인 인터내셔널리즘의 이상理想이 강하게 반영되어 있다. 그것은 이 책의 한계이면서 동시에 이 책이 내셔널리즘을 상대화하고, 인터내셔널리즘과 내셔널리즘을 대치시키는 시점을 갖는 것을 가능하게 하고 있다.

카는 이 책에서 내셔널리즘의 '클라이맥스'가 끝나고 '인터내셔널리즘' 시대가 도래할 것이라고 전망했다. 그것은 그가 국제연합의 세계인권선언을 기초起草하는 데 관여한 것과도 관련이 있다. 그러나 그는 보편적인 인권의 확대라는 소박한 이상주의의 입장에서 이러한 견해를 가진 것이 결코 아니었다. 국제적인 군사력 집중이라는 정치적 현실도 감안하고서 국제적 광역권력의 출현을 예측한 것이었다.

그의 예측은 한 측면에서는 옳았다. 이렇게 말하는 것은 그 이후 미국과 소비에트연방이라는 국제적 권력이 '자본주의'와 '사회주의'라는 두 개의 국제적 이데올로기와 더불어 서로 대치하는 '냉전'의 시대가 도래했기 때문이다. 이것은 어떤 의미에서 '인터내셔널리즘의 시대'라고 말할 수 없는 것은 아니었다. 단, 카에게 있어 중요한 '영연방'은 국제적 광역권력 지위에서 탈락해나갔지만 말이다.

그러나 '인터내셔널리즘'은 '내셔널리즘'을 뛰어넘지 못했다. 우선 1950년대가 되자 아시아나 아프리카에서 식민지 독립의 내셔널리즘이 발흥했고, 영연방을 시작으로 여러 유럽 제국주의가 붕괴했다. 나아가 서방의 선진사회나 사회주의 국가 가운데서도 국가적 통합을 위협하는 것 같은 내셔널리즘이 출현하게 되었다. 그리고 주지하듯이 1990년대에는 냉전이 끝나고 소비에트연방이라는 사회주의의 광역권력이 다수의 국민국가로 해체되었다. 이와 같은 의미에서 카의 '인터내셔널리즘의 전망'은 적어도 현 시점에서 볼 때 틀렸다고 말할 수밖에 없다.

그러면 카의 분석에서 무엇이 문제였는가? 첫째, 강국 중심적인 인터내셔널리즘에 대한 소박한 신뢰이다. 카는 인터내셔널리즘을 유지하는 요인으로 보았던 안전보장도, '사회적 정의'의 중립성이나 공정성도, 기본적으로 강국의 권력으로 유지될 수 있다고 보았다. 그러나 강국 중심의 '인터내셔널리즘'은, 예를 들어 그것이 '선의'이고 게다가 그것이 인간의 이해利害 실현에 '합리적'으로 적합했다고 해도, 강국에 종속적인 지역에서는 복잡한 심리적 반응을 불러일으킨다. 현재의 용어로 표현하면 '내셔널 아이덴티티 문제'가 될 것이다. 이 문제에 카는 그다지 관심을 기울이지 않았다.

그는 국제기관에 대해서도 낙관적인 관측을 가지고 있었다. 예를 들면 국제기관이 "내셔널한 정부에 대해 권위를 행사한다는 의미에서 국제적인 것이 아니라, 많은 나라에서 국가별 구분 없이 활동한다는 의미에서 국제적이다"라고 했다. 그리고 "그 권위는 내셔널한 정부에 속하는 주권에는 어떠한 명시적인 영향도 주지 않는다는 점에서 '비정치적'이다"라고 하고 있다. 그러나 국제기관은 '정치적'이며 국가 간 정쟁의 장이 되고 있고, 그 강국 중심주의가 반발을 사왔다는 것은 자주 나타나고 있다. 카는 광역적 권력이 '새로운 제국주의'로 향할 위험성을 지적하면서도 그의 '인터내셔널리즘'에는 낙관적이었다. 그러나 전후 내셔널리즘이 강국의 패권주의에 대한 반발을 하나의 계기로 삼아 발생하고 있다는 것은 새삼 거론할 필요도 없을 것이다.

그러나 카가 논한 '내셔널리즘'과 '인터내셔널리즘'의 문제는, '글로벌화'가 널리 거론되고 있는 현재, '내셔널과 글로벌'이라는 문제로 재현되고 있다. '자본'이나 '시민'의 '내셔널'한 영역을 초월한 움직임은 '경제의 자유'나 '인권'을 보장하는 것 같은 '국제적'인 기구나 제도, 국가 간의 협력 등 '트랜스 내셔널' 혹은 '인터내셔널'한 체제를 생성해내고 있다. 그리고 그것이 국민국가의 존재 양식에도 큰 변용을 요구하고 있으며, 동시에 새로운 내셔널리즘을 발생시키는 것도 가능하다('글로벌화' 시대의 내셔널리즘에 대해 논한 책으로는 앤서니 스미스의 저서가 있다. 또한 마크 위르겐스마이어M.

Juergensmeyer는 냉전 후의 세계를 세속적 국민국가와 종교적 내셔널리즘의 대립 시대로 보고 있다. 이러한 견해는 현재의 '글로벌화' 시대의 내셔널리즘을 생각하는 한 가지 시점이 될 것이다. 참고문헌 참조). 물론 이러한 최근의 현상은 카가 반 세기도 전에 기술한 저작의 논의 범위를 크게 넘고 있다. 그러나 내셔널리즘과 인터내셔널리즘(즉 글로벌리즘)의 길항·연관이라는 문제는 결코 20세기 말에 발생한 새로운 문제가 아니라는 것, 18세기 이후의 내셔널리즘은 항상 '인터내셔널'한 연관 속에서 전개되어왔다는 것을 우리는 카의 저작을 통해 알 수 있다.

참고문헌

カー,『歴史とは何か』, 清水幾太郎 譯, 岩波書店, 1986(원저 1961).

카의 '역사'론. 역사학의 방법론이나 역사가의 자세에 관한 카의 견해가 분명하게 표현되었으며 또한 간결하게 정리되어 있어서 읽기 쉽다. 역사가가 아니라도 읽어볼 만한 가치가 충분히 있다.

Hagen Schulze, *Staat und Nation in der europäischen Geschichte*, Beck, 1994.

중세 이후 유럽에서의 '네이션'과 '국가'의 역사를 살펴본 책이다. 카의 논의와 비교해보면 흥미롭다. 슐체는 19세기 이후의 '국민국가' 역사를 1815년부터 1871년까지의 '혁명적 국민국가' 시대, 1871년부터 1914년까지의 '제국주의적 국민국가' 시대, 그 후부터 1945년까지의 '전체적 국민국가' 시대로 구분하고 있다.

サスキア・サッセン(Saskia Sassen),『グローバリゼーションの時代』, 伊豫谷登士翁 譯, 平凡社, 1999(원저 1996); 坂本義和,『相對化の時代』, 岩波書店, 1997.

'글로벌화'의 움직임에 대해서는 지속적으로 문헌이 발표되고 있다. 사회학, 정치학의 시점에서 논한 일본어로 된 저서 중 위의 두 권을 소개하겠다. 최근의 '글로벌화'의 과정 속에서의 내셔널리즘이나 국민국가의 문제를 고찰하는 데에 참고가 될 것이다. 동시에 '시장'과 '시민'의 글로벌화가 국민국가에 큰 변용을 가져왔다고 하지만, 사카모토의 저서는 새로운 평화주의 운동이라는 국제정치학적 시점에서 논하고 있는 반면에 사센은 국제적인 이민의 움직임에 착안하고 있는 점이 다르다.

Anthony Smith, *Nations and Nationalism in a Global Era*, Polity Press, 1996.

글로벌화 과정 속에서도 내셔널리즘의 뿌리는 강하다는 것을 주장하고 있다. 글로벌화나 유럽 통합이 내셔널리즘을 역사적으로 상대화시킬 것이라는 논자에 대한 비판이다.

マーク・ユルゲンスマイヤー,『ナショナリズムの世俗性と宗教性』, 阿部美哉 譯, 玉川大學出版部, 1995(원저 1993).

냉전 후 새로운 분쟁의 요인을, 서양을 중심으로 한 국민국가의 세속적 내셔널리즘과 그 이념을 거부하는 종교 내셔널리즘의 대립에서 찾고 있다. '글로벌리즘'이 내셔널리즘을 부채질하는 요인 중 하나라는 것이 이러한 구도로 설명될 수도 있을 것이다.

마루야마 마사오, 『현대정치의 사상과 행동』

강상중姜尙中 | 박홍영 옮김

丸山眞男, 『現代政治の思想と行動』 上 · 下, 未來社, 1956 · 57/1964(증보판).
『현대정치의 사상과 행동』, 김석근 옮김, 한길사, 1997.

전후 사상사의 현실성

이 책은 패전(1945) 다음 해부터 '안보소동'[1](1960)이 일어난 다음 해까지 발표한 논문과 에세이를 수록하고 있다. 출판 후 놀랄 정도로 증쇄를 거듭하면서 현대적인 고전의 반열에 올랐다. 저자도 말하고 있는 것처럼 이 책에서 다루고 있는 주제는 전문적인 학문의 입장에서 보면 너무나 생생한 현실이고, 저널리즘에서 보면 지나치게 난해한 전문적인 것이다. 학문과 저널리즘 양쪽에 다리를 걸치면서도, 완전히 어느 한쪽에 속해 있는 것이 아닌 '불가사의' 한 입장이야말로 이 책의 매력이다.

마루야마 마사오의 의도는 "학문 세계의 '승려'" 인 학자가 "학문을 직업으로 하지 않는 '속인俗人'" 인 시민에게 정치적 관심과 행동의 의미를 조금

1 1960년 미일안전보장조약 개정을 둘러싼 일본 국내에서의 정치소요 상황을 의미하며, '안보투쟁' 이라고도 한다. 당시 자민당의 기시 노부스케岸信介 내각은 미일동맹관계를 유지, 강화한다는 측면에서 1951년에 체결된 미일안전보장조약의 개정과 비준을 추진했다. 그러나 야당을 포함한 사회, 시민, 노동단체와 지식인, 대학생들은 미국과의 군사동맹관계 강화가 일본을 또다시 국제전쟁으로 몰아갈 것이라며 조약 개정에 반대했다. 조약 개정안은 집권 자민당이 과반수를 점하고 있었던 국회에서 강행 통과되었고, 기시 내각은 여기에 책임을 지고 총 사퇴했다.

이라도 알기 쉽도록 풀어서 해설하는 것이었다. 이것은 역사를 형성하는 주체는 '승려'가 아니라 '속인'인 일반 시민이라는 것을 분명히 알고 있는 마루야마의 발언이며, 그런 의미에서 마루야마는 단순한 학자, '승려'는 아니었다.

그러나 생각해보면, 이러한 학문 세계의 '승려'가 학문을 직업으로 하지 않는 '속인'에게 어떤 기대를 갖고서 무엇인가를 시도하고, 게다가 어떤 반응이 반드시 돌아올 것이라는 기대가 가능했다는 것 자체는, 어디에선가 지식인과 시민 혹은 대중과의 상호교류를 현실적으로 생생하게 느낄 수 있는 시대였다는 것을 말하고 있는 것 아닐까? 패전 직후부터 1960년 안보소동까지의 시기, 곧 전후 계몽의 기운이 사람들의 일상적인 감각에 남아 있었던 시대, 어떤 의미에서 '비군사화와 민주화'의 이상이 단지 '기원하는 말'(만트라mantra)로 끝나지 않고 현실정치에 격렬하게 부딪쳤던 질풍노도의 시대, 이러한 시대의 귀중한 역사를 증언하는 의미도 이 책은 가지고 있다. 마루야마는 이러한 것들을 명확히 자각하고 있었다. 질풍노도 시대의 열기가 급속히 식어가던 1960년대 중반, 이미 마루야마는 이 책에 대해 다음과 같이 냉정한 태도를 취하고 있었다.

> 최근의 논의에서 내가 걱정하는 것은, 의식적 왜곡이든 무지이든 간에 전후 역사 과정의 복잡한 굴절이나 개개인들의 다양한 인생을 조잡한 단계 구분이나 '동향'이라는 이름으로 싸잡아버리는 '전후 사상'론이다. 여기서는 언제부터인가 전후에 대해 충분히 음미되지 않은 이미지가 그대로 침전하고, 새로운 '전후 신화'가 태어나고 있다. 정계, 재계, 관계에서 논단에 이르기까지 급한 불을 끄고 나면 모든 것을 잊어버리는 사람들, 아니면 잊어버리는 것에서 이익을 얻는 사람들에 의해 방송되는 이러한 신화(예를 들면 전후 민주주의를 '점령 민주주의'라는 이름으로 일괄해서 '허망'하다고 취급하는 언설)는, 전쟁과 전쟁 직후의 정신적인 분위기를 직접 경험하지 않은 세대가 증가하면서 의외로 무비판적으로 수용될 가능

성이 있다. 과거의 망각 위에서 태어나고 자란 전후 사상사가 신화화하는 것을 막을 하나의 방법은, 전후에 다양한 영역에서 발언한 지식인들이 가능하면 각자의 과거 언설 자료들을 사회의 이목 앞에 풀어놓는 것이다. (「증보판 후기」, 584~585쪽)

과거의 망각 위에서 태어나고 자란 '전후 신화'는 마루야마가 세상을 떠난 후에 더욱 현실화되어 확대되었다. 마루야마의 주장과 같은 언설이 '허망'하다고 지탄받을 수 있다는 것을 생각하면, 마루야마가 발언한 것이 현실에서 결코 사라졌다고 볼 수 없다. 이 점이 이 책을 현재에도 더욱 의미 있게 만드는 이유이기도 하다.

비판적인 관점에서

『현대정치의 사상과 행동』은 한 편 한 편을 숙독하고 음미할 가치가 있는 논고로 구성된 논문집이다. 이와 같은 논문집의 경우 전체상을 대략적으로 개괄하는 것은 김빠진 맥주 같은 맛만 남길 것이 뻔하다. 여기서는 아마도 마루야마가 가장 애착을 가지고 있었으며, "나 자신도 놀랄 정도로 많은 반응이 있었다"고 했던 「초국가주의의 논리와 심리」(『世界』 1946년 5월호에 처음 게재됨)에 대해 상세히 살펴보기로 하겠다. 이 논문을 택한 이유는 이 논문이 마루야마를 전후 사상과 논단의 총아寵兒로 만든 기념할 만한 논문이라는 점 때문이다. 동시에 이 논문은 천황제의 국가구조나 국가주의의 이데올로기를 비판하는 데에 결정적인 영향을 미쳤다는 의미에서도 획기적인 논고이기 때문이다. 미리 이 논고에 대해 집요하게 반복되고 있는 비판을 소개한다면, 다음의 두 가지로 요약할 수 있을 것이다.

첫째, 마루야마가 집요하게 밝혀내려고 했던 천황제적 정신구조의 병리는 1930년대 이후 전쟁이라는 '비상시'의 광란이 가져온 '예외현상'이며 메이지유신 이후의 일본 근대화 과정에서 일탈한 현상에 지나지 않는다는 반론이다. 즉 마루야마의 초국가주의에 대한 병리학적 진단은 심한 일탈 증상에만 정신이 팔려 그것을 일본의 근대에까지 지나치게 일반화해 파악하고 있다는 비판이다. 이러한 비판은 처음부터 일본 사상사가인 쓰다 소키치津田左右吉 등으로부터 제기된 것이었다. 이러한 비판은 마루야마가 총체적으로 강좌파講座派[2] 마르크스주의적인 근대 일본사관의 편견에 물들었다는 논란과 더불어 현재에도 지속되고 있다. 요컨대 천황제적인 국가주의 이데올로기의 구조에 관한 마루야마의 병리학적 고찰은 너무나도 일면적이고, '일본(사회) 특수론' 혹은 '일본(사회) 이질론'에 지나치게 편중되어 있다는 것이다.

확실히 한편에서는 1930년대 이후의 전시동원체제와 근대화의 관계나 그 국제적인 비교연구의 관점에서 볼 때, 강좌파 마르크스주의적으로 일본 근대를 보는 시각이나 병리학적인 고찰이 갖는 상대적인 한계를 부정할 수는 없다. 그러나 그럼에도 불구하고 초국가주의적 이데올로기라는 극한적인 형태로 나타난 일본 국가주의 이데올로기 구조의 여러 계기를 "메이지 이후의 국가체제 속에서 가능한 한 통일적으로 자리매김하려고 한" 마루야마의 의도는 정당하게 평가되어야만 했다. 이러한 의도의 결과로, 대부분의 이념형ideal typus이 그러하듯이 마루야마가 이 책에서 명확히 추출해낸 천황제 국가구조와 그 국가주의 이데올로기는 '하나의 역사적 추상抽象'이 될 수밖에 없었다.

둘째, '하나의 역사적 추상'과 관련해서 천황제적 정신구조의 병리, 더 나아가서 일본 근대화의 굴절에 대한 마루야마의 비판의 근거가 어디에 입각

2 일본 자본주의 논쟁에서 노농파勞農派와 대립한 마르크스주의자의 일파를 의미하며, 『일본 자본주의 발달사 강좌』를 집필했던 그룹이 중심이 되었기 때문에 이렇게 불리었다. 이들은 일본의 자본주의는 반봉건적半封建的 지주제이기 때문에 먼저 일으켜야 할 혁명은 천황제를 타도하는 부르주아 민주주의 혁명이며, 그 후에 프롤레타리아 혁명이 온다는 2단계혁명론을 주장했다. 이에 대해 노농파는 메이지유신은 불철저한 부르주아 혁명이며 천황제는 부르주아 군주제이기에, 일으켜야 할 혁명은 프롤레타리아 혁명이라는 1단계혁명론을 주장했다.

하고 있는가 하는 문제가 있다. 이 해묵은 논란은, 요컨대 마루야마가 실제로는 서구에도 존재하지 않는 근대modernity를 이상형으로 떠받들고, 그 관념적인 '외부'〔서구의 근대〕의 고귀함으로부터 일본 근대의 '뒤처짐'과 '결여'를 병리로 진단하는 근대주의적인 편향에 빠져 있다고 하는 것이다.

그러나 이러한 비판도 역시 일면만을 보는 오류를 범하고 있다. 왜냐하면 마루야마만큼 "메이지 이후 일본 국가의 발전 내지는 이데올로기로서의 내셔널리즘 사상의 진보와 세계적인 공통성"(496쪽)을 강조한 국민주의적인 내셔널리스트도 없었기 때문이다. 일생의 대표작인 『일본 정치사상사 연구』가 그렇고, 또 「메이지국가의 사상」(1946), 「구가 가쓰난陸羯南—사람과 사상」(1947), 「근대 일본 사상사에서의 국가이성의 문제」(1949) 등에서도 이러한 일본 근대화의 '미래지향적인 요소와 적극적인 면'에 대한 마루야마의 긍정적인 평가가 잘 나타나 있다. 이러한 의미에서 마루야마를 단순한 근대주의자라고 치부해버릴 수는 없을 것이다.

이상과 같은 마루야마에 대한 틀에 박힌 비판의 문제점을 염두에 두고 '초국가주의의 논리와 심리'를 살펴보면, 그 음영陰影이 보다 명확히 드러나지 않을까? 적어도 마루야마는 과거의 '쓰라린' 모습을 피학적被虐的으로 취급해서 '뒤처짐'이나 굴절을 흥미 본위로 들추어낼 정도로 일본과 일본국민으로부터 '초연detachment'한 위치에 자신을 두지는 않았다.

초국가주의의 '병리' 구조

「초국가주의의 논리와 심리」의 논점을 검토해보면 의외로 매우 단순하지만, 근대국가의 존립에서는 가장 중요한 원리의 문제를 출발점으로 하고 있다는 것을 알 수 있다. 그것은 다름이 아니라 근대국가는 원리적으로 '중성中性국가ein neutraler Staat'여야만 존립근거를 유지할 수 있다는 점이다. '중성국가'란 카를 슈미트가 입헌적인 자유주의 국가의 형식적이고 기술적인 성격을 비판하기 위해 명명한 용어이다. '중성국가'는 홉스 이후의 정치 사상사에 나타나듯이 종교전쟁에 종지부를 찍고, 근대국가를 신학적인 영역으로부터 순화純化하며, 모든 신앙과 가치를 중립적인 공적 질서로서 확립하기 위한 불가결한 원리였다는 것이다. 막스 베버의 국가에 관한 유명한 정의, 즉 일정한 영역 안에 있는 주민에 대해 물리적 폭력을 정통적으로 독점하는 단체라는 규정도 이러한 '중성국가'로서의 근대국가의 패러다임을 전제로 하고 있다.

바꿔 말하면 종교적인 신앙이나 사상, 심정이 '사적인 일', 즉 주관적인 자유의 영역으로 환원되어, 그 내면성이 법적으로 보장되는 것을 나타내고 있다. 그러한 의미에서는 어떤 종교를 믿어도, 어떤 사상을 가져도 그것은 모두 형식적으로는 동등하게 국가가 처리해야 하는 것을 의미한다. 다시 말해 슈미트가 지적한 것과 같이 '중성국가'는 가치의 상대주의를 전제로 하는 '가사可死의 신神'으로서 공적인 성격을 가질 수 있게 되었던 것이다.

이러한 형식적인 법체계로서의 국가야말로 근대국가에 어울리는 기본적인 원리이다. 그러나 일본 '국체國體'로서의 천황제국가는 그 자체가 윤리적 실체로서 가치의 내용을 독점적으로 결정하는 존재이다. 그런 의미에서 천황제국가는 무제한으로 사적 영역에 개입할 수 있었다. 바꿔 말해 사적 영역은 사적 영역으로 승인된 적이 없을 뿐만 아니라 국가적 영역의 내부에 사적 이해가 무제한으로 침입하여 양자가 구분 없이 일체화되어간 것이다.

그 결과 어떻게 되었는가에 대해 마루야마는 "그 자체로 '진선미의 극치'인 일본제국은 본질적으로 악을 행할 수 없기 때문에 어떤 폭력적인 행위와 배신적인 행동도 허용되었다!"(18쪽)고 말한다. 윤리(에토스ethos)와 권력(크라토스kratos)이 자유자재로 상호 이입되고, 가치의 궁극적인 원천인 '국체'와 신민이 일체화될 때, 어떠한 권력충동과 만행이 허용되는가. 이에 대해서는 일체의 국가를 초월한 도의적 기준에 대한 등골이 싸늘해질 정도의 냉소적 태도와 '황군皇軍'이 저지른 만행의 역사가 명확히 설명해주고 있다.

그러나 개인에게 윤리적으로 내면화시킬 수 있는 계기가 주어지지 않은 채로, '국체'와 개인의 행동규범을 일체화시키게 되어 빈약하고 왜소한 엘리트를 배출하는 결과를 낳았다. 다시 말해 마키아벨리도 놀랄 정도로 대담하고 천하무적인 권력정치를 공공연하게 행사할 수 있는 정치가도 없었고, 정의와 평화라는 보편적인 이념을 위해 순직할 수 있는 심정윤리心情倫理[3]적인 이상주의자도 나타난 적이 없다는 것이다. 이를 두고 마루야마는 "신중한 내면성도 없고 노골적인 권력성도 없다. 모든 것이 시끄럽지만 소심했다. 이런 의미에서 도조 히데키東條英機는 일본적인 정치의 상징이라고 할 수 있다"(19쪽)고 독설을 서슴지 않았다.

마루야마의 말을 빌리면 이렇듯 겁 많고 소심한 군국주의 윤리는 결국 전체주의적인 독재로서도 철저하지 못했다. 진정한 독재에 해당하려면 한 번쯤은 '자유로운 주체'의 경험을 거치고 인간의 생명을 '물건Sache'처럼 냉혹하게 다룰 수 있을 정도로 잔혹한 주체가 아니면 안 되기 때문이다. 에토 준江藤淳이라면 '무서운 근대인'인 '나치스'에 대해, '태고太古의 마음'을 잃지 않았던 일본 군국주의자의 온화한 감성(江藤淳, 『落葉の掃き寄せ』)이라고 표현했겠지만, 마루야마는 역으로 역설적이고 냉소적으로 일본 군국주의자를 질타했다.

> 권위의 의존에서 쫓겨나 한 사람의 인간으로 돌아왔을 때 그들은 얼마나 나약하고 불쌍한 존재인 것인가? 그러므로 전범재판에서 쓰치야土屋[4]는 겁에 질린 표정을 지었고 후루시마古島는 울었다. 반면 괴링[5]은 웃었다. 괴링처럼 오만하고 당당

---

3 도덕적 선악의 기준을 행위의 결과가 아닌 행위자의 의도, 의지 등에 두는 입장을 의미하며, 심정도덕이라고도 한다.

4 쓰치야 요시오土屋芳雄는 야마가타 현 농민 출신으로 중국 만주에서 14년간 항일 게릴라를 체포하고 고문한 헌병이었다.

5 독일의 정치가, 군인이자 게슈타포 창설자. 전쟁범죄로 재판을 받고 교수형이 집행되기 직전에 자살했다.

> 한 태도를 보일 수 있는 자가 저 유명한 스가모巢鴨[6]의 전범 용의자 중에 몇 명이나 있었을까? (20쪽)

지금 다시 읽어보면 문제가 될 만한 표현이 없지는 않다. 그러나 여기에는 마루야마가 강조하려고 했던 일본 국가주의의 이데올로기 구조에 내재하는 인간적인 왜소함과, 나치스와는 다른 의미의 병리가 뚜렷하게 나타나는 것은 아닐까? 그것은 기본적으로 나치스나 파시스트들과도 다르게, 엄청난 전쟁의 참화를 불러일으킨 지도자들이 대일본제국이라는 구체제ancien regime의 중추를 차지하고 있었던 사실에 기인한다. 그들은 제국의 울타리였으며 엘리트였다. 그들 하나하나의 경력 속에는 제국의 영광이 빛나고 있었다.

그러나 그들의 위세는 권력정치를 주체적으로 담당할 수 있는 용감함과는 정말 거리가 멀었다. 그 위세라는 것은 단지 궁극적인 가치의 실체인 천황에의 접근도와 그 의식에서 생겨난 것이었다. 그것이 초국가주의의 '전 국가기구를 움직여가는 정신적 기동력'이었던 것이다. 실제로 한 예를 들면 중일전쟁 발발부터 패전 전년까지의 전쟁 시기 중에 라디오 강연의 주요 단어로 가장 많이 사용된 단어는 '세이시聖旨'(천황의 뜻), '미이쓰御稜威'(천황의 영광), '고쿠타이國體'(천황의 국가체제), '오미코코로大御心'(천황의 마음), '고온皇恩'(천황의 은혜) 등 천황에 관련된 '국체어國體語'였다고 한다(竹山昭子, 「戰時下のラジオ講演」).

이렇게 해서 「초국가주의의 논리와 심리」는 하나의 결론에 이르게 된다.

> 모든 국가질서가 절대적인 가치인 천황을 중심으로 하고, 연쇄적으로 구성되며, 위에서 아래에 대한 지배의 근거는 천황으로부터의 거리에 비례한다. 이처럼 천

6 일본의 전범 형무소가 있던 곳.

황으로부터의 거리에 비례하여 가치가 점차적으로 희박해지는 곳에서는 독재 관념이 오히려 성장하기 어렵다. 왜냐하면 원래 독재 관념이라는 것은 자유로운 주체의식을 전제로 하지만, 여기서는 대체로 그러한 무규정적無規定的인 개인이라는 것은 위에서부터 아래까지 존재할 수 없기 때문이다. (23쪽)

마루야마는 자유로운 주체의식을 가질 수 있는 여지를 박탈당한 채, 궁극적인 가치의 실체에 대한 거리의 원근遠近에 따라서 지배구조가 형성되고, 위에서부터 아래로 가해지는 압력이 개개인의 행동을 제약하고 있는 구조를 '억압이양抑壓移讓'이라고 불렀다. 그리고 이러한 원리가 국내에서 억압을 이양할 수 있는 가장 밑바닥에 있는 사람들을 더 이상 찾아내지 못했을 때, 그것이 국제적으로 연장되어 침략으로 향해갔다는 것이 된다. 국내에서 '비천한 인민'도 '외지'에서는 '황군'의 일원으로서 우월한 지위를 자랑한다. 그리고 그들은 양쪽 어깨에 지워진 지배구조의 모든 중압에서 벗어나려고 만행도 불사하는 잔학한 전쟁 기계로 변모해갔다는 것이다.

'자유로운 주체'에 대한 희망과 현실

패전은 이러한 초국가주의 병리를 만들어낸 '국체'가 무너지고, 타율적인 형태이긴 하지만 처음으로 '자유로운 주체'로서의 국민이 탄생할 수 있는 가능성을 가져다준 계기였다. 마루야마의 전후는 이러한 가능성에 자신을 걸어본 50년이었다. 그의 결의는 "대일본제국의 '실재'보다도 전후 민주주의의 '허망' 쪽에 걸었다"(「증보판 후기」, 584쪽)는 말에 잘 함축되어 있다. 그때부터 거의 반세기가 지나서 마루야마가 다음과 같이 독백하고 있는 것을 생각하면, '초국가주의' 이후의 50년은 마루야마에게 이율배반적인 세월이었지 않았을까?

전후의 '이념'에 걸면서 전후 일본의 '현실'에 거의 일관하게 위화감을 느껴온 내 입장의 기묘함! 이것이 비극인지 희극인지 모르겠다. 오히려 묻고 싶은 점은 나는 근본적으로 시대를 표현하고 있는 것인가, 아니면 반시대적인가 하는 것이다. 내 실감으로서는 후자라고밖에 생각할 수가 없다.[7]

마루야마가 시대를 표현하고 있는 시기가 있었다는 것은 부정할 수 없다. '초국가주의'는 그것의 기념할 만한 출발이었다. 그러나 동시에 마루야마가 '반시대적'이라기보다는 시대로부터 버림받았다는 것도 부정할 수 없다. 그것은 마루야마의 한계라기보다는 일본, 그리고 '근대'의 한계일지도 모른다. 그리고 그 한계는 아직도 극복되지 못했으며 그러한 의미에서 아직도 마루야마는 단순한 '역사'는 아니다.

마지막으로 '초국가주의'에 관한 하시카와 분조橋川文三의 비판을 소개하겠다. 하시카와는 1960년대 말 마루야마의 '초국가주의'에 대해 다음과 같은 비판적인 논평을 남기고 있다. 마루야마의 탁월한 분석은 '좋은 일본'과 '나쁜 일본'이라는 냉철한 이분법을 사용해서 내셔널리즘 로고스의 병리를 예리하게 도려내고 있지만, 문제는 "일본 안에 있는 가장 인간적으로 그리운 것과 가장 혐오해야 할 것이 동시에 존재하며 그대로"(橋川文三, 「民族·政治·忠誠」, 橋川文三著作集 제2권) 남아 있다는 것이다.

이러한 내셔널리즘의 에토스ethos, 혹은 파토스pathos의 근본에 있는 것을 추구하려는 하시카와의 지적은, 마루야마 분석에서 누락된 부분을 채워준다. 그뿐만 아니라 이 지적은 현대 내셔널리즘의 새로운 대두를 고찰하는 데에도 시사적이다. 많은 국가론을 추천할 것을 주장하는 '네오 내셔널리스트'들이 이구동성으로 '마음'이나 '혼'이라는, 어떤 의미에서는 부끄러울 것 같은 단어들을 국민적 아이덴티티의 중추에 놓으려고 할 때, "지극히 우

---

7 『自己内對話』, みすず書房, 1998. 저자가 1996년 사망한 후 1943년에서 1987년 사이에 단편적으로 기록한 노트 3권을 모아서 출판된 저서이다.

아하고 섬세한 마음의 작용(예를 들면 '애틋함')은 가끔 그 반대의 음산하고 추악한 정치행동으로 연결되어"(앞의 책, 47쪽)버린다고 말한 하시카와의 지적은 사실적인 울림으로 되살아나 다가온다. 하시카와의 이러한 비판이 마루야마의 귓가에 남아 있었던 것일까?

참고문헌

마루야마에 관해서는 〈丸山眞男集〉(岩波書店)과 『丸山眞男·座談』(岩波書店), 『丸山眞男講義錄』(東京大學出版會) 등 많은 자료가 있기 때문에 각각의 책에 수록되어 있는 논문이나 에세이, 강의 기록, 대담이나 좌담 등을 참고하기 바란다. 그 밖에 최소한으로 아래의 문헌을 참고하기 바란다.

石田雄·姜尙中, 『丸山眞男と市民社會』, 世織書房, 1997.

마루야마가 세상을 떠난 후 국민문화회의에서 발표한 내용과 토론을 근거로 쓰인 책이다.

酒井直樹, 『日本思想という問題』, 岩波書店, 1997.

'일본사상(사)' 그 자체가 성립하는 근거, 내셔널한 언설 시스템에 대해 고찰하고 있다.

間宮陽介, 『丸山眞男』, 筑摩書房, 1999.

마루야마의 사상과 학문을 적극적으로 계승, 발전할 것을 목표로 쓰였다.

吉本隆明, 『思想家論』(吉本隆明全著作集 第12卷), 勁草書房, 1969/『柳田國男論·丸山眞男論』, ちくま學藝文庫, 2001.

'대중의 원상原像' 이라는 관점에서 마루야마 사상과 학문을 비판적으로 다룬 평론이다.

姜尙中 외, 『丸山眞男を讀む』, 情況出版, 1997.

마루야마가 세상을 떠난 후에 등장한 마루야마론의 집대성.

한나 아렌트, 『전체주의의 기원』

사이토 준이치齋藤純一 | 박홍영 옮김

Hannah Arendt, *The Origins of Totalitarianism*, George Allen and Unwin, London, 1951 / Harcourt Brace Jovanovich, New York, 1958.
Elemente und Ursprünge totaler Herrschaft, Europäische Verlagsanstalt, Frankfurt am Main, 1962 / Piper, München, 1986.
『全體主義の起源』 전3권, 大久保和郎 · 大島通義 · 大島かおり 譯, みすず書房, 1972 · 1974.
『전체주의의 기원』 1 · 2, 이진우 · 박미애 옮김, 한길사, 2006.

『전체주의의 기원』이 출판된 1951년, 한나 아렌트는 미국의 시민권을 획득하고 18년에 걸친 망명자, 무국적자로서의 생활에 종지부를 찍었다. 이 책의 출판으로 그녀의 이름이 널리 알려지게 되었으며, 1975년 심장발작으로 사망할 때까지 주로 뉴욕에 있는 뉴스쿨대학교The New School for Social Research에 있으면서 정치이론가로 계속 활동하게 된다.

아렌트는 1906년 독일의 유대계 가정에서 태어났다. 아렌트는 하이데거Martin Heidegger(1889~1976), 야스퍼스Karl Theodor Jaspers(1883~1969), 후설Edmund Husserl(1859~1938) 등 쟁쟁한 사상가들 밑에서 철학을 배울 기회가 있었지만, 나치즘이 대두하고 히틀러가 정권을 장악하면서 1933년 프랑스로 피신했다. 1941년 파리 함락으로 미국으로 망명하지만, 그 사이에 잠시 남프랑스에 있던 유대인 수용소에 구속되는 체험을 했다. 『전체주의의 기원』은 자기 자신이 말해왔던 것이나 행했던 것과는 무관하게, 타인에 의해 어떤 사람으로 처우되는 폭력의 경험에 비추어 쓰인 것이다.

전체주의는 폭정, 전제, 권위주의라고 하는 종래의 지배형태와는 전혀 다른 것이다. 20세기에 등장한 이런 새로운 지배형태를 이해하는 것, 이것이 『전체주의의 기원』을 쓰게 된 동기이다. 이를 위해 아렌트가 채택한 방법은 전체주의의 역사적 기원을 실증적으로 검증하는 방법이 아니라, 후에 전체주의로 '결정結晶되는' 여러 요소들, 특히 전체주의를 가능하게 한 사고양식이나 행동양식을 가능한 한 광범위하게 추출해내는 접근법이었다. 나치즘이나 스탈리니즘에 직접 연결되지 않은 영국이나 프랑스의 식민지주의에 대해서도 많은 분량을 할애했고, 프루스트Marcel Proust[1](1871~1922), 콘래드Joseph Conrad[2](1857~1924), 로렌스David Herbert Lawrence[3](1855~1930) 등의 작품을 예로 든 것도 그 때문이다. 『전체주의의 기원』은 역사서로서는 이미 과거의 책이 되었다. 그러나 정치이론서로서는 19세기 말 이후의 정치적 경험을 돌이켜볼 때, 아직도 퇴색하지 않은 현실성을 발하고 있다.

전체주의와 반유대주의

『전체주의의 기원』은 세 부분으로 구성되어 있다. 제1부는 '반유대주의Antisemitism', 제2부는 '제국주의Imperialism', 제3부는 '전체주의Totalitarianism'이다. 내셔널리즘론이라는 관점에서 본다면 중요한 부분은 제2부의 '제국주의'이지만, 우선 지금까지 가장 주목을 받아온 제3부의 '전체주의'에 대해 간단히 그 요점을 지적해두고 싶다.

아렌트는 나치즘과 스탈리니즘을 전체주의로 정의한다(이탈리아의 파시즘은 제외된다). 아렌트가 중시하는 것은 양자의 이데올로기 내용이 어떻게 다른가가 아니라, 양자의 이데올로기가 전체주의 운동과 지배에 영향을 준 공통의 역할이다.

인종주의이든 공산주의이든, 이데올로기는 역사 과정을 전체적으로 설명

1 프랑스 소설가. 대표작으로 『잃어버린 시간을 찾아서*In Search of Lost Time*』가 있다.
2 폴란드 태생의 영국 소설가. 1897년 『나르시소스호의 흑인*The Nigger of the 'Narcissus'*』과 1900년 『로드짐*Lord Jim*』 등의 소설이 유명하다.
3 영국 소설가. 1913년 『아들과 연인*Sons and Lovers*』, 1928년 『채털리 부인의 사랑*Lady Chatterley's Lover*』 등이 유명하다.

하는 세계관으로 제시된다. 이데올로기는 한편으로는 고립되고 추방당해 무의미한 존재가 된 대중에 대해, 논리적으로 정합된 자연·역사법칙('초의미超意味')을 부여한다. 그리고 다른 한편으로 이데올로기는 각각의 법칙에 따르면 결국에는 사멸하게 될 '객관적인 적'을 규정한다. 이 법칙을 실행에 옮겨 '객관적인 적'으로 정의된 인종이나 계급을 소멸시키는 폭력이 테러이며, 그러한 행정적 살육의 시설로서 이용되는 것이 절멸絶滅 수용소[4]이다. 그것은 인간의 자유와 사람들 사이의 차이를 완전히 폐기하고, 자연이나 역사의 운동법칙 앞에서는 자유freedom나 복수성plurality이란 없는 것과 마찬가지라는 것을 증명하기 위한 시설일 뿐이다.

『전체주의의 기원』은 이 책이 담고 있는 스탈리니즘 비판 때문에 반공 이데올로기 책이라는 논란에 처하기도 했다. 그러나 이것은 근거 없는 비판이고, 반대로 이 책은 동시대의 미국을 석권한 매카시즘McCarthyism에 대한 비판까지도 담고 있다고 보아야 할 것이다. 아렌트가 전체주의를 부정적으로 부각시킬 수 있었던 것은, 자신의 의견을 말할 수 있는 정치적 자유가 있었고 이데올로기적인 사고로부터 자유로울 수 있었기 때문이다.

제1부 '반유대주의'는 근대의 반유대주의가 어떠한 경위로 성립했으며, 왜 유대인이 범게르만주의 등의 민족운동의 표적이 되었는가에 대해 논하고 있다.

19세기 후반 이후 근대의 반유대주의는 유대인의 사회적 동화가 진행되어 종교적 공동체로서의 아이덴티티가 파탄되는 과정에서 역으로 대두한 것이다. 이러한 새로운 반유대주의는 특히 생물학적 요소를 근거로 유대인을 재정의하려고 한다. 유대인 자신도 그러한 인종주의적인 표상의 시스템 내에 편입되어, 상상 위에서의 '유대인다움'을 연출함으로써 비로소 사회에 동화할 수 있다는 역설을 경험하게 된다. 아렌트가 '정치적 반유대주의'라

---

4 독일 나치스가 제2차 세계대전 중 건설한 아우슈비츠 강제수용소를 의미한다.

고 부르는 범민족운동은 이러한 인종주의적인 표상('사회적 반유대주의')을 이용하면서 유대인을 국민국가nation state와 연결된 존재(국가의 재정·국가간의 교섭 등에 부여된 특권적인 존재)로 간주한다. 그리고 이를 통하여 유대인을 국민국가 질서에 대한 사람들의 일반적인 불만이나 증오의 적합한 탈출구로 만들어간다. 뿐만 아니라 범민족운동에 있어서 유대민족은 모방의 모델임과 동시에 능가해야만 하는 '모델'의 위치에 있었다. 즉 국경을 초월하여 연결된 '피의 공동체', 자민족과 그 밖의 모든 여러 민족을 선명히 구별하는 '선민사상', 게다가 디아스포라를 강요당하면서도 유대인이 형성할 수 있었던 세계에 걸친 세력권은, 범민족운동 그 자체가 배워야 할 대상이었다. 범민족운동에 있어서 유대인을 타도하는 것은 스스로의 인종주의적 교의가 '올바르다'는 것을 증명하기 위한 불가피한 과제로 이해되었다.

국민국가 시스템과 제국주의

제2부 '제국주의'는 19세기 말 이후 제국주의로 인해 국민국가 질서가 붕괴되어가는 사정을 묘사한다. 아렌트는 제국주의를 다음의 세 요소가 복합된 것으로 파악한다. 첫째, 국민국가의 틀 안에서 과잉 자본이나 인원을 해외로 내보내는 식민지주의. 둘째, 인류를 지배인종과 노예인종, 고급종족과 저급종족으로 분할하는 인종주의. 셋째, 법률이 아니라 정령政令에 의해 지배하고 피지배자를 완전한 관리대상으로 간주하는 관료제적 통치. 이러한 "자본수출과 인종망상과 관료제적 행정장치의 기묘한 혼합물"인 제국주의는 '무한한 팽창'을 추구하는 운동 관념에 의해 가동되며, 일정한 안정성을 요구하는 국민국가 시스템을 무너뜨려간다는 것이다. 또한 제국주의를 국민국가의 연장선 위에 직접 자리매김하지 않고, 양자를 대립하는 이질적인 것으로 파악한다는 점이 이 책의 내셔널리즘론의 기본적인 특징이다.

아렌트에 따르면 국민국가는 다음의 두 가지 조건을 충족해야 한다고 한다. 첫째, 구성원이 특정의 정치제도나 문화적 전통을 역사적으로 공유하며, 둘째, 구성원이 정주하고 있는 지역이 주권국가의 영토와 겹쳐야 한다는 것이다. 국민국가의 구성원들은 피나 '민족정신' 따위의 '내적인' 속성들을 통합의 매개체로 하지 않는다. 그들은 전적으로 토지·정치제도·문화적 전통 따위의 '외적인' 것을 공유함으로써 연결되며, 평등한 시민으로서 국가의 법적 보호를 향유한다. 국민국가는 사람들이 어떠한 집단이나 계급에 귀속해 있고, 그 조직된 이해관계가 정당을 통해 대표된다고 하는 안정된 정치 시스템으로 묘사되고 있다.

이러한 국민국가가 현실에서 어디에 존재하는가는 커다란 의문일 것이다. 아렌트는 프랑스나 영국의 서구 내셔널리즘을 이에 가까운 것으로 생각하고 있다. 그러나 거기에 '역사적·문화적 일체성'의 국민의식을 가진 균질의 에스니Ethnie〔문화적 공동체〕가 존재했다고 하는 것은, 현시점에서 되돌아보면 상당히 문제가 있는 상정일 것이다. 그러나 이 책의 논의에서 보다 중요한 점은, 국민국가와 제국주의 사이에 존재하는 골은 동유럽과 중유럽에서 생긴 별종의 내셔널리즘, 즉 '인종적 혹은 종족적 경향을 가진 내셔널리즘'이 가교 역할을 하여 이어줬다는 것이다. 그것은 '국민'이 '국가'를 완전히 정복한 내셔널리즘이다.[5]

종족적 내셔널리즘

국민국가 모델은 유럽의 많은 지역에는 본래 적용할 수 없는 것이었다. 이질적인 여러 민족들이 모여 사는 동유럽이나 중유럽에서는 국가 영토와 민

5 국가의 주요 구성원의 하나인 국민은 국가에 의해 규정된다. 국민이 국가를 만든 것이 아니라 국가가 국민을 만들어간다. 예를 들어 여권이나 주민등록증이 그것이다. 이럴 경우는 국가가 국민을 정복한 것이 된다. 그런데 아렌트는 여기서 종족적 경향의 내셔널리즘은 국민이 국가를 정복한 것으로 보고 있다.

족 거주 범위가 일치한다는 조건은 기대할 수도 없다. 이러한 지역에서 민족을 통합하는 것으로서 내세운 것이 '피'〔혈연〕라는 매개체이다. 아렌트는 '토지 공동체'가 될 수 없어 '피의 공동체'를 내세우는 내셔널리즘을 '종족적völkish/tribal 내셔널리즘'이라고 부른다.

> 종족적 내셔널리즘은 처음부터 현실 세계에 존재하지 않는 가공의 관념을 근거로 하고 있다. 또한 그것을 과거의 사실에 입각하여 입증하려는 시도조차도 하지 않고, 그 대신 그것을 미래에 실현하자고 호소하고 있는 것이다. ……그것은 측정조차 불가능한 내적 특성에 입각해 있으며, 그것과 비교해서 자민족의 현재와 과거를 평가하고, 대개는 자신들에게 어울리지 않는 현재이며 과거라고 비난한다. 전통, 정치제도, 문화 등 국민의 눈에 보이는 존재에 속하는 모든 것을 기본적으로 '피'라는 허구의 기준에 비추어 측정하고 단죄하는 것이야말로 종족적 내셔널리즘을 다른 것과 구별할 수 있는 특징이다. (大久保和郎 · 大島通義 · 大島かおり 譯, 『全體主義の起源』 제2권, みすず書房, 170쪽)

'종족적 내셔널리즘'은 국경을 넘어 '민족적 공동체'를 수립하려는 범민족운동을 불러일으킨다. 잉여 자본과 인구를 해외로 배출하는 것에 성공한 영국과 프랑스의 식민지주의와는 다르게, 범민족운동에서 과잉 에너지는 이산된 민족을 재통합하려는 팽창운동에 전적으로 주입된다. 다른 한편 그것은 동일한 거주지에 살고 있는 이민족에 대해서는 '열등민족'이라는 표상을 강화시킴으로써 소수민족에 대한 차별적 처우를 정당화해간다. 그러한 민족은 '2급 시민'이라는 위치에 만족할 수밖에 없거나, 혹은 '민족정화民族淨化'의 대상이 된다. 아렌트는 동유럽과 중유럽의 범민족운동을 영국과 프랑스의 '해외제국주의overseas imperialism'와 대비시켜 '대륙제국주의continental imperialism'라고 부른다.

범민족운동(대륙제국주의)에서 특히 중요한 역할을 하는 것은 '종족적 사고race-thinking'이다. 이러한 사고가 지배적인 곳에서 사람들은 그/그녀들이 무엇을 했는가, 무엇을 말했는가에 의해 판단되지 않는다. 사람들은 각각의 의견이나 행동에 의해서가 아니라 '속성'이라고 하는 집단적 표상에 의해서 판단된다. '종족적 사고'는 집단적 아이덴티티collective identity에 의해 자타를 판단하는 표상 시스템으로서, 한편으로 동일 인종에 속하는 사람들에게는 '사회적 고향과 안도감의 일종인 대용품'을 제공한다. 그러나 다른 한편으로는 우생학적 사고와 연결시켜 열등인종 혹은 '살 가치가 없는' 사람들이라는 범주를 만들어낸다. 아렌트가 이 책에서 가장 격렬히 비판하는 것은 이러한 인종주의와 연계된 집합적 표상의 폭력이다. 그녀는 사람들의 '모든 권리를 가질 권리the Right to Have Rights'를 제기한다. 이 권리의 개념은 "각 개인이 자신의 의견이나 행동에 따라서 타인에게 판단된다고 하는 관계가 성립하는 시스템" 속에서 살 권리를 의미한다. 그녀의 이러한 권리의 개념은 위의 표상의 폭력에 대한 근본적인 비판을 함의하고 있다.

국민국가의 한계

앞에서 언급한 것과 같이 아렌트는 서구형 국민국가와 제국주의를 대립하는 것으로 묘사하고 있다. 그렇지만 그것은 그녀가 서구형 내셔널리즘을 전면적으로 옹호한다는 것을 의미하지는 않는다. '제국주의'의 마지막 장인 '국민국가의 몰락과 인권의 종언'은 제1차 세계대전 후에 생겨난 엄청난 수의 난민(망명자와 무국적자) 문제를 언급하면서, 국민nation과 국가state 사이에 존재하는 해소하기 어려운 모순에 초점을 맞추고 있다. 제1차 세계대전 후에 나타난 국민국가의 모순이라는 것은, 국가의 시민과 민족적인 귀속이라는 것이 불가분의 관계이며, 국가의 법으로 진정한 보호를 보장받을 수 있는 것은 동일한 민족적 기원을 가진 사람들뿐이라는 것이다. 그 결과 그러한 사람들 외의 소수민족은 완전히 동화되지 않는 한 그러한 보장을 받을 수 없다는 것이다. 아렌트는 국민국가에는 동화와 배제의 논리가 내재해 있다고 보고 있다.

국민국가로부터 추방된 '머물 곳 없는 사람들displaced persons'이 호소할 수 있는 것은 누구나 태어나면서 지니는 '인권'뿐이지만, 그러한 호소에 응답하려는 국가는 어디에도 없었다. 인권이라는 것은 현실적으로 '국민의 권리'로서만 실효성을 가지며, '국민이 아닌 사람'에게는 아무런 권리도 없다는 것이 증명되었다. 인류가 직접 인권을 보장한다는 것을 (당분간) 기대할 수 없다고 한다면, 남겨진 길은 모든 사람들이 어떠한 정치적 공동체든지 귀속될 수 있는 시스템을 만들어내는 것이다.

아렌트가 이 책에서 옹호하는 것은, 명확히 말한다면 국민국가가 아니라 순수한 법치국가, '영역 안에 있는 모든 주민을 그 민족적 귀속과 관계없이 법적으로 보호하는' 국가이다. 19세기를 통해 국가는 '법을 정하고 지키는 장치'에서 '국민의 도구'로 변질해갔다("국민이 국가를 정복했다"). 그것은 '최초의 국민국가'인 프랑스혁명 후의 공화정체共和政體가 이미 가지고 있던 모순, 즉 인간(주민)의 권리와 국민의 권리 사이의 모순이 드러나는 과정이기도 했다. 아렌트가 국민에 의한 국가의 정복이라는 사태에 대해 제기하는 것은 민족 등의 '정치 이전의 주어진 여건'에 의존하지 않는 순수하게 정치적인 국가, 에스노스ethnos[6]의 민족적 공동체와 대비되는 데모스demos[7]의 정치적 공동체의 이념이다.

『전체주의의 기원』이 간행된 후, 아렌트가 열중했던 것은 집합적 표상의 틀이 해제된 공간, 사람들 자신의 의견이나 행동으로 판단되는 것이 가능한 공간, 그로 인해 인간의 자유와 사람들의 다원성이 실현될 수 있는 정치적·공공적 공간을 적극적으로 표현하는 일이었다. 아렌트의 정치이론은 내셔널한 공동체를 초월한 공공적 공간을 구상하고, 인간의 존엄을 '사람들 사

6 에스닉 그룹ethnic group을 의미한다.
7 고대 그리스의 일반 민중이 참여하는 민회 또는 시민총회를 의미한다.

이' 에서 살아가는 것과 연결시켜 생각해갈 때 가장 적절한 시각을 제시한다.

참고문헌

アーレント, 『人間の條件』, 志水速雄 譯, ちくま學藝文庫, 1994(원저 1958).

인간의 실천적 활동양식을 '노동labor', '일work', '행위action' 로 나누고, '행위' 가 일어나는 공공적 공간의 의의를 명확히 제시하고 있다. 공공적 공간은 인간 출발의 자유와 인간의 다양성을 현실화하는 공간으로 묘사되고 있다.

アーレント, 『過去と未來の間』, 引田隆也・齋藤純一 譯, みすず書房, 1993(원저 1961).

진리와 정치의 관계, 19세기에 대두한 대문자의 역사 관념, 정치적 자유의 의미 등을 주제로 한 에세이집.

アーレント, 『革命について』, 志水速雄 譯, ちくま學藝文庫, 1975(원저 1963).

미국혁명의 의의를 프랑스혁명과 비교한 책. 정치적 자유를 보장하는 제도를 만들어낸 미국혁명과 '사회적 문제' 인 빈곤의 해결이 목표였다고 규정된 프랑스혁명을 비교하고 있다.

アーレント, 『イェルサレムのアイヒマン』, 大久保和郎 譯, みすず書房, 1969(원저 1963).

나치 친위대의 관료 아돌프 아이히만에 대한 재판 기록. 사고의 결여가 터무니없는 악을 불러일으킨다는 '악의 평범성the banality of evil' 이 주제이다. 유대인인 자신이 나치 협력문제를 지적하기도 해서 유대인 사회에 파문을 일으켰다.

アーレント, 『精神の生活』上・下, 佐藤和夫 譯, 岩波書店, 1994(원저 1978).

'정신 생활' 은 '사고하는 것thinking', '의지하는 것willing', '판단하는 것judging', 이 세 가지로 이루어진다. 이 책은 앞의 두 가지를 논한 유고를 정리한 것이다. 특히 '내적인 대화' 로서의 사고를 논한 제1부는 아렌트의 가장 뛰어난 정치이론이라고 말할 수 있다.

アーレント, 『アーレント政治思想集成』 1・2, 齋藤純一・山田正行・矢野久美子 譯, みすず書房, 2002(원저 1994).

1930년부터 1954년까지의 미공개된 글이나 단행본에 수록되지 않은 에세이를 엮은 책이다. 개인주의와 내셔널리즘의 친화성을 지적한 「국민」, 매카시즘을 사고양식의 관점에서 비판한 「전 공산당원」 등, 아렌트의 정치적 사고를 파악하기 위해서 꼭 읽어야 할 중요한 논고가 실려 있다.

エリザベス・ヤング=ブルーエル, 『ハンナ・アーレント傳』, 荒川幾男 외 譯, 晶文社, 1999(원저 1982).

아렌트에게 직접 배운 적이 있는 학자가 쓴 가장 포괄적이고 뛰어난 전기.

프란츠 파농, 『검은 피부, 하얀 가면』

도미야마 이치로富山一郎 | 박홍영 옮김

Frantz Fanon, *Peau noire, masques blancs*, Seuil, Paris, 1952.
『黒い皮膚・白い假面』, フランツ・ファノン集, 海老坂武・加藤晴久 譯, みすず書房, 1968/みすずライブラリー版, 1998.
『검은 피부, 하얀 가면』, 이석호 옮김, 인간사랑, 1998.

파농을 읽는다는 것

『검은 피부, 하얀 가면』이 출판된 것은 프란츠 파농이 알제리에 정신과 의사로 부임하기 직전인 1952년이었다. 그는 1925년 서인도 제도의 프랑스령 마르티니크Martinique 섬에서 태어났고, 〔제2차 세계대전에〕 종군한 후에 정신의학을 공부했으며, 나중에 알제리 민족해방전선에 참가하기도 했다. 이 책의 출판은 파농의 나이 27살 때의 일이지만, 또한 그가 사망하기 불과 9년 전의 일이기도 하다.

이 책을 읽는 데에는 두 가지 점에 주의해야 한다. 첫째는 파농이 겪었던 구체적인 삶의 과정에서 이 책을 읽어야 한다는 점이다. 또한 이 책은 파농의 짧은 삶 속에 남겨진 다른 작품과 함께 존재한다. 이 책은 미래를 구축하기 위해서 쓴 것이고, 그 미래라는 것은 '나의 세기, 나의 나라, 내 현실의 삶의 미래'이다. 이 책의 첫머리에 있는 "나는 부정하기 어려운 나의 시대에 속해 있다"라는 부분은, 이 책이 무엇보다도 파농이 살아온 알제리 혁명 상황과 불가분의 관계에 있다는 것을 나타낸다. 그리고 이러한 상황을 공유하는 사람들을 향해 이 책을 저술했다는 것을 읽는 사람에게 단서로서 계속 보여주고 있다.

동시에 이 책은 알제리 민족해방전선의 중심적 인물이 젊은 날 저술한 작품으로서만 읽혀서는 안 된다. 즉 주의해야 할 두 번째는 이 책을 포함한 파농의 작품은 알제리 혁명이라는 지리적, 시대적 한계를 넘어 사상적인 공감을 지속적으로 불러일으키고 있다는 점이다. 물론 이러한 전개는 파농이 의도한 것이 아니었다. 그러나 과거에 파농이 어떤 상황에서 읽혔고 무엇을 사상적 흔적으로 지금에 남기고 있는가를 포함해서, 파농과 이 책은 다시 읽혀야 한다. 고유한 혁명 상황과, 결코 그것을 개별 사상事象으로 한정지을 수 없는 공감이 파농을 읽는다는 것을 어렵게 하고 긴장하게 한다. 이 책을 일본어로 번역한 에비사카 다케시海老坂武는 「옮긴이 후기」에서 파농을 읽을 때 나타나는 곤란함을 '허위 독자'라고 표현한다.

1960년대 파농의 저작은 전 세계에 많은 '허위 독자'를 획득했다. 특히 세계자본주의의 중심부에서 파농은 확실히 쿠바, 알제리로 상징되는 제3세계 혁명의 충격과 더불어 읽혔다고 할 수 있다. 예를 들어 미국에서 파농은 먼저 블랙 팬서Black Panthers[1]를 필두로 하는 급진적인 해방운동과 함께 읽혔다. 블랙 팬서 설립자의 한 사람인 뉴턴은 파농에 대해 "우리는 파농의 생각이나 전략을 단순히 수입하지는 않았다. 배운 것을 가지고 지역에 살고 있는 형제들에게 수용될 수 있는 원칙이나 방법으로 변환하지 않으면 안 되었다" (Huey P. Newton, *Revolutionary Suicide*, Writer and Reader Publishing, Inc., 1995, p. 111)고 말하고 있다. 이러한 '변환'에 의해 파농은 개개의 사회운동 상황 가운데서 읽혀갔다.

일본에서는 『검은 피부, 하얀 가면』과 『혁명의 사회학』이 1968년에 『프란츠 파농집集』으로 번역되었고, 그 후 전 4권의 저작집이 간행되었다. 이러한

1 1960년대 후반부터 1970년대에 걸쳐 미국에서 흑인민족주의 운동과 흑인해방투쟁을 전개했던 급진적인 정치조직으로 아프리카계 미국인들의 무장봉기를 주창했다. 1965년 휴이 뉴턴Huey P. Newton과 보비 실Bobby Seale이 결성했다.

출판사의 본격적인 번역작업 직전에도 오타 마사쿠니太田昌國 등이 간행한 『세계혁명운동 정보』에 『대지의 저주받은 사람들』 속의 폭력론 부분이 번역되었다. 이러한 번역작업 가운데 파농의 이름은 일본에서도 식민지 해방투쟁 및 제국주의 본국 내의 급진적인 해방운동과 더불어 퍼져갔다. 보다 구체적으로는 일본의 아시아 침략에 대한 〔일본 국내〕투쟁을, 그 내부에서 어떻게 구축할 것인가라는 물음으로서 파농이 읽혔고, 입관투쟁入管闘爭[2]이나 1970년대 전반의 동아시아반일무장전선[3] 등의 활동과 함께 공감되어갔다. 『프란츠 파농집』 발간에 즈음하여 무토 이치요武藤一羊는 다음과 같은 물음을 던지고 있다. "'제3세계'란 일본에 있어서 무엇인가? 베트남이란 무엇인가? 아프리카란 무엇인가? 조선이란 무엇인가? 필리핀이란 무엇인가? 볼리비아란 무엇인가? 인도란 무엇인가?"(武藤一羊, 「'やつら'と'われわれ'」, 『現代史・戰後篇月報』 1968년 12월, みすず書房)

이렇게 1960년대부터 1970년대 초반에 걸쳐서 파농을 받아들이는 데 논의의 축이 된 것은, 조금 거칠게 표현하면 당시 혁명운동가로서 이름이 알려져 있지 않았던 젊은 정신과의사로서 파농이 쓴 『검은 피부, 하얀 가면』이 아니었다. 이보다는 식민지 해방투쟁의 이론적 지도자로서 파농이 쓴 『대지의 저주받은 사람들』이었고, 여기서 전면적으로 전개되고 있는 폭력론이었다. 이 폭력론은 폭력을 행사해가는 과정과 그 폭력행사의 주체를 형성하는 것을 일체의 것으로 생각하고, 폭력행사를 자기변혁 혹은 자기회복으로 파악했다. 그리고 파농은 무장투쟁의 성향을 강화하고 있던 여러 운동들 속에서 폭력행사의 근거로서도 이 폭력론을 유포했다. 비록 '허위 독자'에 의한

2 1969년 일본의 출입국관리법이 재일 조선인과 중국인들의 입출국을 어렵게 하고 차별한다고 하여, 좌파 계열의 정당과 사회단체들이 입관법 개정을 추진하던 운동을 말한다. 이를 계기로 일본 내 반차별운동이 전개되기도 했다.

3 1970년대 전반 일본의 극좌 게릴라 비밀조직으로, 일본국가를 아시아침략의 원흉으로 보고 해체할 것을 활동 목표로 하여 대기업들에 대한 연쇄 폭탄 테러사건을 일으키기도 했지만, 1975년 일제히 체포되어 붕괴했다.

오독誤讀이나 단순화가 있다고 해도, 파농을 다시 읽는 것은 이러한 블랙 팬서나 동아시아반일무장전선이 전개한 무장투쟁을 현재 어떻게 생각할 것인가라는 물음으로부터 떼어서 생각할 수 없다는 것이다(참고문헌의 『あの狼煙はいま』 참조).

포스트 콜로니얼(탈식민지) 이론

1990년대가 되어 영어권을 중심으로 퍼진 포스트 콜로니얼 이론이나 서벌턴subaltern 연구[4] 가운데서 프란츠 파농은 "글로벌한 이론가로서 복권하고 있다" (Henry Louis Gates Jr., "Critical Fanonism," *Critical Inquiry*, Spring 1991, vol. 17, no. 3, p. 457). 게이츠Henry Louis Gates Jr.가 파농에 대해서 이와 같이 비판적으로 말할 때, 거기에서 주로 언급되고 있는 것은 호미 바바Homi K. Bhabha[5](1949～)에 의한 파농의 다시 읽기이다. 바바는 1986년에 출간된 『검은 피부, 하얀 가면』의 영역신판에 긴 서문을 쓰고 있다. "프란츠 파농에 대한 좌익진영의 언급이 불러일으키는 애매하고 기만에 찬 반향"이라는 글로 시작하는 서문에서 바바는, 지금까지의 혁명가 파농과는 거리를 두었던 『검은 피부, 하얀 가면』을 다시 읽을 것을 명확하게 의도하고 있다. 파농의 다시 읽기란 관점에서 볼 때, 이러한 바바에게 상징되는 것과 같은 파농 읽기는 1960년대에 읽힌 파농과 함께 역시 비판적으로 검토되어야 한다.

바바에 의한 다시 읽기 가운데 떠오른 것은 정신분석학적 영역이라고도

4 인도에서 일어난 탈식민주의적 역사 연구를 의미하며, 1980년대 초 아시아근대사를 비판적으로 재검토할 것을 주장했다. 이 연구에서는 근대 인도역사를 기술하면서, 과거의 영국 엘리트들의 식민지주의적인 관점이나 인도 엘리트들의 민족주의적 관점을 배격하고, 인도의 하층계급을 역사 주체로 삼아 인도 근대역사를 재구성하려고 노력했다. 서벌턴subaltern의 의미는 하층민이나 종속계급을 뜻하며, 용어 자체는 이탈리아의 공산주의 사상가인 안토니오 그람시가 이탈리아 역사를 기술하기 시작하면서 붙인 제목인 'History of the Subaltern Classes: Methodological Criteria'에서 유래했다고 한다.

5 미국의 포스트 콜로니얼 이론가.

해야 할 논점이다. 아이덴티티, 무의식, 욕망, 타자他者라는 논점에서 식민지주의를 어떻게 문제화하고 표현해갈 것인가라는 점이, 『검은 피부, 하얀 가면』에 대한 바바의 기본적인 자세였다. 또한 이러한 자세는 바바뿐만 아니라 포스트 콜로니얼 이론에서 파농을 언급할 때 공통되는 것이다. 그리고 파농은 이 책의 첫머리에서 전술한 "나의 시대에 속해 있다"라는 말에 덧붙여, "이 책은 임상연구다"라고 쓰고 있다. 이와 관련하여 바바가 새롭게 시도하고 있는 것은, 파농이 정신의학자로서 식민지 상황에 대응하는 궤적을 명확히 부각시키는 작업이라고도 말할 수 있을 것이다. 다시 말해 바바는 자크 라캉Jaques Lacan[6](1901~1981)을 다시 읽기의 축으로 도입하여 파농의 정신분석학적 영역을 부각시키는 동시에, 지금까지의 '혁명가 파농'과의 단절을 시도했다고 말할 수 있다. 그 결과 파농의 작품이 게이츠가 비판하는 것처럼, 식민지주의를 논할 때 보편적인 이론인 것으로 여겨지고 말았다는 것도 확실한 것 같다.

결론부터 말하면 바바의 해석은 『검은 피부, 하얀 가면』이 갖는 독자적 영역을 부각시키는 데에는 성공했지만, 동시에 지금까지 파농이 쌓아온 사상적 흔적을 결과적으로 무시하는 것도 되었다. 현재 문제가 되는 것은 탈식민지화를 목표로 하는 운동 가운데, 이 책에서 새로이 도출된 논점을 어떻게 '변환'할 수 있는가일 것이다. 급진적인 운동 상황에서의 파농의 흔적과 포스트 콜로니얼 이론에서의 파농의 확대라는 두 가지 상황 속에서 탄생한 '허위 독자'의 파농 읽기를 염두에 두면서, 파농과 이 책의 다시 읽기는 계속되어야만 한다.

6 프랑스의 정신분석학자, 철학자로 프로이트의 정신분석학을 구조주의적으로 발전시킨 파리 프로이트파의 거두였다.

탈식민지화란 무엇인가?

바바는 『검은 피부, 하얀 가면』의 서문에서 식민지 상황이 파농에게 "보다 폭력적인 해답과 보다 직접적인 자기 동일화를 요구"했다는 것을 인정하면서도, 그 결과 "파농의 뛰어난 독해력의 예리함을 둔화시켰다"고 비판한다. 이 책이 안고 있는 식민지 상황은, 『대지의 저주받은 사람들』에서 전면적으로 등장하는 적·아군이 폭력적으로 대치하고 있는 세계와는 다른 영역에서 존재한다. 그러나 이것을 바바가 말하는 '독해력'의 문제로 보기 전에, 파농 자신의 말로 읽어낸다면, 그것은 무엇보다도 먼저 파농의 출신과 연관되는 것으로 나타난다.

> 가끔 나는 아랍인으로 오해를 받아 한낮에 경찰에게 검문을 당하곤 했다. 내 출생지를 알고는 그들은 서둘러 변명을 했다. "마르티니크인이 아랍인과 다른 것은 우리들도 잘 알고 있어요"라고.

일상적으로 감시의 시선에 노출되면서 불시에 당하는 심문과, 심문에 대해 말로써 자기를 제시하고 무엇보다 폭력을 회피해가야 하는 상황이야말로, 파농이 '마르티니크인'이라는 출신에서 비롯하는 식민지 상황인 것이다. 이 책의 기술記述이 일관되게 언어화하려고 했던 것은, 이러한 파농 자신의 출신과 깊이 연관되는 가운데서 떠오르는 식민지 상황임에 틀림없다.

이 식민지 상황은 『대지의 저주받은 사람들』에 등장하는 것과 같은 병사나 군대의 폭력이라기보다는 시선이나 말에서 끊임없이 예감되는 폭력으로 구성된 상황이다. 이 책의 5장 '흑인의 생체험'에 등장하는 유명한 "보라, 니그로다!"라는 지칭은 말인 동시에 시선이며, 또 시선인 동시에 이미 폭력의 작동으로 묘사되고 있다. 시선은 칼과 같이 신체에 예리하게 꽂히고, 자신을 타자에게 제시하려는 말은 점차 무력함을 보인다. 그 한계에 처해 있으면서도, 자기를 말로 제시함으로써 폭력은 일단 회피되지만, 부단히 그런 상황의 재현이 예감되고 있다. 일상적으로 거침없이 엄습해오는 '니그로다!'라는 지칭으로부터 파농은 식민지 상황을 명확히 감지하고 있는 것이다.

이러한 식민지 상황은 확실히 파농의 출신과 관계없는 것은 아니다. 그러나 파농이 결어 부분에서 "나는 '존재'를 초월할 때만이 '존재'와 연대하고 있다"고 할 때, 이 책에서 떠오르는 식민지 상황은 마르티니크 섬 출신자의 고유한 경험에 한정될 수 있는 사상事象이 아니다. 이것은 "'존재'와 연대" 하면서 탈식민지화를 추구하는 개개의 상황 가운데에서 읽혀야만 하는 경험인 것이다. 또한 함께 읽혀야 할 이 경험이 제시하는 것은, 식민자의 동료로 편입된다고 해도, 혹은 명백한 식민지나 피식민자가 소멸했다고 해도, 여전히 계속되고 있는 식민지주의의 문제이다. 따라서 탈식민지화란 이러한 시선이나 말, 또한 계속 대기하고 있는 폭력을 놓고서 설정되어야만 하는 과제인 것이 틀림없다. 그렇기 때문에 우리는 아직도 탈식민지화의 도상에 있다는 것을 이 책은 환기시킨다. 여기에 이 책이 다시 읽혀야만 하는 이유가 있다. 이러한 다시 읽기는 파농의 폭력론에 대한 다시 읽기와, 나아가 1960년대의 급진적인 해방운동에 대한 재검토로도 이어질 것이다.

예를 들면 주디스 버틀러Judth P. Butler[7](1956~)는 이 책을 언급하면서 1992년 4월 로스앤젤레스 폭동의 도화선이 된 로드니 킹에 대한 경찰의 폭행을 설명하고 있다. 흑인의 신체를 쳐다보는 것에는 그것을 위험한 것으로 간주해서 진압하려 하는 '고발의 전조foreshadowing'가 내포되어 있으며, 본다는 행위에 이미 방어라는 이름의 폭력의 작동이 대기하고 있다고 지적하고 있다(Judith Butler, "Endangered/Endangering: Schematic Racism and White Paranoia," in Robert Gooding-Williams, ed., *Reading Rodney King, Reading Urban Uprising*, Routledge, 1993). 버틀러의 이러한 파농 읽기는, 지

7 미국의 젠더론과 퀴어 이론Queer theory 전문가이다.

금까지 식민지주의의 폭력으로 논의되지 않고 간과해버렸던 영역을 문제화하고 있다. 동시에, 비대화한 세계도시의 문맥에서 계속 현재화顯在化하고 있는 폭력에 대해 개입함으로써 이 책이 큰 역할을 계속하고 있음을 보여주고 있다.

역행적인 기술記述

그런데 『검은 피부, 하얀 가면』을 식민지 상황에 대한 실천적 개입서로서 다시 읽을 경우, 직접적으로는 언급되지 않지만 이 책에서 환유換喩적으로 표시되고 있는 곤란한 과제에 당면하게 된다. 예를 들면 이 책에서 전개되고 있는 사르트르에 대한 비판은 어떻게 읽혀야만 할까?

이 책은 에메 세제르Aimé Césaire[8](1913~)의 『귀향 노트』(1939)와 장 폴 사르트르의 『검은 오르페』(1948)의 영향을 크게 받았다고 한다. 또한 세제르의 네그리튜드Negritude(흑인성)에 대한 파농의 비판은 내용적으로는 사르트르를 답습하고 있다. 그럼에도 불구하고 파농은 사르트르에 대해 신경질적이다. 파농은 사르트르의 『검은 오르페』에 대해 "흑인의 실존l'exister을 실체적으로 알 수 있도록 한 시도는 획기적"이라고 하면서도 다음과 같이 기술하고 있다. "나는 어떻게 해서든 네그리튜드 안에서 나 자신을 잃어버릴 필요가 있다 / 어떻든 나는 모르는 채 존재하는 것을 필요로 했다."(방점은 파농의 강조)

이러한 파농과 사르트르의 차이는 '안다'는 것을 어떻게 수행하는가의 차이이다. 파농에게 '안다'는 것은 분석하는 것도 해설하는 것도 아니며, 변화하는 것, 역행하는 것, 그리고 만들어내는 것이다.

이러한 두 사람의 차이는 이 책의 제1장 '언어와 흑인'에서 논의된다. 파

8 프랑스의 시인, 정치가, 사상가로, 마르티니크 섬 출신이다. 프랑스 식민주의와 문화에 대한 복종을 거부하고 마르티니크의 아이덴티티를 확립하기 위해 노력했다.

농의 말에 대한 자세와도 관련되지만, 어떻든 파농은 우선 그 속에 몸을 숨겨야 할 필요가 있었다. 사르트르는 네그리튜드에 대해 "경과이지 도달점이 아니며, 수단이지 최종 목적이 아니다"라고 명확히 말한다. 이에 대해 파농은 내용적으로는 동의하면서도 신경질적인 반응을 보였다. 파농은 이에 대해 "최후의 찬스가 도둑맞았다"라고 표현했다. 이 차이는 이 책을 다시 읽을 때에 매우 중요하다. 또한 사르트르에 대한 신경질적인 반응은, 해석하기 위한 이론서로서 『검은 피부, 하얀 가면』을 읽는 것에 대한 숨겨진 경고이기도 하다.

더욱이 이 책의 첫머리에 있는 "이 책은 임상연구다"라고 할 때의 '임상'이라는 것을, 기술記述한다는 행위 가운데서 파농이 어떻게 계속해서 이어갔는가라는 문제이기도 할 것이다. 바꿔 말하면 파농은 저항이든 진압이든 식민지주의를 해설하고 분석하고 해석하려는 것에 신경질적인 반응을 보이면서 이 책을 기술하고 있는 것이다. 따라서 이 책을 다시 읽는 작업에는 이러한 신경질을 어떻게 문제화하는가라는 것이 중대하면서도 곤란한 과제로 떠오른다. 정신분석학을 도입함으로써 이 책을 명확히 한 바바가 비판받아야 할 문제도 여기에 있다.

파농에게 임상이라는 것은 정신분석학의 실천을 의미하는 것만은 아니다. 왜냐하면 "신경증 환자는 나의 형제이자 자매이며 아버지이기 때문이다". 그리고 파농 자신도 거기에 포함된다. 임상에 계속해서 머무른다는 것은 기술記述과 기술 대상의 관계가 안정적으로 분할되지 않고, 글자 그대로 '기술한다'는 행위 안에서 그 관계가 수행적으로 나타날 수밖에 없는 불안정성을 지속한다는 것이기도 하다. 파농의 임상이라는 것에 포함되어 있는 이와 같은 수행적인 관계성과 정신분석학의 결합은, 하나는 파농이 제도론적 정신요법[9]을 실천하고 있던 프랑수아 토스켈François Tosquelles의 서벌

9 병원의 운영이나 활동뿐만 아니라 의사, 간호사, 환자 간의 인간관계도 병원 환경을 형성하는 '제도'로 인정하여, 여기서 발생하는 다양한 문제를 분석하고 해결해가는 것을 중시하는 프랑스

턴 병원(알제리 소재)에서 수련의 생활을 보낸 것에도 기인할 것이다. 그리고 파농과 제도론적 정신요법의 결정적인 차이는, 파농이 수행적으로 만들어내야 할 관계성을 병원 내의 치료공동체에 한정하지 않았다는 것이다.

예를 들어 "보라, 니그로다!" 라는 지칭 속에서, 말을 통한 자기 제시가 정지하고 지금까지의 신체감각이 붕괴되어가는 과정은, 어디에도 의지할 곳 없는 고립감과 함께 기술되고 있다. 그리고 이런 기술에서 읽어내야 할 것은 신체감각의 붕괴가 도달하는 도착점이 아니라 붕괴로 인해 발생하는 고립감 그 자체일 뿐이다. 이 고립감은 명확히 분석되거나 해설되어야 할 것이 아니다. 고립을 정신분석학적으로 이론화해버리면 그것은 이미 고립이 아니다. 그것은 또한 동정으로 치유되어야 할 것도 아니며 병원에서 치료해야 할 것도 아니다. 이러한 치유나 치료에 있어서 고립은 메워져야만 할 결여로 치환된다.

파농 자신은 후의 『혁명의 사회학』에 수록된 「알제리가 베일을 벗다」에서는, 지칭으로 노출된 여성 신체의 배후에 혁명적 사명을 보전補塡하고, 신체감각의 붕괴를 신체의 전략적인 조작으로 바꿔 쓰고 있다. 알제리 여성은 "자신의 신체를 다시 고쳐 배우면서 완전히 혁명적인 방법으로 이것을 또한 다시 파악한다". 확실히 파농의 이러한 전개는 다이애나 퍼스Diana Fuss[10]가 지적하는 것과 같이, 투쟁하는 민중상을 책무로서 여성에게 담당케 한 것이며, 기술과 기술 대상의 불안정한 관계를 젠더gender화된 관계를 동원해 안정화했다고 말할 수 있을 것이다(참고문헌 참조). 이것은 또한 파농의 기술에서 뿌리 깊게 발견되는 이성애주의異性愛主義와도 무관하지는 않다.

그러나 바꿔 말하면, 이러한 혁명적인 사명에서 보전된 신체를 어떻게 다시 읽을 것인가라는 물음을 설정했을 때, 『검은 피부, 하얀 가면』의 기술이 이행해야 할 역할이 떠오르는 것이다. 파농의 다른 텍스트에 명확히 등장하

정신의학을 뜻한다.

10 미국 프린스턴대학의 영문학 교수로서 시인이자 젠더학자이다.

는 투쟁하는 민중은, 결코 특정의 장소나 시간에서 운명적 혹은 한정적으로 위치가 정해지는 존재가 아니다. 이 민중은 의지할 곳이 없다는 것을 받아들이면서 한곳에 머무르지 않고 전전轉戰하며, 계속 확대해나가는 존재라는 것을 임상연구인 이 책은 가장 예리하게 호소하고 있는 것이다.

파농의 임상연구는 알제리의 사례연구가 아니다.

참고문헌

ファノン,『革命の社會學』, 宮ケ谷德三 · 花輪莞爾 譯, みすず書房, 1969.

『アルジェリア革命第五年』이라는 제목으로 1959년에 간행되었지만 나중에 위의 제목으로 바뀌었다. 해방투쟁 과정 속에서의 여성, 미디어, 가족, 의학에 대해서 논하고 있다.

ファノン,『地に呪われた者』, 鈴木道彦 · 浦野衣子 譯, みすず書房, 1969.

세상을 떠나기 직전의 짧은 시간 동안에 집필한 원고이며 1961년에 간행되었다. 폭력을 정면으로 다룬 논고 외에 식민지 상황에서의 정신장애에 대해 논하고 있다.

ファノン,『アフリカ革命に向けて』, 佐々木武 · 北山晴一 · 中野日出男 譯, みすず書房, 1969.

사후 3년이 되는 1964년에 간행됨. 파농이 쓴 정치논문을 편집한 책이다.

海老坂武,『フランツ · ファノン』, 講談社, 1981.

일본어로 읽을 수 있는 잘 정리된 파농론. 파농을 읽는 것에 대한 사상적인 의의를 숙고한 책이다.

東アジア反日武裝戰線への死刑 · 重刑攻擊とたたかう支援連絡會議 編,『あの狼煙はいま』, インパクト出版會, 1996.

오타 마사쿠니太田昌國, 가가미 미쓰유키加々美光行, 아마노 야스카즈天野惠一, 야마자키 가오루山崎カヲル 등이 일본에서는 파농이 어떻게 읽혔으며 무엇이 과제로 남겨졌는가에 대해 정면으로 논하고 있다.

Irene L. Gendzier, *Frantz Fanon: A Critical Study*, Pantheon, 1973.

많은 자료를 이용해 고전적인 지위를 획득한 상세한 파농의 전기이다.

Hussein Abdilahi Bulhan, *Frantz Fanon and the Psychology of Oppression*, Plenum Press, 1985.

'정신과 의사에서 혁명가로'라는 파농의 이미지가 아니라 파농이 임상을 고수했다는 시점으로 파농을 논한 획기적인 책이다.

H · K · バーバ,『文化の場所—ポストコロニアリズムの位相』, 本橋哲也 외 譯, 法政大學出版局, 2003.

포스트 콜로니얼 이론에 파농을 재등장시킨 논고를 모아놓았다. 오늘날 파농을 다시 읽어야 할 때에 꼭 다루어야 할 논문들이다.

Diana Fuss, *Identification Papers*, Routledge, 1995.

바바에 접근하면서 페미니즘을 개입시키고 있다. 파농으로부터 새로운 정치의 가능성을 찾으려고 한다.

ジャン ポール・サルトル, 『植民地の問題』, 鈴木道彦 외 譯, 人文書院, 2000.

동시대의 자본주의 중심부에서 파농이 어떤 방법으로 공감을 불러일으켰는가를 파악하기 위한 필독서이다.

엘리 케두리, 『내셔널리즘』

구로미야 가즈모토黑宮一太 | 이상훈 옮김

Elie Kedourie, *Nationalism*, Blackwell, Oxford, 1960/(4th expanded edition) 1993.
『ナショナリズム』, 小林正之 외 譯, 學文社, 2000.

아직도 퇴색되지 않은 고전

오랜 세월에 걸쳐 런던대학의 정치학 교수로 있었던 엘리 케두리는 내셔널리즘 연구자로서뿐만 아니라 아랍, 유대 세계의 전문가로서도 알려진 인물이다. 여기에서 다루는 그의 『내셔널리즘』은 마이클 오크쇼트Michael Oakeshott[1](1901~1990)의 권유로 런던정경대학London School of Economics에서 행한 강의의 텍스트를 기초로 한 것이다.

그의 내셔널리즘론은 언뜻 사상서처럼 보이기도 한다. 1980년대 이후 현재에 이르기까지 내셔널리즘 연구는 좋든 나쁘든 앤더슨Benedict Anderson이나 겔너Ernest Gellner와 같은 사회학적 고찰의 영향을 받고 있다. 그러나 이 책은 그러한 것들과 비교할 때 다른 형태를 취하고 있는 것이 확실하다. 그것은 단순히 이 책이 그러한 것들이 등장하기 전에 출판되었기 때문이 아니라, 후술하는 것처럼 케두리가 독자적인 접근법으로 내셔널리즘을 고찰했기 때문이라고 생각된다.

1 영국의 보수적인 철학자로, 정치사상, 역사, 종교 등의 분야에서 여러 업적을 남겼다.

이 책은 1960년에 초판이 출판되어 그 다음 해에 제2판이, 그리고 그가 죽은 다음 해인 1993년에 제4판이 출간되는 등 판을 거듭하면서 읽히고 있다. 나아가 이 책이 현재의 내셔널리즘 연구에 참고문헌으로서 많이 인용되고 있는 점을 고려한다면, 그 영향력과 중요성을 짐작할 수 있다. 대저大著라고는 할 수 없지만, 독자들은 페이지를 넘길 때마다 사상사에 관한 그의 깊은 조예를 알 수 있을 것이다. 또한 그가 독창적인 문제의식을 가지고 있다는 인상을 받게 될 것이다. 오래전에 저술된 이 책이 연구자들의 서재 한구석에서 먼지에 덮이지 않고 고전의 지위를 계속 유지하는 이유는 무엇일까?

'교의教義' 로서의 내셔널리즘

이 책의 전체 구성은 다음과 같다.

제1장 새로운 형태의 정치
제2장 자기결정
제3장 국가와 개인
제4장 다양성의 우위
제5장 내셔널의 자기결정
제6장 내셔널리즘과 정치 (1)
제7장 내셔널리즘과 정치 (2)

이 책에서 케두리가 의도하고 있는 목적의 하나는 '교의doctrine로서의 내셔널리즘'을 역사적으로 서술하는 것이다('지식의 역사'). 또 하나의 목적은 유럽 세계를 넘어선 내셔널리즘의 확산이나 영향을 이해하기 위해서 해당 시대, 장소, 상황에서의 다양한 국가, 정치체에 대해 서술하는 것이다('정치의 역사'). 그는 이들 내셔널리즘의 확산이나 영향을 내셔널리즘 개념의 역사로 보고 있지 않으며, 그들의 다양한 역사적 사례를 통해서만 이해할 수 있다고 생각한다. 전반의 다섯 개 장에서는 '지식의 역사'가, 나머지 두 개 장에서는 '정치의 역사'가 전개된다. 그리고 여기에 그의 내셔널리즘론의 특징이라고 말할 수 있는 것이 나타나 있다. 그 특징이란, 이 '교의로서의 내셔널리즘'이라고 파악하는 방법과, 그 교의의 탄생을 칸트I. Kant에서 시작하여 피히테J. G. Fichte, 슐레겔F. Schlegel 등으로 이어지는 독일철학 속에서 발견한다는 점이다. 또한 '교의로서의 내셔널리즘'이 현실의 정치 속에서 어떻게 실현되고 발전되어갔는가를 수많은 역사적 사례를 통해서 검증해가는 것이 또 하나의 특징이다.

내셔널리즘은 언어로는 표현할 수 없는 강력한 감정도, 특정의 사회 · 경제적 여러 힘의 반영도 아니다. 그것은 인간과 사회, 정치의 복잡한 상호작용에 의해 산출되는 교의이다. 이것이 내셔널리즘에 대한 그의 이해, 즉 '교의로서의 내셔널리즘'이라고 파악하는 방법이다. 이러한 그의 파악 방법은 이 책의 첫머리에서 기술하고 있는 내셔널리즘에 대한 그의 정의를 보면 자명해질 것이다.

> 내셔널리즘은 19세기 초반 유럽에서 발명된 교의이다. 내셔널리즘은 자신들만의 정부를 향유하는 데 적합한 인구 단위를 결정하기 위한, 또 국가 권력의 정당한 행사를 위한, 그리고 여러 국가들로 이루어진 사회를 정당하게 조직하기 위한 기준을 제공하는 것처럼 치장하고 있다. 간략하게 말해 그 교의란, 인간들은 본래 네이션으로 나누어지며, 네이션은 확정될 수 있는 어떤 특징에 의해 알 수 있다는 것이다. 또한 정부가 정통성을 유일하게 갖게 되는 것은 내셔널의 자기결정national self-determination의 형태뿐이라는 것이다.

케두리는 이 '교의로서의 내셔널리즘'의 탄생을 독일 철학자 칸트의 윤리사상, 자유론, 좀 더 정확히 말한다면 칸트의 철학을 수용한 독일 철학자들의 사상 속에서 찾을 수 있다고 한다.

그러나 일반적으로는 내셔널리즘의 기원은 프랑스혁명에 있다고 보는 경우가 많다. 이 내셔널리즘의 '생일'에 관해서는 연구자들에 따라 다양하게 이해되고 있다. 그런데 언뜻 보아 내셔널리즘론과는 무관한 것처럼 생각되는 독일 철학자 칸트를 내셔널리즘의 계통도 속에서, 그것도 맨 앞에 위치시키는 케두리의 논의는 이색적이다. 이 때문에 케두리의 논의는 더욱 흥미를 끈다고 할 수 있다.

칸트에서 피히테로—독일 철학의 중시

프랑스혁명에 의해 국가의 정통성은 인민의 의지에 달려 있다고 하는 생각이 주류를 이루게 되었다. 그러나 케두리는 이 새로운 정치스타일에 또 하나의 혁명인 독일의 철학혁명이 중요한 영향을 미쳤다고 말한다. 그것이 칸트의 자율, 자기결정이라고 하는 개념이다. 칸트 윤리학의 중심 개념이라고 말할 수 있는 자기결정의 사고는 칸트 이후 독일 철학자들의 도덕적·정치적 언설에서 중심적인 위치를 차지하게 되었다. 이 철학적인 개념이 정치적인 언설 속에 어떻게 포함되어갔느냐는 질문을 중심으로 한 케두리의 논의는, 내셔널리즘의 발전에 있어서 칸트의 중요성을 최초로 명시했다고 평가된다. 또한 내셔널리스트들이 갖고 있는 이데올로기의 형이상학적 기반을 명백히 했다고도 평가된다. 이러한 점들이 케두리의 내셔널리즘론이 갖는 특색이다.

그렇다면 칸트의 자유론과 그 중심 개념인 자기결정이 어떻게 해서 내셔널리즘의 교의에 영향을 주었던 것일까? 칸트가 제시한 인간의 자유란, 이성을 소유한 존재인 인간이 스스로 자신에게 부여한 법칙에 따른다고 하는 의미에서의 자기입법 혹은 자기결정의 자유(이것은 자율이라고 바꾸어 말할 수 있다)이다. 그리고 케두리에 의하면 선한 인간은 자율적인 인간이며, 스스로가 자율적이기 위해서는 자유롭지 않으면 안 된다고 생각하게 되었을 때, 자기결정이 궁극적으로 정치적 선이 된다고 한다. 이것에 중요한 역할을 수행하게 되는 것이 칸트의 뒤를 이은 철학자들인데, 그들은 자신들이 칸트철학을 정치에 '수입' 했다고 말한다.

그중에서도 피히테는 중요한 위치를 점하고 있다고 말할 수 있다. 연구자들 가운데는, 케두리가 피히테의 『독일 국민에게 고함』(이것은 1807년부터 1808년에 걸쳐 나폴레옹군 통치하의 베를린에서 애국주의적인 국민교육을 호소하고, 독일의 국가통일과 프랑스로부터의 해방을 요구하는 전형적인 내셔널리즘의 책이라고 평가된다)이 발표된 해를 내셔널리즘의 '생일' 이라고 생각하고 있다고까지 말하는 이가 있다. 그 정도로 케두리는 내셔널리즘이라는 정치사상의 형성사에서 피히테를 중요시하고 있다.

피히테 등은 칸트철학을 자기본위적이면서 그리고 이념적으로 수정하여 정치에 수입해간다. 그것을 현저하게 보여주는 것이 그들이 생각하는 국가와 개인의 관계이다. 개인이 자유로울 수 있는 것은 의지의 자율이나 자기결정의 자유가 실현되고 있기 때문이지만, 개인이 자기 자신만으로 완성되는 것은 불가능하다. 개인은 전체의 일부이며, 전체로부터 개인의 의미를 이끌어내지 않으면 안 된다. 개인은 그 의지를 국가의 의지에 몰입시키고, 이러한 몰입에 의해 자유가 발견된다. 이때 국가는 인간의 정신적인 의미에 있어서의 자유의 창조물이어야만 하는 것이다.

그러나 이와 같은 그들의 사상은 자기결정의 개념이나, 국가로의 몰입을 통한 자기완성이라는 사고와 결부된 또 다른 요소가 더해짐으로써 완성된다. 그 다른 요소라는 것은 다양성의 원리이다. 자기결정의 개념은 다양성이라는 원리로부터 만들어지는 것이다. 사람은 각자의 특색이나 특징 등에 의해 타인과 구별된다. 이러한 차이는 촉진되고 보호되어야만 하는 신성한 것이다. 이와 같이 각 개인은 독자적인 성격을 가지고 있지만, 국가 속에 모든 개인이 몰입함으로써만 내셔널한 조화가 달성된다는 것이다. 이러한 생각이 정치에 적용되었기 때문에 네이션의 개념은 극적인 전환을 이루게 되는 것이다. 프랑스혁명에서 자신의 의지를 표명한 다수의 개인을 의미했던 네이션은, 신에 의해 정해지고 나누어진 자연적인 실체라고 생각되었다. 그리고 각각의 네이션이 그 자신의 국가를 형성할 때 최선의 정치적 배열이 달성된다고 생각되었다. 이것이 유기적이며 신비적인 네이션관觀이라고 불리는 것이다.

그리고 이러한 네이션관을 지탱해주는 것이 언어와 정치의 친밀하고 숙명적인 연결이다. 다양성의 원리는 서로 다른 각 개인의 특성을 신성한 것이라고 하지만, 각 개인이 자신의 개성을 자각하는 수단이 되는 것은 언어이다. 이와 같은 생각은 헤아릴 수 없는 정치적인 결과를 가져왔다. 세계는 다양성으로 채색된 세계이며, 사람들은 여러 네이션으로 분할되어 있다. 언어는 각 네이션을 구별할 때 눈에 보이는 표시가 되는 것이다. 그리고 언어야말로 네이션의 존재나 그 자신의 국가를 형성할 권리를 인정하는 가장 중요한 기준으로 생각되었다.

케두리는 이와 같은 '교의로서의 내셔널리즘'을 제시한 대표적인 저작이 피히테의 『독일 국민에게 고함』이라고 한다. 피히테는 같은 언어를 사용함으로써 서로 이해할 수 있으며, 서로의 생각을 점점 명료하게 인식할 수 있다고 생각한다. 그리고 그와 같은 사람들이 모여 집단을 이루고 자연스럽게 통일체를 형성하여 불가분의 전체를 구성한다고 생각한다. 이러한 피히테에게 네이션이란 그 경계의 밖에서 같은 언어를 말하는 집단에게 자석과 같은 역할을 하는 동질적인 언어대중言語大衆인 것이다. 근원적 언어(다양한 영향에 침해당하지 않고 고유의 것을 계속 지키고 유지해가는 순수함을 갖춘 '살아 있는 언어')를 사용하는 사람들이 네이션이며, 네이션은 근원적 언어를 말하지 않으면 안 된다고 한다. 그리고 피히테의 애국적 호소의 근본을 이루는 주제가 케두리의 '교의로서의 내셔널리즘'관에 있어서 언어와 동일하게 중요시되는 '인민의 의지'라는 것이다. 그것은 자기결정을 추구할 때에 자신이 네이션의 멤버가 되려고 하는 개인의 의지이다. 내셔널의 자기결정이란 그와 같은 의지의 결단이며, 내셔널리즘은 그와 같은 의지가 바른 결정을 할 수 있도록 가르치는 수단이 되는 것이다.

독일의 사례와 '일반화'의 문제

케두리의 『내셔널리즘』은 지금 본 것처럼 철학적 언설이 어떻게 해서 정치적인 언설에 편입되어갔는가를 수많은 역사적 사례를 참조하면서 검증해 가는 것이다. 거기에 일관되게 흐르고 있는 것이 그 자신의 내셔널리즘관이다. 그의 '교의로서의 내셔널리즘'이란 한마디로 말하면 독일적인 유기적 내셔널리즘organic nationalism, 낭만주의적 내셔널리즘romantic nationalism[2]이다. 또한 그것은 내셔널리스트의 교의 속에 있는 위험성을 19세기에 이미 경고한 액턴 경Lord Acton의 에세이 "Nationality"의 전통을 케두리가 계승하고 있음을 보여주는 것이다. 액턴 경은 그의 에세이 속에서 다음과 같이 말하고 있다. "국민성Nationality은 자유나 번영 그 어느 쪽도 목적으로 하지 않으며, 네이션을 국가로 만들기 위해 자유와 번영 모두를 희생한다." 이와 같은 내셔널리즘관의 전통을 본보기로 한 케두리에 의하면, 내셔널리즘은 장기간에 걸쳐 인류에게 고통을 안겨다준 가장 사악한 교의의 하나이며, 그 결과는 매우 부정적인 것이다. 그것은 피히테 등 독일의 철학자들에 의해 잘못 도입된 파괴적인 창조물, 모든 정치적 질서를 파괴하는 것일 뿐이다.

내셔널리즘 계통도의 맨 처음에 칸트를 배치하고, 그 후의 독일철학의 전개 속에서 내셔널리즘의 왕성함을 보는 케두리의 '교의로서의 내셔널리즘'의 역사는, 내셔널리스트들의 이데올로기 역사라고도 말할 수 있다. 내셔널

2 국가는 네이션 또는 종족의 자연스런 귀결이라는 것에서 국가의 정치적 정통성을 찾는 내셔널리즘의 유형을 의미한다. 이 유형의 내셔널리즘에서는 역사상의 민족 문화가 강조된다. Organic nationalism 또는 identity nationalism으로도 표현된다.

리즘을 이데올로기로서 기술하고 있는 것은 케두리 자신도 말하고 있는 것이다. 20세기에 비극적인 영향을 미쳤던 내셔널리즘의 역사를 고려한다면, 내셔널리즘에 대한 그의 평가가 상당히 부정적이라는 것도 수긍이 간다. 그러나 내셔널리즘론으로서 생각하는 경우에 중요한 것은, 케두리가 기술하는 독일을 중심으로 한 내셔널리즘은 어디까지나 개별적인 사례인데, 케두리는 그것을 내셔널리즘 일반의 논의로서 전개하고 있다는 점이다. 즉 '교의로서의 내셔널리즘'으로 한정한다 해도 그것은 내셔널리즘의 일면적인 이해에 불과하다는 비판을 피할 수 없을 것이다.

하나 더 지적한다면, 이와 같은 그의 내셔널리즘 이해는 내셔널리즘론에 있어서의 전통적인 이분법이며, 현재에도 논의의 대상이 되고 있는 '시빅civic/에스닉ethnic 이분법dichotomy'의 유형에서 말하는 에스닉 네이션, 에스닉 내셔널리즘으로 분류된다. 또한 이 이분법을 최초로 체계적으로 논한 한스 콘Hans Kohn의 이분법에 의한다면, 그것은 비합리적이고 신비적이며 배타적이기도 한 '비서구형'의 네이션, 내셔널리즘이다. 내셔널리즘의 한 유형을 기술한 것에 불과하다는 이러한 견해도 이 책을 읽는 데 참고로 해야 할 것이다.

케두리의 내셔널리즘론에 대해 이루어지는 많은 비판은 이러한 것이다. 케두리는 내셔널리즘을 근대주의적으로 이해한 대표적 논자로서 유명하다. 이러한 케두리가 초기의 저작 속에서 내셔널리즘의 계보 가운데 칸트의 역할을 과도하게 평가하고 있는 점은 이처럼 비판을 받고 있다. 그렇지만 그가 칸트를 이해하면서 동시에 비판도 하고 있다는 점을 간과해서는 안 된다고 생각한다.

케두리의 가르침—사회철학의 시점에서

그의 『내셔널리즘』이라는 고전이 지금으로부터 오래전에 출판되었기 때문에 많은 연구자들의 비판에 노출되어왔다는 점도 부정할 수 없다. 그러나 이 고전이 판을 거듭하면서 계속 읽히고 있다는 것을 결코 경시해서는 안 된다. 그것은 현재에도 왕성하게 진행되고 있는 내셔널리즘에 관한 논의들을 이해하는 데, 이 책이 독자들에게 무엇인가를 발견할 수 있게 해준다고 생각하기 때문이다. 그것을 케두리의 가르침이라고 부른다면, 우리들은 이 책에서 무엇을 배울 수 있을 것인가?

1990년대 이후 내셔널리즘론에는 몇 가지 주요한 주제가 있다. 그중 하나가 내셔널리즘 혹은 내셔널리티의 윤리적인 중요성이나 자유주의와 내셔널리즘의 관계를 논한다고 하는 사회철학적인 문제이다. 이 문제는 내셔널리즘론 이외의, 그중에서도 사회철학에 관한 연구를 많이 참조하면서 이루어지고 있다. 롤즈John Rawls와 샌들Michael Sandel 등, 1970년대 이후 미국을 중심으로 주요한 테마가 되어온 자유주의에 관한 문제, '자유주의liberalism 대 공동체주의communitarianism[3] 논쟁' 등이 그것이다. 특히 '공동체존중론자communitarian'로 불리는 논자들의 논지는 자주 언급된다. 지금까지 내셔널리즘론이 이와 같은 사회철학적 접근법에 따라 논의된 예는 적지 않았던 것 같다.

그러나 지금 본 것처럼 케두리의 『내셔널리즘』은 칸트의 자유론이라는 내셔널리즘의 교의에 포함된 철학적 요소에 초점을 맞춘 선구적 업적이었다. 그의 내셔널리즘 고찰은 인간 이해라는 철학적 관심에서 출발한다는 점에서 현재 왕성하게 이루어지고 있는 사회철학적 접근법과 통하는 점이 있다고 생각된다. 내셔널리즘론의 현대적인 과제를 연구하는 데 있어서 우리들은 이 책을 시사적인 도서로서 주목해도 좋지 않을까 생각한다.

3 자유주의가 상정하고 있는 인간관과 이러한 인간관에 기초한 정부의 역할을 비판하고, 공동체의 가치를 강조하는 자유주의 비판론을 의미한다. 대표적인 학자로는 알래스데어 매킨타이어 Alasdair MacIntyre, 찰스 테일러Charles Taylor, 마이클 샌들Michael Sandel 등을 들 수 있다.

참고문헌

Kedourie ed., *Nationalism in Asia and Africa*, Weidenfeld and Nicolson, 1971.

케두리가 편집한 아시아, 아프리카에서의 내셔널리즘에 관한 연구서.

Lord Acton, "Nationality," in *The Home and Foreign Review 1*, July, 1862.

현재는 내셔널리즘을 주제로 한 논문집 등에서 읽을 수가 있다. 예를 들면 *Mapping the Nation*, Verso, 1996.

Ernest Gellner, *Thought and Change*, Weidenfeld and Nicolson, 1964.

영국의 저명한 내셔널리즘 연구자인 겔너의 초기 저작. 케두리의 칸트 이해에 대한 비판도 포함되어 있다.

Anthony Smith, *Theories of Nationalism*, Duckworth, 1971.

가장 저명한 현대 내셔널리즘 연구자 중 한 사람인 스미스가 쓴 최초의 체계적 저작. 케두리의 『내셔널리즘』에 관한 고찰도 많다.

국내 참고문헌

엘리 케두리,「自己欺瞞의 政策」,『政經文化』196(1981. 6).

어니스트 겔너,「근대화와 민족주의」, 백낙청 편,『민족주의란 무엇인가』, 창작과비평사, 1981.

N. 글레이저 · D. P. 모이니헌, 『인종의 도가니를 넘어서』

이효덕李孝德 | 이상훈 옮김

Nathan Glazer & Daniel P. Moynihan, *Beyond The Melting Pot: The Negroes, Puertoricans, Jews, Italians, and Irish of New York City*, The MIT Press, Cambridge(Mass.), 1963/(2nd edition) 1970.

『人種のるつぼを越えて—多民族社會アメリカ』, 阿部齊 · 飯野正子 譯, 南雲堂, 1986.

내셔널리즘의 특수성—미합중국이라는 실험국가

내셔널리즘의 내실을 설명한다는 것은 대단히 어렵다. 국가주의, 민족주의, 국수주의, 애국주의, 민족자결주의라고 다양하게 번역되는 것처럼 매우 다의적이기 때문이다. 최근에는 국민주의라고 번역되는 경우도 있지만, 그렇게 해서 내셔널리즘의 내실이 명확해지는 것은 아니다. 이것은 전적으로 베네딕트 앤더슨Benedict Anderson이 『상상의 공동체』에서 말하고 있는 것처럼, 내셔널리즘이란 '특수한 문화적 인조물人造物'이고, 개개의 역사적 배경이 복잡하게 교차하는 가운데 18세기 말에 이르러 창출되었으며, 한번 만들어지자 아주 다양한 사회적 토양에 이식할 수 있는 모듈module이 되어 다양한 정치적 · 이데올로기적 패턴과 하나가 되고 다시 융합되어갔다.

이처럼 내셔널리즘을 생각할 경우 개별성에 눈을 돌리는 것이 중요하다. 내셔널리즘 전체를 추상적으로 생각하는 것이 아니라 구체적인 내셔널리즘을 고찰하고 비교하면서 그 본성을 추출하는 것이 필요 불가결하다. 그렇다고 해서 모든 내셔널리즘을 대상으로 할 수는 없으며, 그렇게 하는 것이 커다란 결실을 가져온다고 단정할 수도 없다. 따라서 중요한 것은 우선 내셔널리즘이라고 불리는 사례가 갖고 있는 여러 특징을 보다 단적으로 표현하는 대상을 선택하여 분석하는 일이다.

이때 우리에게 중요한 시사를 던져주는 것이 미합중국이라는 국가이다. 그 이유는 〔미합중국에는〕 (일본국가의 일본민족처럼) 국가에게 본래적·신화적인 기체基體라고 (상상에 의한 것이든) 간주되는 집단이 존재하지 않으며, 〔미합중국이〕 비교적 짧은 역사의 이민 국가이기 때문이다. 또한 강력한 내셔널리즘을 보유하고, '국민을 구성한다고 하는 것nationness'이 어떠한 것인가를 현저하게 보여주는 면이 있기 때문이다. 그리고 내셔널리즘이라는 것이 어딘가 암시하는 타자에 대한 공포와 증오에 근거를 둔 배타성—그것은 성격상 인종주의와 상당히 가까운 친화성을 갖고 있으며, 국민국가의 형성 과정에서 태어났다고 한다(에티엔 발리바르, 『인종·국민·계급』)—이 타국에 비해 다종다양한 인종과 에스니시티로 이루어진 미합중국에서는 더 커다란 문제로 인정되고 있기 때문이다. 즉 세계에서도 희귀한 '과거의 본래성'을 갖고 있지 않은 여러 이민移民으로 이루어진 실험국가에 있어서, 그 국민통합을 위한 이념이나 이데올로기는 어떠한 것인가 혹은 어떠한 것이었는가라는 것이 내셔널리즘을 이해하는 데 중요한 시점視點을 제공해줄 것이기 때문이다.

그리고 미합중국에서의 이민의 동화同化나 국민화의 문제를 생각할 때, 바로 떠오르는 것은 인종의 '도가니'로 많이 번역되는 'melting pot'이라는 말일 것이다. 이 말은 유대계 영국인 극작가 이스라엘 쟁윌Israel Zangwill[1](1864~1926)의 희곡 제목에서 알려지게 되었다. 또한 이 말은 미국사회에서는 다양한 인종·민족의 다양한 문화가 용해되어 새로운 생활문화가 형성되고 있다는 것을 의미한다. 그것은 미국이라는 토지를 '신'과 '자유'의

1 이스라엘 쟁윌은 유대인들의 국가 수립을 위해 활동하면서 그들의 생활을 묘사한 소설과 희곡을 저술했고, 세계의 어느 곳이든 적절한 장소에 유대인 국가를 건립하여야 한다는 영토주의를 주창했다.

성지로 간주하는 아메리카니즘과 더불어 오랫동안 미국 국민이 되기 위한 또는 미국 국민이기 위한 신조가 되어왔다.

도가니melting pot라는 '신화'

그러나 이 책은 이민자의 여러 생활문화가 하나로 융합되어가는 과정이 미국사회에서는 일어난 적이 없었다고 하면서, 그 '신화'를 실증적으로 해체해 보이고 있다. 그리고 사회학적인 접근법에 입각하여, 1960년경의 뉴욕에 거주하는 사람들—이 가운데 거의 반은 외국 태생이거나 부모가 외국 태생이었다—중에서 흑인(이 책에서는 니그로), 푸에르토리코계, 유대계, 이탈리아계, 아일랜드계 등 다섯 종류의 커다란 인종·에스니시티 집단을 조사하여 연구하고 있다. 거기에서 도출된 결과는 "미국사회와 문화의 동화력이 여러 면에서 이민 집단에 작용하여, 그들을 이전과는 다른 것으로 변화시켰다"라거나, 그러나 "그들은 아직 특수하여 구별할 수 있는 집단이다"라는 것이었다. 즉 미국사회의 에스니시티 집단은 세대가 바뀌면서 이민 시점에 지니고 있던 고유의 언어·습관·문화 등을 상실하거나 계속 변화시켜갔다. 또한 그들은 합중국의 사회구조와 새로운 경험에 의해 끊임없이 재구축되고 있는 사회적·정치적·문화적 집단이어서, 말하자면 국민화의 산물임에 틀림없다는 것을 실증적으로 보여준다는 것이다.

예를 들면 이민집단이 '미국인화'가 되는 정도는 미국사회에서 우세를 점하고 있는 WASP(백인 앵글로색슨계 프로테스탄트)적 가치와의 차이로 파악되었다. 따라서 아일랜드계 이민의 자손이라 해도 프로테스탄트이거나 아일랜드계의 이름을 갖고 있지 않으면 진정한 미국인으로 간주되기도 한다. 그러나 모친이 이탈리아계나 독일계, 유대계라 할지라도 아일랜드계의 이름을 갖고 있는 사람은 미국사회에서는 본인의 의사와 상관없이 아일랜드계로 편입되어버린다. 비유대계·유대계도 또한 동일하다.

반대로, 미국사회에서는 낮은 지위에 있다고 간주되는 집단이라 할지라도 그 집단에 속하는 것이 이익이라면, 출신이 다른 집단에 소속하는 일들이 발생한다. 서인도제도 출신인 사람이 흑인의 대표로서 중요한 정치적 역할을 맡는 경우가 있으며, 스페인계나 라틴아메리카계의 사람이 푸에르토리코계의 대표가 되기도 한다. 또는 독일계 유대인이 동유럽계 유대인이 우세한 지구에서 의회에 진출하는 경우도 나타난다.

이 책은 통상 미합중국에서 에스니시티 연구 혹은 도시사회학의 선구적 연구로서 알려져 있다. 그러나 미합중국에서의 이민의 국민화, 즉 미국인화의 문제를 에스니시티나 도시사회학의 관점에서 분석해냈다고 하는 점에서, 이 책은 내셔널리즘론의 새로운 국면을 개척한 연구라고 간주할 수도 있을 것이다.

이 책의 대략적 구성은 다음과 같다.

제2판 서문—1970년 뉴욕

서장

흑인

수/직업/교육/가족 및 기타 문제/주택과 이웃/리더십, 정치, 집단 간 관계

푸에르토리코계

프롤로그/이주/섬 중심의 커뮤니티/이동요인/저소득/차세대—가족, 학교, 이웃/문화, 공헌, 색

유대계

경제적 기반/교육에 대한 정열/커뮤니티, 이웃/통합/정치/문화와 장래

이탈리아계

커뮤니티/가족의 영향/종교/직업/정치

아일랜드계

녹색의 파도/민주당/로마 가톨릭교회/무법의 아일랜드인/'우리들의 얼마인

가는 남아 있다'/인민의 당/신과 인간의 도시

도가니를 넘어서

유대계/가톨릭교도/흑인과 푸에르토리코계/정치의 역할/미래

이상의 구성에서 알 수 있듯이, 이 책의 접근법은 명확하다. 각 집단의 가족구성, 종교, 경제나 교육에 있어서의 경험이나 태도, 정치적 견지 등을 매개변수parameter로 하여 각 에스니시티가 분석된다. 그러나 각 집단에 대한 접근법에는 상이한 점도 많다. 이것은 미국사회 속에 현재 나타나고 있는 각 집단의 여러 특징을 분석·파악하는 것이 목적이기 때문이다. 그러나 이 책의 특색은 각 집단의 특징이 단순히 개별적으로 취급되고 있는 것이 아니라, 뉴욕이라는 사회에서 어떠한 이해利害관계 속에서 각 집단이 구축되어 유지되고 있는가를 분석하고 있다는 점에 있다. 이런 점에서 '이해interest'야말로 에스니시티로 간주되는 집단성을 구축하고 재생산하는 조건이라고 분석되고 있는 것이다.

물론 이 이해는 단순하지 않다. 이 책에서 들고 있는 다음과 같은 현상이 좋은 예일 것이다. 흑인과 푸에르토리코계는 숙련노동자가 아니고 조직화되어 있지 않기 때문에, 임금이 낮은 세탁업·호텔·식당·소기업에서 일하거나 생활보호를 받고 있다. 유대계는 자영업자·지적 직업 종사자 내지는 의료산업에서 일하는 수입이 좋은 숙련노동자이다. 이탈리아계는 뉴욕 교외의 자가自家 거주자이다. 이와 같은 상황이 되었을 때, 흑인이나 푸에르토리코계는 거주차별을 금지하는 법령을 요구하게 된다. 아파트 임대업을 하는 유대계는 많지만, 차별에 반대한다는 정치적 자세 때문에 그들은 이해에 반하여 그러한 법령을 인정한다. 한편, 자가 거주자인 이탈리아계나 아일랜드계는 커뮤니티를 만들어 이웃을 동일한 에스니시티로 견고하게 하길 바란다. 그래서 그들은 과거에 흑인과 고용 경쟁을 했던 역사에서 유래하는 반감 때문에, 집이나 방을 자유롭게 빌려주고 상대를 고를 수 없게 하는 법령의

제정을 싫어한다. 이와 같이 각 집단의 정치적·경제적·결속상의 이해는 역사나 감정과 함께 복잡하게 얽혀 있다는 것이다.

나아가 각 집단을 연결하고 있는 것에는 이러한 이해 외에 일정한 문화적·사회적 공통성을 근거로 한 일족一族의식이나 동료의식이 있다. 또한 뉴욕의 공적 조직·단체—교회나 병원, 양로원, 대부자금, 자선단체 등—는 원래는 새롭게 들어오는 이민자를 원조하기 위해 설립된 것으로, 에스닉 집단을 단위로 하여 만들어져 있는 경우가 많다. 이러한 조직에서의 생활도 각 집단의 유대를 유지하는 데 기여하고 있다.

그러나 에스닉 집단의 특징을 세분화하기 위해 이 책에서 크게 주목하고 있는 것은, 각 집단이 전적으로 종사하고 있는 특정 직업이다. 이민 시점에 지니고 있던 문화적·종교적 배경이나 교육·지참금·경험 등이 이것을 결정한다는 것이다. 말하자면 국민화(미국인화)는 미국사회(이 책에서는 뉴욕만)의 사회적·정치적 상황에 적응하기 위한 것으로, 각 이민자가 지니고 있는 역사·문화·전통, 가족과 감정, 이익, 공적 조직생활, 그리고 (뉴욕으로의) 이민 시점에 따라서, 종사하거나 종사할 수밖에 없는 직업을 중심으로 동화과정이 진행되었다는 것이다.

집단별로 구분되어 있는 각 장에서, 상세한 분석이나 고찰이 각 집단에 균등하게 행해지고 있지는 않다. 또한 특정한 시각視覺을 선택하고 있기 때문에 한정된 부분도 있다. 그러나 통계적 데이터에 입각한 논의는 치밀하며 설득력이 있다. 특히 각 에스닉 집단이 지닌 종교나 경제적 기반이 합중국사회에서의 정치적인 견지와 결부되어 그 에스닉 집단을 구축하고 결속하는 데 기여하고 있는 양상이 사회학적인 관점에서 그려지고 있다. 이 점은 그때까지의 에스니시티론에서는 볼 수 없는 뛰어난 부분이라고 생각한다.

저자의 한 사람인 대니얼 P. 모이니헌은 흑인 자녀의 학습능력 문제의 원인이 가족환경의 불안정함에 있다는 것을 지적한 이른바 모이니헌 리포트로 유명해진 학자이다. 또한 그는 미합중국의 교육·도시문제에 관여했고,

1977년부터 뉴욕주의 상원의원이 되기도 했다. 또 한 사람의 저자인 네이선 글레이저는 인종이나 에스니시티·이민·교육·도시개발을 전공으로 하는 사회학자이며 미합중국의 사회정책에도 관여한 인물이다. 이처럼 정부의 사회정책에 깊이 관여한 두 사람이 그들의 경력 초기 단계에서 이 책을 집필했다는 것은 시사하는 바가 있다.

국민화 속의 에스니시티와 인종

이와 같이 에스니시티 연구에 새 지평을 연 이 책이지만, 시대적 한계와 저자의 특정한 정치적 입장 때문에 많은 한계점을 내포하고 있는 것도 사실이다.

우선 이 책에서 다루고 있는 에스니시티의 틀에 문제가 있다. 예를 들면 푸에르토리코계나 흑인의 집단성을 분석하는 데 있어서 그 내부에는 다양한 에스닉적인 차이가 존재한다. 그럼에도 불구하고 이를 분석하는 데 에스닉적인 차이를 충분히 구분하지 않고 유대계·이탈리아계·아일랜드계와 동일한 틀을 그대로 적용하고 있는 것이다. 또 같은 이민이라 하더라도 이 두 집단의 내력은 다른 백인이나 유대인의 이민과는 결정적으로 다른데(푸에르토리코계에서의 식민지주의와 흑인에서의 노예성), 이러한 것이 충분히 고려되었다고 말하기 어렵다.

확실히 에스니시티라는 시점은 생물학적인 본질로 환원되어 있던 인종적인 차이를 사회적·문화적으로 구성된 차이로 바꾸었다는 점에서 커다란 의미가 있기 때문에 오늘날에도 유효성을 갖고 있다. 그러나 한편으로는 현재에도 인종에 의한 차별이 미국사회에 뿌리 깊게 존재하는 이상, 백인 내부의 에스닉상의 차이를, 지금도 재생산되고 있는 인종(차별)적 차이에까지 적용하는 것에는 한계가 있다. 실제로 이 책에서 제시한 각 에스니시티가 미국사회에서 통합될 것이라는 긍정적 전망은 현재의 흑인이나 푸에르토리코계에게는 부합하지 않을 수 있다.

또한 여기서 다루고 있는 에스니시티의 형성은 기본적으로 미합중국의 초기 이민자들인 '백인' 에스닉 집단이, 미국사회에서 우세한 백인(WASP적인 가치에 기초한 다수파majority)의 사회성에 동화되어가는 과정을 모델로 삼고 있다. 즉 이 책의 에스니시티란 사회적 다수파와의 편차에 의해 설명되고 있으며, 미국인화란 다수파의 가치규범에 있어서 사회적·정치적인 위치나 성공을 획득하는 것으로 파악되고 있다. 게다가 각 에스닉 집단은 이 과정을 거쳐 국민화되어간다고 하는 사회진화가 본연의 모습이라고 제창되고 있다. 그러나 1960년대 이후의 소수파minority에 의한 공민권운동American Civil Rights Movement[2]에서 주장된 문제에는 바로 이러한 다수파의 가치관이 사회적인 전제로 되는 것에 대한 이의신청이 포함되어 있었던 것이다.

실제로 공민권운동을 통해서 소수파에게 기회균등의 권리는 부여되었지만, 아직도 인종차별이 존재하고 있다. 그리고 인종차별 반대운동이 전개되고 있는 현실에서 본다면, 이 책이 제시한 이민자의 미국인화(국민화)의 비전에는 한계가 있다고 말해도 좋지 않을까? 그리고 1970년대 이후 아시아계나 멕시코계 이민이 폭발적으로 증가한 뉴욕(및 미합중국)에서의 상황과 그 진전을 이 책의 틀로써 거의 모두 분석하는 것은 곤란하다(1970년에 간행된 제2판에는 1970년경의 뉴욕을 다룬 장이 추가되었지만, 1986년에 간행된 일본어판에서는 그것도 실정에 맞지 않게 되었다고 하여 필자의 희망에 의해 삭제되었다).

즉 이 책은 도가니melting pot라는 슬로건의 신화성을 백일하에 드러내고 에스니시티론의 새로운 영역을 개척했지만, 공민권운동이 고양되어가는 초기 단계에서의 문화다원주의cultural pluralism—각 인종, 민족이 각각의 문화 특색을 상실하지 않은 채로 전체의 조화가 구성되는 통일적인 국가를 지

2 이 운동은 1956년 미 최고재판소가 버스 내 백인전용좌석 제도를 인종차별에 의한 위헌으로 판결한 것이 계기가 되어 아프리카계 흑인과 그 밖의 유색인종들을 중심으로, 유색인종도 미국의 시민(공민)으로서 백인과 동등하게 법률상의 평등한 지위를 획득하고자 전국적으로 전개되었던 인종차별 반대운동이다.

향해야 한다는 사고—를 추종한 논의였다는 점, 인종의 관점을 그대로 에스니시티에 포섭해버렸다는 점, WASP적인 가치에 기초한 이민자의 미국화를 긍정하고 있다는 점들 때문에, 에스니시티에 대한 사회학적 접근법을 (미합중국의) 내셔널리즘 문제로까지 충분하게 전개할 수가 없었다.

물론 그것은 어떤 면에서는 시대적인 제약이며, 당초 이 책이 저술된 동기가 합중국 내셔널리즘 그 자체를 고찰하는 것을 목적으로 하지 않았기 때문이기도 하다. 이런 의미에서 미국의 내셔널리즘을 다룰 때 피해갈 수 없는 반공 이데올로기가 거론되지 않는다는 점, 다루고 있는 에스닉 집단의 정치성이 어디까지나 합중국 국내의 정치상황에 한정되어 이민 송출국과 미합중국의 국제정치적 시점이 그다지 중시되고 있지 않다는 점 등은 이 책의 불가피한 한계라고 보아야 할 것이다.

그러나 이러한 한계성을 가지고 있다 해도 에스니시티의 문제를 국민화의 문제로서 파악할 때 이 책이 제시한 에스니시티론의 역사적 의미는 크다.

참고문헌

Glazer and Moynihan, *Ethnicity: Theory and Experience*, Harvard Univ. Press, 1975(グレイザー・モイニハン,『民族とアイデンティティ』, 内山秀夫 譯, 三嶺書房, 1984).

『인종의 도가니를 넘어서』의 저자들이 이번에는 미합중국에서의 민족과 아이덴티티 문제에 관해 분석했다.

George Lipsitz, *The Possessive Investment in Whiteness: How white people profit from identity politics*, Temple Univ. Press, 1998.

종래의 에스니시티론에서는 그다지 문제시되지 않았던 '백인이 곧 다수자'라는 논리가 어떻게 사회적으로 재생산되었는가에 대해 분석·고찰한 책.

Lisa Lowe, *Immigrant Acts: on Asian American cultural politics*, Duke Univ. Press, 1996.

현 시점에서의 아시아계 미국인 연구에 관한 이론적 성과의 하나. 이민국가인 미합중국에 관한 뛰어난 사회분석이기도 하다.

明石紀雄·飯野正子 編,『エスニック·アメリカ—多民族國家における統合の現實』(新版), 有斐閣選書, 1997.

미합중국의 이민사·에스닉 문제의 개론적인 이해에 유용하다.

Michael Omi & Howard Winant, *Racial Formation in the United States From the 1960s to the 1990s*, second edition, Routledge, 1994.

과거의 에스니시티론·계급론·네이션론을 비판적으로 검토하면서, 인종의 형성·편성의 관점에서 예리하게 현대 미국사회를 분석한 책.

ロナルド·タカキ, 『多文化社會アメリカの歷史—別の鏡に映して』, 富田虎男 監譯, 明石書店, 1995.

미합중국의 인종·에스니시티 편성을 사회사적인 관점에서 총체적으로 다룬 책.

ジョン·ハイアム, 『自由の女神のもとへ—移民とエスニシティ』, 齋藤眞 외 譯, 平凡社, 1995 (원저 1984).

미합중국의 이민과 에스니시티 문제를 사상사적이라고 할 수 있는 관점에서 분석한 책.

サスキア·サッセン, 『勞働と資本の國際移動—世界都市と移民勞働者』, 森田桐郎 외 譯, 岩波書店, 1992(원저 1988).

이민이라는 현상의 메커니즘을 이해하는 데 유용하다.

Milton M. Gordon, *Assimilation in American Life: The Role of Race, Religion, and National Origins*, Oxford Univ. Press, 1964.

이 책과 동시대에 쓰인, 미국사회에서의 '동화同化'에 대해 논한 고전. 문화다원주의를 이해하는 데 유용하다.

아이라 케밀래이넨, 『내셔널리즘』

요시노 고사쿠吉野耕作 | 이상훈 옮김

Aira Kemiläinen, *Nationalism: Problems concerning the Word, the Concept and Classification* (Studia Historica Jyväskyläensia III), Kustantajat Publishers, Jyväskylä, 1964.

이 책은 잘 알려져 있지 않지만 서양 내셔널리즘 사상의 계보가 자세하게 조사되어 있어, 내셔널리즘 사상사 분야에서는 주목할 만한 가치가 충분한 명저이다. 1964년에 출판된 점을 고려한다면 더욱 그렇다.

아이라 케밀래이넨은 핀란드의 저명한 역사가이다. 이 책이 영어로 쓰인 작품임에도 세계적으로 그다지 알려지지 않았던 배경에는 핀란드의 학술출판 사정이 있었던 것으로 생각된다. 핀란드에서는 다양한 학술연구의 성과를 공표할 때 영어로 쓴 논문이라도 영국이나 미국의 출판사를 통하지 않고 국내에서 출판하는 관습이 있다. 그 결과 많은 수의 맹아적 연구가 동료들만의 한정된 범위를 넘어서 핀란드 내에서 비교적 폭넓게 연구자들에게 알려진다는 이점이 있다. 그 반면에 영국이나 미국의 학술출판 시장에서도 충분히 통할 수 있는 유익한 연구서임에도 핀란드 학술계와 접촉이 있는 좁은 범위를 넘어서 읽히지 않게 되는 문제점도 있다. 이 책도 핀란드 학술계를 넘어서 국제적으로 폭넓게 읽힐 수 있는 기회를 잃어버린 경우이다. 이 책은 표지 디자인도 없어 대학의 논문집을 떠올리게 하는 실로 수수한 장정裝幀이지만 내용은 충실하다.

저자 아이라 케밀래이넨은 1919년에 핀란드에서 태어났다. 1945년 박사

과정에 진학한 이후 그녀의 약력을 추적해보면 다음과 같다.

그녀의 박사논문은 제2차 세계대전에서의 독일의 파국과 지배민족Herrenvolk의 개념을 주제로 삼았다. 독일인의 역사적 사명감에 관한 관념의 추이를 고체트Johann Christoph Gottsched[1](1700~1766)에서 아른트Ernst Moritz Arndt[2](1769~1860)에 이르기까지 조사했다. 1951~52년, 1954~55년에는 독일에 유학했으며, 1956년에 박사논문을 집필했다. 그리고 독일의 역사적 사명감에 관한 개념을 조사하는 과정에서 내셔널리즘의 기원과 특징에 대해 깊고도 강한 흥미를 갖게 되었다고 한다.

또한 1958년에는 컬럼비아대학에 체재하면서 본격적으로 내셔널리즘 연구에 종사하게 된다. 미국에서는 칼턴 헤이스Carlton Hayes[3](1882~1964)나 한스 콘Hans Kohn의 내셔널리즘에 관한 사고를 연구했다. 1963년 핀란드로 돌아와서는 핀란드 중부의 위배스퀼래Jyväskylä에 있는 사범학교의 역사학 조교수가 되었고, 이 시기까지의 그녀의 연구 성과를 정리한 것이 이 책이다.

이 사범학교는 1966년에 대학이 되었고, 그녀는 1970년에 세계사 교수로 승진하여 1986년 정년퇴직할 때까지 위배스퀼래대학에서 근무했다. 2001년 현재에도 학술활동을 계속하고 있다.[4]

이 책의 구성

이 책은 구입하기가 무척 어렵기 때문에 252쪽으로 이뤄진 이 책의 차례

1 독일 계몽주의 시대의 문학자로, 프랑스의 합리주의 사상에 고취되어 바로크풍의 과장된 표현이 지배했던 당시 독일 연극과 문학의 혁신을 주창했다.

2 독일의 애국주의자이며 시인으로, 나폴레옹의 지배에 대항하며 독일의 통일을 주창했고, 독일 내셔널리즘의 창시자이기도 하다.

3 미국의 교육자이자 역사가로, 제2차 세계대전 기간 동안에는 주스페인 미국대사를 역임하면서, 프랑코의 내셔널리즘을 강력하게 지지하기도 했다.

4 케밀래이넨은 2006년 7월 10일 사망했다.

를 자세하게 소개할까 한다.

제1장 내셔널리즘—혼란을 초래하는 단어

제2장 '내셔널리즘'이라는 단어의 기원

1. 정치적 및 사회적 집단 Nation에 있어서의 어근 Nation—People로도 불리다
2. 라틴어에서의 Natio와 Populus
3. 프랑스어에서의 Nation과 Peuple
4. 영어에서의 Nation과 People
5. 독일어에서의 Nation과 Volk
6. National과 Nationality
7. Nationalism
8. 결어

제3장 18세기 유럽에서의 국민의식national consciousness

1. 18세기의 코스모폴리터니즘
2. 국민적(내셔널한) 감정의 표식으로서의 내셔널 프라이드
3. 국민성과 국민 간의 차이에 관한 의견
4. 도덕적 평가—국민적 미덕과 악덕
5. 헤르더Herder의 국민 간의 유기적 차이의 개념
6. 루소의 개념—애국심patriotism에 봉사하는 내셔널한 개성
7. 결론

제4장 18세기 이후 독일에서의 내셔널리즘 사고의 변화

1. 18세기 독일에서의 코스모폴리터니즘
2. 헤르더의 내셔널리즘 사고
3. 내셔널리즘 사고와 결부되는 언어학적 이론
4. 빌헬름 폰 훔볼트Humboldt의 네이션 개념
5. 낭만주의romanticism와 내셔널리즘 이론

내셔널리즘을 둘러싼 서양사상사

내셔널리즘은 사회 · 인문과학에서 가장 다루기 어려운 개념의 하나이다. 그것은 케밀래이넨이 이 책을 집필한 1960년대부터 현재에 이르기까지 변함이 없다. 내셔널리즘과 그것에 관련되는 개념과 용어의 문제점을 우선 제1장과 제2장에서 취급하고 있다. 유럽 여러 언어의 뉘앙스를 알 수 없는 내셔널리즘 연구자에게는 고마운 부분이다. 그러나 이 책에서 하나의 핵심을 이루는 부분은 18세기 이후의 유럽사상사를 다룬 제3장과 제4장이다. 내셔널 아이덴티티의 표현 방법의 변천을 주요한 사상가에 초점을 맞추어 상세하게 논의하고 있다.

서양 사상사에서 국민성이 체계적으로 이야기된 것은 18세기에 들어와서의 일이며, 프랑스와 독일의 철학자들 사이에서 왕성하게 논의되었다. 예를 들면 칸트는 프랑스인, 영국인, 스페인인, 독일인의 국민성을 비교하고 있으며, 또한 몽테스키외C. Montesquieu는 『법의 정신』(1748) 속에서 국민성론을 전개하고 있다.

18세기의 사상가는 국민성이나 국민 간의 차이라는 주제를 즐겨 논했지만, 대체로 세계시민적이었다. 몽테스키외에 있어서는 인간은 기본적으로 동일하다는 합리주의적 색채가 강했다. 실제로 18세기라는 시대는 코스모폴리터니즘(세계시민주의)과 내셔널리즘의 양의성을 가진 흥미 있는 시대였다. 또한 세계시민주의를 배경으로 국민의식이 서서히 깊어가던 시대이기도 했다.

이윽고 18세기 말이 되자 세계시민주의의 영향하에서 민족적 개성이 소멸하거나 국민감정이 경시되는 것을 걱정하고 두려워하게 된다. 이러한 사상적 풍조 속에서 헤르더Johann Gottfried Herder(1744~1803)는 민족 간의 유기적인 문화 차이에 관한 사상을 명확하게 내세웠으며, 19세기 이후 내셔널리즘 이데올로기의 전개에 중요한 영향을 미치게 된다. 특히 언어의 공유에 의해 구성되는 공동체로서의 민족·국가를 그려내 독일 내셔널리즘의 기초를 구축했다.

그렇지만 헤르더 자신은 계몽주의적인 휴머니스트였다. 헤르더의 사상, 특히 '민족정신'의 개념은 피히테, 슐레겔, 아른트, 슐라이어마허Friedrich Ernst Daniel Schleiermacher[5](1768~1834), 브로크하우스, 뮐러Friedrich Max Müller[6](1823~1900) 등에 의해 보다 내셔널리스틱한 이데올로기로 전환되어 비합리적인 성격을 강하게 띠어갔다. 예를 들면 피히테는 단순히 독일 민족·국민의 아이덴티티 창조·강화에 그치지 않고, 독일어의 순수성을 강조함으로써 독일인이 문화적 주도권을 잡도록 국민에게 호소했다. 또 아른트는 독일인의 우수성을 언어적·인종적 순수성을 사용해 주장하게 된다. 케밀래이넨은 이러한 독일에서의 내셔널리즘 사상의 추이를 주의 깊게 기술하고 있다.

이 책의 또 하나의 핵심은 제6장과 제7장에서 이뤄지고 있는, 미국에서 한스 콘과 칼턴 헤이스가 행한 내셔널리즘 연구의 음미이다. 이것들은 1980년대 이전의 내셔널리즘 연구로서 무시할 수 없다. 특히 콘의 '서구형' 내셔널리즘과 '동구형' 내셔널리즘의 분류는 상당한 영향력을 가지고 있다.

케밀래이넨은 사용 언어에 따라서 내셔널리즘을 둘러싼 단어의 의미가 다르기 때문에 현상을 이해할 때 문제가 발생한다고 지적하고 있다. 실제로 이 책이 부제를 '단어, 개념과 분류에 관한 여러 문제'로 달고 있는 것처럼 언어

5 19세기 독일의 프로테스탄트 신학의 일인자로, 종교를 경멸한 계몽주의자들에 대항하여 낭만주의적인 종교를 옹호하고 자유주의 신학의 기초를 구축했으며, 종교를 철학과 도덕으로부터 구별하여 독자적인 종교 영역을 구축하는 데 크게 공헌했다. 대표작으로 『종교론』(1799)과 『신학통론』(1811)이 있다.

6 19세기 독일의 철학자이자 동양학자, 비교신화학자로서 서구에서 인도 연구의 선구자였다. 그의 비교신화 연구는 후대의 유럽인과 인도인의 인종주의적인 아리안신화에 크게 영향을 미쳤다.

와 개념에 관한 논의는 이 책의 중요한 부분을 구성하고 있다. '네이션'을 영어, 프랑스어, 독일어에서 〔각각 그 실제 의미가 동일하지 않음에도 불구하고〕 동일한 의미를 갖는 단어로 사용함으로써 잘못된 결론이 도출된다고 기술하고 있다. 그 한 예로서 콘의 분류를 비판한다. 콘은 내셔널리즘의 경험을 영국, 프랑스, 미국 등의 (라인강 서쪽이라는 의미의) '서구형'과 독일을 비롯한 동유럽과 아시아의 '동구형'으로 분류했다. 전자의 내셔널리즘이 세계주의적이고 민주적이며 평화적인 데 비해, 후자는 편협하고 개인 문화를 강조하며 공격적이고 전체주의적이라고 한다. 케밀래이넨에 의하면, 이러한 단순한 이해의 형태는 '네이션'이라는 개념의 의미가 유럽의 여러 언어에 따라서 다르다는 것에 상당히 영향을 받고 있다고 한다.

케밀래이넨은 내셔널리즘을 진지하게 생각하게 된 배경으로서 독일 사상사를 연구한 경험과 미국의 내셔널리즘 연구로부터 받은 자극을 들고 있다. 하나 더 추가한다면, 내셔널리즘의 의미를 생각하지 않으면 안 되는 핀란드의 정치문화적 상황을 무시할 수 없다는 점일 것이다. 핀란드는 1809년 러시아에 점령·할양되기까지 스웨덴의 일부였으며, 스웨덴어가 문화·행정의 유일한 사용 언어였다. 이러한 민족적 배경 속에서 케밀래이넨의 부친은 핀란드 고유의 것을 탐구하는 내셔널리즘 운동의 활동가였다. 케밀래이넨 자신은 그러한 부친의 활동에 직접 참여하지는 않았지만, 학술적 활동을 통해서 내셔널리즘의 정체를 추구하게 되었다고 한다. 핀란드의 사례에 대해서는 제9장 속에서 콘의 분류법을 비판적으로 고찰하면서 개설하고 있다. 그리고 핀란드의 내셔널리즘에 관한 연구는 그 후의 논문·저서 속에서도 전개되고 있다.

코스모폴리터니즘과 내셔널리즘

케밀래이넨은 18세기 유럽의 사상사를 연구의 출발점으로 하고 있다. 거기에서 코스모폴리터니즘과 내셔널리즘의 공존을 본 이래, 두 가지 현상의 흥미 깊은 관계에 매료되어갔다. 그녀는 "내셔널리스트는 코스모폴리턴임과 동시에 내셔널리스틱할 수 있으며, 그래야만 한다"고 말한다. 사실 내셔널리즘과 코스모폴리터니즘의 관계는 이 책에서 하나의 일관된 테마이다. 내셔널리즘을 넘어서 나타나고 있는 다양한 형태—지역통합, 국제주의, 글로벌화—가 화제가 되고 있는 현대에, 이 책은 역사적인 시사를 제시해주는 저작임에는 틀림없다.

개별 사례를 초월한 내셔널리즘에 대한 일반연구는 1980년대의 영국을 중심으로 비약적으로 발전하여 현재에 이르고 있다. 그 이전의 것으로는 콘, 헤이스, 케두리의 저작이 비교적 알려져 있다. 케밀래이넨의 이 책은 1980년대 이전의 내셔널리즘 연구사 속에서 그 성과가 충분히 인정되어야만 하는 책이다.

참고문헌

이 책은 구하기가 무척 어렵다. 따라서 여기에서는 케밀래이넨의 내셔널리즘 연구를 이해하려고 할 때 참고가 되면서도 구할 수 있는 논문과 저서(영어로 된 저작만)를 중심으로 소개하고 싶다.

Kemiläinen, "The Idea of Nationalism," *Scandinavian Journal of History*, vol. 9, no. 1, 1984.

내셔널리즘 연구의 폭과 문제점이 정리되어 있는 포괄적인 논문. 케밀래이넨의 내셔널리즘에 관한 생각을 어느 정도 알 수 있다. 논문의 구성은 다음과 같다.

1. 내셔널리스트의 사고방식과 내셔널 원칙, 2. 왜 내셔널리즘은 다루기가 어려운가?, 3. 역사 과정에서의 내셔널리즘, 4. 국민국가의 국민의식, 5. 국민국가 없는 국민의식, 6. 내셔널리스트의 사고방식(문화적 견해), 7. 내셔널 원칙(정치적 관념과 프로그램), 8. 19세기와 20세기의 내셔널 원칙의 달성, 9. 국제연맹과 내셔널 마이너리티, 10. 제2차 세계대전과 그 후의 내셔널 원칙, 11. 다민족국가의 국민의식, 12. 내셔널한 정열, 13. 내셔널한 사명감인가 보편적인 사명감인가, 14. 사회적 설문으로서의 내셔널리티, 15. 네이션의 서열, 16. 역사에서의 내셔널리즘의 위치.

Kemiläinen, "The Idea of Patriotism during the First Years of the French Revolution," *History of European Ideas*, vol. 11, 1989.
내셔널리즘과의 관계에서 가장 중요한 개념의 하나인 애국심의 역사, 특히 프랑스혁명기에서의 전개를 고찰한 논문.

Kemiläinen, "Initiation of the Finnish People into Nationalist Thinking," *Nationality and Nationalism in Italy and Finland* (Studia Historica 16), Suomen Historiallinen Seura (Finnish Historical Society), Helsinki, 1984.
핀란드에서의 내셔널리즘의 사고를 솜씨 좋게 정리한 논문.

Kemiläinen, *Finns in the Shadow of the "Aryans": Race Theories and Racism* (Studia Historica 59), Suomen Historiallinen Seura (Finnish Historical Society), Helsinki, 1998.
케밀래이넨의 최근 저작. 이 책(1964) 및 앞의 논문 "The Idea of Patriotism during the First Years……" (1989)를 집필한 이래, 인종이론과 인종주의의 표현 방법에 흥미를 갖게 되었는데 이것을 파고들어 체계적으로 논한 것.

Eugene Kamenka ed., *Nationalism: The Nature and Evolution of an Idea*, Edward Arnold, 1980.
1980년대 이전의 내셔널리즘 연구를 아는 데 참고가 되는 논문집. 카멘카 자신이 집필한 「정치적 내셔널리즘—그 사고방식의 진화」 및 존 플라메나츠John Plamenatz에 의한 「내셔널리즘의 두 가지 형태」는 케밀래이넨이 문제시한 분류법을 이해하는 데 도움이 된다.

エリ・ケドゥーリ, 『ナショナリズム』, 小林正之 외 譯, 學文社, 2000.
1980년대 이전의 내셔널리즘 연구 명저의 하나. 내셔널리즘 사상의 정치사.

F. M. Barnard, "National culture and political legitimacy: Herder and Rousseau," *Journal of the History of Ideas*, vol. 44, no. 2, 1983.
내셔널리즘의 사상사에 관해 풍부한 시사를 주는 논문. 정치적, 문화적 혹은 시빅, 에스닉 등의 대립도식을 재고再考하는 데 도움이 된다.

국내 참고문헌

E. 카멘카, 『民族主義의 理解』, 孫仁銖 · 金昌會 共譯, 文音社, 1987.

다케우치 요시미, 『방법으로서의 아시아』

마루카와 데쓰시丸川哲史 | 이원덕 옮김

竹內好, 『日本とアジア』, 竹內好評論集 제3권, 筑摩書房, 1966 수록/『日本とアジア』, ちくま學藝文庫, 1993 수록.
『일본과 아시아』, 서광덕·백지운 옮김, 소명출판, 2004 수록.

여백으로서의 「방법으로서의 아시아」

다케우치 요시미[1]는 1977년 작고했다. 아직 냉전이 한창이었고, 중국이 이른바 개혁·개방으로 크게 방향을 돌리기 직전이기도 한 때였다.

다케우치 요시미만큼 후세의 평가를 확정하기 어려운 사람도 없을 것이다. 다케우치에게 냉전구조(혹은 중국혁명)의 틀에서 파생된 지식인의 당파성, 또는 냉전구조로 인해 규정된 이해방식이 있었다고 해도, 그는 그러한 틀에서 벗어난 부분을 어느 정도 갖고 있었다. 그 때문에 독자들은 그의 사상이 애매하고 난해하다고 느꼈고, 이것이 그에 대한 평가를 확정짓기 어렵게 했다고 생각한다. 다케우치가 전후에 중국 관련 연구 분야에서 영향력이 컸던 것은 연구 분야의 많은 부분이 전쟁책임 문제와 겹쳤기 때문이다. 그러나 또 한편으로 1950년대 국민문학 논쟁에서 다케우치는 '민족'의 옹호라

1 1910년생으로 1931년 도쿄제국대학 중국철학·중국문학과에 입학한 후 중국문학연구회를 결성했다. 1943년 육군에 소집되어 중국에서 패전을 맞이했다. 전후 도쿄도립대학 교수로 재직했고, 1960년 미일동맹조약개정 반대운동에 적극 참가한 후 개정조약이 체결되자 교수직을 사임하고 잡지 『중국』을 발행했으며 루쉰魯迅 작품 연구에 몰두했다. 주요 저서로 『현대 중국론』, 『불복종의 유산』, 『근대의 초극』 등이 있다.

는 점에서 돌출된 생각을 줄곧 갖고 있었다. 또한 그 후에 중국혁명의 화신化身이라고 부를 수 있는 마오쩌둥毛澤東을 굳게 믿었다는 점에서 이상화理想化의 몸짓으로서도 감지될 수 있을 것이다.

그렇다고는 하지만 「방법으로서의 아시아」(처음 게재 1966)는 학생에게 직접 이야기하는 형식을 취하고 있기 때문인지 중국, 일본, 혹은 서양이라는 요소가 그의 경험 속에서 어떻게 용해되어갔는지를 생생하게 보여주고 있는 훌륭한 입문 텍스트라고 할 수 있다. 여기에서 다케우치는 먼저 전전戰前 일본에서의 한학漢學적인 교양이 실제의 중국과는 상당히 괴리된 것이었다는 사실을 유학 경험을 통해 터득했다고 말하고 있다. 그리고 중국과 일본을 동시에 다루고 있는데, 일본의 근대는 얕은 부분밖에 '근대'를 수용하지 못했기 때문에, 아이러니컬하게도 다른 아시아에 앞서 '진보'하게 되었다고 그 경위를 밝히고 있다. 한편 중국은 쉽게 '근대'를 수용하지 못했기 때문에, 오히려 근본적으로 자신을 변혁할 수 있는 잠재력을 가지고 있었다고 주장하고 있다. 이러한 주장에는 문화혁명 후 중국의 '개혁 개방' 정책의 귀추를 둘러싸고 그의 논지를 수정할 수밖에 없었던 측면이 당연히 있을 것이다. 그러나 일본 및 아시아에서의 근대 수용이 왜곡되었다는 점과 이에 수반된 일본과 아시아의 관계에서 나타나는 내셔널리즘의 왜곡이라는 점에서 다케우치의 주장은 지금까지도 그 유효성을 유지하고 있는 것은 아닐까?

「방법으로서의 아시아」에서 직접적으로 그 '방법', 즉 아시아라는 개념의 성립이 명확히 이뤄진 것은 아니다. 또한 거기에 다케우치 특유의 난해함이 있다고도 할 수 있다. 이 점은 「방법으로서의 아시아」의 결론 부분에서도 잘 나타나고 있다.

다케우치는 "서구의 뛰어난 문화가치를 더 큰 규모로 실현하기 위해 서양을 동양에서 다시 한 번 포용해서, 서양 자체를 동양에서 변혁시키는 문화적 반격으로 보편성을 만들어낼" 필요성을 주장한다. 그리고 "그렇게 반격할 때에는 자신 속에 독자적인 것이 있어야만 한다"고 주장한다. 그러나 "그러한 것이 실제로 있다고는 생각" 되지 않고, "방법으로는, 즉 주체 형성의 과정으로서는 있을 수 있다" 고 하는 것이다.

이러한 형편으로 다케우치에게 「방법으로서의 아시아」는 명확한 사상적 프로그램으로서는 이야기할 수 없는 것이었다. 그것은 다케우치가 아시아에서의 '진보' 적 지식인의 자명성에 의문을 갖고 있었고, 또한 동시에 자기 스스로 아시아의 '진보' 적 지식인으로 자기를 언급한다는 것을 의식했기 때문이라고도 생각할 수 있다. 「방법으로서의 아시아」의 결론 부분에 나오는 '주체 형성' 이란, 아시아에서 지식인의 주체를 형성하는 것이 곤란하다는 것을 가리킨다고 할 수 있다. 즉, '아시아의 지식인' 은 아직까지 형성되고 있는 도중에 있으며, 아직 도달하지 못한 여백으로 제시할 수밖에 없는 것이다. 나는 그 여백에 현재의 지식인론으로서 충분히 통용될 잠재성이 있는지 여부를 탐구해보고자 한다.

지식인과 농촌

다케우치의 지식인론에 관한 애매함을 정리하기 위해 보조선 하나를 그어 보겠다. 이탈리아의 마르크스주의자 안토니오 그람시Antonio Gramsci[2] (1891~1937)는 소론小論 「도시형 지식인과 농촌형 지식인의 지위 차이」(『グラムシ選集 3』, 合同出版, 처음 게재 연도 불확실)에서 1920~30년대 이탈리아의 지식인 유형 두 가지를 다음과 같이 기술하고 있다. 도시형 지식인은 "도구적 대중(노동자)을 연결시켜가면서 기업가와 관계를 갖게 하고, 공업의 참모부가 수립한 생산계획을 직접 실시하며, 그 계획의 기초적 노동의 단계를 통제하는" 존재로 정의된다(물론 이 정의는 1920년대의 것으로 포디즘Fordism

2 이탈리아의 정치가, 사상가로 이탈리아 공산당 창립에 참가하여 반파시즘 투쟁을 주도했다. 그는 정치학뿐만 아니라 철학, 역사학, 문학, 민속학 등 여러 분야에서 전후의 사상체계에 큰 영향을 미쳤다.

이 성립한 이후로는 경영의 지도에 대한 노동자의 동의를 조직하는 관점이 덧붙여질 것이다). 그리고 또 하나인 농촌형 지식인은 "농민대중을 국가 혹은 지방 행정과 접촉하게 하며(변호사, 공증인 등), 이 기능 자체로 중요한 정치적·사회적 기능을 갖는다"고 설명하고 있다. 이 농촌형 지식인은 토지귀족이나 성직자의 계보에 속하며, 항상 농촌경제에 기식하고 있다고 말할 수 있다. 또한 농민도 이 지식인에 대해 선망과 분노를 동시에 갖고 있으면서, 스스로의 발전을 위해 이 지식인의 활동에 관계하고 있다고 한다.

물론 이 두 가지 유형은 역사적으로 반복하는 진화론적인 관점에서 기술되는 것은 아니다. 요컨대 이 두 가지 유형의 지식인을 동시에 관찰하고 있었던 사르데냐 지방 출신인 그람시의 체험에서 획득한 것이다. 이 두 가지 지식인 유형의 틀을 만든 것은 그람시였다. 즉 그는 새로운 사회적 결합을 조직하는 '유기적 지식인'의 조건을 주로 도시형 지식인에 두었다. 그리고 그는 국민적인 규모로 일어나는 혁명운동은 도시(북부)의 배를 불려주면서 착취당하고 있는 농촌(남부)의 구조개혁 없이는 있을 수 없다고 통찰하고 있었다. 그람시는 소론 「남부 문제에 관한 몇 가지 주제」(『グラムシ選集 2』, 合同出版, 처음 게재 연도 불확실) 속에서, 농촌형 지식인은 농민을 대지주(또한 북부 대중에게까지)와 연결시키는 매개자이며, 북부 부르주아 및 북부 노동자와 교섭하는 지식인 블록을 형성하고 있다고 기술하고 있다. 또한 그람시는 같은 논문에서 "이 지식인이 전체적으로 일체의 과거와 결별하고 새로운 이데올로기를 지반으로 하여 완전히 갈아타는" 것은 없다고 하면서도, 이러한 연결을 타파하는 것을 염두에 두고 있었던 것이다.

다케우치가 그람시를 읽었는지는 알 수 없다(아마 읽지 않았을 것이다). 다만, 다케우치의 지식인론에는 그람시의 논리와 비슷한 부분이 많이 있다. 그러나 다케우치의 논리는 그람시의 개념 규정에서 보자면 미묘한 비약과 모순을 안고 있다. 다케우치는 「인텔리론」(『日本イデオロギー』, こぶし文庫, 처음 게재 1951)에서 다음과 같이 이야기하고 있다.

인텔리가 민중에게서 고립되어 있는 것은 그가 아직 완전하게 인텔리가 되지 않았기 때문이다. 인텔리와 민중 사이의 신분 격차는, 양자의 기능이 분화되지 않은 상태로 되돌릴 때가 아니라, 오히려 분화를 완전하게 했을 때 사라진다는 것이다. 인텔리가 인텔리로서의 역할을 충분히 수행하게 되는 것은 그가 직인職人에서 두뇌노동자 혹은 기술자가 되었을 때 가능하다는 것이다.

여기서 다케우치의 주장을 그대로 받아들이면, 인텔리는 신분 위계적인 멍에(봉건적 유제遺制)를 탈피하여 그람시가 말한 '도시형 지식인'이 되지 않으면 안 된다는 진화론적 관점에 따르고 있는 것처럼 보인다. 그러나 실제로 다케우치 주장의 주요한 축은 거기에 있지 않다. 지식인은 일상적으로 민중(농민)에게서 양육되면서, 그 사실을 잊었을 때 기식적인 존재로 타락한다는 점을 강조하고 있다. 같은 논문에서 다케우치는 또한 다음과 같이 논하고 있다.

> 사회의 비생산 부분인 인텔리는 장래의 생산력 증대라는 더 큰 행복을 위해 생산수단에 의해 양육되고 있다. ……그가 직접적인 생산 활동에서 해방되어 있는 것은, 자신이 노동에 종사하는 것보다도 더 많은 가치를 산출해야 할 기대에 의해 사회 전체로부터 두뇌노동을 기탁받고 있기 때문일 수밖에 없다. ……여기에 인텔리의 이중 성격이 존재한다. 생산에 연결될 때 그는 유용하지만, 기식적이 되면 불필요물로 변하게 된다.

이 부분은 인텔리 개개인에 대한 도덕적 요청이 아니라, 역사적·구조적으로 1920~1940년대 아시아의 인텔리가 어떠한 기로에 서 있었는가를 말하는 서술인 것이다. 그리고 다케우치는 이 기로에서 일본 인텔리의 약점과는 대조적으로 생산(농민)과 연결된 중국 인텔리의 강점(당시에는 그렇게 보였다)에 초점을 맞춰 생각하고 있었던 것이다.

여기서 '아시아의 인텔리'라고 한정한 점에 다케우치가 안고 있던 아포리아aporia[3]가 집약되어 있는 것일지도 모른다. 그것은 당시에 일반적으로는 아시아의 후진성이라고 불리던 성격이라고도 할 수 있을 것이다. 그러나 이 후진성이라는 기제 자체를 다케우치는 싫어했다. 즉 그는 어느 지역과 민중에 대해 '후진적'이라고 지적할 수 있는 것은, 서구 사회의 상태를 모델(목적)로 정하는 시각을 내재화한 것이라고 생각했다. 그래서 이 점에 관해 일본의 인텔리가 자각하지 못하는 것이야말로 이른바 '노예 근성'이라고 보았다. 다케우치는 「인텔리론」에서 "시민사회가 완성된 이후의 서구 인텔리를 모델로 하는 것은, 인텔리의 자기 개조의 목표로서 적당하지 않다"고 말하고, 독자의 (아시아라는 카테고리 자체가 서양을 경유한 것이라는 점을 인정하면서) 아시아적인 인텔리의 주체 형성을 전망하고 있었던 것이다.

그러나 그람시를 보조선으로 생각한 경우, 다케우치가 생각한 지식인의 주체 형성이란 이른바 그람시가 말한 '도시형 지식인'으로의 탈피가 기대되면서, 그것도 농민에 의해 양육되는 역사적 구조의 자각에 의해 매개되지 않으면 안 되는 것이다. 그람시의 경우는 그것을 매개하는 계기로서 '당黨'을 설정했는데, 다케우치는 그것을 지식인 한 사람 한 사람의 '뿌리'—대부분의 인텔리의 부모가 농민이라는 일본(및 아시아)의 역사적 조건—에서 찾으려 했다(혹은 찾을 수밖에 없었다). 다케우치가 다케다 다이준武田泰淳[4](1912~1976) 등과 '중국문학연구회'를 설립한 1934년은 이미 공산당이 대량으로 전향(1933)한 후였다. 그리고 당시의 농촌에 대한 가혹한 착취 상황은 〔지식인이 아닌〕 오히려 '황도파皇道派'[5](2·26사건, 1936)에 의해 정치적으로 표

3 길이 없다는 의미로, 문제를 해결해나가는 과정에서 부딪히는 새로운 난관이나 논리적 난점을 말한다.

4 소설가. 전전의 전향 체험과 중국에서의 전쟁 체험에서 영향받아 극한적 상황하의 인간성의 문제를 추구했다.

5 1920~1930년대 일본 육군 내에서 부패한 정계와 재계를 물리적 행동으로 변혁시키고, 천황 친정체제로 국가를 개조할 것을 추진했던 그룹을 말한다. 이들 그룹의 영향을 받은 청년 장교들이 1936년 2월 26일 정치부패와 불황을 타개하기 위해 내각 각료들을 살해하고 천황 친정을 전면에 내세우고자 일으킨 군부반란 사건이 2·26사건이며, 결국 진압되어 미수사건으로 끝났다.

출되어 알려졌다는 것이다.

그런데 다케우치의 지식인론에 대해 현재적인 조건을 덧붙이자면, 우리의 음식을 포함한 많은 소비재·원료 등 거의 모든 것이 해외에서 생산(채취)되고 있는 상황—즉, 생산점의 모순이 우리(제1세계) 생활의 외부로 이동하여, 생산(착취)의 고통이 극단으로 보이지 않게 되었다—이 있다. 그러나 그것에 대해서도 이미 다케우치는 "이 현상은 세계적 규모로 진행되고 있다. 세계가 하나가 된 오늘날에는 인텔리의 기식성도 세계적이다"(「인텔리론」)라고 말하고 있는 것도 덧붙여 두기로 한다. 이러한 의미에서 주로 전전에 상정된 '농민'은 이미 일본의 농민 이외로도 확장된 것이 되고, 그때 민중 내셔널리즘과 지식인의 관계는 창조적인 변형을 겪게 되는 것이다.

지식인과 '총력전'

1930년대, 공산당이 붕괴했다는 외부적 요인이 있었지만, 가령 인텔리가 생산점의 고통을 자각하면서 도시형 지식인으로 탈피해간다고 하는 테마가 있었다고 한다면, 그 자체가 일본적인 문화구조(그것을 '후진성'이라고 할 수 있을지도 모른다)에 규정되어 있었다고도 말할 수 있다. 그것은 또한 1930년대 중국의 인텔리가 안고 있었던 테마이기도 했다. 그러나 그람시가 말한 의미에서의 농촌형 지식인이 기식적인 성격에서 탈피하면서, 거기에다 '농촌'의 고통을 자각하는 등의 일들이 실제로 일어나기 위해서 일본에서는 어떻게 했어야 했을까? 과연 가능했는지 여부는 보류하더라도 그러한 테마는 적어도 일본에서는, 나카노 시게하루中野重治[6](1902~1979)의 『촌가村の家』가 인텔리와 인텔리를 배출한 기반 사이의 모순을 묘사하듯이, 〔공산당의〕 대량 전향(1933) 이후 비판적 지식인 일부에서 강력하게 공유되고 있던 테마였다. 그렇기 때문에 중국 인텔리와 일본 인텔리 사이에 1930년대의 역사적인

6 소설가, 시인, 평론가로 프롤레타리아 예술운동의 중심적 인물의 한 사람.

승리와 파산의 분기分岐가 잠재한다고 하는 다케우치의 구도가 이미 확립되어 있었던 것이다.

물론 양국 인텔리의 입장은, 1937년 중일의 전면전쟁부터 침략하는 측과 침략당하는 측으로 나뉘면서 '총력전'이라는 더욱 가혹한 시련을 통과해야만 했다. 「방법으로서의 아시아」가 짊어지고 있던 역사적 과제로서, 또한 '총력전'이라는 테마의 시련을 파악할 필요가 있다. 즉 1931～1937년이라는 시기를 다루는 경우, 하나의 가설로서 다음과 같은 의문을 제시할 수 있다. '1937년까지의 단계에서 평화가 성립해 있었다면 어찌 되었을까?', 혹은 '만주국이 존속하고 있었다면 어찌 되었을까?'라는 의문이다. 당연히 그렇지 않았더라도 반反식민지 투쟁은 승리했을 것이고, 그랬을 것이라고 생각하고 싶다. 그러나 1937년 이후의 중일 전면전쟁에서 제2차 국공합작까지에 걸친 과정에서 '총력전'을 통해 비로소 중국 민중의 폭발적인 저항이 일어날 수 있었다는 것을, 다케우치는 당시 실시간으로 실감하고 있었을 것이다. 그리고 거기에서 '근대의 초극超克'에 관련하여 다케우치가 항변한 복잡한 국면이 떠오른다.

다케우치는 좌담회 〈근대의 초극〉[7](1942) 자체에서 사상적인 파산을 보고 있었지만, 이른바 전후에 역사적인 오점이 된 「대동아전쟁과 우리의 결의(선언)」[8](1942)에 대한 변명을 거기서 하고 있다고 보는 것이 가능하다. 즉, 그 선언에는 '대동아전쟁'에서의 대對 아시아 침략의 성격과 대 미영제국주의 전쟁이라는 성격을 구분하려는 몸짓이 있다. 그 자신은 어느 정도 무리가 있기는 했지만, "어느 상황하에서 저항과 굴복은 거의 종이 한 장 차이

7 다케우치가 주장하는 '근대의 초극'이란 중국을 포용한 아시아의 원리로써 유럽의 근대주의를 극복하는 것으로, 그의 아시아의 원리라는 것은 아시아 고유의 원리가 아닌 자유나 평등과 같은 서양의 산물인 보편적인 가치를 한층 더 발전시킨 것이다.

8 다케우치는 1941년 12월 8일 일본의 진주만 침공 발표가 있은 직후인 12월 16일에 이 선언을 집필하여 미국과의 전쟁을 승인했다. 즉 일본 파시즘 체제가 중국을 침공한 것은 반대했으면서도 미영제국과의 태평양전쟁은 인정하는 이중적인 자세를 취했다.

였다"(「近代の超克」, 『日本とアジア』, ちくま學藝文庫, 처음 게재 1959)고 항변함으로써 다른 문맥으로 이를 살려 나가려 하고 있다. 즉 다케우치는 1937년〔중일전쟁〕 이전이 아니라, 이후의 단계로서 저항을 생각하고 있었다는 것이다. 다케우치는 다음과 같이 이야기하고 있다.

> 전쟁을 거치지 않고서는, 구체적으로 싸우고 있는 민중을 거치지 않고서는, 어떠한 방향에서도 민중을 조직할 수가 없다. …… '침략전쟁 반대'를 변소에 낙서하거나 '도조 히데키를 타도하자'는 조크를 유행시키는 것은 저항이 아니라 오히려 저항의 해체다.

이는 1937년 이후의 발언이며, 따라서 1937년 이전의 반전 논리는 1937년 이후에는 더 이상 문제가 되지 않는 것이다. 여기에는 당연히 레닌의 『제국주의론』이 영향을 주었을 것이며, 또한 당시의 하나다 기요테루花田清輝[9](1909~1974), 더 구체적으로는 오자키 호쓰미尾崎秀實[10](1901~1944) 등 조르게Richard Sorge[11](1895~1944) 그룹의 행동을 염두에 두고 있었을지도 모른다. 이 "전쟁을 거치지 않고서는……"이라는 언설은, 당연하지만 중국의 인텔리와 민중이 공동으로 행할 수 있었던 거대한 저항 전쟁을 암시하고 있으며, 그것은 뒤집어보면 당시의 일본에서 인텔리와 민중의 관계에 역逆투사된 것이다. 그리고 여기에서 더욱 곤란한 것은, 다케우치는 '총력전'의 관점에서 저항을 생각했지만, '총력전'의 한가운데서 그 목적을 다른 것으로 바꿀 수 있는 조건이 당시 일본에서 가능했는가 하는 것이다. 그러한 점은

9 평론가, 소설가로 창조적인 사고와 레토릭한 문체로 전환기의 인간적 본질을 추구했으며, 전후 아방가르드 예술운동에 지도적인 역할을 했다.

10 중국 연구가로 제1차 고노에近衛 내각의 참모. 1944년 조르게 사건으로 사형당했다.

11 독일의 공산주의자로 1933년 소비에트공산당의 당원으로 일본에 파견되어 일본의 대소정책에 관한 첩보활동을 전개하던 중, 오자키 호쓰미 등과 함께 스파이 용의로 체포되어 일본의 정치, 군사기밀을 소련에 통보했다고 하여 사형을 당했다.

전혀 있을 수 없었다고 해보자—그러나 그것은 냉소적인 '저항의 불가능성'으로 귀결될지도 모른다. 그렇다면 있을 수 있었다고 해보자—그러나 그렇게 말할 수 있을 정도로 우리는 당시 일본의 인텔리와 민중의 관계 상황을 보았을 때 낙관적인 인상조차 가질 수도 없어 보인다.

마지막으로 1980년대 이후의 문맥을 추가해본다. 한 가지, 역사적으로 중국은 이 '총력전'에 승리함으로써 오히려 공산당의 전시적戰時的 체질을 청산할 기회를 잃어버렸다(그러나 그 원인을 만든 것은 물론 일본이다). 또 한 가지, 과거의 역사적인 '총력전'의 과제를 그대로 오늘날의 전쟁기술 수준에서 생각하는 것이 가능한가 하는 점이다. 오늘날의 전쟁에서는 이른바 '선진국'일수록 미디어를 통해 동의를 얻기가 어려운 분야에서는 아군의 희생을 최소화(적의 희생은 최대화)하는 경향이 있으며, 그것은 일정한 성공을 거두고 있다. 그러나 거꾸로 '제3세계'에서의 전쟁은 오히려 민중을 비참한 운명으로 이끄는 경향이 심화되고 있다고 말할 수 있다. 오늘날, 민중 저항의 형식으로서 '전쟁'을 생각하는 것이 어떠한 조건에서 가능한가에 대해 만족스러운 답을 내는 것이 어렵다는 것도 명확하다. 물론 그 이외에 길이 없다고 생각하는, 또한 내일 죽을지도 모른다는 에스닉 집단에 대해 무기를 들지 말라고는 말할 수 없을 것이다(더 어려운 것은 그 무기가 누구로부터 누구에게 전달되었는가 하는 것이다). 또 그러한 사람들과 어떠한 경로에서 연대가 가능할 것인가, 21세기 인텔리의 과제는 오히려 점점 무거워지고 있다고 말할 수 있겠다.

참고문헌

竹内好 編, 『アジア主義』, 現代日本思想體系 9, 筑摩書房, 1963.

다케우치에 의한 해설 「아시아주의의 전망」 외에는 일본의 '아시아주의'를 회고하기 위한 역사적 문헌을 편집한 것. 아시아주의란 말 자체가 애매하고 어느 정도 의심스러운 면도 있지만 다케우치의 역사에 대한 흥미는, 이른바 일본의 아시아주의(자)가 아시아에 대한 연대

連帶에서 일순 침략자로 돌변해간다는 그 '종이 한 장'에 있다고 할 수 있겠다.

竹內好, 『魯迅』, 未來社, 1961.

1943년에 일본평론사의 〈동양사상총서〉의 한 편으로 쓰인 것으로, 1944년 말에 다케우치의 출정 중에 출판된 것의 복각판復刻版. 전후 소겐문고創元文庫판으로도 복각. 전전에 쓰였다는 것에 전율을 느끼게 되는 책.

竹內好, 『日本イデオロギー』, こぶし文庫, 1999.

〈다케우치 요시미 전집〉(筑摩書房, 1980)에 수록된 『일본 이데올로기日本イデオロギー』와 함께, 동 전집에서 고른 8편의 논문으로 되어 있다. 일본의 인텔리에 대한 비판 원리의 핵심을 모아놓은 것으로 흥미롭다. 또한 1950년대 일본공산당과의 언설상의 대항관계를 아는 자료가 되기도 한다.

河上徹太郎 · 竹內好 외, 『近代の超克』, 富山房百科文庫, 1979.

전후, 다케우치가 〈근대의 초극〉 좌담회의 의의를 재차 논의의 주제로 삼기 위해 편집 · 간행한 것. 1930년대의 다양한 사상적 헤게모니의 변천을 아는 데도 중요한 문헌이다.

坂井洋史, 「竹內と '文學' の斷層」, 『中國—社會と文化』 제11호, 中國社會文化學會, 1996 수록.

다케우치의 사상에 내재하는 현재적인 잠재성과 한계성을 냉정히 기술한 탁월한 논문. 특히 현대 중국문학의 곤란함과 다케우치가 갖고 있던 곤란함의 관계를 복안複眼적으로 논하고 있으며 시사적이다.

絓秀實, 『小說的强度』, 福武書店, 1990.

머리말에 나오는 다케우치의 아시아 파악에 관한 부분은 지금까지의 중국문학 연구에서는 없던 시각이다. 주로 사이드와 헤겔을 부연하면서 아시아적인 아이덴티티가 서양 제국주의의 시선의 반사에 의한 것이라는 분석은 약간 단순함을 느끼게 하면서도 자극적이다.

アントニオ · グラムシ, 「南部問題にかんするいくつかの主題」, 『グラムシ選集 2』, 山崎功 監修, 代久二 編集, 合同出版, 1962 수록.

그람시의 이탈리아 남부에 관한 고찰은 다케우치의 일본 농민에 관한 문제의식과 상당 부분 겹쳐서 흥미롭다.

E · サイード, 『オリエンタリズム』, 板垣雄三 · 杉田英明 監修, 平凡社, 1986/1993.

'중국의 근대와 일본의 근대'에 대한 다케우치의 주장—동양의 저항으로 인해 서양은 서양으로서의 자기 동일성을 얻게 되었다고 한다—은 사이드의 '오리엔탈리즘'의 선구적인 발상이었다고 할 수 있겠다.

ローザ · ルクセンブルク, 『資本蓄積論』, 太田哲男 譯, 同時代社, 1997.

자본주의가 비자본주의적인 변화를 항상 필요로 하고 내부화하는 과정을 파악하고 있다. '자본의 문명화 작용'의 폭력성과 그 한계를 알기 위한 입문서.

中野重治, 「村の家」, 『村の家/おじさんの話/歌の別れ』, 講談社文藝文庫, 1994.

전전의 일본 엘리트의 전향문제와 농촌과의 관계를 소설화한 것으로, 다케우치의 인텔리론과 공명하는 부분이 많다.

하시카와 분조, 『쇼와 내셔널리즘의 여러 모습』

하라 다케시原武史 | 이상훈 옮김

橋川文三, 『昭和ナショナリズムの諸相』, 筒井清忠 編·解說, 名古屋大學出版會, 1994.

'쇼와' 를 응시한 하시카와

하시카와 분조(1922～1983)의 전공은 일본정치사상사, 그것도 근대일본 정치사상사이다. 그러나 나에게는 초기의 『일본 낭만파 비판 서설』에서부터 만년晩年의 『쇼와유신 시론試論』에 이르기까지 하시카와가 가장 커다란 관심을 가졌던 것은 '근대' 전체가 아니라 메이지明治나 다이쇼大正와는 구별된 쇼와昭和가 아니었나 하는 느낌이 든다.

이 책은 하시카와가 남긴 내셔널리즘에 관한 논문이나 해설문을 모아서 책으로 만든 것으로 다음과 같이 8장으로 되어 있다.

Ⅰ 쇼와 초국가주의의 여러 모습, Ⅱ 쇼와유신昭和維新[1]의 논리와 심리, Ⅲ 국방국가의 이념, Ⅳ 일본 파시즘의 사상적 특질, Ⅴ 일본 파시즘의 추진력, Ⅵ 쇼와유

1 쇼와 초기, 일본에서 일어난 국가혁신의 표어이며, 군부의 급진파와 우익단체들이 중심이 되어 메이지 유신의 정신을 부흥시키고 천황이 친정할 것을 강조했다. 이들은 1920년대 정쟁과 부패를 일삼는 정당정치와 천황 주변의 측근들에 대한 적개심에서 출발하여, 정당정치 및 재벌을 배척하고 대자본의 국유화 등을 주창했고, 5·15사건, 2·26사건과 같은 군부 쿠데타를 주도했다.

신과 파쇼적 통합의 사상, Ⅶ 오카와 슈메이大川周明, Ⅷ 쇼와사상

전체 장의 반이 쇼와를 포함하는 제목을 달고 있는 것을 알 수 있다. 이 책의 표제 『쇼와 내셔널리즘의 여러 모습』은 하시카와 자신이 이름 붙인 것이 아니라 엮은이인 쓰쓰이 기요타다筒井清忠 교수가 단 것이지만, 하시카와의 문제의식을 적절하게 표현하고 있다고 생각한다.

통상 쇼와란 다이쇼 천황이 죽고 원호元號가 바뀌는 1926년부터 시작된다고 말한다. 그러나 하시카와에 의하면 쇼와의 태동 시기는 그보다 훨씬 이전이며, 1921(다이쇼 10)년경부터 시작된다고 한다. 그 근거로서 하시카와가 주목하는 것이 1921년 9월에 아사히 헤이고朝日平吾가 야스다 젠지로安田善次郎를 칼로 살해한 사건[2]이다. 이 사건의 사상사적 의미에 대해서는 하시카와보다도 먼저 구노 오사무久野收가 『현대일본의 사상』(岩波新書, 1956)에서 논하고 있다. 이 책에서도 Ⅲ, Ⅶ, Ⅷ장을 제외한 각 장에서 언급하고 있음을 볼 때, 얼마나 중시하고 있는지를 알 수 있다.

아사히 헤이고와 '죽음의 외침'

아사히의 유서 「죽음의 외침」을 정독한 하시카와는 이 사건을 "국가와 국민생활의 일체성에서 소외된 불우하고 무력한 한 일본인이, 자기 생활의 의미를 궁극적인 통합 상징인 천황과의 일체화에서 찾으려고 한 급진적 행동"(59쪽)이라고 정의하고 있다. 그리고 그는 여기에서 종래의 정적靜的이었던 천황상이 전환되고 있는 것을 보고자 한다. 즉 '현세를 초월한 위치에서 전

2 야스다 젠지로는 일본의 금융재벌인 야스다 재벌의 창건자로, 일본전기철도와 제국호텔 설립 발기인, 일본중앙은행의 감사를 역임하는 등 당시 일본국가 경영에도 깊이 관여했다. 1921년 9월 우익의 아사히 헤이고는 국가사회를 무시하고 민중의 원한을 사는 인물이라며 그를 살해한 후, 살해의 명분을 기술한 「죽음의 외침」이라는 유서를 남겨놓고 자결했다.

통적인 모든 권위를 총괄하는 상징'(59쪽)이나 '국민을 초월한 예배신앙의 대상'(109쪽)으로부터 '국민의 평등한 생존권을 보장하는 변혁의 원리'(59쪽, 방점은 원문)나 '국민에게 내재'(109쪽)하는 상징으로 전환하는, 다시 말하면 다이쇼 데모크라시에도 통할 수 있는 '평등주의'에 뿌리를 내린 새로운 천황상을 발견할 수 있다는 것이다.

하시카와에 의하면 메이지(1867~1912 재위)나 다이쇼(1912~1926 재위)의 전통적 국가주의와는 구별되는 쇼와(1926~1989 재위)의 초국가주의의 뿌리는 바로 「죽음의 외침」에 있었다. "「죽음의 외침」이 그 후의 일본 초국가주의의 역사에서 '가장 빠른 선구'의 지위를 점한 것은 의심할 여지가 없다"(16쪽). 아사히의 사상은 이 책 전체에서 자주 등장하는 기타 잇키北一輝[3](1883~1937)가 보다 체계적인 형태로 전개했다. 그리고 니시다 미쓰기西田税[4](1901~1937)와 황도파 청년장교, 이노우에 닛쇼井上日召[5](1886~1967)와 혈맹단원, 그리고 오카와 슈메이大川周明[6](1886~1957)라는 언뜻 보기에 연관이 없어 보이는 민간 우익인사들 사이에도 많든 적든 공유되고 있었다. 그리고 그의 사상은 1936년의 2·26사건에 이르기까지 지속적으로 빈발했던 테러나 사건들의 사상적인 바탕이었다고 평가되고 있다.

해설에서 엮은이도 지적하고 있는 것처럼, 여기에는 마루야마 마사오丸山

---

3 일본의 국가주의자 가운데 한 사람으로 『일본개조법안대강日本改造法案大綱』을 기술하여 일본의 개혁국가상을 주장했다. 그러나 전후에 그의 처녀작인 『국체론 및 순정사회주의』와 『일본개조법안대강』 속에서 상세하게 논의되고 있는 사회민주주의적인 이념과 실천 방안 등에 대한 재평가가 이루어져, 그는 국가주의자가 아니라는 평가가 이어지고 있다.

4 일본의 육군 장교이며 국가사회주의자이자 사상가로, 기타 잇키의 영향을 크게 받았다. 1936년 2·26사건에 연루되어 처형되었다.

5 일본의 불교종파의 하나인 니치렌슈日蓮宗의 승려로서 태평양전쟁 이전에는 우익민간단체인 혈맹단을 결성하여 정당정치인과 재벌가에 대한 테러를 주도했으며, 전후에는 호국단이라는 우익단체를 결성하여 민간우익활동의 지도자로 활동했다.

6 제2차 세계대전 전 일본의 대표적인 국가주의자이자 우익계열 학자. 군부와 연계하여 1931년의 3월사건, 1932년의 5·15사건 등 군부의 반의회주의적인 쿠데타에 관여했으며, 제2차 세계대전 후에 A급전범으로 체포되었지만, 정신이상을 이유로 면소처분되었다.

眞男가 주장한 학설에 대한 하시카와의 비판이 포함되어 있다. 마루야마의 생각에는 메이지 이래 전통적 국가주의가 그대로 이어져 쇼와 초국가주의로 연결된다고 하는 경향이 강하다. 이에 반해 하시카와는 '메이지'·'다이쇼'와 '쇼와'의 단절을 강조했다. 하시카와의 내셔널리즘론이 오늘날에도 아직 빛을 잃지 않고 있는 최대 이유가 여기에 있다고 하는 점에서는 나도 이론異論이 없다. 그렇지만 아사히의 사상이 이 책 여러 곳에서 반복해 언급되는 것과는 대조적으로, 초국가주의가 왜 쇼와가 시작된 때가 아니라 1921년이라는 해에 대두되었는가에 대한 하시카와의 해설은 의외로 간단하다.

아마도 이 책 중 이에 해당하는 것은 다음의 두 곳일 것이다. 하나는 1918년에 일어난 쌀소동7을 중시하는 II장의 설명이다. "이 사건은 다이쇼 정신사에서 중대한 신기원이 되었으며, 쇼와유신을 현실적으로 촉발한 최초의 계기가 되었던 것이다"(61~61쪽). 또 하나는 제1차 세계대전 후의 국제정세 변화를 중시하는 VI장의 설명이다. "1920(다이쇼 9)년 전후로 일본인이 느낀 위기의식은 1차 대전 후 아시아의 격렬한 유동화, 이에 편승한 구미세력의 일본 포위라는 이미지였다. 특히 중국에서 발생한 국민혁명의 새로운 진전은 일본인의 심리에 막연하긴 하지만 커다란 불안을 야기시켰다. 그것과 함께 일본인의 사상에 그때까지는 없었던 커다란 변화가 일어났다"(182쪽). 혹은 이즈음 아사히로 대표되는 " '어중간한 인텔리'의 대규모 출현"(127쪽)이 있었다고 하는 V장의 설명을 추가해도 좋을 듯하다.

그러나 이러한 설명은 1920년 전후에 일본 및 일본을 둘러싼 정치, 사회 상황이 격변한 것에 대한 일반적 설명은 될지 몰라도, 좀 더 나아가서 천황과의 일체화를 목표로 하는 초국가주의가 등장하는 이유를 반드시 설명하고

7 제1차 세계대전 과정에서 일본 내 쌀값이 상당히 폭등해 있었는데, 여기에 더하여 1918년 일본 정부가 러시아혁명에 간섭하고자 일본군의 시베리아출병을 결정하면서 쌀값은 더욱 급등해갔다. 미곡상과 상사들은 쌀값의 폭등을 예상하여 매점매석과 가격조작을 일삼게 되었고, 1918년 일본의 도야마현을 중심으로 쌀값 폭등에 반발하는 전국 규모의 폭동사건이 발생했다.

있다고는 할 수 없다. 아사히가 왜 앞서 설명한 사상을 품고 1921년 9월에 야스다를 살해하게 되었는가를 다시 한 번 묻는 이유이다.

이제부터는 하시카와의 설명에 따르지 않고 이 문제에 대한 내 나름대로의 해석을 시도하고 싶다. 동시에 그것은 이 책에 나타난 하시카와의 내셔널리즘론을 비판적으로 검토하는 작업이 되리라 생각한다.

천황상의 전환과 초국가주의의 대두

여기에서 상기해야 할 것은 1921년 9월에 나중에 쇼와 천황이 되는 히로히토裕仁 황태자가 반년에 걸친 유럽 순방을 마치고 귀국했다는 점이다. 당시 다이쇼 천황의 병은 더 이상 공무를 수행할 수 없을 정도로 악화되어 있었으며, 신문을 통해 이미 2회에 걸쳐 병의 증상이 공표되었다. 황태자가 정식으로 섭정을 하게 되는 것은 그해 11월경이었지만, 그 전에 먼저 정부는 권위를 잃은 천황을 대신하여 막 귀국한 젊고 건강한 황태자를 사실상의 천황으로 국민 전체에게 보여주기 위한 새로운 전략을 세우려 하고 있었다.

그것은 우선 9월 3일에 귀국한 황태자를 맞이하는 '봉영奉迎' 모습의 변화로 나타났다. 요코하마横浜항에 상륙해서 열차를 타고 도쿄로 향하는 황태자의 모습은 활동사진으로 촬영되어, 순방 중의 영상과 함께 전국 각지에서 상영되었다. 황태자는 열차의 창을 열고 몸을 내밀어 선로변에서 만세를 외치는 사람들에게 답례했다. 이 모든 것은 황태자가 유럽으로 출발하기 전에는 볼 수 없었던 것이다. 또한 8일과 13일에는 도쿄의 히비야日比谷공원과 교토의 헤이안平安신궁에서 황태자를 환영하는 '봉축회'가 개최되어 각각 3만 명을 훨씬 넘는 시민이 모였다. 그 속에는 3등 우편국장이나 사립 초등학교장과 같이 원래 천황의 모습을 직접 알현하는 일 등을 상상조차 할 수 없었던 사람들이 다수 포함되어 있었다.

도쿄나 교토의 시민들 앞에서 황태자는 '봉영'에 감사함과 동시에 각 시의 발전을 희망한다는 뜻을 전했다. 그것이 끝나자 회장을 가득 매운 시민 전체가 천황과 황후, 그리고 황태자를 위한 만세를 삼창했다. 이것도 또한 종래에는 볼 수 없었던 사건이었다. 즉 사실상의 천황이 되는 황태자와 수만 명의 국민이 직접 마주하고, 거기에다 황태자가 공식적으로 자신의 정치적 의사를 국민에게 육성으로 말하는 한편, 국민 또한 황태자를 향하여 만세를 외칠 수 있는 정치공간은 이때 처음 만들어졌다.

즉 1921년 9월이라는 것은 그때까지의 천황상이 시각적으로 크게 전환해 가는 시기였다. 적어도 6대순행六大巡幸[8]이 끝나는 메이지 중기 이래로, 천황은 비록 순행 중이라 해도 가능하면 직접 모습을 대중 앞에 드러내지 않음으로써 천황의 권위를 확립해왔다. 하시카와의 말을 빌린다면, 천황은 보이지 않게 됨으로써 '국민을 초월한 예배신앙의 대상'이 되었던 것이다. 그러나 다이쇼 천황은 천황의 지위를 계승한 직후부터 병약해져 천황으로서의 공무를 수행하는 것이 점차 불가능해졌다. 궁내성宮內省의 판단으로 천황의 병상이 공표된 것은 메이지 천황으로부터 계승되어온 〔신격의〕 천황상이 국민들 사이에서 크게 무너져가는 것을 의미했다. 더 이상 천황이 국민의 시선으로부터 차단된 곳에서 '신'으로서 숭배되는 것을 기대할 수 없게 되었다. 여기서 정부의 새로운 전략은 병약한 다이쇼 천황을 대신하여 히로히토 황태자를 글자 그대로 '국민 속에 내재'하는 천황으로 만드는 것이었다. 천황상을 관념적이며 볼 수 없었던 '신'에서, 그 표정이나 육성까지도 만민 앞에 보여주거나 볼 수 있는 '인간'으로 전환하는 시도가 이렇게 시행되었다.

아사히 헤이고가 야스다 젠지로를 사저私邸에서 칼로 찔러 죽인 것은 황

8 일본이 근대국가로 출발한 직후인 1872년부터 1885년에 이르기까지, 메이지 천황이 전국 각지를 순회한 것을 의미한다. 메이지 정부는 일본 역사와 민족적인 정통성을 지닌 천황이 지배하는 근대국가라는 것을 일본 전국의 국민들에게 각인시켜 지방 기관과 관료의 권위를 높이고 메이지 정권의 안정을 취하고자 메이지 천황의 전국 순례를 추진했다. 이러한 메이지 천황의 전국 순례를 통해 일본의 근대 천황제가 확립되었다.

태자가 귀국해서 일련의 축하행사가 끝난 후인 9월 28일이었다. 물론 아사히가 8일 히비야공원이나 13일 헤이안신궁에서 열린 '봉축회'에 출석했다는 증거는 없다. 그러나 「죽음의 외침」의 마지막이 "1921년 9월 3일 황태자 전하를 봉영하는 날에 씀"이라고 되어 있는 것에서도 알 수 있는 것처럼, 아사히는 황태자의 귀국에 상당한 관심을 표명하고 있었으며, 그에 수반하는 변화를 예리하게 느끼고 있었으리라는 것은 충분히 추측할 수 있다.

1921년 9월 도쿄와 교토에 나타난 광경, 즉 화족華族이나 원로, 정당, 재벌 등과 같은 '불순물'이 일절 없이 후의 쇼와 천황과 국민이 하나가 되는 광경이야말로 메이지나 다이쇼로부터 쇼와를 구분하는 것이었다. 그것이 처음으로 출현했을 때 아사히의 사상은 명확한 윤곽을 잡기 시작했을 것이다.

하시카와가 말하는 것처럼, 초국가주의가 궁극적으로는 천황과의 이념적·심리적 일체화를 목표로 하는 사상인 이상, 그것을 받드는 사람들이 현실의 천황과 황태자의 동향에 무관심했다고는 생각할 수 없다. 오히려 전술한 바와 같이 현실에서 일어난 천황상의 변화가 사상사의 지각변동을 야기했다고 보는 쪽이 자연스러울 것이다. 다이쇼 천황의 병을 계기로 위로부터의 새로운 전략이 이에 호응하는 밑으로부터의 새로운 내셔널리즘을 창출했던 것이다.

계승되는 초국가주의—오누마 쇼와 오쿠라 에이치의 경우

이것은 아사히에게만 한정된 것은 아니다. 하시카와가 이 책에서 언급하고 있는 혈맹단사건이나 2·26사건을 일으킨 많은 농촌청년, 청년장교들은 결코 천황을 관념적이며 추상적인 '신'으로 생각하고 있지 않았다. 그들은 쇼와 천황을 그들의 면전에 살아 있는 모습을 보여줘야만 하는 '인간'으로 인식하고 있었다. 그와 같이 인식할 수 있었던 것은 그들이 실제의 천황과 접촉할 수 있는 기회를 가지고 있었기 때문이다. 또한 비록 그 기회가 없었다 해도 신문이나 활동사진, 나아가 다이쇼 말기에는 라디오 등을 통해서 도쿄 시내나 전국 각지를 자주 방문하는 쇼와 천황의 모습에 관한 최신 정보를 얻을 수 있었다.

예를 들면, 1932(쇼와 7)년 2월 이노우에 준노스케井上準之助[9](1869~1932)를 암살한 오누마 쇼小沼正는 1928년 12월 열병식이 행해지는 요요기代々木 연병장으로 향하는 천황을 보기 위해 퇴근길에 공원工員 복장 그대로 연도에 나열하려고 했다. 그러나 그는 경관에게 제지당했고 그때의 일을 후에 자서전에서 회상하고 있다(小沼正, 『一殺多生 : 血盟團事件 · 暗殺者の手記』, 讀賣新聞社, 1974). 천황과 일체화될 수 있는 기회가 실제로 있었으면서도, 모습만으로 신분의 상하를 판단하는 '불순물'의 존재로 그 기회를 빼앗겨버린 것에 대한 불만이 오누마를 과격한 행동으로 내모는 하나의 요인이 되었다는 것은 틀림없다.

이와 비교하여 청년장교의 한 사람으로 2·26사건에 가담했던 오쿠라 에이치大藏榮一는 반대로 현실의 천황을 눈앞에서 보았을 때의 위화감을 나중에 고백하고 있다. 하시카와도 VI장에서 인용하고 있는 문장을 보자.

> 천황이 연회장에 나타났을 때, 참석자 전원은 가장 정중하게 그를 맞이했다. 회의장은 쥐 죽은 듯이 조용했다. 내가 정중하게 경례를 하면서 문득 생각했던 것은, 천황을 눈앞에서 맞이하면서 왜 만세를 부르지 않는가? 이런 때야말로 우레와 같은 박수를 치고 하늘에 울려 퍼지는 만세소리를 외치는 것이 좋지 않은가……단지 황공하여 고개를 숙이고 엎드릴 뿐이다. 무엇인가 잘못되어 있다. 천황을 구름 위로 떠받들고, 구름 밑에서 제멋대로 하고 있는 것이 오늘날의 일본이다. 그것은 요운妖雲이다. ……우리들이 도쿄에서 열린 회의석상에서 늘 말했던 것이 있다. "요운을 제거한 새벽에는 천황을 니주바시 앞으로 나오시게 하여 국민과 함께 천황을 헹

9 일본의 은행가이자 정치가로 일본은행총재와 대장성 대신 등을 역임했다. 1932년 민정당의 총무로서 선거 과정에서 혈맹당원인 오누마 쇼에게 암살당했다.

가래치자." 이것이 우리들 청년장교 모두의 거짓 없는 마음이었다. (150쪽)

이것은 1934년 군마群馬현에서 육군특별대 연습이 실시되었던 기류니시桐生西초등학교의 교정에서 오쿠라가 천황과 직접 대면했을 때의 회상이다.

오누마와 오쿠라의 회상은 후에 쇼와 천황과 일반시민이 직접 대면했을 때, 전자가 육성으로 말하고 후자가 만세삼창을 했던 1921년 9월의 광경이 계승되지 않았다는 것을 나타내는 것으로도 이해할 수 있다. 그렇지만 실제로 정부는 쇼와 천황을 사람들에게 보이는 전략을 지속적으로 취했다. 다이쇼 말기에서 쇼와 초기에 걸쳐, 1921년 9월의 히비야공원이나 헤이안신궁과 매우 흡사한 정치공간이 도쿄나 교토, 오사카에 설정되었다. 확실히 섭정이나 천황이 직접 육성으로 말하는 것은 적었지만, 수만 명의 사람들이 모여 천황의 면전에서 기미가요君が代를 합창하거나 만세삼창을 할 수 있는 공간은, 북으로는 홋카이도北海道에서 남으로는 타이완까지 각지에 상당수 만들어졌다. 게다가 쇼와 초기가 되자, 도쿄의 궁성외원宮城外苑이나 궁성의 니주바시二重橋[10] 앞 광장이 새롭게 천황과 국민의 일체감을 나타내는 중요한 국가의례의 무대가 되었다.

이러한 광경이 일상화되어 있었기 때문에 반대로 오누마나 오쿠라에게는 '인간' 천황과의 심리적 일체화를 바라는 의식이 높아져갔던 것이 아닐까? 오쿠라가 "천황을 니주바시 앞으로 나오시게 하여 국민과 함께 천황을 헹가래치자" 고 한 말 속에는 가끔 국가의례가 행해지고 있던 니주바시 앞 광장이 청년장교에게는 어떠한 정치공간이어야만 하는가가 잘 토로되고 있다.

1921년 9월 아사히 헤이고가 야스다 젠지로를 살해한 사건과 동시에 명확한 형태를 취하기 시작한 초국가주의는 바로 같은 시기에 본격적으로 등장하는 쇼와 천황과 일체가 되었던 것이다. 오누마나 오쿠라의 예를 통해 본

10 현재 도쿄의 황궁 정문을 들어서서 처음 건너는 철교로, 외견상 이중으로 보인다고 하여 이러한 이름이 붙여졌다.

바와 같이 쇼와 초기에 빈발하는 테러나 사건을 일으킨 농촌청년이나 청년 장교는 다름 아닌 쇼와 천황을 마음에 뚜렷하게 간직하면서 천황을 '변혁의 상징'으로 간주하고 '불순물'의 배제를 목표로 했다는 점에서 명백하게 아사히와 일맥상통한다. 그 의미에서 이 책의 제목인 '쇼와 내셔널리즘'은 '쇼와기의 내셔널리즘'이 아니라 '쇼와 천황과 연결된 내셔널리즘'이라고 이해해야 할 것이다.

하시카와가 문제시하지 않은 점

마지막으로 다시 한 번 반복해두자. 하시카와는 이 책에서 마루야마 마사오의 내셔널리즘을 비판하여 메이지나 다이쇼의 국가주의와 쇼와의 초국가주의의 차이점을 강조했다. 그리고 그는 동시에 그 단절이 쇼와로 원호가 바뀌기 전인 1921년 9월에 일어나고 있다는 것에 주목했다. 이렇게 강조하고 주목한 점은 오늘날에도 충분히 평가받아야 한다고 생각한다.

그러나 하시카와는 마루야마를 비판하면서도 일본의 근대천황제가 천황 개인의 대물림이나 병에 의해 아무런 영향을 받지 않는 하나의 시스템이라는 마루야마의 시각을 그대로 계승하고 말았다. 혹은 근대 일본의 내셔널리즘은 메이지, 다이쇼, 쇼와라는 세 천황의 차이점과는 아무런 관계가 없다고 간주하는 시점을 마루야마와 공유해버리고 만 것으로 보인다.

하시카와는 만년에 집필한 『쇼와유신 시론』의 서론 부분에서도 아사히의 사건을 언급하고 있다. 그것은 아마도 하시카와가 이 사건으로부터 불과 2개월밖에 지나지 않은 1922년 설날에 쓰시마對馬에서 태어났다는 것과도 관계가 있을 것이다. 만약 그렇다면, 하시카와는 왜 자신이 살았던 시대가 〔병든 다이쇼 천황을 대신한 쇼와 황태자의〕 섭정시대를 포함하여 쇼와 천황이 재위한 시대와 거의 겹치고 있다는 것을 좀 더 자각하지 못했을까?

하시카와가 죽은 후, 마루야마는 하시카와에 대한 인상에 대해 질문을 받고 “사회현실 그 자체에 대한 직감력은 제로에 가깝다. 그렇기 때문에 반대로 그것이 개념적으로 되어버린다” 고 대답한 적이 있다. 확실히 하시카와는 그토록 초국가주의에 대해 논하면서도 쇼와 천황이라는 현실의 천황에 관해서는 문제시하지 않았다. 내가 짧은 평론이나 에세이를 포함하여 하시카와의 함축성이 있는 독특한 문장에 강하게 끌리면서도, 무언가 부족하다고 느끼는 것은 바로 이 점 때문이다.

참고문헌

하시카와의 저작은 논문이나 평론, 에세이 등 광범위하지만, 대부분 다음 두 가지 저작집에 수록되어 있다.

『橋川文三著作集』 전10권, 筑摩書房, 2000～2001.

1985～1986년에 간행된 저작집은 전8권이었으나, 여기에 제9권(「ナショナリズム」, 「昭和維新試論」)과 제10권(「黃禍物語」, 「水戸學の源流と成立」)을 추가한 것.

『橋川文三雜感集』 전3권, 未來社, 1983.

이 밖에 미시마 유키오三島由紀夫에 관한 하시카와의 문장이나 대담만을 모은 다음의 저작이 있다.

太田和德 編, 『三島由紀夫論集成』, 深夜叢書社, 1998.

하시카와에 관해 논한 주요 문헌은 다음과 같다.

『橋川文三著作集』 月報 1～10.

『하시카와 분조 저작집』의 부록으로, 하니야 유타카埴谷雄高, 와타나베 교지渡邊京二, 이시다 다케시石田雄, 이소다 고이치磯田光一 등의 하시카와론이 수록되어 있다. 월보 7에는 「마루야마 마사오에게 듣는 『일본 낭만파 비판 서설』 이전의 것」이라는 제목의 마루야마 인터뷰가 게재되어 있으며, 하시카와에 대한 마루야마의 평가가 상당히 낮았다는 것을 알 수 있는 내용을 담고 있다.

『思想の科學』 제49호 임시증간호, 1984년 6월호.

전체가 ‘橋川文三硏究’를 제목으로 하는 특집이다. 마쓰모토 겐이치松本健一나 쓰루미 슌스케鶴見俊輔 등의 하시카와론, 하시카와를 아는 인물들의 좌담회와 회고록, 저작목록 등이 수록되어 있으며, 생전의 하시카와를 이해하는 데 가장 잘 정리된 문헌이라 할 수 있다.

猪瀨直樹, 「ペルソナ―三島由紀夫傳」, 『文藝春秋』, 1995.

제4장 「시계와 일본도時計と日本刀」의 354~360쪽에 걸쳐 미시마와 하시카와의 별로 알려지지 않은 교류나 미시마의 '문화방위론'을 둘러싼 양자의 논쟁 등이 잘 설명되어 있다.

三島由紀夫, 「橋川文三氏への公開狀」, 『中央公論』 제83권 제9호, 1968 수록.

「페르소나ペルソナ」를 보아도 알 수 있지만, 하시카와에 대한 미시마의 평가는 대단히 높았다. 이 점에서 마루야마와는 대조적이었다. 그 미시마가 하시카와에게 '문화방위론'을 비판받자 하시카와에 대한 복잡한 심경을 토로한 짧은 글.

요시모토 다카아키, 『공동환상론』

다케다 세이지竹田青嗣 | 이상훈 옮김

吉本隆明, 『共同幻想論』, 河出書房新社, 1986/角川文庫, 1996.

국가환상의 무효화

『공동환상론』이 출판된 시기는 1968년 전공투全共闘운동[1]이 그 정점에 달했던 때였다. 당시 기존의 마르크스주의적인 사회변혁이론에 모순을 느끼고 있던 많은 학생들은 이 책이 변혁에 대한 새로운 비전을 전해줄 것으로 기대하고 읽었다. 이와 같이 이 책은 사상사적으로 획기적인 면을 가지고 있었고, 그 핵심은 다음과 같이 말할 수 있다.

그때까지의 마르크스주의 국가론에서는 국가의 본질이 지배계급의 특수이해利害를 마치 국가 전체의 이해인 것처럼 기만하는 국가이데올로기, 그리고 반대 의견을 억누르는 폭력장치인 권력으로 구성된다고 설명된다. 이러한 인식에 의하면 혁명은 권력을 탈취하여야 가능하다는 고전적인 결론에 이르게 된다. 그러나 요시모토 다카아키[2](1924~)의 전쟁 체험에서는 이와

1 전공투는 1968년 일본 전국 대학투쟁·대학분쟁의 시기에 전국 각지의 대학에서 만들어진 학생운동조직인 전학공투회의全學共闘會議의 약칭이다. 이 시기의 대학투쟁은 권위주의적인 학교체제와 학사운영에 대한 반발로 대학 당국에 대한 항의활동으로 시작되었으나, 1970년대에 들어서 점차 신좌익적인 정치운동 성격이 짙어지고 기존의 정치·국가 체제 전체를 부정하는 혁명운동으로 변화되었다. 그러나 이러한 급진적인 학생운동은 학생과 대중의 지지를 잃고 급속하게 붕괴했다.

같은 순진한 국가본질론은 도저히 현실성을 갖지 않게 된다. 일본적인 초국가주의에서는 국가가 단지 민중을 속이는 폭력장치로 성립하는 것이라고 말할 수 없다. 그곳에서의 국가는 오히려 국민 대다수가 '우리는 하나'라고 하는 강고한 환상에 의해 지탱되고 있다. 그러한 환상은 요시모토의 직관에 의한 것이었다.

유럽의 전형적인 시민국가에서 국가권력은 항상 인민의 인권과 시민권을 중시하는 세력과 명백하게 대항관계에 있는 것처럼 보인다. 그러나 일본은 이와 같은 국가권력과 시민세력의 대항관계가 적용되지 않는다. 일본에서의 국가는 말하자면 민중의 '일체一體' 환상 속에 내재되어 있다. 그렇다면, 폭력장치만 제거하면 국가가 해체된다고 하는 고전적인 국가론은 사상적으로 무효가 되어야만 한다. 〔이러한 일본에서〕 국가를 비판하고 해체하기 위해서는 〔폭력장치를 제거하기보다는〕 오히려 사람들이 내재화하고 있는 국가의 일체 환상 그 자체를 비판하고, 이것을 무효화해야만 할 것이다. 이러한 사상적 직관直觀이 반국가적인 입장에 있던 사람들에게 강한 설득력을 갖게 되었고, 그 설득력은 전후 경제가 발전하여 시민사회가 일반화된 이후에 나타났다. 즉 일본의 전후 사회가 경제적으로 발전하여 시민사회가 일반화되면서, 국가의 국가성〔지배계급의 특수이해를 보호하는 특성과 국가권력의 폭력성〕이 축소되고 편재되었다는 것이 실감되었을 때, 이러한 사상적 직관이 강한 설득력을 갖게 되었다. 나아가 이와 같은 〔공동환상의〕 국가론 구상은 사실 일본을 기반으로 한 요시모토 다카아키뿐만 아니라 그 후 구미사회를 토대로 한 미셸 푸코Michel Foucault(1926~1984)의 일련의 권력론이나 베네딕트 앤더슨Benedict Anderson의 『상상의 공동체』가 등장하면서 이들 국가론

2 사상가이자 시인이며 문예비평가로 활동. 20세 때 근로동원 중에 패전을 맞이했고, 이후 마르크스주의자가 되었다. 1960년 안보반대투쟁을 적극 지지했고, 1960년대 후반과 1970년대 신좌익 활동가들에게 교조적인 존재로 큰 영향을 주었다. 1980년대 이후에는 정치적으로 보수화되어 전향했다는 비판을 받고 있다.

의 공통성이 명백해졌다. 즉 『공동환상론』의 발상은 전후 국가론의 새로운 기준으로서 세계사적인 보편성을 가지고 있다고 말할 수 있다.

그런데 『공동환상론』은 크게 두 부분으로 나뉜다. '금제禁制론', '허수아비[憑人]론', '무격巫覡론', '무녀巫女론'에 이어 '타계他界론'에 이르는 전반의 다섯 장과, '제의祭儀론', '모성론', '대對환상론', '죄책론', '규범론', 그리고 마지막의 '기원론'에 이르는 후반의 여섯 장이다. 전반 다섯 장의 목표는 야나기타 구니오柳田國男(1875~1962)의 『도노이야기遠野物語』[3]를 주요 소재로 하여 인간의 개인적인 환상이 '공동환상'으로 '소외'되어가는 프로세스의 상징적인 장면을 끄집어내려고 하는 것에 있다. 예를 들면 그것은 다음과 같이 이미지화되어 있다.

미개 시대의 인간에게 있어서 자신들 공동체의 바깥 세계는 항상 미지의 공포와 두려움이 따라다니는 '다른 세계[異界]'로서 이해된다. 이 공포의 공동성이 최초의 공동환상(금제)을 만들어낸다. 그리고 이 소박한 공동환상은 심적으로 이상한 인간의 빙의憑依, 동물 사자使者, 샤먼, 무녀라는 식으로 서서히 고도의 형태로 바뀌어간다. 이 고도화의 원리는 공동이해利害를 자각하고 내면화하는 것이며, 이것은 개인환상이 공동환상과 동일해지는 정도를 높여가는 과정으로 그려진다. 또 하나의 포인트는 공동환상이 시간성과 공간성의 두 축에서 자립성을 획득해가는 과정이며, 이 진행은 머지않아 사자死者인 선조들의 공동성인 '타계他界'의 관념에까지 다다른다.

여기까지의 논의 중심이 이른바 개인의 심성 속에서 공동환상이 고도화해가는 과정에 있다고 한다면, 그 후의 논의는 이 공동환상이 어떻게 해서 '국가'라는 본질로 결정結晶되어가는가라는 문제로 옮겨간다. 여기서 요시모토는 『도노이야기』를 떠나 『고지키古事記』[4]를 핵심 텍스트로 하여 논의를 전

3 민속학자인 야나기타 구니오가 이와테현 도노 지역에서 요괴, 신선, 산인, 은거자, 외딴집, 실종자, 사망자 등과 얽혀 내려오는 다양한 괴담을 1910년에 묶어 편찬한 설화집이다.

4 712년 편찬된 일본에서 가장 오래된 역사서이다.

개한다. 이 논의의 중심 주제를 한마디로 말하면 다음과 같다.

가족 공동성의 본질은 '대對적인 환상'(성을 매개로 하는 에로스적 친화성의 연결)에 있지만, 가족은 또한 어떤 의미에서 배타성을 하나의 본질로 한다고 말해도 좋다. 국가의 공동성이 시간·공간적으로 '우리는 하나다'라는 결합과 일체의 환상이라고 한다면, 국가 성립의 가장 중요한 비밀은 배타적 원리를 가진 가족(대환상對幻想)이 어떠한 경위로 그 배타성을 버리고 보다 광범위한 결합의 원리를 찾게 되었는가라는 것이다. 이것을 설명하는 것이 후반부의 주제이다.

이 문제에 대해 요시모토는 세 가지 주장을 피력하고 있다. 첫째, 흩어져 있던 가족적인 공동체들이 결합하여 보다 커다란 공동체를 가능하게 했던 것은 엥겔스Friedrich Engels와 모건Lewis Henry Morgan[5](1818~1881)이 상정한 '원시집단혼[亂婚]'이 아닌 '모계제' 씨족공동체였다는 것이다. 둘째, 이 모계제 씨족공동체 유대의 중심 원리가 된 것은 '모-자'도 '부-자'도 아닌 '자매-형제'라는 독자적인 '대對환상'의 연결이었다는 것이다(자매가 종교권을, 형제가 정치권을 담당한다는 전형典型을 취한다). 끝으로, 일본 천황제의 기원에 관련해서는 보다 소박한 어로漁撈형 생활 형태였던 선행공동체와 그 이후에 일본에 들어와 이 공동체를 정복한 농경형 공동체가 정치적·종교적으로 '접속'했다는 문제가 있는데, 그 접속이 마치 예부터 단 하나의 정통국가가 존재한 것처럼 이뤄졌다는 것이다. 또한 그 때문에 그 옛 공동체에 대한 죄책감이나 부담이 일본(즉 천황제)의 종교제의宗敎祭儀에 나타나는 독자적인 규범성과 본보기를 만들어냈다고 주장한다. 국가론으로서의 『공동환상론』이 크게 주장하는 것은 위에서 기술한 점들에 거의 집중되어 있다.

5 미국의 인류·민족학자로, 인류 원시공동체의 가족, 혼인, 친족제도 등에 대한 연구에 크게 기여했다.

루소, 헤겔, 마르크스의 대비

종래의 일본국가론은 기본적으로 서양의 근대사회이념을 통해 본 현실 일본사회의 오차(시간적 지체)에 대한 지적이라는 틀에 일관되게 규정되어왔다. 이 점을 고려한다면, 『공동환상론』이 국가사상으로서 시대적으로 뛰어난 작업이었다는 것은 의심할 여지가 없다. 그러나 여기서는 세계 사상의 현재 수준에서 요시모토의 국가론이 어느 정도의 원리성과 보편성을 가지고 있는가를 검토해보겠다.

근대국가에 관한 가장 본질적인 원리사상은 루소와 헤겔에 의해 대표되지만, 주의해야 할 것은 양자 사이에는 한 가지 중요한 사상적 전환이 보인다는 점이다. 근대국가의 기본이념은 그때까지 당연시되었던 교권敎權제(신분제) 국가의 원리를 뒤집고, 각 개인에게 '자유'를 부여하고 삶을 스스로 결정하는 것이 가능한 국가(사회)의 창출에 있었다. 루소는 이것을 자유로운 개인의 '사회계약'이라는 개념으로 구상했고, 정치권력은 인민의 '일반의지'를 대표하는 범위 내에서만 그 정당성이 인정된다는 원리를 제시했다. 이 국가(사회)의 원리에는, 모든 '초월적 권위'로부터 벗어나 '자유'로운 인간 개개인의 '존엄'만이 정치권력의 정당성 근거가 될 수 있다는 획기적인 의미가 담겨 있었다. 또 그것은 종교, 출신, 민족, 언어 등의 차이나 확집確執을 넘어서 다양한 인간 동료들이 공존할 수 있다는 근본원리를 포함하고 있었다. 이 근대국가(사회)의 원리는 통상 '시민사회'·'공화제'·'민주주의'의 원리로서 표현되고 있다.

그러나 루소의 원리는 한 가지 큰 약점을 가지고 있었다. 즉 루소에게는 인간은 본래 독립한 '개인'이지만, 필요에 따라 어쩔 수 없이 공동체(사회)를 형성했다는 생각이 의식적, 무의식적으로 남아 있다. '원시계약'의 개념이 그것을 상징적으로 나타낸다. 하지만 인간은 본래 독립적이고 자유로운 개인이었다는 사고는 역사적으로도 정치이론상으로도 무리이며, 많은 반론을 불러일으켰다. 헤겔은 이 점을 재고하여 인간이 원래 자유롭게 존재하는 개인이었다는 생각을 버린다. 그는 근대시민사회에 대해, 본래 인간이 가지고 있던 개인으로서의 자유를 다시 제도적으로 확보하고 재정립하는 원리가 아니며, 인간의 정치제도 역사의 총체가 인간 정신의 본성인 '자유'를 점차로 현실화해가는 과정이면서 자각적이고 획기적인 단계라고 생각한다.

이것에 대한 마르크스의 국가이론도 언급해야만 할 것이다. 루소, 헤겔에서 완성된 근대사회의 원리는 자본주의와 침략적 '국민국가'로 '변질'하여 19세기 후반부터 커다란 모순을 낳게 된다. 마르크스는 여기에서 루소, 헤겔의 시민사회적인 '자유'의 개념을 '이기적인 인간'의 자유라고 비판하고, 이것에 '유적類的 인간'[6](사회적 존재 본질로서의 인간)이라는 개념을 대치시켰다. 그러나 내 생각으로는 마르크스의 비판원리는 자본주의 모순의 압력에 떠밀린 긴급 조치적인 원리였다. 또한 마르크스의 주장은 인간 개인으로서의 '자유'와 사회적 존재 본질 사이의 모순을 극복하려는 시도로 나타난 헤겔 사상을 충분히 이해하고 난 후의 비판이라고는 말할 수 없다(마르크스의 비판원리는 헤겔 사상에 이미 포함되어 있으며, 헤겔 쪽이 모순점을 보다 깊이 생각하고 있다).

마르크스주의는 만인에게 '자유'를 보증하는 조건을 창출하기 위한 기본 플랜인 '자유경쟁'과 '사적 소유'라는 생각을 부정한다. 빈부의 거대한 격차를 시정하기 위해 과도하게 '평등원리'를 요구하고 있으며, 그 때문에 전위당과 민중이라는 '초월적 권위'의 원리를 정치원리로서 부활시키지 않을 수 없었다. 그것은 광범위한 민중 한 사람 한 사람에게 정치적 자기결정권을 부여한다면, 마르크스주의적 정치원리가 성립할 수 없기 때문이다. 그러나 그렇다고 해도 근대국가가 대체적으로 '특권적 지배계급' 대 광범위한 '피압박 민중'이라는 구도를 유지하고 있는 한, 마르크스주의적 국가원리는 희

6 마르크스는, 인간은 본질적으로 서로 유사한 집단이라는 의미의 유적 존재species being이지만, 노동을 통해서 고립되고 소외되는 존재라고 주장했다.

망의 원리로서 힘을 가지고 있었다.

그러나 20세기 후반에 마르크스주의의 권력탈취론적 국가론이 현실성을 잃어간 근본적 이유는 선진국에서 강권을 휘두르는 지배층과 그 억압 밑에서 신음하는 광범위한 민중의 대립 구도가 서서히 사라져갔기 때문이다. 오늘날 '국가'는 오히려 내부적인 계급 지배구조 이상으로 대외적인 '이기적 공동체'의 성격을 강하게 갖게 되었다. 이 '이기적 공동체'로서의 '국가'를 어떻게 해체할 것인가라는 동기에서 푸코의 '권력의 미세한 그물코', 앤더슨의 '상상의 공동체' 외에 윌러스틴Immanuel Wallerstein[7](1930~), 사이드Edward Said[8](1935~2003) 등의 주장이 현대국가론의 새로운 틀로서 부상했다.

사상원리로서의 요시모토 국가론

요시모토 다카아키의 국가론이 이와 같은 시대사상의 필연적인 패러다임 변환을 선도한 하나의 주장이었다는 점에 대해서는 이미 언급했다. 또 『공동환상론』이 푸코나 포스트모던 사상 등의 영향을 거의 받지 않고, 독자적으로 새로운 국가론의 패러다임을 개척한 공적도 의심할 여지가 없다. 그러나 여기서는 조금 상세하게 요시모토 국가론의 사상적 공죄를 생각해보기로 하자.

요시모토 국가론의 커다란 특질은 국가론의 토대에 '개인환상-대對환상-공동환상'이라는 환상 영역의 기본원리를 설정하고 있다는 점에 있다. 그러나 중요한 것은, 이 구도에는 '공동환상'이 개인환상, 대환상의 '소외된

---

7 미국의 사회학자로, 16~17세기 이후의 자본주의 발전사를 선구적으로 고찰한 세계 경제시스템 연구를 주도했다.

8 팔레스타인계 미국 언어학자이자 문화비평가로, 팔레스타인의 권리를 옹호하는 활동을 전개했고, 유럽의 중동지역 식민지 지배를 연구한 후기 식민지 이론가이기도 하다.

형태[疎外態]'라는 관점이 드러나지 않고 강하게 봉쇄되어 있다는 점이다. 즉 '개인환상'(혹은 대환상)은 본래 존재하는 본질적인 것이며, 그 소외된 형태로서의 '공동환상'과는 반대 위치에 선다. 이 때문에 『공동환상론』은 다음과 같은 기본적인 성격을 가지고 있다.

첫째, 인간은 본래 개인적인 존재인데, 소외된 형태로서의 '공동환상'에 압박당하는 존재가 된다고 하는 뉘앙스, 둘째, 국가의 본질은, 원래 존재하지 않았던 '우리는 하나'라는 환상이 공동체의 통합요소로서 형성되어가는 과정의 비밀 속에 있다고 하는 점, 셋째, 이 국가의 본질을 해명하면, 국가의 해체를 가능하게 하는 원리를 포착할 수 있다고 하는 암묵적 관념이다.

첫 번째 문제, 즉 개인만이 본래적 존재라는 점에서 요시모토는 루소와 공통성을 가지고 있다. 두 번째 문제에서는 마르크스의 소외론적인 사고로부터 강하게 영향을 받았다. 그리고 세 번째 문제는 전술한 바와 같이 20세기 후반 이후 '국민국가'를 비판하는 패러다임이라는 의미가 강하다.

나는 요시모토의 국가론이 시대사상을 개척했다는 의미에서 커다란 공적을 세웠다는 것을 의심하지 않는다. 그러나 현 시점에서 국가론의 사상원리로서 보았을 때는 결정적인 약점을 갖고 있다고 생각한다.

우선 '개인'(개인 환상)을 사회사상의 토대로 하는 관점은, 근대사회가 처음 만들어낸 '자아'나 '개인의식'을 역사적으로 투영한 것이라는 비판에 대해 현재는 아마도 유효하게 반론할 수 없을 것이다. 헤겔이 루소를 '수정'한 것에는 정당한 이유가 있었다. 헤겔에 의하면, 개인의 '자유'에 대한 자각은 오히려 인간의 사회적인 관계 본질 속에서만 성숙해간다. 독립적인 '개인으로서의 개인'이라는 관념은 해결하지 않은 대립관계 속으로 사회와 개인을 던져버리는 것과 같은 성격을 갖는다.

다음으로 공동환상으로서의 '국가'라는 사고는, 잘 생각해보면 근대국가의 원리가 아니라 근대 이전의 교권적 권위를 일체一體환상의 근거로 하는 종교적, 신권적 국가의 본질이라고 말할 수 있다. 아마도 여기에는 사상적 과제의 시간적인 지연이 존재한다. 요시모토는 일본국가의 과제라고 하는 관점에서 서양국가의 국가 본질론이 아닌 일본적인 국가 본질론이 필요하다는 전제로부터 출발했을 것이다. 확실히 근대 일본은 영국, 프랑스, 미국이라는 전형적인 유럽형 국가와 비교해보면, 〔유럽의〕 근대 이전의 국가환상을 강하게 가지고 있었다고 말할 수 있다. 그러나 한편으로 최근 수십 년간의 세계사 추이에서 본다면, 일본은 종교적 일체환상에서 빨리 벗어난 후발 근대국가이다. 그리고 오늘날 일본은 공동환상의 해체현상이라는 점에서는 오히려 선행 국가라는 성격조차 겉으로 드러내고 있다. 이러한 관점에서 본다면, 일체환상의 형성을 해명함으로써 국가환상을 해체한다는 동기는 더 이상 사상적으로 유효하지 않게 된다.

한마디로 말하면, 국가는 환상이라는 관념은 전후 50년을 거쳐 어떠한 의미에서는 자명한 것이 되었지만, 이 관점을 아무리 일반화하더라도 현재 있는 국가의 모순을 극복하는 원리가 되지는 않는다. 나아가 질곡으로서의 공동환상을 해체했다 하더라도 그것만으로는 본질적인 '개인'의 존립을 보증하는 새로운 사회원리를 추출해낼 수는 없다.

요컨대 시민사회 원리는 공동환상을 해체해서 자각적인 '시민국가'를 창설하는 원리였지만, 그것이 자본주의나 이기적 공동체적인 '국민국가'로서 새로운 모순을 갖게 되었다. 나의 생각을 말하자면, 그렇기 때문에 '공동환상'의 해체라는 과제는 이미 '낡은' 것이 되었다. 그것은 현대의 차별이나 민족대립의 문제에서는 여전히 가장 중요한 과제이다. 그러나 국가론으로서는 '국가' 자체를 근본적 악이며, 따라서 해체 대상으로 간주하는 20세기 국가론의 패러다임을 극복하고 있지 못하다. 현대사의 추이가 우리에게 가르쳐주는 것은, '국가' 그 자체를 해체한다면 인간의 자유와 존엄을 보증하는 사회의 실현 가능성이 어디에도 존재하지 않는다는 것이다. 그렇다고 한다면, 오히려 오늘날 국가론의 본질적 과제는 국가를 이기적 공동체로서 일단 인정한 후에, 그 내적 모순을 극복하고 동시에 여러 국가의 상호 존립을 가능하게 하는 조건과 원리를 명백하게 찾아내는 데 있을 것이다.

그러나 그렇게 생각하면서도 나로서는 『공동환상론』이 일본의 전후 사상사에서 갖는 중요성을 최대한 평가하고 싶다. 국가는 환상이라는 관념은 이 책이 저술된 지 10년이 지난 후 포스트모던 사상 등을 배경으로 한 논자들의 대합창으로 등장했다. 자신은 요시모토와는 이런저런 점이 다르다고 강조하는 논자도 있다. 그러나 이 사실이 가르쳐주는 것은 단 하나이다. 즉 요시모토는 사상을 원리에 의한 사고로 생각한 데 비해, 후의 논자들은 단지 자신들의 직관적인 신념을 서구사상이라는 권위에 의해 보강한 것에 불과하다는 것이다.

근대 철학자들은 스콜라철학의 거대한 체계에 의문을 느꼈을 때, 모든 것을 처음부터 다시 생각하여, 그것을 새로운 인간원리, 사회원리로서 구상했다. 개인의 존엄, 자유, 시민, 상호승인 등은 그때까지의 사상체계와는 완전히 다른 새로운 술어術語의 체계로서 창출된 것이다. 내가 『공동환상론』을 읽을 때 감동한 것은 기존의 생각(요시모토의 경우 마르크스주의였다)에 의문이 생겼을 때, 그와 같은 방법으로 근본적으로 다시 생각한다는 요시모토 사상의 본질적 태도였다. 개인환상-대對환상-공동환상은, 요시모토 다카아키에 의한 인간원리론의 기초개념이다. 예를 들어 이것을 헤겔 등이 제시한 개념과 대비시켜 생각해보면, 아주 흥미 있는 유사점과 대립점이 있다. 그리고 그것은 무엇보다도 사상원리로서 의미심장하게 대비된다는 것이다.

사상은 각각의 시대와 사회 상황이라는 깊은 우물에서 나와 비로소 보편적인 것, 세계적인 것이 된다. 우리는 유럽을 '세계'라고 확신하기 때문에 유럽 사상을 뒤따라가는 것만이 세계적이라고 착각하여, 사실은 지금 언급한 사정이 세계 어디서나 동일하다는 것을 깨닫지 못하고 있다. 일본의 사상을 다시 세우려고 생각한다면, 우선 요시모토 사상에서 출발하는 것이 좋다. 이러한 나의 생각에는 변화가 없다.

참고문헌

柳田國男,『遠野物語』, 岩波文庫, 角川文庫, 集英社文庫, 新潮文庫.

야나기타柳田의 대표적인 민속학 저작 중 하나.

『古事記』, 新編日本古典文學全集 1, 小學館, 1997.

フロイト,『集團心理學と自我の分析』, フロイト著作集 6, 井村恒郞·小此木啓吾 외 譯, 人文書院, 1970 수록.

오이디푸스 콤플렉스 가설을 역사발생론적인 이야기로 논한 책.

リュシアン·レヴィ＝ブリュール,『未開社會の思惟』, 山田吉彦 譯, 岩波書店, 1953.

'융즉融卽'의 개념으로 알려진 근대민족학의 대표작 가운데 하나.

エンゲルス,『家族·私有財産及び國家の起源』, 村井康男 譯, 社會主義著作刊行會, 1948/土屋保男 譯, 新日本出版社, 1990.

원시집단혼婚→푸날루아punalua혼이라는 상정에 의해 씨족공동체의 확대를 추정하지만, 『공동환상론』에서는 고전적 국가론으로서 가장 중요한 비판의 대상이 되고 있다.

ヘーゲル,『精神現象學』, 長谷川宏 譯, 作品社, 1998/樫山欽四郎 譯, 平凡社ライブラリー, 1997.

주로 가족의 본질을 논할 때에 참고되고 있지만, 헤겔도 또한 개인의 원리, 가족의 원리, 사회의 원리라는 순서를 가지고 있다는 의미에서 요시모토 사상과 대비되는 점이 많이 있다.

ニーチェ,『道德の系譜』, 木場深定 譯, 岩波文庫, 1964/信太正三 譯, ちくま學藝文庫, 1993.

죄책심 발생의 계보론으로서 유명하다. 유럽의 이상은 기독교적 '양심의 부채負債'를 그 본질로 한다고 하는 설을 통해 근대철학에 대한 총 비판을 시도했다.

小浜逸郎,『吉本隆明』, 筑摩書房, 1999.

『공동환상론』 비판론으로서 뛰어나다. 술어의 혼란이나 그 이유 등에 관해 상세하게 논하고 있다.

프레드리크 바르트 엮음, 『에스닉 집단과 경계』

오쓰카 가즈오大塚和夫 | 한경구 옮김

Fredrik Barth ed., *Ethnic Groups and Boundaries: The Social Organization of Culture Differences*, Universitets Forlaget; George Allen & Unwin, London, 1969.
「エスニック集團の境界」(서문만), 內藤曉子 외 譯, 青柳まちこ 編, 『'エスニック'とは何か―エスニシティ基本論文選』, 新泉社, 1996 수록.

'부족'에서 '에스닉 집단'으로

이미 잘 알려진 바와 같이, 근대적 학문 분야discipline로서의 사회·문화인류학은 '미개'사회를 조사·연구의 대상으로 하면서 출발했다. 미개사회란 비교적 고립되어 있고 변화가 적은 소규모 사회이며, 그 집단의 단위는 종종 '부족tribe'이라 불리고 있었다. 물론 오늘날에는 이러한 이해 자체가 식민지주의를 배경으로 한 근대 서양사상, 즉 '오리엔탈리즘'의 산물이라는 점이 지적되고 있지만, 그래도 인류학에는 미개 부족을 연구한다는 통속적 이미지가 여전히 남아 있다.

그러나 이미 20세기 후반에 들어서면 영국 사회인류학에서는 연구 대상을 '부족'에서 '에스닉 집단'으로 이행하려는 움직임이 시작되고 있었다. 리치Edmund Ronald Leach[1](1910~1989)와 글럭먼Max Gluckman[2](1911~

1 영국의 사회인류학자로, 케임브리지대학의 사회인류학 교수를 역임했고, 사회구조 및 문화변동 이론과 혈족관계를 연구했다.

2 남아프리카공화국의 사회인류학자로, 맨체스터대학의 사회인류학 교수를 역임했고, 아프리카의 관습과 분쟁, 식민지의 사회분쟁과 문화적 모순 연구로 유명하며, 갈등이론conflict theory 발전에 크게 기여했다.

1975)의 연구를 이어받아, 이를 명료하게 제기하고 나선 것이 이 책 『에스닉 집단과 경계』이다. 이 책은 에스닉 집단을 고찰 대상으로 삼았을 뿐만 아니라 이를 분석하는 데 필요한 이론을 정교하게 하는 데에도 공헌했다. 그런데 이것은 영국 본국에서 이루어진 시도가 아니다. 이 책은 프레드리크 바르트를 중심으로 하는 스칸디나비아의 사회인류학자들이 1967년에 노르웨이의 베르겐Bergen대학교에서 개최한 심포지엄의 성과이다.

이 책은 바르트가 총괄적이고 이론적으로 집필한 서문 외에, 7편의 개별 사례 연구들—노르웨이 해안에 거주하고 있는 라프족Lapp[3](현재는 사미Sāmi라고 불림)을 연구한 아이드하임Harald Eidheim의 「에스닉 아이덴티티가 사회적 낙인이 될 때When Ethnic Identity is a Social Stigma」, 수단 서부에 있는 푸르Fur 농경민과 바가라Baggara 유목민을 다룬 할란드Gunnar Haaland의 「에스닉 과정에서의 경제적 결정 요인Economic Determinants in Ethnic Processes」, 노르웨이 산지의 농민을 다룬 블롬Jan-Petter Blom의 「에스닉 및 문화적 분화Ethnic and Cultural Differentiation」, 에티오피아의 갈라족Galla(현재는 오로모Oromo라고 불림)을 대상으로 연구한 크누트손Karl Eric Knutsson의 「이분화와 통합Dichotomization and Integration」, 시버츠Henning Siverts의 「남부 멕시코에서의 에스닉 안정성과 경계Ethnic Stability and Boundary Dynamics in Southern Mexico」, 바르트 자신이 파키스탄 북서부의 파탄족Pathan(또는 파슈툰족Pashtun)을 현지 조사한 자료에 근거한 「파탄의 아이덴티티와 그 유지Pathan Identity and its Maintenance」, 이지코비치Karl G. Izikowitz의 「라오스에서의 이웃들Neighbours in Laos」—을 수록한 논문집이다. 이들 논문들은 각기 매우 흥미 있는 논고이지만, 지면의 제약 때문에 여기에서는 향후 에스니시티 연구에 큰 이론적 영향을 끼쳤고 일본

3 스칸디나비아반도 북부에서 핀란드 북부, 러시아 북서부 지역에 거주하고 있는 4~5만 명 수준의 소수민족으로 라프족으로 불렸지만, 인종 멸시적인 호칭이었기에 사미로 바뀌었다.

어로 번역이 되기도 한 바르트의 「서문」에 한정하여 그 내용을 소개하고 약간의 논평을 하려 한다.

바르트는 1928년생이며 노르웨이의 베르겐대학교 등에서 가르쳤던 세계적으로 유명한 사회인류학자이다. 노르웨이를 비롯하여 이라크, 이란, 파키스탄, 수단, 뉴기니, 오만, 인도네시아, 부탄 등에서 정력적으로 현지조사를 했고 여러 권의 민족지民族誌를 출판했다. 또 게임이론 등을 활용한 이론적 논문도 많이 썼다. 그의 성姓은 영어권에서는 '바스'로 발음하지만, 일본에서는 '바르트'라고 쓰는 경우가 많다.

에스닉 집단의 '경계' 찾기

바르트의 논의는 다음과 같이 시작된다. 즉, 전통 인류학에서는, 인간사회에는 같은 문화를 공유하고 있는 사람들의 집합체가 여러 개 있는데, 이들의 문화는 상호 관련이 있지만, 각각을 다른 문화로부터 명확히 구별하는 특성을 갖고 있으며 서로 단절되어 있다고 전제하고 있었다는 것이다. 각각의 문화에 대응하고 있는 인간 집단을 에스닉 단위라고 부를 수 있는데, 지금까지는 문화들의 상이점 등에 관한 논의는 많았으나, 에스닉 집단의 구성과 그 집단들 사이의 경계에 대해서는 그다지 논의되지 않았다는 것이다. 그러므로 바르트는 막연하고 추상적인 '사회'나 고립적 이미지를 주고 있는 '부족'이 아니라 '에스닉 집단'과 그 경계 획정의 메커니즘을 이론적으로 고찰하는 것을 이 논문의 주제로 삼고 있다.

이론적 출발점은 다음 세 가지이다. 첫째, 에스닉 집단은 행위자 자신의 귀속의식ascription 및 동일시identification에 의해 만들어지는 범주category로서, 사람들 사이의 상호행위를 조직화한다는 특성을 갖는다. 둘째, 에스닉 집단의 형태 및 그 관계의 유형을 밝히려 하기보다는 에스닉 집단을 생성하고 유지하는 과정을 탐구한다는 생성론적generative 시각을 채용한다. 셋째,

개별 집단의 내부의 구성이나 그 역사에 관심을 갖기보다는 에스닉 집단 간의 경계나 경계 유지에 연구의 초점을 맞춘다.

다음으로 바르트는 정의定義의 문제를 다룬다. 바르트에 의하면, 에스닉 집단은 흔히 동일한 문화를 공유하는 집단이라고 불리는 경향이 있지만, 이는 가장 중요한 정의상의 특징이 아니다. 오히려 동일 문화의 공유란 에스닉 집단이 조직화됨에 따라서 발생하는 것, 즉 그 귀결인 것이다. 무엇보다도 에스닉 집단은 '사회조직'의 한 형태로서, 중요한 것은 어떤 인물이 자기 자신을 어떠한 범주에 귀속시킬 것인가, 또한 다른 사람들이 그 인물을 어떠한 범주에 귀속시킬 것인가 등이다. 그런데 이러한 귀속은 무엇에 근거하고 있는가?

"어떤 인물이 그 출신 및 배경이라는 것들에 의해 결정되는 아이덴티티, 즉 가장 기초적이면서도 가장 일반적인 아이덴티티로 분류될 때, 그러한 범주적인 귀속categorical ascription을 에스닉 귀속이라 한다."(방점은 오쓰카. 이러한 규정 때문에 바르트는 에스니티시 연구에서 '원초주의자'로 간주되는 경우가 많다.)

또 바르트는 "에스닉 범주는 조직을 형성할 때 마치 그릇과도 같아 그 속에 다양한 사회 · 문화 시스템에 상응하는 다양한 양과 형태의 내용을 담을 수 있다"고도 말하고 있다. 중요한 것은 그릇으로서의 사회조직들 및 그들 사이의 경계, 그리고 경계 유지의 메커니즘이며, 거기에 들어가는 내용으로서의 여러 문화적 특징들은 시대에 따라서 바뀔 수 있는 것이므로 2차적 중요성밖에 없다고 한다.

이러한 규정을 하고 나서 바르트는 그다음에는 에스닉 집단 간의 사회적 만남을 통제하는 체계적 규칙의 해명을 시도한다. 그 때문에 바르트는 복수의 에스닉 집단으로 구성되는 다多에스닉 사회를 거론하게 된다. 그러한 사회에서는 지위status로서의 에스닉 아이덴티티가 다른 지위보다도 우선하며, 특정 인물의 사회적 인격을 결정한다. 그 점에서 에스닉 아이덴티티는 개별적인 사회적 상황으로 한정되지 않고 개인의 여러 다른 활동들을 규제하는 성별sex이나 지위, 신분rank에 필적한다고 할 수 있다.

그런데 어떤 지역에 에스닉 구분이 나타나게 되는 조직상의 요건은 무엇일까? 바르트에 의하면 첫째, 주민들이 배타적이며 피할 수 없는 몇 가지의 지위 범주들로 나누어져야 하며, 둘째, 그중 하나의 범주에 적용되는 가치표준이 다른 범주의 가치표준과는 다를 수도 있다는 원칙이 수용되어야 한다는 것이다. 이렇게 해서 조직화된 에스닉 범주 또는 에스닉 집단은 전체적인 사회 시스템하에서 상호의존 및 공생상태에 들어갈 수 있다. 그리고 집단 간의 경계는 다음과 같은 조건들이 충족될 경우 효과적으로 유지된다. 첫째, 중요하고도 보완적인 문화 차이가 존재하고, 둘째, 그러한 차이가 각각의 에스닉 집단 아래에서 표준화되어 있고, 즉 그 집단의 모든 구성원의 지위 총체가 고도로 유형화되어 있고, 셋째, 각각의 에스닉 집단의 문화적 특성이 안정되어 있을 경우이다. 이때는 생태학적 조건과 인구학적 조건 등도 관련되며, 또한 유형 자산의 보유 형태도 중요한 요인이 된다.

다음으로는 성층화된 다多에스닉 체계를 검토한다. 성층화된 다에스닉 체계가 존속하기 위해서는 상이한 자원배분방식을 만들어내고 이를 유지하는 몇 가지 요인(국가 통제 등)이 필요하다고 지적한다. 그리고 변이variation의 문제가 논의된다. 즉 특정 에스닉 집단은 일련의 문화적 특징을 지니고 있다고 간주되지만, 개개의 구성원을 보면 그러한 특성들을 많이 지닌 사람과 조금밖에 못 지닌 사람들이 존재한다는 것을 발견할 수 있다고 한다. 그러나 바르트는 그러한 개인별 변이가 있다고 하더라도, 그러한 사람들을 하나의 범주로 묶는 경향이 있다는 것이야말로 중요하다고 주장한다. 바르트는 지금까지의 사회인류학처럼 이 문제를 규범과 그로부터의 일탈이라는 형태로 논하지 않는다. 그는 오히려 개인들 간의 변이가 있음에도 불구하고 그들이 하나로 뭉쳐가는 과정, 그 과정에서의 그들 간 상호행위에 주목해야 한다고 이야기한다. 변이의 문제는 나중에 다시 검토하겠다.

바르트는 소수민족과 파리아pariah[4](천민) 집단을 논한 후, 근년의 공업화 등으로 촉진된 문화접촉 문제를 언급한다. 문화 간의 접촉이 잦아지면서 에스닉 집단 간의 문화적 차이가 감소한다고 해도, 이것이 에스닉 경계의 붕괴를 의미하는 것은 아니라고 한다. 다만 문화접촉의 결과, 어떤 에스닉 집단은 더 큰 사회시스템 속에서 지위는 낮지만 문화적으로는 보수적이고 폐쇄적인 집단이 될 수도 있으며, 그 시스템에 동화되어 에스닉 독자성을 상실해 버릴 수도 있다고 한다. 어쩌면 자신의 에스닉 아이덴티티를 강조하여 토착주의적 운동nativistic movement을 일으킬지 모르지만, 그 경우에 강조되는 아이덴티티는 그 사회조직이 종래 가지고 있던 몇 가지 수준의 아이덴티티 중에서 부분적으로 선택된 것이라고 한다. 여기서 정치 및 종교 차원의 것이 선택될 경우에는, 경제적 수준에 따라 차별화된 문화접촉 이전의 체계와 비교할 때, 새로운 다多에스닉 체계는 보다 불안정하고 불확실한 것이 될 것이다. 또한 정치적 대립이 고조되는 가운데 에스닉 집단이 새롭게 조직화되는 경우도 있지만, 그 경우에는 비록 표면적으로는 투쟁이 격화되더라도 양자가 대립할 수 있을 정도로 공통의 문화적 특성을 갖고 있다고 할 수 있으므로, 실제로는 양자의 문화적 차이가 감소하고 있다고 생각할 수 있다.

마지막으로 바르트는 에스닉 단위가 스스로를 유지하는 과정은, 그것이 처해 있는 지역 전체의 안전보장 상태(식민지 상황을 포함하여)에 의해 영향을 받지만, 그래도 근본적으로 변화하는 것은 아니라고 주장한다. 그리고 어떤 에스닉 집단의 역사를 돌이켜 본다는 것이, 어떤 문화의 역사를 돌이켜 보는 것이 되지는 않는다고 결론을 내리고 있다.

---

4 인도의 4개 신분계급 가운데 가장 낮은 계급인 수드라 중에서도 가장 낮은 계급으로, 접촉해서는 안 되는 천민이라는 의미이다.

바르트의 논의에 대한 검토

에스니시티를 둘러싼 바르트의 논의에 대해서는, 지금까지 다양한 학문 분야에서 비판·검토가 행해져왔다. 그러나 여기서는 사회인류학의 맥락에서 몇 가지 평을 하고자 한다.

먼저 지적하고자 하는 점은, 바르트가 고찰 대상을 '에스닉 집단과 그 경계 유지'로 규정했기 때문에, 인류학 내에서는 관례처럼 되어왔던 어떤 사회(종종 '부족'으로 실체화되고 있다)와 그 문화라는 문제설정, 적어도 사회와 문화 사이의 1 대 1의 대응관계라는 전제 자체가 의문시되었다는 사실이다. 민족이란 아득한 옛날부터 불변의 문화적 핵심(본질)을 보유해왔다고 하는 '본질주의'적 민족 개념이, 그릇(집단)과 거기에 가득 담긴 내용 및 소재(문화)를 분석적으로 구분하면서, 이들 양자 간에는 필연적인 관계가 없다고 주장하기 때문에 근본부터 흔들린 것이다. 만약 일반언어학의 용어를 비유적으로 사용한다면, 하나의 언어기호 내부에서 시니피앙signifiant(표기)과 시니피에signifié(실체) 사이의 자의적 관계를 지적한 것이라고 말할 수도 있을 것이다. 또 개개의 집단 그 자체보다도 집단 간의 경계가 유지되는 메커니즘에 주목한 것은, 언어기호 간의 관계가 자의적이라는 점과 유사한 맥락에서 보는 것이 가능할 것이다. 이렇게까지 이야기하지 않더라도, 바르트의 논의는 개체個體(항)보다는 그들 간의 결합관계를 중시하는 현대철학의 '관계주의'의 입장에 가깝다고 생각한다.

또한 에스닉 집단을 '사회조직'으로 파악하는 것도 바르트의 중요한 논점이다. 추상적인 '사회구조'를 탈피하여 더욱 구체적인 '사회조직'과 '네트워크'에 대해 착안하는 작업은 이미 1950년대부터 퍼스Raymond Firth[5] (1901~2002) 등에 의해 시작되었지만, 바르트야말로 1966년에 간행된 『사

5 뉴질랜드의 사회인류학자로, 뉴질랜드의 마오리족, 솔로몬군도의 원주민들에 대한 조사연구로 유명하며 경제인류학적인 실증연구에 크게 기여했다.

회조직의 모델*Models of Social Organization*』을 통해 관련 이론 발전에 획기적으로 공헌했다. 여기에는 사람들 간의 거래transaction에 의한 사회 과정으로부터 사회 형태가 생성된다는 이론적 모델이 제시되어 있다. 『에스닉 집단과 경계』는 『사회조직의 모델』에서 전개되었던 논의를 '민족'에 적용한 연구라고 할 수 있을 것이다.

일본에는 별로 알려져 있지 않지만, 바르트는 사회인류학 분야에서 매우 독창적인 이론가이자 실증연구자로 인정되어왔다. 그럼에도 불구하고 학계 일부에서는 그에 대한 강한 반발과 비판이 엿보인다. 그러나 여기에서는 이 논문에 한정하여 바르트의 논의에 대해 약간의 의문을 제시하고자 한다.

가장 먼저 문제로 지적하고 싶은 것은 바르트가 에스닉 경계를 아주 엄밀하면서도 안정적인 것으로 간주하고, 그 점에서 에스닉 집단이 성원권成員權에 관해 배타적이라는 점을 강조하고 있다는 사실이다. 이미 코헨R. Cohen은 "에스닉 경계라는 것은 바르트가 시사한 정도로 안정된 것도 지속적인 것도 아니다. 안정되고 지속적인 경계가 있을지도 모르지만, 그렇지 않은 경계도 있다"고 지적하고 있다. 이 점은 바르트 자신도 어느 정도는 알고 있었던 것 같지만, 그래도 그의 논의는 역시 경계의 안정성을 지나치게 강조하고 있는 것처럼 보인다. 경계를 상당히 경직된 것처럼 제시함으로써 결과적으로 바르트가 기술한 에스닉 집단은 두꺼운 외피를 가진 고정적인 사회적 실체처럼 되어버렸다. 근년에 아프리카의 식민지시대 연구가 진전되면서, 이른바 '부족'이라는 것 자체가 식민지시대에 매우 고정적인 실체로서 만들어진 것은 아닐까 하는 논의가 나왔다. 이를 뒤집어 말하자면, 식민지 이전 시대 사람들 사이에서는 비록 에스닉 아이덴티티가 존재하고 있었다 해도, 이에 근거한 집단의 경계선은 매우 느슨하고 애매하며 유동적이지 않았나라고 할 수도 있다. 그런 맥락에서 본다면, 바르트가 제시한 에스닉 집단은 식민지 시대의 산물을 모델로 하여 만든 것이라고 할 수 있을지도 모른다.

이것은 앞서 언급한 변이를 둘러싼 논의와 밀접한 관련이 있다. 바르트에 의하면, 수단 서부의 농경민인 푸르족과 유목민인 바가라족의 경계는 엄격히 획정되어 있다. 일부 푸르족이 유목을 시작하면 이들은 바가라족으로 간주된다. 이들이 푸르어語를 말하고 푸르족의 농민들과 친족관계를 갖고 있다 하더라도, 이들 간 상호작용의 사회적 맥락에는 어떠한 변화도 발생하지 않으며 푸르와 바가라라는 이분법과 양자 간의 경계는 굳게 지켜진다. 단지 "우유를 구입하거나 숙영지를 할당해주고 퇴비를 얻는다는 표준화된 거래가, 다른 바가라 사람과 거래할 때보다 더 원활하게 이루어질 뿐"이라는 것이다. 그런데 이러한 '원활함'을 에스니시티에 대한 논의에서 무시해도 좋은 것일까? '푸르어를 말하는 유목민'처럼 엄격한 이분법에서 일탈한 양의적兩義的 존재를 경시할 경우, 에스니시티 연구는 무언가 소중한 것을 버리고 마는 것은 아닐까?

예를 들어, 이중귀속二重歸屬이라는 문제가 있다. 바르트의 논의에 따르면 특정 개인은 어느 쪽인가의 집단에 배타적으로 귀속하게 되기 때문에, 푸르의 유목민이라는 애매한 귀속의식은 고려의 대상이 되지 않는다. 또한 이렇게 수평적이라고도 할 수 있는 에스닉 집단의 관계뿐만이 아니라, 수직적 아이덴티티, 즉 중층적中層的 상자[6]와도 같은 복수의 아이덴티티 문제에도 바르트는 거의 주의를 기울이지 못하고 있다. 바가라족의 경우를 예로 들자면, 이들이 아라비아어를 말함으로써 형성되는 아랍의식이라는 더 큰 범주의 것, 그리고 바가라족의 내부에 존재하고 있는 다양한 씨족clan에의 귀속이라는 더 작은 범주의 것, 그러한 중층적 아이덴티티의 존재를 상정할 수도 있을 것이다. 그런데 이러한 것들은 에스닉적인 귀속이라고 말할 수는 없는 것일까?

대체로 바르트가 기술하고 있는 에스닉 집단은 마치 '국민'과도 같이 경

6 작은 상자부터 차례로 큰 상자에 꼭 끼어 들어가도록 만든 상자 한 벌로, 이른바 Chinese Boxes를 의미한다.

계가 엄밀하고 안정되어 있으며, 수평이건 수직이건 이중(다중) 귀속을 원칙적으로 인정하지 않는 집단이다. 그러나 에스닉 집단도 포함하는 '민족적' 집단과 범주에는 그러한 형태밖에 존재하지 않는 것일까? 아마도 이에 대한 대답은 부정적일 것이다. 이러한 바르트 모델의 한계는, 한 가지 요인을 들자면, 그의 논의가 인간의 이동이 심한 도시적 상황에서의 에스닉 집단들을 별로 검토하지 않았다는 사실에서 발생한다. 또한 식민지 이전 시기, 식민지 시기 그리고 독립 이후의 시기라는 역사적 변천 속에서 '민족적' 집단 편성의 양상 또한 변질되어왔을 가능성을 거의 고려하고 있지 않다는 것도 문제이다. 바르트가 이러한 점들을 전혀 염두에 두지 않았을 리는 없지만 이론적 논의 속에서는 확연하게 경시되고 있다.

에스닉 집단, 네이션, 그리고 인류학

그런데 여기까지 이 글을 읽어준 독자들이라면, 의문을 하나 갖게 되지 않았을까? '내셔널리즘'의 명저 중의 하나이어야 할 이 책에서 네이션이나 내셔널리즘이라는 말이 한 번도 나오지 않은 것 아니냐고? 사실, 그렇다. 바르트는 내셔널리즘에 대해서는 전혀 언급하고 있지 않다. 그리고 그것은 『에스닉 집단과 경계』를 간행할 당시, 사회인류학의 하나의 한계이기도 했다. '미개부족'이라는 문제 설정에 대해서는 비판했지만, 인류학은 아직 네이션 문제를 적극적으로 다루지 않고 있었던 것이다.

그러나 최근에는 사정이 바뀌고 있다. 국민국가, 그리고 내셔널리즘을 논하는 사회·문화인류학의 연구가 차차 증가하고 있다. 그러한 연구들에서 바르트의 책은 비판적으로 검토되어야 할 중요한 출발점의 하나가 되어 있다. 또 스미스A. D. Smith의 에스니ethnie 개념처럼, 근대적인 네이션과는 구별되는 '민족의식'으로서의 에스니시티에 대한 논의는, 역사학과 정치사회학에서도 중시되고 있다. 실제로 내셔널리즘을 논하려는 경우, 이 책에서 다룬 비서구 세계의 에스닉 집단을 포함하여, 넓은 의미의 '민족'의 다양한 존재양상에 대한 신중한 검토가 절대적으로 필요할 것이다. 그런 의미에서 이 책은 내셔널리즘이라는 말을 한 번도 사용하지 않았음에도 불구하고, 내셔널리즘 논의의 중요한 기초문헌 중 하나이다.

참고문헌

青柳まちこ 編, 『'エスニック'とは何か』, 新泉社, 1996.

이 글에서 검토한 바르트의 「서문」과 인용한 R. 코헨의 논문을 포함하여, 인류학 관련 에스니시티 연구에 관한 5개의 기본문헌을 번역했다.

バルト, 『スワート最後の支配者』, 子島進 譯, 勁草書房, 1998.

현재 파키스탄의 북서부 스와트Swat 지역에서 이 지역이 파키스탄으로 병합될 때까지 군림했던 지배자, 통칭 왈리 사히브Wali Sahib의 반평생을 듣고 기술해놓은 것을 기초로 바르트가 재구성한 것이다. 바르트의 파탄Pathan 연구를 이해하는 데 옮긴이의 「후기」도 참고가 된다.

F. Barth, *Selected Essays of Fredrik Barth, vol. 1-Process and Form in Social Life, vol.2-Features of Person and Society in Swat: Collected Essays on Pathans*, Routledge & Kegan Paul, 1981.

바르트의 논문집으로, 제1권은 이론적인 것을 모았고, 『사회조직의 모델』과 이 책의 「서문」도 수록되어 있다. 제2권은 스와트의 파탄인에 관한 연구들로, 본문에서 언급한 논문집에 수록된 「파탄의 아이덴티티와 그 유지」도 포함하고 있다.

T. H. Eriksen, *Ethnicity and Nationalism: Anthropological Perspectives*, Pluto Press, 1993.

인류학적인 에스니시티, 내셔널리즘에 관한 저서는 많이 있지만, 이것은 노르웨이의 사회인류학자가 간행한 개설서로, 스칸디나비아 학파의 연구 현황을 알 수 있다.

田中雅一, 「ヨーロッパの人類學―フレドリック・バルトの仕事をめぐって」, 船曳建夫 編, 『文化人類學のすすめ』, 筑摩書房, 1998 수록.

바르트의 작업에 대해 가장 잘 정리한 소개서이며, 또한 『文化人類學を學ぶ人のために』와 『現代人類學を學ぶ人のために』(두 권 모두 世界思想社)에서 같은 저자가 담당한 장에서도, 인류학적 이론의 흐름 속에서 바르트를 자리매김하고 있다.

松田素二, 『抵抗する都市』, 岩波書店, 1999.

저자는 주로 케냐의 나이로비에서 현지조사를 행하고 있는 도시인류학자이다. 이 책에서는

식민지시대 이후 아프리카 '부족'의 형성에 대해 구체적인 예를 들어 논의하고 있다. 같은 저자의 『都市を飼い慣らす』(河出書房新社, 1996)도 참고가 된다.

原尻英樹 編, 『世界の民族—'民族'の形成と近代』, 放送大學教育振興會, 1998.

방송대학의 교재이며, 일본 사례도 시야에 넣고 근대의 '민족' 형성을 주제로 한 인류학자의 논문이 많다. 수단 농촌에서의 중층적 아이덴티티를 논의한 졸고도 수록되어 있다.

大塚和夫, 「スーダンの'部族'と'民族'」, 『岩波講座世界歷史二一—イスラム世界とアフリカ』, 岩波書店, 1998 수록.

에번스 프리처드Evans Pritchard의 연구로 알려진 수단 남부의 누에르인의 에스닉 아이덴티티가 식민지시대를 포함한 2세기 정도 사이에 어떻게 변천해왔는가를 소개했다.

조지 L. 모세, 『대중의 국민화』

사토 다쿠미佐藤卓己 | 이상훈 옮김

George Lachmann Mosse, *The Nationalization of the Masses: Political Symbolism and Mass Movements in Germany from the Napoleonic Wars through the Third Reich*, Howard Fertig Inc., New York, 1975.
『大衆の國民化—ナチズムに至る政治シンボルと大衆文化』, 佐藤卓己 · 佐藤八壽子 譯, 柏書房, 1994.

상징정치에 의한 국민화론

'나폴레옹전쟁에서 제3제국 시기에 이르는 독일의 정치상징과 대중운동'을 원저의 부제로 하는 이 책은 나치즘 연구에 상징분석을 도입하여 파시즘 이해에 새로운 국면을 개척한 명저이다. 20세기의 나치즘(국민사회주의)을 내셔널리즘 발전의 극치로 파악하고, 프랑스혁명 이래 '세속종교'가 된 내셔널리즘(국민주의)을 대중적인 의례와 신화의 영역에서 고찰하고 있다.

원래 '대중의 국민화'라는 제목은 아돌프 히틀러Adolf Hitler가 국민사회주의운동의 목표를 서술한 『나의 투쟁』 제1권(1925)의 다음 말에서 인용한 것이다.

> 광범위한 대중의 국민화는 어설픈 방법, 이른바 객관적 견지를 다소 강조하는 정도의 것으로는 달성되지 않으며, 일정한 목표를 가지고 용서 없는, 광신적이라고까지 말할 수 있는 편향된 태도에 의해 달성되는 것이다.

독일사 연구자들 사이에는 초기부터 주목을 받았던 저작이지만, 이 '국민화' 개념의 중요성이 일본에서 평가받기 시작한 것은 번역서가 간행된 이후라고 말할 수 있다. 에릭 홉스봄Eric Hobsbawm이 「전통의 대량생산」[1] 첫머리에 단 주에서 밝히고 있는 것처럼, 구축주의적 내셔널리즘론의 선구로서도 평가할 수 있다. 일본어판에 보낸 서문에서 모세(1918~1999)는 집필의 목적을 이렇게 요약하고 있다.

> "히틀러의 성공을 어떻게 설명할 수 있을 것인가?" 이 질문은 끊임없이 새롭게 제기되고 있다. 권력 장악을 향한 나치스당의 '정치'는 충분히 설명되었고, 그 사회적 여러 여건을 해명하는 데에도 많은 역사가가 참여했다. 그러나 국민사회주의를 승리하게 만든—그리고 오늘날에도 아직 넓게 영향을 미치고 있다— '정치'의 새로운 인식에 대해서는 전체적으로 말한다면 일부에서만 언급될 뿐이었다. 이 책이 시도한 것은 바로 자기표현에 의해 정치라고 불릴 수 있는 '정치'의 파악이다. 이 시대를 체험한 우리들 중 많은 사람은 나치선전을, 또 대중의 감성적 동원을 경멸적으로 말하지만, 다음 사실을 잊고 있다. 다시 말하면 문제는 주권재민을 기초로 하여, 이미 루소와 프랑스혁명 이래 근대의 중심과제의 하나로서 인정되어온 정치양식인 것이다. 즉 어떻게 해서 대중을 국민국가에 편입시키고, 그들에게 어떻게 귀속감을 부여할 수 있을 것인가라는 문제이다.

이러한 대중 참여의 '드라마로서의 정치'가 나치즘에서 끝나지 않고, TV 시대인 현재에도 '아름답게 꾸미고' 연기하고 있다는 사실은 새삼스럽게 확인할 필요도 없다.

---

1 E・ホブズボウム, T・レンジャー 編, 前川啓治, 梶原景昭 외 譯, 『創られた傳統』, 紀伊國屋書店, 1992 수록. 원저명은 *The Invention of Tradition*(1983).

국민숭배의 제사와 공간

모세는 대중이 국민으로서 정치에 참여할 가능성을 시각적으로 제시하는 정치양식을 '새로운 정치'라고 부른다. 그것은 의회제 민주주의자가 이상으로 하는 합리적 토론이 아닌, 국민적 기념비나 공적 축제 등에서 표현된 미의식에 의거하는 대중정치의 양식이다. 이 '새로운 정치'는 루소의 일반의지, 프랑스혁명의 인민주권에서 시작되어, 19세기를 통해 대중의 자기표현과 자기숭배의 양식을 발전시킨 것이다. 또한 이 '새로운 정치'는 국민사회주의를 최상의 것으로 하는 '세속종교'인 내셔널리즘 운동에서 절대적인 위력을 발휘했다. 이러한 시점에서 나치즘은 선전조작의 운동이 아닌 공감과 합의의 운동으로서 파악되고 있다. 대중의 정치 참여의 감각에서 민주주의를 이해한다면, 히틀러도 또한 민주주의자가 된다. 자본주의를 공황으로부터 발상한다는 것이 허락된다면, 민주주의를 파시즘으로부터 사고하고 실험하는 것도 용서될 것이다.

이러한 문맥에서 이 책은 다음과 같은 독특한 구성을 이루고 있다.

> 제1장 '새로운 정치', 제2장 '정치의 미학', 제3장 '국민적 기념비', 제4장 '공적 축제—원류와 전개', 제5장 '공적 축제—연극과 대중운동', 제6장 '여러 조직의 참여—체조훈련·남자합창단·사격협회·모던댄스', 제7장 '노동자의 공헌', 제8장 '히틀러의 미의식', 제9장 '정치적 제사'

제1장에서 대중 참여의 드라마를 연출하는 '새로운 정치'를 정의한 후, 그 정치미학을 문학, 미술, 건축, 연극 등에서 다각적으로 분석했고(제2장), 그 담당자인 건축가나 예술가(제3장), 혹은 체조훈련이나 합창단 등의 시민 모임이나 교회(제4, 5, 6장), 나아가 노동자조직(제7장)까지도 나치즘의 정치적 제사(제8, 9장)로 통합되어가는 과정을 역동적으로 그리고 있다. 또한 분

석의 대상은 회화, 조각, 건축, 찬송가, 연극에서 스포츠, 노동자문화에 이르기까지 독일문화사의 모든 영역에 이르고 있다. 그리고 그 분석에는 역사학은 물론 신학, 사회학, 문화인류학, 예술학 등의 성과가 포함되어 있다. 특히 정치적 축제의 무대인 '성스러운 공간'의 구성요소, 기념비나 광장, 극장 등에 관한 분석은 매력적이며, 미디어 이벤트사, 파시즘 건축사로도 읽을 수 있을 것이다. 나아가 '모더니즘예술은 나치즘에 어떻게 수용되었는가'(제5장), '자립적인 여러 조직association이 공공권에 참가하는 것은 내셔널리즘에 어떠한 영향을 미쳤는가'(제6장), '노동자운동은 나치스운동에 어떠한 모델을 제공했는가'(제7장)라는 매력적인 개별 주제에도 어느 정도 해답을 제시하고 있다.

이러한 상징정치론에 의하면, 대중은 정치조직뿐만 아니라 축제나 신화, 기념비, 미술, 소설, 음악, 연극 등 광범위한 문화 활동에 의해서도 정치 무대로 끌려 들어온다. 즉 일상생활의 모든 상호행위는 정치적 의미를 띠게 된다. 마치 기독교에서 양심을 검증할 때 '행하는 것'도 '나태'도 죄가 되는 것처럼, 정치의 무대에서는 참여하든 무시하든 비정치적인 것은 허용되지 않는다. 저자인 모세가 정치적 무관심이라는 대중의 정치적인 죄에 대한 변명을 논박하고, 대중정치의 현실에 손을 더럽히는 일 없이 '이데올로기의 누에고치' 속으로 숨어버린 교양시민에게 신랄한 비판을 가하는 것은 이 때문이다.

이러한 의미에서 모세는 나치즘운동의 성공을 '선전'이나 '테러'라는 용어로 설명하는 것에 비판적이다.

> 나치당이 선전을 통해 환영幻影의 공포 세계를 만들려고 했다는 고발은 부분적으로밖에 지지할 수 없다. 테러의 존재는 누구도 부정할 수 없다. 그러나 나치문학이나 나치예술이 진실한 인기를 얻어 〔선전〕 효과를 올리기 위해 테러리즘을 자극할 필요가 없었다는 것을 밝혀줄 증거는 충분히 축적되어 있다. 이것은 동시에

나치당의 정치양식에 대해서도 타당하다고 말할 수 있다. 즉 나치당의 정치양식은 민중이 좋아했던 익숙한 전통에 뿌리를 두었기 때문에 인기를 끈 것이다.

즉, 히틀러의 성공은 사람들을 조종하는 선전기술에 의한 것이 아니라, 대중이 참여를 체험하고 아이덴티티를 획득하는 상징적인 동의·승낙에 의해 달성되었던 것이다.

히틀러의 취미는 유치하다고 이야기되었다. 세련된 지식인의 눈으로 보면 그렇다고 말할 수 있지만, 히틀러의 취미는 전통적인 민중의 이상에 완전히 조화되어 있었다.

이러한 나치즘(히틀러)의 이해에는 "독일국민도 나치즘의 절대적인 프로파간다에 의해 조종된 피해자였다" 고 하는 전후의 변명에 대한 유대인 모세의 비판이 포함되어 있다. 반유대주의에 관해서 모세는 경제적·사회적 요인에 대한 문화나 신화의 자율성을 주장하고 있다. 그리고 그 망상은 경제적·사회적인 의미에서의 유대인의 존재나 그 해방과 아무런 관계도 없으며, 오히려 유대인이라는 '상징' 이 중산계급의 소외감이나 사회적 계층질서의 위기감, 혹은 도시의 불안 등과 우연하게 결부된 것에 불과했다고 한다.

한편 모세는 이러한 상징작용의 해명에는 종교적 제의祭儀의 효과를 설명하는 신학의 범주가 필요하다고 주장하고 있다. 그 결과 모세는 이 책에서 통계수치나 관제官製문서에 기초한 역사 연구에 회의적인 자세를 보이면서, 통속작가의 베스트셀러나 복제예술 등 그때까지 역사가가 적극적으로 취급하지 않았던 대중문화를 진지하게 분석하고 있다. 이런 부분이 이 책의 특징을 이루고 있다.

'망명 역사가' 모세

일본 도서관의 데이터베이스에서 이 책을 검색해보면, 뜻밖에도 '게오르게' L. 모세라는 George의 독일식 표기를 만나게 된다. 이것은 옮긴이인 내 책임이다. 모세는 망명지에서 독일명 게르하르트Gerhard를 버리고 조지George로 개명했다. 이러한 오해가 생긴 배경에 대해서는 일본어 번역서 제2판 이후에 첨부한 정정문訂正文을 참조하기 바란다. 그렇다고 해도 내셔널리즘을 중심 주제로 한 역사학자 모세의 저작을 이해하는 데 그의 경력은 결정적으로 중요하다. 그가 독일 자유주의와 모더니즘을 연구했던 훌륭한 지식인 가계家系에 속해 있었다는 점, 또 내셔널리스트이면서 망명자가 되었다는 점도 내셔널리즘에 관한 그의 상반된 시각을 만들어냈다고 할 수 있다.

1918년 9월 20일, 제1차 세계대전의 패색이 짙은 독일 제2제정(1871~1918)의 수도 베를린에서 게르하르트 라흐만 모세는 신문출판회사 창업자의 자손으로 태어났다. 모세출판사는 울슈타인Ulstein, 후겐베르크Hugenberg와 어깨를 나란히 하는 당시 독일의 3대 신문사였다. 또한 이 출판사는 자유주의 고급신문 『베를린일보*Berliner Tageblatt*』, 전통 있는 대중지 『인민신문*Volkszeitung*』, 독일 최대 석간지 『8시석간지*8-Uhr-Abendblatt*』 등의 유력 신문을 비롯하여 주소록이나 전화부 등을 발행하며, 전 유럽 규모의 광고대리업으로도 잘 알려져 있었다.

현재에도 구舊 서베를린에 루돌프 모세광장, 구 동베를린에는 루돌프 모세가街라는 이름이 남아 있다. 루돌프 모세Rudolf Mosse(1843~1920)는 모세 회사의 창시자로, 조지의 외조부에 해당한다. 루돌프의 아버지인 마르쿠스 모세Markus Mosse 박사는 포젠Posen 출신의 유대인 의사로 1848년혁명에 참가한 자유주의자였다. 그의 아내 울리케 볼프Ulrike Wolf와의 사이에 태어난 루돌프의 남동생은 일본 메이지明治정부의 내각법률고문이었던 알베르트 모세Albert Mosse이다. 조지의 외종조부에 해당하는 알베르트는 베를린에서 이토 히로부미伊藤博文에게 헌법·행정법을 강의했으며, 1886년 일본에 초빙되어 시정촌市町村제를 입안한 인물이다.

외조부 루돌프는 베를린의 신문을 연이어 사들였으며, 하이델베르크대학에서 명예박사학위를 취득했고, 기사의 영지를 구입하여 베를린의 사교계에 진입했다. 그 양녀(정확하게는 혼외관계에 의한 비적출자非嫡出子)가 조지의 어머니이며, 아버지는 유대인 곡물상 라흐만Lachmann가家에서 데릴사위로 입양된 하이만이다. 1910년 경영실권을 쥐게 된 하이만은 광고업에 진출하여 모세사社를 정보회사로 발전시켰다. 하이만은 일요일에 독일어로 예배를 드리는 '개혁파 유대교도'이며, 민주당을 지지하는 독일국민주의 유대인협회 간부회원이었다.

이러한 베를린 굴지의 대부르주아 가정에서의 생활 체험이 조지의 역사 서술에 독특한 맛을 내게 하고 있다. 유년기에는 영국·프랑스 2개국의 가정교사에게 배웠으며, 전용 자가용도 있었다고 한다. 놀렌도르프Nollendorf 거리에 우뚝 솟은 모세가의 대저택에서는 각국의 외교관과 예술가를 초청한 파티나 콘서트가 열렸다. 외상 발터 라테나우Walther Rathenau, 자유주의 논단을 리드한 『베를린일보』 편집장 테오도어 볼프Theodor Wolff(조지의 숙부), 『인민신문』 편집장 오토 누슈케Otto Nuschke(나중에 동독 부수상이 됨) 등이 모이는 모세가는 바이마르공화국을 대표하는 문화 살롱이었다.

게르하르트, 그러니까 후의 조지는 베를린의 명문 김나지움에 입학했지만, 교사와 대립하여 1년 만에 퇴학했다. 그리고 아버지의 친구인 열렬한 국민주의자 쿠르트 한Kurt Hahn이 설립한 보덴 호숫가 잘렘Salem의 귀족적인 기숙학교로 전학했다. 그도 여기에서 독일 내셔널리즘의 세례를 받게 되지만, 나중에 친위대 고관이 되었다고 하는 친구를 포함하여 나치당의 동조자 따위는 존재하지 않았다고 한다. 조지가 『대중의 국민화』에서 행한 내셔널리즘 분석을 내가 신뢰하는 것은 체험에 기초한 다음과 같은 정직한 고백을 읽을 수 있기 때문이다.

> 프로이센은 말하자면 국가를 동반한 군대였다. 이러한 국가 구성은 특정한 심성을 형성했다. 군대를 보면 내 가슴은 고동친다. 이것은 무서운 것이다. 그것이 음악에 의해서인지, 리듬에 의해서인지 나는 모른다. 혹은 최근 에르푸르트Erfurt의 키프호이저에 갔을 때 나는 넋을 잃고 그것을 바라보았다. 숲에, 그렇게 아름다운 독일의 숲 속에 들어갈 때도 동일하다. 이것은 비꼬아서 말하는 것이 아니다. 내가 말하고 싶은 것은 다른 민족에 대한 편견으로부터 벗어나는 것이 얼마나 어려운가라는 것이다. 나는 기숙학교 시절부터 폴란드에 대한 편견을 오랫동안 계속 품어왔다.

이 기숙학교에서 히틀러정권 수립 뉴스를 듣고 스위스로 도망가서, 프랑스를 거쳐 1년 후에 영국에서 가족과 합류했다. 어머니와 형은 터키, 아버지는 코스타리카, 게르하르트는 룩셈부르크의 여권을 가지고 이동했다.

> 고향이 없다고 하는 사태는 완전히 현대적인 것이다. 지금이야말로 '나에게 있어서 국민이라는 것은 그 여권과 다르지 않다'고 말할 수 있다. 이것을 우리들은 30년대에 배웠던 것이다.

1937년 케임브리지대학에 입학하여 조지로 개명한 그는 스페인내전에 의해 정치적으로 각성하고 공산주의자가 되었다. 그러나 1939년의 히틀러-스탈린협정에 의해 충격을 받고 정치활동을 떠나 가족과 함께 미국으로 건너가 하버드대학원에 입학했다. 1944년, 아이오와주립대학 전임강사에 취임했으며, 1946년에는 박사논문 『영국에서의 주권투쟁』을 제출했다. 1955년 위스콘신대학 부교수에 취임했고, 후에 교수가 되었으며 1988년부터 명예교수가 되었다. 1966년부터는 『현대사저널*The Journal of Contemporary History*』의 공동편집자로서 학회를 이끌었다. 또 1976년부터는 이스라엘의 히브리대학Hebrew University of Jerusalem 겸임교수가 되었으며, 1985년부터 명예교수에 취임했다. 미국, 독일, 이스라엘을 왕래하는 생활을 계속하다 1999년 죽음을 맞게 되지만, 그 막대한 유산은 미국인의 독일 연구를 지원하는 모세기금이나 젠더 연구의 강좌에 유증遺贈되었다.

내셔널리즘론에서의 모세의 논의 범위

특히 '국민화'를 취급한 이 책에서 '국민'(네이션)의 번역어는 중요하다. 네이션을 '국가'로 번역하는 악습의 좋은 예는 나치즘을 '국가사회주의'로 오역하는 경우일 것이다. 원래 나치즘이 제창한 '국민혁명'을 '국가혁명'으로 번역하지 않고, 나치즘을 '국가사회주의'로 부르는 것이 어떻게 가능하겠는가? 당연히 성실한 독일사 연구자라면 '국가사회주의'를 사용하지는 않겠지만, 고교교과서나 사전류에서는 지금도 '나치즘=국가사회주의'가 사용되고 있다. 이 배경에는 일본의 왜곡된 내셔널리즘 이해가 존재하고 있는 것처럼 생각된다.

예를 들면, 마루야마 마사오丸山眞男는 메이지 시기 내셔널리즘을 '국민주의', 쇼와전전기昭和戰前期 울트라 내셔널리즘을 '초국가주의'로 구분했다. 여기서 그는 전자의 내셔널리즘을 '진보'의 계기라고 긍정적으로 평가했지만, 후자의 내셔널리즘은 '반동'이라고 비판했다. 당연히 일본의 태평양전쟁 후 헌법의 '국민주권'과 연결되는 내셔널리즘은 '국민주의'이며, '국가주의'여서는 안 되었다. 그러나 모세가 이 책에서 명확히 한 것처럼 프랑스혁명 이래의 '국민주권'이나 '민주주의'의 정치적 전통 위에 나치즘은 존재했다. 이 의미에서는 근대주의자 마루야마 마사오가 건져내려 했던 '국민주의'야말로 그 속에서 파시즘을 배태하고 있었던 것이다.

나치즘을 '국가사회주의'로 번역함으로써 대중민주주의가 지닌 '국민화'의 마성을 무시하는 사람은 "제3제국〔나치스하의 독일제국〕이 항복하고 나서도 목숨을 걸고 싸우는 독일인이 있었는가"라는 푸코의 질문에 대답해야만 할 것이다. 푸코는 그것을 권력에 대한 애착이라고 설명했지만, 국민주권하의 대중정치에서 권력이란 국가 장치가 아닌 국민 심성에 기초한 것이다. 국가가 패하더라도 국민은 여전히 존재하는 것이다.

만약 '국민사회주의(나치즘)'가 국민주권이나 국민복지와 관계없이 이상한 것이고 예외적인 것이라고 한다면, 근대주의자들에게는 무척 편리했을 것이다. 그러한 악몽은 예외적인 것으로 역사로부터 당연히 절단되었을 것이다. 그러나 이 책이 주장하는 것처럼 나치즘이 '국민주의의 극치를 표현한 것'이라면, 근대주의자는 국민화, 즉 자신이 믿고 있는 근대성의 전개야말로 비판의 대상으로 삼아야 할 것이다.

참고문헌

モッセ, 『フェルキッシュ革命—ドイツ民族主義から反ユダヤ主義へ』, 植村和秀·大川清丈·城達也·野村耕一 譯, 柏書房, 1998.

원제는 『ドイツ·イデオロギーの危機—第三帝國の知的起源』(1964). 독일 역사가로서의 처녀작. 민족주의적völkisch 개념의 분석을 축으로 나치즘의 불가사의한 요소까지도 본격적인 연구 대상으로 한 기념비적 저작.

モッセ, 『ナショナリズムとセクシュアリティ—市民道徳とナチズム』, 佐藤卓己·佐藤八壽子 譯, 柏書房, 1996.

이 책의 속편이라고도 말할 수 있는 내셔널리즘의 역사. 남성 원리를 축으로 하는 나치즘이 시민사회의 '정통적' 가치관에서 탄생했다는 것을 명백히 하고 있다.

モッセ, 『ユダヤ人の'ドイツ'—宗教と民族を超えて』, 三宅昭良 譯, 講談社, 1996.

원제는 『ユダヤ主義を超えたドイツ·ユダヤ人』(1985). 시민적 교양과 유대인 해방에서부터 나치즘과 반교양주의에 이르는 독일 국민주의의 역사.

モッセ, 『英靈—世界大戰の記憶の創出』, 宮武實知子 譯, 柏書房, 2002.

1990년의 원저 간행 후, 독어·이탈리아어·불어로 번역된 '전쟁의 기억'론. 영령신화가 완전히 픽션이라는 것을 인정하면서도 독일의 좌익이 영령제사를 업신여긴 것이 나치즘이 정치를 이용하도록 길을 열어주었다고 모세는 지적하고 있다.

野田宣雄, 『教養市民からナチズムへ—比較宗教社會史のこころみ』, 名古屋大學出版會, 1988.

'교양'과 '종교'에 의해 나치즘을 분석한 종교사회사의 걸작. 특히 제2장「ヒトラーの教養市民層批判—フェルキッシュ運動とナチ運動」에 모세의 문제의식과 겹치는 부분이 있다.

佐藤卓己,『大衆宣言の神話―マルクスからヒトラーへのメディア史』, 弘文堂, 1992.

나치즘운동에서의 '노동자의 공헌'(『대중의 국민화』 제7장)을 대중선전의 관점에서 분석한 독일사회민주당사.

小岸昭,『世俗宗教としてのナチズム』, ちくま新書, 2000.

『大衆の國民化』나 『フェルキッシュ革命』의 연장선상에서 나치즘론을 개설적으로 분석한 작품.

デーヴィッド・ブラックボーン,「舞台としての政治 1884~1933」, 望田幸男 외 譯,『イギリス社會史派のドイツ史論』, 晃洋書房, 1992 수록.

모세의 영향하에 탄생한 연구. 단 모세의 '새로운 정치'는 1813년 나폴레옹해방전쟁에서 시작되어, 1848년혁명의 평가는 낮다.

西川長夫,『國民國家論の射程』, 柏書房, 1998.

「國民崇拝の祭儀と神學―ジョージ・L・モッセ『大衆の國民化』を讀む」가 수록되어 있다. 마지막 한 문장을 잊을 수가 없다. "특히 파시즘 연구자는 이 책에 대해서 자신의 입장을 명확하게 표명할 의무가 있다고 생각한다."

Irene Runge/Uwe Stelbrink, *George Mosse; Ich bleibe Emigrant; Gespräche mit George L. Mosse*, Dietz Verlag, 1991.

모세가 스스로 자신의 성장과 역사관을 솔직하게 말한 인터뷰. 이 글의 전기傳記 부분은 이것에 의거했다.

톰 네언,『영국의 해체』

모리 요시타카毛利嘉孝 | 이상훈 옮김

Tom Nairn, *The Break-up of Britain: Crisis and Neo-nationalism*, NLB, London, 1977/(2nd expanded ed.) NLB and Verso, 1981.

이중의 선구성先驅性

1977년에 발표된 이 책은 두 가지 의미에서 선구적인 책이다. 우선 첫째로 이 책은 1980년대가 되어 질적·양적으로 급격한 발전을 보인 내셔널리즘 연구에서 선구적인 존재이다. 예를 들면 1983년에 발표된 베네딕트 앤더슨Benedict Anderson의『상상의 공동체*Imagined Communities*』나 1985년에 나온 앤서니 기든스Anthony Giddens[1](1938~)의『국민국가와 폭력*The Nation State and Violence*』은 둘 다 1980년대의 내셔널리즘론의 향방을 결정한 책이다. 그런데 이 두 책은 어느 쪽이든 네언의 논의에 비판적인 태도를 표명하고 있지만, 동시에 출발점으로서 이 책으로부터 많은 도움을 얻고 있다는 것은 한번 읽어보면 잘 알 수 있다.

사실 앤더슨은『상상의 공동체』에서 네언에 대해 상세하게 비판하면서도,

1 영국의 사회학자로 구조화이론theory of structuration, 재귀적 근대화론reflexive modernization의 주창자이며, 영국 노동당의 토니 블레어Tony Blair 정권(1997~2007)의 브레인으로서, 시장원리주의 노선이나 큰 정부주의 노선이 아닌 '제3의 길The Third Way'을 주장한 것으로 유명하다.

그 첫머리에서 네언에 대해 "선구적 연구인 『영국의 해체』의 저자로서 마르크스주의 사학과 사회과학의 방대한 전통의 계승자"라고 높이 평가하고 있다. 기든스는 네언의 내셔널리즘론에 대해 "내셔널리즘에 관한 최근의 가장 계발적인 설명"이라고 소개하고 있다.

이처럼 영향력 있는 이 책은 이 밖에도 어니스트 겔너Ernest Gellner나 앤서니 스미스Anthony D. Smith 등의 내셔널리즘을 둘러싼 논의에서도 항상 비교문헌이 되었다.

그러나 이 책이 '선구적'인 것은 단순히 닫힌 내셔널리즘 이론의 영역에서뿐만은 아니다. 이 책은 현실의 정치상황을 앞서 언급하고 있었다는 의미에서도 '선구적'이었다. 네언이 이 책에서 고찰한 것은 스코틀랜드 내셔널리즘의 문제를 중심으로, 스코틀랜드, 웨일스, 그리고 아일랜드라는 지역이 잉글랜드라는 영국의 한 지역에 의해 어떻게 정치적·경제적으로 끊임없이 주변화되어 왔는가라는 역사적 과정이었다. 이러한 분석을 통해서 네언은 '연합왕국의 해체'를 일종의 정치적인 프로젝트로서 호소했던 것이다.

이 책이 출판되었던 당시에는 거의 정치적으로 실현되지 못할 것처럼 생각되었던 스코틀랜드 내셔널리즘의 주장은, 그러나 토니 블레어 노동당 정권이 진행한 영국의 지방분권화정책에 의해 실현되었다. 1997년 국민투표의 결과로 1999년 스코틀랜드와 웨일스의 독자 의회가 설립된 것 등은 이 실현화의 예이다. 여기에서 말하는 '의회'는 영어의 'Parliament'에 대응하는 것으로, 하나의 단순한 지방자치단체의 의회라기보다는 교육, 종교, 법률, 과세 등 광범위한 국가적 권한을 위양받은 준국가적인 의회이다. 종종 잉글랜드와 동일시되어온 영국이 이 과정에서는 분명하게 다민족multinational 국민국가로서 재편되기 시작했다고 말할 수 있을 것이다. 네언의 비전은 그가 예상한 바와 같이 1970년대에는 실현되지 못했지만, 20년 후에 실현되기 시작했던 것이다.

오늘날 네언의 『영국의 해체』를 읽는다는 것은 이 두 가지의 선구적인 의미를 읽는 것이다. 그것은 이론과 실천의 긴장 관계를 읽는 것이며, 어느 한 쪽만을 받아들일 수는 없다. 이것을 확인하고 나서 이 책의 논의를 보기로 하자.

『영국의 해체』의 배경

이 책은 9장으로 이루어졌으며 400쪽에 이르는 방대한 저서이다. 저서의 내용 가운데 상당 부분은 페리 앤더슨Perry Anderson이나 앤서니 바네트 Anthony Barnett 등과 함께 네언 자신도 편집에 관여하고 있던 『뉴 레프트 리뷰*New Left Review*』지에 1970년대에 발표된 것이다. 이것들은 당시 영국뿐만 아니라 유럽 마르크스주의에 커다란 영향을 미치고 있던 이 잡지의 주요 논의 내용이었다. 또한 이것들은 1968년 이후의 프랑스사상의 영향하에서 현실정치를 이론화한 것이고, 안토니오 그람시Antonio Gramsci를 재해석한 것이었다. 그리고 무엇보다도 이것들은 단적으로 전통적 마르크스주의를 비판하는 이론을 구축한 것이었다.

톰 네언은 1932년에 출생했다. 에딘버러대학, 옥스퍼드대학 등에서 수학한 후에 버밍엄대학 및 혼지Hornsey미술학교에서 교편을 잡았다. 이 책을 집필할 당시에는 암스테르담국제연구소의 연구원이었다. 그 후 프라하 중앙유럽대학의 내셔널리즘 연구 선임연구원 등을 거쳤고, 현재 에딘버러대학 국제사회과학연구소 연구원이다.[2] 최신 저작으로는 『영국 이후*After Britain*』(Grenda Books, 2000)가 있다. 『뉴 레프트 리뷰』지를 중심으로 적극적으로 논고를 발표했으며, 1970년대～1980년대 영국을 대표하는 좌파이론가였고, 특히 스코틀랜드 내셔널리즘 운동에 적극적으로 관여해왔다. 그렇다고 해도 그 자신이 스코틀랜드에서 자리를 잡은 것은 1990년대에 들어와서이

2 2001년부터 호주의 왕립 멜버른 기술연구소 글로벌리즘 연구센터Globalism Research Centre, Royal Melbourne Institute of Technology의 교수로 재직 중이다.

며, 이 자체가 그의 미묘한 정치적 위치를 보여주고 있다고 생각된다.

전체 상을 파악하기 위해서 각 장의 구성을 대략적으로 소개한다. 이 책은 '영국국가의 황혼'이라고 제목을 붙인 제1장을 시작으로, 스코틀랜드 내셔널리즘을 논한 제2장 '스코틀랜드와 유럽', 제3장 '오래되었지만 새로운 스코틀랜드의 내셔널리즘', 제4장 '웨일스의 문화와 정치', 제5장 '북아일랜드—유물인가 전조인가?'로 이어진다. 각 장의 제목이 보여주는 것처럼 잉글랜드 이외의 영국 각 지방의 내셔널리즘이 전반의 주제이다. 후반은 먼저 잉글랜드의 내셔널리즘과 보수당 속에서도 강고한 우파정치가로 알려진 이넉 파웰Enoch Powell을 분석한 제6장 '잉글랜드의 내셔널리즘—이넉 파웰을 중심으로'로 시작하여, 제7장 '잉글랜드의 수수께끼'로 이어지고, 마지막에 유럽통합의 프로젝트를 근거로 한 제8장 '초超내셔널리즘과 유럽'에서 구체적인 분석이 끝난다. '현대의 야누스'라는 제목의 제9장은 네언의 내셔널리즘으로 자주 소개되는 가장 잘 알려진 장이며, 전체 내용을 포괄하는 이론 틀을 논의하고 있다. 참고로 말하자면, 1981년의 제2판에는 1977년의 초판 발표 당시의 상황을 회고하면서 현상분석을 시도한 '1981년의 포스트스크립트postscript—정치적 긴급성에 대해'라는 장이 추가되었다. 그러나 그때까지의 논의를 대폭적으로 변경했다기보다는 오히려 논의의 타당성을 보충하는 형태로 저술되었다.

『영국의 해체』가 발표된 1977년은 1979년 보수당 대처 정권이 탄생하기 전이었으며, 영국 전체가 오일쇼크로부터 회복하지 못하고 심각한 경제 불황에 허덕이던 시기였다. 1974년의 탄광파업에 대한 대응 실패로 에드워드 히스Edward Heath의 보수당은 야당으로 전락했지만, 노동당도 이 위기를 탈출하기 위한 결정적인 방책을 발견하지 못하고 있었다. '위기'란 이 시기 영국의 키워드였으며, 이 책의 부제인 '위기와 네오 내셔널리즘'은 바로 이 시대의 분위기를 반영한 것이었다. 내셔널리즘은 이 '위기'의 시대에 명백하게 새로운 양상을 보이기 시작했다.

'현대의 야누스'

네언은 내셔널리즘이 '현대의 야누스'라고 말했다. 이것은 네언의 내셔널리즘론 속에서도 가장 잘 알려진 주장이다. 야누스란 두 개의 얼굴을 가진 고대 로마 신의 이름이다. 이 신은 입구의 수호신으로, 한 개의 얼굴은 바깥쪽을, 또 한 개의 얼굴은 안쪽을 향하고 있다. 네언은 이렇게 표현함으로써 내셔널리즘이 갖고 있는 양면성을 피할 수 없는 특징으로 생각했던 것이다. 그렇다면 이 표현을 통해 네언은 무엇을 논하려고 했던 것일까?

무엇보다도 이 양면성은 그때까지의 내셔널리즘 평가에서 나타난 것이었다. 그중에서도 고전적인 마르크스주의에서 내셔널리즘은 딜레마를 안고 있었으며, 그 때문에 평가는 완전히 양분되어 있었다. 우선 적어도 내셔널리즘이 현대사회의 급진적인 정치운동에서 상당한 역할을 수행했다는 것은 부정할 수 없다. 제3세계의 후진국에서 내셔널리즘은 선진국의 억압에 투쟁하기 위한 중요한 이데올로기로서 기능하고 있었다. 라틴아메리카나 아프리카, 혹은 아시아 여러 나라의 독립운동에서 내셔널리즘이 수행한 역할을 무시할 수는 없다. 혁명적인 정치운동은 자주 내셔널리즘과 밀접하게 연결되어 전개되어왔다.

그렇지만 다른 한편에서 내셔널리즘이라는 말이 일정한 정치적 체제와 결부되어 비참한 역사적 재앙을 가져왔다는 것도 동시에 명심할 필요가 있다. 제2차 세계대전 전후의 독일 나치즘이나 이탈리아 파시즘, 일본 군국주의 형성에 내셔널리즘이 불러일으킨 감정이 크게 영향을 끼쳤다는 것은 부정하기 어렵다. 제2차 세계대전 후 내셔널리즘을 통해 독립을 달성한 몇몇 나라는 내셔널리즘의 이름하에 전제적이고 배타적인 정치체제를 창출해냈다는 것도 무시할 수 없다. 최근의 코소보분쟁[3]의 예를 들 필요도 없이 내셔널리

3 유럽 남동부 발칸반도에 위치한 코소보 지역은, 구유고슬로비아 연방이 해체되면서 세르비아공화국의 자치주가 되었는데, 독립을 추진하는 알바니아계 주민과 이를 막는 세르비아 정부 간 무력

즘은 확실히 비참한 측면을 가지고 있다.

내셔널리즘 이론은 이 내셔널리즘이 갖고 있는 양면성을 둘 다 설명하지 않으면 안 된다고 네언은 주장한다. 이 긍정적 측면과 부정적 측면의 모순을 이해하고, 정확하게 평가해가는 것이 구래舊來의 마르크스주의가 갖는 도덕적 시각으로부터 피할 수 있는 유일한 방법이라는 것이다.

이러한 표현에는 (이 책이 저술된 1970년대 이전의) 구래의 마르크스주의에 대한 네언의 신랄한 비판이 포함되어 있다. 원래 이 책의 '현대의 야누스'라는 장은 "내셔널리즘 이론은 마르크스주의의 커다란 역사적 과오를 나타내고 있다"는 문장으로 시작되고 있으며, 기존의 마르크스주의를 반복적으로 비판하고 있다. 그런데 네언에 의하면 이것은 마르크스주의만의 문제가 아니라, 독일관념론, 자유주의, 현대사회학·정치학 그 어느 것도 내셔널리즘을 제대로 취급하지 못했다고 한다. 이것은 단순히 마르크스주의가 내셔널리즘에 대해 무관심했기 때문이 아니라, 오히려 이런 잘못이 역사적으로 불가피했다는 것이다. 내셔널리즘의 문제는 마르크스주의의 이론적 한계로서 생각해야만 한다고 네언은 말한다. 여기서 그가 기존 마르크스주의의 정전正典적인 역할을 수행했다고 언급한 것이 1914년에 간행된 스탈린의 『마르크스주의와 민족 문제』이다. 그런데 이 저작은 내셔널리즘의 병적인 모습이었던 스탈리니즘 때문에 정말로 문제가 된다. 네언이 비판하는 것은 1914년 당시 이론적 패러다임으로 내셔널리즘을 이해했던, 조직화된 당으로서의 마르크스주의였다.

네언의 진단에 의하면, 이 마르크스주의의 문제는 단순히 기존의 마르크스주의를 수정하는 것으로 해결되지 않는다. 마르크스는 어쨌든 정치·경제적인 중심 문제로서 내셔널리즘을 본 것은 아니었다. 그렇다면 내셔널리즘

분쟁이 1998년 크게 발생했다. 이에 1999년 나토NATO가 개입하였고, 이후 유엔결의를 통해 유엔의 잠정통치하에 놓여 있다가, 2008년 독립을 선포하고 코소보공화국Republic of Kosovo이 되었다.

을 생각하기 위해서는 그때까지의 내셔널리즘론의 틀 자체를 재고하지 않으면 안 된다고 네언은 생각했다. 그것이 '현대의 야누스', 즉 해결할 수 없는 양면성을 가진 것으로서 내셔널리즘을 파악하는 것이었다.

불균형한 발전

내셔널리즘을 '현대의 야누스'로 생각한다면, 중요한 것은 내셔널리즘 그 자체의 시비를 가리는 것이 아니라, 오히려 내셔널리즘이 발생하는 요인을 '과학적으로' 고찰하는 것이라 할 수 있다. 네언은 무엇이 내셔널리즘을 발생시키는 주된 요인이라고 생각했던 것일까?

아주 일반적으로 내셔널리즘은 애국심이나 애국심을 지탱하는 균질한 '국민정신'으로부터 만들어진다고 생각된다. 그러나 네언에 의하면 이러한 논의는 나무만 보고 숲을 보지 못하는 것에 불과하다. 문제는 왜 국민국가가 이와 같은 애국심이나 국민정신을 필요로 하는가이다. 그리고 보다 중요한 것은 내셔널리즘이 생성되는 세계정치·경제의 특징을 검토하는 것이라고 네언은 주장했다.

네언이 주목하는 것은 상당수의 내셔널리즘이 국민국가의 중심 지역이 아니라 오히려 주변 지역이나 후진국에서 생성된다는 사실이다. 실제로 이 책의 중심 주제로서 논의되고 있는 것은 영국의 중심인 잉글랜드의 내셔널리즘이 아닌 항상 주변 지역이었던 잉글랜드 이외의 지역, 즉 웨일스나 북아일랜드 그리고 그 자신이 적극적으로 관여해온 스코틀랜드의 내셔널리즘이다. 네언은 제2차 세계대전 직전의 독일, 이탈리아, 일본의 내셔널리즘에 대해 그 후진국으로서의 특징을 지적하고 있다. 그는 내셔널리즘의 기원을 세계경제 발전의 불균형과 그 불균형이 가져오는 주변성에서 발견한 것이다. 네언은 마르크스주의와 마르크스 자신이 속해 있던 서양 근대사상이, 전통적으로 균형을 이룬 발전, 진보, 계몽이라는 개념에 얽매여서, 이 불균형을 경시하여 부차적인 것이고 가까운 장래에 극복할 수 있는 것으로 생각해왔다는 것을 비판한다.

그런데 네언은 이 발전의 불균형이 제국주의적 발전에서는 불가피한 것이라고 말한다. 이 불균형에 대해서 주변 지역은 양면적인 대응을 할 수밖에 없다. 그것은 중앙의 종주국 지배에 저항하면서, 동시에 그 종주국을 추월하거나 가능하다면 앞서가려고 하는 것밖에는 없다는 것이다. 이것을 위해서는 종주국이 걸어온 발전의 도정道程을 단지 따라가는 것만으로는 불충분하다. 어쨌든 종주국의 지배로부터 벗어나기 위해서 주변 지역은 도중의 과정을 생략해서 발전하지 않으면 안 된다. 네언에 의하면, '국민성'이 도입되는 것은 이 발전 과정에서 따라잡기 위함이며, 바로 이 과정에서 내셔널리즘이 발생한다는 것이다.

여기에서 말하는 '국민성'이란 국민의 역사이며, 공통의 기억이고, 정신쇼크 같은 경험이다. 그것은 프로이트가 말하는 '무의식', 집합적 무의식 속에 각인되어 있다. 내셔널리즘이란 그 무의식의 영역에 호소하는 것이라고 네언은 말하고 있다. 이 무의식 속에 있는 힘은 통상 생각되는 것보다 훨씬 큰 것이며, 한번 분출하면 이성에 의해 제어할 수 없게 된다. 그리하여 〔국민성의〕 이러한 비합리성 때문에 내셔널리즘은 이해하기 어렵게 된다고 말하고 있다.

네언의 내셔널리즘론에 대한 비판

오늘날의 시점에서 본다면, 네언의 논의를 비판하는 것이 그렇게 어렵지 않을지도 모른다. 예를 들면, 기든스는 앞서 소개한 『국민국가와 폭력』에서 내셔널리즘의 모든 요인을 경제의 불균형한 발전 탓으로 돌리는 네언의 논의에는 무리가 있다고 비판하고 있다. 역시 네언의 과도한 경제결정론 속에는 네언 스스로가 비판했던 구래형 마르크스주의의 잔재가 남아 있다는 것을 인정하지 않을 수 없다. 내셔널리즘의 요인으로는 네언이 주장한 경제의 불균형 외에도, 군사적 · 정치적인 대중동원의 필요성이나 미디어 등의 이데올로기 장치, 교육, 문화 등의 복잡한 결정인자들이 존재한다는 것을 인정해야만 한다. 그리고 이러한 복잡한 결정인자들은 지리적 · 역사적인 특수성을 가지고 등장한다고 이해해야 할 것이다.

또한 앤더슨이 약간 빈정대며 기술하고 있는 것처럼, '현대의 야누스' 인 내셔널리즘에 대해 그가 동정적이었다는 것에 대해서도 우리들은 주의할 필요가 있다. 특히 폴 길로이Paul Gilroy[4](1956~)를 비롯한 문화연구cultural studies의 논객들이 말하는 것처럼, 내셔널리즘은 그 사회의 차이를 폭력적으로 소거하는 장치로서 작용한다.

이러한 내셔널리즘의 작용은 우파세력뿐만 아니라 좌파세력 내부의 언설에서도 나타나, 영국에서는 유색인종을 배척하는 이데올로기로서 기능해왔다. 이러한 것을 생각할 때 주변 지역의 내셔널리즘이든, 또는 다른 내셔널리즘이든지 간에 주의 깊게 지켜볼 필요가 있다.

그러나 첫머리에서도 언급한 것처럼, 이 책이 최초로 발표된 것은 1970년대의 『뉴 레프트 리뷰』 지상에서이며, 1980년대 이후의 내셔널리즘론이 발전하기 전이었다는 점은 반복해서 강조해두어야 할 것이다. 지금은 누구나 입에 담게 된 다민족국가로서의 영국이라는 개념을 확실하게 명시하고, 그리고 '영국의 해체' 라는 프로젝트를 예언한 것은 바로 톰 네언이었다. 네언 자신은 당시의 블레어 정권의 동향에 비판적인 것 같지만, 우리들이 이 책에서 배워야 하는 것은 그 역사적 문맥에 입각한 선구성이다.

4 영국의 사회학자로 흑인 문화, 반인종주의 등을 다룬 문화연구자로 유명하다.

참고문헌

I·V·スターリン, 『マルクス主義と民族問題』, スターリン全集刊行委員會 譯, 大月書店, 1953.

네언의 논의를 이해하는 데 참고가 된다.

ロザリンド·ミスチン 編, 『スコットランド史—その意義と可能性』, 富田理恵·家入葉子 譯, 未來社, 1998.

일본어로 읽을 수 있는 스코틀랜드 역사.

B·アンダーソン, 『想像の共同體』, 白石隆·白石さや 譯, NTT出版, 1997.

アントニー·ギデンス, 『國民國家と暴力』, 松尾精文·小幡正敏 譯, 而立出版, 1999.

앤더슨과 기든스의 두 책은 네언의 논의가 그 후 어떠한 영향을 미쳤는지 보여주고 있다.

Stuart Hall, *The Hard Road to Renewal: Thatcherism and the Crisis of the Left*, Verso, 1988.

대처 정권 시대의 내셔널리즘과 마르크스주의 문제를 이해하는 데 참고가 된다.

Tom Nairn, *After Britain*, Granta Books, 2000.

블레어 정권 이후의 지방분권정책에 관한 네언의 논고이다.

휴 시턴 왓슨, 『국민과 국가』

와카바야시 미키오若林幹夫 | 이상훈 옮김

Hugh Seton-Watson, *Nations and States: An Enquiry into the Origins of Nations and the Politics of Nationalism*, Methuen, London, 1977.

베네딕트 앤더슨Benedict Anderson은 『상상의 공동체』에서 휴 시턴 왓슨(1916~1984)의 『국민과 국가』에 대해, "자유주의사학과 사회과학의 방대한 전통의 계승자"가 저술한 "내셔널리즘에 관한 영어 문헌 가운데서는 가장 훌륭한 그리고 가장 포괄적인 작품"이라고 평하고 있다.

앤더슨이 말하는 '자유주의사학'은 일본에서 최근 자주 들을 수 있는 '자유주의사관'이 아니라는 점에 주의할 필요가 있다. 물론 마르크스·레닌주의의 교조주의적인 도그마에 기초한 역사 이해나 사회 이해를 거부한다는 점에서는 『국민과 국가』에서의 시턴 왓슨의 시점과 일본의 '자유주의사관' 논자들의 주장이 일치하지 않는 것은 아니다. 그러나 양자가 일치하는 것은 이 한 가지뿐이다. 이른바 '자유주의사관'은 일본이라는 네이션을 고대 이래 오늘날까지 계속되는 실체로서 파악하고, 그 네이션을 단락적으로 국가와 결부시킨다. 이러한 점에서 일본의 '자유주의사관'은 내셔널리즘적이고 국가주의적인 역사관이다. 이에 비해 『국민과 국가』의 시턴 왓슨은 그러한 내셔널리즘이 사람들을 동원하고 국가와 결부시켜가는 과정을 역사적인 사실로서 도마 위에 올려 분석하려고 한다.

또한 '자유주의사관'은 이 마르크스·레닌주의적인 도그마에 대해 내셔널리즘적인 다른 도그마를 대치시키려고 하는 시도이다. 이에 비해 『국민과 국가』에서 시턴 왓슨은 어떠한 당파적인 도그마로부터도 자유로운 입장에서 국민과 국가의 다양한 관계를 경험주의적으로 개관하려고 한다. 앤더슨이 평한 '자유주의사학'과 '사회과학의 전통'이라는 것은 '국민'이나 '국가'를 선험적으로 체험하고, 혹은 신화화하는 어떠한 도그마로부터도 자유를 지키려고 하는, 이 책에서도 나타나는 시턴 왓슨의 경험주의적인 시점과 방법인 것이다.

네이션이란 무엇인가—경험주의적 이해

저자는 이 책을 집필할 당시 런던대학의 슬라브동구연구학부에서 러시아사의 교수를 맡고 있었다. 저자에 따르면 이 책은 몇 년에 걸친 집중적인 연구와 집필의 결과가 아니라, 저자 자신이 살아온 세계를 계속 떠들썩하게 한 내셔널리즘의 힘을 이해하기 위해 반생을 바쳐 노력해온 것이라고 한다.

저자는 20세기 전반에 중부 유럽에서 신흥제국이 출현하는 데 적극적으로 관여한 역사학자 R. W. 시턴 왓슨의 아들로 태어났다. 그는 프랑스와 영국의 학교에서 각 나라의 내셔널 상징에 관련된 사실을 배웠고, 시민의 자유와 국민의 자유는 불가분의 관계에 있다고 하는 윌슨류의 자유주의에 입각한 교과서로 현대 유럽사를 배웠다. 고교시절에는 히틀러의 제3제국 성립을 경험하고, 부친과 함께 방문한 독일에서 내셔널리스트의 주장과 개개인의 권리를 일치시키는 것이 어렵다는 것을 알게 되었다. 그리고 그는 소비에트연방과 사회주의가 산출해낸 희망도 머지않아 환멸로 바뀌는 것을 경험했다. 이처럼 세계 각지를 돌면서 내셔널리즘 연구에 종사해온 저자가 그 인생을 통해 발견한 것들은, 어찌 되었든 이 세상에는 네이션이라는 것이 존재하고, 네이션과 네이션 간의 분쟁이 존재한다는 것이었다. 또한 힘을 장악한 내셔널리스트는 자주 국민의 인권을 폭력적으로 침해한다는 것이다. 그리고 내셔널한 것에 대한 충성을 제거하려는 시도는, 그것이 보다 고차원적인 인류의 연대라는 이름하에 구체적으로 추구된다고 할지라도 달성할 수 없으며, 이 세계에서 인간의 증오를 증대시켜왔다는 것이다. 이러한 것들은 단순히 내셔널리즘을 비판하는 것으로는 인류에게 아무런 공헌도 할 수 없음을 의미한다.

이 책이 목표로 하는 것은 다음과 같은 고찰이다. 내셔널리즘을 비판하는 것이 아니라, 그 역사적인 기원을 이해하고자 한다. 그리고 내셔널리즘의 일반이론을 만드는 것이 아니라, 다양한 네이션이 형성된 과정과 국민적인 목적으로 간주되는 것을 달성하려고 행해지는 정치운동의 유형들을 명백히 하고, 그와 같은 운동이 영향을 주거나 그러한 운동에 영향을 준 국가 내의 관계와 국가 간의 관계를 검토한다. *Nations and States*라는 이 책의 제목이 '국민들', '국가들' 처럼 각각 복수형이 된 것은, 이 책이 국민 일반이나 국가 일반에 대해서 생각하는 것이 아니라, 다양한 국민과 국가의 유래를 경험적인 사례에 의거하여 역사적으로 그리고 사회과학적으로 명확히 하고 있음을 드러낸다.

제1장 '네이션과 내셔널리즘'에서는 이러한 역사적 고찰에 앞서 기본적인 개념과 문제의식이 검토되고 있다. '국민국가nation-state'라는 말이 존재하는 것처럼, 그리고 또 '여러 국민의 연합United Nations'이어야 할 유엔이 사실상은 '여러 국가의 연합United States'인 것처럼, 오늘날의 세계에서 네이션과 스테이트는 밀접하게 관계된 것으로 생각되고 있다. 그 결과 이것들은 자주 혼동되고 있다. 그러나 예를 들면, '네이션'이라고 부를 수 있는 어떠한 것도 갖지 않은 국가도 역사상 존재했으며, 반대로 국가가 형성되기 이전부터 계속 존재해온 네이션도 있다. 모든 국가는 하나의 네이션으로 이루어지며, 모든 주권국가가 국민국가라고 하는 근대적인 신념은 정치 현실의 이해를 혼란스럽게 한다. 국가는 자신을 구성하는 시민들의 복종과 충성을 이끌어내는 힘을 가진 법적이고 정치적인 조직이다. 네이션은 그 성원이

연대 감각이나 공통의 문화, 동일 국민이라는 의식에 의해 연결된 공동체이다. 이러한 국가와 네이션은 개념상으로도, 그리고 정치적인 현실로서도 구별되지 않으면 안 된다.

그런데 이와 같이 이해한 다음에 '네이션'이라는 개념을 검토해보면, 이것을 일반적인 형태로 정의하는 것이 매우 어렵다는 것을 알 수 있다. 시턴 왓슨이 도달한 결론은 네이션이라는 것이 지금까지 확실히 존재해왔으며, 또한 현재에도 존재하고 있음에도 불구하고 그것을 '과학적으로 정의하는 것'은 불가능하다는 점이다. 게다가 국민의 존재는 다음과 같이 동어반복적인 형태로 파악할 수밖에 없다는 것이다.

> 어떤 공동체의 충분한 수의 구성원이 그들 자신이 네이션을 형성하고 있다고 생각하거나, 자신들이 네이션을 형성하고 있는 것처럼 행동할 때, 거기에는 네이션이 존재하고 있다. 사람들 모두가 그렇게 생각하거나 행동할 필요는 없으며, 어느 정도의 사람들이 그와 같이 생각하거나 행동할 때 네이션이 성립했는지를 결정할 수 있는 최저수치를 제시하는 것도 불가능하다. 어떤 중요한 집단이 그러한 신념을 가졌을 때, 거기에는 '국민의식'이 존재한다.

그렇지만 그러한 네이션에서 적어도 두 가지의 역사적인 타입을 설정하는 것은 가능하다. 하나는 시턴 왓슨이 '오래된 네이션'이라고 부르는 것으로, 프랑스혁명으로 근대적인 의미의 국민국가가 나타나기 전부터 서서히 형성되어 존재했던 잉글랜드, 스코틀랜드, 프랑스, 네덜란드, 포르투갈, 덴마크, 스웨덴, 헝가리, 폴란드, 러시아 등이 이에 해당한다. 그리고 다른 하나는 '새로운 네이션'으로, 프랑스혁명을 통해 국민국가가 정식으로 등장하면서 그 영향을 받아, 국민국가의 담당자인 국민을 창출하려고 하는 내셔널리즘 운동 속에 나타난 네이션을 의미한다.

네이션과 내셔널리즘의 비교역사학

이 책의 제2장에서 제10장까지는 그러한 '오래된 네이션'과 '새로운 네이션'의 역사적인 성립 과정이 여러 지역별 사례를 통해 검토되고 있다. 제2장에서 제5장까지는 유럽의 네이션 검토에 할애하여, 제2장 '유럽—옛날부터 계속되는 네이션'에서는 브리튼 섬과 아일랜드, 프랑스, 이베리아반도, 네덜란드, 스칸디나비아, 스위스, 러시아, 제3장 '유럽—국민통합의 운동'에서는 독일, 이탈리아, 그리스, 범슬라브주의, 폴란드, 유고슬라비아, 제4장 '유럽—다민족제국과 새로운 네이션'에서는 보헤미아의 체코인과 독일인, 헝가리, 슬로바키아, 루마니아, 우크라이나, 제5장 '바다를 건넌 유럽의 네이션'에서는 미합중국, 구스페인령 제국, 브라질, 캐나다, 남아프리카, 오스트레일리아의 사례가 검토되고 있다.

제6장에서 제8장까지는 비유럽세계에 할애하여, 제6장 '서아시아와 북아프리카—이슬람제국과 근대적 네이션'에서는 이슬람제국의 흥망이나 유럽에 의한 점령을 배경으로 한 이슬람적인 근대화와 범이슬람주의, 이란, 터키, 아랍 여러 국민의 경우가 고찰되고 있다. 제7장 '동아시아—제국, 식민지, 네이션'에서는 중국, 일본, 인도, 파키스탄, 동남아시아의 경우가, 제8장 '아프리카—식민지제국, 새로운 국가와 새로운 네이션'에서는 유럽 여러 나라에 의해 식민지화된 이후에 나타난 아프리카의 내셔널리즘과 그곳에서의 새로운 국가와 국민의 성립이 고찰된다.

그리고 제9장 '인종과 네이션—백인인종주의와 반反 백인적 내셔널리즘'에서는 국가를 복수의 네이션으로 분단하는 인종주의에 대해, 아메리카 대륙과 남아프리카에서의 백인과 흑인의 관계, 그리고 미국에서의 아메리칸 인디언의 문제에 연관시켜 고찰하고 있다. 제10장 '디아스포라Diaspora 네이션들'에서는 유대인, 인도인, 중국인, 말레이시아인 등 '조국'을 떠나 유랑하거나 세계 각지로 흩어진 네이션의 사례가 검토되고 있다.

시턴 왓슨은 네이션의 성립과 그 국가와의 관계에 대해서, 네이션의 성립을 이끈 주요 요인이나 국민의식의 유형 등에 기초하여 이념형적으로 분류하지 않는다. 그는 기계적이라고 할 수 있는 지역 분할의 방법으로 검토한다. 이 책에서 취한 이러한 검토 방법은 언뜻 보기에는 몰이론적이며, 사회과학적이라기보다는 지리학적 내지는 지역연구적인 것처럼 생각될지도 모른다. 실제로 시턴 왓슨 자신도 당초에는 지역 이외의 다른 기준에 입각하여 국민형성의 유형을 구분하려고 의도했다. 그럼에도 불구하고 최종적으로 이와 같은 지역 구분의 검토가 이루어진 것은 구체적인 역사 현실에 비추어 볼 때, 국민 형성의 과정에서 작용하는 국가, 언어, 종교, 사회계급 등의 여러 요소 중 어느 것이 가장 주요한 것이었는가를 한정하는 것이 거의 불가능했기 때문이다. 그리고 오히려 그러한 다양한 요인들이 서로 뒤엉키는 가운데 국민이 나타났기 때문이기도 했다.

'계급과 네이션'이라는 제목의 제11장과 '내셔널리즘과 이데올로기적 운동'이라고 제목을 단 제12장에서는, 제2장에서 제10장까지의 역사적인 검토에서 이끌어낸 논점이 고찰되고 있다. 제11장에서는 근대 국민국가가 부르주아 계급의 이해를 대표하고 있으며, 머지않아 그것이 프롤레타리아에 의해 극복된다고 하는 마르크스적인 명제가, 역사적인 검증으로 볼 때 사실이 아닌 조잡한 것이라고 지적하고 있다. 그리고 그 이전 장에서 검토된 여러 사례에서 내셔널리즘 운동과 계급구조가 어떻게 관련되어 있었는가를 특히 지식계급의 역할과의 관계에서 검토하고 있다. 여기에서 제시되는 것은 국민의식을 형성하는 데 언어를 조종하는 인텔리겐차가 아주 중요한 역할을 자주 수행해왔다는 것이다. 또한 내셔널리즘 운동은 계급투쟁과 긴밀하게 결부되어 있으나 그러한 운동과 사회계급의 관계로는 다양한 타입이 존재하여, 일반적인 형태로 명제화하는 것이 곤란하다는 것이다.

또한 제12장에서는 자유주의, 사회주의, 파시즘, 공산주의라는 20세기의 세계를 대표하는 이데올로기와 내셔널리즘의 관계가 고찰된다. 여기에서는 개개인의 자유와 네이션의 자유가 양립한다는 자유주의의 가설이 역사적으로 반드시 참은 아니었다고 한다. 그리고 그러한 아포리아aporia[1]를 극복하려는 이데올로기적인 운동으로서 20세기에 출현한 사회주의, 파시즘, 공산주의 그 어느 것도 개인의 자유와 네이션의 자유를 양립시키는 문제를 해결할 수 없었으며, 국민국가를 극복할 것을 주장한 공산주의혁명 또한 내셔널리즘화 혹은 파시즘화해갔다고 설명된다.

역사, 문화, 인간의 숙명

마지막 장 '네이션, 스테이트, 그리고 인간 공동체'에서 시턴 왓슨은 인간 공동체에서의 네이션이나 스테이트의 의미를 고찰하고 있다.

시턴 왓슨에 의하면, 20세기의 내셔널리즘은 파시즘에서의 민족숭배나 마르크스주의적인 혁명에서의 계급숭배와 같이 그 이전 시대라면 종교와 결부되었을 것 같은 열광을 생성해왔다. 20세기 네이션의 이러한 모습은 네이션을 둘러싼 사고나 운동을 다음과 같이 잘못 이해하기 쉽게 만든다. 그 하나는 과거 내셔널리스트의 운동이 다양한 죄로 더럽혀지고, 또한 다른 네이션도 죄를 짓고 있음에도 불구하고, 자신들의 네이션만은 순수하고 고귀하며 타자에게 부정을 강요하는 일이 없다고 생각하는 것이다. 다른 하나는 내셔널리즘이나 이것과 관련 있는 운동은 모두 바보 같은 짓이며, 사악하다고 생각하는 것이다. 예를 들면, 내셔널리즘이나 주권국가가 전쟁에서 중요한 역할을 수행하고 있다 해도, 그것들만이 전쟁의 원인은 아니다. 또한 아주 일부의 사람들이 네이션이나 국가를 초월한 보편적인 인류의 입장에 서는 (혹은 입장에 선다고 믿는) 것이 가능할지라도, 그와 같은 신념은 많은 사람들에게 대개는 설득력을 갖지 못할 것이다.

1 그리스의 아리스토텔레스 철학에서 나온 용어로, 해결하기 어려운 문제를 의미한다.

시턴 왓슨에 의하면, 국민의식이나 국민적 유산으로서의 역사, 문화를 거부하는 것은 진보의 상징이 아니라 오히려 정치적인 병리나 퇴보의 징후이다. 인간을 동물과 구별할 수 있는 것은 인간이 동물에게는 없는 이성과 기억을 갖고 있기 때문이다. 다양한 네이션과 그 문화 또한 역사의 시간 속에서 인간의 이성과 기억에 의해 창조된 것이다. 이것들이 사실로서 존재하는 이상, 네이션은 그 역사로부터 피할 수 없으며, 개개인은 자신의 네이션으로부터 도피할 수가 없다. 중요한 것은 네이션이나 국가를 쓸데없이 부정하는 것이 아니라 국민적 문화와 국가 간의 이익을 조화시키고, 네이션 속의 계급 이익과 계급 간의 이익을 조화시키는 것이라는 것이 시턴 왓슨의 주장이다.

이 책은 신기한 개념이나 전문용어를 사용하지 않고 내셔널리즘의 유래와 전개의 역사를 지구적인 규모로 개관하는 내셔널리즘 연구의 기초문헌이다. 그럼에도 불구하고, 이 책이 앤더슨의 『상상의 공동체*Imagined Communities*』나 어니스트 겔너Ernest Gellner의 『네이션과 내셔널리즘*Nation and Nationalism*』, 앤서니 스미스Anthony D. Smith의 『네이션의 에스닉 기원*The Ethnic Origins of Nations*』만큼 인용되지 않는 것은 네이션이나 내셔널리즘의 일반이론을 제시하는 것이 아니기 때문이다. 또한 역사적인 기술과 분석을 통해서 '네이션'이나 '내셔널리즘'의 현상을 이해하려는 이 책의 경험주의적이고 역사학적인 관점 때문일 것이다. 단 『네이션의 에스닉 기원』 속에서 스미스는 '오래된 네이션'에 관한 시턴 왓슨의 논의는 네이션을 근대화의 산물이라고 생각하는 네언이나 겔너 등 '근대화론자'의 이론에 수정을 요구하는 것이라고 밝히고 있다. 또한 스미스는 네이션의 형성 과정에서 에스닉의 기원을 중요시하는 자신의 이론이 시턴 왓슨의 저작과 강의로부터 고무되고 힘을 얻었다고 말하고 있다. 이와 같이 이 책은 그 경험주의적이고 역사적인 문체를 통해서 네이션이나 내셔널리즘의 이론에 대해 깊이 고찰하며 여러 문제를 제기하고 있다.

20세기 유럽의 신흥국민과 신흥국가를 둘러싼 움직임에 적극적으로 관여했던 부친의 경험과 러시아·동구 연구자로서 20세기를 산 스스로의 경험을 통해서 시턴 왓슨은 네이션, 내셔널리즘, 국가를 둘러싼 성급하고 단순한 이론화가 민족분쟁, 파시즘, 전체주의 등의 비극을 만들어냈음을 체험으로 터득하고 있었다. 그가 주장하는 '조화'란 중용과 온당한 것을 선택하는 것이 아니다. 그것은 역사와 문화를 깊게 이해한 후에 그것을 인간의 숙명으로서 받아들이는 가운데 인류의 미래가 열린다는 확신이고 결의인 것이다.

참고문헌

オットー・バウアー,『帝國主義と多民族問題』, 倉田稔 譯, 成文社, 1993.

구舊합스부르크제국에서 가장 독창적인 사회민주주의 사상가·이론가가 20세기 들어 처음으로 제국 내부에서 각 네이션에 의한 자치를 시행함으로써 민족 문제를 해결하자고 주장한 책. 그러나 시턴 왓슨은 그러한 역사적 한계를 넘어선 응용 가능성을 가진 이론으로 평가하고 있다.

カール・W・ドイッチュ,『ナショナリズムとその將來』, 勝野茂・星野昭吉 譯, 勁草書房, 1975.

시턴 왓슨은 앤서니 스미스와 함께 자신이 배울 것이 많았던 논자로서 카를 도이치Karl Deutsch를 들고 있다. 이 책에서 도이치는 네이션 스테이트의 강력한 생명력과 그것이 산출하는 파탄을 고찰하면서 그 저편에서 초국가적인 세계적 정치통합의 미래를 보고 있다.

A・D・スミス,『20世紀のナショナリズム』, 巣山靖司 監譯, 法律出版社, 1995.

20세기 내셔널리즘의 전개를 그 역사적인 기원, 파시즘이나 공산주의, 인종주의, 관료제, 국제주의 등과의 관계에서 고찰한 이 책은,『국민과 국가』에서 지역적인 구분에 따라 네이션의 역사를 기술·분석한 시턴 왓슨의 방법과 그 시점을 공유하면서도 좋은 대조를 이루고 있다.

A・D・スミス,『ネイションとエスニシティ』, 巣山靖司 외 譯, 名古屋大學出版會, 1999.

시턴 왓슨에 대한 추억에 바쳐진 이 책에서 스미스는 시턴 왓슨의 논의가 갖는 이론적 의미에 대해 수차례 언급하고 있다.

Hugh Seton-Watson and Christopher Seton-Watson, *The Making of a New Europe: R. W. Seton-Watson and the last years of Austria-Hungary*, Methuen, 1981.

시턴 왓슨이 동생 크리스토퍼와 함께 저술한 것으로, 아버지 R. W. 시턴 왓슨의 생애와 오스트리아-헝가리 제국의 마지막 시기에 일어난 신흥국민과 신흥국가의 탄생을 분석한 책. 시턴 왓슨의 내셔널리즘 연구의 원점을 이해하는 데 중요하다.

에드워드 W. 사이드, 『오리엔탈리즘』

우스키 아키라臼杵陽 | 이상훈 옮김

Edward W. Said, *Orientalism*, New Georges Borchart Inc., New York, 1978.
『オリエンタリズム』, 板垣雄三・杉田英明 監修, 今澤紀子 譯, 平凡社, 1986 / 平凡社ライブラリー版, 상・하, 1993.
『오리엔탈리즘』, 박홍규 옮김, 교보문고, 2007(개정증보판).

오리엔탈리즘 비판의 충격

오리엔탈리즘이란 본래 동양의 회화・도자기・융단 등 미술・예술 등에 대한 동양적인 취미, 오리엔트 문화연구 혹은 동양학 일반을 가리키는 용어였다. 그러나 에드워드 사이드가 1978년에 『오리엔탈리즘』을 저술한 이래 그 의미는 극적인 전환을 이루었다.

사이드는 오리엔탈리즘이란 서양Occident에 의해 구축된 동양Orient에 관한 언설이라 하고 있다. 그는 이 책에서 이러한 오리엔탈리스트적인 언설이 학문적인 규율(훈련)로 제도화되고, 나아가 서양에 의한 동양의 식민지지배를 정당화하기 위한 권력 장치로서 작동한 과정을 명백히 했다. 사이드 자신의 표현에 의하면, 오리엔탈리즘은 "(유럽의 실체적인 문명・문화의) 내부를 구성하는 부분으로서의 오리엔트가 문화적으로도 이데올로기적으로도 하나의 모습을 갖는 언설로서, 또한 여러 제도, 어휘, 학식, 형상, 신조, 나아가 식민지관료제와 식민지적인 양식 등에 의해 지탱되는 것으로서 표현하고 표상한다". 보다 일반적으로 본다면 오리엔탈리즘은 "동양과 서양이라고 하는 것 사이에 만들어진 존재론적・인식론적 구별에 기초한 사고양식" 이며, 나아가 "오리엔트를 지배하여 재구성하고 위압하기 위한 서양의 양식이다".

내셔널리즘론으로서 『오리엔탈리즘』의 공헌은 오리엔탈리즘을 언설로서 검토함으로써, 서양이 오리엔트를 관리하고 때로는 생산까지도 하면서 산출해낸 거대한 조직적 규율(훈련)의 지배메커니즘을 명확히 한 것이다. 또한 이 책은 타자표상他者表象의 문제를 식민지 지배양식과 관련지으면서 유럽중심주의적인 언설을 철저하게 비판했다. 바꾸어 말하면, 이 책은 특권화된 '보는 주체' 로서의 유럽이 외재적인 '보여지는 객체' 로서의 오리엔트를 설정한다는 서양의 이항대립二項對立적 사고양식을 명확히 한다. 또한 이러한 서양의 사고양식이 갖고 있는 억압적 타문화 이해와 타자표상의 문제점을 부각시켰다. 그리고 선진과 후진, 문명과 야만이라는 이항대립적인 이야기에 숨어 있는 지식과 권력의 결합을 폭로했던 것이다.

실제로 사이드는 오리엔탈리즘 연구에 발을 들여놓은 개인적인 동기로서, "두 개의 영국 식민지(예루살렘과 카이로)에서 소년시절을 보낸 인간으로서 나의 '동양인' 의식" 을 지적하고 있다. 또한 그는 "나의 오리엔탈리즘 연구는 많은 점에서, 모든 오리엔트 사람들의 생활을 매우 강력하게 규율하고 있던 문화가 '나' 라는 오리엔트 신민臣民에게 각인시켜놓은 흔적을 기록하는 시도였다" 고 기술하고 있다. 또한 그의 연구는 오리엔탈리즘이 서양적 교육을 받으면서도 오리엔트적인 것을 강요하는 제도라는 점과, 이러한 제도가 가져온 구조화된 식민지주의적 억압을 파헤치고 있다.

물론 사이드의 주장에서 가장 중요한 것은 오리엔트 사람들은 스스로 대표(표상)하는 것이 불가능하여 누군가를 대표로 하지 않으면 안 된다고 하는 언설을 고발한 점이다. 그렇기 때문에 그는 오리엔트를 대표(표상)하려고 하는 〔서양의〕 지적 활동에 내재된 인식론적 폭력성을 전혀 자각하지 못했던 오리엔탈리스트를 규탄했다. 즉 식민지주의적인 인식이 갖고 있는 폭력성을 폭로했다. 그 때문에 사이드의 오리엔탈리즘 비판은 포스트 콜로니얼적인 사상 속에서 그 중심적인 지위를 확립했다. 그의 오리엔탈리즘 비판은 억압되고 차별받는 피식민자인 '제3세계'로부터 발신되는 포스트 콜로니얼리즘론이나 서벌턴subaltern론 등과도 호응하는 것이었기 때문이다. 이러한 사이드적인 포스트 콜로니얼 비판은 알제리 해방의 사상가 프란츠 파농Frantz Fanon의 복권을 가져왔다.

사이드의 팔레스타인과 『오리엔탈리즘』

사이드는 포스트 콜로니얼 사상의 기수로서 인정받고 있는데, 그의 날카로운 주장에는 언급할 필요도 없이 그의 출생이 깊게 관계한다. 에드워드 와디 사이드는 예루살렘의 크리스천 중에서도 대단히 수가 적은 영국국교회(성공회) 출신이다. 그리고 그는 미국 국적을 소유하고, 카이로의 빅토리아 칼리지와 미국 동부의 대학에서 교육을 받았다. 그의 오리엔탈리즘 비판을 생각할 때, 사이드가 팔레스티나인이라는 것을 과도하게 강조하여 환원주의적으로 논하게 되면 사이드가 망명자 생활을 선택한 의미를 왜곡하는 것이 된다. 그렇지만 동시에 팔레스티나인으로서의 디아스포라diaspora의 삶을 빼고 말할 수 없다는 것도 사실이다.

원래 사이드에게 팔레스티나인이라는 것은, 다른 팔레스티나인처럼 결코 자명한 것은 아니었다. 사이드의 팔레스티나인 아이덴티티는 미국이라는 타향에서 동시대적으로 형성되어갔다. 그 직접적인 계기는 1967년 제3차 중동전쟁이었다. 왜냐하면 이 전쟁을 계기로 팔레스타인 해방운동이 아랍통일운동인 아랍 내셔널리즘과는 분명하게 구분되어 독자노선을 걷기 시작했기 때문이다. 1980년대에는 PLO(팔레스타인 해방기구)의 국회에 해당하는 PNC(팔레스타인 민족평의회) 의원으로도 활약했고, 1988년 알제리 수도인 알제에서 개최된 PNC에서 팔레스타인 국가독립을 선언할 때 영어판 독립선언을 기초한 것이 사이드였다고 한다.

사이드가 1970년대 말부터 팔레스타인 해방운동에 매진한 것은 팔레스티나인은 그때까지 지구상에 존재하지 않는 민족이라고 인식되었기 때문이다. 팔레스티나인은 국가를 보유하고 있지 않았기 때문에 어디에 가도 민족적인 존재로서 승인받지 못했다. 유엔UN의 문서조차 '팔레스타인 난민'이라는 표현뿐이었다. 타자에 의해 그 존재를 지속적으로 인정받지 못한 팔레스티나인 연구자에 의해 오리엔탈리즘 비판이 1978년에 출판되었다는 사실은 중요하다. 사이드는 팔레스티나인으로서 『오리엔탈리즘』을 집필하면서 느낀 고뇌를 다음과 같이 서술하고 있다.

> 서양, 특히 미국에서 생활하는 팔레스티나인은 실의의 나날을 강요받고 있다. 이 나라에는 아랍의 팔레스티나인은 정치적으로 존재하지 않는다는 거의 완전히 일치된 여론이 있다. 아랍의 팔레스티나인이 존재를 인정받게 되는 것은 애물단지 또는 동양인oriental 일반으로서인 것이다. 아랍 내지 이슬람교도를 봉쇄하기 위한 인종차별주의, 문화적 고정관념stereotype, 정치적 제국주의, 반인간적 이데올로기의 네트워크는 특히 강력하다. 이 네트워크야말로 모든 팔레스티나인에게 더할 수 없는 가혹한 운명을 느끼게 한다.

이제 『오리엔탈리즘』의 구성을 간단히 보겠다. 서설에서는 "인간이 인식할 수 있는 것은 자신이 만든 것이다"(비코Giambattista Vico, 1668~1744)라는 격언에 의거하면서 방법론적인 여러 문제를 논하고 있다. 또한 오리엔탈리즘은 학문적 분야인 것만이 아니라, 지배양식으로서 오리엔트를 만들어낸(오리엔트화된) 것이라고 논하면서 오리엔탈리즘의 정의를 명확히 해간다. 이 책은 3장 12절로 구성되어 있는데, 각 장의 제목은 제1장 '오리엔탈리즘의 범위', 제2장 '오리엔탈리즘의 구성과 재구성', 그리고 제3장 '오늘날의 오리엔탈리즘'이다.

먼저 제1장 '오리엔탈리즘의 범위'는 역사와 경험, 그리고 철학적 주제와 정치적 주제, 이것들 쌍방의 관점에서 문제의 모든 차원을 묶는 범위를 확정하기 위해 다음과 같은 절로 구성된다. 1. 동양인이란 무엇인가, 2. 상상의 지리와 그 표상—오리엔트의 오리엔트화, 3. 프로젝트, 4. 위기.

다음으로 제2장 '오리엔탈리즘의 구성과 재구성'에서는 중요한 시인, 예술가, 학자의 저작에서 공통적으로 볼 수 있는 일련의 수사적 기교를 명확히 하고, 거의 연대순으로 근대 오리엔탈리즘 발전의 자취를 확인하고 있으며, 다음과 같은 절로 구성된다. 1. 재설정된 경계선, 재정의된 문제, 세속화된 종교, 2. 실베스트르 드 사시Silvestre de Sacy와 에르네스트 르낭J. Ernest Renan—합리주의적 인류학과 문헌학 실험실, 3. 오리엔트 체류와 오리엔트에 관한 학식—어휘 기술과 상상력이 필요로 하는 것, 4. 순례자와 순례—영국인과 프랑스인.

나아가 제3장 '오늘날의 오리엔탈리즘'에서는 선행적인 오리엔탈리즘이 막을 내리는 1870년대경부터 시작하는 식민지 대확장시대부터 제2차 세계대전 때 정점에 달하는 시기를 논한다. 절들의 구성은 다음과 같다. 1. 잠재적 오리엔탈리즘과 현재顯在적 오리엔탈리즘, 2. 양식, 전문지식, 비전—오리엔탈리즘의 세속성, 3. 현대 영국·프랑스 오리엔탈리즘의 전성기. 그리고 4. '최근의 국면'에서는 영국과 프랑스에서 미국으로 주도권이 이행되는 특징을 명백히 하고, 미국 오리엔탈리즘의 지적·사회적 현실을 요약적으로 설명한다.

오리엔탈리즘 비판의 프런티어 확대

이 책인 『오리엔탈리즘』에 대해서도 비판이 없을 수 없다. 특히 사이드가 오리엔탈리즘의 대상으로 한 지역은 아랍 혹은 이슬람세계뿐이었기 때문에 미·영·불 오리엔탈리스트의 작품만을 언급했다. 즉 중동에 관계된 미·영·불의 오리엔탈리스트에 대한 비판을 다른 지역에 관한 오리엔탈리즘에까지 연장할 수 있겠는가, 혹은 지역적인 차이를 완전히 무시할 수 있겠는가

하는 점이다. 예를 들면, 독일 오리엔탈리즘의 전통에 관한 언급이 없다는 등의 지적이 있다. 그러나 그와 같은 이의 제기는 생떼이며, 사이드의 책임이 아닌 것은 물론이다. 사이드 스스로도 "내가 독일 오리엔탈리즘을 포함시켰어야 한다는 근거를 제시한 사람은 아무도 없었다"고 일축하고 있다. 그러나 주지하는 바와 같이, 그 후 오리엔탈리즘 비판의 조류는 큰 물결이 되어 새로운 영역에서 성과 있는 연구들이 나타났다는 것을 확인하는 것만으로도 그 응답으로서 충분할 것이다. 영·불의 아프리카관, 미국의 중국·아시아관, 러시아의 중앙아시아관, 일본의 한국관 등과 같이, 다른 문화·사회·역사의 이해, 인식의 영역에 대한 오리엔탈리즘 비판의 사례연구들이 양적으로 확대된 것을 우리들은 목격하고 있기 때문이다.

또 다른 대표적인 비판은 사이드가 오리엔탈리즘을 비판하고는 있지만, '오리엔트' 그 자체를 분석하는 작업을 전혀 하고 있지 않다는 것이다. 이 비판은 동시에 사이드는 오리엔탈리즘을 비판하지만, '오리엔트 연구'의 학문적 수준에서의 대안을 제시하지 않는다고 비난한다. 이에 대해 사이드는 오히려 "나는 진실의, 본래의, 또는 진정한 이슬람·아랍세계라는 상황에 입각하여 논의를 진행하는 것만큼은 피해왔다고 말해두고 싶다. 또한 당파심·연대감·공감을 불러일으킬 것 같은 투쟁에 관련한 문제점으로서, 내가 설령 그러한 것들에 입각하는 일이 있었다고 해도, 그 경우에도 나는 항상 비판적인 의식과 자기반성을 위한 거리를 희생시키는 일이 없도록 유의해왔다"고 간접적으로 응답하고 있다. 물론 현지 연구자에 의한 현지 연구의 중요성은 언급할 필요도 없다. 단지 현지 사람들 사이에서도 오리엔탈리즘 비판은 그 목적에 관한 한 큰 차이가 인정된다. 사이드의 분류에 따르면, 토착문화에는 미덕이 있다고 주장하는 토착주의자, 어떤 정치적 신조에 대한 공격으로부터 그것을 지키기 위해 오리엔탈리즘을 비판하는 민족주의자, 오리엔탈리즘이 이슬람을 왜곡한다고 하는 원리주의자 등이 존재한다고 한다.

한편 동시에 지적되는 오리엔탈리즘 비판의 함정은 현지 연구자에 의해 오리엔탈리즘이 역설적으로 수용된 결과, '옥시덴탈리즘'이라고 부를 수 있는 새로운 경향이 산출되었다는 것이다. 즉 동양 측으로부터의 서양을 실체로서 본질화해버리는 함정이다. 이것은 오리엔탈리즘을 수용한 오리엔트의 지식인이 오리엔탈리즘의 반대 현상으로서 '유럽'을 실체화하고 본질주의적으로 규정하게 되어, 오리엔탈리즘 비판이 본래 갖고 있던 전술 그 자체가 역방향으로 흘러 목적화되고 마는 사태를 뜻한다.

사이드 자신은 『오리엔탈리즘』을 발전시키는 형태로 그 후에 『문화와 제국주의』를 출판했다. 그러나 오리엔탈리즘 비판은 그 지적 프런티어를 점차 확대시켜 모든 저항운동의 최전선에서 유력한 무기가 되어 있다. 예를 들어 내적인 오리엔탈리즘 비판을 들 수 있다. 즉 사회 내에서 여성, 흑인 등의 유색인종, 민족적·성적인 마이너리티, 장애인 등의 사회적 약자들은 '오리엔트'로서 만들어져 계속 억압되고 차별받고 있는데, 이들에게 오리엔탈리즘은 저항을 위한 투쟁의 무기가 되었다.

『오리엔탈리즘』이 발표된 지 오랜 시간이 경과한 현재, 사이드의 오리엔탈리즘 비판을 넘는 학문적 작업이 진전되고 있는데, 이 작업을 위한 슬로건이 여기저기서 출현하고 있다. 이를테면 '오리엔탈리즘을 넘어서', '오리엔탈리즘의 저편에', '탈오리엔탈리즘', '사이드 이후'와 같은 도서명이나 특집들을 간단히 찾아낼 수 있다. 그러나 필자가 내셔널리즘론으로서 『오리엔탈리즘』을 읽을 때, 사이드는 백혈병이 발병하고, 더욱이 1993년 9월 오슬로 평화협정[1] 체결까지는 스스로 팔레스타인 해방운동에 적극적으로 관여하면서 항상 '내셔널리즘의 한계'를 의식하고 있었던 시기였다. 왜냐하면 내셔널리즘이 자기 목적화하여 인종적인 특성을 강조하거나 네이션의 본질을 추구하게 되면, 내셔널리즘은 별개의 것이 되고 말기 때문이다. 우리들은

1 1993년 9월 13일 이스라엘 정부와 팔레스타인 해방기구PLO 사이에 체결된 평화협정을 말한다. 양쪽의 만성적인 분쟁지역인 중동 땅에 두 개의 국가를 인정하는 것으로, 평화협약안의 공식명칭은 '원칙의 선언Declaration of Principles'이며, '땅과 평화의 교환' 원칙이라고 일컫는다.

그러한 내셔널리즘의 함정에 곧 빠져버린다. 오리엔탈리즘 비판이란 오리엔탈리즘이 스스로 만들어내서, 스스로가 얽혀드는 함정으로부터 벗어나기 위한 멈추지 않는 영원한 움직임인 것이다.

참고문헌

오리엔탈리즘 비판의 응용편이라고 말할 수 있는 일본어 문헌을, 주로 대상으로 하는 지역을 중심으로 정리했다. 각각의 문헌이 공통적으로 갖고 있는 문제의식은 포스트 사이드 논의를 전개하기 위한 '오리엔탈리즘을 넘어서' 이다.

青木保, 『逆光のオリエンタリズム』, 岩波書店, 1998.

식민지적인 이미지와 현대 사이에 위치하는 아시아의 여러 도시에 관하여 문화인류학자가 쓴 에세이집. 이스탄불에서부터 동아시아의 여러 도시를 돌아다니면서 다문화적이고 경계가 모호한 중간층에서 '역광의 오리엔탈리즘' 을 본다.

春日直樹 編, 『オセアニア・オリエンタリズム』, 世界思想社, 1999.

오세아니아에서 형성된 오리엔탈리즘의 역사와 현재를 인류학자들이 고찰한 논문집. 타히티에서처럼 서양에 의해 돌연 발견된 바다, 남쪽, 섬의 이미지를 갖는 지역상地域像을 해부해간다.

姜尙中, 『オリエンタリズムの彼方へ―近代文化批判』, 岩波書店, 1996.

일본적 오리엔탈리즘을 신랄하게 비판해온 저자의 주요 논고를 정리한 수작. 특히 니토베 이나조新渡戶稻造, 야나이하라 다다오矢內原忠雄라는 일본식민정책학의 거두의 오리엔탈리즘적 함정을 논한 글은 압권이다.

ポール・A・コーエン, 『知の帝國主義―オリエンタリズムと中國像』, 佐藤愼一 譯, 平凡社, 1988.

미국에서 오리엔트의 대표 격은 중국이다. 필자는 종래의 중국연구사를 비판적으로 뒤돌아보고 '중국 자신에 맞는 접근법' 을 제창한다. 미국적인 지역연구와 오리엔탈리즘의 공범관계를 생각하는 데 알맞은 텍스트.

『現代思想 特集・サイード』, 靑土社, 1995, 3월호.

사이드 이후의 지적 상황을 균형 있게 정리한 사이드 특집. 사이드의 인터뷰, 이타가키 유조板垣雄三·강상중 두 사람의 대담과 일본을 대표하는 사이드 논자가 쓴 논고를 포함한 도발적인 특집이다.

駒井洋 編, 『脫オリエンタリズムとしての社會知―社會科學の非西歐的パラダイムの可能性』, ミネルヴァ書房, 1998.

사회학, 정치학, 경제학 등 사회과학의 입장에서 오리엔탈리즘의 이론적 극복 가능성을 모색한 논문집. 일본을 포함한 '아시아'라는 장場에 관심을 기울여 불교 등 새로운 패러다임을 제기한다.

カルパナ・サーヘニー,『ロシアのオリエンタリズム—民族迫害の思想と歴史』, 袴田茂樹 監修, 松井秀和 譯, 柏書房, 2000.

인도인 여성 연구자가 중앙아시아・카프카스(코카서스)를 다룬 러시아인의 오리엔트연구사를 비판적으로 서술한 것. 푸슈킨, 도스토예프스키, 고리키 등 문학가의 오리엔트에 관한 시각의 분석도 흥미롭다.

ブライアン・S・ターナー,『イスラム社會學とマルクス主義— オリエンタリズムの終焉』, 樋口辰雄 譯, 第三書館, 1983.

일본에서는 사이드만큼 알려져 있지 않지만, 마르크스주의적 입장에서 펴낸 연구서. 원저는 1978년에『마르크스주의와 오리엔탈리즘의 종언』이라는 제목으로 출판되어, 사이드도「오리엔탈리즘 재고再考」속에서 이 책을 높이 평가하고 있다.

彌永信美,『幻想の東洋—オリエンタリズムの系譜』(新裝版), 青土社, 1996.

사이드 이전의 원래의 '오리엔탈리즘'이란 무엇인가를 생각하는 데 참고가 되는 문헌. 사이드의 오리엔탈리즘론에 관한 저자의 비판은 오히려『歴史という牢獄』(青土社, 1988)의 논고에 상세히 드러나 있다.

Patrick Williams ed., *Edward Said*, 4 vol., Sage, 2001.

에드워드 사이드에 관한 논평을 모은 4권의 선집. 특히 제1권에서 제2권에 걸쳐 'Versions of Orientalism' 으로서의『오리엔탈리즘』에 관한 18편의 대표적 논평이 수록되어 있다.

국내 참고문헌

에드워드 W. 사이드,『도전받는 오리엔탈리즘』, 성일권 옮김, 김영사, 2001.

강상중,『오리엔탈리즘을 넘어서』, 이경덕・임성민 옮김, 이산출판사, 1998.

샤오메이 천,『옥시덴탈리즘』, 정진배・김정아 옮김, 강, 2001.

베네딕트 앤더슨, 『상상의 공동체』

와카바야시 미키오若林幹夫 | 이이범 옮김

Benedict Anderson, *Imagined Communities: Reflections on the Origin and Spread of Nationalism*, Verso, 1983 / (revised edition) 1991.
『想像の共同體—ナショナリズムの起源と流行』, 白石隆·白石さや 譯, リブロポート, 1987 / NTT出版, 1997(증보판).
『상상의 공동체—민족주의의 기원과 전파에 대한 성찰』, 윤형숙 옮김, 나남출판, 2003.

여기서 소개하는 베네딕트 앤더슨의 책 제목으로 사용된 '상상의 공동체 imagined community'라는 표현은 오늘날 정치학과 사회학뿐만 아니라 문화연구와 미디어론, 역사학과 문학 등의 영역에서도 국민국가나 내셔널리즘이 논의되는 경우 거의 고정된 문구처럼 반복되는 하나의 키워드가 되어 있다. 이 책은 초판이 1983년, 새롭게 2개의 장이 추가된 증보판이 1991년에 출판되었다. 이처럼 이 책은 출판된 지 그리 오래되지 않았음에도 국민국가나 내셔널리즘을 이야기하는 많은 이들 사이에서 학문 영역의 경계를 넘어 벌써 '고전'으로 불려도 좋을 위치를 차지하고 있다. 또한 앤더슨의 작업은 지금까지 국민국가와 내셔널리즘에 깊은 관심을 갖고 있지 않았던 분야에서 종사해온 사람들에게도, 이러한 문제를 자신들의 작업에서도 매우 중요하고 매력적인 과제로서 발견하게끔 해주었다.

『상상의 공동체』가 요즈음의 지적 세계에서 이러한 위치를 점하게 된 이유는 무엇일까? 이 책의 어떤 부분이 전통적인 정치학과 정치사를 넘어 사람들로 하여금 국민국가나 내셔널리즘에 대해 관심을 갖게 했던 것일까?

무엇이 '국민'을 가능하게 했는가

『상상의 공동체』는 I 서序, II 문화적 근원, III 국민의식의 기원, IV 크리올creole[1]의 선구자들, V 옛 언어·새로운 모델, VI 공정公定 내셔널리즘official nationalism과 제국주의, VII 최후의 물결, VIII 애국심과 인종주의, IX 역사의 천사, X 인구조사·지도·박물관, XI 기억과 망각 등 모두 11개의 장章으로 구성되어 있다. 이 가운데 마지막 2개의 장은 앞서 언급한 대로 1991년의 증보판에서 새로 추가된 것들이다.

앤더슨에 따르면 지금까지의 내셔널리즘 이론가들은 '국민nation'의 개념을 둘러싼 3개의 역설paradox에 대해 고민했다. 첫째는 역사가의 객관적인 눈에는 국민이 근대적인 현상으로 보이지만, 내셔널리스트의 주관적인 눈에는 오래된 존재로 보이는 점이다. 둘째는 누구든지 어딘가의 네이션에 귀속해야 하듯이, 근대 세계에서는 국민에게 귀속한다는 것(내셔널리티)이 지극히 형식적이고 보편적인 사실임에도 불구하고, 어느 국민이건 스스로를 다른 국민과는 다른 고유성을 소유한 독자적인 존재라고 주장하는 것이다. 셋째는 내셔널리즘이 갖는 정치적 영향력이 거대함에 비하여, 내셔널리즘에 관한 철학은 매우 빈곤하고 보잘것없다는 사실이다. 앤더슨에 따르면 이러한 역설을 이해하기 위해서는 국민을 구체적인 실체로서 생각해서는 안 된다. 앤더슨은 국민을 "이미지로서 마음에 그려진 상상의 정치공동체"로 규정한다. 그리고 그는 이러한 관념이 성립하고 유포(유행)되는 과정을 밝혀 국민국가의 내셔널리즘의 역사 및 사회적 유래를 명확히 하는 것을 이 책의 주제로 하고 있다.

국민nation이란 상상의 정치공동체라고 기술했지만, 국민만이 유일하게 가능한 상상의 공동체인 것은 아니다. 앤더슨이 인류학의 성과 등에 관하여

1 신대륙에서 태어난 스페인 또는 프랑스계 사람들 또는 현지인과의 혼혈인들을 의미한다.

계속 기술하고 있는 것처럼, 모든 공동체는 스스로를 어떤 동일성을 지닌 집단으로 이미지를 만들어가면서 존재한다는 의미에서 모두가 상상의 공동체이다. 국민이라는 상상의 공동체가 출현하기 이전에는 움마(이슬람공동체)나 그리스도교 세계 등의 '종교공동체'와, 로마제국이나 중화제국中華帝國, 부르봉왕조나 합스부르크왕조 등의 '왕국'이 사람들을 지배하고 연결시키는 상상의 정치적 공동체의 두 가지 대표적인 형태였다.

종교공동체는 성서의 라틴어나 코란의 아랍어, 중화세계에서의 한자 등과 같이 특권화된 '신성한 언어'와, 이것들에 의하여 편철되고 표현되는 세계상을 이용하여, 세속적으로 사용되는 언어나 문화의 벽을 넘어 사람들을 지배하고 연결시켰다. 또한 왕국은 우주론적인 섭리에 근거하고 있던 왕이라는 '고귀한 중심'이 지배했다. 이러한 왕국은 종종 영토가 불연속적이었기에 경계가 애매하게 확대되고, 역시 왕을 중심으로 하는 혈연·혼인 관계가 확대되는 상황하에 있었다. 이런 가운데 왕국은 다른 지역이나 문화에 속한 사람들을 통합하는 정치적 세계로서 상상되고 있었다.

이러한 과거의 상상의 공동체에서는, 예를 들어 중세교회의 조각품과 유리창에 그려져 있는 성서의 등장인물들이 모두 중세풍의 복장을 하고 있는 것처럼, '지금, 여기'라는 현시점은 과거와 미래로부터 분리된 하나의 시점이 아니라 과거-현재-미래를 관통하는 하나의 우주섭리 가운데서 완결된 전체를 이루는 것으로 상상되었다. 이러한 상상의 공동체에서는 죽음과 예속 등의 일상적인 고통도 그와 같은 성스러운 섭리의 가운데서 구제되는 것으로 이해되었다. 그런데 종교공동체와 왕국을 지지하고 있던 성스러운 언어나 지배자, 우주론과 역사를 연결시켜 사람들을 구제한다는 '메시아적 시간'(발터 벤야민Walter Benjamin, 1892~1940) 등은, 경제적 변화와 사회적·과학적 여러 발견 속에서, 그리고 가속화하는 커뮤니케이션의 발전 속에서 점점 쇠퇴해갔다. 또한 세계를 이해하는 방식이 근본적으로 변화해갔다. 국민이라는 새로운 상상의 공동체는 이러한 쇠퇴와 변화 속에서 나타났다는 것이다.

앤더슨은 세계이해의 구도가 이와 같이 근본적으로 전환했다는 것을 이해하기 위한 모델을 발견했다. 그 모델은 메시아적 시간이 아니라, 18세기 유럽에서 발생한 근대소설과 신문을 특징짓는 세계이해의 양식 가운데에 있다는 것이다. 여기서 18세기 유럽의 세계이해의 양식이란, 역법曆法과 시계에 의하여 계측되고 표시되는 '균질하고 공허한 시간'(벤야민) 속에서 일어나는 사건의 확대로서 세계를 이해하는 것이었다. 신문이나 소설은 여론 형성이나 국민문학의 성립이라는 형태로 국민의식과 내셔널리즘을 그 내용에서만 지원한 것은 아니다. 그것들은 균질하고 공허한 시간의 가운데서 동시 병렬적으로 발생하는 사건의 확대로서 세계를 상상하고 이해하는 것을 가능하게 한다는 그 표상의 양식에서, 국민이라는 상상의 공동체가 가능하기 위한 형식적인 기초를 제공하고 있다.

앤더슨은 그러한 상상의 양식이 성립하는 데 결정적인 역할을 수행한 것으로서 출판자본주의print capitalism를 찾아냈다. 출판자본주의는 드디어 국민언어가 된 세속어로 기록하고 인쇄한 신문이나 소설이 대량 생산되고 유통되는 것을 가능하게 했다. 또한 독자들은 이러한 미디어를 통해 자신들이 살아가는 세계를 이해하는 것이 가능하게 되었다. 다양한 언어를 지니고 있다는 인간의 이른바 '숙명'이 자본주의와 인쇄기술과 연결될 때, 동일한 언어를 사용하는 사람들이 자신들을 다같이 하나의 '국민'으로서 상상하고 이해하며 관계를 맺어가는 것이 가능해졌다고 앤더슨은 말하고 있다.

그러나 출판자본주의가 국민이라는 상상의 공동체를 가능하게 하는 표현의 공간을 준비하는 열쇠라고 하여도, 그것만으로는 '국민'의 기원과 유행이 설명되지 않는다. 현대 국민국가의 확산은 특정 출판어가 유통되는 범위와 일치하지 않는다. 여기에서 앤더슨은 구체적으로 국민의식이 어떻게 성립했고 모델화되어갔는가를 국민의 다양한 버전의 역사적인 비교 분석을 통하여 명확히 하는 작업을 시도한다.

앤더슨은 먼저 유럽에서 국민국가가 형성된 것을 내셔널리즘의 전형적인 모델로 삼아왔던 당시의 연구 상식과는 상반된 형태로 남북아메리카에 주목한다. 그 이유는 남북아메리카의 크리올 공동체가 모두 영어 또는 스페인어라는 공통 언어를 사용하고 있었음에도 불구하고, 유럽의 대부분 지역보다도 앞서서 '국민'이란 관념을 성립시켰기 때문이다. 남북아메리카의 크리올 엘리트들은 대서양을 사이에 둔 식민지제국에서 유럽의 본국으로 건너가지 않고 식민지 영역 내의 관직을 편력했다. 이들 사이에서 유럽의 본국과 동일 언어를 사용하는 인접 식민지와도 구별된 존재로서 자신들을 이해하려는 의식이 나타났다. 그리고 그들의 이러한 의식은 출판자본주의가 성립하자 자신들이 편력하고 있는 영내를 '국민적인 것'으로 상상하는 것을 가능하게 했다. 남북아메리카에서 혁명이 발생하고 독립공화국이 성립한 것은 이러한 크리올 내셔널리즘에 따른 것이었다.

이에 반해 유럽에서는 속어俗語가 출판자본주의와 결합하여 '국민적 출판어'로 형성되어갔다. 이와 병행하여 언어적인 경계를 국민이 상상되는 범위로 하는 '언어 내셔널리즘'이 확산되었다. 이러한 언어 내셔널리즘이 전개되는 데에 있어서, 유럽에 앞서서 국민'을 탄생시켰던 남북아메리카의 독립운동이나 결과적으로 국민이 왕조를 대신한 프랑스혁명에 관한 출판물은, 사람들이 스스로를 국민으로 상상하고 이해하기 위한 '청사진'이 되었고, 그 '해적판海賊版'이 만들어져갔다.

더욱이 이러한 '국민' 모델이 보급되면서, 19세기 후반에는 민중들 사이에 내셔널리즘이 대두되면서 왕조와 귀족들이 위기의식을 느끼게 되었다. 이에 그들은 자신들의 존재를 국민적인 원리와 결합시키고 솔선하여 국민화를 추진함으로써 위기를 극복하려는 '공정公定 내셔널리즘'[2]을 등장시킨다. 공정 내셔널리즘은 제국주의가 전개되는 가운데 '인도인의 영국화'나 '조

2 19~20세기 왕조국가에서 국가기구가 국민통합을 위해 국민들에게 강제한 애국심을 의미한다.

선인의 일본화'도 강제적으로 추진했다. 그러나 과거의 남북아메리카에서 그러했던 것처럼, 그곳의 식민지 엘리트들은 본국과는 동떨어진 존재가 되었다. 아시아, 아프리카 각지에서는 그러한 엘리트들을 담당자로 한 식민지의 독립운동이 전개되어갔다. 앤더슨은 이러한 식민지의 독립운동을 '최후의 물결'이라고 부른다.

이렇게 성립해간 국민이라는 상상의 공동체는, 언어라는 인간 존재의 본질에 관계된 것을 핵으로 하고 있다. 그 때문에 이런 공동체는 다른 언어로는 완전하게 번역하는 것이 불가능한 '우리들'의 의식과 그 우리들에 대한 매우 강한 애착(애국심)을 내부에 생성해낸다. 이러한 '내면'을 지니고 있기 때문에 내셔널리즘은 사람들이 이것을 위해 목숨을 던지고 서로 살상하는 것까지도 정당화하는 것이다.

내셔널리즘 연구의 '새로운 물결'

앤더슨은 이 책에 실린 「감사의 말」에서, "내셔널리즘에 관한 나의 생각은 에리히 아우어바흐Erich Auerbach(1892~1957), 발터 벤야민, 빅터 터너Victor Turner(1920~1983)의 저작으로부터 깊은 영향을 받았다"고 말한다. 언어학자이자 문예평론가인 아우어바흐, 특이한 비평가이자 사상가인 벤야민, 의례와 상징 분석으로 알려진 인류학자 빅터 터너, 이들 3인이 상징적으로 보여주고 있듯이, 『상상의 공동체』에 나타난 앤더슨의 내셔널리즘론은 그 시점이나 개념, 아이디어의 많은 부분을 문학이론과 비평, 인류학이나 미디어론 등, 그때까지의 내셔널리즘론에서 볼 때 주변적이라고 할 수 있는 지적 영역으로부터 가지고 온 것이다. 그 결과 그의 내셔널리즘론은 내셔널리즘 연구 영역을 협의의 정치를 둘러싼 논의로부터 해방시켜, 국민국가와 내셔널리즘의 문제를 언어와 문화, 미디어와 표상을 둘러싼 보다 넓은 의미에서의 정치문화 문제로서 생각하게 하는 지평을 열었다.

앤더슨의 문체는 통상의 역사 연구나 정치 연구에서의 실증적이고 사실적인 문체와는 달리 수사적으로 응축되어 있고 화려하며 난해하다. 그 때문에 사회 속에서 사람들에 의해 살아 숨 쉬는 상상력의 세계로 독자들을 인도하여 빠져들도록 하고 있는 것처럼 보인다. 이 책에서는 '상상', '신성한 언어', '메시아적 시간', '균질하고 공허한 시간', '출판자본주의', '순례巡禮', '크리올 내셔널리즘', '해적판의 작성' 등의 키워드들이 여기저기 등장한다. 이러한 키워드들은 지금까지 내셔널리즘을 논의해온 정치이론이나 역사 연구의 전통적인 개념에서는 거의 번역이 불가능하다. 이런 점에서 이 책은 지금까지 고려되지 않았던 문제의 지평을 제시하고 있다. 동시에 이 책은 문화연구나 미디어론, 문학론이나 비평이론에 종사하는 사람들에게, 이해하기 쉽고 자신들에게도 중요하면서 자극적인 테마로서 내셔널리즘을 파악하는 것을 가능하게 했다.

증보판에서 추가로 기술된, X 인구조사·지도·박물관, XI 기억과 망각, 이 두 개의 장에서 논의된 아시아와 아프리카에서의 내셔널리즘의 '최후의 물결'을 보자. 그는 19세기 중반 이후 인구조사, 지도, 박물관이라는 제도(미디어)가 식민지인들과 그들이 살아가는 영역을 정의하고 그 계보에 정통성을 부여하는 중요한 역할을 수행했다고 한다. 또한 내셔널리즘을 지지하는 국민의 설화說話는 집합적인 기억을 생성해냄과 동시에 수많은 비극을 망각하게 하는 것이라고 한다. 이러한 주장들은 요즈음의 문화연구에서 주목받는 언설분석言說分析이나 미디어론, 공간론이나 집합적 기억론 등과 정치이론을 접합시키려고 하는 앤더슨의 지향성을 보다 명확히 나타내준다고 말할 수 있다.

이러한 시점은 앤더슨의 남동생 페리 앤더슨도 발행에 관여하고 있는 마르크스주의 계열의 잡지인 『뉴 레프트 리뷰』에 발표되는 사회사 및 문화연구의 연구자와 비평가들이 취하는 시점과 방법에도 일맥상통하는 것이다. 어쨌든 일본에서는 1980년대 이후 사회사나 미디어론, 언설분석, 표상론表

象論, 문화연구, 후기 식민지 연구가 유행하고 대두하는 움직임과도 상응하여, 이 책은 주로 '문화의 정치학'과 '비판적 문화연구'의 문맥에서 읽혔다. 그리고 이 책은 정치학과 역사학 등 정통 내셔널리즘 연구의 외연에 위치하고 있던 연구자들에게 내셔널리즘 연구의 '새로운 물결'로 받아들여져 커다란 영향을 미쳤다.

스케치북을 넘어서

일본어로 번역된 앤더슨의 또 다른 책인 『말과 권력*Language and Power: Exploring Political Cultures in Indonesia*』에는 1956년 가을에 앤더슨이 영국 케임브리지에서 파키스탄인 학생의 연설집회에 영국 상류계급 출신의 학생들이 국가를 부르면서 습격한 사건을 목격했던 에피소드가 소개되고 있다. 앤더슨은 그때까지 인간의 분노라는 것에 대해 거의 무지했다는 사실을 알게 되었다고 밝히고 있다. 케임브리지대학에서 고전을 배우고 정치에는 거의 관심이 없었던 청년은 그 다음해 미국으로 건너가 인도네시아의 정치 연구에 참가하기 시작한다. 그러나 1965년 발생한 9월 30일 사건을 '인도네시아 공산당의 쿠데타'로 규정한 수하르토Suharto[3](1921~2008) 정권의 견해에 대해 앤더슨은 비판을 가하면서, 수하르토는 불만을 품은 청년장교의 반란을 공산당 토벌을 위해 이용했다고 주장했다. 이것이 계기가 되어 앤더슨은 인도네시아에서 추방되었다. 앤더슨은 클리포드 기어츠Clifford Geertz(1926~)와 함께 전후 아메리카를 대표하는 인도네시아 연구자이면서, "중국에서 태어나 3개국(중국, 영국, 미국)에서 성장해 시대에 뒤처진 영어 발음으로 말하며, 아일랜드 여권을 가졌고 미국에 거주하면서 동남아시아 연구에 종사하는 사람"이고, 또한 "다양한 추방을 경험하여 분열된 충성심을 소

3 인도네시아의 제2대 대통령으로서 1967년부터 1998년까지 장기집권하면서 철권통치를 했다.

유한 사람"이라고 자신을 표현하고 있다. 『상상의 공동체』는 앤더슨이 자신의 연구 분야인 인도네시아에서 추방당한 후에 인도네시아를 연구하면서 발견하고 조성해온 주제를 완성해가는 과정에서 나온 책이다. 초판의 서문은 1978~1979년 베트남의 캄보디아 침공에서 보이는 마르크스주의 체제의 국민화에 대한 고찰로부터 시작한다. 증보판 서문에서는 소련이 붕괴하고 구소련 영토 내에서 내셔널리즘이 대두한 것에 대해 언급하고, "역사가 저자 이상으로 『상상의 공동체』의 '논리'를 실증하는 것처럼 보인다"고 기술하고 있다. 이처럼 앤더슨의 『상상의 공동체』는 자신의 반생의 경험과 이와 중첩된 시대를 벤야민의 '역사의 천사'처럼 되돌아보는 것이다. 이런 의미에서 이 책은 앤더슨의 시선과 추억을 대변하는 근대 세계의 투시도라고 규정할 수 있을 것이다.

근대의 내셔널리즘을 조망한 문헌으로서는 그다지 면수가 많지 않은 이 투시도는, 국민과 내셔널리즘을 기본 모티브로 하여 근대적 세계를 둘러싼 일종의 '스케치북'이기에, 구체적인 내셔널리즘 운동에 대한 기술과 분석을 위한 것이 아니다. 이 책에는 많은 아이디어와 개념이 제시되고 많은 사례가 언급되고 있지만, 구체적인 실증과 분석 없이 기술된 내용도 매우 많다. 그러나 이러한 점들은 이 책이 역사 연구를 위한 것이 아니라 이론적인 개념과 구상을 도식적으로 묘사한 것이기 때문에 결코 결점이 아니다. 사람들은 이 스케치북을 통해 국민과 내셔널리즘에 대한 다양한 구도와 관점을 이끌어내는 것이 가능하다. 이 책이 남기고 있는 향후의 과제는 이러한 구도와 시점으로부터 역사의 현실이 어떻게 파악되고 이해되며, 이론화되어갈 것인가를 밝히는 일이다. 이러한 과제는 이 책의 옮긴이 중 한 사람인 시라이시 다카시白石隆가 「'최후의 물결' 다음에」란 논문에서 스스로 시도하고 있다. 이러한 의미에서 이 책은 앞서 언급했던 앤더슨의 『말과 권력』이나, 『말과 권력』의 일본어판이 헌정된 쓰치야 겐지土屋健治가 쓴 『카르티니의 풍경』 등의 구체적 역사 분석과 함께 읽혀, 다양한 사상과 접속함으로써 내재적으로 비판되고 검증되고 재편될 것으로 기대된다.

참고문헌

アンダーソン, 『言葉と權力—インドネシアの政治文化探求』, 中島成久 譯, 日本エディタースクール, 1995.

『상상의 공동체』의 초판을 전후한 시기에 쓰인 앤더슨의 인도네시아 연구에 바탕을 둔 논문집. 서장은 앤더슨이란 사람과 그의 반평생을 이해하는 데 중요하다.

ヴァルター・ベンヤミン, 「歷史の概念について」(또는 「歷史哲學テーゼ」), 『ベンヤミンコレクションI』, 淺井健二郎 編譯・久保哲司 譯, ちくま學藝文庫, 1995 수록/『暴力批判論』ヴァルター・ベンヤミン著作集 1, 高原宏平・野村修 譯, 晶文社, 1972 수록.

『상상의 공동체』 초판의 마지막 장 타이틀이 되었던 '역사의 천사'는 벤야민의 이 유고遺稿에 나온다. 언어론, 복제기술론, 상상력론, 기억론, 역사론 등, 현대의 내셔널리즘 연구와 사회 연구에 시사해주는 것이 많다.

エーリッヒ・アウエルバッハ, 『ミメーシス—ヨーロッパ文學における現實描寫』, 篠田一士・川村二郎 譯, 筑摩書房, 1967.

호메로스와 성서에서 현대문학까지 유럽문학에서의 현실묘사를 고찰한 고전적 저작. 세계의 상상적인 이해라는 앤더슨의 구상은 아우어바흐로부터 큰 영향을 받고 있다.

ヴィクター・ターナ, 『儀禮の過程』, 富倉光雄 譯, 思索社, 1976.

벤야민, 아우어바흐와 함께 앤더슨이 자신의 내셔널리즘 이해에 영향을 끼쳤다고 말하는 인류학자의 주요 저서. 의례와 상징에 의한 사회적 현실의 구성과 변혁의 역동성을 분석하고 있다.

土屋健治, 『カルティニの風景』, めこん, 1991.

『말과 권력』의 일본어판은, 앤더슨의 친구였고 인도네시아 연구자인 고 쓰치야 겐지에게 헌정되었다. 이 책은 인도네시아의 민족운동과 여성운동의 선구자였던 카르티니의 생애를 축으로 하여 인도네시아의 국민화 풍경을 그리고 있다.

白石隆, 「'最後の波'のあとに」, 民族・國家・エスニシティ』, 岩波講座現代社會學 24, 岩波書店, 1996 수록.

앤더슨의 제자로서 『상상의 공동체』의 옮긴이 중 한 사람이 쓴, 포스트 『상상의 공동체』 시론試論이다.

어니스트 겔너, 『네이션과 내셔널리즘』

오사와 마사치大澤眞幸 | 이이범 옮김

Ernest Gellner, *Nation and Nationalism*, Basil Blackwell, Oxford, 1983.
『民族とナショナリズム』, 加藤節 監譯, 岩波書店, 2000.

걸출한 명쾌함

어니스트 겔너의 『네이션과 내셔널리즘*Nation and Nationalism*』이 제기하고 있는 내셔널리즘의 성립에 관한 이론의 특징은 걸출한 명쾌함에 있다. 근대주의적인 내셔널리즘론—네이션과 내셔널리즘은 근대의 산물이라는 이론—의 도달점을 나타내는 두 권의 대표적인 저서가 1983년 동시에 출판되었다. 이 사실은 그 자체만으로도 내셔널리즘의 현재를 바라보고 있는 사회학의 관점에서 볼 때 매우 흥미롭다. 그 두 권의 대표작이란 겔너의 이 책과 베네딕트 앤더슨의 『상상의 공동체』를 말한다.

겔너의 논의에서 나타나는 뚜렷한 명쾌함이란 내셔널리즘에 그가 부여한 정의에서도 잘 나타나 있다. 즉 내셔널리즘이란 "정치적 단위와 민족적(문화적) 단위가 일치해야 한다는 하나의 정치적 원리"라고 정의하고 있다. 이 정의가 완벽하다고는 말할 수 없지만, 그러나 내셔널리즘으로 부를 수 있는 현상들에 대해 겔너보다 충실하게 정의한 예는 지금까지 찾아볼 수 없다는 것도 확실하다. 겔너는 내셔널리즘을 이렇게 정의한 이유에 대한 하나의 근거로서 '산업화'를 제시한다. 대체로, 중요한 사회현상을 해명하는 사회이론에서, 겔너처럼 오직 하나의 원인만으로 이토록 심도 깊고 명확하며 설득력 있게 설명한 예는 달리 찾아볼 수 없을 것이다. 겔너의 이러한 멋진 논리 전개를 고찰하기 전에 먼저 그가 어떠한 학자인지를 간단히 소개하겠다.

겔너의 지적 관심과 그 산물인 저작은 매우 광범위하여 그를 '어떤 학자' 라고 간단히 단언하기는 어렵다. 굳이 말한다면 철학자이자 사회인류학자라고 할 수 있다. 겔너는 1925년 12월 독일계 유대인 가정에서 태어났다. 태어난 지역은 파리였지만 프라하에서 성장했다. 나치스가 침공해오자 가족과 함께 영국으로 이주했다. 그는 체코 기갑여단의 일원으로 전쟁에 직접 참가하기도 했다. 종전 후 그는 영국으로 돌아와 주로 영국에서 교육을 받고 교편을 잡았다. 그러니까 옥스퍼드대학을 졸업한 후 런던대학, 케임브리지대학 등에서 연구와 교육에 종사했다.

그의 최초 저서는 언어철학을 비판한 『언어와 실재*Words and Things*』이며 1959년 간행되었다. 이 저서에서는 철학 문제를 언명言明 가능성의 문제로 전환하여 해결을 꾀했던 언어철학의 기본적 수법을 비판했다. 겔너에게 사회인류학의 의미는 다음 두 가지로 요약된다. 첫째는 경험과 관찰을 중시하는 것이다. 현지조사를 기초로 하여 아틀라스 산맥에 거주하는 베르베르인의 공동체에서 성인聖人이 행하는 기능을 분석한 『아틀라스산의 성자*Saints of the Atlas*』(1969)는 이러한 측면을 대표하고 있다. 둘째로 문화적·역사적인 영역을 횡단·종단하고, 대국적인 역사관·사회관 속에서 사회현상을 바라보는 것이다. 사회이론에서 중요한 두 가지 전통인 뒤르켐적인 사회이론과 막스 베버적인 사회이론을 통합하려고 한 『사상과 변화*Thought and Change*』(1964), 이슬람사회에 관한 전반적인 분석을 시도한 『이슬람 사회*Muslim Society*』(1981), 정신분석학 비판서인 『정신분석학적 운동*The Psychoanalytic Movement*』(1985), 나아가 인류사의 구조를 해명하려는 장대한 시도이기도 한 『쟁기, 칼, 책*Plough, Sword, and Book*』(1988) 등에서 이러한 특징들이 보일 것이다. 그리고 매우 짧지만 함축적인 『네이션과 내셔널리즘』이야말로 이러한 두 가지 특징을 모두 갖추고 있으며, 겔너 연구의 정수라고 할 수 있다. 그리고 겔너는 중앙유럽대학Central European University 내셔널리즘연구센터의 소장으로 취임하여, 젊은 시절 생활했던 프라하로 돌아가 '시민사회'의 성립 조건을 탐구한 저서인 『자유의 조건*Conditions of Liberty*』(1994)을 최후의 유언처럼 남겨놓고 갑작스럽게 죽었다(1995년 11월).

산업화에 기인하는 내셔널리즘

『네이션과 내셔널리즘』은 다음과 같이 논의를 전개하고 있다. 내셔널리즘은 민족적 경계선과 정치적 경계선이 일치할 것을 요구하는 정치원리이다. 정치적 경계선을 규정하는 것은 국가이다. 그렇다면 국가란 무엇인가? 겔너는 막스 베버가 내린 유명한 정의(정통의 폭력을 독점적으로 소유하고 있는 기관)를 비판하면서도, 기본적으로 오늘날에도 적용되는 유효한 것이라고 밝혔다. 그는 이 정의를 약간 변화시켜 다음과 같이 정의했다. 즉 국가란 '질서의 강제에 특정적으로 관여하는 제도'라고 정의했다. 겔너가 정의한 것 같은 내셔널리즘은, 국가가 존재하고 있는 사회가 아니거나 또는 적어도 국가라는 제도에 대한 상상력이 작용하는 사회가 아니어서는 존재할 수 없다.

인류사는 크게 3단계, 즉 수렵채집으로 식량을 얻는 전농경사회, 농경사회, 산업사회로 구분된다. 국가가 등장하는 것은 농경사회이다. 그러므로 내셔널리즘의 성립에 대한 고찰은 농경사회 이후의 단계에서 가능한 것이다.

인류사의 농경기에는 2개의 결정적인 발명물이 존재한다. 하나는 국가이고 다른 하나는 문자(문어文語)이다. 이 단계의 사회는 이러한 2개의 발명물에 관하여 특징적인 분업 형태를 띠고 있었다. 즉 정치권력 및 문화·인식에 관한 고정적인 집권화이다. 전형적인 농경사회에서 지배층은 인구 가운데 극소수였으며, 그들은 압도적으로 다수인 직접농경종사자들로부터 엄격히 분리되어 있었다. 지배층 가운데는 문자능력을 갖고 있는 서기계급, 즉 지식계층이 포함된다. 문자능력을 중핵으로 놓는 문화(상위문화)는 이 지식계층이 담당했다. 그들은 신학, 입법, 재판, 행정, 의료 등에 종사하는 전문가들이다. 대다수의 농경민은 문자능력을 소유하고 있지 못했고 그들의 문화는 상위문화와는 관계가 거의 없는 것이었다. 농경민의 공동체는 소규모로서 상호 간의 횡적 관계도 지극히 제한적이었다.

농경시대의 정치단위는 양극화되어 있다. 한쪽에는 지방자치적인 공동체가 존재한다. 농촌공동체도 이러한 형태에 포함된다. 다른 한쪽에는 대규모의 제국(국가)이 존재한다. 이러한 거대 제국에서는 일반 농경민으로부터 분리된 지배층이 총괄하고 있다. 제국(국가)은 지방공동체와는 상당히 독립된 존재이다. 이들 정치단위와는 별도로 문자능력을 통하여 상호 의견 교류가 가능한 지식계층의 공동체도 존재한다. 이 공동체의 확대는 일반적으로 농경민의 소규모 공동체의 범위를 훨씬 초과하며, 또한 드물게 국가와 일치하는 경우도 있지만 통상적으로 국가의 경계와도 일치하지 않는다. 결국 농경사회, 즉 식량생산사회는 소수에게 식량생산을 면제하고 그 대신에 대다수의 사람들에게 식량생산을 강제하는 성층成層화된 사회이다. 농촌공동체는 횡적 연결이 거의 존재하지 않는 소小공동체로 분할되며, 제국(국가)은 넓은 영역을 활동의 장으로 하고 있다. 그러므로 겔너에 따르면 이러한 사회의 구조는 일반적으로 다음 쪽의 그림과 같이 도식화하는 것이 가능하다. 겔너에 의하면 이러한 사회에서는 내셔널리즘—정치단위를 문화단위와 일치시키는 것—은 전혀 문제가 되지 않는다고 한다.

그러나 이러한 상황은 산업사회의 도래와 함께 격변한다. 산업사회란 생산의 지속적인 성장을 필수요건으로 하는 사회이다. 지속적인 성장과 혁신은 고정적인 역할구조와는 조화되지 못한다. 한 인간을 평생 똑같은 지위에 고정시키든가 세대가 바뀌어도 지위를 고정시키는 사회에서는, 약동적인 성장을 도저히 기대할 수 없다. 결국 산업사회는 필연적으로 사회적 유동성이 높은 사회일 수밖에 없다. 그 결과 산업화된 근대사회는 평등주의적인 사회

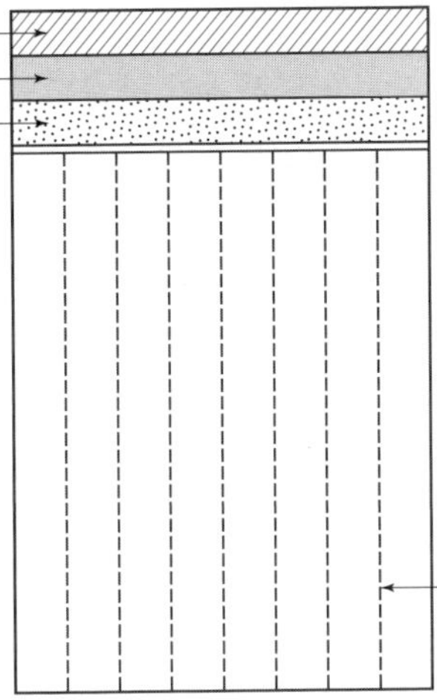

가 된다. 겔너는 근대사회는 평등주의적이기 때문에 유동적인 것이 아니라 유동적이기 때문에 평등주의적인 것이라고 강조한다. 즉 산업사회는 한 인간이 쉽게 다른 직업으로 옮기거나, 어떤 인간이 떠난 뒤를 쉽게 다른 인간이 보충하는 것이 가능해야 한다.

산업사회에서는 분업구조뿐만 아니라 직업 활동의 내용에서도 중대한 변화가 나타난다. 산업사회에서의 노동은 주로 사물이 아니라 의미를 조작하는 것이다. 경작보다는 타자와 커뮤니케이션을 한다든지 기계조작의 매뉴얼을 읽는 것이 노동의 중심이 된다. 이것은 일상의 노동에서, 상황여건으로부터 고도로 독립한, 명시적이면서 엄격한 커뮤니케이션이 요구된다는 것을 의미한다. 과거의 부족이나 농촌공동체에서와 같이 개인적으로 친숙한 동료와 주로 교류하는 경우에서의 커뮤니케이션은, 서로 공유하는 문맥 속에서 수월하게 진행된다. 이 경우 언어를 엄밀하게 정식화하거나 정의할 필요는 없다. 간단히 말해서 이것은 '통과'나 이심전심의 세계라 할 수 있다. 그러나 산업사회의 노동에서는 잘 알지 못하는 상대와 빈번하게 커뮤니케이션을 해야만 한다. 사람은 명시적인 의미가 지정된 언어를 사용하여, 필요하다면 표준어법의 문장으로 적어 전달해야만 하기도 한다.

이러한 산업사회의 요청에 부응하기 위해서는 어떻게 하여야 하는가? 농경사회에서 일부 사람들에게 독점되었던 문자능력을 중심으로 한 상위문화를 사회의 전 구성원이 습득하도록 하는 것이 필요하다. 즉 과거에는 성직자와 같은 일부 지식계급만 소유하고 있었던 능력을 전원에게 습득하도록 하는 것이다. 모든 구성원이 성직자가 된다고 해도 좋을 것이다. 이를 위해서 반드시 해야 하는 것은 무엇인가?

겔너는 개인과 집단을 재생산하기 위한 교육방법으로서 두 가지에 주목하고 있다. 즉 일대일의 실지實地교육방식과 집중방식이다. 실지교육방식이란 주로 가족과 친족 등의 공동체 가운데 자연스럽게 행해지는 훈련을 의미한다. 집중방식은 지역의 공동체와는 별개의 특별한 교육기관에 청소년을 집합시켜 행하는 교육을 의미하며, 족외교육族外教育으로도 일컬어진다. 전자는 특히 교육으로서 의식되지 않고 주로 자연스런 모방에 의해 행해진다. 그러므로 겔너는 식물의 비유를 사용하여 실지교육방식으로 전해지는 문화를 '야생문화野生文化', 집중방식으로 재생산되는 문화를 '재배문화栽培文化'라고 부르고 있다. 농경사회에서 교육의 중심은 실지교육방식이다. 성직자가 되는 사람들과 같은 일부의 사람들만이 집중방식의 교육을 받았다. 그러나 모든 구성원을 고급문화의 역할자로서 향상시켜야 할 필요가 있는 산업사회에서는 족외사회화, 즉 집중방식의 교육이 일반적인 규범으로서 완전하게 확립되어야만 한다. 그렇지만 집중방식의 교육을 공동체의 모든 구성원들에게 적용시키기 위해서는 이를 위한 교육기반의 정비에 거대한 비용이 소요된다. 어떠한 대기업이더라도 그것을 모두 부담하는 것은 불가능하다. 그러한 거대 비용을 감당할 만한 조직은 국가밖에 없다.

이렇듯 국가가 지배하는 정치적 영역이, 문자능력을 기초로 한 동질의 고급문화가 유통되고 있는 범위와 정확히 일치할 것을 요구하는 정치원리, 즉 내셔널리즘이 성립하게 된다. 내셔널리즘은 산업화의 요청에 대한 현실적인 유일의 응답이었다고 할 수 있다. 사람들이 스스로 전진하여 일체화할 것을 요구하는 통일적인 문화는 내셔널리즘을 통하여 형성된다.

이상이 내셔널리즘의 성립에 관한 겔너 이론의 골격이다. 더욱이 겔너는 약간의 논점들을 남겨놓고 있다. 특히 그가 역설하고 있는 것은 하나의 민족단위로부터 세포분열과 같은 형태로 새로운 민족단위가 분리해갈 경우 어떠한 원리가 작용할 것인가 하는 문제이다. 겔너에 따르면 그것은 크게 두 가지 경우로 나눠보는 것이 가능하다.

첫 번째 경우는 단순하다. 다수파가 사용하는 언어와 매우 다른 언어를 사용하는 소수파가 산업사회라는 새로운 질서에 진입했을 때 큰 불이익을 입게 되는 경우이다. 이러한 불이익은 산업사회에서는 커뮤니케이션 능력이 성공 기회를 규정하기 때문에 발생한다. 이때 소수파가 민족이란 새로운 개념에 의하여 자기규정에 성공한다면, 민족운동이 발생하고 독립에 성공을 거둘 수 있다.

두 번째 경우는 조금 더 복잡하다. 산업화에 동반된 사회변동의 기본적인 경향에 저항하는 내耐엔트로피적인entropy-resistant 특성이 작용하는 경우이다. 농경사회로부터 산업사회로의 이행은 성층적인 차별이 사라지고 유동적인 사회구조가 나타나는 과정이었다. 이것은 비유적으로 표현한다면, 엔트로피가 증가하는 과정이라고 할 수 있다. 그러나 몇 가지의 차이는 이러한 과정에 저항하여 사회·정치적으로 무시되지 않는 차이·차별로서 잔존하게 된다. 이러한 차이를 겔너는 내엔트로피성을 갖는 것으로 보고 있다. 예를 들어 피부색과 같은 인종적 특성이 이러한 성질을 의미한다. 이러한 성질은 유전적인 특성만을 의미하지는 않는다. 생활 깊숙이 자리한 종교적 관습 등도 내엔트로피적이라고 할 수 있다. 이러한 내엔트로피적인 차이에 의해 규정된 집단이 스스로를 '민족'으로 자각하고 분립해가는 경우가 있다.

더욱이 겔너는 내셔널리즘의 독특한 분류를 시도했다. 그의 분류가 갖는 특징은 다양한 내셔널리즘의 모든 사례로부터 귀납적으로 구성하기보다는 단순한 모델로부터 연역적으로 구성하고 있다는 점이다. ① 권력을 소유한 집단은 누구인가? ② 교육에 대한 접근 기회가 많은 집단은 누구인가? ③ 내부는 문화적으로 균질한가 아니면 분열하고 있는가라는 3개의 기준을 근거로 내셔널리즘을 분류하고 있다. 결론만을 말한다면, 겔너는 이러한 분류로부터 서구형, 동구형, 디아스포라형이라는 세 가지 유형의 내셔널리즘을 도출하고 있다.

실증적 · 이론적 의문점

이상에서 고찰한 바와 같이 겔너의 설명은 매우 명쾌하고 이론적이기에 설득력을 갖고 있다. 서두에서 기술했듯이 내셔널리즘의 성립을 이렇게 명확하게 설명한 이론은 아직 존재하지 않는다. 그렇지만 겔너의 설명에도 몇 가지의 의문이 남는다.

첫째로 내셔널리즘이 산업화와 관련하여 등장한다고 하는 명제는 실증적인 사실에 부합하는 것일까 하는 의문이다. 확실히 전체적으로 본다면 내셔널리즘의 시대는 산업화의 시대였다고 총괄하는 것이 가능할 것 같다. 그러나 좀 더 정확히 상황을 상세하게 관찰한다면 몇 차례의 '상반된 예'를 발견하게 된다. 예를 들어 앤더슨이 강조하는 것이지만, 18세기 말 역사상 최초로 내셔널리즘이 번창했던 지역은 북아메리카의 영국과 프랑스 식민지였다. 이어서 중남미 지역의 스페인과 포르투갈 식민지였다. 양자 모두 산업화 이전 단계의 지역이었다. 더욱이 유럽의 경우를 보아도 동일한 문제가 있다. 19세기 초엽 비교적 이른 단계에서 내셔널리즘이 발흥했던 국가들 가운데에는 산업발전의 진전이 없었고 주변 지역에 속했던 국가의 예가 다수 있다. 아일랜드, 그리스, 헝가리, 폴란드, 보헤미아 등이 그러한 예에 속한다. 이러한 내셔널리즘은 그 기원에서 산업화와 반드시 공존한다고 할 수 없는 경우들이다.

동일한 의문은 기원에만 한정되지 않고, 내셔널리즘의 현재와의 관계에서도 갖게 된다. 내셔널리즘이 산업화의 요청에 응하여 성립했다고 주장하는 것은, 반대로 내셔널리즘이 산업화에 대해 기능하지 않게 되었을 때에는 그대로 사라질 것이라는 것을 의미한다. 산업화의 현 단계에서 볼 때 내셔널리즘이 무조건 도움이 된다고는 말할 수 없을 것이다. 물자의 교류 범위도 커뮤니케이션의 범위도 국경을 넘어야만 하기 때문이다. 이렇듯 글로벌한 후기산업화에서 볼 때 내셔널리즘—즉 사람이 네이션의 내부에서만 용이하게 커뮤니케이션을 꾀하는 것이 가능하다는 조건—은 하나의 장애물이 되기조차 한다. 그렇다면 내셔널리즘의 의미는 감소할 것이다. 실제로 겔너도 이러한 것을 예상했다. 그러나 20세기 말 이후 우리들이 목격하고 있는 것은 겔너의 이론이 함의하고 있는 예상과는 상반된 사태이다. 산업화의 관점에서 볼 때 내셔널리즘은 일찍이 산업화의 훼방꾼이었는데도 세계 각지에서 떠들썩하게 일어났다.

겔너의 설명에 대한 제2의 의문은 '이론적'인 것에 대한 것이다. 내셔널리즘의 수수께끼는 그것이 때에 따라서는 종교에도 비교될 수 있는 민족에 대한 추종을 포함하고 있다는 것이다. 내셔널리즘의 궁극적인 원인으로 산업화의 요청을 가정할 경우, 이러한 내셔널리즘의 정열을 설명하는 것이 가능할 것인가? 앤더슨이 지적한 것처럼 내셔널리즘은 다른 많은 '주의主義'와는 달리 어떠한 대사상가도 만들어내지 못했다. 그럼에도 불구하고 근대 이후 내셔널리즘은 다른 어떠한 주의보다도 집요할 정도로 사람들을 장악해 왔다. 내셔널리즘의 이러한 집요함은 산업화된 사회의 이해관계만으로는 충분히 설명할 수 없지 않은가? 제1의 의문·비판과의 관계에서 기술했듯이, 오늘날과 같이 내셔널리즘이 이익 증진으로 이어지지 않는 경우에도 많은 사람들은 내셔널리즘에 기우는 경우가 있다.

실제로, 현명한 겔너는 자신의 논의에 내재된 한계점을 충분히 자각했다.

이 책의 결론 부분에서 그는 이렇게 기술하고 있다. "어떤 종류의 내셔널리즘, 무엇보다도 히틀러와 무솔리니 시대의 내셔널리즘이 왜 그 정도로 맹독을 떨쳤는지에 대해 이 책의 이론으로 설명하는 것이 가능하다고 주장하고 있지 않다"고 지적하고 있다. 그러나 그 '맹독'이 내셔널리즘에서 볼 때 예외적인 것이 아니라, 어떤 내셔널리즘이든지 어느 정도는 포함하는 본질적인 구성요소였다고 한다면 어떠할까? 적어도 겔너는 젊은 시절 내셔널리즘의 맹독 때문에 스스로 해외로 도망하여 그것에 대항하여 싸웠다.[1] 열광적인 내셔널리즘에 대해서는 자신의 이론이 충분한 설명력을 갖지 못한다는 것을 스스로 인정했다는 것이 된다.

'산업화'에서 '자본주의'로

그렇다면 산업화와 내셔널리즘 사이에서 멋진 공존 관계를 발견해낸 겔너의 이론은 토대가 없는 사상누각으로 평가해야만 하는 것일까? 아마도 그렇지는 않을 것이다. 그러나 그의 이론은 조금은 개선되어야 견고하게 재구축될 것이라고 나는 생각한다. 마지막으로 개선의 방법을 제시하는 것으로 여기에서의 논의를 마치겠다.

겔너가 이 책에서 잠재적인 동반자로 상정하고 있는 논의는 근대세계의 탄생에 대한 막스 베버의 유명한 논의이다. 베버는 근대자본주의의 탄생을 프로테스탄티즘과의 관계에서 설명하려고 했다. 그런데 근대인의 '직업'에 대한 태도에 착안할 경우, 겔너와 베버의 강조점 사이에는 대조적인 관계가 존재한다. 즉 겔너는 산업사회에서 사회이동의 밀도가 높아지는 것, 즉 누구나 자신이 얻은 지위나 직업에 대해 강한 귀속의식을 갖지 않고 쉽게 별도의 지위나 직업으로 이동하는 것이 가능하다는 점에 주목했다. 반면에 베버가

---

1 겔너는 유대계로서 체코 프라하에서 성장했는데, 독일 나치스가 1938년 체코 수데텐Sudeten 지역을 합병하자, 1939년 가족과 함께 영국으로 망명했다.

주목한 것은 전혀 반대의 측면이었다. 그는 근대인—프로테스탄트의 근대인—이 자신의 직업이 심오한 사명을 띤 것이라고 한 점, 즉 신으로부터 소명Beruf/calling을 받아 취득한 것이었다고 한 점에서야말로 근대의 원류가 나타났다고 보았다. 여기서 우리가 주목해야 하는 것은 이러한 두 가지 측면의 연결고리이다. 어떠한 이유에서 초월적인 신의 소명이었던 것이, 귀속의식이 낮은 직업으로 전환했다는 것인가? 어떠한 이유에서 종교심 깊은 신도들과 함께 나타났던 사명이, 언제든지 이탈할 수 있는 직업이란 형태로서도 등장한 것인가?

이러한 의문의 탐구 가운데 실마리는 잠재하고 있다. 이렇게 말하는 것은 직업에서의 이러한 이중성은 내셔널리즘의 이중성과 대응하고 있기 때문이다. 한편에서는 산업화를 위한 좋은 도구라는 것이, 다른 한편에서는 사람들로부터 충실한 신앙심이나 사명감을 유도해내는 요인이기도 하다는 이중성에 실마리가 있다. 우리의 문제는 내셔널리즘이 왜 이러한 이중성을 갖게 되는가, 어떠한 이유에서 하나의 측면이 다른 측면으로 전환하는가에 있다.

그러나 이러한 문제를 해명하기 위해서는, 베버가 그러듯이 초점을 '산업화'로부터 '자본주의'로 옮겨야만 할 것이다. 이 경우의 자본주의는 광의의 자본주의, 즉 그 종교적인 기반을 포함할 수 있는 자본주의이다. 본래 겔너는 산업사회가 영속적인 성장을 추구해간다는 점에서 〔내셔널리즘의〕 궁극적인 원인을 찾았다. 그러나 안주하지 않고 생산력을 항상 확대·재생산하는 것이 요구된다는 것은, 그 사회가 자본주의적인 충동 속에 존재하기 때문일 것이다. 더욱이 (광의의) 자본주의에 초점을 맞춘다면, 산업화의 후진지역에서야말로 초기 내셔널리즘(의 상당수)이 생성되었다고 하는 수수께끼도 사라진다. 앤더슨이 가장 초기의 내셔널리즘 발상지로 간주한 북아메리카 식민지야말로 자본주의 정신의 기원을 제공했다는, 가장 앞선 프로테스탄트들이 활동한 지역이기 때문이다.

참고문헌

Gellner, *Thought and Change*, The Univ. of Chicago Press, 1964.

이 책은 겔너의 사회이론의 골격을 이해하는 데 좋다.

Gellner, *Plough, Sword and Book: the Structure of Human History*, Collins Harvill, 1988.

여기서 소개한 『네이션과 내셔널리즘』은 매우 대국적인 역사관으로 일관되어 있다. 겔너가 인류 역사를 어떻게 묘사하고 있는가를 알 수 있는 저서이다.

B・アンダーソン,『想像の共同體』, 白石隆・白石さや 譯, NTT出版, 1997.

겔너의 『네이션과 내셔널리즘』과 앤더슨의 『상상의 공동체』는 종종 내셔널리즘론의 이론적인 정점을 대표하는 책으로서 나란히 열거되어왔다.

マックス・ウェーバー,『プロテスタンティズムの倫理と資本主義の精神』, 大塚久雄 譯, 岩波文庫, 1963.

본문의 마지막 부분에서 시사했듯이 베버의 유명한 저작과 겔너의 『네이션과 내셔널리즘』을 비교하여 읽어보는 것은 지적 도전이 될 것이다.

I・ウォーラーステイン,『近代世界システム』 전2권, 川北稔 譯, 岩波書店, 1981.

『네이션과 내셔널리즘』은 국제적인 환경 속에서 내셔널리즘이 행해온 기능에 대한 배려가 결여되어 있다. 이 결점을 보완하기에는 월러스틴Immanuel Wallerstein의 책이 최고이다.

村上泰亮,『反古典の政治經濟學』 上・下, 中央公論新社, 1992.

무라카미村上도 또한 '성공한' 내셔널리즘과 네이션 시스템의 관계에 대해 논하고 있다. 동시에 산업화와 내셔널리즘의 관계에 관하여도 경제학자로서 독자적 논점을 제기하고 있다.

ウルリヒ・ベック,『危險社會—新しい近代への道』, 東廉他 譯, 法政大學出版局, 1998.

내셔널리즘을 중심으로 논의한 것은 아니지만 산업화의 현재와 미래에 대해 고찰한 점에서 매우 시사적인 책이다. 벡Ulrich Beck의 주장을 전제로 하여 겔너의 저작을 반박하려 할 경우에 무엇을 주장할 수 있는지를 생각하게 해준다.

大澤眞幸,『ナショナリズムの由來』, 講談社, 2007.

근간의 졸저에서도 겔너의 논의를 검토하고 있다. 이 글에서 다소 암시적으로만 제기한 논점이 이 졸저 속에 전개되어 있다.

다케다 세이지, 『'재일' 이라는 근거』

문경수文京洙 | 이이범 옮김

竹田青嗣, 『'在日' という根據一李恢成 · 金石範 · 金鶴泳』, 國文社, 1983 /ちくま學藝文庫, 1995(가필 수정판).

재일의 현재

『코리언 마이너리티 연구』(新幹社)라는 잡지가 있다. 작지만 연 1회 발행되는 격식 높은 학회지이다. 학회명은 '재일조선인연구회在日朝鮮人硏究會'이다. 1999년 12월에 3호가 발간되었는데, 모임의 대표인 정영혜鄭暎惠는 편집후기에서 재일在日을 둘러싼 시대 변화에 대해 "우리 잡지도 가까운 장래에는 명칭 변경이란 아이덴티티의 위기를 경험할 것이다"라고 기술하고 있다.

한편 '원 코리아 페스티벌' 이라는, 지금은 재일사회에서 가을의 풍물시風物詩가 된 이벤트가 매년 오사카大阪와 도쿄東京에서 열린다. 15년째를 맞이한 1999년 행사의 무대는 오사카 이쿠노 구生野區의 코리아타운이었다. 여기에는 3만 명이나 참가했다. 페스티벌 마지막에 실행위원장인 정갑수鄭甲壽가 "우리의 조국은 하나, 아시아는 하나, 세계는 하나라고 선창하자 행사장은 하나의 외침으로 메아리쳤다"(『아사히신문』 1999년 11월 8일자)고 한다.

『'재일' 이라는 근거』의 초판이 나온 때는 1983년이다. 초판에서 논의된 것은 주로 1970년대까지의 재일 조선인의 세계이다. 즉 이 초판에 한정하여 본다면, 그 내용은 과거의 이야기라고 할 수 있다. 정영혜도 밝히고 있듯이 지금은 재일 조선인에 대해 고유한 실상을 소유한 하나의 집단이라고 말하는 것이 어려운 일이 되고 있다. 그렇지만 다른 한편에서는 거의 호소하는 일 없이도 민족으로서의 일체감을 불러일으키는 이벤트에 3만 명이 참가하기도 한다. 지금 재일 조선인은 무엇인가 박자가 맞지 않는 변화 속에 있으며 1970년대 상황과는 큰 차이를 보이고 있다.

물론 그렇다고 하여 『'재일'이라는 근거』가 이미 낡은 이슈가 되었다고 말하는 것은 아니다. 거기서는 명확하게 우리 재일을 재일답게 했던 하나의 핵심이 지적되고 있다. 문제는 우리 재일 조선인이 처한 현재 상황에서 이 핵심을 어떻게 풀이해야 할 것인가이다. 여기서는 그 내용을 소개하고, 현재 재일 조선인의 존재 방식에 관련하여 이 책이 갖는 의미도 언급하고자 한다.

그런데 이 책은 내셔널리즘을 주제로 논한 것이 아니다. 이 책이 『내셔널리즘론의 명저 50』 가운데 한 권으로 선택된 것은 아마도 현재 일본에서 내셔널리즘을 이야기할 때 재일 조선인의 문제를 빼놓을 수 없다는 생각 때문일 것이다. 사실 이 책은 뛰어난 문예평론이면서 또한 우수한 재일조선인론(재일론在日論)이기도 하다. 여기서는 무엇보다도 재일론의 측면에 주목하여 저자가 제시하려고 하는 것을 생각해보려 한다.

저자 및 구성

이 책의 저자인 다케다 세이지는 1947년 태어난, 이른바 단카이세대團塊世代[1]의 재일 조선인 2세이다. 이 책 이외에도 문예비평으로서 『세계라고 하는 배리背理—고바야시 히데오小林秀雄와 요시모토 다카아키吉本隆明』(河出

1 제2차 세계대전 후인 1946년에서 1950년 사이에 출생한 세대로 일본의 세대별 인구 구성으로 볼 때 다른 어떤 세대보다도 인구수가 많으며, 이 세대가 성장해가면서 일본사회의 변화를 주도했다고 평가받고 있다.

書房新書, 후에 講談社學術文庫로 재출판), 『비평의 전후戰後와 현재—다케다 세이지 대담집』(平凡社), 그리고 조금은 특이한 『요수이陽水의 쾌락—이노우에 요수이론井上陽水論』(河出書房新書) 등이 알려져 있다. 또한 니체, 후설, 하이데거 등 서양철학자의 연구서와 입문서도 많아, 다 열거할 수 없을 정도로 저작 활동은 다채롭고 왕성하다. 이 책은 문학과 철학을 넘나드는 그의 전체 저술 가운데 근본을 이루고 있다.

다케다 세이지라는 이름은 다자이 오사무太宰治의 소설 『지쿠세이竹青』로부터 따온 필명이다. 한글명은 강수차姜修次이다(상세한 것은 이 책의 문고판 II의 「3개의 이름에 대하여」를 참조 바람). 일본 이름을 사용한 이유로서 "재일 조선인은 민족 이름(한글명)을 사용해야만 한다는 생각에……익숙하지 않았다" 고 밝혔다 한다. 이름뿐만 아니라 재일 사회에서 정통적이라고 하는 통념에 대해 저자가 갖고 있던 위화감은 이 책에서 하나의 기조를 이루고 있다고 말할 수 있다.

이 책의 구성에 대해 언급한다면, 고쿠분샤國文社가 출판한 초판은 이회성李恢成, 김석범金石範, 김학영金鶴泳 3인의 재일 작가에 대한 비평과, 근대 일본문학의 '내면內面의 원리'를 논한 「문제로서의 내면」으로 구성되어 있다. 1995년에 새롭게 문고판으로 간행된 치쿠마쇼보판筑摩書房版에서는 고쿠분샤판의 내용 전체를 I로 하고, II와 III이 새롭게 추가되었다. II는 김학영에 대한 추도문과 재일론 등의 에세이를 모은 것이며, III은 1980년대 이후의 이회성, 김석범의 소설과 젊은 사기사와 메구무鷺澤萠, 강신자姜信子, 이양지李良枝, 이기승李起昇 등의 작품론을 모은 것이다. 특히 책의 끝부분에는 저자의 「문고판 후기」와 가토 노리히로加藤典洋의 「해설」이 추가되어 있다.

이 책은 주요 재일 작가와 작품을 거의 포괄하고 있지만, 그 중심은 역시 김학영론論이라고 할 수 있다. '재일在日이란 무엇인가'라는 질문을 둘러싼 저자 생각의 핵심이 김학영이란 작가의 의견을 빌려 잘 표현되고 있다. 또한 이회성과 김석범, 그 밖의 젊은 작가들을 논할 때 그 논조와 견해에서도 김학영론을 통하여 언급되었던 것이 근거로 활용되고 있다. 그러므로 여기서는 먼저 김학영에 관한 저자의 논점을 살펴보고, 그 위에 다른 작가론과 작품론에 대해 이야기를 전개하겠다.

출구가 없는 광경—김학영

김학영은 재일 조선인이면서 말을 더듬는다는 또 하나의 어려움을 안고 있는 작가이다. 그는 이것을 작품의 중요한 모티브로 하고 있다. 말을 더듬는 어려움이란 "자신의 의사를 있는 그대로 전달할 수 없다"는 이유 때문에 "타인과의 사이에는 항상 담이 가로놓여 있다"(『얼어붙는 입凍える口』)고 한다. 이것은 어느 의미에서 일본에 거주하면서 '조선인'으로 태어났기 때문에 느끼는 소외감(불우하다는 의식)과 흡사하다. 그러나 저자는 이러한 두 가지 고통에서 본질적인 차이를 발견하고 있다. 즉 "말 더듬는 사람의 고통은 어디까지나 닫혀 있기 때문에 '사회적 문제의 통로'로 그것을 해결하는 것은 불가능하다"고 말하고 있다(138쪽).

이회성은 이러한 '사회적 문제의 통로'를 상징적으로 살아온 작가이다. 이회성도 재일 조선인이란 불우함을 출발점으로 했지만, 사회와 역사에 대한 자각과 민족에의 귀속이념을 매개로 하여 오히려 재일 조선인인 점을 적극적인 삶의 원리로까지 반전시키고 있다. 그러나 김학영의 경우, "말 더듬음에서 오는 불우의식이 조선인이기 때문에 오는 그것을 압도한다"(137쪽)고 하며, 이회성이 도달한 것과 같은 이치는 거의 의미를 갖고 있지 않다. 그에게서 '민족'에 관한 이념은 말 더듬음에서 연유한 "자의식 속에 생겨난 내면의 원리〔불우 의식〕를 위협하는 정도의 존재"(161쪽)일 뿐이다.

'민족'과 '통일'이라는 언어에 부여된 이념, 즉 '민족주의'는 당시 재일을 다소 진지하게 살아가려 했던 2세들 대부분이 취했던 사회와 상대하는 방법이었다. 그러나 이러한 민족주의에 대한 위화감을 김학영과 저자는 내면 깊이 공감하고 있었다. 민족주의에 대한 이 책에서의 견해를 내 나름대로 알기 쉽게 정리한다면, 다음과 같이 설명할 수 있을 것이다.

우리들은 세계에 대한 느낌에 대해 많든 적든 '언어'를 통하여 질서를 부여한다든지 윤곽을 그릴 수 있다. '사회와 상대하는 방법'을 확정하거나 '진리'에 도달하는 일도 당연히 언어를 통하여 이루어진다. 그러나 근대적인 시스템의 근거에서 성취되는 '진리'는 '이른바 순수한 언설言說의 영역'으로서 독자적으로 진행한다. 그리고 그 진리는 경우에 따라서는 그 토대로서 존재했을 세계에 대한 감촉이나, 진리 이외의 '언설의 세계'를 억압하면서 방해한다.

재일의 문제에 대해 언급한다면, '민족'(진리)에 대한 자각은 '불우 의식'이라는 '세계에 대한 느낌'의 토대 위에서 하게 된다. 그리고 '자신은 누구인가'라는 의문은 '자신은 본래 무엇이며, 어떻게 살아가야만 하는가'라는 순수한 관념의 의문으로 뒤바뀌어 전도된다. 김학영이 '민족주의' 내부에서 직감한 것도 이러한 관념으로부터 구성되는 '언설상의 체제'이며, 그것은 이 '작가의 자의식의 핵심을 부정'하는 존재로서 나타난다.

김학영은 이러한 '언설상의 체제'와 '관념의 극劇'에 대한 '위화違和의 절규絶叫'를 철저하게 파고들어 표현한 작가이다. 여기서 저자는 김학영의 말더듬이로서의 '독자적인 자질'이 이를 가능하게 했다고 보고 있다. 말더듬이란 어떠한 관념의 이야기에도 환원될 수 없는 것과 같은 불우함을 나타내며, 어찌할 수 없는 불우함을 재일인 사실의 핵심과 중첩시켜 놓았다고 저자는 말하고 있다. 즉 저자에게 있어서 "김학영의 문학은 항상 공동체로부터 내쫓겨 그로 인하여 세계의 상황과 화해할 수 없는 인간의 상황 그 자체를 '재일'의 삶의 광경으로부터 끄집어내는"(260쪽) 바로 그것이다.

물론 그렇다고 하여 저자가 '재일이 철저하게 불우하다'고 주장하는 것은 아니다. 오히려 물에 빠진 사람이 지푸라기라도 움켜쥐려고 하는 것과 같이 그것으로부터 벗어나 어떠한 이념(이야기, 아이덴티티, 공동체)을 잡으려고 하는 절실한 몸부림이 명확히 존재한다. 그럼에도 불구하고 결국은 그러한 것이 수포로 돌아가는 상황, 즉 출구가 없는 광경을 저자는 재일의 리얼리티의 핵심으로 우리들에게 제시하고 있다.

'반조선인' —이회성

재일의 '몸부림의 통절함'은 이회성에게 중요한 제재題材가 되고 있다. 그렇게 말하기보다는 이회성은 그러한 '반半조선인'(반일본인, 반쪽발이)의 고뇌를 묘사한 '최초의 작가'라고 할 수 있다. 이회성이 묘사하는 재일의 상像은 일본인에서 시작하여 '반조선인'의 혼돈을 지나, '조선인'으로 이어지는 아이덴티티의 궤적을 그린다. '조선인'이란, 주인공들이 '반조선인'으로서의 정신적 위기를 극복하고 얻어낸 '이념', 즉 저자가 '관념의 극'이라고 호칭한 것이다.

저자에게 이회성이 중요한 이유는 그가 '반조선인'의 고뇌에 어떤 깊은 의미를 부여하여 독자에게 제시했다는 점에 있다. '반조선인'의 몸부림은 『돼지의 생활豚の生活』이나 『조폭의 아버지粗暴な父』에서 상징되는 '가정'을 혐오하여 이른바 일본인 이상으로 일본인이 되려고 하는 단계의 다음에 찾아온다. 이회성처럼 전전戰前에 소년기를 지낸 이른바 재일 2세의 제1세대에게 이러한 일본인으로서의 자기 규정은 천황제에 대한 열광이라는 형태를 띤다. 그러므로 '반조선인'을 구별하는 경계에는 패전에 의한 시대의 전환이 있어, '반조선인'이 자기 발견을 모색하는 것을 표현하는 '낱말'도 '전후 민주주의'라고 이야기될 수 있는 규범이나 논리를 나타내고 있다.

저자에 따르면 '반조선인'으로서의 귀속과 이념을 둘러싼 번뇌는 재일 1세에서는 보이지 않는 것이기에, 언급할 필요도 없이 김학영의 작품과도 통하고 있다. 저자의 불만은 이회성의 작품 세계에서는 그것이 미리 준비된 지점(조선인으로서의 각성)을 향하는 과정으로서 묘사되고 있다는 점이다. 즉

"이회성이 극복할 수 있는 '위기'의 실마리로서 '재일'을 묘사했을 때, '재일'의 새로운 존재구조가 사라져가고 있었다"고 저자에게는 비친다. 이미 확인한 것과 같이 저자가 김학영의 문학으로부터 추출해낸 핵심이란 것은 '재일'(반조선인)은 이념적 자기 확인에 대해 본질적으로 '〔답이〕 불가능한 질문'을 계속 질의하는 존재다라는 것일 뿐이다. 그러나 이회성은 이러한 불가능의 흔적을 오히려 "지워가는 것으로 재일의 아이덴티티 위기를 비밀리에 매장하려" 하고 있다고 말한다.

부재不在의 의식—김석범

김학영이나 이회성은 '반조선인'으로서 피할 수 없는 고뇌를 살아온 작가들이다. 이들에 비해 이들보다 한 세대 위인 김석범은 "자신이 조선인인 것이 자명하기 때문에 오히려 '자신은 왜 일본에 존재하는가'라는 질문이 절실하다"(116쪽)고 하는 세대의 작가이다. 『까마귀의 죽음鴉の死』이나 『화산도火山島』 등으로 알려져 있는 것처럼, 김석범은 제주도라는 그가 본래 존재했어야 할 고향에서 발생한 현대사의 비극(4·3사건)을 집요하게 지속적으로 묘사하고 있다. '조국'이나 '민중'이라는 이야기의 표층에 등장하는 명제의 뒷면에서는 깊은 허무주의nihilism의 감촉이 느껴진다. 저자는 김석범의 작품에서 그러한 '결여'나 '공허'의 감촉이 존재하는 것은 '조국'이나 '민중'으로부터 떨어진 채 재일로 살아가는 것의 무상함이나 자책감에서 유래한다고 보고 있다.

저자는 김석범의 작품이 "전후 사회의 안일한 무드 가운데 전쟁이나 권력의 생생한 모습을 환기시키는 것과 같은 역할을 했다"는 점을 인정하고 있다. 그렇지만 김석범이 재일의 의미를 조국이나 민중과 연결하는 문제로서 밝히려고 하는 한, "그의 작가적 육안肉眼을 재일 사회의 새로운 지층으로 삼으려는 것은 거의 불가능하다"(126쪽)라고 말한다. 오히려 그것은 저자가 김학영과의 '공감'을 통하여 얻어낸 재일성在日性의 축에서 본다면, "전후적戰後的인 '재일'의 생生의 영역〔전후 재일 조선인들의 안일한 삶〕을 강제로 제거하여"(126쪽)버리는 것으로 비친다.

확산하는 풍경—신세대의 재일 문학

저자가 재일성의 핵심으로서 삼은 축은, 젊은 작가를 논할 경우에도 거의 변화가 없다. 예를 들어 이양지를 언급하면서 저자는 "기묘한 표현인지 모르겠지만 이양지는 과연 재일 작가인가"라고 쓰고 있다. 뒤에서도 언급하겠지만 이러한 표현은 저자의 재일에 대한 견해가 지금의 재일과는 어긋나 있음을 상징적으로 나타내고 있다. 이양지의 『각刻』과 『유희由熙』는 재일 조선인이 한국 체험에서 느낀 우울함과 위화감을 제재로 하여 재일의 문제영역을 넓힌 작품들이다. 그러나 저자는 이것이 재일성의 번뇌를 외양으로만 비유하고 있을 뿐, '핵심'에는 도달하지 못하고 있다고 말한다.

강신자의 『지극히 보통의 재일 한국인ごく普通の在日韓國人』에 대해, 일본인이라면 '지극히 보통'일 생각이, 재일이기 때문에 이것을 '주변을 향해 확인할 수밖에 없다'는 것, 이 점이야말로 "이 책의 '재일'적 성격을 잘 나타내고 있다"고 저자는 느끼고 있다. 이러한 해석의 견해에서도 저자가 재일이라는 것의 축을 어디에 놓고 있는지를 알게 해준다.

재일에 관한 새로운 상황은 사기사와 메구무의 『진정한 여름ほんとうの夏』, 이기승의 『제로한ゼロはん』에 좀 더 명확한 형태로 나타난다. 여기서는 이제 '정치와 인간'이라든가 '사회와 개인'이라는, 재일 2세의 제1세대를 괴롭혀왔던 하나만을 선택해야만 하는 질문은 깨끗하게 사라졌다. 물론 이러한 작품에서도 이 세계를 살아가는 것의 뿌리 깊은 위화감은 남아 있다. 그러나 "그들은 자신들의 새로운 '재일'성을 아직 깊이 있게 표현하지 못하고 있다"(308쪽)고 저자는 말한다.

재일의 행방

저자가 재일성의 핵심이라고 한 것으로부터 한 걸음도 움직이려 하지 않는 것은, 아마 그것이야말로 근대사회의 인간이 부닥치는 본질적인 곤란함이라는 것을 찾아냈기 때문일 것이다. 즉 저자에게 재일인 것의 핵심이란 인간이라는 것의 핵심이기도 하다. 표현을 바꾼다면, 재일이란 그러한 인간의 본질을 잘 파악할 수 있는 입장이기도 할 것이다. 그러나 만약 그렇다면 적어도 두 개의 질문이 우리들 앞에 주어질 것이다.

첫째, 만약에 어떠한 이야기로도 〔표현이〕 불가능한 것이, 재일이나 인간으로서 존재하는 것의 핵심이라면, 도대체 사람은 살아가는 거점을 어디에서 구하면 좋을 것인가 하는 문제이다. 실제로 저자는 이 책 속에서 이것에 관해 하나의 해답을 제시하고 있다. 저자는 김학영에 대해 그는 '본래의 자신이라는 내면의 의식', 좀 더 자세히 말한다면 그러한 내면동사內面同士[2]의 감춰진 '마음의 관계성'을 지켜보고 따라 함으로써, 세계의 시선에 대립하는 근거를 얻으려 했다고 말한다. 이 점은 이 책의 '문제로서의 내면'에 부연된 것이기도 하지만 그것을 어떻게 읽을 것인가는 독자 각자에게 맡길 수밖에 없다.

또 다른 하나는 재일이라는 것이, 인간이라는 것의 핵심을 현재에도 잘 포착할 수 있는 입장일까 하는 문제이다. 이 점은 저자가 이양지에 대해 '과연 재일 작가인가'라고 묻고 있는 것에 잘 나타나 있다. 신세대의 작품이나 이 글 첫머리의 예가 나타내고 있는 것은 그러한 '핵심'을 느끼고 있는 힘이 현재의 재일에서는 상당히 쇠약해졌다는 것을 말하는 것 아닐까?

그러나 반대로, 현재 재일의 존재감이 희박해져 있으면 있을수록, 우리들 재일에게 이 책은 중요하다고 말할 수 있을지도 모르겠다. 어떤 의미에서 재

2 재일성의 핵심과 인간의 본질이라는 두 개의 내면을 의미한다.

일이란 일본이라는 사회의 시간 축에 따라서 쌓아져 올라온 재일로서의 경험의 총합이기도 하다. 이 책이 그러한 재일의 존재의 두터움을 확인할 수 있는 하나의 '근거'라는 것은 언제 어떠한 시대가 되어도 결코 부인되지 않을 것이다.

참고문헌

竹田青嗣,『現象學入門』, 日本放送出版協會, 1989.
竹田青嗣,『自分を知るための哲學入門』, 筑摩書房, 1990.
金鶴泳,『金鶴泳作品集成』, 作品社, 1986.
金石範,『'在日'の思想』, 筑摩書房, 1981.
李恢成,『またふたたびの道/砧をうつ女』, 講談社文藝文庫, 1991.
李良枝,『李良枝全集』, 講談社, 1993.

파르타 채터지,
『내셔널리스트의 사상과 식민지세계』

사키야마 마사키崎山政毅 | 이이범 옮김

Partha Chatterjee, *Nationalist Thought and the Colonial World: a Derivative Discourse?*, Zed Books, London, 1986 / Univ. of Minnesota Press, 1986 / 1993.

저자에 대해

파르타 채터지는 제국주의와 식민지주의가 결합하여 태어난 문화를 동태적으로 분석하고 후기식민지사회를 연구한 이론가로서 아시아를 포함한 영어권 세계에 널리 알려진 연구자이다.

채터지는 1947년에 출생하여 1967년 인도 캘커타대학 정치학부를 졸업한 후 미국으로 건너가 로체스터대학 대학원(뉴욕 주)에서 1970년 정치학석사, 1971년 박사학위를 취득했다. 1년간 미국에서 교편을 잡은 후 1972년 귀국하여, 1973년 캘커타 사회과학연구센터 연구원이 된다. 1979년 동 센터의 교수가 되고 1997년부터 동 센터의 장長으로서 연구 활동을 지속하고 있다.

캘커타에서의 연구 이외에 영국 옥스퍼드대학 세인트 앤서니 칼리지, 뉴욕시의 뉴스쿨대학 사회연구분과New School of Social Research 및 컬럼비아대학, 네덜란드 라이덴대학, 오스트레일리아 국립대학(캔버라 시), 미시건주립대학 앤아버 캠퍼스 등의 객원교수를 역임했다.

1980년대에 들어서부터는 식민지 시기 인도에 관한 뛰어난 역사가 라나

지트 구하Ranajit Guha 등과 함께 식민지사회, 포스트 식민지국가의 역사·정치·사회를 규명하기 위한 학제적學際的 프로젝트인 '종속민중연구그룹Subaltern Studies Group'[1]을 조직하고, 그 중심인물로서 활약하고 있다. 또한 연구 활동 중에도 인도 하층민중의 교육을 지원하기 위한 NGO활동에서 중요한 역할을 수행해왔다.

채터지는 이 장에서 거론하는 저작 이외에도 다양한 저작과 편저 활동 그리고 사회적 실천을 통해, 제3세계 내셔널리즘의 역사와 운동이 안고 온, 피할 수 없는 미해결 문제를 계속 제기하고 있다.

'굴곡선' 으로서의 내셔널리즘 연구

이 책은 식민지 상태에서의 독립을 둘러싼 인도의 내셔널리즘을 대상으로 한 이른바 정치사상사 연구서이다. 이 시대의 정치사상사를 구명하는 것은 어느 정도의 수준을 보이고 있는가? 채터지는 서문에서 다음과 같이 기술하고 있다.

> 이 책은 정치혁명에 관한 책으로, 정치혁명의 역사에서 기원과 절정의 두 점을 골라 직선으로 연결하는 것으로는 그 실체를 표현해낼 수 없다. 비판적 시각으로 보면 그것은 혁명인 동시에, 근본적인 존재방식에 있어서는 혁명이 아닌 것으로 드러난다. 그것은 이전移轉, 어긋남, 단절, 즉 의도하지 않은 움직임 속에서 존재한다. 의도하지 않은 움직임이란 그 존재가 명백하게 드러나는 것과 동일한 정도로 드러나지 않는 것이기도 하다. 그리고 비판적 시각에서 볼 때 이 복잡한 운동의 감각은, 갑자기 발생하는 많은 요인들이나 정황들을 저해하는 요소가 아니라 운

1 남아시아의 후기식민지와 탈제국주의 사회 연구에 관심을 둔 남아시아 연구자들이 결성한 연구그룹이다. 서벌턴subaltern이란 용어는 인종, 계급, 성, 민족, 종교 등의 이유로 사회 속에서 차별과 다양한 규제를 받으며 하층생활을 하는 사람들을 뜻하는데, 이탈리아 마르크스주의자인 안토니오 그람시의 연구에서 기원한다.

동 과정이 갖고 있는 지극히 역사적인 합리성의 구성요소라고 보며, 이것은 얻을 수 있는 존재이다. (서장, vii쪽)

즉 그는 단선적單線的인 역사관에서는 결코 다룰 수 없는 다양한 모순을 포함한 복잡한 과정에 나타나는 역사적인 구축물로서, 독립-탈식민지화를 둘러싼 정치사상을 생각하려고 한다. 그가 독일 출생의 비평가이자 연극작가인 베르톨트 브레히트Bertolt Brecht(1898~1956)의 말을 빌려서 이 책을 '굴곡선'이라고 말한 것도 이 책에서의 탐구 자세를 표현하고 있는 것이다. 그렇다면 채터지는 어떠한 '굴곡선'으로 내셔널리즘을 논하고 있는지 이 책의 구성에 따라서 살펴보겠다.

구성과 내용

제1장 정치사상사의 한 문제로서의 내셔널리즘

제2장 주제적인 것the thematic과 문제구성적인 것the problematic

제3장 출발의 계기: 반킴 찬드라Bankim Chandra의 사상 속의 문화와 권력

제4장 유도조작Manoeuvre의 계기: 간디와 시민사회 비판

제5장 도착의 계기: 네루와 수동적 혁명

제6장 이성의 교활함

제1장은 내셔널리즘을 정치사상사적으로 다루고, 논의할 문제를 추론해 내는 도입부에 해당한다.

먼저 자유·합리주의적인 내셔널리즘관을 비판한다. 유럽에서 논의된 이러한 주장은, '진보와 자유'는 궁극적으로 '선진사회'인 서구의 것이라고 규정하고 있기 때문에 식민지 지배를 경험해온 '후진사회'의 내셔널리즘을 비판적으로 해명할 수 없다는 것이다. 또한 식민지에서 발생하는 내셔널리

즘은 유럽의 지배로부터 자유를 옹호하려는 것임에도 불구하고, 식민지 내셔널리즘의 개념 그 자체는 우세한 유럽의 지知의 형식의 노예가 되어 있다는 모순을 안고 있다는 것이다. 예를 들어 채터지는 문화상대주의나 문화 횡단적인 관점을 취하고 있다고 할지라도 '과학적 지식'은 권력과 연결되어 편성된다고 본다. 따라서 그는 서구 계몽주의가 나타내고 있는 '이성'〔지식〕은 서구와 비서구 사이의 비대칭적인 권력관계 속에서, 항상 서구 편에 교활하게 작용했다고 주장한다.

계속하여 20세기 마르크스주의적 내셔널리즘에 대해서도 비판이 가해졌다. 고전적 마르크스주의는 비서양 세계의 내셔널리즘을 '민족 문제'와 '식민지 문제'가 서로 중복되는 가운데의 현상으로 보아왔지만, 정치주의적이고 도구주의적으로 이해하고 말았다는 것이다.

'보다 세련된 마르크스주의적 내셔널리즘관'의 예로서는, 서구 신좌익 마르크스주의로부터 어니스트 겔너와 베네딕트 앤더슨이 거론되고 있다. 그러나 지知와 권력의 관계를 중시하는 채터지의 입장에서 본다면, 자의적으로 '문화적 지표'를 제시하며 '국민'의 '발명'을 이야기하는 겔너의 내셔널리즘은 '오만한 사회학주의'이다. 그리고 앤더슨의 내셔널리즘은 권력을 장악한 '전위前衛 인텔리겐차'에게 문제를 환원시키는 '인류학적 사실'을 보여주기만 하는 기능주의에 빠져 있다.

이 책은 위와 같이 비판한 후 1970년대 인도의 마르크스주의 역사가들 사이에서 행해졌던 내셔널리즘의 사상적 정통성을 재확립하기 위한 논쟁을 소개하고 있다.

1970년대 이전 인도의 마르크스주의 역사가는 세대와 정치적 입장을 불문하고 인도의 사상사를 '전통적-보수적', 즉 '반동적'인 여러 계급과 '합리적-근대적', 즉 '진보적'인 여러 계급 사이의 투쟁이라고 생각하고 있었다. 그러나 1970년대에 들어서 이러한 사고의 틀에 의문이 제기되어, 사상·문화·권력의 사이에 빚어지는 복잡한 관계를 둘러싸고 새로운 논점이 제시되었다. 그 논점들이란 변화의 매체로서의 사상의 유효성, 변혁을 가능하게 하는 사상과 문화의 관계, 상이한 문화적 문맥(유럽)에서 태어난 사상의 카테고리와 틀을 새로운 문화적 문맥(식민지)에 도입하는 것, 지知와 권력이 결합한 식민지 지배문화에서 유래한 사상의 여러 힘을 종속문화가 어떻게 수용하고 변형시키는가, 식민지화된 비서양이 획득한 사상과 변혁의 관계는 어떠한 것인가 등이다.

채터지는 이러한 논점들을 풀어야 할 과제로서 인정하고, 이탈리아의 마르크스주의자인 안토니오 그람시Antonio Gramsci(1891~1937)의 '수동적 혁명'(위로부터의 혁명의 결과, 대중이 자율적인 주체로서가 아니라 '수동적으로 휩쓸려 들어가는' 혁명론)에 주목한다. 그리고 인도의 내셔널리즘에 관한 '수동적 혁명'이라는 사고思考를 구체적인 역사 과정을 통하여 발전시켜야 한다는 필요성을 주장하면서 이 장을 마치고 있다.

제2장은 이 책의 핵심을 이루고 있다. 여기서 채터지는 '주제적인 것'과 '문제구성적인 것'이라는 2개의 개념을 근거로 하여, 식민지로부터 탈피하려는 내셔널리즘이 안고 있는 모순을 분석하려고 한다.

채터지는 식민지세계의 내셔널리즘 언설이 유럽을 기원으로 하는 '파생적 언설'이라는 가설로부터 출발하여, 다음과 같은 주장을 전개한다.

내셔널리즘의 언설 내부에는 처음부터 언설 수준의 기본적인 모순이 존재했다. 내셔널리즘 사상에 포함된 다양한 역사적 가능성이나 행동지침을 언설상 동일하게 규정하는 '문제구성적인 것'의 차원에서, 내셔널리즘의 언설은 모든 민중에게 존엄과 자율성의 모든 권리를 보증한다고 하는 의미에서 보편적인 것이었다. 이에 반해 내셔널리즘 사상에 지知의 인식론적이고 윤리적인 틀을 맞추어가는 '주제적인 것'의 차원에서, 내셔널리즘의 언설은 대문자의 이성[2](서양적 이성)과 그의 타자(즉 '서양'과 '동양')를 만들어가는

2 이성은 서양 고유의 것이라는 의미이다.

서양의 포스트 계몽사상이 갖고 있는 식민지적인 지知[3]의 구성의 한계 때문에 속박되어 있다.

보편화하는 '문제구성적인 것'과 유럽 중심주의적인 '주제적인 것' 사이에 존재하는 모순은, 여러 유형의 내셔널리즘 주장과 운동이 어떻게 구성되었는가라는 역사에서의 긴장관계와 역동성의 중요한 원천이 된다. 그것은 한편에서 '주제적인 것'이 '문제구성적인 것', 즉 내셔널리즘이 정치에서 여전히 가능성을 갖고 있다고 생각하는 것에 중요한 한계를 설정한다는 것을 의미한다. 그러나 다른 한편으로 '주제적인 것'과 '문제구성적인 것'의 역동적인 긴장관계는, 고유한 정치운동이나 정치동맹의 문맥에 대해 작용한다. 그리고 때때로 이 긴장관계는 '본래의 내셔널리즘 사상'이 갖고 있는 유럽 중심주의의 한계를 초월하여 해방을 향하는 잠재력을 지니고 있다는 것을 의미하고 있다.

이후 3개의 장은 내셔널리즘 언설을 둘러싼 '주제적인 것'과 '문제구성적인 것'의 긴장관계, 달리 표현한다면 '파생적 언설'의 속박과 초극超克 등이, 어떻게 하여 식민지로부터 포스트식민지 국가에 이르는 인도의 복잡한 역사과정에 나타났는가를 구체적으로 분석하고 있다. 여기서는 각각의 내용에 대해 채터지의 말을 빌려서 간단하게 정리한다.

제3장은 유럽의 계몽주의 시대 이후의 합리주의 사상에 의해 창출된 지知의 틀과, 19세기 인도 작가이자 대표적 지식인이었던 반킴 찬드라 채터지 Bankim Chandra Chatterjee(1838~1894)가 지닌 내셔널리스트로서의 의식 속에 나타난 '식민지적인 만남'을 분석함으로써, 초기 인도 내셔널리즘의 동태를 다루고 있다. 반킴 찬드라의 '만남'은, '서양'에만 권력과 진보가 귀속되고 '동양'의 '전통 문화'는 그러한 것들을 결여하고 있기 때문에 〔동양은〕 '서양'에 숙명적으로 종속된다는 오리엔탈리즘 속에서 일어났다. 그러

3 비서구 식민지에 대해 갖고 있는 서양인의 고정관념이나 지식.

나 당시의 내셔널리즘(반킴 찬드라의 사상)은 그러한 '숙명론'에 대해 다음과 같은 회답을 제시했다. '서양'의 우월성은 과학기술과 진보에 대한 사랑으로 인해 체현體現된 문화의 우세한 물량에 의해 존재한다. 그에 반해 '동양'은 문화의 정신적인 측면에서 '서양'보다 뛰어나다. 이러한 사고의 바탕 위에서 〔반킴 찬드라의 사상을 통해 보이는〕 초기 인도 내셔널리즘은, 비서양의 여러 민족에게 있어서 진정한 근대성이란 '서양'의 문화가 지닌 우세한 물량적인 질質을 '동양'의 정신적 위대함에 결합시켜 존재할 것으로 생각했다고, 파르타 채터지는 기술하고 있다.

제4장에서는 먼저 앞 장에서 거론한 인도 초기 내셔널리즘 이념이 지녔던 결정적인 한계를 지적하는 것에서 출발한다. 즉 그 이념은 지적 엘리트층이 주창하는 '서양'과 '동양'의 '장점'만을 선별하여 문화적으로 결합 또는 지양止揚하려는 행동으로부터 모든 것을 구하려고 했다는 것이다. 그러한 엘리트주의적 내셔널리즘 이념을 수 세기에 걸쳐 미신과 비합리적인 민간신앙 속에서 생활해왔던 민중들의 의식에 적용하는 것은 매우 곤란할 것이다. 그렇기 때문에 민중의식을 외부로부터 변형시켜야만 할 것이다. 이것은 주변(식민지)을 중심(종주국의 자본주의)에 적합하도록 변형시키려고 할 때 핵심을 구성하는 정치 이데올로기적 딜레마이기도 했다. 그리고 그 해결이야말로 '수동적 혁명'이었다. 그것은 스스로의 권력을 창출하기 위한 반식민지 투쟁에 민중적인 문화의 여러 요소를 동원하면서, 그 요소들을 국가구조(권력)로부터 멀리하려는 지극히 모순적인 조작유도의 정치인 것이다. 거기에는 오래전부터의 정치인 '기동전機動戰'과 20세기 정치로서 나타난 '진지전陣地戰'이라는 대립하는 정치 요소를 불가분의 일체 과정으로 결합하는 사태가 발생한다. 그러한 조작유도의 정치에 대해, 인도 내셔널리즘이 전개되는 시기에 '근대'를 매도하는(반자본주의의 이데올로기에 호소하는) 것으로 '국민'을 만들려고(자본주의 이상의 생산을 이룩하려고) 했던 간디 사상을 통해, 채터지는 비판적으로 해명하고 있다.

제5장은 〔인도 내셔널리즘이〕 전면적인 전개를 끝낸 시기의 내셔널리즘 사상을 다루고 있다. 즉 이 시기의 내셔널리즘은 이미 권력의 합리주의적 조직성인 질서를, 유일하고 일관성 있게 추호의 애매함도 없는 소리로 전달하고 있었다. 그뿐만 아니라 이 시기의 내셔널리즘은 과거의 내셔널리즘 사상에 존재했던 다양성, 모순, 차이를 모두 포용하고, 내셔널리즘이 형성되어온 역사의 여러 단계와 여러 국면을 포괄하는 국가의 언설로서, 내셔널리즘 사상의 이데올로기적 일체성이 언급되고 있다. 이러한 문제는 네루Jawaharlal Nehru(1889~1964)의 사상을 통하여 파헤쳐지지만, 그것은 채터지의 표현으로는 "스스로 생활사의 비밀을 폭로하고 있는 수동적인 혁명"인 것이다.

제6장은 매우 짧지만, '굴곡선'인 이 책의 도달점을 잘 표현하고 있다. 채터지는 다음과 같이 기술하고 있다. 내셔널리즘은 확실히 '서양에 의한 문명화의 사명'이라고 한 '뻔뻔스런 〔서양인들의〕 에스닉적인 슬로건'에 대해 치명적인 타격을 모색하고 실천해왔다. 그러나 이것은 식민지를 지배하는 서구와 나눠 가졌던, 자본의 운동이 가지고 있는 '보편적 이성'이라는 이름으로 행해졌다. 세계 어디에서도 지금까지 내셔널리즘 사상이 이성과 자본의 결혼이라는 정통성에 대항한 적은 없었다. 내셔널리즘은 이 정통성에 대항하여 투쟁하기 위한 이데올로기적 수단을 소유하지 못했고, 그 결과 자본과 인민-국민 사이에서 발생한 충돌은 국가에 의해 진압되고 말았다. 그리하여 국민국가는 현재까지 빈부를 확대하는 글로벌한 자본질서의 공범자이기도 하다.

즉 탈식민지화를 목표로 하는 내셔널리즘은 자유롭고 평등한 새로운 사회의 가능성을 찾아내지 못하고, 식민지가 과거의 지배자〔서구 국가〕를 대신하여 '보편적 이성'의 중심인 자본을 지지하는 새로운 지배자로 탈바꿈하도록 만들고 말았다.

이런 인식에 바탕을 두고 채터지는 내셔널리즘의 주장에 대한 비판의 가장 근본적인 과제를 제기한다. 그것은 자본의 보편성이라는 이름으로 지배하는 것에 대항한다는, 오래전부터의 문제구성이자 주제였던 것을 새로운 문제구성과 주제로 대체하는 것이다. 즉 이 과제는 '국민'의 이름을 빌려 계속해온 지배에 대항하는 민중의 투쟁을 강화하는 것이며, 또한 민중을 위한 새로운 보편성의 의식에 연결되는 이데올로기적 수단을 찾아내는 작업인 것이다.

채터지에 대한 호응

이 책은 '제3세계'에서의 내셔널리즘을 둘러싼 고찰에 새로운 길을 열어주었다. 예를 들어 스티븐 파이어맨Steven Feierman의 저작은 탄자니아가 포스트식민지 국가로 이행하던 시기에 전개된 반反식민지운동 가운데, 플랜테이션으로 황폐해진 토지의 치유를 부르짖고 반노예제와 민주주의를 주창한 농민지식인들을 다루고 있다. 또한 빈농들의 종교적 정치운동이기도 했던 '반식민지 내셔널리즘'을 필리핀 근현대사의 문제로 취급한 레이날도 일레토Reynaldo C. Ileto의 여러 논고 등도 다루고 있다. 이들은 채터지가 제기한 문제에 적절하게 응답하는 성과들이었다.

그뿐만 아니라 '문제구성적인 것'과 '주제적인 것'의 긴장관계라는 논점은, 내셔널리즘의 사상 또는 언설에서 여성의 역사성을 둘러싼 새로운 문제와도 연결되고 있다. 이것은 내셔널리즘과 페미니즘의 긴장관계, 즉 탈식민지화의 과정에서 지금까지 항상 주변 문제로 취급되었던 여성들의 목소리를 어떻게 취급하여 실제로 가능한 문제로 풀어갈 것인가 하는 과제이다. 이러한 과제는 예를 들어 팔레스타인이나 아일랜드 여성사 연구에 종사하는 패미니스트 역사가들에 의해 의식적으로 다뤄지고 있다. 이러한 과제들의 연구는 이 책이 지도적인 남성 내셔널리스트의 사상을 대상으로 했기 때문에 총괄적이지만 거시적이고 남성 중심적인 수준에 머문 관점을 취하고 있었던 것에 비해, 보다 미시적인 구체성을 둘러싼 역사 기술의 탐구로 심화되는 경향을 보이고 있다. 또한 채터지 본인도 내셔널리즘과 젠더의 관계에 대해서 이 책을 출판한 다음에 논의를 확대해갔다는 사실을 첨언하고 싶다.

한편 이 책의 논의에 대한 비판 가운데는, 채터지가 '국민'으로부터 역사적으로 배제되어온 '종속민중'의 문화가 지닌 내적 구성과 여러 모순에 대해 그다지 관심을 기울이지 않았다는 비판이 존재한다. 그것은 채터지가 그람시 사상의 탈식민지화와 후기구조주의의 작업에 침잠해온 인도의 '종속민중연구그룹'의 일원이었다는 점 때문이라는 것이다. 이러한 '종속민중' 문화의 내적 구성과 여러 모순의 문제를 검토하는 것이 매우 성과 있는 작업이라는 것은, 예를 들어 1970년대 말에 시작된 페루 선주민 농민의 내셔널리즘을 둘러싼 논쟁에서 잘 나타나고 있다. 이러한 동향은 베네딕트 앤더슨처럼 백인 또는 혼혈(메스티소)의 지배적 내셔널리즘에만 논의를 한정하지 않고, 포스트식민지 국가가 안고 있는 균열에서 지금까지 가시화되지 않았던 복수複數의 역사적 가능성을 찾아내는 탐구를 계속 펼치고 있다.

어떻든 이 책은 '제3세계'의 다양하고 중층적인 내셔널리즘을 고려할 때에 '고전'이라고 부를 수 있는 뛰어난 저작임에 틀림없다.

참고문헌

현재 구하기 가장 쉬운 이 책의 판본은 미네소타대학 출판부에서 1993년 간행된 것이다. 그리고 이 장 역시 미네소타대학판을 이용했다. 아래는 더욱 연구를 진전시키기 위해 참고할 만한 책이다.

Chatterjee, *The Nation and Its Fragments: Colonial and Postcolonial Histories*, Princeton Univ. Press, 1993.

Chatterjee ed., *Texts of Power: Emerging Diciplines in Colonial Bengal*, Univ. of Minnesota Press, 1993.

Steven Feierman, *Peasant Intellectuals: Anthropology and History in Tanzania*, Univ. of Wisconsin Press, 1990.

Reynaldo C. Ileto, *Filipinos and their Revolution: Event, Discourse, and Historiography*,

Ateneo de Manila Univ. Press, 1998.

Andrew Parker, et al. eds., *Nationalism and Sexualities*, New York, Routledge, 1992.

Kumkum Sangari and Sudesh Vaid eds., *Recasting Women*, Rutgers Univ. Press, 1990.

Steve Stern ed., *Resistance, Rebellion and Consciousness in the Andean Peasant World: 18th to 20th Centuries*, Univ. of Wisconsin Press, 1987.

Judith Tucker ed., *Arab Woman: Old Boundaries, New Frontiers*, Indiana Univ. Press, 1993.

Nira Yuval-Davis and Flora Anthias eds., *Women-Nation-State*, Macmillan, 1989.

앤서니 D. 스미스, 『네이션의 에스닉 기원』

오사와 마사치大澤眞幸 | 이이범 옮김

Anthony D. Smith, *The Ethnic Origins of Nations*, Basil Blackwell, Oxford, 1986.
『ネイションとエスニシティ―歴史社會學的考察』, 巢山靖司 외 譯, 名古屋大學出版會, 1999.

내셔널리즘론의 최대 쟁점

네이션과 내셔널리즘의 이론에서 볼 때 가장 중요한 이론적 쟁점이란 무엇인가? 그것은 대체로 네이션과 내셔널리즘은 근대의 산물인가 아닌가라는 물음일 것이다. 내셔널리스트의 눈으로 보면, 네이션의 기원은 대체로 고대에 있다. 네이션은 가족이나 촌락과 동일하게, 인류사를 통하여 거의 지속적으로 존속해왔다고 생각된다. 그러나 이 주장은 역사학자와 사회학자에게는 그다지 좋게 평가받지 못한다. 많은 학자들은 어느 정도의 실증적 사실로부터 추론하여 네이션과 내셔널리즘은 근대사회의 산물 중 하나이며, 그 이전 시대에는 존재하지 않았다고 결론짓고 있다. 전자는 원초주의原初主義 또는 영속주의永續主義라고 불리며, 후자는 근대주의로 불린다. 원초주의를 대표하는 학자는 에드워드 실즈Edward Shils일 것이다. 근대주의를 대표하는 학자는 베네딕트 앤더슨과 어니스트 겔너 또는 홉스봄이다. 앤서니 스미스의 『네이션의 에스닉 기원』은 내셔널리즘론의 최대 쟁점에 대해 최종 결론을 내리려 하는 저작이다.

먼저 스미스를 간단히 소개하겠다. 스미스는 런던대학 정치경제학부 부속 유럽연구소의 '에스니시티ethnicity와 내셔널리즘 연구 부문' 주임연구원이다. 그는 처음에는 옥스퍼드대학 워덤 칼리지에서 고전과 철학을 연구했다. 그 후 그는 연구의 중심을 역사학, 정치학, 사회학으로 옮겨갔다. 런던대학에서 박사논문을 작성했을 때 지도교수는 어니스트 겔너였다. 근대주의의 대표적 주장자인 겔너는 그 후 스미스의 최대 논적論敵이 되었다. 스미스는 1990년 영국의 '에스니시티와 내셔널리즘 연구학회'(민족학회) 설립에 참가하여, 이 학회의 회장을 역임했다. 그에게는 내셔널리즘과 에스니시티를 논한 다수의 저서가 있는데, 그 가운데에서도 1996년 출판된 『네이션의 에스닉 기원』이야말로 그의 대표 저서이다.

앞서 기술했듯이 내셔널리즘의 기원에 관해서는 2개의 주장이 대립하고 있다. 일반적인 통념과 학계의 유력 학설은 서로 정반대이다. 즉 통념적으로는 원초주의가 일반적이지만—예를 들어 우리들이 '일본사'라고 말할 경우, 전근대 단계에서 이미 '일본'이라는 국민적 공동체가 존재하고 있었다고 생각하지만—, 학계에 큰 영향력을 미치고 있는 이론들 가운데는 근대주의에 입각한 이론이 많다. 스미스는 원초주의와 근대주의를 일거에 통합하려고 했다.

스미스의 생각으로는 근대주의자의 주장이 어떤 의미에서 타당하다. 내셔널리즘 운동은 18세기 후반에 시작된 현상이며 그 이전에는 존재하지 않았다. 특수하게 내셔널이라고 볼 수 있는 감정의 맹아萌芽는 서구의 경우 15~16세기에 나타나며 이보다 오래되지 않았다. 국민국가(민족국가)가 정치적으로 규범화하는 것은 확실히 근대가 되어서이다. 그러나 스미스에 따르면 근대주의에도 난점이 있다. 즉 전근대에서도(고대에서조차도) 내셔널한 일체성이나 내셔널한 성격과 유사한 것이 발견된다고 한다. 예를 들어 그리스인이나 로마인들이 다른 문화를 지녔던 사람들을 대했던 시선에서 그러한 것을 발견할 수 있다. 또는 페르시아의 영토 확장에 대한 이오니아인들의 저항이나 시저에 대한 갈리아인들의 저항은 내셔널리즘 운동과 매우 유사하다. 여기에서 스미스는 근대주의에 수정을 가한다. 그는 원초주의를 기초 전제로 하여 그 위에 근대주의를 중복시킨다. 즉 네이션은 무에서 태어난 것이 아니라 에스닉적인 기초나 기원을 갖고 있으며, 그로부터 발전해왔다고 스미스는 주장한다. 조금 더 상세하게 그의 주장을 따라가보겠다.

에스니에서 네이션으로

스미스는 네이션의 '소재素材'라고 말할 수 있는 에스닉적인 공동체를 에스니ethnie라고 부른다. 에스니는 다음과 같은 여러 특징으로 정의된다.

① 이름을 가질 것, ② 공통의 혈통신화, ③ 역사의 공유(무엇보다도 황금시대의 기억 공유), ④ 독자적인 문화(언어, 습관, 종교 등), ⑤ 어떤 특정 영역(성지와 고향 등)과의 연결, ⑥ 연대감.

스미스에 따르면 이러한 여섯 가지 특징으로 정의되는 에스니는 인류역사의 모든 단계에서 항구적으로 존재해왔다.

스미스의 흥미로운 독창성은 에스니의 다양성을 설명하기 위하여 에스니를 2개의 유형으로 구분한 점일 것이다. 첫째로 수평적으로 막연하고 광범위하게 퍼지는 에스니가 있다. 둘째로 사회의 전 계층에 수직적으로 침투하면서 강한 응집력을 발휘하는 에스니가 존재한다. 전자의 수평적 에스니는 귀족적인 것으로, 도시의 유복한 상인층과 성직자, 법률학자 등을 주된 담당자로 한다. 후자의 수직적 에스니는 평민적인 것으로, 도시를 기반으로 하여 성립되어 성직자, 상공업자를 구성원으로 하고 있다. 수직적·평민적 에스니의 구성원을 연결하는 접착제는 수평적·귀족적 에스니의 그것보다 훨씬 강력하고, 때때로 종교적이었다. 수평적·귀족적 에스니의 대표적 예로는 기원전 1000년까지 북인도 평원에 살았던 아리아인이 있다. 그리고 수직적·평민적 에스니는 도시국가 간의 인보동맹隣保同盟(고대 수메르, 페니키아, 그리스 등), '변경'의 에스니(마자르인, 쿠르드인 등), 부족연합(오스만 투르크인,

페르시아인, 아랍인 등), 디아스포라diaspora와 분파sect(유대인, 아르메니아인, 드루즈인, 파르시인 등) 등 네 가지로 구분된다.

이러한 유형은 공시共時적인 것이지만, 통시通時적인 차원에서 에스니의 특징을 볼 필요가 있다. 에스니 가운데에는 성격을 변화시키면서 몇천 년씩 존속하는 것과 역사 속에서 소멸해 사라져버리는 존재도 있다. 영국인, 그리스인, 이집트인 등이 성격을 변화시키면서 존속한 예에 해당하며, 히타이트인, 페니키아인, 펠리시테인 등은 소멸한 에스니의 예일 것이다. 무엇이 에스니의 존속(또는 소멸)을 규정하는 요소인가? 스미스는 상세하게 검토하고 있지만 그 결론만을 기술한다면, 존속을 가능하게 하는 결정적인 요소는 종교적인 조건이다. 종교적 전통, 독자적인 성직자 집단이나 의례, 성전聖典 등을 소유한 에스니가 역사적 변동에 따른 곤경을 이겨내고 오래 존속할 수 있었다.

그런데 이 책의 중심 의문은 네이션이 어떻게 형성되었는가, 에스니가 어떻게 네이션으로 변해갔는가에 있다. 네이션으로 이행하는 단서는 명확하지 않다. 그러나 스미스는 서양에서 다음 세 가지 혁명이 네이션에 대한 열망을 필연적으로 가져왔다고 한다. 첫째는 경제적 혁명, 분업의 혁명이다. 이것은 일반적으로 '자본주의로의 이행'이라고 일컬어지는 혁명을 의미한다. 이것은 고도의 경제통합을 형성한 것을 의미한다. 영역 내에서 경제적 중심지대가 나타나고 그 중심과 주변·준準주변 사이의 경제적 교환은 중심지대에 의하여 통제된다. 그리하여 직업시스템은 지역적으로 분단되어 있는 상태로부터 영토 전체로 확대되는 단일 분업시스템으로 전환하게 된다. 둘째는 정치혁명, 행정관리의 혁명을 들 수 있다. 공학과 병참학의 진보는 과학·기술의 훈련을 받아 전문지식을 습득한 군사전문가라는 계급을 탄생시켰다. 더욱이 이 계급은 훈련된 관료를 필요로 한다. 관료국가는 유복한 부르주아 계급과 지식 계급을 육성하게 되었다. 그리고 부르주아 계급은 스스로의 이익과 위신을 극대화하기 위해 전통의 국가주의적 정책을 지속하고 강화했다. 셋째는 문화·교육혁명이다. 주권국가는 현세적現世的이고 가시적인 구제救濟를 약속함으로써 과거의 신의 위치를 갖게 되어 교회 권위를 대신하게 되었다. 국가에 의한 교육의 중앙집권적인 병합은 결과적으로 표준화된 애국적 문화를 이용해 헌신적인 정치의식을 소유한 시민을 형성하는 것으로 연결되었다.

이러한 세 가지 혁명의 충격이 네이션의 형성을 촉진하게 되었다. 그 과정에서 에스니의 원리가 어떻게 작용했는가를 고찰하기 전에 스미스는 네이션의 두 가지 유형을 설명한다. 영역적인 네이션과 에스닉 네이션이라는 두 가지 유형이다. 이 유형화 자체는 한스 콘Hans Kohn이 도입한 유명한 이분법에 따른 것으로, 스미스의 독창이라고는 말할 수 없다. 영역적 네이션은 영역 공통성의 감각에 기초를 두며, 주로 서구에서 나타난다. 법에 의한 연결을 근간으로 하는 것, 시민권으로 네이션의 자격을 규정하는 것, 그리고 공통의 문화를 소유하는 것 등을 특징으로 한다. 에스닉 네이션은 기존의 에스닉적인 연결을 기초로 하고 동유럽이나 중동에서 종종 보인다. 상정想定된 혈연의 연결을 중시하고 인민주의적이며, 법보다는 관습이나 방언에 중점이 놓이고, 전통적인 토착주의의 경향을 보인다는 등의 특징이 나타난다.

그렇다면 네이션은 어떻게 형성된 것인가? 스미스는 대체로 다음과 같이 설명한다. 네이션과 내셔널리즘은 기본적으로 서구의 개념이다. 즉 그것은 고유의 영토 위에 성립하고, 여러 권리가 부여된 평등한 시민에 의한 법적인 공동체이다. 그러나 예를 들어 아시아와 아프리카의 식민지에 이러한 서양 모델을 직접 도입한다고 해도 거의 성공하지 못한다. 네이션을 정착시키기 위해서는 혈통신화, 역사적 기억, 공통문화에 호소함으로써 다양한 여러 계급을 끌어들여 동원하지 않으면 안 된다. 요컨대 서구의 영역적인 모델을 정착시키기 위해서는 그것에 대항하는 또 하나의 모델, 즉 에스닉 모델을 원용해야만 한다.

예를 들어 인도를 살펴보자. 인도에서는 19세기 전반 서구 모델이 도입되었을 때, 중류계급의 상층부에 속하는 브라만(바라몬) 집단 등 극히 일부 계층을 동원하는 것만이 가능했다. 그러나 틸락Bal Gangadhar Tilak(1856~1920)과 고세Aurobindo Ghose(1872~1950)가 인도 네이션의 개념을 보급시키기 위하여 이용한 것은 서구적인 시민모델이 아니라 힌두교의 전통이었다(이것은 결과적으로 인도의 혈연 네이션으로부터 이슬람교도와 시크교도를 배제하는 것을 의미했다). 이처럼 시민적이고 영역적인 네이션이 성립하기 위해서는 거의 언제든지 에스니의 전통이 상기되어야만 했다고 할 수 있다. 바꿔 생각해보면 이러한 사정은 서구 최초의 네이션에 있어서도 동일했다. 거기서는 단지 에스닉 요소를 자명한 전제로 하는 것이 가능했다고 할 수 있을 뿐이다.

에스니는 시민적 네이션 속에서 어떻게 승화되어 있는 것일까? 스미스의 논의에 따라 이 점을 조금 더 보겠다. 먼저 근대의 세 가지 혁명에 직면하여 에스니는 외부로부터의 고립, 수동성, 문화적 순응의 상태로부터 외부에 대해서도 동적으로 작동하는 활동주의자가 되어야만 한다. 또한 과거의 성직자를 대신하여 '새로운 성직자'로서 과학적 지식을 소유한 지식인이 지도적인 지위에 등장하지 않으면 안 된다. 더욱이 에스니는 어느 정도의 자급자족이 이뤄지면 경제적으로 자립한 단위로 편성된다. 그리고 무엇보다도 에스니가 네이션으로 전환하려면 그 구성원이 '시민'이 되어야 한다. 이를 위해서는 선거권이 확대되는 것이 당연히 필요하다. 여기에 더욱 중요한 것은, 엘리트와 대중을 연결하는 새로운 정보전달 양식이 확립되어 전 구성원이 동원되어야 한다는 것, 그리고 이렇게 태어난 새로운 대규모 단위가 과거의 지역적인 충성심을 포섭해버리고 만다는 것이다. 이렇게 다양한 조치를 통하여 에스니는 네이션으로, 즉 세 가지 혁명에 대한 대응을 목적으로 하는 일종의 게젤샤프트Gesellschaft(이익사회)로 변화한다.

그러나 반복해 강조한다면, 네이션이 완성되기 위해서는 (스미스의 생각으로는) 그것은 에스니에 호소함으로써 보완되지 않으면 안 된다. 게젤샤프트로서의 네이션에 실질적인 연대를 보증하고, 사람들에게 명확한 아이덴티티의 감각을 부여하는 에스닉 요소라는 것은, 무엇보다 공유된 '과거'에 관한 기억이라고 할 수 있다. 즉 네이션은 역사를 필요로 한다. 네이션은 지식인을 동원하여 과거를 재구성하지 않으면 안 되었다. 근대사회에 나타난 분명한 역설의 하나는 다음과 같다. 근대적 시민사회는 인류역사상 압도적으로 강한 변혁에 대한 갈망을 품고 나타났다. 그러나 그러한 미래지향적인 갈망의 강도와 비례하여 먼 과거로 시선을 향하도록 하는 향수 또한 강화된다는 것이다. 이 점이 앞서 지적한 역설적인 부분이다. 스미스의 논의는 이러한 이중성을, 네이션이 에스니를 기반으로 하지 않을 수 없었다는 사실의 하나가 표출된 것으로 이해하고 있다.

많은 사례를 인용하면서 전개되는 스미스의 분석에서 나온 결론은 스미스 자신의 표현을 그대로 인용하면 다음과 같다. "근대적 네이션은 근대주의자가 우리로 하여금 믿게 하려고 하는 정도에서는 '근대적'이지 못하다." 이것의 의미를 스미스의 표현으로 정리하면 다음과 같다. 첫째, 네이션은 일거에 달성될 것 같은 정적靜的인 목표가 아니다. 둘째, 네이션이 생존하기 위해서는 에스닉 핵ethnic core이 필요하다. 셋째, 신흥국가의 사명감을 갖고 있는 내셔널리즘은 그 정열을 무엇보다도 평민적인 유형의 에스니로부터 찾아내고 있다. 넷째, 네이션은 조국을 필요로 한다. 다섯째, 네이션은 황금시대를 필요로 한다. 이 다섯 가지 항목들은 근대적 네이션이 '오래되었다'는 결론을 지지하고 있다는 것이다.

네이션으로의 비약

이상이 대체적인 『네이션의 에스닉 기원』의 내용이다. 첫머리에서 설명했듯이, 이것은 내셔널리즘 논의의 지평에서 등장한 가장 커다란 이론적 갈등에 최종적인 결론을 내릴 것을 의도하고 있다. 그러나 이상의 요약을 통해서도 알 수 있듯이, 솔직하게 말해 스미스가 이 책에서 제기한 것은 두 가지 주장의 정면대립을 지양하면서 모순을 해결하는 제3의 이론적 제안이라기보다는 두 주장을 절충하는 타협안에 가깝다. 그것은 고유 의미의 네이션은 근대에 성립했다고 봄으로써 근대주의자의 아이디어에 접근하는 한편, 네이션의 근원이 된 에스니는 항상 존재해온 것으로 보는 점에서는 원초주의를 흡수하고 있다.

근대적 네이션이 의외로 '오래되었다'고 하는 스미스의 결론은 지지할 수 있는 것인가? 후에 네이션으로 성장하는 인자는 에스니의 형태로 잠재해왔다는 스미스의 가설은 타당한 것인가? 유년기와 미성년의 시기까지도 감안한다면, 네이션은 원초적이라고 보는 스미스의 논의는 정당한 것인가? 스미스가 에스니를 정의하는 데 이용한 여섯 가지 조건으로 특징지어지는 공동체가 인류역사의 거의 어느 곳이든 초기부터 존재해왔다는 주장에는 문제가 없다. 그러나 해명되어야 할 것은 그 자연적인 발전이나 진화의 앞 단계에 네이션을 위치시키는 것이 가능한가의 문제이다('야마타이코쿠邪馬臺國'가 일본의 기원이라고 말할 경우, 우리들은 이러한 주장을 쉽게 채용하는 것이 된다).[1]

우리들이 네이션으로 보고 있는 현상을 과부족 없이 필요충분하게 정의하기는 어렵다. 네이션으로의 '비약'을 이해하기 위해서는 우선 앤더슨이 '상상의 공동체'라는 말을 생각해낸 특징에만 착안해보자. 앤더슨이 스스로 인정하고 있듯이 네이션뿐만 아니라 모든 공동체는 상상의 산물이다. 그렇다면 그는 왜 네이션을 특별히 '상상의 공동체'라고 불렀을까? 그 이유는 네이션은 그 이전의 공동체와는 달리 '상상'으로만 실재하기(앤더슨은 이렇게 보았다) 때문이다. 네이션 이전의 공동체는 개개인을 중심으로 한 신축적인 네트워크로서 존재했다. 바꿔 말한다면, 그러한 공동체는 직접의 대면관계·상식관계相識關係의 연결로서 존재했다. 그러한 공동체는 '상상'할 수 있을 뿐만 아니라 '지각'하기도 하고 '감각'하기도 함으로써 체험할 수 있는 것

1 야마타이코쿠란 AD 2~3세기경 일본에 존재했던 고대국가의 초기 형태로서, 중국 사서 『삼국지』의 「위지왜인전魏志倭人傳」에 기술되어 있다.

이다. 그러나 네이션은 그렇지 않다. 아무리 작은 네이션이라도 그것을 구성하는 개인들은 다른 대다수의 구성원을 직접 알 수가 없고, 간접적으로도 알 수가 없기(예를 들어 친구의 친구도 아니고, 친척의 친척도 아니다) 때문이다. 네이션은 이런 의미에서 매우 추상적이며, 그것이 실재하는 것이라면 '상상'으로만 존재한다는 것이 앤더슨의 생각이다.

물론 네이션 이전의 전근대적인 공동체 가운데에는, 예를 들어 교회나 제국과 같이 이념상으로는 직접적인 상식관계의 네트워크를 훨씬 뛰어넘는 집단도 존재했다. 그러나 사람들의 일상적인 생활에 깊이 관여하는 공동체에 관해서 이야기한다면, 그것은 직접적인 관계의 집적을 기반으로 하고 있다고 보는 것이 가능하지 않을까? 적어도 스미스가 에스니라고 불렀던 공동체에 관해서는 그렇게 말할 수 있다. 일견 수평적으로 확산해가는 귀족적 에스니는 개인적인 관계의 집적으로는 환원되지 않을 것 같은 인상을 준다. 그러나 귀족적 에스니는 성층적 사회의 상층 부분만의 관계에서만 성립한다는 사실에 주의하지 않으면 안된다. 그렇다면 가령 지리적인 영역에서는 확대되었다고 하여도 그 내부의 연대는 주로 지배층에 속하는 사람들의 개인적 신의에 크게 의존하는 것이 틀림없다. 정말로 평민적 에스니에 관하여 말한다면, 그것이 수직적으로 생활에 깊이 침투하고 있는 정도가 강할수록 (그 내부의 구성원 자신의 시점에 서 있는 경우에는) 직접적인 관계로부터 생성된 신뢰에 의존하는 정도가 컸을 것이다.

즉 네이션에 있어서 불가결한 필요조건은, 그것이 직접적인 커뮤니케이션의 집적으로는 해소될 수 없는 추상적인 단위로서 존립해 있다는 점이다. 네이션에 관한 이러한 파악은 네이션 개념의 중심이 시민권이라는 스미스 자신의 이해와도 잘 부합한다. 여러 권리의 묶음으로 정의되는 시민이라는 구성원의 자격은 직접적인 상식관계로부터 파생하는 신뢰나 승인과는 전혀 무관하게 보편적으로 적용하는 것이 가능하기 때문이다. 그러므로 스미스의 분석에 대한 우리들의 반문은, 좀 더 엄격하게 말한다면 다음과 같다. 즉 에스니에 내재하는 여러 성질로부터 네이션으로 부를 수 있는 추상적인 단위의 출현을 설명하는 것이 가능할까라는 점이다. 또한 특정 조건이 촉매와 같이 작용한다고 할지라도, 에스니를 구성하는 여러 조건이 네이션으로 비약하는 가능성을 숨기고 있었다고 해석할 수 있을까?

대답은 '아니다'라고 할 수밖에 없다. '상상의 공동체'라는 말을 만들어낸 네이션의 성질에 착안하는 한, 근대주의자들에 따라 네이션 이전의 에스니 같은 공동체와 네이션 사이에는 질적인 단절이 존재한다고 강조하는 편이, 이론적인 관점에서 보다 생산적이라고 생각할 수 있다. 본래 스미스의 주장을 좀 더 진지하게 검토해보면 이러한 결론은 스미스 자신도 이미 절반 이상 인정하고 있다고 보는 것도 가능하다. 스미스의 설명을 그대로 취한다면, 네이션을 가능하게 한 원인은 에스니에 내재하는 성질이 아니라 에스니의 외부 요인, 즉 서양에서 나타난 세 가지 혁명이기 때문이다.

네이션의 '역행하는 전진'

그러나 이러한 기본적인 사실인식에 이론異論이 있다고 한다면, 즉 에스니에 내재하는 여러 성질 가운데 네이션으로 비약하는 것을 설명하는 요소가 포함되어 있지 않다고 본다면, 스미스의 이러한 저서는 전적으로 부정되고 마는 것이 아닐까? 이 책은 내셔널리즘론으로서는 거의 무의미한 것이 되고 마는 것일까? 그러나 우리들은 이러한 부정적인 결론으로 서둘러 비약해서는 안 된다. 가령 에스니가 네이션의 기원이라는 결론적인 인식이 공유되지 않을지라도, 이런 결론을 유도하는 데에 스미스가 착안했던 사실의 중요성은 남기 때문이다.

스미스가 착안했던 중요한 사실, 더구나 근대주의자의 이론 속에서는 설명되지 않은 사실이란, 네이션의 서구적인 시민 모델을 직접 도입하려고 한 시도는 거의 실패로 끝났다는 사실이다. 서구 모델은 일반적으로 동방적인 에스닉 모델에 의하여 보완되었을 때 비로소 정착할 수 있었다. 이 사실로부터 스미스는 네이션의 기원에 에스니가 존재한다고 추론했다. 스미스가 관찰한 이 사실과, '상상의 공동체'로서의 네이션의 조건은 에스니의 어떠한 성질하고도 크게 단절되어 있다는 인식을, 어떻게 하면 통합시킬 수 있을 것인가?

스미스의 설명을 총체적으로 반전시킨다면 가능하다. 그것은 어떤 것인가? 스미스의 결론은 이 책의 제목이 단적으로 보여주듯이 네이션의 기원에 에스니가 있다고 하는 점이다. 근대주의와 원초주의의 이론적 대립에 관하여 말한다면, 네이션의 미숙한 형태가 이미 전근대적인 단계에서부터 존속했다고 간주하는 한, 스미스는 원초주의를 전제적 기반으로 한 위에 근대주의를 도입했다고 해석하는 것이 가능하다. 스미스의 논의를 반전시킨다는 것은 다음과 같은 제안이다. 즉 논리적으로는 오히려 네이션이야말로 에스니의 기원이라고 보는 것이 가능하다는 것이다. 근대주의와 원초주의의 관계에 의거하여 말한다면, 근대주의를 기저로 하면서 그 내부에 원초주의를 위치시켜야 한다는 것이다. 그러한 함의를 조금 더 설명할 필요가 있다.

근대로의 이행은—좀 더 자세하게 한정하여 말하면, 스미스가 열거한 것처럼 세 가지 혁명에 의하여 확정된 변화는—원초적인 공동체(에스니)의 전인격적全人格的이고 유기적인 연결로부터 개인을 해방시키고, 시민권과 같은 보편적이고 추상적(매개적)인 규정에 의하여 내부의 개개인을 연결시키는 공동체의 성립을 가져온다. 여기서 결정적으로 중요한 것은 이 보편적이고 추상적인 결합은 그 자체로서는 전혀 기능하지 않는다는 점이다. 이것이 기능하기 위해서는 보편적이고 추상적인 결합 자체가 에스닉(특수)적이고 구체적인 모습으로 나타나지 않으면 안 된다는 것이다. 바꿔 표현하면, 에스닉적이고 구체적인 결합 자체가 시민공동체의 보편적이고 추상적인 관계를 표시하고 구현하는 것으로 의미가 부여될 때, 비로소 보편적이고 추상적인 관계가 유효하게 사람들을 사로잡게 된다는 것이다. 간단하게 말해서 어느 에스닉적인 공동체의 좋은 구성원인 것(예를 들어 좋은 일본인인 것)이, 그대로 좋은 시민인 것으로 구체화되어 의미가 부여되었을 때, 시민의 공동체가 실효적인 것으로 사람들을 끌어안는 데 성공하게 된다.

이러한 메커니즘은 '이미지'의 다음과 같은 움직임을 고려한다면, 이해하기 쉬울 것이다. 예를 들어 삼각형은 추상적이고 일반적인 개념이다. 이것은 '3개의 직선으로 둘러싸인 도형'이라고 정의하는 것이 가능하다. 그러나 우리들은 이 추상적인 개념 규정만으로 '삼각형'이 무엇이라고 이해하는 것이 불가능하다. '삼각형'이라는 개념을 이해하기 위해서는 구체적인 삼각형에 대한 이미지가 필요하다. '삼각형'이 무엇인지 모르는 사람에게 그것을 가르치는 장면을 상상해보면 그 이유가 바로 이해된다. '3개의 직선……'이라는 추상적인 정의를 아무리 반복해도 상대에게 '삼각형'의 본질을 이해시키는 것은 불가능하다. '삼각형'에 대해 가르치기 위해서는 몇 개의 구체적인 삼각형을 그려 보이면 된다. 얼마 지나지 않아 상대는 '삼각형'을 이해했다는 확신이 들 것이다. 이때 구체적인 삼각형의 이미지[像]가 '삼각형'으로 표현되는 추상적인 개념의 의미를 이해하게 해준다. 유의할 것은 객관적인 관점에서 볼 때 구체적인 각각의 삼각형은 결코 '삼각형'이라는 개념 그 자체가 아니라는 것이다. 그것들은 특정 크기의 각角과 특정 길이의 변을 갖는 특정의 삼각형일 뿐, 삼각형 전체가 아니다. 그럼에도 불구하고 '삼각형'에 관해 정확히 이해하고 있을 경우, 어떤 특정 삼각형의 이미지가 '삼각형'이라는 개념의 현상과 형태로서 보이게 된다.

이것과 유사한 관계가 에스니(삼각형의 구체적인 이미지에 대응)와 시민공동체('삼각형'이라는 개념에 대응) 사이에서 성립할 경우, 그 양자의 관계야말로 네이션인 것이다. 개개의 구체적인 삼각형은 결코 개념으로서의 '삼각형'이 아니지만, 그것 없이 '삼각형'의 개념을 이해할 수는 없다. 마찬가지로 시민의 추상적 공동체는 에스니의 구체적이고 유기적인 연결과는 다르지만, 그것 없이 구성될 수는 없다. 개별 삼각형의 이미지 하나하나가 삼각형의 개념과는 합치하지 않아도 개념의 구현으로 간주되듯, 에스니가 추상적 공동체의 직접적인 현상과 형태로서 체험되었을 경우에는 네이션이 된다.

여기서 중요한 것은 '삼각형'을 이해시키기 위해서는 구체적인 삼각형의 사례 몇 개를 제시하여야만 한다고 해도, 그것은 결코 여러 사례가 주어지면 〔언제든지〕 귀납적인 일반화에 의해 '삼각형'이라는 개념에 도달할 수 있다는 것을 의미하지는 않는다는 것이다. '삼각형'에 한하지 않고 여러 사례로부터 귀납적인 일반화에 의해 개념이 획득될 수 있다고 하는 순진한 설명은 오류이다. 귀납적인 일반화라는 것은 여러 사례를 관통하는 본질적인 공통의 속성을 찾아내는 것이라고 생각된다. 그러나 어떤 성질이 본질적인가 아닌가는, 개념이 사전에 부여되지 않고서는 결정할 수 없다. 개념의 내용이야말로 그 성질이 본질적인 것인가 우연한 것인가를 판별한다. 예를 들어 어떤 도형 A와 B는 다 같이 검은색이라는 점에서 공통적이며, 3개의 직선에 의하여 구성된다는 점에서도 일치한다. 삼각형의 이해에서 보았을 때 전자는 우연적인 속성이고, 후자는 본질적인 것이다. 이러한 판별은 '삼각형'이라는 개념을 사전에 알고 있지 않다면 불가능할 것이다. 우리들은 사례의 중복을 통하여 얻어진 귀납적인 일반화에 의해 개념에 서서히 다가가는 것은 아니다. 개념은 몇 개의 사례가 제시되었을 때 돌연한 비약에 의하여 획득되는 것이다. 이러한 비약이야말로 '알았다!'라는 희열의 체험이다.

'삼각형'의 이해라는 것에 빗대어 비유적으로 상세하게 설명한 것은, 이것으로 '스미스의 논의를 반전시킨다'는 것의 함의를 해설하는 것이 가능하기 때문이다. 특정의 구체적인 삼각형이 '삼각형'의 일반적인 모습이 되기 위해서는 '삼각형'이라는 개념에 대한 이해가 전제가 된다. 이것은 에스니가 네이션의 기원이 아니고, 네이션이야말로 에스니의 논리적인 기원이라는 주장 가운데에 포함되어 있는 관계이다. 어떤 특정의 에스니가 네이션의 시민적 공동성共同性의 구체화라고 의미가 부여되었다면, 먼저 추상적인 시민적 공동성인 네이션을 향한 지향은 논리적인 선행조건이 된다. 네이션에 대한 지향 그 자체는 에스니에 관한 여러 조건과는 다른 곳으로부터 유래한다. 그러나 일단 그러한 지향이 주어진다면, 에스니는 네이션을 구체화하고 현실화하기 위해 유효하게 작용한다. 그것은 정확히 '삼각형'에 관하여 '알았다'고 확신한 순간에, 그때까지 무엇을 의미하는지 이해할 수 없었던 도형들이 삼각형 전체를 대표하는 것으로 보이게 되는 것과 같다. 개개의 구체적인 예가 무엇인가를 동일하게 규정하기 위해서는 개념이 전제가 되어야 하지만, 그러나 전자 없이 후자를 납득하는 것은 불가능하다. 이 개념에 대한 구체적인 예에 해당하는 움직임을 보여주는 것이 에스니이다. 이렇게 생각하는 것으로 우리들은 사태를 통합적으로 해석하는 것이 가능하다.

다시 한 번 정리한다면, (스미스와는 다르게) 우리들은 근대주의의 편에 서야만 한다. 시민권으로 성원을 규정하는 네이션으로 지향해가는 것은, 근대를 고유하게 특징짓는 어떠한 조건들에 의해 가능해진다. 그러한 '근대적인 조건'은 스미스가 열거한 세 가지 혁명 전부 또는 어느 하나에 관계하고 있을지도 모른다. 여기서는 그 점에 대해 언급하지는 않겠다. 아무튼 진행되고 있는 네이션이 사람들을 유효하게 사로잡기 위해서는 어떻게 하든지 에스니에 구체적인 치장을 하지 않을 수 없다. 개념이 각각의 사례가 되는 이미지로 구현되지 않는다면 이해될 수 없는 것과 같다. 즉 근대적인 네이션이 원초성原初性을 위장하는 것이다. 이 일은 원초적인 에스니가 네이션으로 발전했다는 것을 의미하지는 않는다. 이 점에서는 개념이 다수 사례의 반복적인 축적을 통해 서서히 습득되어가지 않는다는 것, 즉 개념이 구체적인 예로부터 발생한다고 간주하는 것은 불가능하다는 것과 동일하다. 반대로 네이션이 스스로를 실현하기 위해서 에스니를 그 본래의 문맥으로부터 빼내어 변질시키고, 그곳에 새로운 기능을 부여하는 것이다.

『네이션의 에스닉 기원』에서의 스미스의 주장을 비판했지만, 여기서 제시한 것과 같은 설명에 대해 스미스 자신도 아마 수용할 것으로 확신한다. 이렇게 말하는 것은 '반전反轉'의 가능성이 스미스 자신의 논술 가운데에서도 암시되고 있기 때문이다. 스미스는 네이션의 근원이 되는 적절한 에스닉의 핵이 발견되지 않을 경우, 그것은 '창작되었다'고 재삼 강조하고 있다. 극단적인 사례는 벨기에령領 콩고이다. "그 기원이 되는 에스니 '방갈라Bangala 인'은 순수한 인공물이다." "그 네이션의 과거나 기원은 〔인위적으로〕 구축되었다고 말해도 좋다." 이러한 어조는 스미스가 비판하고 있는 전형적인 근대주의자 홉스봄Eric John Hobsbawm(1917~)의 '전통의 발명'이라는 주장과 많이 닮아 있다. 스미스 자신도 가끔 에스니라는 '기원'이 오히려 네이션에 의하여 투영된 산물이라는 명제에 동조하고 있다. 달리 말해 스미스 자신의 주장으로부터, '기원'으로서 체험되는 사실(에스니)이 네이션이라는 논리적인 기원에 의해서만 규정된다는 결론을 이끌어내는 것이 가능하다.

스미스가 이 대단한 책을 통해 이끌어낸 결론은 아마도 잘못되어 있다. 그렇지만 이 사실이 이 책의 가치를 떨어뜨리지는 않는다. 이 책은 역으로 바라봄으로써 진가를 발휘하기 때문이다. 스미스는 이 책을 근대주의에 대한 외재적 비판으로 기술하고 있지만, 반대로 읽을 경우 근대주의에 대한 내재적 비판으로 재생될 것이다. 이 책은 근대주의자의 완전한 맹점을 따르고 있다. 근대주의자는 전통적인 공동체가 네이션인 시민적 공동체로 전환하는 경우, 그 새로운 시민적 공동체는 기묘한 굴절을 보인다는 사실, 즉 과거의 전통적인 공동체로 역행하는 것같이 보인다는 사실에 무관심했다. 또는 적어도 그 사실을, 스스로의 근대주의적 이론 가운데에서 일관되게 설명할 수가 없었다. 이 책은 과거로 회귀함으로써, 스스로의 혁신을 실현해가는 이러한 네이션의 굴절을 명확히 했다고 할 수 있다.

참고문헌

A·D·スミス,『20世紀のナショナリズム』, 巣山靖司 監譯, 法律文化社, 1995.

A·D·スミス,『ナショナリズムの生命力』, 高柳先男 譯, 晶文社, 1998.

스미스는 내셔널리즘에 대한 다수의 저서를 발표했다. 여기에서는 일본어 번역으로 읽을 수 있는 두 권을 소개한다. 19세기는 내셔널리즘의 세기였다. 『20세기의 내셔널리즘』은 20세기에 고도의 자본주의화와 산업화의 기초하에서 내셔널리즘이 지속하는 이유에 관하여 고찰한 것으로, 파시즘과 공산주의에 대한 스미스의 견해를 알 수 있다. 그러나 냉전의 긴장이 여전히 소멸하지 않은 단계인 1979년의 저작인 점을 염두에 둘 필요가 있다. 그렇지만 냉전의 붕괴가 내셔널리즘을 약화시키기는커녕 오히려 강화시킨 것을 생각한다면, 이 저작의 가치는 그다지 떨어지지 않는다. 『내셔널리즘의 생명력』은 운동으로서 이해되는 협의의 내셔널리즘으로부터, 대중적·집합적 문화현상으로서의 내셔널리즘을 구별하여, 내셔널리즘의 지속적인 힘을 후자로부터 이해할 필요가 있음을 주장하고 있다.

E・ゲルナー, 『民族とナショナリズム』, 加藤節 監譯, 岩波書店, 2000.

B・アンダーソン, 『想像の共同體』, 白石隆・白石さや 譯, NTT出版, 1997.

E・ホブズボウム/T・レンジャー 編, 『造られた傳統』, 前川啓治 외 譯, 紀伊國屋書店, 1992.

스미스가 주요한 논적論敵으로 여긴 근대주의자의 대표적인 저작이 이 세 권이다. 특히 스미스의 은사인 겔너의 저작이야말로 스미스에게는 가장 중요한 타깃이다.

Edward Shils, Primordial, "Personal, Sacred and Civil Ties," *The British Journal of Sociology* 7, pp. 113~145, 1957.

Clifford Geertz ed., *Old Societies and New States*, Free Press, 1963.

내셔널리즘에 관한 '원초주의'적인 견해를 이해하기에는 이 두 권이 적당하다.

大澤眞幸, 『ナショナリズムの由來』, 講談社, 2007.

나는 이 졸저에서, 이 장에서 내셔널리즘의 '역행하는 전진'이라고 부른 현상이 어떠한 기제에 의해 매개되는가를 상세하게 논하고 있다. 이것은 내셔널리즘에 있어서 보편주의와 특수주의가 교차하고 접속하는 이유를 해명하는 것이기도 하다. 더욱이 20세기 말의 내셔널리즘의—일견 시대착오적으로 보인다—광풍을, 19세기부터 20세기 전반까지의 '고전적 내셔널리즘'에서 성립하고 있었던 '역행하는 전진'의 절묘한 균형—전진하는 벡터vector와 역행하는 벡터의 균형—의 붕괴로 설명하고 있다.

야마우치 마사유키, 『술탄 갈리에프의 꿈』

오쓰카 가즈오大塚和夫 | 이이범 옮김

山內昌之, 『スルタンガリエフの夢—イスラム世界とロシア革命』, 新しい世界史 2, 東京大學出版會, 1986.

'그 시대'의 충격적인 책

나는 전공 지역이 중동이었기에 대학 수업에서 이란혁명에 관해 이야기할 기회가 있다. 그러나 청강하는 학생들의 얼굴 모습을 보면, 어디인가 먼 세계의 일로 받아들이고 있는 것처럼 보인다. 아마 그러할 것이다. 이미 교실에 들어찬 학생의 대다수는 그 혁명 이후에 태어났기 때문이다.

1979년 1월 이란 샤(국왕)의 국외추방, 그리고 그 다음 달 호메이니의 개선 귀국, 이것은 당시 세계 매스컴과 학계에 아주 커다란 파문을 던진 일대 사건이었다. 혁명이나 쿠데타라는 사건은 1960~1970년대 제3세계에서 드문 일이 아니었다. 그러나 문제는 그것이 사회주의자와 공산주의자라는 '좌'로부터의 사건도 아니며, 또한 미국 등에 지원받는 '우'로부터의 사건도 아니었다는 점이다. 근대화(세속화)라는 지배적인 견해 아래서 쇠퇴할 운명이었던 '종교'가 혁명의 중심적인 이데올로기의 역할을 맡았고, 이슬람 법학자인 호메이니가 상징적인 역할을 행한 '이슬람혁명'이었기 때문이다. 그러나 이런 것들도 대다수의 학생들에게는 자신들의 생활 경험과는 멀리 떨어진, 학습해야만 하는 하나의 '역사'에 지나지 않았다.

이러한 이야기로 이 장을 시작한 것도 이 책 『술탄 갈리에프의 꿈』이 간행되어(1986) 독서계에 던진 큰 충격은, 이러한 '현대사적 맥락'을 제외하고는 충분히 이해할 수 없다고 생각하기 때문이다. 소비에트 사회주의공화국연방은 전해에 집권한 고르바초프가 자기 개혁의 페레스트로이카(재건) 정책을 내세우고는 있었지만, 여전히 동방 진영의 맹주였다. 그러므로 서방을 대표하는 미국과의 대립구도는 세계 정세를 조망하고 그 장래를 예측하기 위한 기축이라고 생각되었다. 해빙의 방향으로 나아가고는 있었지만, 제2차 세계대전 후의 국제관계를 크게 규정한 '동서냉전' 패러다임은 이란·이슬람혁명과 같은 '변종'이 나타났다고는 하지만 여전히 유효하다고 생각되었다.

또한 일본에서 전후 사회과학의 주류가 되었던 것은 광의의 마르크시즘적인 견해였다. 정치운동으로서는 구좌익과 신좌익의 대립, 더욱이 이들 세력의 여러 분파 간 유혈항쟁이 나타났다. 그러나 1970년대에서 1980년대에 걸쳐서 상당수의 학자, 저널리스트, 대학생은 교양으로서 마르크시즘적인 문헌을 읽었다. 따라서 사회분석의 개념으로서 '계급'이 매우 중요한 것으로 인식되었다.

이 책은 이와 같은 '그 시대'의 '상식'에 대한 과감한 도전장이기도 했다. 무대는 반세기 이상 전 〔볼셰비키〕 혁명기의 신생 소련, 주인공은 스탈린에 의하여 숙청당한 타타르인 무슬림 공산주의자(무슬림이란 일반적으로 '이슬람 신자'라는 의미이며, 〔무슬림이 공산주의자라는〕 이 용어법 자체가 자가당착적인 것으로 들릴 것이다)이다. 그리고 주제는 사람들의 생활·실천의 방향을 정해가는 사회적 개념의 틀로서의 '계급', '민족', '종교'라는 3자 간의 상극이다. 이러한 문제설정 그 자체가 〔동서냉전의 패러다임이 유효했던〕 당시에는 얼마나 신선하게 비쳤을까?

이 책의 구성과 술탄 갈리에프의 생애

먼저, 저자에 대해 간단히 언급하겠다. 야마우치 마사유키는 1947년 삿포로에서 출생했다. 홋카이도대학 문학부를 졸업한 후, 카이로대학 문학부 객원 조교수, 도쿄대학 교양학부 조교수, 하버드대학 객원연구원 등을 거쳤고, 현재는 도쿄대학 대학원 종합문화연구과 교수로 있다. 산토리Suntory 학예상[1]을 수상한 이 책 외에도 이 장 끝에 그 일부를 기술한 것처럼 러시아, CIS, 중동, 이슬람, 민족 문제, 국제정치 등에 관한 다수의 저서와 편저가 있으며, 논단이나 언론계에서도 활약하고 있다.

이 책에 관해 언급한다면, 「후기」에서 야마우치는 주인공인 술탄 갈리에프에 대해 "아버지의 이름도 전해오지 않으며 결혼했는지도 알 수가 없다. ……자녀는 있었는지? ……그의 정확한 사망일자도, 구체적인 상황도 역사의 어두운 그림자 속에 가려져 있다"(363쪽)고 탄식하고 있다. 그러나 정말로 현대사의 격동은 이러한 사실을 '역사의 어둠'으로부터 백일하에 드러냈다. 페레스트로이카의 일환이었던 개방(글라스노스트)에 의하여 술탄 갈리에프의 수수께끼였던 부분이 점차 명확하게 되었다. 야마우치는 새롭게 발견된 자료에 근거하여 1995년에 이 책의 속편이라 할 수 있는 『이슬람과 러시아—그 후의 술탄 갈리에프』(이하 『그 후』, 역사적 사실은 이 책이 정확하고 상세하다), 그리고 1998년에는 사료집 『사료—술탄 갈리에프의 꿈과 현실』(이하 『사료』)을 간행했다. 이 절에서는 이 책의 구성에 대해 언급하면서 술탄 갈리에프의 생애를 소개하겠다.

서장序章은 '이슬람·사회주의·내셔널리즘'이란 제목으로 이 책의 주제가 종교, 계급, 민족이라는 것을 시사하고 있다. 그리고 제1장 '타타르[2]와

1 일본의 재단법인 산토리 문화재단이 일본 국내에서 인문·사회과학 연구자가 일본어로 집필, 출판한 학술서를 대상으로 수여하는 학예상이다.

2 타타르라는 이름은 킵차크 한국이 러시아를 지배했던 시기, 중앙아시아 초원지대에 거주하는 몽

러시아'는 1552년 러시아에 의한 킵차크 한국의 정복으로 시작한다.[3] 이것은 러시아 입장에서 본다면 선조가 고난을 겪어왔던 '타타르의 멍에'로부터의 해방이며, 타타르의 입장에서 본다면 이슬람 전통을 유지해온 그들이 '이교도' 러시아인에 의해 계속 지배받게 되는 암흑시대의 서막이었다. 이어서 그 이후의 두 민족 간의 관계사가 소개되고, 술탄 갈리에프의 생애를 장식하는 민족 문제의 역사적 배경이 설명된다. 다음으로 종교(이슬람)적 배경을 다루는데, 18세기 후반 이후 이슬람세계에서 나타난 개혁 움직임(와하브운동Wahhabism[4] 등)의 일환으로서 타타르개혁운동, 즉 전통적 이슬람교육 방식을 묵수墨守하는 카디미스트Kadimist[5]와 달리 세속적인 여러 학문 등도 도입한 새로운 이슬람교육을 시도한 자디디스트Jadidist[6]의 동향이 언급된다.

이러한 역사적 환경 속에서 술탄 갈리에프는 탄생했다. 출생 연도에 대해서 이 책에서는 1880년경으로 기술하고 있지만, 『그 후』에서는 1892년 7월 13일로 명기되어 있다. 유소년기에 이슬람교육을 받았고(그러나 『그 후』에 따르면, 이것에 거의 매력을 느끼지 못하고, 16세 때 "완전한 무신론자가 되었다"고 고백하고 있다), 15세 때 카잔의 사범대학에 입학했다. 사회주의에 대한 편향이 강해지면서 자디디스트계의 사회주의적 개혁운동도 가까이하게 되었다. 교사 등으로 일하면서 생활했지만 1917년 러시아혁명이 발생하자 볼셰비

골계와 투르크계 민족을 지칭한 것이었고, 러시아제국이 확대되면서부터는 그 지배하에 놓인 구 킵차크 한국계의 투르크계 이슬람신도를 지칭하는 용어로 바뀌었다.

3 킵차크 한국은 13세기에서 15세기에 걸쳐 러시아 남부와 동유럽에 성립한 몽골계 국가이다. 모스크바 주변의 러시아 지역은 킵차크 한국의 간접 지배하에서 자치가 허용되었으나 몽골군과 대립하다가 참패를 당하기도 했다. 킵차크 한국이 1440년대에 분열한 후 성립한 카잔 한국의 수도인 카잔을 1552년 러시아의 이반 4세가 정복하면서 러시아는 완전히 독립하게 되었다.

4 18세기에 시작된 이슬람 원점으로의 회귀운동으로 신비주의와 성자 숭배를 부정하고 원시이슬람으로의 회귀를 주장했다. 이 운동과 함께 사우디아라비아는 국토건설을 시행했다.

5 전통주의자traditionalist를 뜻한다.

6 19세기 러시아권에서 출현한 이슬람 개혁주의자를 의미하며, 이러한 개혁주의 운동을 자디디즘Jadidism이라 한다.

키, 즉 소련공산당에 입당했다.

제2장의 제목은 '민족과 혁명'이다. 러시아혁명이 발생하기 전부터 타타르 내셔널리즘은 부르주아로부터 사회주의자에 이르기까지 다채로운 사람들에 의하여 추진되었다. 그 가운데 제2장에서 언급되는 부분은 술탄 갈리에프 일행이 1917년 2월 볼셰비키를 지지하는 '무슬림 사회주의 위원회'를 설립한 활동이다. 참가자의 다수는 소시민(프티 부르주아) 출신으로 "마르크스주의, 이슬람개혁주의, 타타르 내셔널리즘의 3자를 동시에 체현하고 있다"(136쪽). 러시아의 10월혁명에 호응하여 카잔봉기가 발생하고, 11월에 카잔·소비에트공화국이 설립되었다. 그렇지만 새로운 권력의 중추는 모두 러시아인이 장악했기 때문에 타타르 자유주의자와 소비에트 사이에는 대립과 충돌이 발생했고, 전자가 패배했다. 그 결과 소비에트 측에 가담한 술탄 갈리에프 일행 중 무슬림 공산주의자만이 소련 내부에서 타타르를 대표하는 세력이 되었다.

타타르 내부에서 헤게모니를 장악한 술탄 갈리에프 일행은 그러나 러시아 볼셰비키에서 본다면 이질적인 존재였다. 그것을 야마우치는 '이단異端'의 사회주의라고 불렀고, 제3장의 제목으로 했다. 제3장의 앞부분에서 술탄 갈리에프의 혁명이론을 요약하고 있는데, 이것에 대해서는 후에 절을 새롭게 하여 언급하겠다. 술탄 갈리에프의 행적을 추적하자면, 그는 1918년 1월에 민족문제인민위원부 아래에 설치된 중앙무슬림위원부에 참가하고, 6월에는 부의장의 한 명이 된다. 여기서 야마우치는 민족명으로서 '무슬림'이 사용되고 있는 점이 볼셰비키의 정통적인 민족이론과 다르다고 지적하고 있다. 이슬람을 전면에 내세우는 민족의식은 소비에트에서 볼 때는 바람직하지 않은 것이었다. 그리고 술탄 갈리에프 일행은 무슬림 공산당을 결성했다. 그들은 '공산당'이라는 당명을 사용함으로써 볼셰비키 지지를 선명히 했다. 그러나 공산당 이름 앞에 '무슬림'을 사용함으로써 러시아와는 선을 긋는 분파운동으로 비칠 수밖에 없었다. 이미 타타르 측에서는 러시아 프롤레타리아에 대한 불신이 나타났고, 이러한 불신은 무슬림 부르주아뿐만 아니라 소비에트나 러시아 공산당도 암묵적으로 배제했던 무슬림 사회주의 국가의 구상으로 이어졌다.

러시아 공산당과 타타르 공산주의자의 동상이몽 상태는 제4장의 제목인 '병행하는 권력'이란 사태를 초래했다. 이미 1918년에 스탈린과 술탄 갈리에프 사이에는 충돌이 일어나고 있었다. 스탈린의 지도하에 무슬림 공산당의 실질적 해체, 중앙무슬림위원부의 권한 축소, 이를 대신하여 러시아 중앙이 총괄하는 무슬림 거주지역의 조직 강화가 진행되었다. 그 결과 "이슬람 공동체의 일체성, 무슬림의 초민족적 공통성, 무슬림 여러 민족의 복합적 아이덴티티 등을 인정하는 것은 모두 거부되었다"(236쪽). 1920년 5월에 타타르자치공화국이 성립하지만, 그것은 술탄 갈리에프가 꿈꾸어온 것과는 다른 것이었다. 공화국 국민 중에 타타르인은 약 반수였고, 오히려 40%를 러시아인이 점했으며, 많은 타타르인은 외국에 남게 되었다. 그리고 공화국 내의 러시아인은 타타르인의 노예가 되는 것은 아닌가 두려워했고, 타타르인은 사회주의공화국이 아닌 격하된 자치공화국인 것에 불만을 갖게 되었다.

이러한 러시아에 대한 타타르인의 불만을 대표한 것이 술탄 갈리에프와 그의 지지자(후에 러시아 측으로부터 부정적인 평가가 담긴 '술탄 갈리에프주의자'로 불렸다)이며, 그들의 비극적 투쟁을 그린 것이 제5장 '술탄 갈리에프주의, 신화와 현실'이다. 타타르 사회주의 진영은 좌파인 국제파(친 볼셰비키)와 우파인 술탄 갈리에프주의(자디디즘과 범투르크주의와도 친화적이었다)로 내부 분열했다. 소비에트(왕조)로 간주된 술탄 갈리에프의 사상은 스탈린과 전면적으로 대립하기에 이르렀고, 그는 1923년 5월경(『그 후』에서는 5월 4일로 기록되어 있다) 체포되어 그 다음 달 당으로부터 제명된다. 그리고 술탄 갈리에프주의라는 라벨이 붙게 되어 타타르 '우파'의 대량숙청으로 이어졌다.

한편 체포된 후의 술탄 갈리에프에 대해서는 『그 후』에서 상세하게 그리고 있다. 그는 1923년 7월에 보석으로 풀려나지만, 1928년 12월에 다시 체포되어 백해의 솔로베츠키 섬에서 강제노동을 견뎌내야만 했다. 1934년 석방되지만 1937년 3월 다시 체포되고, 1939년 12월 총살형 판결을 받아 이듬해 1월 28일 처형되었다.

종장終章은 '예언자 술탄 갈리에프'란 제목으로 되어 있다. 여기서는 그의 사상이 20세기 후반의 알제리 독립투쟁에 벤 벨라Ben Bella(1918~)를 통해 영향을 준 것('마르크스주의의 이슬람화'를 지향하는 알제리 사회주의)이 언급되고 있다. 그리고 알제리 투쟁에 적극적으로 관여한 파농Frantz Fanon(1925~1961)에게 사상적 영향을 받고 독자적인 계급론을 펼쳐 이란혁명을 준비한 사상가의 한 사람으로 불리는 알리 샤리아티Ali Shari'ati(1933~1977) 등에게 영향을 미친 것이 언급되고 있다. 이를 통하여 그의 사상이 갖는 오늘날의 의미가 논의되고 있다.

술탄 갈리에프의 혁명사상

이 책 제3장 제1절에서, 야마우치는 술탄 갈리에프의 혁명사상을 다음 세 가지의 관심에 근거한 것이라고 보고 있다. 즉 ① 타타르와 같이 계급분화가 진전되지 않은 자본주의 전 단계의 무슬림 사회에 나타난 사회주의의 성격, ② 이슬람과 사회주의의 관계, ③ 국제혁명에 있어서 이슬람 동방지역 등 (러시아의) 식민지가 되어 있는 세계의 위치 설정 등이다.

술탄 갈리에프는 이러한 과제에 대해 어떠한 회답을 준비했던 것일까? 계급분화가 진전되지 않은 타타르와 같은 지역에서, 민족 내부의 부르주아지와 프롤레타리아 사이에 존재하는 계급대립의 도식은 그다지 의미가 없다. 오히려 긴급을 요하는 과제는 러시아의 지배를 받는 식민지 상황의 타파에 있다. 따라서 민족 내의 계급투쟁보다는 "민족적 차별의 해소와 러시아인과의 평등한 권리획득을 목표로 하는 민족혁명이 우선한다"(167쪽). 그러한 상황하에서는 볼셰비키가 주장한 "프롤레타리아 독재는 '대大러시아 배외주의排外主義'의 이익과 중복되는"(166쪽) 부분이 많다. 여기에서 '억압된 민족'을 '프롤레타리아 민족'으로 간주하고, 특정 민족 · 국가 · 사회 내부의 것보다는 이들 사이의 계급대립을 강조하는 독자적인 사상이 나타나게 된다. 그것을 야마우치는 술탄 갈리에프의 '종속이론'이라는 흥미로운 용어로 표현하고 있다. 그러한 발상은 계급 구별 없이 러시아인이 일반적으로 공유하고 있는 유럽의 동양에 대한 차별적 시각(야마우치가 기술하고 있는 것처럼 후에 에드워드 사이드가 규탄한 '오리엔탈리즘')에 대해 강한 불신감을 표현한 것이기도 했다.

이러한 그의 사상은 이슬람을 초계급적인 종교로 규정하는 것에 의해 보강된다. 볼셰비키는 이슬람을 계급의식의 형성을 저해하는 반동적 종교로 보았다. 그러나 개혁주의적 이슬람과도 친한 술탄 갈리에프는 그 진보적 측면을 오히려 적극적으로 평가한다. 그는 이슬람의 초계급성은 사회주의가 목표로 하는 무계급사회와 모순되지 않는다고 주장하며, 오히려 억압된 민족이 공유하는 종교라고 생각한다. 그리고 동방 여러 민족의 혁명을 수행하기 위해서는 이슬람을 핵으로 한 무슬림 여러 민족의 연대가 필요하며, 동방세계는 유럽(러시아인)의 지도로부터 자립해야만 한다고 주장한다. 국제공산주의 운동의 헤게모니를 장악한 러시아 공산주의자가 본다면, 이것은 명확히 '이단'의 사상이다.

민족과 종교에 의한 계급개념의 상대화

계급 · 민족 · 종교의 상극이라는 관점에서 이 책의 내용을 정리하겠다. 종래의 사회주의 · 공산주의는 국제성international을 주장하면서, 그 실천적 운동에 있어서는 특정 민족(국가, 사회) 내부의 계급대립을 강조하고, 그 타파를 목표로 하는 경향이 강했다. 확실히 타타르에 있어서도 유럽이나 러시아만큼 명확한 것은 아니었지만 부르주아, 소시민, 농민 등의 계급분화는 나타났다. 그러나 술탄 갈리에프 일행들에게 자신들의 해방을 저해하고 있는 보다 중요한 요인은 러시아의 식민지 지배였다. 여기서의 계급대립은 '억압하는 민족'과 '억압당하는 민족'이라는 민족 간의 관계로 바꿔놓지 않으면 안 되었다. '만국의 노동자여 단결하자'라는 일견 보편주의적인 슬로건은, 러시아인이 타타르인에 대해 주장할 때는 러시아(서양)의 특수한 세계관인 '오리엔탈리즘'의 억압적 성격을 은폐하고, 오히려 지배의 구실로 사용될 가능성이 존재한다.

민족개념에 의한 계급개념의 상대화, 이것이 이 책에서 야마우치가 설득력 있게 논하여 독서계에 큰 파문을 일으킨 요점의 하나였다고 생각된다. 물론 야마우치는 타타르의 주장을 전면적으로 긍정하고 있지는 않다. 러시아와 타타르의 우열관계는 동방의 여러 민족 내부에서의 타타르와 그 밖의 무슬림 여러 민족의 관계에도 거의 동일한 형태로 적용된다. 무슬림 여러 민족 내부에서의 타타르 헤게모니에 대한 바슈키르인Bashkir[7]의 반발이 그 한 예이다. 이 점에서 이 책의 간행 시기에는 별로 논의되지 않았던 식민지시대 이후의 문제들에 대해서도 이 책은 언급하고 있다고 할 수 있다.

그 구도를 더욱 복잡하게 하고 있는 것이 종교(이슬람)의 존재이다. 종교는 아편이라는 것이 사회주의의 일반적 견해였다. 첫머리에서 언급했던 이란혁명의 '불가사의'도 그 일부는 여기서 유래하고 있다. 그러나 무슬림 공산주의자들은 해방의 자극제로서 이슬람을 평가했다. 그렇다고 이슬람도 모두 동일한 것은 아니다. 술탄 갈리에프 일행들이 공감하고 있었던 것은 전통 묵수주의가 아니라 개혁주의적 이슬람, 즉 자디디즘이었다. 더욱이 무슬림을 하나의 민족으로 간주하는 것의 타당성이야말로 술탄 갈리에프 일행들과 러시아 당국의 의견이 나뉘는 하나의 분기점이었다. 이러한 점들은 그 후 빈번하게 논의된 이슬람부흥과 이슬람주의, 그리고 이들과 종교내셔널리즘

7 러시아 내에 살고 있는 투르크족.

의 관계를 이해하고 평가하는 데 밀접하게 연관되는 논점들이었다.

1980년대 후반에 이르러 동방 진영은 동요했고, 이슬람 부흥의 징조가 세계 각지에서 나타나기 시작했다. 이 시기에 계급·민족·종교의 상극현상이 드러났고, 이들 집단의 내부에서는 다양하고 심각한 균열현상이 발생했다. 이러한 균열현상에 대해 혁명기의 러시아를 무대로 하여 실증사학적 입장에서 상세하게 논의한 이 책의 간행은 시기적절한 것이었다. 간행이 20년 정도 빨랐더라면, '반동'의 책으로 무시되었을지도 모른다. 그러나 시대는 실로 술탄 갈리에프의 복권을 요구하고 있었다. 『사료』(24쪽)에 따르면 술탄 갈리에프는 1990년 6월에 명예가 회복되어 오늘날 카잔 시에는 '술탄 갈리에프 광장'이 설치되어 있다고 한다.

참고문헌

山內昌之,『イスラムとロシア―その後のスルタンガリエフ』, 東京大學出版會, 1995.

신 자료에 근거한 술탄 갈리에프 연구. 이 책의 속편이다.

山內昌之 編譯,『史料―スルタンガリエフの夢と現實』, 東京大學出版會, 1998.

술탄 갈리에프에 관한 사료의 번역. 야마우치의 장문의 해설을 첨부했다.

山內昌之,『神軍·緣軍·赤軍―ソ連社會主義とイスラム』, 筑摩書房, 1988 / ちくま文庫, 1996.

러시아, 터키, 중앙아시아를 무대로 이슬람, 사회주의, 공산주의, 내셔널리즘 사이의 모순적인 관계를 다룬 논문집. 제3부는 '술탄 갈리에프 이문異聞'으로 제목을 달아 술탄 갈리에프를 주제로 한 3편의 논문으로 구성하고 있다.

山內昌之,『ラディカル·ヒストリー―ロシア史とイスラム史のフロンティア』, 中公新書, 1991.

山內昌之,『民族と國家―イスラム史の視角から』, 岩波新書, 1993.

위의 2권의 저서는 민족, 이슬람, 사회주의, 내셔널리즘을 다룬 야마우치의 논의가 가장 읽기 쉽게 신서의 형태로 출판된 것이다.

山內昌之,『民族の時代』, PHP研究所, 1994.

NHK교육 TV 인간대학 프로그램에서의 강의를 기초로 했으며, 저자의 민족론 입문서이다.

山內昌之,『世界の歷史二〇―近代イスラームの挑戰』, 中央公論社, 1996.

19세기의 중동, 중앙아시아를 무대로 이슬람과 내셔널리즘 운동을 동시대 일본과의 관계 등을 언급하면서 독자적인 문체로 써내려간 역사편찬서.

山內昌之,『納得しなかった男』, 岩波書店, 1999.

술탄 갈리에프와도 만난 적이 있는 터키인 엔베르 파샤. 그는 청년 투르크당 지도자의 한 사람이며, 아타튀르크의 라이벌이기도 했다. 소련에 한때 접근했지만, 최종적으로는 타지키스탄에서 벌어진 적군赤軍과의 전투에서 생애를 마친 그에 대한 전기傳記적 연구이다.

小松久男,『革命の中央アジア―あるジャディードの肖像』, 東京大學出版會, 1996.

20세기 초엽의 우즈베키스탄에서 활약한 자디드(이슬람 개혁파, 이 책의 용어로는 자디디스트)들의 동향을 묘사한 책. 그들 대부분은 술탄 갈리에프와 같은 운명을 맞이했다.

蓮實重彦/山內昌之,『20世紀との訣別―歷史を讀む』, 岩波書店, 1999.

20세기 초엽의 '이단異端의 사회주의자'와 '납득하지 않았던 남자'의 평전評傳을 저술한 역사가와, 19세기의 '범용凡庸한 예술가'의 초상을 그린 프랑스 문학가의 역사를 둘러싼 흥미진진한 대담서. 양자의 표현에서 등장하는 미묘한 불일치가 매력적이다.

田中克彦,『'スターリン言語學'精讀』, 岩波現代文庫, 2000.

술탄 갈리에프를 숙청한 스탈린의 언어·민족론 텍스트와 그 해설. 다나카田中에 따르면 스탈린은 소수민족과 그 언어의 존재에 대해 이해를 표했다고 한다.

E. 발리바르 · I. 월러스틴, 『인종, 국민, 계급』

세키 히로노關曠野 | 이이범 옮김

Etienne Balibar and Immanuel Wallerstein, *Race, nation, classe*, La Découverte, Paris, 1988.
『人種・國民・階級ー搖らぐアイデンティティ』, 若森章孝 외 譯, 大村書店, 1997.

제1부 보편적 인종주의

1장 '신인종주의'는 존재하는가? (발리바르)

2장 자본주의의 이데올로기적 긴장 / 보편주의 대 인종주의 · 성차별주의 (월러스틴)

3장 인종주의와 내셔널리즘 (발리바르)

제2부 역사적 국민

4장 민족성의 구축 / 인종주의, 내셔널리즘, 에스니티 (월러스틴)

5장 국민형태 / 역사와 이데올로기 (발리바르)

6장 자본주의 세계경제에서의 세대世帶 구조와 노동력의 형성 (월러스틴)

제3부 여러 계급 / 양극화와 중층적 결정

7장 자본주의 세계경제에서의 계급 갈등 (월러스틴)

8장 마르크스와 역사 / 내실 있는 사상과 불모의 사상 (월러스틴)

9장 부르주아(지) / 그 개념과 현실 (월러스틴)

10장 계급투쟁으로부터 계급 없는 투쟁으로? (발리바르)

제4부 사회적 갈등의 중심이동

11장 독립 후 블랙 아프리카에서의 사회적 저항 / 인종과 신분집단 개념의 재

'동서' 좌익에서의 민족과 국가

1991년 구소련이 붕괴한 것에는 여러 요인이 존재하겠지만, 직접적인 계기는 리투아니아가 연방으로부터 과감하게 독립을 선언한 것이었다. 이 의미로 본다면 소련에게는 국내의 복잡한 민족 문제야말로 서방 자본주의와의 경쟁 이상으로 치명적인 것이었다고 말할 수 있다. 그러나 구소련은 러시아 제국 시절의 여러 민족에게는 감옥이었다고 잘라 말할 수가 없다. 예를 들어 스탈린은 크리미아 반도의 타타르인들을 민족 단위로 시베리아로 강제 이주시키는 등의 혹독한 탄압을 가했다. 그러나 한편으로 소련은 소수민족에 대해서 일본 등보다 훨씬 나은 보호 우대정책을 실시하기도 했다. 이러한 정책에는 일관성이 없었다. 즉 소련의 공식 이데올로기인 마르크스·레닌주의는 계급투쟁만을 강조했고, 그러한 체계 가운데에서 민족이라는 문제는 공백인 상태로 남아 있었다. 아마도 이것은 리투아니아 등 발트 연안국들의 독립운동에 대해 개혁파인 고르바초프가 우왕좌왕하는 가운데 소련이 붕괴한 하나의 원인이 되었을 것이다. 민족이란 것을 어떻게 생각해야 할 것인가에 대해, 소련 공산당의 엘리트들은 잘 모르고 있었다.

그렇다면 서방의 좌익은 어떠했는가? 이 책 『인종, 국민, 계급』은 베를린 장벽이 붕괴되기 1년 전인 1988년에 간행되었다. 그렇다면 발리바르와 월러스틴은 이 책에서 민족이란 무엇인가라는 물음에 대해 나름대로 설득력 있는 대답을 제시하고 있는 것일까? 언급할 필요도 없이 이 두 사람은 1970년대 이래로 이른바 서구 마르크스주의를 대표해온 논객들이다. 그러한 이들에게 나름대로의 답변이 있다면, 그것은 자신들이 시도하는 마르크스주의

혁신과 불가분의 관계를 갖고 있을 것이다. 그리고 사실 이 두 사람에게 그 답변은 종래의 마르크스주의가 유보해왔던 인종이나 민족이라는 문제에 대해 참신한 시각에서 새롭게 접근해야만 하는 과제였다.

이렇게 말하는 것은 서구 마르크스주의라는 것이 마르크스주의의 재출발을 의미하는 것이었기 때문이다. 즉 전후 선진국 사회는 궁핍할 것이라는 마르크스의 예언을 배반하고, 풍요한 사회를 실현하여 노동자 계급을 체제내화시키고 고전적 계급투쟁론을 거의 난센스로 만들어버렸기 때문이다. 이러한 가운데 여기에서 특히 문제가 된 것은 국가를 포함한 다양한 공동체의 문제였다. 계급은 역사를 분석하기 위한 이론적 카테고리에 지나지 않고, 계급적 공동체 따위라는 것은 존재하지 않는다. 현실 속의 사람들은 어떤 유형이든지 공동체의 일원으로서 살아가고 있으며, 계급이란 사실은 공동체라는 프리즘을 매개로 표현될 수밖에 없다. 아니, 보다 명확히 말하자면 자본에 의한 노동의 지배는 공동체의 매개에 의해서만 실현되는 것이다.

이리하여 인종, 민족, 에스니시티라는, 인간을 구체적인 집단에 귀속시키는 카테고리의 분석이 서구 마르크스주의의 중요한 과제가 된다. 물론 이것은 단순히 이론적인 과제가 아니었고, 1980년대 이후 선진국에서 부각된 이민 노동자에 대한 배격운동 등, 고전적인 노사관계만으로는 명확하게 설명할 수 없는 사회의 변화도 그 배경에 있다.

인종주의와 내셔널리즘

두 저자 중 프랑스인인 발리바르는 알튀세르Louis Althusser파의 이른바 구조주의적 마르크스주의 이론가이다. 고전적 마르크스주의는 자유로운 주체로서의 개인과 그 물질적 이해관계에서 출발했다. 현실을 명백한 여건으로 보는 의식의 연장선상에서 '역사의 객관적 필연 법칙'이라는 것을 소박하게 믿었다. 이것에 대해 알튀세르파들은 역사란 주체가 없는 과정이라고 주장했다. 자본주의의 여러 모순과 계급투쟁은 구조화된 전체 사회에서 복잡하게 얽혀 있으며, 상호 결정하는 고도의 추상적인 관계의 형태로 이해되어야만 한다. 계급투쟁은 자명한 사실이 아니라 이러한 여러 관계를 궁극적으로 좌우하는 사회의 역동성, '최종심판'인 것이다. 그리고 종래 마르크스주의의 물질적 하부구조와 정신적 상부구조라는 이원론이 부정되는 이상, 법이나 이데올로기도 생산의 관점에서 이해된다. 그리고 그 가운데에서 국가는 복잡하게 얽힌 여러 모순의 조정자이며, 현존하는 사회구조의 재생산에 결정적인 역할을 수행한다고 이해되고 있다.

그런데 이러한 뒤집힌 국가주의라고 해야 할, 그야말로 프랑스적인 입장에서 민족이라는 문제를 논하는 것은 매우 곤란하다. 예를 들어 민족자결이란 말이 나타내는 것처럼, 근대세계에서 민족과 국가는 떼어놓을 수 없는 관계인 것은 명확하지만, 제도로서의 국가에서 출발하여 민족을 논하는 것은 불가능하다. 그리고 사실 발리바르는 이 책에서 민족에 대해서는 아무것도 언급하지 않고 있다. 단지 지배와 그 정당성을 생산하는 존재인 국가에 있어서 내셔널리즘과 인종주의가 어떤—계급투쟁을 왜곡하고 은폐하는 것과 같은—의의를 가질 수 있는가를 논하고 있는 정도이다. 극도로 복잡하게 뒤엉킨 발리바르의 문체는 구조주의적 마르크스주의가 현재 겪고 있는 곤경을 그대로 나타내고 있지만, 내셔널리즘과 인종주의에 관한 논의만큼은 주목할 가치가 있다.

발리바르에 따르면 인종주의는 내셔널리즘을 내적으로 보완하는 것이다. 내셔널리즘은 항상 보편성과 특수성의 모순 가운데에 존재하지만, 인종주의는 인간의 '순수한 본성'에 관한 역사철학으로서 내셔널리즘에 부족한 보편성을 보완해준다. 또한 단순한 정치적 내셔널리즘은 국제 경쟁의 가운데에서는 약하고 타협적인 입장을 취하기 쉽다. 그러나 인종주의는 '본래의' 인종과 혈통으로 연결된 국민이란 환영幻影으로 내셔널리즘의 특수성을 보완하고, '완전한 내셔널리즘'을 만들어낸다. 그리고 보면 인종주의는 교양이 없는 인간의 야만적인 편견이 아니라 내셔널리즘에 항상 그림자처럼 따라붙는 사상이며, 인류의 '인간다움'이라는 휴머니즘과도 반드시 모순되는 것도 아니다. 내셔널리즘이 특정 국가에 귀속하는 것을 하나의 특권으로 하든지 안 하든지, 그것은 인종주의로 모습을 바꿔 물질적인 모순을 관념적 모순으로 전환시킨다.

또 하나 주목할 점은 민족국가nation state에는 '허구적 에스니시티'가 반드시 필요하다는 논의이다. 국가는 추상적인 이념으로서의 국민뿐만 아니라, 자기들은 과거로부터 미래에 걸쳐 기원·문화·이해利害를 함께하는 공동체에 자연스럽게 속해 있다고 느끼는 국민을 필요로 한다. 이러한 허구의 에스니시티는 언어와 인종을 재료로 창출되어, 그 결과 사람들이 국가에 속하는 것은 예부터 존재한 자연스런 사실인 것으로 보이게 한다. 그러나 언어공동체는 현재의 열린 공동체이기 때문에 그 안에는 불안정한 측면이 존재한다. 그러므로 언어공동체는 인종공동체라는 폐쇄와 배제의 원리로 보완될 경우에만 국경의 내부에서 몸을 숨기고 있는 특정 민족과 연결될 수 있다. 전통적인 친족관계의 경계선이 씨족이나 촌락공동체의 수준에서 해소되면, 그것은 상상想像상의 국민적 소속(국적nationality)의 경계선으로 옮겨진다. 그리고 언어공동체는 사회적 불평등을 자연스런 사실인 것으로 보이게 하여 모든 개인의 형식상의 평등을 창출한다. 이에 비하여 인종공동체는 불평등을 '유사類似'라고 하는 매우 애매한 것으로 해소하려고 한다.

세계시스템론에서 본 에스닉의 분업체제

이처럼 발리바르는 고작 내셔널리즘과 인종주의의 접합을 논의한 수준에 머물렀다. 이에 비해 세계시스템론World-System Theory[1]으로 알려진 월러

---

1 미국 사회학자·역사학자인 월러스틴Immanuel Wallerstein(1930~)이 제창한 거시적인 역사이론으로, 각국을 독립한 단위로서 취급하지 않고, 보다 광범위한 '세계'라는 관점에서 근대세계

스틴은 근대세계는 여러 민족으로 구성되는 세계라는 것을 출발점으로 하여 이론을 전개하고 있다.

그는 고전적 마르크스주의가 자본주의의 역사적 기점을 산업혁명으로 설정한 것을 철저히 비판한다. 이러한 '진보사관進步史觀'은 발전단계론의 견지에서 세계를 공업화된 선진국과 발전이 늦어진 저개발국으로 구분한다. 또한 이것은 선진국 내부의 자본과 노동의 대립에 초점을 맞추어 자본주의의 모순을 논하는 선진국 중심의 일국주의적 견해에 도달할 수밖에 없다. 그런데 월러스틴에 따르면 자본주의는 산업혁명 이전 15세기 말의 유럽에서, 그것도 애초부터 국경을 넘어 전 세계적으로 확산하는 세계시스템으로서 탄생했다. 세계시스템이란 광대한 지역에 산재하는 다종다양한 공동체를 단일 분업체제로 편성하는 시스템을 말한다. 그리고 역사적으로는 2개의 세계시스템만이 존재했다. 하나는 로마제국과 중국제국 같은 세계제국이며, 또 하나는 복수의 민족이 정치적으로 통합되지 않고 각각의 국가를 형성하고 공존하면서 경합하고 있는 '세계경제'이다.

근대유럽에는 제국적·일원적 질서와는 대조적으로 복수의 민족국가가 끊임없이 격렬하게 경쟁하는 국가 간 시스템interstate system이 출현했다. 그러나 이러한 경쟁은 15세기 말에 성립한 글로벌한 자본주의적 분업체제 가운데에서 조금이라도 우월한 지위를 획득하기 위한 경쟁일 뿐이었다. 이 분업체제는 유럽이 세계 모든 지역에 부과한 것으로, 중심지역core인 유럽이 교묘한 부등가不等價 교환을 통하여 변경periphery 및 반변경semi-periphery 지역의 부富를 수탈하고 무한한 자본 축적이 가능하도록 한 시스템이다. 이러한 월러스틴의 세계시스템론은 선진국-후진국이라는 발전단계론적 전후관계에 근거한 역사 분석을 배척하고, 중심-주변이라는 공간적

의 역사를 고찰하는 특징이 있다. 그가 주장하는 세계시스템이란 여러 개의 문화체(제국, 도시국가, 민족 등)를 포함한 광대한 영역으로 전개하는 분업체제이며, 주변지역의 경제적 잉여를 중심지역으로 이전하기 위한 역사적인 시스템이라고 정의된다.

개념으로 대치하고 있다. 바꿔 말한다면, 유럽을 중심으로 하는 세계시스템이 성립한 이래로, 예를 들어 중남미와 같은 지역은 저개발 지역이 될 수밖에 없는 형태로 '발전' 시켜져왔다는 것이다.

그리고 세계시스템론은 자본주의적 착취의 분업체제에 관한 월러스틴의 독자적인 견해와 일체가 되어 있다. 그에 의하면 노동력이 임금 노동자화하여 프롤레타리아가 되는 것은, 자본가의 입장에서 본다면 노동력의 생존과 재생산 비용을 부담해야만 하는 고용 형태이며, 이는 이윤율의 저하를 초래할 수밖에 없게 된다. 그런데 변경과 반변경 지역의 사람들은 자급적이고, 대부분이 친족 중심 세대household의 성원으로 살아간다. 이러한 그들에게 임금수입은 보조적인 것에 지나지 않는다. 그러므로 이 사람들을 세계적인 분업체제에 편성한다면, 자본가는 그들에게 생존비 이하의 임금만 지불하면 된다. 따라서 세계시스템하에서 이뤄지는 끝없는 자본축적은 프롤레타리아화의 진행에 의한 것이 아니라, 이러한 변경의 세대 성원을 구해서 중추지역의 자본이 끊임없이 분업체제를 세계적으로 확대해온 결과라는 것이다.

근대세계의 인종주의는 에스닉 집단을 특정의 직업 영역에 배치한다. 이 노동력이 에스닉 집단으로 된다는 것은 계층화된 세계적 분업체제가 성립되었다는 것을 표현한다. 여기서 사람들은 개개인의 능력에 상관없이 태어나면서부터 인종의 낙인이 찍혀 특정 에스닉 집단에 소속하는 존재로서 나타난다. 정치적으로 불안정한 능력주의 체제에 비해 인종주의의 이데올로기는, 중심지역의 자본에서 볼 때 최소한의 비용과 최소한의 정치적 혼란이라는 이상적인 형태로 노동력의 이용을 가능하게 한다. 인종이란 것이 중심지역과 주변지역의 대립에 관계하고 있어, 세계시스템의 변용과 함께 인종의 경계선은 얼마든지 변한다. 이러한 예는 아파르트헤이트apartheid(인종차별) 시대의 남아프리카공화국에서 일본인이 명예백인으로 취급된 것에서 잘 나타난다. 세계시스템 내부에서 계층화된 에스닉 집단의 지위에 대해서도 동일하게 말할 수 있다. 자본축적의 절대 필요조건은, 생존비 이하의 임금으로 일하는 사람이 그 집단을 구성하고 있어야 한다는 것이며, 그들의 세대가 존재한다는 것에는 변화가 없다.

마르크스주의의 딜레마

그렇다면 국민nation에 대해서는 어떻게 생각해야만 할 것인가? 국민이란 근대유럽의 국가 간 시스템이 탄생시킨 주권국가와 관련된 존재이다. 이 시스템 가운데서 다른 주권국가와 항상 경쟁하는 국가는 내부의 동요와 외국의 침략에 대항하기 위해 통합력을 강화할 필요가 있다. 이를 위해 국가는 국민감정을 고무시키고 발달시키는 것에 관심을 갖고 있다. 내셔널리즘은 이러한 국가적 차원에서 통일성을 추진하는 요인이기도 하고, 그 결과이기도 하다. 또한 국가 간 시스템은 변화하기 쉬운 서열이 수반되는 주권국가 간의 계층제 시스템이며, 그러한 가운데에서 국가 간의 불평등은 상대적이고 유동적이다. 그러므로 일정한 이데올로기로 상위 서열을 정당화하고 하위 서열의 국가가 이의를 제기하기도 한다. 이러한 이데올로기가 내셔널리즘이다. 그리고 국민이라는 이름으로 유별화類別化하는 작업은 국가 간의 경쟁을 표현하며, 국민의 지위는 세계시스템 내에서 느슨하지만 부단하게 변화하는 국가 간 경쟁 속에서 표현된다.

앞서 본 것과 같이 근대세계는 민족과 민족국가로 구성되는 세계이다. 이것은 세계시스템론의 출발점을 이루는 역사사실이었다. 그러나 월러스틴도 결국, 국가와 불가분의 관계이면서 국가와는 구별되어야만 하는 민족이란 존재에 대해서는 명확하게 언급하지 않고, 주권국가에 관한 이론을 제시하고 있을 뿐이다. 따라서 내셔널리즘도 주권국가라는 존재가 그 정치적인 효과로서 반사적으로 생성해내는 다양한 운동이나 감정의 것이 되고 만다. 여기서는 권력 엘리트의 국가주의나 민중의 소박한 애국심 등과는 구별되어야만 하는, 근대세계의 독특한 현상으로서의 내셔널리즘에 대한 이론은 없다.

이것도 당연한 귀결이다. 민족nation에 대한 명확한 견해 없이는 그 의의를 긍정하든 부정하든 내셔널리즘에 대해 논하는 것은 불가능하다.

그리고 월러스틴과 발리바르의 서구 마르크스주의는 계급이라는 추상抽象에 만족하지 않고, 국가나 에스닉 집단이라는 '공동체에 속한 인간'에 가까이 다가감으로써 깊은 딜레마에 빠지고 말았다. 그들은 이러한 움직임으로 인해 고전 마르크스주의뿐만 아니라 사실상 계급투쟁론을 청산해버렸다. 또 한편으로 그들은 마르크스주의자이면서 민족이란 것은 현존하는 부정한 질서를 정당화하는 데에 사용되기 쉬운 신뢰할 수 없는 허구라고 할 수밖에 없다. 그러므로 예를 들어 월러스틴은 "우리들이 이 시스템에서 민족성peoplehood을 폐기하든지 그것을 부차적인 역할로 떨쳐버리든지 하는 것은 결코 불가능하다. 한편 우리들은 민족성에서 기인하는 효력에 마음을 빼앗겨서는 안 된다"(일본어역 155쪽)라는 표현처럼 어딘가 잘 맞지 않는 애매한 표현을 하고 있다. 그렇다면 마르크스주의자에게는 민족이란 것이 왜 항상 걸림돌과 같은 존재일까? 이런 의문에 응답하기 위해 우리들은 근대사를 프랑스혁명에까지 거슬러 올라가 살펴볼 필요가 있다.

민족과 계급 — 입헌주의와 민주주의의 패러독스

18세기에 민족nation이란 왕권에 대립하여 헌법을 제정하는 주체였다. 이 관념에 근거하여 프랑스혁명기의 헌법제정의회는 국민의회Assemblée nationale로 불렸다. 혁명의 발단은 의회에 의한 왕국의 입헌적 개혁이라는 민족형성nation-building의 시도였다. 그러나 이런 시도는 좌절과 대혼란으로 끝났다. 의회는 하나의 민족을 창출하기는커녕 당파 간 유혈 항쟁의 무대가 되고 말았다.

주지의 사실과 같이 우익-좌익이라는 도식은 이 당파 간 항쟁으로부터 만들어졌다. 그리고 프랑스혁명에 기원을 두고 있는 좌익의 당파신화에서 본다면, 프랑스혁명은 오히려 입헌주의적인 민족의 형성에 실패함으로써 위대한 해방사건, 거의 신화적인 새로운 역사의 출발점이 되었다고 할 수 있다. 프랑스혁명을 대표한 것은 단지 영미류英美流의 헌법을 제정하는 것에 만족하지 않았던 사람들, 파리 시내 거리에 반도叛徒로 등장한 상퀼로트sans-culottes[2]와 같은 하층서민이나, 미덕美德의 공화국의 꿈을 버리지 않았던 자코뱅파이다.

이러한 좌익의 당파신화에서는 법률상의 자유와 평등만을 보장하는 '형식적인' 입헌주의와 굶주린 민중의 폭동으로 상징되는 '실질적인' 민주주의가 대립하게 된다. 그리고 이런 의미에서 역사를 계급과 생산으로 설명하고 법을 단순한 상부구조로 하는 마르크스의 사적 유물론史的唯物論(유물사관唯物史觀)은 좌익의 당파신화를 집대성한 것이라고 말할 수 있다. 이 마르크스주의의 등장으로 민족과 계급의 사상적인 화해는 불가능하게 되었다. 그러나 좌익에는 극복하기 어려운 모순〔입헌주의와 민주주의의 대립〕이 존재한다. 프랑스혁명은 왕국의 입헌적 개혁이라는 희망에 넘친 이상과 함께 시작되었다. 그리고 좌익도 그 정신사적인 기원이 프랑스혁명에 존재하는 한, 어딘가 모르게 프랑스혁명의 이상이 각인된 존재이며, 그뿐 아니라 자유 · 평등 · 우애의 이념을 실현하는 것에 전념하는 것이야말로 좌익을 좌익답게 해온 것이었다.

어찌되었든 냉전이 종료된 현재, 좌우의 대립도식은 과거의 것이 되고 있다. 그에 따라 발리바르와 월러스틴의 서구 마르크스주의도 좌익적 · 당파적 편견의 산물로서 상대화될 수밖에 없을 것이다. 적어도 그들의 이론에서는 냉전 종결이 탄생시킨 하나의 새로운 역사적 가능성이 보이지 않는다. 그것은 프랑스혁명 이래 물과 기름같이 분리되어왔던 입헌주의와 민주주의가 다시 일체가 될 가능성이다. 이 점에서 냉전종결의 도화선이 되었던 천안문사

2 당시 귀족들이 입었던 반바지를 입지 않았다는 의미이며, 이는 프랑스혁명기의 도시민중을 가리킨다.

건은 시대의 전기轉機를 예감하게 한 것이었다. 거기에서 중국의 학생들은 경제지상주의적인 개발형 독재를 지속하는 당 지도부에 대해 언론의 자유 등을 보장하고 있는 인민공화국헌법을 더 이상 사문화死文化시키지 말 것을 요구했던 것이다.

그리고 탈냉전 세계를 동요시키고 있는 종교나 민족이 연계된 분쟁은 현재야말로 입헌주의와 민주주의가 화해해야만 하는 시기가 도래했기 때문에 발생하고 있는 것이 아닐까? 20세기의 국제정치는 미국의 우드로 윌슨의 민족자결원칙과 레닌의 제국주의론이라는 두 개의 이데올로기에 지배되었다. 그리고 동서냉전이 끝난 뒤 각국이 스스로 민주화의 길로 나서기 시작하자, 냉전기에 은폐되어 있었던 사실이 바로 표면에 나타났다. 많은 국가에서 사람들은 입헌국가의 성원이 되는 데에 필요한 정치교육을 받지 못했다. 그들은 입헌적 질서라는 것을 이해하지 못했고, 다양한 집단과 협동하여 권력을 공유하거나 분배하는 정치적 훈련이 부족했다. 이런 상황에서 국가는 한 집단이 다른 집단을 제압하고 그것을 정당화하는 수단이 되고 말았다.

민족 문제의 근저에 있는 것은 숙명적인 원한이나 민족신화에 대한 도취가 아니라, 국가 권력에 대한 주민 각 계층의 접근의 공정성 문제이다. 불행하게도 현대 정치가 자행한 착오는 각지의 민족분쟁으로 귀착되었다. 20세기의 인간은 좌우를 가리지 않고 부의 분배에 집착했고, 미소美蘇의 대립도 그것으로부터 초래되었다. 그러나 인간에게 빵과 버터보다도 훨씬 근원적인 문제는 어떻게 권력을 공정하고 평화롭게 분배하는가라는 것이다.

참고문헌

이 책에 소개된 겔너와 그 밖의 책들을 여기서 새삼스럽게 나열하는 것은 삼가겠다. 단지 한스 콘Hans Kohn의 내셔널리즘론은 오래된 저작이라 최근에 이르러 약간 적게 인용되고 있지만, 그래도 기본적인 문헌으로서 오늘날 읽을 가치가 있다. 그의 논의를 간략히 요약한 다음의 책을 소개한다.

Hans Kohn, *Nationalism: Its meaning and History*, Van Nostrand, 1955/1967.

ホレイズ·B·デーヴィス,『ナショナリズムと社會主義』, 藤野渉 譯, 岩波書店, 1969.

이 책도 오래된 책이지만 마르크스주의자가 내셔널리즘을 어떻게 논하고 있는가를 아는 데 도움이 된다.

Alfred Cobban, *Edmund Burke and the Revolt against the Eighteenth Century*, 1929 / George Allen and Unwin, 1978.

정치사상사의 고전이라고 불릴 만하지만, 18세기 말에 계몽주의에 대항하여 국민적 일체성 nationhood의 관념이 성립한 과정을 논하고 있으며, 오늘날 내셔널리즘의 문제를 생각할 때 매우 시사적인 책이다.

ウォーラーステイン,『史的システムとしての資本主義』, 川北稔 譯, 岩波書店, 1985.

세계시스템론에 대해서는 역시 이 책이 그 핵심을 명쾌하게 요약하여 이해하기 쉽다.

가지타 다카미치, 『에스니시티와 사회변동』

마치무라 다카시町村敬志 | 이이범 옮김

梶田孝道, 『エスニシティと社會變動』, 有信堂, 1988.

에스니시티와 사회학

에스니시티라는 말은 오늘날 어지간한 학술서나 학술잡지라면 어느 분야이든지 반드시 언급되는 중요한 주제어가 되었다고 생각한다. 아니 오히려 일반인을 대상으로 한 잡지 등에서도 '에스닉'이나 '에스니시티'는 빈번하게 눈에 띄는 외래어 단어가 되었다. 그러나 이 책에 수록된 최초의 논문(1장)이 작성된 1981년에는, 그리고 이 책이 출간된 1988년에도 에스니시티라는 용어와 그 개념은 일본에서 익숙한 것이라고는 말할 수 없었다. 이 책은 인류학이나 민족학이라는 원래 에스니시티와 깊은 관계가 있는 분야 이외의 사회과학, 특히 사회학이나 정치학 등의 연구 분야에서 일본 내 에스니시티 연구의 길을 열어준 획기적인 작품이다.

이 책은 이미 발표한 11개의 논문을 수록한 논문집이며, 그 주제는 여러 분야에 걸쳐 있다. 여기서는 각 장의 모든 것을 소개할 필요는 없기 때문에, 먼저 차례만 소개한다.

I부는 에스니시티 문제를 약간 일반적인 시각에서 다루고 있으며, 특히 일국 단위의 연구에 빠지기 쉬운 사회학의 혁신이 강하게 의식되고 있다.

II부는 프랑스 등 서구 선진 여러 나라의 이민현상, 외국인의 정주화定住化나 제2세대의 등장에 의해 '국민' 개념이 크게 흔들려가는 모습을, 비교 시점을 곁들여서 다루고 있다.

III부는 서구 선진 여러 나라에서의 지역주의운동(브르타뉴Bretagne, 코르시카Corsica 등)을 분석하면서, 지역 · 국가 · 초국가라는 3개의 수준이 복잡하게 얽혀 있는 관계를 구체적으로 파헤치고 있다.

이 책은 논문집이라는 성격 때문에 책 전체로 볼 때 통일성이나 명확한 주장은 없다. 그러나 초국가적transnational 시점에서 에스니시티 연구 영역을 개척하고, 이것에 대한 기본적인 문제를 솜씨 좋게 정리했다는 점에서 이 책이 일본의 에스니시티 연구사에 기여한 역할은 적지 않다.

저자가 이러한 주제에 관심을 갖게 된 배경에는, 당시 자신이 근무했던 쓰다주쿠대학津田塾大學의 동료인 반바 노부야馬場伸也의 존재가 컸다. 반바는 『아이덴티티의 국제정치학』을 저술하고 1989년 연구가 한창일 때 타계했다. 그는 일찍부터 국제정치학자로서 '비국가적 행위주체의 초국가적 활동과 그 상호행위'에 주목하고 있었다. 쓰다주쿠대학 국제관계연구소에 반바 등이 중심이 된 '국제사회학연구회'가 1977년에 조직되면서, 국제정치나 국제경제, 그리고 당시 갓 태어난 국제사회학이라는 여러 분야에 걸친 연구 발표의 장이 생겨났다. 그 연구의 성과는 반바와 가지타 다카미치가 공동 편찬한 보고서 『비국가적 행위주체의 탈네이션 활동과 그 상호행위의 분석에 의한 국제사회학』(쓰다주쿠대학 국제관계연구소, 1980)으로 정리되어 있다. 가지타는 그 후 1981년부터 1983년까지 프랑스에 머물면서, 당시 지역주의나 반원전反原電 등의 사회운동연구를 진척시켜온 알렝 투렌Alain Touraine (1925~) 밑에서 연구실적을 쌓았다.

이 책은 이상과 같은 학제적인 배경하에서 집필되었다. 이 책의 의의와 특징은 다음의 세 가지로 요약할 수 있다.

첫째는 에스니시티라는 개념을 사회(과)학상의 범주로서 명확하게 자리잡게 했고, 그 현대적 의의를 일본 학계에 제시한 점이다. 가지타도 지적하듯이, "종래 에스닉 집단의 문제는 근대화·사회발전의 과정에서 소멸하거나 또는 약하게 잔존하는 문제로 보였다"(19쪽). 에스닉 집단 연구 가운데 다수는 "인류학 등에 의한 것이었고, 분석 대상도 주변 민족이나 주변 부족에 거의 한정되었으며, 또한 이른바 소수민족 연구가 대부분이었다"(19쪽). 이것에 대해 가지타는 에스니시티 문제가 사실은 1960년대부터 1970년대에 걸쳐 발생해온 이른바 '새로운 문제'라는 것, 그리고 과거부터 존재해온 문화상의 차이나 대립이 근대화나 국민국가 형성, 사회발전과 관련한 형태로 오히려 증폭되었으며, 또한 여기에 새로운 맥락의 대립이 추가되었다는 것을 다양한 예를 들면서 제시했다.

이것들은 당시에도 전혀 새로운 주장이었다고는 할 수 없다. 그러나 이 책은 그때까지 일본에서 전형적인 '국민국가'로 생각되었던 서구 여러 나라(특히 프랑스)를 예로 들면서, 그 민족적·문화적·언어적·지역적 다양성과 이것들을 둘러싼 역동적인 사회 과정을 풍부하게 소개했다. 이를 통하여 이 책은 고정적으로 다뤄지기 쉬웠던 '국민국가'의 이미지를 새롭게 하는 데 매우 큰 영향을 미쳤다.

둘째는 에스니시티나 외국인 문제, 그리고 지역주의라는 여러 주제를 검토하면서 저자는 이것들을 항상 정치 과정이라는 무대 위에 올려놓고, 그곳에서의 긴장관계나 모순에 주목해간다는 점이다. 그 결과 이 책의 논의 범위는 에스니시티나 외국인 문제, 지역주의라는 개별문제의 분석을 넘어, 국가나 내셔널리즘의 동요라는 현대적 과제를 해명하는 것에 이르게 되었다. 이 점은 인류학이나 민족학 등 인접하는 선행 분야의 여러 연구들과 이 책을 구별하는 가장 뛰어난 특징이라고 말할 수 있다. 구체적이고 상세한 사실이 풍부한 작품은, 각 지역을 대상으로 하는 지역연구나 인류학적 현지조사 등의 분야에서는 확실히 적지 않다. 그러나 이러한 연구들에서는 그들 개별 사례를 자리매김하는 글로벌한 맥락이나 이론적 틀이 종종 생략된다. 그런데 이 책은 에스닉한 경계, 에스닉 아이덴티티가 생겨나는 모습을, 대규모 수준부터 중간 규모 수준에 이르는 사회 과정을 고려하면서 균형 있게 기술하고 있다. 이러한 관점에서 볼 때, 이 책의 수준을 뛰어넘는 저술은 현재에도 거의 찾아보기 어렵다. 이것을 가능하게 한 것은, 대상으로 하는 사회에 자제심을 갖고 거리를 두는 태도, 그리고 때에 따라 지나치게 절제했다고 생각할 수 있을 정도로 냉정한 분석 등이 있었기 때문이다.

일본에서의 에스니시티 연구의 의미

셋째로 이 책이 많은 독자를 획득한 동시대적인 배경에 대해 살펴볼 필요가 있다. 앞에서도 언급했듯이, 이 책은 주로 서유럽을 대상으로 하여 개별 사실과 그 사실들을 설명하는 중中범위의 이론 틀을 솜씨 있게 정리한 작품이다. 확실히 일본 학계에서 선구자적인 역할을 수행한 작업이었지만, 그 자체는 결코 화려하지 않으면서 견실한 작업이라는 것은 부정할 수 없다. 그럼에도 불구하고 이 책이 폭넓게 많은 독자들을 확보할 수 있었던 이유를 알기 위해서는, 이 책이 간행된 1988년 당시의 배경도 함께 이해해둘 필요가 있다.

버블경제의 절정기였던 1980년대 후반, 일본 국내에서 일하는 외국인 근로자의 수가 점차 증가하기 시작했다. 남미로부터 일본계가 유입되기 전이었고, 물론 그 수는 상대적으로 한정되어 있었다. 그러나 일본사회는 일찍이 이러한 동향에 대해 과민 반응을 보이기 시작했다. 외국인 노동자에 대한 이른바 '개국 · 쇄국' 논쟁이 매스컴에서 활발하게 행해진 것도 이즈음부터였다. 또한 이에 앞서 '외국인 등록' 절차상의 지문날인을 거부하는 운동이 재일 한국 · 조선인을 중심으로 제기되어, 1985년을 정점으로 크게 고조되었다. 정주定住 외국인의 지방참정권 문제와 더불어 외국인의 인권에 대한 국내 관심이 높아지기 시작했다. 에스니시티나 '외국인'이라는 주제에 대한 일종의 지적 '갈망'이 당시의 일본사회 속에서 생겨났다. 이 책은 이러한 시점에 간행되었다. 일본의 특수성을 강조하는 논의가 많았던 가운데, 이 책은 일본이 직면한 과제나 이에 대한 대응을 세계적인 맥락에서 고찰하는 것의 중요성을 명확하게 해주었다.

이 책은 몇 개의 각주를 제외하고 기본적으로 외국의 사례만을 다루고 있으며, 일본 사례에 대해서는 체계적인 언급이 거의 없다. 또한 유럽에서의 분석 결과를 일본에 응용한다거나 비교하는 작업도 거의 미해결의 과제로 남겨놓고 있다. 1990년대에 들어서면서, 일본의 사태는 저자의 예상을 넘어 크게 변화했다. 이에 맞추어 저자와 저자를 포함한 연구그룹은 일본 연구도 크게 진전시켜갔다(참고문헌 참조).

이 책이 간행된 이후 일본에서의 에스니시티 연구는 몇 가지 유형으로 분화해갔다. 첫째는 외국인 주민의 증가에 따른 일본사회의 다민족화와 이에 대한 제도적 대응을 실증적으로 검토하는 연구이다. 주제에 따라서 이민이나 도시, 노동, 미디어, 언어, 교육 등을 전문으로 하는 연구자가 이에 깊이 관여했다. 둘째는 근대에 표출된 국민국가의 존재방식을 재검토하는 입장에서, '일본' 또는 '일본인'이라는 네이션 자체가 구축되어가는 과정을 탐구하는 연구이다. 그런데 이러한 연구는 앤더슨의 『상상의 공동체』 등의 영향으로 다수의 연구 분야에서 공유되기에 이르렀다. 본래 다양성을 갖고 있던 토착적인 문화나 언어가 '국민화' 작용을 통해 균질하게 되는 과정은 역사학 또는 역사사회학에 새로운 연구 영역을 제공했다. 그 결과 이에 관한 많은 연구 성과가 나타났다. 그리고 셋째는 현대사회를 무대로 한 연구의 경우인데, 국경을 넘는 이동이나 커뮤니케이션의 체험을 바탕으로 '일본'적인 문화나 아이덴티티가 동요하는 과정에 많이 주목했다.

이들 연구에서 공통되는 것은 그 화법이나 말하는 사람의 위치 자체가 거기서 엄격하게 재검토되고 있다는 것이다. 또한 많은 연구들이 네이션이나 에스니시티의 본질주의적인 이해에 대해 정도의 차이는 있지만, 비판적인 시선으로 본다. 그리고 그러한 이해 양식이 일견 자명한 것으로 구축되어가는 과정 자체에 주목하며, 시점은 항상 스스로를 향해 회귀해간다. 그러나 이러한 날카로운 문제의식에도 불구하고, 현재 산출된 에스니시티의 언설은 종종 결과적으로 인종이나 민족을 실체화해버리는 작용을 한다.

이런 점에 관하여 이 책에서 지적하고 있는 다음과 같은 말은, 재차 음미해둘 필요가 있다.

> 에스니시티 연구는 언급할 필요도 없이 인종·민족의 차이에 근거한 다양한 차별이나 격차를 문제로 삼으면서, 민족분쟁을 해결하려는 문제의식으로 지탱되고 있는 것이 적지 않다. 그러나 다른 한편으로는 그러한 분석 자체가 현재 존재하는 인

종·민족상의 차이를 전제함으로써, 인간을 차별적인 존재로 인정해버리기 쉽다.

가지타도 지적한 것처럼, 때로는 "에스니시티를 연구하는 것 자체가 부자연스런 집착이라고 생각될 정도이다"(방점은 가지타). 이 '부자연스러움'을 그 후의 연구에서는 과연 어느 정도 계속 자각할 수가 있었을까? 이런 의미에서 '에스니시티 연구의 양면성' 문제는 에스니시티 연구가 그 후 하나의 연구 분야로 확립되면서 그 심각성이 오히려 더해갔다.

예를 들어 에스니시티 연구가 제도화되었던 미국의 사례를 대략 살펴본다면, 현실에서는 연구 자체가 에스니시티의 실체화와 깊게 관련되어 있다는 사실을 접하게 된다. 한편에는 다민족화나 다문화화를 국민사회통합상의 과제로 파악하고, 인구조사 등의 거시 데이터를 이용하면서 에스니시티 문제 전체의 위치와 추세를 통계적 또는 이론적으로 정리하려는 연구가 있다. 다른 한편에서는 개별의 에스닉 집단을 대상으로 그 역사, 문화, 아이덴티티, 사회적 차별 등에 대한 방대한 실증연구가 매년 이뤄지고 있다. 더구나 중요한 것은 전자의 거시적 연구가 주로 연구의 흐름을 주도하는 백인 연구자에 의하여 이뤄지는 것에 반하여, 후자의 연구는 각 에스닉 집단 자체의 내부에 위치하는 소수민족 연구자들에 의하여 수행되고 있다는 점이다. 이러한 연구상의 '영역 분할'은 결과적으로 에스니시티의 부자연스런 실체화에도 영향을 주는 결과를 초래하고 있다.

일본의 에스니시티 연구에서도 재일 한국·조선인 연구자, 일본계 브라질인이나 한국인, 중국인 등 해외 출신 연구자들이 중요한 위치를 점하게 되어, 이와 함께 연구도 새로운 국면을 맞이하고 있다. 이 책은 정치 과정이나 제도의 분석에서 날카로움을 보이면서, 결과적으로 수단이나 전략으로서의 에스니시티라는 시점을 명쾌하게 제시하고 있다. 일본을 대상으로 한 에스니시티나 내셔널리즘의 연구에서 이 책이 제시한 문제설정이나 검토 작업은 실로 지금부터 본격적으로 그 진가를 평가받게 될 것이다. 이 책이 갖는 이러한 '시작'의 의미를 생각하면서, 이 책을 읽는 방법도 한층 심화되어갈 필요가 있다.

참고문헌

馬場伸也,『アイデンティティの國際政治學』, 東京大學出版會, 1980.

국가 중심의 국제정치학에서 탈피하여 비국가적 행위 주체에 의한 탈내셔널한 상호행위로 시야를 확대한 반바馬場의 주요 저서.

梶田孝道·伊豫谷登士翁 編,『外國人勞働者論—現狀から理論へglobal approach』, 弘文堂, 1992.

1980년대 말부터 표면화되기 시작한 일본에서의 외국인 노동자 증가 문제에 대해, 국제노동력 이동이라는 시각에서 그 배경과 의미를 이론적으로 명확히 하려고 한 저서.

宮島喬·梶田孝道 編,『外國人勞働者から市民へ—地域社會の視點と課題から』, 有斐閣, 1996.

인구 증가와 그 거주 기간의 장기화에 따라 외국인 주민은 이미 노동자로서만이 아니라 한 명의 시민으로서 다양한 일본사회를 만들고 있다. 이 책은 외국인 주민의 정치적 권리를 특히 지역사회의 수준에서 검토하고 있다.

關根政美,『エスニシティの政治社會學—民族紛爭の制度化のために』, 名古屋大學出版會, 1994.

가지타梶田 등의 연구를 참조하여 에스니시티의 사회이론을 소개·정리하면서, 민족분쟁의 제도화 가능성을, 특히 오스트레일리아를 사례로 검토한 책.

杉原達,『越境する民—近代大阪の朝鮮人史硏究』, 新幹社, 1998.

일본에서의 에스니시티나 내셔널리즘의 문제를 생각할 경우, 재일 조선인의 역사를 잊을 수 없다. 가지타 등의 시점을 상대화하는 의미에서도 한 번 읽어보기를 권유하고 싶다.

다키 고지, 『천황의 초상』

이효덕李孝德 | 이이범 옮김

多木浩二, 『天皇の肖像』, 岩波新書, 1988.
『천황의 초상』, 박삼헌 옮김, 소명출판, 2007.

'일본'의 네이션 형성과 근대천황제

일본의 경우, 내셔널리즘의 기체基體인 네이션nation의 형성은 근대천황제의 성립을 빼놓고는 생각할 수가 없다. 절대주의적인 도쿠가와德川 막번체제하에서 봉건 제후諸侯에 의해 분할 통치되었던 일본열도의 거주민은, 메이지유신이 되면서 비로소 근대국가 '일본'의 네이션으로 통합되었다. 그러나 그 네이션은 메이지 천황의 신민臣民으로 탄생한 것이었다. 즉 '일본'이라는 근대국가의 네이션은 근대천황제의 확립을 거쳐 형성되었다.

이처럼 근대국가 '일본'의 네이션은 메이지유신과 함께 곧바로 형성된 것이 아니다. 막번체제의 권력으로부터 멀리 떨어져 있었던 천황은 권위 있는 존재였지만, 왕정복고王政復古라는 형식으로 메이지유신의 중심이 되었다. 그러나 이러한 천황도 '일본인'으로서 통합된 대다수의 사람들에게는 권력적으로 무관한 존재일 수밖에 없었다. 유신이 주창되면서 정치개혁이 진행되고 문명개화를 추진하는 근대화정책이 단행되었다. 그렇지만 오랫동안 엄격한 신분제도와 봉건제도에 구속되어왔던 일본인들의 입장에서 본다면, 단지 이것들만으로 스스로를 네이션의 균일한 구성원으로 인식하는 것은 불가능했다.

역으로 말하면 구미열강의 압력에 노출되어 있던 유신정부에게는, 근대국가 '일본'을 한시라도 빨리 건국하기 위해서는 천황을 국가의 통치자로서 일반 민중에게 지속적으로 인식시키는 것이 필요했다. 이를 위해서 베네딕트 앤더슨이 "거의 모든 '성원'을 알지 못하고 대면하지도 듣지도 못했지만, 성원 한 사람 한 사람의 마음속에 모두가 일체가 된다는 형상을 만들어낸다"(『상상의 공동체』)고 말한 네이션의 통합을 꾀하는 것이 무엇보다도 시급한 과제였다. 그러나 메이지 초기의 일본사회에는 종래의 생활양식과 가치관이 강하게 남아 있었고, 교통수단으로서는 우마차 또는 배[船]밖에 없었다. 또한 정보미디어에서도 질과 양 모두 그 유통이 지극히 제한되었다. 따라서 당시의 민중들에게 자신들이 천황의 직접적인 통치 대상자들이라는 것을 인식시키기 위해서는 상응하는 정략政略이 필요했다.

이러한 상황 가운데 유신정부가 행한 정치적 기술로서 잊어서는 안 될 것이 일반적으로 '어진영御眞影'(고진에이)이라고 불렸던 메이지 천황의 초상 사진이다(이후에는 다이쇼大正·쇼와昭和 천황의 사진도 동일하게 지칭되었다). 이 사진은 천황과 동일시되어 다뤄졌고, 이를 위한 일련의 예배의례가 만들어졌다. 그 의례는 천황제 국가를 형성하고 유지하는, 아주 엄격한 하나의 장치가 되었다. 다키 고지의 『천황의 초상』은 그 '어진영'이 성립해가는 과정을 분석하여, 그 가운데 놀랄 만한 '정치'가 개입하고 있다는 것을 조목조목 밝히고 있다.

시선의 정치학

이 책에서 다루고 있는 것은 전술한 것과 같이 '어진영'이라는 "사진 한 장의 탄생과 그 사용을 명확하게 밝혀간 놀랄 만한 정치역사 이야기"이다. 그렇다면 이 초상 사진이 만들어져가는 과정에서, 사진이라는 복제기술은 일본에서 어떻게 수용되어 발전되었는가? 피사체인 메이지 천황은 어떠한 이유에서 어떻게 변용되었는가? 메이지 정부는 정치체제의 강화를 위하여 그것을 어떻게 이용했을까? 또는 일본사회 자체는 어진영의 형성 과정에서 어떻게 변화해갔는가? 이 책에서는 그 과정을 서구의 선행 연구와 비교 검토하면서 미술사, 과학기술사, 복장사, 정치사, 사상사, 사회사, 외교사 등 다양한 영역에서 분석하고 있다. 그 구체적인 구성은 다음과 같다.

1장 보이지 않는 천황에서 보이는 천황으로

보이지 않는 천황 / 민중의 정치적 경험으로서의 비단그림[錦繪] / 동행東幸[1]—봉차鳳車[2]가 가다 / 사회의 시선이 가까이 가다

2장 화혼양재和魂洋才[3]와 메이지유신

일본에 양복이 들어왔던 시기 / '풍속'과 '국체國體' / 천황의 교육

3장 순행巡幸[4]의 시대

6대 순행—천황이 보다 / 비단그림[錦繪]의 슈퍼스타 / 초상의 독점관리

4장 '어진영'의 탄생

최초의 사진이 촬영되었던 때 / 세 종류의 사진 / 사진에 보이는 일본인의 신체

5장 이상理想의 메이지 천황상天皇像

메이지 21년의 초상 / 고용된 외국인이 그린 초상 / 상징으로서의 신체

6장 민중과 '어진영'

'어진영'의 하사 / 사진의 취급 / 사회의 심층

이상의 구성에서 알 수 있듯이 이 책은 이른바 '시선'의 관점에서 근대천

1 교토에 거주했던 메이지 천황이 메이지 유신으로 도쿄로 거주지를 옮겨간 것을 의미한다.

2 천황이 사용하는 객차를 높여 부른 말이다.

3 일본인으로서의 정신을 지키면서, 서양의 학문과 지식을 받아들이는 것을 말한다.

4 천황이 각지를 여행하는 것을 말한다.

황제의 성립 과정을 다뤘다고 할 수 있다. 여기서 말하는 '시선'이란 상징과 이미지의 형성에 관한 것이며, 권력관계에서 나타나는 것이다. 물론 시선을 통해 의식意識에 나타나는 외적 대상의 상像과 이러한 시선을 끄는 신체, 나아가서는 그러한 시선에 근거하여 만들어진 표현까지를 포함한다. 즉 일반적으로 '이미지'로 일컬어지는 것을 형성하는 심리적인 면과 물질적·신체적인 면에 걸쳐서 작용하는 지각知覺이나 인식상의 제도·정치를 뜻한다. 달리 표현하면 이 책은 '어진영'이라고 불리는 천황의 초상사진이 어떻게 정치적인 지배 도구가 되어 제도화되었는가라는 시선의 정치학을 다룬 것이다. 여기서 무엇보다도 특별히 언급해야 할 것은, 이러한 시선의 정치학이 동시대의 테크놀로지 진전과 사회문화적 조건에 의거하면서 변화해가는 모습을, 새로운 정치역사적 기술記述로써 치밀하고 명석하게 분석하고 있다는 것이다.

시선의 정치학—천황(상)의 근대화

그렇다면 이 책에서 다뤄진 어진영을 둘러싼 시선의 정치학이란 어떤 것일까? 그것은 시선이 향하는 것과 그 시선을 매개하는 기술, 그 시선이 사회적으로 수용되어 제도화되는 관계에 대한 논의이다. 이하에서 개략적으로 설명하겠다.

이 책에서는 먼저 시선이 향하는 대상으로서의 천황(상)의 정치학이 다뤄진다. 유신정부가 천황을 받들어 막부 타도에 성공하고 권력을 쟁취한 이상, '일본'이라는 신국가는 국내적으로나 대외적으로도 천황을 받들면서 기능하는 메커니즘으로 파악되었다. 그러나 천황이 과거의 용모·의복을 포함한 전통적인 생활양식을 답습하면서 궁정 내에서만 생활하는 모습으로는, 전근대적인 외경심을 주는 위력 이상으로 권력의 기능을 수행하는 것이 불가능했다. 즉 과거 그대로의 모습으로는 근대국가의 원수가 될 수 없었다. 여기서 유신정부가 시작한 것이 천황을 먼저 사회적으로 가시화하는 것이었다. 천황은 즉위식, 오사카大阪 방문, 도쿄로의 궁정 이동, 그 밖의 방문 등을 통하여 궁정 밖으로 신체를 드러내게 되었다. 그러나 이 단계에서는 아직 특정 사람들만이 천황을 접할 수 있었다. 민중은 실제 천황의 모습을 볼 수 없었기 때문에 민중의 천황에 대한 이미지도 아직은 구체적인 특성을 결여하고 있었다. 이 책이 재미있는 것은 이러한 민중의 천황 이미지를 당시 정보미디어의 기능을 수행했던 〔천황상이 그려진〕 비단그림[錦繪]을 통해 분석하고 있다는 점이다. 즉 이 책은 〔천황상의 비단그림을〕 '미술'의 영역을 초월해 정치사와 사회사의 틀 속에서 해석하고 있다.

그리고 천황 자신이 '변신'해야만 했던 과정에 대해서도 언급되고 있다. 당시 메이지 천황은 구미열강과 어깨를 나란히 해야 할 근대국가의 원수로서 군의 통수권자이기도 했다. 이러한 메이지 천황에게 요구되었던 것은 예컨대 일본 복장[和裝]에서 양장洋裝으로 시각적 외관을 변혁하는 것이었고, 군 통수권자로서의 행동과 서구의 교양을 습득하는 것이었다. 그러나 이것은 '국체國體'[5]를 체현하는 신격으로서의 천황과 모순이 되지 말아야 했다. 이러한 사태는 단순히 천황만의 문제가 아니라 '화혼양재和魂洋才'라는 형태로 표현된 당시 '일본'의 전형적인 현상이었다고 분석된다. 즉 당시 일본에서는 근대화에 반드시 필요한 서양 문물의 수용과, 천황을 〔국민〕통합의 중심으로 하는 윤리적인 공동체가 가져야 하는 전통·도덕의 확립이라는 이원적 원리가 경쟁하고 있는 상황이었다.

시각 전략의 기술적 전환—순행에서 어진영으로

그러나 아무리 천황이 이미지 변화를 의도하여도 그것을 인식하는 사람이

5 천황을 윤리적·정신적·정치적 중심으로 하는 국가의 존재 방식을 뜻한다.

없다면 의미가 없다. 그러므로 새로운 천황을 민중에게 '효과적으로' 보여주기 위한 전략도 동시에 전개되었다. 그것은 천황이 각 지역을 시찰하는 여행으로 6대순행六大巡幸이라 일컬어졌다. 메이지 5년(1872)에 시작되어 메이지 10년대까지, 북쪽의 홋카이도北海道부터 남쪽의 가고시마鹿兒島에 이르는, 1, 2개월이 걸리는 대순행이 6회에 걸쳐 행해졌다. 그 목적은 당시에도 정치적으로 불안정했던 각지를 천황이 직접 방문함으로써 민중의 마음을 사로잡는 것이었다. 즉 당시까지 천황을 본 적이 없는 각지의 지방인들에게 천황을 눈앞에서 보게 함으로써 그 존재를 알리고, 동시에 그 위광威光을 직접 나타내기 위함이었다. 그런데 이 순행은 대규모 행렬 방식의 철저한 예식으로 행해져, 천황을 신격화하는 데 효과적이었다. 더욱이 이것은 천황이 민중에게 보이기 위한 의식이라는 의미보다는, 천황이 민중을 보기(천람天覽) 위한 화려한 의식으로 행해졌다. 이러한 순행 방식은 민중의 마음을 움켜잡고 지배를 강화하는 데 효과적인 책략이었다.

그러나 메이지 20년대에 들어서자 이 순행은 행해지지 않게 된다. 충분한 시간을 들인 순행 의식이 전국적으로 행해진 결과, 천황이 직접 방문하지 않아도 천황을 숭배하는 의례적인 공간이 이미 형성되었기 때문이다. 즉 살아 있는 천황을 대신하여 그 의례적인 공간에 놓인 것이 바로 어진영이었다. 여기에는 사진이라는 복제기술이 사회적으로 인정되어 유통됨으로써, 천황의 초상사진이 사회 전체로 배포될 수 있었던 것이 크게 작용했다. 즉 이러한 복제기술이 사회적으로 침투하고 사회 속에서 유통됨으로써, 순행과 같은 신체적·물리적 이동에 의한 위광의 현시顯示보다도 훨씬 효과적인 천황 의례가 가능해졌다. 이 책은 어진영이 성립하는 데에 이러한 기술진보와 사회조건의 변화가 밀접하게 작용했다고 주장하고 있다.

메이지 5년(1872)에는 일본 복장을 한 천황의 초상사진이 촬영되었고, 메이지 6년에는 군복 복장의 초상사진이 촬영되어, 이른바 주권의 상징과 대외용으로 사용되었다. 또 다른 한편으로 초상사진은 측근 정치가와 고급관료, 그리고 지방관청과 군대에 하사되기 시작했다. 더욱이 지방관청에 하사된 사진은 순행하는 천황을 맞이하는 의례인 봉영奉迎과 동일한 형태로 취급되었다. 천황의 초상사진에 대한 이러한 취급은 그 이후 주술적인 대접을 받게 되는 어진영의 시작이었으며, 천황 신격화의 첫걸음이기도 했다. 즉 사진이라는 복사물이 살아 있는 천황과 동등한 존재가치를 갖고 자립적으로 공공 공간에 반복적으로 증식되어갔다고 할 수 있다. 실체가 아니면서 이미지만이 사회적으로 유통되는 기호를 시뮬라크르simulacre(복제품)라고 칭한다. 그런데 어진영은 후술하는 피사체의 존재 방법과 그 배포 및 감상의 방법과 어울려 실로 시뮬라크르라고 부를 만한 기능을 수행했다.

상징적인 신체와 하사下賜시스템

천황의 초상사진으로 알려진 것은 먼저 기술했던 2장과 메이지 21년에 촬영된 것을 합해 3장이라고 할 수 있다. 이러한 초상사진은 시대가 흘러감에 따라 국가원수로서의 위엄이 커갔고 정치적 초상으로서의 기능도 진전되어 갔다. 무엇보다도 특히 메이지 21년의 초상사진은 구도, 자세, 얼굴 각도가 좋아, 제왕이라고 부르기에 적합한 기품이 드러나고 있다. 그러나 여기서 주목할 것은, 이 사진은 카메라로 천황을 직접 촬영한 초상사진이 아니라 E. 키오소네Edoardo Chiossone라는 당시 고용된 외국인 화가가 그린 초상화였다는 것이다. 수작업에 의한 초상화인 만큼, 존재를 있는 그대로 나타내는 사진보다는 제작자가 필요로 하는 인상을 넣어 그리기가 쉽다. '국체'를 체현하는 상징성이 필요한 어진영에는 안성맞춤이었다. 한편 사진 복제기술은 어진영을 전국 각지의 공공시설에 배포하는 데 반드시 필요한 생산기술이었다. 이렇게 하여 어진영이라는 근대와 전근대가 기묘하게 화합한 특수한 '상징'이 완성되었다. 그것은 사진이라는 표현매체의 특질도 겹쳐져 지극히 주술적이기 쉬운 것이 되었다. 그러나 어진영이 신성한 것으로 본격적으로 수용된 것은, 하사를 위한 특별한 절차가 개입됨으로써 정치적인 공간 장치가 구축되었기 때문이다.

관공립 교육시설에 대한 어진영의 하사는 메이지 15년(1882)경부터 시작되어, 메이지 23년에는 새로운 어진영이 고등소학교에 하사되기에 이르렀다. 즉 이 시기부터 국가 내의 행정조직, 군대, 교육시설에는 어진영이 배포되었다. 메이지 20년대 전반은 대일본제국헌법의 제정(메이지 22년), 교육칙어의 발포(메이지 23년) 등 천황제 국가의 확립기에 해당하여, 어진영이 확산되는 것과 호응하고 있음을 알 수 있다. 그러나 중요한 것은 어진영이 배포될 때의 시스템이었다. 모든 어진영은 아래에서 원하기 때문에 하사되는 형식으로 내려졌다. 이러한 절차를 거치면서 '어진영'을 하사받아 예식을 거행하는 행위는 모두 국민의 뜻에 근거한 것이며, 하사받는 측은 스스로가 원하여 그러한 행동을 하는 것이 되었다. 더욱이 그 절차는 사회적 계층이란 단계를 밟아 거행됨으로써, 그 계층은 서열관계로서 현재화되어 고착되었다. 예를 들어 지방의 학교에 어진영이 하사되는 경우를 보면, 어진영을 관리하는 궁내성宮內省을 시발점으로 하여, 궁내성⇔문부성⇔현⇔군⇔학교⇔학생이라는 상대적이지만 명확한 서열관계의 계층이 형성된다. 또한 각각의 계층 내에서도 어진영을 취급하는 자격에 차이가 있어 계층이 한층 세분화되어갔다. 이처럼 어진영이라는 1장의 사진이 배포되는 과정을 통하여 당시의 사회구조를 분석했다.

또한 어진영은 철저하게 의례적으로 다뤄졌다. '어진영'을 맞이하는 것은 '봉영奉迎'이고 행렬에 뒤따르는 것은 '공봉供奉'이며, '옥좌玉座'에 안치되어 어진영이 통과하는 길은 '미도스지御堂筋', 경호하는 것은 '봉위奉衛'라고 했다. 이처럼 언설의 수준이나 행동의 수준에서 어진영은 천황과 완벽하게 동일시되어 취급되었다. 이러한 형식성·의식성이야말로 어진영, 나아가서는 천황을 신격화하고 숭배하는 것을 가능하게 했다. 동시에 이 어진영의 예배의례는 각 계층이 동심원적으로 같은 중심을 소유하도록 조직화됨으로써, 개개인은 천황제의 계층에 제각각 편성되도록 했다. 그 결과 이 예배의례는 일본 전체가 일체화되었다는 '상상의 공동체'로서의 확신을 갖게 하는 의식이 되었다.

내셔널리즘에 대한 문화로부터의 접근

일본에서 내셔널리즘 연구는 정치사·사상사·사회사·경제사와 같은 각 분야에서 행해지는 것이 대부분이었다. 물론 천황제에 관해서는 교육사의 공헌이 매우 크며, 구조주의의 출현 이후 인류학도 가담하고 있다. 나아가서 파시즘과 군국주의까지도 포함한다면, 문학·예술학과 사회학의 영역에서도 매우 많은 성과가 축적되어 있다. 실제로 순행과 어진영을 비롯하여 천황(제)에 관한 실증적·사상사적 연구는 여러 분야에서 상당하게 행해지고 있다. 이 책 『천황의 초상』이야말로 이러한 선행 연구들의 성과 위에서 가능했다고 할 수 있다.

그러나 이 책은 이러한 실증사학과 정치사상사 등의 종래의 연구 틀과는 달리, 이른바 '문화'의 관점에서 종래의 '지식'을 재편성하면서 근대천황제의 문제를 다루고 있다. 물론 여기서 말하는 '문화'란 생활양식 일반을 의미하는 것이 아니라 가정과 학교, 공공시설과 매스미디어 등 제도의 네트워크를 통하여 전달되는 것을 말한다. 또한 사회에 관한 가치, 규범, 신화, 상징, 정보 등이 내포된 것이다. 이러한 '문화'는 사회의 다양한 수준에서 사람들의 행동에 차이가 생기도록 하면서 매개된다. 그 결과 문화는 한 사회에 속한 사람들 사이에서의 자원, 권력, 위신 등의 배분, 즉 사회구조에 영향을 미친다고 할 수 있다.

그렇지만 이러한 의미에서는 내셔널리즘에 대한 접근에 '문화'라는 새로운 시각을 제시한 이 책도, 현재 다양한 측면에서 비판을 받아 재고되고 있는 종래의 '문화' 개념이 분석 틀의 전제가 되고 있는 부분이 있다. 예를 들어 하사시스템을 대표하는 근대천황제는, (민속학이 제창한) '하레와 게'(축제와 일상), '오모테와 우라'(겉과 속), '오야케와 와타시'(공적인 것과 사적인 것)라는 '일본의 전통적인 생활 질서'와 '일본 문화의 구조'라는 이분법으로 해석되고 있다. 그러나 이들 개념을 적용하는 것이 어느 정도나 타당한가에 대한 판단은 유보한다고 해도, 이러한 '문화'가 마치 균일하고 불변한 것으로 일본 열도에 존재하는 것처럼 논하고 있는 느낌이 있다. 그리고 이들 이분법을 "일본인이 자신을 일부로 하는 사회를 구성해가는 생활문화에 작용하는 공통의 도식"이라고 보고 있다. 그러나 이 '일본인'이 어느 시점에 있고, 어느 지역에 살고 있으며, 어떠한 사람들을 가르치는지가 반드시 명확한 것은 아니다.

생각해보면, '일본'으로 불리는 영역은 그 생활양식과 마찬가지로 역사적으로 변동하고 있다. 더욱이 일본 열도에 거주하는 '특정' 사람들이 스스로를 '우리 일본인'이라는 통일체로서 인식하기 시작한 것은 근대화의 과정, 특히 국민국가 '일본' 및 네이션으로서의 '일본인'의 형성 과정과 매우 밀접한 관계를 맺고 있을 것이다. 그러나 이 책에서는 이 점에 대해 논의하지 않는다. 젠더·계급(계층)·민족이라는 관점에서 일본 열도의 사회(사)를 생각해보아도, 단순히 '일본인'의 '문화'를 한 덩어리로 묶어 논하는 것은 곤란한 것처럼 보인다. 이 책에서는 이러한 음미를 생략한 채 '일본인'이나 '일본 문화'가 전제가 되는 것처럼 보인다. 곧 이 책은 (근대)천황제가 근대국가 '일본'과 서로 즉각적으로 형성된 구성적인 것이라는 것을 간파하고 있다. 그러나 '일본'이라는 통일체 자체의 역사성·구축성은 충분히 음미·검토되지 않았다고 말할 수 있다. 즉 이 책은 (근대)천황제를 구조적으로 지지한 '일본'의 사회성·역사성을 비판하는 것을 목표로 했지만, 여기서 분석된 '일본'이라는 대상은 마치 균일하고 불변적인 '문화'를 갖는 집단으로 본질화되어 있는 측면도 지니고 있다.

현재의 문화연구에서는 '문화'를, '일본인론', '일본 문화론'과 같이 특정 네이션이 갖고 있는 일원적으로 단순화된 본질적인 성질·특징으로 다루지 않는다. 오히려 문화 소유자들을 가능한 한 세분화하여 그 역사성·다원성·교통성·정치성을 추출하면서, 한편으로 단순하고 비역사적으로 이야기되는 '문화론'을 비판적으로 검증하는 작업이 행해지고 있다. 이러한 관점에서 본다면, 이 책의 이론적인 면에 약점이 있다는 것이 지적되어야만 한다. 그러나 어진영의 성립을 탐구함으로써 근대천황제의 사회문화적인 관점에서의 구성을 논한 이 책은, '문화' 개념 자체에 대한 역사적·이론적인 검토를 목적으로 하지 않았다는 것이 명백하다. 그렇다면 이 책으로부터 얻을 수 있는 것은 저자의 해박한 지식과 날카로운 문제의식에 의해 개시되어, 이후의 일본 내셔널리즘 연구 및 근대천황제 연구에 큰 영향을 준, '문화의 정치학' 이라는 접근법의 결정적 의의와 그 큰 가능성일 것이다.

참고문헌

ヴァルター・ベンヤミン, 『複製技術時代の藝術』, ヴァルター・ベンヤミン著作集 2, 佐々木基一 譯, 晶文社, 1970.

복제기술(사진)의 출현으로 예술이 얼마나 변화했는가를 논한 유명한 고전.

スーザン・ソンタグ, 『寫眞論』, 近藤耕人 譯, 晶文社, 1979.

사진론의 현대적 고전이다. 사진을 논하면서 현대사회를 날카롭게 비평했다.

E. ホブズボウム, T. レンジャー 編, 『創られた傳統』, 前川啓治·梶原景昭 외 譯, 紀伊國屋書店, 1992.

네이션이 제각각 독자적으로 갖고 있다는 '전통'이라는 이름의 사회적 관습·문화·내력은, 사실 근대에 이르러 창출된 것이며 무엇보다도 국민국가를 보완하기 위하여 제도화된 것임을 실증적으로 규명한 획기적인 논문집. 국민국가가 자신의 형성을 신화화하는 메커니즘의 일면이 명확해졌다.

渡邊浩, 「'御威光'と象徵—德川政治體制の一側面」, 『思想』, 岩波書店, 1986년 2월호 수록.

도쿠가와 막번체제하의 지배권력(고이케御威光)이 산킨코다이參勤交代[6]로 대표되는 의식

6 에도 막부의 다이묘大名 통제정책의 하나로서 원칙적으로 1년 교대로 모든 다이묘를 에도와 영지에 교대로 거주시켰던 제도. 1635년 무가제법도武家諸法度 개정에 의하여 제도화했다. 왕복과

에 의하여 어떻게 유지되었는가를 고찰한 글. 전근대의 일본에서 권력이 신체를 통하여 어떻게 작동했는가를 논한 자극적인 논고이다.

吉見俊哉,『博覽會の政治學―まなざしの近代』, 中公新書, 1992.

근대 일본이 어떠한 '시선'에 의해 통제되는 공간이 되었는가를 박람회의 역사를 통하여 고찰한 책. 근대의 시선이 어떻게 내셔널한 틀과 동시에 형성되었는지에 대해 정밀하게 분석·검토하고 있다.

木下直之,『美術という見世物』, 平凡社, 1993.

메이지 이후 '미술'이라고 불리게 된 것(불리기 전에 끝난 것)이 그 요람기에는 지금과는 어떻게 다른 현실성을 갖고 있었는가에 대해 논하고 있다. 메이지 일본의 독특한 문화 비평이 되고 있다.

佐藤健二,『風景の生産·風景の解放―メディアのアルケオロジー』, 講談社, 1994.

근대 일본에서 미디어가 어떻게 발달했고, 어떠한 사회성을 담당하고 있었는가를 고찰한 저작. 철저하게 물건에 초점을 맞춘 접근이 흥미롭다.

高木博志,『近代天皇制の文化的研究―天皇就任儀禮·年中行事·文化財』, 校倉書房, 1997.

제목대로 근대천황제의 문제를 제도적인 문화사의 관점에서 다룬 연구서. 치밀한 실증으로 주장이 뒷받침되는 유례 없는 연구이다.

佐藤道信,『明治國家と近代美術―美の政治學』, 吉川弘文館, 1999.

일본에서의 '미술'이 어떻게 근대국가의 건설과 공범관계를 맺으면서 완성되었는가에 대해 고찰한 책. 미술사 영역에서 돋보이는 내셔널리즘 연구이며, 동시에 날카로운 비판이 이뤄지고 있다.

에도 거주에 드는 경비는 다이묘의 재정을 압박했지만, 교통 발달과 문화의 전국적인 교류를 촉진하는 등 각 방면에 큰 영향을 주었다.

호미 K. 바바 엮음, 『네이션 이야기』

모토하시 데쓰야本橋哲也 | 전진호 옮김

Homi K. Bhabha ed., *Nation and Narration*, Routledge, London, 1990.
제16장「國民の散種ー時間, 語り, そして近代國家の周緣」, 大野眞 譯, 『批評空間』, 1993년 제9호 수록.

네이션 이야기와 '상상의 공동체'

이 책은 국민국가와 이야기, 국민국가에 대한 이야기, 국민국가가 만들어내는 이야기에 관한 편저이다. 근대 국민국가가 '상상의 공동체imagined community'라는 것은, 즉 학교, 보도기관, 감시기구, 통신설비, 교통망 등의 다양한 장치와 통치 기술을 통해 우리 한 사람 한 사람이 '동일한' 문화와 역사, 민족성이라는 '이야기'를 공유한다는 것이다. 이러한 의미에서 '그 나라에 거주하는 모두가 이해할 수 있는 국어'로 쓰인 신문, 소설, 영화와 같은 표상表象을 통해 우리는 날마다 자신이 국민의 한 사람으로 살아가는 것이 권장되고, 강제되고, 또는 그것을 선택하고 있다. 그러나 말할 것도 없이 특정 국가체제와 정치제도에 종속된 국민과, 동일한 언어와 문화를 공유하는 민족은 동일하지 않다. 또한 다양한 역사적 국면에서는 국가가 요청하는 조화와 통제의 이야기가 균열을 드러내는 경우가 있다.

예를 들어, 2000년 말 일본에서는 마사코雅子[1]라는 여성이 임신했다든지

1 현재의 일본 황태자비.

유산했다든지 하는 소동이 있었다. 이것을 어떤 큰 신문에서는 주저 없이 '국민적 관심이 높은 중대사건'이라고 보도해, 스스로 졸속보도를 자기변호했던 사실이 기억에 새롭다. 황족과 결혼해 보통 사람으로서의 인권을 스스로 포기한 한 공인公人이 임신한 것에 대해 개인적으로는 아무런 관심도 없는 사람이 일본에도 많을 것이다. 그런데 미디어는 이러한 사람들까지도 '국민'이라는 한 단어로 이야기의 올가미에 끌어넣으려 한다. 이러한 예는 열거하자면 끝이 없다. 박람회 같은 자연·사회·문화 환경 파괴 이벤트, 올림픽 같은 망각적 국가주의의 향연, 졸업·입학식 같은 소국민小國民 생산 의례, 텔레비전·신문을 통해 대기업이 획책하는 소비자의 시장동원 등……. 우리의 일상은 아름답고 듣기 좋은 이러한 '국민 이야기'로 가득 차 있다. 이러한 '이야기'는 '타자'에 대한 상상력을 둔하게 만들고, 안이하게 이해해서는 안 될 사건의 충격을 망각하게 하여, 사실대로의 증언이나 고뇌에 대면하게 하는 용기를 잃게 만든다.

무엇보다 이러한 '네이션 이야기'에는 많은 신체적 통제가 수반된다. 즉 국가國歌 제창, 국기에 대한 경례, 시각時刻에 의한 질서, 지도자 앞에서 행하는 정렬이나 행진, 경축일의 준수 등이 그것이다. 그것은 육체적인 강제의 반복을 통해, 그것과의 의식되지 않는 통합을 지향하는 것이다. 이러한 '교육적 관행'이 거듭되고 쌓이게 되면, 개인이 '노No'라고 말하는 것이 어려워질 뿐만 아니라 계속적으로 위화감을 갖게 되어, 불편했던 것들을 기억 속에 축적해가는 것조차 곤란해진다. 습관이 이야기를 만드는 자와 받아들이는 자의 관계를 보이지 않게 하여, 거기에 숨겨진 권력관계를 은폐해버리는 것이다.

네이션을 해체(탈구축)하기 위해서는 그것을 구축물constructions로 보아야 한다. 이를 위해서는 네이션 이야기가 발생하는 표상의 장場의 역학으로 돌아가 고찰할 필요가 있다. 이러한 이야기에서 누가, 누구를 위해, 누구를 향해, 무엇 때문에 이야기할 권리를 갖고 있으며, 거기서는 누가 배제되고 있는 것일까를 살펴야 한다. 또한 '국민다움' 이나 '네이션의 특색' 을 환기할 때, 계급과 인종, 젠더gender, 연령, 성별, 종교, 에스니시티ethnicity 등 다양한 아이덴티티의 구성 요소들은 내셔널리티를 구축하는 데에 어떻게 동원되고, 자기와 타자의 경계선을 설정하고 강화 내지 약화시키는 데에 어떻게 영향을 미치고 있는 것일까도 생각해야 한다. 바바가 편찬한 이 책 『네이션 이야기』에서도 이러한 문제의식에 근거하여 근대 국민국가의 이데올로기를 표현하는 이야기의 모든 형태가 다양한 사례를 통해 분석되고 있다.

이야기의 양면성

먼저 바바가 쓴 제1장 「서문—네이션을 이야기한다Introduction: Narrating the Nation」는 이 책의 논점을 자신 나름의 시점에서 정리하고 있기 때문에 이 부분부터 살펴보기로 한다.

네이션이 이야기될 때 반드시라고 말해도 좋을 만큼 강조되는 '기원' 이나 '일관성', 바바는 여기에서 양면성ambivalence을 읽어내려고 한다. 바바가 베네딕트 앤더슨Benedict Anderson을 인용하면서 말하고 있는 것은, 네이션이 시간성을 포함한 양의적兩義的인 문화 구축물ambivalent and hybrid constructions이라는 것이다. 즉, 네이션은 일정한 규율에 속박된 이데올로기적 산물이라기보다는 다층적인 사회생활의 실상을 잉태한 '문화적 의미를 생산하는 시스템' 으로 자리매김되어 있다는 것이다. 국민국가를 기반으로 하는 근대사회는 이러한 양면성을 문화적으로 표상함으로써 '자기' (고향, 가정, 질서)와 '타자' (타향, 외지, 일탈)의 경계를 그어왔던 것이다.

더욱이 네이션 이야기도 모든 이야기들과 마찬가지로, 텍스트상의 전략에서 보았을 때 기호의 언설言說적 분석이 반드시 필요하다. 예를 들어 '전통', '인민', '국가이성', '고급문화' 등의 교육적pedagogical 가치를 지닌 지적 언설은 연속성이나 진보, 특권적 시각 등의 특성을 중시하는 일종의 투명성을 근거로 하고 있다. 그러나 볼로시노프Valentin N. Voloshinov(1895~1936)도 말했듯이, 이데올로기적 기호는 항상 양면적이며 다양한 강조점을 갖는다. 그리고 이들 이데올로기가 침투한 네이션 이야기도 양면성에서 벗어날 수가 없다. 바바는 이러한 의미의 다의성, 언어의 연극적 수행성performativity에 주목함으로써, 네이션 이야기라는 문화의 생산 과정에서 의미 경계선이 부단히 교섭되고 설정되는 것을 파악했다.

즉 여기서 말하는 경계란 안과 바깥을 확연하게 나누는 것이라기보다는, 서로 다른 성질이 혼합된hybrid '중간 영역in between space'을 열고, 거기에 문화적·정치적인 권위가 개입하는 계기가 되는 것을 말한다. 바바가 인용한 프란츠 파농Frantz Fanon의 말, "내셔널한 의식이란 내셔널리즘과는 달리, 인터내셔널한(국제적인) 차원을 여는 유일한 것이다"가 나타내듯이, 네이션 공간의 주변, 〔네이션 사이의〕 중간 경계지역에 대한 양의적인 문화적 언설을 분석함으로써, 네이션을 넘어서는 새로운 문화의 교차로를 다각적으로 모색하는 것이 가능해진다. 이 책은 이러한 목적에서 저술된 논문집이다.

기원의 탈구축, 월경의 계기, 보편주의의 재심

각 장의 내용을 간단히 소개하면 다음과 같다.

바바의 서문 뒤에 이어지는 제2장에는 에르네스트 르낭Joseph Ernest Renan[2](1823~1892)의 강연 「국민이란 무엇인가What is a Nation」가 수록되어 있고, 제3장에서는 마틴 톰Martin Thom이 「국민 속의 민족—고대 독일인과 근대 프랑스의 역사Tribes within Nations: The Ancient Germans and the History of Modern France」라는 제목으로, 르낭의 논설을 국민의 경계선을 초월하여 이를 뒤집는 계기로서 읽어내려는 시도를 하고 있다. 톰에 의하면,

2 프랑스의 종교사학자이자 언어학자로, 기독교의 역사과학적 연구로 유명하다.

국민의 관념은 고대 독일 민족과 관련된 신화적 개념에서 출발하고 있다. 그러나 르낭의 사상은 거기서 출발하면서도 당시의 프로이센-프랑스 전쟁 후의 제3공화정의 맥락, 특히 뒤르켐Emile Durkheim[3](1858~1917)의 사회학 창설 시도와 깊은 관계를 갖고 있었다. 이리하여 르낭의 국민 개념은 19세기에 지배적이었던 인도·유럽주의에 대항하는 것으로서 자리매김되어 간다는 것이다.

제4장 티머시 브레넌Timothy Brennan의 「형식에 대한 내셔널한 동경National Longing for Form」에서는 국민의 개념을 둘러싼 유럽의 역사를 이야기 형식을 통해 개관한다. 또한 살만 루시디Salman Rushdie[4](1947~)와 같은 혼성hybrid을 주제로 하는 작가의 언어에 주목한 브레넌은, 루시디의 현란한 서술에 사용되고 있는 것은 더 이상 '영국의 언어'일 수 없는 '영어'라고 지적한다. 오늘날은 경제, 정보, 노동력의 글로벌한 이동이 진행되고, 새로운 기술에 의해 전통적인 예술의 이미지가 확산되고 있다. 이런 가운데 신新식민주의적인 지배와 억압의 상황에서 소설의 현대적 역할이 어떠했는가를 파악하는 것은, 탈식민주의적인 창작활동의 가능성을 탐구하기 위해서도 필수적인 작업인 것이다.

제5장 도리스 서머Doris Sommer의 「매혹의 로맨스—라틴아메리카 창설 이야기Irresistible Romance: the Foundational Fictions of Latin America」는 중남미 제국의 초기 역사 이야기에서의 사랑과 섹스의 알레고리allegory[5]를 분석하고 있다. 여기서는 이러한 내용의 수많은 소설들이 국내에 존재하는 인종이나 계급, 젠더의 차이를 배제하기보다는 화해의 방향에서 국민적 통합

---

3 프랑스의 사회학자. 콩트의 실증주의를 발전시켜 객관주의적 사회학 방법론을 확립했다.

4 인도에서 태어난 영국의 소설가이자 수필가로, 1988년 『악마의 시*The Satanic Verses*』를 출판, 예언자 마호메트에 대한 불경스러운 묘사로 원리주의 이슬람세계로부터 많은 비난을 샀으며, 2007년 영국 왕실로부터 기사작위를 수여받았다.

5 어떠한 사건이나 일을 비유를 통해 하나의 이야기로 완성하여, 암시적으로 표현하는 문예의 한 기법이다.

을 목표로 하고 있었다는 것이 시사되고 있다. 이러한 '기분 좋은' 로맨스를 통해 부르주아 주도의 국민 형성이 가능해진 것이었다. 그리고 가르시아 마르케스Gabriel García Márquez[6](1928~), 바르가스 요사Mario Vargas Llosa[7](1936~), 훌리오 코르타사르Julio Cortazar[8](1914~1984) 등과 같은, 1960년대 이후 라틴아메리카 문학을 '세계 문학'의 반열로 끌어올려 놓은 작가들의 예술적 시도야말로 이러한 질서나 권위를 중시하는 전통적 이야기 양식에 대한 반역이었다고 해명하고 있다.

제6장 스네야 거뉴Sneja Gunew의 「문화 내셔널리즘의 탈脫본질화—오스트레일리아의 다문화적 독해Denaturalizing Cultural Nationalisms: Multicultural Readings of 'Australia'」가 다루는 것은 오스트레일리아 문학에서 공공공간을 지배하는 잉글랜드 켈트Celt[9]적 요소와 이에 대항하는 다문화주의적 요소의 긴장 관계다. 여기서 배제되기 쉬운 것이 이민移民과 주변화된 사람들의 목소리이다. 잉글랜드 켈트적 '전통' 문학에 의한 '문학적 내셔널리즘'에 개입하여 이를 교란하기 위해서는, 이러한 문학적 전통의 형성과정을 검증하고, 비전통적인 문학을 발굴하여 발흥시키는 일이 필요하다는 것이다.

제7장 제프리 베닝턴Geoffrey Bennington의 「우편의 정치학과 국가조직Postal Politics and the Institution of the Nation」에서는 '우편'이라는 의미의 단어 'post'와 '뒤에 오는'이라는 의미의 단어 'post'를 동음 이의어로 사용하여, 국경과 경계선을 폐쇄나 단절이라는 측면보다 개방과 침투의 측면에서 고찰하는 시점이 제시되고 있다. 여기에서 우편은 잘못된 배달이나 번역,

---

6 콜롬비아의 소설가로 카리브해 세계의 현실을 리얼리즘을 통해 묘사하고 있으며, 1982년 노벨 문학상을 수상했다.

7 페루의 소설가이자 수필가로 남미를 대표하는 지식인의 한 명으로 평가받고 있다.

8 벨기에에서 태어난 아르헨티나의 소설가로, 1951년 페론 정부에 대항하여 프랑스로 이민을 떠나 프랑스에서 여생을 마쳤으며, 번역가로 활동하기도 했다. 남미의 인권침해 반대운동에 적극적으로 참가하기도 했다.

9 인도 유럽어족에 속하는 민족으로 기원전 유럽에 널리 분포했다. 아일랜드 및 웨일스를 구성하는 주요 민족이다.

자율성의 방해 따위의 내부에 대한 외부로부터의 교란을 비유하는 것이다. 베닝턴의 포스트모던post-modern적인 독해에 따르면, 모든 국가조직이나 법체계 역시 결코 바라는 결과나 목적에는 도달할 수 없는 불완전한 것이기 때문이다.

제8장 사이먼 듀어링Simon During의 「문학—내셔널리즘의 타자他者? 수정을 위한 사례Literature—Nationalism's Other? The Case for Revision」는, 내셔널리즘과 제국주의 간의 차이를 명확히 하는 예로서, 18세기 영국 문학이 '예절의 상상계想像界'[10]라고 부를 만한 사회적 행동양식의 창설에 공헌했다는 점을 지적하고 있다. 양식과 예절이 지배하는 근대사회의 존재방식이 어떤 의미에서 '사회의 여성화 과정'이라고 한다면, 영국이 세계적으로 권력을 확장하고 제국주의적인 영향력을 증대함에 따라 그 내셔널리즘도 남성화해갔다는 것을 시사하고 있다.

제9장 존 버렐John Barrell의 「조슈아 레이놀즈 경卿과 영국 예술의 영국성Sir Joshua Reynolds and the Englishness of English Art」이 다루는 것은 가장 '영국적'이라고 할 수 있는 초상화의 국민적 이데올로기성이다. 이 장에서는 회화繪畫의 인간주의적 이론과 '습관의 언설'의 긴장관계를 통해, 예술에서의 '장식성'이라는 관념이 형성되어온 과정을 고찰하고 있다. 이러한 맥락에서 레이놀즈야말로 영국의 국민성을 대표할 만한 회화의 창작을 주장한 최초의 예술가로 간주되었다는 것이다.

제10장 데이비드 심프슨David Simpson의 「명백해진 숙명—휘트먼 시詩의 양식Destiny Made Manifest: The Styles of Whitman's Poetry」에서는, 휘트먼의 시가 미국 대중주의에 뿌리를 두고 있다는 증거를 통해서 사회주의자였다고 하는 휘트먼에 관한 신화의 재고가 시도되고 있다. 더 나아가 그의

---

10 프랑스의 정신분석가 자크 라캉의 용어로서, 인간의 심리구조의 요인들을 상징계the Symbolic-상상계the Imaginary-현실계the Real의 3계 도식으로 규정하고 있다. 상상계는 우리들이 실제로 보거나 느낄 수 있는 이미지의 세계를 의미한다.

시가 메타포(은유)를 기피하는 경향이 미국 국내의 문화적 차이와 통합이라는 문제를 회피하는 전략이기도 했다는 것을 주장하고 있다.

제11장 레이첼 볼비Rachel Bowlby의 「미국에서 아침식사를— '톰 아저씨'의 문화사Breakfast in America: Uncle Tom's Cultural Histories」는, 『톰 아저씨의 오두막집』의 독해 역사를 묘사하고 있다. 이런 묘사를 통해 탐구하는 것은, 이 텍스트 속에 존재하는 여성적 요소의 모순된 성격과 궤를 같이하는 미국적 자유의 언설이 갖는 양면성이다. 볼비의 분석에 따르면, 이 소설에서 아프리카의 이미지와 여성의 섹슈얼리티에 대한 프로이트Sigmund Freud[11](1856~1939)의 은유를 이중으로 투영시킴으로써 미국 자체가 '암흑 대륙'으로 표상되고 있다는 것이다.

제12장 브루스 로빈스Bruce Robbins의 「망원경적 박애주의—『황량한 집 *Bleak House*』에서의 직업의식과 책임Telescopic Philanthropy: Professionalism and Responsibility in *Bleak House*」에서는, 디킨스Charles Dickens[12] (1812~1870)의 소설이 친근한 '국민적 체험'과 직접 체험할 수 없는 분석적 사상事象을 서로 혼합시킴으로써, 제국주의적 맥락에서의 세계성에 대한 시야를 보여준 것이라고 규정하고 있다. 로빈스가 디킨스의 소설에서 읽어내고 있는 것은 지역 상황에 대처하기 위한 실제적인 지知의 존재양식이며, 19세기에 새롭게 발생한 '책임' 관념에 대한 개입인 것이다.

제13장 제임스 스니드James Snead의 「유럽의 혈통/아프리카의 감염— 투투올라, 아체베, 리드의 국민성, 이야기, 공동체 의식European Pedigrees/African Contagions: Nationality, Narrative, and Communality in Tutuola, Achebe, and Reed」에서는 '잡종성'을 키워드로 삼아서 나이지리아의 작가 아모스 투투올라Amos Tutuola[13](1920~1997)와 치누아 아체베Chinua

---

11 오스트리아의 정신의학자로 정신분석의 창시자이며 『정신분석입문』을 저술했다.

12 영국의 소설가. 사회 하류계층의 생활상과 애환을 묘사하는 한편, 세상의 부정과 모순 등을 유머를 섞어가며 비판했다.

Achebe[14](1930~), 미국의 흑인 작가 이슈마엘 리드Ishmael Scott Reed[15](1938~)의 텍스트를 검토하면서, 아프리카 소설에서 서양이 발견한 '보편적 매력'이라는 가치관을 비판하고 있다. 그리고 그들 작품에서 나타나는 언어적·문화적 절충주의는 지배적인 전통에 의한 흑인 문화의 영유에 저항하는 것이라고 제시하고 있다.

제14장 프랜시스 멀헌Francis Mulhern의 「영국적 독해English Reading」는 리비스파派의 보편주의Leavisian universalism와 '영국적 윤리English ethics'에 의한 고전적 영국 예찬을 비평하려는 시도이다. 리비스Queenie Dorothy Leavis[16](1906~1981)가 최후의 공개강연에서 탄식한 바와 같이 하층계급, 동화되지 않는 소수파, 그리고 성적 자유 등이 횡행하는 영국에서 '위대한' 문학은 더 이상 탄생할 수 없다는 것이다.

제15장 질리언 비어Gillian Beer[17](1935~)의 「섬과 비행기—버지니아 울프의 경우The Island and the Aeroplane: The Case of Virginia Woolf」에서는 영국 문화에 대한 울프의 성찰이 분석되고 있다. 비어는 당시 새로운 문화적 상징으로 등장한 비행기의 이미지를 울프의 텍스트에서 의미하는 내용을 통해 분석하고 있다. 비행기가 빚어내는 다원적 의미로부터 투영되어 보이는 것은, 가부장제와 제국주의에 대한 울프 자신의 비판의 시선이라는 것이다.

마지막 제16장은 바바 자신의 이론적 고찰인 「국민의 확산—시간, 이야기, 그리고 근대국가의 가장자리DissemiNation: Time, Narrative, and the

---

13 나이지리아의 소설가로, 서아프리카 지역의 최대 에스닉 그룹인 요루바Yoruba인들의 민속 이야기에 관한 작품으로 유명하다.

14 나이지리아의 소설가이자 수필가로, 현대 아프리카 문학을 대표하는 소설의 하나인 『모든 것이 산산이 부서지다*Things fall apart*』의 저자이다.

15 미국의 대표적인 진보적 시인이자 소설가이며, 흑인 인권운동가이기도 하다. 흑인들에 대한 미국 보수층의 정치·문화적인 압제를 풍자하는 작품 활동으로 잘 알려져 있다.

16 영국의 여류 문학비평가이자 수필가로 문학작품의 윤리성을 강조했다.

17 영국의 여류 문학비평가로, 빅토리아 시대 연구 분야에 대한 비평에 뛰어나며, 특히 빅토리아 시대의 영국 소설을 다윈의 사상과 연계하여 설명하는 것으로 유명하다.

Margins of the Modern Nation」로 마무리한다. 여기서 바바는 네이션 이야기가 잉태한 양면성을 교육적인pedagogical 것과 연극 수행적인performative 것이라는 2개의 시간성의 긴장으로서 설명한다. 전자에 해당하는 국가의 사람들은 특정한 역사적 기원이 강조된 국가주의적 이데올로기의 '객체'가 된다. 이에 반해 후자의 사람들은 의미意味 생산 과정에서의 '주체'로서 일상생활을 영위하면서 국민으로서의 삶을 끊임없이 갱신하고 재생산해가는 존재로 나타나게 된다. 네이션을 이야기한다는 행위는 항상 이처럼 연속하여 축적해가는 교육적 시간과, 반복하면서 환기되는 실행적인 시간으로 나뉘어 있다. 이러한 점에서 근대사회의 네이션 이야기라는 양의적인 운동이 잉태된다는 것이다.

가장자리에서의 호소

단일한 기원이나 권위 있는 전통에 의존하여 국민을 안심시키는 국가nation 이야기를 만들어가는 것을 지양하고, 개별적으로 지역적인 사건에 귀를 기울이고 보편적인 차원에서 그러한 사건의 이야기를 지속해가는 것이 필요하다. 이러한 개별적이고 지역적인 이야기를 전개하는 방식의 네이션 이야기는, 바바가 제창하는 교육적인 것과 연극 수행적인 것의 불화 관계에서 알 수 있듯이 중심에서 밀려나 가장자리에 놓이게 된 '타자'나 억압받고 있는 소수파의 목소리를 들으려 할 때 유용한 전략이 될 것이다. 네이션을 이야기하는 것이 근대사회의 하나의 주요 구성 요건이었다고 한다면, 국민국가의 이야기를 이해하기 위해서는 그 발생과 발전 과정에 작용한 정치성을 고찰하는 것이 필요하다. 경제적으로 보다 공평하고 사상적, 문화적으로 다양하게 열린 탈네이션post-nation을 구상하려고 하는 우리에게 있어서는 더욱 그렇다.

정치적, 경제적으로 억압된 자들에게는 현대가 아직도 식민주의적이고 전제주의적일 수 있다. 우리 자신도 네이션 이야기의 기분 좋은 것에 안주하여, 그러한 국가의 비호와 이야기의 위안을 받지 못하는 사람들을 어디에선가 배제하고 있는 것은 아닐까? '불법 입국한 외국인'을 사회의 해독이라도 되는 것처럼 다루는 폭언이 아직도 많은 지지를 모으는 이 나라의 많은 사람들에게, 네이션 이야기가 양날의 칼이라는 인식이 지금만큼 요구되는 때는 없었다. 네이션 이야기를 가질 수 없는 사람들—자기가 살던 땅에서 쫓겨난 '난민'이라고 불리는 사람들로부터 스스로 정주를 거부하고 유랑하는 작가나 예술가들에 이르기까지—이 가장자리에서 호소하는 것에 응하기 위해, 먼저 우리 자신이 의존하고 있는 네이션(국적, 언어, 문화, 역사)의 자명성을 의심해야 한다. 끝없는 단절과, 전례가 없었던 폭력의 20세기가 끝나고, 다시 '정의'의 이름으로 대국의 군사적, 경제적, 언설적 폭력이 발동하고 있는 현재, 우리의 출발점은 아직도 그곳에 있는 것이다.

참고문헌

Bhabha, "Representation and the colonial text: a critical exploration of some forms of mimeticism," in Frank Gloversmith ed., *The Theory of Reading*, Harvester, 1984, pp. 93～122(「表象と植民地のテクスト—模倣主義の諸形態を批判的に檢證する」, 抄譯, 『越境する世界文學』, 季刊文藝別册, 河出書房新社, 1992 수록).

식민지 세계의 표상을 분석할 때, '보편파', '민족파', '이데올로기 분석'의 모든 것을 탈구축하려고 하는 바바의 기본 자세가 다른 논문들보다 알기 쉽게 제시되어 있다.

Bhabha, *The Location of Culture*, Routledge, 1994(『文化の場所—ポストコロニアリズムの位相』, 阪元留美 · 外岡尙美 · 正木恒夫 · 本橋哲也 譯, 法政大學出版局, 2003).

바바 논고의 집대성이지만, 정신분석 용어를 구사한 이 책의 비평적 전략은 가끔은 독자들을 곤혹스럽게 하거나 혹은 부담스럽게 할 것이다.

Bhabha, "Postcolonial authority and postmodern guilt," in Lawrence Grossberg, Cary Nelson and Paula Treichler eds., *Cultural Studies*, Routledge, 1992, pp. 56～68.

포스트콜로니얼리즘과 포스트모더니즘의 관계를 '시간의 차'라는 관점에서 고찰하고 있다. 짧은 구두 발표문이어서 접근이 용이하다.

Bhabha, "Unpacking my library...again," in Iain Chambers and Lidia Curti eds., *The*

Post-colonial Question: Common Skies, Divided Horizons, Routledge, 1996, pp. 199 ~211.

포스트콜로니얼의 시점에서 '계몽'과 '리버럴리즘'이라는 '보편적 개념'을 재평가한, 이해하기 쉬운 에세이.

Bill Ashcroft, Gareth Griffiths and Helen Tiffin, *The Empire Writes Back: Theory and Practice in Post-colonial Literatures*, Routledge, 1989(『ポストコロニアルの文學』, 木村茂雄 譯, 青土社, 1998).

백인 입식入植 식민지에 편중한 이론적인 문제도 있지만, 뛰어난 입문서이다.

レイ・チョウ, 『ディアスポラの知識人』, 本橋哲也 譯, 青土社, 1998.

이론의 언설言說적 책임을 묻는 비판적 개입을 보여주는 저작.

池田浩士, 『'海外進出文學' 論・序說』, インパクト出版會, 1997.

'일본' 식민지문학 비평의 선구.

E. ルナン 외, 『國民とは何か』, 鵜飼哲 외 譯, インスクリプト・河出書房新社, 1997.

E. 르낭, J. G. 피히테, J. 로맹Jules Romains, E. 발리바르의 저술을 담은 필독문헌집.

『越境する世界文學』, 季刊文藝 別册, 河出書房新社, 1992.

'일본어'로 쓴 포스트콜로니얼 비평의 수준을 한 단계 높인 뛰어난 가이드 북.

徐京植, 『分斷を生きる—'在日'を越えて』, 影書房, 1997.

단절에서 대화로의 역경을 실천하는 저자의 경계境界적 사고가 표출된 책.

正木恒夫, 『植民地幻想』, みすず書房, 1995.

영국문학을 소재로 한 포스트콜로니얼 비평의 뛰어난 실천서.

Bart Moore-Gilbert, *Postcolonial Theory: Contexts, Practices, Politics*, Verso, 1997.

사이드Said, 스피박Spivak, 바바 등 이른바 '포스트콜로니얼의 세 거두'의 이론적 문제점과 전망을 명쾌히 정리한 책.

Benita Parry, "Problems in current theories of colonial discourse," *Oxford Literary Review*, vol. 9, no. 1~2, 1987, pp. 27~58.

바바의 '텍스트 비평 편중'을 비판한 논문.

酒井直樹, 「英語とポスト・コロニアリティ」, 『情況』 1996년 10월호 수록.

정신분석과 식민지주의 비판의 관련을 명확히 분석했다.

アーニャ・ルーンバ, 『ポストコロニアル理論入門』, 吉原ゆかり 譯, 松柏社, 2001.

포스트콜로니얼적 '현실'과 '이론'의 상호개입을 구체적인 논쟁을 예시하면서 평이하지만 상세히 해설한 최고의 입문서.

E. サイード, 『文化と帝國主義』 1・2, 大橋洋一 譯, みすず書房, 1998・2001.

식민지를 배경으로 한 국민국가의 성립을 이문화의 교섭 과정으로 보고, '대립법적 독해'에 의해 각국사를 세계사 속에서 풀어가는 '문화의 정치학'의 결정판.

국내 참고문헌

호미 바바, 나병철 옮김, 『문화의 위치: 탈식민주의 문화이론』, 소명출판, 2003.

박상기, 「호미 바바의 포스트모더니즘 비판」, 한국영어영문학회, 『영어영문학』 제154호, 2000. 6.

이석구, 「전유의 틈새: 호미 바바의 '식민주체'와 그 문제점」, 영미문학연구회, 『안과 밖』 제8호, 2000.

에릭 J. 홉스봄, 『1780년 이후의 네이션과 내셔널리즘』

와카바야시 미키오若林幹夫 | 전진호 옮김

Eric J. Hobsbawm, *Nations and Nationalism Since 1780: Programe, Myth, Reality*, Cambridge Univ. Press, 1990 / (2nd edition) 1992.
『ナショナリズムの歴史と現在』, 濱林正夫 외 譯, 大月書店, 2001.
『1780년 이후의 민족과 민족주의』, 강명세 옮김, 창비, 1998.

핵전쟁 후의 어느 날, 죽음의 혹성이 된 지구에, 우주의 머나먼 어딘가에 기록되어 있던 지구 붕괴의 원인을 조사하기 위해 다른 은하계로부터 역사가들이 내려왔다면…….

홉스봄의 『1780년 이후의 네이션과 내셔널리즘—프로그램, 신화, 리얼리티』는 이러한 공상적인 내용으로 시작된다. 다른 별에서 온 역사가들은 지구의 마지막 2세기의 역사를 이해하려면 '네이션'과 이 말에서 나온 어휘들을 이해하는 것이 반드시 필요하다고 결론지을 것이다. 이 말은 인간이 삶을 영위하는 데 중요한 무엇인가를 의미한다. 그러나 정확히 말해서 대체 그것은 무엇인가?

네이션과 내셔널리즘의 황혼에서의 회고

다른 별에서 온 이 역사가는 19세기를 '국민 창생의 시대'라고 하면서, "우리는 그것이 무엇인지는 알고 있지만, 질문을 받게 되면 간단히 설명하거나 정의할 수가 없다"고 1887년에 〔출판된 저서[1]에서〕 월터 배젓Walter

1 Walter Bagehot, *Physics and Politics*, London, 1887.

Bagehot(1826~1877)이 한 말을 읽을지도 모른다. 그러나 최근 20년 사이에 등장한 앤더슨의 『상상의 공동체』, 겔너의 『네이션과 내셔널리즘』, A. D. 스미스의 『내셔널리즘의 모든 이론』, 홉스봄과 레인저Terence Ranger의 『만들어진 전통』[2] 등의 문헌을 열거한 리스트를 주면, 지금은 이 질문에 대답할 수 있을지 모른다고 홉스봄은 말한다. 물론, 그 이전에도 J. S. 밀의 『대의정치론』과 르낭의 「국민이란 무엇인가」, 오토 바우어의 『민족 문제와 사회민주주의』, 학문적 내셔널리즘 연구의 쌍두마차라고 불리는 칼턴 헤이스의 『근대 내셔널리즘의 역사적 진화』와 한스 콘의 『내셔널리즘의 사상』 등, 보아야 할 책이 없었던 것은 아니다. 그러나 일부 예외를 제외하고 대부분은 국가주의와 인종주의 수사(레토릭)에 의한 것이며, 현저한 학문적인 진전이 있지도 않았다.

이 책의 마지막 장에서 밝혀지지만, 홉스봄의 말에 따르면 이 분야의 연구가 최근 20년 동안 결실을 거둔 것은 '네이션'이라는 관념과 내셔널리즘 운동이 인류 역사 속에서 황혼기를 맞이하고 있기 때문이다. 이 책 역시 네이션과 내셔널리즘의 이러한 황혼기에 서서, 다른 별에서 온 역사가처럼 네이션과 내셔널리즘의 유래와 내력을 되돌아보려고 시도하고 있다.

홉스봄은 서론에서 '네이션이란 무엇인가?'라는 기본적인 질문에 대해 언어, 에스니시티, 공동의 영토 등의 객관적 지표에 의해서도, 또는 사람들이 하나의 네이션으로 자신을 동일화한다고 하는 주관적인 규정에 의해서도, 충분히 대답할 수 없다고 한다. 그러므로 무엇이 네이션을 구성하는가에 대한 일체의 선험적a priori인 정의를 피하고, 전혀 알 수 없다는 입장에 서는 것이 필요하다고 한다. 현실의 '네이션'은 단지 귀납적이며 경험적a posteriori으로만 인식할 수 있다는 것을 확인하고 있다.

그리고 구체적인 고찰에 들어가기에 앞서서, ① '내셔널리즘'이라는 용어

2 E. J. Hobsbawm and T. O. Ranger, *The Invention of Tradition*, Cambridge: Cambridge University Press, 1983.

를 이 책에서는 겔너의 정의에 따라서 '정치적인 단위와 국민적인 단위가 일치해야 한다는 원칙'이라고 정의하고, ② '네이션'을 본원적이며 불변의 실체로 보지 않으며, ③ 이전의 마르크스주의자들이 '국민(민족) 문제'라고 부르던 것은 정치와 테크놀로지와 사회변용이 교차하는 특정 시점에 설정된다는 것, ④ 네이션과 내셔널리즘은 정부 등에 의해 주로 '위'로부터 만들어지지만, 그것을 아래로부터 지지하는 보통 사람들의 의식과 욕망과 이해利害 등도 분석되어야 한다는 것, ⑤ 지금까지 충분히 고찰되지 못한 영국과 프랑스 등 오래전에 확립된 국가의 네이션과 내셔널리즘 문제가 오늘날 관심의 대상이 되고 있다는 것 등을 이 책의 중심 주제로 확인하고 있다.

기원起源에 대한 시선

오늘날에는 잘 알려져 있지만, 근대적인 의미에서의 '네이션'과 이것과 관련한 모든 것들을 특징짓는 것은 '근대성(새로움)'이다. 네이션을 국가 및 인민과 결부 짓는 정치적·사회적인 언설이 조작되는 것은 미국 독립혁명과 프랑스혁명 시대의 일이며, 그 이전의 유럽 언어들에서는 그러한 용어법이 알려지지 않았다.

제1장의 제목은 「신기한 것으로서의 네이션—혁명에서 자유주의로The Nation as novelty: from revolution to liberalism」이다. 여기서는 18세기 말에서 19세기 말까지의 유럽 내셔널리즘의 새로움과 그 시대의 네이션이나 내셔널리즘이, 20세기 윌슨이 제창한 것과 같은 '내셔널리티의 원칙principle of nationality'과는 상당히 다르다는 점이 지적되고 있다. 이 시대의 네이션의 관념은 이후 시대에 종종 그 본질로 지적되는 언어와 에스니시티, 그리고 문화 등이 아니라, 중산계급 시민의 공통 이해관계와 관련된 것으로서 생각되고 있었다. 19세기의 자유주의적 경제학자들은 네이션에 대해 문화적인 공동체로서가 아니라 국제경제에서 자신들의 이익을 지킨다고 하는 기능적

인 점에서만 실용적으로 이해하고, 결코 이론적으로 보려고 하지 않았다. 이러한 관점은 리스트Friedrich List[3](1789~1846)와 같은 제도학파institutional school[4]의 '국민경제'라는 개념과도 상통하는 것이었다.

또한 19세기에 내셔널리티의 원칙은 당시의 일정한 규범을 가진 국가에게만 타당했다. 그리고 네이션을 형성하는 것은 가족에서 부족, 동향 집단을 거쳐 지구 전체의 통일에 이르는 인간사회의 진화와 확장에 반드시 필요한 과정으로 이해되었다. 따라서 네이션과 네이션 스테이트nation-state는 본질적으로 동질적인 인간 집단이 아니라, 이질적인 사람들을 통일해가는 과정으로 인식되고 있었다. 근대적인 의미로서 네이션의 이러한 '기원'은, 중산 시민층의 정치적·경제적 대두라는 19세기 유럽 상황에 대응하고 있기 때문에, 20세기의 네이션이나 내셔널리즘과 반드시 일치하는 것은 아니다.

그러나 1880년 이후, 20세기적인 의미의 네이션이 점차 중요성을 더해갔다. 제2장 「대중적 초기 내셔널리즘Popular proto-nationalism」과 제3장 「통치의 시점The government perspective」에서는 그러한 현상이 민중과 통치자라는 두 측면에서 고찰된다. 지금까지 사람들을 결합시키고 있던 중간의 여러 공동체가 산업화 과정에서 소멸하자, 네이션은 그것을 대신할 새로운 인수자— '상상의 공동체'(앤더슨)—로서 사람들을 유인했다. 그러나 이때에도 '초기 내셔널리즘proto-nationalism'이라고 부를 수 있는 사회의식이나 감정은 '보통 사람들' 사이에서 잠재적으로 존재하고 있었다. 초기 내셔널리즘은 언어와 에스니시티, 종교, 근대 이전부터의 정체政體의 계속 등을 기초로 한 것으로 근대적인 국가나 네이션과 접합 가능한 것이었다.

3 독일의 경제학자. 영국의 자유무역론, 고전학파 경제학에 대항하여 독일의 역사적 발전단계와 생산력에 조응한 국민경제학을 체계화하여 역사학파의 시조라 불린다. 1825년 미국으로 망명하여 미국 제도학파의 선구자가 되었다.

4 19세기 말에서 1920년경 사이에 활동한 미국 경제학파의 하나로, 기존의 고전학파 경제학적 주장에 반발해, 독일 역사학파의 영향을 받아 사회의 행동양식, 집단활동 등으로 경제활동을 설명하는 방법론을 제시했다.

제2장에서 검토된 것은 대중적인 초기 내셔널리즘이다. 그런데 실제로 몇 가지 사례를 검토해 명확하게 된 것은, 확실히 초기 내셔널리즘은 '보통 사람들'이 내셔널리즘을 받아들일 수 있는 바탕이 될 수 있었다는 것이다. 따라서 초기 내셔널리즘은 근대적인 내셔널리즘이 성립하는 데 바람직한 것이었다. 그러나 네이션을 형성하는 데에는 그것만으로 충분하지 않았다. 또한 미합중국과 오스트레일리아의 예에서 알 수 있듯이, 초기 내셔널리즘은 국민적 애국심이나 국가에 대한 충성심을 형성하는 데에 반드시 필요한 존재도 아니었다는 것이다.

한편 근대국가가 형성될 때의 국가적 과제는 영토 내의 모든 주민을 국가의 직접 통치하에 두고 국가와 통치시스템에 대한 시민의 충성과 동일화를 확보하는 것이다. 이 시기 통치자의 측면에서 보면, 네이션의 형성은 이러한 국가적 과제에 응답하는 것이다. 또한 민주화와 대의제代議制라는 시대의 추세에도 상응할 수 있는 것이었다. '국가의 일꾼인 국민(네이션)'이라는 관념은 혁명적 내지는 자유주의적인 체제에서만이 아니라, 반혁명적이며 민주화의 의향이 없는 체제에서도 유용한 '해법'으로 추구되었던 것이다.

원래 별개의 정치적 세력이었던 국가와 내셔널리즘이 점차 타협함으로써 국가적인 애국주의에 내셔널리즘이 편입되어, 국가에 대해 중심적이고 정서적인 결합체가 되어간다. 그리고 이때 충성의 대상이 된 것은 언어와 문화 등의 동일성이라는 가상 구조물에 의해 이데올로기적으로 짜인 '조국'의 관념이었다. 거기서는 지역 간의 커뮤니케이션을 위하여 편의적이고 실용적으로 선택된 것에 불과한 '국민어'가 '네이션의 혼'을 표상하는 상징으로 변모한다. 또한 국세조사에서 사용되는 언어는 주민의 '내셔널리티'를 표상하는 것으로 인식되어 국세조사는 국민성을 형성해가는 전쟁터가 되어간다. 19세기 네이션의 개념은, 초기 내셔널리즘을 낳은 역사적·사회적 전제가 근대적인 국가의 대두라는 역사적인 상황과 만났을 때, 이념이라기보다는 오히려 현실적으로 유용한 것으로 성립되었던 것이다.

19세기에서 20세기로의 전개

후반 3개의 장에서는 1870년대 이후의 네이션과 내셔널리즘의 전개를 분석해가고 있다.

「내셔널리즘의 변용: 1870년~1918년The transformation of nationalism 1870~1918」이라는 제목의 제4장에서 고찰하고 있는 것은, 19세기 전반에 출현한 내셔널리즘이 신화가 되어, 스스로 국민국가를 추구하는 집단에서 실현해야만 하는 프로그램으로 변해가는 과정이다. "우리는 이탈리아를 만들었다. 이제는, 이탈리아인을 만들어야만 한다"고 한 다젤리오Massimo Taparelli, marquis d'Azeglio[5](1798~1866)의 유명한 말이 보여주듯이, 확립기의 내셔널리즘은 이탈리아와 같은 후발後發 통일국가의 경우에도, 먼저 국가가 존재하고 그 속에서 네이션의 형성을 목표로 나아갔다. 그런데 19세기 후반이 되자, 애매한 어법과 수사로 가득 찬 네이션의 '신화'가 널리 퍼져갔다. 이 네이션의 신화는 19세기에 발명된 언어적·문화적 공동체를 강조하고 국가를 새로이 형성 또는 획득하는 것을 목표로 하여, 그것이 오랜 역사와 역사적 사명을 갖는다고 주장되었다. 또한 이러한 신화는 어느 네이션이든지 국가로서 가져야 할 자결권을 갖는다고 주장했고, '내셔널리즘'이라는 말도 그 슬로건으로서 확립되어갔다.

홉스봄에 의하면 이러한 내셔널리즘은 ① 근대화에 대한 전통적 사회집단의 저항, ② 도시화하는 사회에서의 새로운 계급, 계층의 출현, ③ 이전에는 없었던 대규모의 이민과 난민의 출현이라는 사회적 발전과 변화를 배경으로 급속히 토대를 구축해갔다. 특히 이 시대에 번성하게 된 언어 내셔널리즘linguistic nationalism은, 학교교육을 받고 새로이 확립된 세속어 문어文語를 사용하는 지방의 저널리스트와 학교교사, 하급관리 등의 중간층과 하층

5 이탈리아의 정치가이자 소설가로, 이탈리아의 독립과 통일 운동에 적극 참여했고, 애국주의적인 역사소설을 저술하기도 했다.

중산계급이 수행해갔다.

이 시대에 나타난 또 하나의 중요한 현상은 국제주의internationalism를 표방하는 것이 마땅한 사회주의 정당이, 국민에 의한 사회개혁을 주창하는 내셔널리즘의 추진자가 되었다는 점이다. 이것은 네이션의 의식 형성이 네이션과 배타적인 관계에 있는 사회적·정치적 의식과 병존할 수도 있다는 것을 의미한다. 또한 이론상으로는 대립하고 상호배타적인 여러 의식들이 사람들 의식 속에서는 공존하고 있으며, 그 의식들의 관계는 단순한 발전의 도식으로 파악되지 않는다는 것을 의미한다.

이어지는 제5장 「내셔널리즘의 절정—1918년~1950년The apogee of nationalism 1918~1950」에서는, 윌슨과 레닌이 민족자결권을 주장한 제1차 세계대전이 끝나는 시점부터 식민지 독립운동의 시대인 제2차 세계대전 후까지의 네이션과 내셔널리즘의 존재방식을 논하고 있다. 홉스봄에 의하면, 제1차 세계대전이 끝난 때의 '내셔널리즘의 승리'는 중·동 유럽에서의 다민족 제국multinational empire 붕괴와 러시아혁명의 발생이라는 두 개의 예기치 못한 역사적 사건의 결과라는 것이다. 그리고 거기서 주장된 민족자결권의 원칙도 실제로는 실현 불가능한 것이며, 확정된 국경과 공식화된 국민의 관념도 그곳에 살고 있는 사람들의 실제 아이덴티티와 반드시 일치하지는 않았다는 것이다. 다른 한편으로 〔민족자결권 원칙이 주장된〕 베르사유 조약의 체결은 네이션 관념과 내셔널리즘을 유럽을 넘어 비非유럽 세계로 확산시키는 계기가 되었고, 식민지에서의 저항운동은 '국민적 반란'으로 간주되기에 이르렀다. 신문과 영화, 라디오 등의 근대적인 매스미디어와 올림픽으로 대표되는 스포츠가 내셔널리즘을 지지하는 사회적인 장치로서 나타나게 된 것도 이 시대였다.

또한 1차 대전 이후에는 내셔널리즘과 파시즘이 연결되어가는 한편, 이에 대한 반反파시즘 운동도 네이션 관념과 연관된 운동으로 전개되었다. 즉 후자가 좌익세력과 연계되기도 했고, 제3세계에서는 반反식민지적인 혁명세력의 내셔널리즘이 독일이나 일본의 파시즘 세력과 종종 연계되었다. 또한 전후 제3세계의 반反제국주의적 독립운동에서는 사회주의가 민족자결의 원칙과 연결되어 중요한 역할을 했다. 이처럼 1차 대전 이후의 내셔널리즘 운동에서는 네이션이나 내셔널리즘과 파시즘이나 국가주의, 사회주의 등 상이한 사회형태나 사회의식, 아이덴티티 사이에서 다양한 형태의 연계가 이루어졌다는 사례들이 풍부하게 나타나고 있다. 더욱이 오늘날에는 네이션이나 내셔널리즘이라는 개념이 아니라, 오히려 '에스니시티'라는 개념으로 인식되어야 하는 것이 타당한 국가나 국민 내부의 다언어·다문화의 문제가 부상하고 있다는 점도 지적되고 있다.

마지막으로 제6장 「20세기 후기의 내셔널리즘Nationalism in the late twentieth century」에서 홉스봄은 소련과 동유럽의 사회주의 체제가 붕괴한 이후 새로운 국가의 독립과 내셔널리즘의 발흥, 선진국과 제3세계 쌍방에서 볼 수 있는 에스닉 집단의 분리운동 등에 대해 설명하고 있다. 홉스봄에 의하면, 1989년 이후 구소련과 동유럽의 체제 붕괴는 결코 새로운 사태가 아니다. 다민족 제국 러시아의 해체는 1차 대전 후에 나타났어야 했던 작업의 계속 혹은 재개에 지나지 않는다는 것이다. 또한 일찍이 그 예가 없을 정도로 거세지고 있는 민족분리주의와 원리주의 운동은 '아이덴티티 정치'를 추진하고 있는데, 이 운동들은 내셔널리즘만큼 명확한 프로그램과 전망을 갖고 있지는 못하지만, 글로벌화되고 유동적인 세계에 대한 두려움에 따른 방어적인 반응이라고 평가하고 있다.

이러한 세계 속에서 〔오늘날의〕 네이션이나 내셔널리즘은 프랑스혁명에서부터 제2차 세계대전 후 제국주의적 식민지주의 시대가 끝날 때까지처럼 역사적인 힘을 잃어가고 있다. 네이션이나 내셔널리즘은 오늘날의 세계의 정치적 실체와 의식을 기술하거나 분석하는 데에 더 이상 적절한 용어가 아니며, 목적에 따라 보다 다양한 개념이 사용되어야만 한다. 이미 소개한 바와 같이 최근 20년 사이에 내셔널리즘 연구가 획기적인 국면을 맞이한 것도 이렇게 네이션과 내셔널리즘이 황혼기를 맞이하고 있기 때문이다.

국경을 넘는 역사학자

홉스봄은 현대 영국을 대표하는 마르크스주의 역사가이다. 그는 『영국 노동사 연구』 등의 노동사, 『반항의 원초 형태』와 『의적의 사회사—로빈 후드에서 건맨까지』 등의 사회사적인 민중운동사, 『혁명의 시대』, 『자본의 시대』, 『제국의 시대』 3부작 등의 유럽 근현대에 대한 통사적 개설서, 『혁명가들』 등의 현대 마르크스주의 사상과 정치에 대한 발언, 그리고 내셔널리즘 연구의 새로운 고전인 테렌스 레인저와의 공저 『만들어진 전통』 등 많은 저작으로 알려져 있다. 홉스봄은 러시아혁명이 일어난 1917년, 알렉산드리아에서 폴란드계 유대인 아버지와 오스트리아인 어머니 사이에서 태어났다. 그는 빈과 베를린에서 교육을 받았고 나치정권이 성립된 1933년 영국으로 이주했다. 1936년에 케임브리지대학교에 입학하여 같은 해 영국 공산당에도 입당했다. 2차 대전 중에는 종군하면서도 연구를 계속해, 1947년 런던대학교 버크벡 칼리지Birkbeck College의 강사가 되었다. 현재는 같은 대학 명예교수이다.

이 책은 1985년 벨파스트의 퀸스대학교에서 열린 초청강연에 기초한 것이다. 20세기를 살아온 역사가가 연구의 폭넓은 시야를 살려서, '네이션'과 '내셔널리즘'이라는 근대사를 선도해온 관념과 운동에 대해 기술한 것이다. 그리고 이 책은 경험적 역사연구의 시점에서, 단순 사실의 나열이 아니면서 간결한 전망을 덧붙인다는 어려운 과제에 도전한 것이기도 하다. 홉스봄의 마르크스주의 이론 그 자체는 때때로 평범하다는 비판을 받는다. 그러나 이 책이나 『만들어진 전통』에서 볼 수 있는 홉스봄의 시점은 인류학과 문화연구, 사회학과 정치사상사를 횡단하고, 경험적 사실의 풍부함과 복잡함을 고수하고 있다. 이러한 그의 시점은 좁은 의미의 마르크스주의의 틀을 넘어

'네이션과 내셔널리즘'이라는 '근대의 교의教義'의 다형성多形性, 즉 프로그램이면서 동시에 신화이기도 하고 현실이기도 하다는 상상 속의 키메라 Chimera와 같은 다형성을 선명히 묘사해내고 있다. 이 책은 다른 별에서 온 역사가에게 보내는 보고서와 같이 간결하고 개설적이다. 이 책 속에는 더욱 상세한 조사를 필요로 하는 다양한 문제나 가설, 또는 수수께끼가 별처럼 여기저기 박혀 있다.

참고문헌

ホブズボーム・テレンス レンジャー 編,『創られた傳統』, 前川啓治・梶原景昭 외 譯, 紀伊國屋書店, 1992.

근대에서의 '전통의 창출'과 네이션의 관념이나 내셔널리즘 사이의 관련성을, 영국 왕실의 의례의식이나 스포츠 행사 등 영국과 영국의 구식민지를 중심으로 분석한 논문집.

ホブズボーム,『市民革命と産業革命』, 安川悦子・水田洋 譯, 岩波書店, 1968.

원제는 *The Age of Revolution 1789-1848*. 유럽 근현대사 3부작의 제1부로, 18세기 말에서 1848년까지의 유럽을 시민혁명과 산업혁명이라는 이중 혁명의 시대로 묘사했다.

ホブズボーム,『資本の時代 1848～1875』1・2, 柳生圀近・長野聰 외 譯, みすず書房, 1981・1982.

유럽 근현대사 3부작의 제2부로, 자본주의의 확장을 미디어와 도시, 과학기술, 공업 등과의 관련을 중심으로 묘사했다.

ホブズボーム,『帝國の時代 1875～1914』1・2, 野口武彦・野口照子 외 譯, みすず書房, 1992・1998.

3부작의 제3부로, 1차 대전 발발까지의 역사를 노동계급, 내셔널리즘, 여성운동, 매스 미디어 등의 관점에서 포착하여, 현대 대중사회의 기원을 묘사했다.

E・ゲルナー,『民族とナショナリズム』, 加藤節 監譯, 岩波書店, 2000.

홉스봄이 외계의 역사가에게 보여주어야 한다고 말한 저작의 하나. 이 책에 기술된 '내셔널리즘'의 정의도 이 책의 것을 따르고 있다.

Miroslav Hroch, *Social Preconditions of National Revival in Europe*, Cambridge Univ. Press, 1985/ Columbia Univ. Press, 2000.

이 책 역시 홉스봄이 외계의 역사가에게 보여주어야 한다고 말한 저작의 하나이다. 1968년과 1971년에 프라하에서 출판된 두 권의 내용을 한 권으로 정리한 이 책을, 홉스봄은 국민적 저항운동 형성의 분석에 새로운 시대를 열었다고 높이 평가하고 있다.

국내 참고문헌

에릭 홉스봄, 『극단의 시대』 상 · 하, 이용우 옮김, 까치글방, 1997.
에릭 홉스봄, 『역사론』, 강성호 옮김, 민음사, 2002.
에릭 홉스봄, 『자본의 시대』, 정도영 옮김, 한길사, 1998.
에릭 홉스봄, 『제국의 시대』, 김동택 옮김, 한길사, 1998.
에릭 홉스봄, 『혁명의 시대』, 정도영 · 차명수 옮김, 한길사, 1998.
에릭 홉스봄 외, 『노동의 세기』, 임지현 엮음, 삼인, 2000.
에릭 홉스봄 외, 『제3의 길은 없다』, 노대명 옮김, 당대, 1999.
에릭 홉스봄 외, 『만들어진 전통』, 박지향 · 장문석 옮김, 휴머니스트, 2004.

로버트 라이시, 『국가의 과제』

하시모토 쓰토무橋本努 | 전진호 옮김

Robert Reich, *The Work of Nations: Preparing Ourselves for 21st-Century Capitalism*, Alfred A. Knopf, Inc., New York, 1991.
『ザ・ワーク・オブ・ネーションズ―21世紀資本主義のイメージ』, 中谷巖 譯, ダイヤモンド社, 1991.
『국가의 일』, 남경우 외 옮김, 까치, 1994.

제1부 경제와 국가의 통합

1. 경제 내셔널리즘의 기원
2. 경제 내셔널리즘과 대량생산
3. 기업과 국익의 일치
4. 내셔널 챔피언으로서의 대기업
5. 국민적인 약속
6. 문제의식의 오류

제2부 글로벌 웹

7. 대량생산에서 고부가가치 생산으로
8. 기업의 새로운 '웹' 조직
9. '소유'와 '지배'의 확산
10. 글로벌 웹의 특질
11. '챔피언 기업'의 소멸
12. 기업의 국적을 논하는 일은 무의미하다
13. 낡은 생각의 위험성

제3부 상징적 분석가symbolic analyst의 대두

14. 누가 미래의 주역이 될 것인가

15. 상징적 분석가의 사회적 유용성

16. 불평등한 미국의 소득지배

17. 왜 빈부의 격차는 커져만 가는가

18. 상징적 분석가의 교육 (1)

19. 상징적 분석가의 교육 (2)

제4부 국가의 새로운 의미

20. 재론되는 문제

21. 공공투자의 쇠퇴

22. 진부한 사상의 효용

23. 새로운 커뮤니티의 출현

24. '이탈' 의 정치학

25. '우리' 란 누구인가?

새로운 국부 개념에 근거를 둔 내셔널리즘

자본주의 사회에서 국가의 최대 임무는 경제적인 부인 '국부國富' 를 증대시키는 것이었다. 17세기 중상주의는 국가가 무역차액으로 금은보화를 소유하는 것을 국부라고 정의했다. 그에 반해 애덤 스미스Adam Smith(1723~1790)는 그의 책 『국부론*An Inquiry into the Nature and Causes of the Wealth of Nations*』에서 국민의 소비수준을 상승시키는 것이야말로 진정한 국부라고 주장했다. 그 후 '국부' 의 이념은 시대에 상응하여 변화해왔는데, 21세기 정보사회의 우리는 '국부' 의 이념을 어떻게 새롭게 규정할 수 있을까? 로버트 라이시는 이 문제에 대해 '상징적 분석가symbolic analyst' 의 양성이야말로 정보사회에 상응하는 국부라고 주장하고 있다.

'상징적 분석가'[1]란 정보 조작에 의해 고부가가치를 창조할 수 있는 인재를 가리킨다. 정보사회에서 국가는 종래의 산업정책을 근본적으로 재검토하여 상징적 분석가를 양성함으로써 국부의 증대를 도모할 필요가 있다. 미국 정부는 지금까지 대기업 보호정책을 중심으로 국부를 증대시켜 왔으나 정보사회에서 이 전략은 더 이상 유효하지 않다. 글로벌 사회에서 대기업은 한편으로는 다국적화하고, 다른 한편으로는 '거미줄web'과 같은 조직으로 변용해 있기에, 〔다국적〕 대기업이 아무리 많은 이익을 올린다 해도, 그것이 반드시 자국에 부를 가져온다고는 할 수 없다. 라이시에 따르면, 〔21세기의〕 국부 증대를 위한 정책이념은 더 이상 자국의 대기업을 보호하는 '경제 내셔널리즘'이 아니라는 것이다. 그것은 교육투자를 통해 정보사회를 담당할 책임자를 양성하는 것, 즉 교육 중심의 내셔널리즘이어야 한다는 것이다. 지금부터 라이시의 주장을 이 책의 내용에 따라서 자세히 보기로 하자.

대기업과 경제 내셔널리즘

경제 내셔널리즘이란 조국에 대한 충성이 국가세력의 경제적 확장과 연결된다는 심정心情과 이를 가능하도록 하는 제도의 결합 형태를 의미한다. 19세기 후반에서 1960년대에 걸쳐 미국의 경제 내셔널리즘은 다음과 같은 형태를 띠고 있었다. 즉, 국가를 대표하는 핵심기업은 대량생산 방식으로 생산비용을 절감하고, 다른 한편으로는 타 핵심기업과 가격협정price cartel을 맺음으로써 상품을 고가에 판매한다. 이에 대해 노동자는 조합 활동으로 기업경영을 방해하지 않는 대신에 고임금과 고용 안정을 보장받는다. 또 정부는 가격이 싼 외국제품을 미국에서 내쫓고 핵심기업의 가격협정을 묵인하며,

1 라이시에 따르면, 상징적 분석가란 상징 분석적 서비스symbolic-analytic services 종사자들을 의미한다. 상징 분석적 서비스란 문제의 해결이나 정의, 전략적 중개업무 등의 서비스를 말한다. 라이시는 이러한 서비스 업무들은 데이터, 단어들, 시청각 표상과 같은 상징을 조작하는 일들을 포함한다고 정의하고 있다.

더 나아가 국내제품의 수출을 도와주는 것으로 나라의 경제적 번영을 이끌어낸다. 이러한 합의 속에서 국가의 핵심기업이 성공하는 것은 '국가의 번영'에 직결되었고, 핵심기업의 경영자들은 "우리 회사는 우리나라의 행복과 함께한다"고 말할 수 있었다.

이러한 경제 내셔널리즘은 대량생산, 대량소비의 경제 시스템에 대응하는 것이었다. 대량생산 사회에서 대부분의 일에 필요한 조건은 구두나 서류로 내려지는 간단한 지시를 이해하는 능력과, 그것을 실행할 수 있는 정도의 제어능력이었다. 어린이들은 마치 공장의 컨베이어 벨트에 타고 있는 것같이, 미리 정해진 순서로 표준과목을 이수하면서 1학년씩 계단을 올라갔다. 그리고 대학을 나오면 바로 회사에 들어가 한 회사에서 정년까지 봉사했다. 핵심기업에 입사하면, '마케팅 담당 부사장 차석 보좌'에서 출발하여 5년 후에는 '수석 보좌'로 확실히 승진한다. 이러한 상황에서 독창적인 사고는 필요하지 않다. 근면하게 노력해서 일하면 나이와 함께 승진하고 높은 소득을 약속받았다.

그런데 1970년대가 되어 경제성장이 정체하기 시작하자 종래의 경제 내셔널리즘은 미국의 경제적 경쟁력을 오히려 약화시켰다. 예를 들면 철강업이 값싼 외국제 철강제품을 미국에서 축출하는 데 성공하자, 자동차 산업의 빅 3는 세계의 경쟁상대와 비교해 40% 이상이나 비싼 대금을 철강제품에 지불하게 되었다. 그 결과 미국의 자동차 제조업자는 경쟁에서 불리한 입장에 서게 되었고, 아이러니하게도 관계자 모두가 보호를 이전보다 더 필요로 하게 되었다. 1980년대 후반에는 미국에서 제조된 표준적인 제품의 (금액 기준으로) 거의 1/3이 국제적인 경쟁으로부터 보호되고 있었다.

또한 1980년대 이후 글로벌 경제가 차츰 진전되면서 미국의 핵심기업은 다국적화되었고, 이들이 언제나 자국 국민에게 이익만을 가져다주지는 않는 상황이 되었다. 예를 들어 1990년대 IBM이 전 세계에서 고용하고 있었던 종업원의 40%가 외국인이었다. 또 미국인이 소유한 기업의 생산고 가운데 미국인이 아닌 외국인 노동자들의 생산이 20%를 넘었다. 더욱이 미국의 모든 수출품 가운데 1/4 이상에는 외국인 소유 기업의 상표가 붙어 있었다. 일본인 소유 기업만도 미국 총 수출의 10% 이상을 차지한다. 이러한 상황 아래 미국의 무역수지를 개선하기 위해서 미국 국민은 미국 차가 아닌 일본 차를 구입해야 하는 지경이 된 것이다. 이렇게 미국 경제의 힘과 미국 기업의 수익성이나 생산성은 더 이상 일치하지 않게 되었다.

자국 대기업에 유리한 정책을 취한다 해도 미국 노동자에게는 그 이익이 환원되지 않는다. 예를 들어, 미국 대기업 중 상위 500개 사는 1975년부터 1990년까지 사이에 신규고용을 창출하지 않고 있다. 미국인 고용은 오히려 일본 기업이 창출하고 있다. 자동차업계에서 1987년부터 1990년까지 3년간만을 본다면, 빅 3가 9,063명의 미국인 노동자를 해고한 것에 비해, 일본 기업은 1만 1,050명을 신규 고용했다. 게다가 도요타豊田의 경우 1984년에 제너럴 모터스GM로부터 캘리포니아 주 프리몬드 공장을 인수했는데, 그 이후 프리몬드 공장의 생산성은 GM 산하에 있을 때보다도 50% 이상 상승했고 장기 결근율도 25%에서 3%로 감소했다. 비슷한 변화는 일본의 브리지스톤이 미국의 파이어스톤사의 타이어 공장을 인수했을 때도 일어났다. 또한 소니는 1988년에 CBS 레코드를 매입하고 다음 해인 1989년에는 컬럼비아 영화사를 매입했다. 소니 경영자는 인색한 전임자와는 달리 선전비와 제작비에 대규모 자금을 지출해 회사 조직 전체를 약진시켰고, 그 결과 미국 경제에 공헌했다. 이렇게 미국 노동자는 자국 대기업보다도 외국 대기업의 발전으로 이익을 얻고 있었다.

1990년대를 맞이할 때까지 미국의 많은 핵심기업은 외국인 소유가 되어 버렸다. 그러나 이것이 미국 국부를 상실한 것을 의미하지는 않는다. 라이시에 의하면, 국부란 그 나라 시민이 소유하는 자산(특히 핵심기업)으로 결정되는 것이 아니라, 그 나라의 인적 자원으로 결정된다. 즉 국부란 자국 시민이 자신의 생활수준을 향상시키기 위해 세계경제에 얼마나 많은 고부가가치를 창출해내는가로 결정된다. 미국의 대기업은 미국인이 아무것도 배우지 않더라도 외국인의 노하우를 받아들여 효율적인 기업경영을 할 수 있다. 그러나 이익 중 많은 부분이 외국인에게 흘러가버린다면 미국의 국부는 증대하지 않을 것이다. 이에 비해 많은 미국인이 여러 나라의 기업에서 고부가가치를 창출한다면 미국의 국부는 증대하게 될 것이다.

상징적 분석가

그렇다면 어떤 직업이 국부에 가장 큰 공헌을 하는 것일까? 라이시는 정보사회에서 국부를 가져오는 직업을 '상징적 분석가'라고 부르면서 이를 '기계적routine 생산' 서비스, '대인對人' 서비스와는 다른 노동이라고 특징짓고 있다.

'기계적 생산' 서비스란 단순 반복 작업의 노동으로 대량생산 사회에서 대부분의 노동자가 맡았던 직종이다. 또 정보사회로 불리는 현재에도 정보처리 일의 많은 부분은 이 직종으로 분류된다. 1990년에 이 직종의 종사자가 미국의 전체 고용 인구에서 차지하는 비율은 약 25%였다.

'대인' 서비스란 기계적 노동이기는 하지만, 고객과의 직접적 커뮤니케이션을 필요로 하며 국제 거래에서는 보편화되어 있지 않다. 예를 들면, 소매점원, 웨이터·웨이트리스, 호텔 종업원, 경비원, 은행창구 직원, 간병인, 탁아소 근로자, 가사도우미, 택시운전기사, 비서, 미용사, 자동차정비사, 주택판매원, 항공기승무원 등이 여기에 속한다. 1990년에 이러한 직종의 종사자는 미국의 전체 고용인구의 약 30%를 차지하고 있었다.

이에 비해 '상징적 분석가'란 데이터, 언어, 음성, 영상이라는 상징을 조작하는 직업으로 국제적인 이동이 가능하다. 예를 들면 연구자, 설계 기술자, 소프트웨어 기술자, 건축기술자, 생물공학 기술자, 음향 기술자, 국제관계 전문가, 투자은행가, 법률가, 각종 컨설턴트, 헤드헌터, 디렉터, 저널리스트,

디자이너 혹은 대학교수 등이 이에 속한다. 이 직종의 종사자는 미국의 전체 고용인구의 20%를 넘지 않는 정도였다.

기계적 노동자의 임금은 노동시간으로 결정된다. 이에 반해 상징적 분석가의 수입은 노동시간과 근무량으로는 측정할 수 없고, 일의 질과 독창성, 두뇌의 명석함, 그리고 경우에 따라서는 문제해결 속도로 결정된다. 이들 가운데 많은 사람들은 일을 즐기고 있으며 때로는 퍼즐, 경험, 게임, 제한 없는 수다 등 일처럼 보이지 않는 행위에 몰두하고 있다. 그러나 수입은 안정적이지 않다.

상징적 분석가가 활동하는 조직은 피라미드형이 아니라 그물형의 거미줄web과 같다. 그들은 상사나 감독자가 아니라 파트너와 일하는 경우가 많다. 팀의 동료와 대화하지 않을 때는 컴퓨터 앞에 앉아 글이나 숫자를 확인하거나 새로이 입력해본다. 또한 다른 데이터를 확인해보거나 공식화하고, 가설을 검증하거나 디자인과 전략을 고안한다. 그들은 회의와 전화에 많은 시간을 소비하고, 제트기와 호텔에서 많은 시간을 보낸다. 정기적으로 보고서, 기획, 설계, 원안, 각서, 배치도, 번역, 각본 혹은 사업계획 등을 발표하고 그 제안 내용에 대해 합의를 이끌어내기 위해 회의를 자주 열기도 한다. 그들 일의 창조성은 팀의 구성원이 비공식적인 커뮤니케이션을 거듭할 때 태어난다. 그리고 문제를 종합하여 해결 방법을 짜내고, 실행에 옮길 계획을 만들기 위해 많은 시간과 비용을 들인다.

라이시에 따르면, 발전된 글로벌 경제에서 고소득을 올리는 사람들은 이러한 상징적 분석가들이다. 1977년부터 1990년까지 소득분포의 상위에서 하위까지 5단계로 나눈 미국인의 소득계층 분포를 보면, 최하위 빈곤층의 평균소득은 5% 감소한 것에 비해 최상위 부유층의 평균소득은 9% 상승했다. 다른 데이터를 보면, 고졸자의 임금은 12% 저하되고 또한 전업full time 노동자 전체의 43%는 임금이 감소한 것에 반해, 미국인 소유 기업의 최고 경영층의 평균보수는 220%(연평균 12%)나 증가했다.

기계적 노동의 임금이 낮아진 이유는 글로벌화로 그 노동 내용이 개발도상국과의 경쟁에 노출되었기 때문이다. 공장은 저임금노동을 찾아서 개발도상국으로 이동하기 때문에, 선진국의 노동자는 실직하든지 저임금을 받아들이든지 할 수밖에 없다. 또한 급여가 좋은 단순 생산 일을 찾을 수 없게 된 노동자가 대인 서비스 업무로 전환하게 되면 대인 서비스업의 임금도 하락한다. 실제로 노동통계국의 통계에서는 1980년대에 20만 명의 제조업 노동자가 직업을 잃고 그 가운데 거의 1/3이 대인 서비스로 옮겼는데, 이전보다 20% 낮은 봉급으로 재취업했다고 한다.

이에 비해 상징적 분석가의 일은 고부가가치를 창출하는 직업이다. 국부를 증대시키기 위해서는 이러한 일을 담당하는 사람들을 양성하는 교육이 바람직하다. 이미 상징적 분석가를 많이 육성하고 있는 지역에서는 다음과 같은 공통 양상이 나타난다. 즉, 부모가 교육에 관심을 갖고 자녀의 진학에도 열심이며, 학교 교사와 교수들은 아이들의 면학에 친절하다. 학교에서는 최첨단 실험실을 사용하고 있고, 컴퓨터나 비디오 시스템이 있는 교실, 언어학습 설비, 첨단화된 도서관을 쓸 수 있다. 수업은 상당히 적은 인원으로 진행되고 다른 친구들과는 지적인 자극을 주고받는다. 또 부모들은 미술관이나 문화행사에 자녀들을 데려가고, 해외여행을 체험하게 해주며, 음악 레슨을 받게 한다. 가정에는 교육상 유익한 책, 교육용 장난감과 교육용 비디오가 있고 현미경, 망원경, 최신 교육 소프트웨어가 설치된 컴퓨터도 갖춰져 있다. 라이시의 말에 따르면, 정보사회에서 이와 같은 환경을 만들어내는 것이 국부로 연결된다는 것이다.

새로운 연대를 목표로

상징적 분석가의 양성은 국부 증대로 연결된다. 이러한 생각은 한편으로는 보호무역주의를 비판하는 관점을 제공하고, 다른 한편으로는 세계(시민)

주의cosmopolitanism를 비판하는 관점을 제공한다. 그리고 이 이념은 새로운 국가적 연대를 창출할 수 있다는 점에서 큰 의미가 있다.

기계적 노동자와 대인 서비스 종사자는, 보호주의정책을 통해 타국을 궁핍화시키고 자국민의 복지를 향상시키는 '제로섬[2] 내셔널리즘zero-sum nationalism'을 지지하는 경향이 있다. 이러한 형태의 내셔널리즘은 위험한 감정이며 타국의 반발을 사기 쉽고, 또 장기적으로 국가의 번영을 손상시키게 될 것이다. 한편, 미국에서 활약 중인 상징적 분석가들의 다수는 자유방임주의적인 세계주의자들이다. 그들은 다른 미국인들의 경제적 곤경에 책임을 느끼지 않으면서 동시에 세계 전체가 직면하고 있는 큰 문제(기아와 전쟁)를 해결하는 것에 대해 무력감과 비관론에 빠져 있다. 그리고 그들은 미국의 대다수 민중으로부터 조용히 이탈하여 자신들만이 사는 지역사회를 형성하는 경향이 있다.

이처럼 한편에서는 '제로섬 내셔널리즘'이, 다른 한편에서는 '세계주의'가 국가를 양극으로 분열시키고 있다. 라이시에 따르면, 국가가 안고 있는 가장 중요한 정치과제는 글로벌 사회가 가진 이러한 원심력(국민의 분단)에 어떻게 대처할 것인가 하는 점에 있다.

여기서 라이시는 제3의 입장에서 교육을 기반으로 한 적극적인 경제 내셔널리즘을 제창한다. 즉 국민 모두는 자국민이 충분하게 생산적인 생활을 하도록 자국민의 능력을 향상시키는 데 주된 책임이 있지만, 그 때문에 다른 것을 희생하는 일이 없도록 타국과도 협력한다는 이념이다. 구체적으로는 다음과 같은 정책을 추천한다. 빈부격차의 확대에 대해서는, 가족수입이나 인종과는 관계없이 객관적으로 보아 재능 있는 어린이가 상징적 분석가가 될 수 있도록 〔제도적으로〕 보장하고, 계층 간의 이동을 촉진한다. 대학교와

2 게임이론game theory에서 나온 용어로, 경쟁자가 2명인 게임에서 어느 한쪽의 이익은 반드시 그만큼의 상대방의 손실로 귀결되어, 경쟁의 결과, 양측의 이해득실의 합은 항상 제로(0)가 된다는 의미이다.

연구소, 공항 등 상징적 분석가를 육성할 수 있는 환경에 대한 투자를 대폭 늘린다. 외국 기업에 대해서는 복잡한 문제의 발견과 해결을 미국인과 공동으로 수행한다는 계약을 맺게 한다. 그리고 상징적 분석가 계층은 공공지출 확대에 따른 재정 확대를 부담하고, 국내에서 고부가가치를 생산하는 기업에게는 국가재정을 지원한다.

이러한 정책안들은 미국의 양극화된 계층 사이에 이른바 '교육의 파이프'를 가설하는 것이며, 잃어버린 국가적 연대감을 회복시키는 것을 목표로 한다. 상징적 분석가는 일반적으로 세계 여러 나라로 쉽게 이동할 수 있으므로 애국심을 갖기가 어렵다. 그러나 교육제도를 개혁하여 상징적 분석가를 많이 양성하고, 계층 간 이동을 쉽게 하여 사회계층의 분단을 중단시킬 수 있다면, 국가에 대한 충성심은 회복되고 국부도 증대될 것이다. 라이시의 이러한 제안은 글로벌 경쟁사회 속에서 다수를 차지하는 '패자'들을 국부의 증대(고부가가치 생산)에 참여시키기 위한 하나의 아이디어이다. 그 내용은 교육제도 개혁을 정치문제화함으로써, 교육 중심의 국가적 충성심을 창출해내는 데 공헌할 수 있으리라고 생각된다. 그러나 이 제안이 성공할지 여부는 역사적 평가를 기다려야만 할 것이다.

참고문헌

ライシュ,『新アメリカ物語―レーガン以降を讀む』, 大澤雄三 譯, 東京新聞出版局, 1988.

라이시의 이전 저서. 레이건 행정부를 비판하면서 다음 시대를 예측했다.

ミルトン・フリードマン, ローズ・フリードマン,『選擇の自由』, 西山千明 譯, 日本經濟新聞社, 1980.

1980년대의 신자유주의, 특히 레이건 행정부 시절, 미국 보수파의 정책을 지탱해온 명저.

Ethan B. Kapstein, *Sharing the Wealth: Workers and the World*, W. W. Norton, 1999.

라이시와 마찬가지로 미국 민주당을 지지하는 국부론 저작.

ジョゼフ・S・ナイ Jr.,『不滅の大國アメリカ』, 久保伸太郎 譯, 讀賣新聞社, 1990.

라이시와 마찬가지로 미국 민주당을 지지하는 국제관계론 저작.

국내 참고문헌

로버트 라이시, 『새로운 세계경제 질서하의 국가 역할』, 재무부 경제협력국 옮김, 재무부 경제협력국, 1992.

로버트 라이시, 『부유한 노예』, 오성호 옮김, 김영사, 2001.

로버트 라이시, 『클린턴의 경제정책과 그 이론적 배경』, 재무부, 1992.

로버트 라이시, 「글로벌 기업의 경영자: 그들은 누구인가」, 이광철 옮김, 『서강 Harvard Business』 제41호, 1991. 11-12.

로버트 라이시, 「미국의 향후 경제기류」, 한국언론문화사, 『옵서버』 제36호, 1992. 12.

쓰치야 겐지, 『카르티니의 풍경』

이시자와 다케시石澤武 | 전진호 옮김

土屋健治, 『カルティニの風景』, めこん, 1991.

인도네시아로의 침잠

매우 아름다운 이 책 『카르티니의 풍경』은 학술서가 아니다. 물론 엄밀함이 부족하다거나 그런 것은 아니다. 이 책은 지식이나 정보를 얻기 위한 것이라기보다는 음미해야 할 것이다. 저자인 쓰치야 겐지는 후기後記에서, "나에게 있어서의 인도네시아를 '나'라는 주어를 사용해서 쓰자. 그것이 일단은 『카르티니의 풍경』에 대해서 표현하는 가장 자연스런 방법이 아니겠는가?" 라고 적고 있다. 이 책은 학술서라고 부르기에는 지나칠 정도로 저자의 육성이 넘치고 있다.

쓰치야 겐지는 1995년 52세로 서거했다. 지역연구에서는 대상지역에 대한 사랑이 필요하다고 종종 이야기되지만, 쓰치야에게야말로 이 '사랑'이라는 어딘가 수상한 단어를 말할 수 있는 권리가 있다. 1950년대 이래 미국의 인도네시아 연구를 총괄한 「문화주의Culturalism에 대해」(『東南アジア—歴史と文化』 22호, 1993)에서 쓰치야는, 인도네시아 내셔널리즘 연구에서 "사상事象의 독자성과 일회성에 대한 관심이 출발점의 전부였다"고 기술하고 있다. 쓰치야의 욕구는 보편적으로 응용 가능한 방법론이나 어디서나 타당한 원리를 추구하는 것이 아니라, 어디까지나 인도네시아의 독자성을 이해하려는 데 있었다. 그리고 인도네시아에 침잠하면서 사회사와 사상사가 교차하는 인도네시아 연구의 새로운 상황을 열었다. 그것은 역사나 정치 과정을 적극적으로 이해하려는 문화인류학의 새로운 연구동향과도 그 궤를 같이하는 것이었다. 그 결과 일본의 인도네시아 연구는 크리올creole[1]적인 도시환경이나 대중문화 등의 새로운 시각을 얻을 수 있었다. 인도네시아 정치사상사 연구자가 나카무라 도요中村とうよう[2]와 함께 크론총Keroncong[3]의 CD를 해석하는 글을 작성하는 것 등이, 쓰치야 이전에는 가능했을까?

그러나 오늘날 쓰치야 겐지의 저작, 특히 『카르티니의 풍경』을 반복해 읽는 것은 강한 심리적인 저항을 동반하는 작업이라고 말하지 않을 수 없다. 수하르토 대통령의 퇴진 이후 2년에 걸쳐 동티모르의 독립은 확정되었지만 그 과정에서 많은 인명 피해가 있었다. 이리안자야Irian Jaya(서파푸아)와 아체Aceh의 독립운동[4]에는 평화적인 해결의 전망이 보이지 않고 있다. 암본Ambon과 칼리만탄Kalimantan에서도 주민 간의 학살이 일어나고 있다. 선거는 공정히 치러졌지만, 어렵게 선출된 국회의원들은 권력 게임에만 몰두하고 있다. 만약 쓰치야가 생존해 있었다면 이러한 모습을 어떻게 바라보고 있었을까? 이런 점들을 생각하면 표현하기 어려운 무력감과 실망이 솟아올라 페이지를 넘기는 손가락이 멈춰버린다. 그러나 통일 후의 베트남, 마르코스 추방 후의 필리핀에 대해서는 많은 베트남 연구자, 필리핀 연구자도 같은 상념을 안고 있을 것이다. 인도네시아를 특권화할 근거는 없다. 이 책은 마땅히 읽고 이어져야 할 가치가 있는 지역연구의 정수이다. 이 책이 발행된 지 10년, 『카르티니의 풍경』이 새로운 독자를 얻을 수 있다면 그것이 저자에

1 신대륙에서 태어난 스페인계 또는 프랑스계 사람들 또는 현지인과의 혼혈인들을 의미한다.

2 1932년 출생한 음악평론가. 『뮤직 매거진』을 창간했다.

3 인도네시아의 대표적인 팝 음악. 독립운동시대에 널리 퍼져 국민음악으로서 사랑받아왔다.

4 서파푸아의 이리안자야 주와 수마트라 섬 북쪽의 아체 주는 인도네시아 중앙정부로부터의 분리독립운동을 전개하고 있어 민족분쟁이 일고 있는 지역이다.

대한 최고의 공양이 될 것이다.

풍경, 노스텔지어, 내셔널리즘

이 책은 다음과 같이 9부로 구성되어 있다.

1. 풍경 속으로
2. 카르티니의 생애
3. 카르티니의 시대
4. 풍경의 탄생
5. 시대의 풍경
6. 풍경의 행방
7. 크론총 음악 여행
8. '사랑스런 동인도' 여행
9. 사랑스런 인도네시아

「1. 풍경 속으로」에서는 '카르티니의 풍경'이라는 주제를 선택한 계기가 기술되어 있다. 쓰치야가 인도네시아의 족자카르타[5]에 유학했을 때 하숙집 응접실에 풍경화가 걸려 있었다. 야자나무와 논, 산 너머에 펼쳐진 푸른 하늘의 풍경화는 인도네시아 어디에서나 자주 볼 수 있지만, 쓰치야는 이와 같은 풍경화가 노스탤지어라는 심성과 연결되었다는 점에 주목했다. 쓰치야는 인도네시아의 대중음악인 크론총과 인도네시아 민족의식의 선구자인 카르티니의 서간집도 풍경화와 같이 노스탤지어를 환기시키는 것이라고 지적하고 있다. 이렇게 쓰치야는 노스탤지어라는 감정이 공통적으로 밑바닥에

5 인도네시아의 자바섬 중부에 있는 도시.

흐르고 있는 이 세 가지 문화요소가 내셔널리즘과 연결되어가는 과정을 탐구해간다.

「2. 카르티니의 생애」와 「3. 카르티니의 시대」는 카르티니Raden Adjeng Kartini의 생애와 그 시대의 모습을 살펴보고 있다. 카르티니는 1879년에 태어나 1904년 25세의 젊은 나이로 생을 마감했다. 자바섬 북쪽 해안의 개화한 귀족 가정에서 태어난 그녀는 유럽인을 위한 초등학교에서 교육을 받아 자바어와 네덜란드어 두 언어를 자유롭게 구사할 수가 있었다. 그러나 13세가 되었을 때 그녀는 자바 귀족의 관습에 따라, 결혼하기 전까지 바깥세계와 떨어져서 집안에 격리되는 혼전칩거(핑기탄pingitan)에 들어가지 않을 수 없었고, 그로 인해 학교를 단념하게 되었다. 그녀는 칩거 중에도 다양한 네덜란드 문헌을 끊임없이 읽었고 그리하여 그녀의 재능은 네덜란드인 식민지 관료의 주목을 받기 시작했다. 1898년 카르티니는 당시의 네덜란드 여왕 빌헬미나Wilhelmina(1880~1962)의 대관戴冠 축하연 참석을 허가받아 이를 계기로 혼전칩거에서 해방되었다. 다음 해 네덜란드 본국의 잡지에 "동 세대의 젊은 네덜란드 부인, 현재 유럽 각지에서 진행되고 있는 민주주의 동향에 관심을 가진 사람을 희망한다"는 취지의 펜팔 모집 광고를 냈다. 그녀는 1903년 자신의 희망과는 다르게 부모에 의해 강제로 결혼을 하게 되었고, 그로부터 1년도 되지 않아 출산 직후의 산욕열産褥熱로 사망한다. 그런데 그녀는 사망 시까지 수년간 방대한 편지를 네덜란드어로 작성했고, 남겨진 편지들은 펜팔 상대 가운데 한 사람인 식민지정부 교육문화성 장관 아벤다논J. H. Abendanon과 그의 부인에 의해 『암흑을 넘어 광명으로*Out of Dark Comes Light*』라는 서간집으로 정리되어 1911년에 간행되었다.

카르티니의 시대에는 네덜란드가 영역 지배를 강화하면서 행정기구가 정비되었고, 식민지 도시를 연결하는 교통망(도로, 철도, 항만 등)과 통신정보망(우편, 통신, 전화, 출판 등)이 갖추어졌다. 그리고 1870년 수에즈 운하가 개통된 이후 가족동반으로 식민지로 향하는 네덜란드인이 증가하여, 네덜란드

본국의 시민생활 양식이 그대로 식민지로 옮겨졌다. 이후에 네덜란드인이 '템포 둘루Tempo Doeloe'[6](과거의 좋았던 시기)와 노스탤지어의 감정을 통해 회고하는 '질서와 안녕'의 식민지 지배가 시작된 것이 카르티니가 살았던 시대였다.

「4. 풍경의 탄생」에서는 카르티니가 남긴 서간에서 풍경이 어떻게 묘사되었고, 그리고 그녀의 풍경 묘사가 어떻게 하여 '인도네시아의 풍경'으로 귀속되게 되었는지에 대해 고찰한다. 여기서 쓰치야는 다음과 같이 지적하고 있다. 자바의 전통적인 자연 묘사는 '이 세상 사람들의 일'과 반드시 연계되어 그려진다. 이에 비해 카르티니의 풍경 묘사는 '자연 그 자체로서' 그려지고 있고, 더 나아가 잃어버린 더없이 행복했던 시절에 대한 노스탤지어와 함께 풍경이 회고된다. 동시에 그녀의 풍경 묘사에는 미사여구의 정해진 문구(클리셰cliché)가 나열되기 때문에, 꿈과 같은 '현실의 열기나 습기가 전혀 없는 청명한 풍경'으로서, "개별 지역의 한계성에서 벗어나 '사랑스런 동인도의 풍경'을 나타낸다"고 지적한다.

「5. 시대의 풍경」에서는 19세기 후반 이후 식민지 도시의 새로운 문화가 다루어지고 있으며, 더욱이 카르티니가 당시의 식민지 사회를 어떻게 묘사했는가를 적고 있다. 이미 「3. 카르티니의 시대」에서 보았듯이 식민지의 커뮤니케이션 기구가 정비되면서 바타비아Batavia[7] 등의 식민지 도시에서는 혼성문화creole적인 새로운 문화, '메스티소mestizo적 문화현상'이 발생했다. 즉 그것은 유럽인, 중국인, 유럽과 아시아의 혼혈인(유라시안), 원주민이라는 서로 다른 집단이 더불어 생산하고 향유함으로써 유서 깊은 특정의 '고전'을 소유하지 않는, 소속 불명의 대중문화인 것이다. 당시의 식민지 도

6 19세기 말 인도네시아를 지배 통치했던 네덜란드인들이, 당시의 인도네시아 지배 통치 기간이 피식민지인들과 사이좋고 평화롭게 공존했던 시기였다고 하면서 이 시기를 지칭한 용어이다.

7 인도네시아의 현재 수도인 자카르타의 네덜란드 식민지 시절 지명. 1619년부터 1949년까지 불렸다.

시에서 태어난 풍경화, 크론총 음악, 말레이어 대중문예, 대중연극은 이러한 혼성의 문화로서 창조되었다.

'사랑스런 동인도'를 묘사한 풍경화는 '현실의 열기나 습기가 전혀 없는 청명한 풍경'으로서 카르티니가 서간 속에서 묘사한 풍경과 같은 것이다. 또한 크론총 음악에 있는 국적 불명의 향수에 가득 찬 가락은 카르티니의 풍경 묘사와 노스탤지어를 공유하고 있다. 쓰치야는 이러한 메스티소적인 여러 문화현상을 고찰한 후 카르티니의 서간으로 되돌아와, 그녀가 식민지화된 자바 사회를 묘사하면서 네덜란드인과 자바인 사이의 단절을 예리하게 간파하고 있었다는 점을 지적하고 있다. 즉 당시의 네덜란드와 자바의 양자 대립 관계는 카르티니의 풍경 묘사에서도 나타나는데, 거기서 카르티니가 묘사한 풍경은 잃어버린 위대한 과거, '민족혼'에 대한 노스탤지어를 표현했다는 것이다. 이러한 카르티니의 표현에 나타난 지금은 잃어버리고 만 '아름답고 높은 기품의 과거'를 상기하며 그것을 회복하려고 할 때, 내셔널리즘의 원동력이 싹튼다는 것이다.

문학, 풍경, 네이션

가라타니 고진柄谷行人의 『일본 근대문학의 기원日本近代文學の起源』(講談社, 1980)은 근대문학에서 풍경이 그 이전의 문학과 어떻게 다른 형태로 표현되고, 또 어떻게 '근대적 자아', 즉 '내면'이 발견되었는가를 탐구하고 있다는 점에서 이 책과 일맥상통한다. 더욱이 가라타니의 『'전전'의 사고戰前の思考』(文藝春秋, 1994)에서는 근대문학과 내셔널리즘의 문제를 논하고 있다. 이 책의 논의에서 조금 떨어져서, 가라타니의 견해를 실마리로 카르티니의 풍경과 내면의 발견에 관해서 생각해보고자 한다.

앞에서 보았듯이 쓰치야는 자바의 전통적인 자연 묘사가 '이 세상 사람들의 일'과 반드시 연계되어 그려진다는 것을 지적하고 있지만, 풍경이 무엇보다도 의미가 있다는 점은 자바나 일본이나 다르지 않다. 가라타니는 "사네토모實朝[8]나 바쇼芭蕉[9]도 결코 풍경을 본 것은 아니다. 그들에게 풍경은 언어이며 과거의 문학임에 틀림이 없다"고 논하고 있다. 그러면 일본에서는 인간에 의해 의미가 부여되지 않은, 평범하지만 있는 그대로의 풍경은 어떻게 해서 묘사되게 되었는가?

후타바테이 시메이二葉亭四迷[10](1864~1909)는 러시아 문학을 통해 발견한 풍경을 일본어로 표현하기 위해서 고투하고 있었다. 그러나 그의 장편소설인 『뜬구름浮雲』은 "음력 10월도 이제 불과 이틀밖에 남지 않은 28일 오후 3시경에", "끊임없이 이어지는 개미의 행렬, 흩어지는 작은 거미 떼처럼 우글우글 떼거리로 몰려나온다"라는 표현이 되고 만다. "그(후테바테이)는 러시아어로 쓰면 '내부' 또는 '풍경'을 표현할 수 있지만, 막상 일본어로 쓰려고 하면 곧바로 닌조본人情本[11]이나 바킨馬琴[12]의 문체와 같이 되어 흘러가버린다. 그의 고통은 이미 '풍경'을 발견하고 있으면서도 그것을 일본어에서는 발견할 수 없었던 점에 있다"(『日本近代文學の起源』, 43쪽).

네덜란드어로 쓰인 카르티니의 서간에서 풍경은 이미 발견되어 있고, 『뜬구름』에서 보이는 것과 같은 곤란은 없다. 왜 유럽의 언어로 써야만 풍경을 발견할 수 있는 것인가? 쓰치야는 네덜란드어가 '나'라는 주어 없이는 문장이 성립되지 않는 것에서 이유를 찾고 있다. 그렇지만 유럽의 언어가 '나'라는 주어를 반드시 필요로 한다고 해서 늘 자동적으로 '나'가 발견되거나, 그

8 미나모토노 사네토모源實朝(1192~1219). 가마쿠라 막부의 제3대 쇼군. 시인으로도 유명해, 92수의 『칙선화가집勅撰和歌集』을 남기고 있다.

9 마쓰오 바쇼松尾芭蕉(1644~1694). 에도 전기 시대의 일본 하이쿠俳句의 대가. 유연하고 한적한 경지를 추구하면서 독특한 상징수법을 사용하여 하이쿠를 시문예로 발전시킨 인물로서 각지를 여행하면서 많은 시와 기행문을 남겼다.

10 소설가이자 번역가. 언문일치체의 소설 『뜬구름』을 발표했고, 투르게네프 등의 러시아 문학을 번역했다.

11 풍속소설의 한 종류. 정적靜的 공감을 중시하고 남녀의 연애를 묘사한 것이 많다.

12 교쿠테이 바킨曲亭馬琴(1767~1848). 에도 말기의 극작가로서 일본의 신화, 민화, 중국고전 등에 박식하며, 매우 현학적이고 다양한 지식을 활용한 문체로 유명하다.

로 인해 풍경이 잘 묘사된다는 것은 아니다. 카르티니가 풍경을 묘사할 수 있었던 것은 단순히 그녀가 네덜란드어를 읽을 수 있었기 때문이 아니라, 네덜란드어를 통해서 이미 '나'가 발견된 '근대문학'을 읽고 있었기 때문이다. 후타바테이가 풍경을 발견할 수 있었다면 그것은 그가 러시아어 책을 읽었기 때문이 아니라, 투르게네프Ivan Sergeyevich Turgenev[13](1818~1883)를 필두로 하는 러시아 근대문학을 읽었기 때문이라고 할 수 있다.

그렇다면 말레이어로 쓰인 소설에는 후타바테이가 직면한 것과 같은 문제는 없었던 것일까? 쓰치야는 19세기 말의 말레이어 대중소설 『니 파이나 이야기*Tjerita Nji Paina*』에 등장하는 풍경 묘사를 '사랑스런 동인도의 반反세계'로서 인용하고 있다(211~213쪽). 여기서 묘사되고 있는 것은 뭉크Edvard Munch[14](1863~1944)의 〈절규〉를 상기시키는 살벌한 풍경이다. 『니 파이나 이야기』는 풍경을 묘사하고 있는데, 왜 후타바테이는 풍경을 묘사하려고 하면 '닌조본이나 바킨의 문체'가 되어버리는 것일까? "그(후타바테이)가 이미 아무리 '내면적'이었다고 해도, 이른바 〔저자의〕 '손'이 그것을 배반하는 것이다. 즉 표현되어야 할 '내면'이나 '자기'는 선험적으로 있는 것이 아니라, 그것은 '언문일치'라는 하나의 물질적 형식을 확립하면서 비로소 〔내면적인 풍경 묘사가〕 명백해지게 되었다"(『日本近代文學の起源』, 144쪽)고 가라타니는 말한다.

가라타니가 말하는 '물질적 형식'은 일본에서 '언문일치'라는 새로운 문어체이며, 그 근본은 문자 표기의 문제, 즉 한자 우위를 부정하고 음성 중심주의로 전환하는 것이었다. 이에 비해 인도네시아에서 '물질적 형식'으로 기능한 것은 주민 대부분의 모국어가 아니라, 그 자체가 잡종적 도시문화의 산물인 시장의 말레이어였다. 『니 파이나 이야기』가 풍경을 묘사할 수 있었

---

13 러시아의 소설가. 농노제와 여성의 자립 등 사회문제를 뛰어난 시적 감상으로 표현한 다수의 장편을 남겼다.

14 노르웨이의 화가. 인간의 내면적 감정을 주로 표현한 표현주의의 선구자 중 한 사람이다.

던 것은 그 시대 말레이어 대중소설의 필자가 중국 화교와 네덜란드인 및 유라시안이었기 때문이다. 그들은 수준 높은 말레이어 전통문학과는 관계가 없었고, 후타바테이가 끌려다녔던 것과 같은 고전은 존재하지 않았던 것이다. 서양의 새로운 관념이 들어오더라도 일본에서는 우선 언문일치의 새로운 문장이 확립되지 않으면 그것을 표현할 수 없었다. 이에 비해 인도네시아에서는 근대문학이 탄생하면서 말레이어라는 새로운 문어체가 생성되어 있었고, '내면', '풍경', '표현' 등의 관념이 들어오기를 기다릴 뿐이었다.

그리고 가라타니의 『'전전'의 사고』에는 "과거를 조직하고 구성하면서 제일 중요한 역할을 하는 것은 근대문학이라고 생각한다"(241쪽)고 설명되어 있다. 이처럼 풍경과 내면 그리고 네이션의 특수한 역사성을 은폐하는 장치야말로, 내면을 외형화시키는 것과 같이 언어를 관념화시키는 '언문일치'라는 물질적 형식이다. 또한 속어俗語로서의 문어체를 창출하는 것이 네이션 창출의 열쇠가 된다는 것이다.

인도네시아 내셔널리즘의 행방

다시 『카르티니의 풍경』으로 돌아간다.

「6. 풍경의 행방」에서는 카르티니의 사후, 네덜란드에서는 봉건적인 자바를 근대화하는 '윤리정책'의 최선의 모델로서, 또한 인도네시아 내셔널리즘에서는 민족 의식의 선각자로서, 그녀의 주장이 전승되고 재생되어온 과정이 분석된다.

「7. 크론총 음악 여행」과 「8. '사랑스런 동인도' 여행」에서는 앞서 살펴본 19세기 말의 도시문화가 그 후 어떤 과정을 거쳐 인도네시아에 귀속했는지, 크론총 음악과 풍경화에 대해서 논의하고 있다. 메스티소적인 문화 상황 속에서 태어난 크론총 음악은 세월이 흐르면서 듣는 사람과 만든 사람 모두에서 인도네시아인의 비중이 높아졌다. 또한 크론총 음악은 한층 정형성이 강해져 아주 오래 전부터 불려왔던 노래처럼 관념화되면서 인도네시아 고유의 문화가 되어갔다. 이와 같이 '사랑스런 동인도'의 풍경화도 작가와 그것을 감상하는 사람들 가운데 인도네시아인이 압도적 다수가 되면서, 크론총 음악과 같은 과정을 거쳐 인도네시아인의 것이 되었다. 그리고 거기에 그려진 풍경은 조국의 풍경으로서 당연히 인도네시아에 귀속하게 되었다.

마지막 장은 수하르토 체제하에서 국가가 주도한 풍경, '사랑스런 인도네시아'의 범람에 대해 기술하고 있다. 개발정책 가운데에서 국가원리인 '판차실라Pancasila'[15]를 찬미하는 '사랑스런 인도네시아'의 홍수에 관해, 쓰치야는 "'사랑스런 인도네시아'는 지금 국정의 봉인이 찍혀 국가가 정한 정형으로서만 살아가야 하는 것인가"라고 묻는다. 이와 같은 '사랑스런 인도네시아'와 어디선가 연결되면서, "그러면서 그것과는 다른 방향을 지향하는 에너지가 소용돌이쳐 새로운 서민문화 · 서민예술이 태어나고 있는" 곳이 바로 서민이 모이는 시장 파사르라고 한다. 그리고 쓰치야는 그곳에서 무고無告한 백성의 목소리를 이야기하는 인도네시아의 가수이자 작곡가인 에비트 아데Ebiet G. Ade(1954~)에게서 카르티니의 모습을 찾는다. "카르티니 이후 자기표현의 전통을 계승하고 그것을 새롭게 하면서, 지금 눈에 보이는 시대의 풍경을 완성적으로 묘사해가는 사람들이, 앞으로 계속해서 인도네시아의 지평선 위에 모습을 나타낼 것"을 기대하면서 쓰치야는 붓을 놓는다.

그러나 현재의 파사르는 이미 카르티니 시대와 같은 혼성문화적인 장場이 아니다. 인도네시아가 독립한 후의 50년이 넘는 역사는 지울 수 없을 만큼 각인되어 있으며, 파사르도 더 이상 특권적 장소로는 존재할 수 없지 않을까? 언어적 · 문화적 통합을 달성했음에도 불구하고, 현재 인도네시아에서 전개되고 있는 사태는 국가 스스로 내셔널리즘을 부식腐食시켜온 과정의 종착점이다. 이러한 사태를 어떻게 생각할 수 있을까? 카르티니 이후 1세기에

15 수카르노가 제창한 인도네시아 공화국 건국 5원칙, 즉 민족주의, 인도주의, 민주주의, 사회주의, 신에 대한 신앙을 일컫는다.

걸친 인도네시아 사상의 흐름은 무엇이었던가? 이러한 것들을 쓰치야에게 물어볼 수 없는 이상, 지금의 우리들은 쓰치야가 남긴 유산 위에서 스스로 답을 찾아야만 할 것이다.

참고문헌

말레이어 대중문학에 관해서는 다음 자료를 참조할 수 있다.

土屋健治, 「〈カエロアン＝おどろおどろしさ〉の文學―ジャワ'ニャイ・ダシマ物語'の世界」, 『文學』 57권 7호, 1989 수록.

土屋健治, 「植民地空間と大衆文學の成立―19世紀末のバタヴィアにて」, 中嶋昌弥 編, 『ポピュラー文學の社會學』, 世界思想社, 1994 수록.

押川典昭, 「文學の營爲」, 土屋健治 編, 『講座東南アジア學 第6卷―東南アジアの思想』, 弘文堂, 1990 수록.

北野正德, 「娛樂と教訓の制度化―インドネシア近代小說の展開に關する考察」, 『東南アジア研究』 31권 4호, 1994 수록.

土屋健治, 『インドネシア民族主義研究―タマン・シスワの成立と展開』, 創文社, 1982.

1922년에 설립된 민족 교육단체인 타만 시스와를 축으로 인도네시아 내셔널리즘의 특징인 '이끌리는 민주주의'의 형성을 논한다. 무고한 백성의 소리를 명료하게 대변하는 현명한 지도자에 의해서 이끌리는 민주주의라는 민주주의의 이해 방식은 '뿌리 깊은 흐름'이라고 할 수 있다. 현재 인도네시아 정치의 근본 문제로 남아 있다.

土屋健治, 『インドネシア―思想の系譜』, 勁草書房, 1994.

쓰치야의 1970년대부터 1990년대 초까지의 논고를 정리한 저작. 랑가와르시타와 카르티니로부터 시작되어 약 1세기에 걸쳐 인도네시아 국가를 둘러싸고 전개된 사상의 총서이다. 무고한 백성의 언어를 말하는 지식인의 재생을 기대하고, 국민국가의 운명의 불투명함을 표현하면서 마무리되고 있다.

中村とうよう 編, 『クロンチョン入門』, オーディオブック, 1990.

23곡의 크론총 음악이 CD에 담겨 있고, 쓰치야가 해설을 붙였다. 크론총은 전후 한때 현재보다도 훨씬 많은 일본인들에게 알려졌다. 오즈 야스지로小津安二郎 감독은 영화 〈바람 속의 암탉〉(1948) 및 유작 〈꽁치의 맛〉(1982)에 '벵가완 솔로Bengawan Solo'[16]를 삽입했고, 이치가와 곤市川崑 감독은 〈벵가완 솔로〉(1951)라는 제목으로 작품을 찍었다. 월드뮤

16 자바 섬에 있는 솔로라는 하천.

직 붐이 일어나기 훨씬 전의 일이다.

土屋健治追悼集刊行會 編集·發行, 『時間の束をひもといて一追悼 土屋健治』, 1996.

쓰치야의 연보, 서간, 연구노트, 국내외에서 보내온 140여 통의 추도문을 모았다. 비매품이지만 도서관에 소장되어 있다. 900페이지 가까운 두께가 쓰치야의 위대함을 한층 더 생각하게 한다.

シティスマンダリ·スロト, 『民族意識の母—カルティニ傳』, 船知惠·松田まゆみ 譯, 井村文化事業社, 1982.

『카르티니의 풍경』에서도 빈번히 인용하고 있는 상세한 카르티니 전기. 카르티니 서간집을 엮은 아벤다논의 자의적인 편집을 지적하고 있다.

B·アンダーソン, 『想像の共同體』, 白石隆 외 譯, NTT出版, 1997.

『내셔널리즘론의 명저 50』에도 소개된 빼놓을 수 없는 책. 쓰치야의 『카르티니의 풍경』은 이 책의 한 증거로서 읽을 수 있다. 현대의 고전 중 하나.

關本照夫·船曳建夫 編, 『國民文化が生まれる時』, リブロポート, 1994.

대중연극, 팝뮤직 등의 대중문화와 국민국가의 관계를 문화인류학자가 고찰한 책이다. 기고자 대부분이 인도네시아에서 현지조사를 수행했으며, 『카르티니의 풍경』과 주제가 겹친다.

ファティマ·メルニーシー, 『ハーレムノ少女ファティマ』, ラトクリフ川政祥子 譯, 未來社, 1998.

メルニーシー, 『イスラームと民主主義』, 私市正年·ラトクリフ川政祥子 譯, 平凡社, 2000.

카르티니의 혼전칩거와 메르니시Fatema Mernissi(1940～)의 하렘harem[17] 격리는 동질의 체험이다. 메르니시는 모로코의 저명한 이슬람 페미니스트이다. 카르티니를 이슬람 페미니즘의 시점에서 되돌아보면 새로운 문맥이 보이지 않을까?

富山一郎, 「沖縄とインドネシアをつなぐもの」, 『大航海』 15권, 特集: 民族—20世紀最後のアポリア, 法藏館, 1997년 4월호 수록.

『카르티니의 풍경』에 대해 쓰여 있다. 밥 말리Bob Marley[18]의 노래와 같이 무겁고 열정적인 작가의 문장은 그 강도가 일본의 록 그룹 '두뇌경찰頭腦警察'의 최고의 라이브만큼, 비교할 수 없을 정도로 돌출적이다. 이와 같은 독자를 얻은 『카르티니의 풍경』은 역시 행복한 책이다.

국내 참고문헌

고영훈, 「인도네시아 식민통치 시대 및 신질서 시대 문학에 나타난 민족의식」, 한국외국어대

17 이슬람 문화권에서 여자들이 따로 거처하는 방을 의미한다.

18 자메이카의 레게 음악가. 레게 음악을 세계적인 음악으로 발전시켰다.

학교 외국학종합센터, 『동남아연구』 제10집, 2001. 12.

김장겸, 「인도네시아 전통문학 연구」, 한국외국어대학교 외국학종합센터, 『동남아연구』 제6집, 1997. 12.

김형준, 「폭동을 통해 본 인도네시아 자바 문화의 지속과 변화」, 서울대학교 국제지역원, 『국제지역연구』 제8권 1호, 1999. 3.

이복남, 「프랑스어권 카리브지역의 문화정체성: 크리올문학과 크리올리테 운동을 중심으로」, 한국외국어대학교 외국학종합센터, 『국제지역연구』 제7권 2호, 2003.

리아 그린펠드, 『내셔널리즘』

사토 시게키佐藤成基 | 전진호 옮김

Liah Greenfeld, *Nationalism: Five Roads to Modernity*, Harvard Univ. Press, Cambridge(Mass.), 1992.

이 책은 잉글랜드, 프랑스, 러시아, 독일, 미국의 내셔널리즘 발생을 비교, 분석한 것이다. 저자 그린펠드는 이스라엘의 히브리대학에서 박사학위를 취득하고, 현재 보스턴대학 등에서 교편을 잡고 있는 역사사회학자이다. 이 책의 전체 구성은 아래와 같다.

서론
1장 신神의 신생아—잉글랜드God's Firstborn: England
2장 프랑스의 세 가지 아이덴티티The Three Identities of France
3장 스키타이의 로마—러시아The Scythian Rome: Russia
4장 무한한 절망의 최종 결착—독일The Final Solution of Infinite Longing: Germany
5장 이상적 네이션의 추구—미국에서의 내셔널리티 전개In Pursuit of the Ideal Nation: The Unfolding of Nationality in America
결어

이하에서는 책의 구성에 따라 저자의 논의를 요약하고, 마지막에 그 의의와 문제점을 간단히 논한다.

내셔널리즘과 인민주권

서론에서는 이 책을 비교, 분석할 때 전체 틀이 되는 몇 가지 기본 개념이 설명된다.

(1) 근대 현상으로서의 내셔널리즘

내셔널리즘은 계층·지역적 차이를 넘어선 '인민'으로서의 '네이션nation'에 대한 귀속의식identity이며, 더욱이 그 '인민'은 '주권'을 보유하는 것으로 간주된다. 이러한 의미에서 내셔널리즘은 근대 현상이다.

로마시대로부터 근대에 이르기까지 '네이션'이라는 말은 그것이 사용되는 사회적 상황에 따라서 '지그재그'형 발전의 역사를 걸어왔다. 로마시대에 '외부인foreigner'을 의미했던 '네이션'은 중세 유럽의 대학에서 학생의 출신지별 집단을 의미하게 되었고, 나아가 기독교 공회의公會議에서는 각지를 대표하는 기독교인의 집단을 의미하게 된다. 그 후 16세기 잉글랜드에서는 그때까지 멸시받아온 하층민들을 가리키는 '인민'이 당시까지 '엘리트'층에 한정되어 있었던 '네이션' 개념과 동일한 것으로 간주되었고, 더 나아가 그것이 '주권자'로 간주되기에 이른다. 이러한 '개념의 혁명conceptual revolution'을 거쳐 네이션 개념은 17세기 영국의 시민혁명 과정에서 민주주의의 진전에 큰 역할을 수행했다.

그러나 이러한 민주주의적인 네이션 개념이 각지로 확산되어가면서 점차 네이션을 문화·역사적으로 '독특한' 집단으로 해석하는 에스닉ethnic의 네이션 개념이 나타나게 되었다. 이리하여 내셔널리즘은 시빅civic(시민적)과 에스닉이라는 두 가지의 대극적 관념을 기본 원리로 하여 구성되게 되었다.

(2) 내셔널리즘의 유형

저자는 '시빅' 과 '에스닉' 이라는, 콘Hans Kohn이 사용한 이래 잘 알려진 대립 항에, '개인주의 · 자유주의' 와 '집합주의 · 권위주의' 라는 또 다른(그러나 이것 역시 콘의 이분법에 함의되어 있었다) 대립 항을 교차시킴으로써 내셔널리즘의 네 가지 유형을 만들었다. '개인주의 · 자유주의' 와 '시빅' 으로 특징지어지는 유형 I 은 개인의 '자유 · 평등' 을 전제로 한 내셔널리즘이며, 영국과 미국이 여기에 해당된다. '집합주의 · 권위주의' 와 '시빅' 으로 특징지어지는 유형II는 인민 의사의 일체성을 전제로 한 내셔널리즘이며, 프랑스가 여기에 해당된다. '집합주의 · 권위주의' 와 '에스닉' 으로 특징지어지는 유형 III은 의지로 변경할 수 없는 태생적('에스닉' 한) 본질로 일체성을 유지하는 내셔널리즘이다. 러시아, 독일이 여기에 해당된다. 한편 '개인주의 · 자유주의' 와 '에스닉' 이라는 제4의 조합은 원리적으로 있을 수 없는 것으로 여겨지고 있다.

(3) 내셔널리즘 발생의 몇 가지 요인

내셔널리즘의 발생과 그 성질의 차이를 설명하는 주요인은 다음과 같다.

① 사회구조 요인: 네이션 개념을 만들어내는 담당자인 사회층의 지위 상승 혹은 하강에 따른 '지위 불안' 이 새로운 아이덴티티를 추구하는 심리적 동기가 된다.

② 국제적 문화 요인: 네이션 개념이 외부(선진지역)로부터 도입된다.

③ 토착적 문화 요인: 각 지역의 네이션 개념을 담당하는 계층(귀족층이나 지식인층)은 외래의 네이션 개념에 대해 토착문화 개념을 이용해서 재해석해 간다.

④ '선진적' 인 문명과 접했을 때의 지식인들의 '르상티망ressentiment' 1:

1 사회심리학 용어로서, 피지배자 혹은 약자가 지배자 혹은 강자에 대해 심리적으로 억누르고 있는 증오나 원한, 복수심 등을 의미한다.

이것이 다른 네이션에 대한 적의를 불러오고 스스로의 네이션을 미화하도록 촉구한다.

다섯 가지의 내셔널리즘

여기서는 다섯 가지 유형의 내셔널리즘을 1장에서 5장까지 각 장별로 분석한다.

(1) 잉글랜드

잉글랜드의 근대적 내셔널리즘은 16세기에 발생했다. 이 시대에 종래의 봉건적 세습귀족이 몰락하고 농촌의 젠트리gentry[2]와 요먼yeoman[3] 중에서 지성과 교양을 갖춘 새로운 귀족층이 대두해, 국가의 관리가 되면서 지배적 지위로 상승했다. 동시에 역시 지성과 교양을 갖춘 법률가 등의 중간층도 대두했다. 근대적 네이션의 담당자가 된 것은 이들 신귀족과 중간층에 속한 사람들이었다. 그들은 종래의 봉건적 세습귀족에 대항하여 스스로를 '인민', '네이션' 혹은 '잉글랜드인'이라는 개념으로 칭하고 지위 상승을 정당화했다.

프로테스탄티즘은 잉글랜드에서 고유의 네이션 개념을 형성하는 데 큰 역할을 했다. 우선 프로테스탄티즘은 잉글랜드에서 성서의 영어번역과 영어 습득자 증가에 기여했다. 영어로 번역된 성서, 특히 구약성서에 자주 나오는 nation이라는 말(이는 바벨탑 이후의 언어 집단뿐만 아니라 '인민'이나 '영토' 등의 의미로서도 사용되었다)이나 '신에게 선택된 백성'의 개념은 잉글랜드 내셔널리즘의 표현 형식을 제공했다.

2 15, 16세기 영국에서 귀족과 요먼의 중간에 위치하여 의회와 지방행정을 주로 담당했던 신분집단을 말한다.

3 본래는 연 수입 40실링 이상의 자영 토지를 소유한 사람을 가리켰으나, 뒤에는 널리 젠트리와 영세농의 중간에 위치하는 중산적인 농민, 즉 농민 상층부를 뜻하게 되었다.

잉글랜드의 내셔널리즘과 프로테스탄티즘의 연결은 그 후 더욱더 강화되었다. 여왕 메리Queen Mary I[4](1553~1558 재위)가 프로테스탄트를 박해했던 시대에는 프로테스탄트와 로마 가톨릭의 종교대립이 '잉글랜드 인민'(네이션)과 왕권의 대립으로 연결되었다. 엘리자베스Elizabeth I(1558~1603 재위) 왕조 시대가 되자, 이번에는 내셔널리즘과 프로테스탄티즘이 왕권과 결합하여 프로테스탄트 지식인들의 세속적 문화내셔널리즘이 나타났다. 그러나 17세기 스튜어트 왕조 시대에 들어서자, 왕권과 '인민'(네이션)의 대립이 재현된다. 왕권신수설을 내세우는 국왕에 대해 의회에 대표를 파견하고 있는 신귀족과 중간층 사람들은 '잉글랜드 인민의 자유'를 제창하며 대치했다. 그 결과 영국의 내셔널리즘은 반왕권적이고 자유주의적인 색채를 강하게 띠게 되었다.

이와 같은 내셔널리즘이 형성되는 가운데 다시 프로테스탄티즘, 퓨리터니즘Puritanism의 종교적 고유 용어가 이용되어(예를 들어 밀턴의 사상), 잉글랜드 내셔널리즘의 자유주의적 경향을 강화시키는 역할을 수행했다. 그러나 네이션 개념은 혁명 후 차츰 탈종교화되어 단지 '잉글랜드인'으로서의 의미를 갖게 되었다. 그것은 자유스럽고 민주적이면서 또한 합리적인 '잉글랜드인'의 민족적 아이덴티티를 표현하는 것이 되어갔다.

(2) 프랑스

프랑스에서는 서로 겹치는 세 단계를 거쳐서, 근대 이전의 '프랑스인' 아이덴티티(소수의 엘리트 계층 내부에서 공유되어 있는 것)로부터 근대적 내셔널 아이덴티티로 발전해갔다.

중세 프랑스에서 우선 형성된 것은 기독교적인 프랑스인 아이덴티티이

4 잉글랜드의 첫 여왕으로 가톨릭 교도였기에 재임 기간 중 프로테스탄트들을 크게 탄압해 '피의 메리Bloody Mary'로 일컬어진다. 메리 여왕이 사망한 후, 이복동생 엘리자베스 1세가 왕위를 계승했다.

다. 카페 왕조Capetien dynasty 시대(987~1328)의 프랑스 왕국은 로마 교황으로부터 기독교 교회의 보호자로서 특별한 지위를 획득한다. 이로 인해 프랑스 국왕 및 인민은 '가장 훌륭한 기독교도'라고 하는 아이덴티티가 생겨났다. 그 후 16세기에서 17세기에 걸쳐 절대주의적인 국가를 형성하는 과정에서 국왕 및 국왕과 일체화된 국가état—이 말은 '신분'이라는 의미였는데, 16세기경에 국왕의 권위와 지배 체제라는 의미를 갖게 되었다—에 대한 충성심이 프랑스인 아이덴티티의 중심에 위치하게 되었다. 이러한 아이덴티티는 17세기 루이 14세 시대에 절정을 맞이한다.

그러나 절대왕정 시대에 귀족들은 국왕에 의해 정치적 권한을 빼앗겼을 뿐만 아니라, 국왕이 귀족 지위를 남발하면서 '고귀'한 귀족 지위의 가치 그 자체가 하락하는 상황이 발생했다. 귀족들의 지위 불안은 반反국왕 감정을 고조시켰다. 이러한 상황에서 18세기에 교양을 높여 살롱과 아카데미를 형성하게 된 귀족들(그곳에는 귀족 출신이 아닌 신흥 지식인도 참가했다)은 그때까지 경멸했던 '인민'의 개념과 스스로를 일체화시켜 국왕과 대치했고, '인민'의 이익에 봉사하는 일에 신분적 명예를 부여하게 되었다.

또한 귀족 지식인들은 잉글랜드로부터 '네이션' 개념을 받아들여 '인민'의 동의어로 사용하게 된다. 이때 그들은 욕심 투성이가 된 영국과 대조적으로 프랑스의 '네이션'을 이상화시켜, 그것을 '유일하고 반드시 필요한' 통일체로 해석하게 되었다(이는 루소의 '인민의 일반의지'라는 개념에 잘 나타나 있다). 1789년의 프랑스혁명에서 이와 같이 추상화되어 실체화된 '인민'(네이션)은 국왕을 대신한 권위의 원천이자 프랑스 '주권'의 소재로서 미화되어 숭배의 대상이 된다. 이리하여 '자유'를 표방하면서도 집합주의적이고 권위주의적인 프랑스의 내셔널리즘이 태어난 것이다.

(3) 러시아

러시아에서의 내셔널리즘은 17세기 말 표트르Pyotr 대제 시대에서 18세기 예카테리나Yekaterina의 시대에 걸쳐, 러시아가 서구로부터 과학과 사상을 도입해 근대국가의 형태를 정비해가는 과정에서 형성되었다. 이 시대의 러시아 왕조는 단순한 군주 개인재산이 아니라 왕과 인민의 정치 공동체로 이해되었다. 이것을 나타내는 '국가', '조국'과 같은 비인격적 개념이 법령이나 칙령에서 빈번히 사용되었고, 국왕도 그것에 봉사해야만 하는 존재로서 파악되었다. 그러나 여기에서 군주의 인격과 '국가' 그리고 '조국'이 반드시 명확하게 구별되지는 않았다.

잉글랜드나 프랑스와 마찬가지로 러시아 내셔널리즘의 형성에서 귀족이 수행한 역할은 중요했다. 러시아에서는 서구와 같이 토지 소유의 '봉건적' 특권이 확립되어 있지 않아, 국왕을 위하는 공무가 귀족의 지위를 보증하는 것이었다. 그렇지만 표트르 대제 이후 국왕은 공무의 직위를 세습시키지 않고 업적을 중심으로 결정했다. 이것은 왕권에 대한 귀족의 의존도를 높임과 동시에 귀족 출신이 아닌 사람들에게 귀족화의 길을 열어놓은 것이었다. 이와 같은 사회 이동의 기회 증대는 귀족계층의 지위 불안을 초래했다. 이에 귀족들은 국왕이 도입한 '국가'와 '조국'의 개념을 이용하여 이에 봉사한다고 함으로써 자신들의 '고귀'한 지위를 재정의했다.

그러나 '네이션' 개념을 일반인민을 포함시켜 보다 민중적으로 해석한 것은, 표트르 대제 시대 이후 교육이 확대되면서 생겨난 비귀족 출신의 지식인(인텔리겐차)이었다. 전통적인 계층적 지위체계에서 지위 향상의 야심이 막혀 있었던 그들은, '조국에 대한 봉사'라는 관념으로 자신들의 지위에 귀족과 같은 권위를 부여하고자 했다. 이러한 애국심은 때때로 미화된 '러시아 인민'(나로드narod)에 대한 봉사라는 형식으로 표현되었다. 또한 왕가에서 농민까지도 포함된 '러시아 인민' 전체의 핵심으로 언어나 역사에 관심이 모아졌다.

러시아에서 내셔널의 관념을 형성시킨 또 하나의 중요한 요인은 선진적인 '서구West'에 대한 르상티망이었다. '서구'는 러시아의 모델인 동시에 항상 러시아의 열등감을 인식시켜주는 존재였다. 정신적인 '서구'에 대한 르상티망에 시달린 지식인들은 역으로 '러시아'를 이상화하게 된다. 19세기의 이러한 가치 전환에 의해 러시아는 '이성'과 대비된 '혼'이나 '정신'의 개념을 미화하게 되었고, 그 순수한 형태가 지식인이 상상한 '인민' 속에서 발견되게 된다. 이리하여 러시아에서는 에스닉적이면서 집단주의적인 네이션 관념에 기초한 내셔널리즘이 태어났다.

(4) 독일

독일에서의 내셔널리즘 형성은 프랑스군이 독일을 침공한 18세기 말부터 19세기 초에 걸쳐 이루어졌다. 종교개혁의 시대(16세기)에도 잉글랜드와 유사한 형태로 내셔널리즘이 발생할 조짐은 있었지만, 왕권(신성로마제국)을 약화시키고 귀족의 지위Stände를 안정화시키기 위해 잉글랜드, 프랑스, 러시아에서 나타난 것과 같은 귀족에 의한 내셔널리즘은 발생하지 않았다.

독일의 내셔널리즘 담당자는 귀족 출신이 아닌 신흥 교양계층인 '교양시민Bildungsbürger'이었다. 18세기에 그들은 프랑스 '계몽' 사상의 영향을 받아 '이성', '교양'에 의한 사회적 지위 상승을 목표로 했다. 그러나 그들은 구지배층의 계층질서의 벽에 부딪혔고, 또한 교직이나 관리직이 희소했기 때문에 실업자가 증가하면서 이른바 '부유浮遊하는 지식인'의 상황에 처해졌다. 그러나 그들 가운데는 저술가로 출세하는 사람도 있었다. 독일의 내셔널리즘에는 이와 같은 교양시민층의 지위 불안이 중요한 사회적 요인으로 작용했다.

그러나 독일의 내셔널리즘은 그 전에 독일에 뿌리내리고 있던 두 가지 문화적 토양을 전제로 하고 있다. 첫째는 정서적·감성주의적인 프로테스탄티즘의 일파였던 경건주의pietism[5]이다. 두 번째는 낭만주의romanticism이다.

---

5 17세기 말에서 18세기 중반, 독일의 프로테스탄트 교회가 정통주의 신앙의 교양화와 형식화에 반대하여 일으킨 신앙운동을 말한다. 슈페너Philipp Jakob Spener 등이 중심이 되어 신앙의 내면

낭만주의는 '계몽'사상의 이상과 현실의 괴리에 실망한 지식인들이 '계몽' 사상의 합리주의 자체를 부정하려고 한 데에서 발생한 것으로, '이성'의 세계에 대해 '자연'스런 공동체에 귀속하는 것이야말로 인간의 이상이라고 파악하는 사상이었다. 이 두 가지 문화적 조류는 상호 관련되어 독일 교양시민의 문화적 토양을 형성함으로써 독일 내셔널리즘을 표현하는 고유 용어가 되었다.

독일의 내셔널리즘은 〔나폴레옹〕 프랑스군의 침공으로 귀족과 관료의 지배체제가 동요하면서, 교양시민이 그들과 함께 '굴욕의 공동체'에 참여하게 되는 상황 속에서 발생했다. '해방전쟁'[6](1813)에 이르는 과정에서 그들은 일반 인민까지도 포함한 공통의 네이션 관념을 신봉했고, 구지배층의 계층 질서의 벽을 허물고 사회적 지위와 위신의 향상을 꾀할 수 있었다. 이에 네이션 관념은 경건주의와 낭만주의에 의거해서 정신적·심정적 통일체(민족체Volkstum)로 해석되었다.

독일 내셔널리즘을 지속적으로 활성화시킨 동인이 된 것은 반反'서구'의 르상티망이었다. 그 결과 독일 내셔널리즘은 '서구'의 '합리주의', '자본주의'와 대비된 독일의 '민족'을 이상의 모델로 삼았다. 반유대주의도 이러한 반'서구' 내셔널리즘 속에 처음부터 일관되게 포함되어 있었던 것이다.

(5) 미국

미국은 잉글랜드의 내셔널리즘(자유·평등을 이상으로 하는 공동체의 관념)을 계승했다. 초기의 식민자들은 스스로를 '잉글랜드인'으로 생각하고, 신대륙에 '뉴 잉글랜드'를 세우려고 했다. 그러나 세금과 대표권 문제 등으로

화, 경건함, 실천, 금욕적 생활 등을 강조했다.

6 나폴레옹 프랑스의 지배하에 놓여 있던 독일 프로이센 왕국이 1813년 3월 프랑스에 대해 선전포고한 것을 시작으로, 같은 해 10월의 라이프치히 전투, 1814년 파리 함락 전투로 나폴레옹 1세의 독일 지배체제가 붕괴되면서, 독일 지역의 각 국가는 해방을 맞이했다.

본국으로부터 차별대우를 받게 되었을 때, '잉글랜드인' 으로서 그들의 자존심은 크게 상처를 받았다. 그 결과 신대륙의 13주는 잉글랜드의 이상을 완전히 실현해야 한다며 독립을 지향했다. 그때 잉글랜드의 내셔널 관념은 한층 더 이상화되어 보편적인 '인간의 권리' 로 간주되었다. 그리고 이러한 이상을 지켜가는 것이 '미국인' 으로서의 아이덴티티를 의미하게 되었다. 미국에서는 그 후에도 이 이상이 유지되면서 이상과 현실의 괴리가 미국 사회의 끊이지 않는 변혁의 동인이 되어 오늘날에 이르고 있다.

그러나 이 이상만으로는 미국의 일체성이 유지될 수 없었다. 독립 후 미국의 일체성은 종종 위기에 처하게 되었다. 즉, 각 주state가 ('미국' 의 이상인 자유·평등의 원칙에 따라서) 권리를 주장하고 '연방Union' 으로서의 일체성을 지향하는 것은, 각 주의 분리를 지향하는 것과 대립하는 상황이 연출되었다. 이와 같은 상황에서 '연방' 의 일체성을 강화하는 계기로 다음의 네 가지가 있었다.

첫째, 13주 이외의 여러 주가 '연방' 에 참가한 것이었다. 새로 참가한 주는 '연방' 에 대한 충성심이 매우 강했다. 둘째, '서부' 의 존재가 '개척자 정신' 이나 '기회 균등의 땅' 이라는 잉글랜드에는 없는 미국만의 '독특한' 이미지를 만들어냈다. 셋째, 독립 후 유럽 각지로부터의 이민이 증대했다. 이민자들은 '자유' 와 '미국' 을 동일시했고, 그 이전의 이민자와 비교해 '미국' 에 대한 귀속의식이 컸다. 넷째, '자유와 평등의 땅' 에 적합하지 않은 경제적 불평등과 관련하여, 노동자들이 연방정부의 경제적 보호를 더욱 많이 요구하게 되었다. 이 과정에서 연방정부의 역할이 증대했다.

'연방' 의 분열 위기는 남북전쟁이 북군(연방군)의 승리로 끝나면서 결말에 이르렀다. 자유·평등의 공동체를 이상으로 하는 '미합중국' 의 일체성이 마침내 여기서 확립된 것이다. 그러나 미국에서는 유럽 대륙과는 달리 네이션이 집합주의적 일체성의 관념으로 정착하지는 않았다. 개인이나 주, 각 에스닉 그룹 등의 '자유' 를 전제로 네이션의 일체성을 받아들이는 자유주의적이고 시민적인 내셔널리즘이 그 후에도 미국 내셔널리즘의 특징이 되었다.

이에 비해 미국의 독특한 문화적 확립을 주장하는 문화적 내셔널리즘은 미국 내셔널리즘 논의의 중심에서 벗어나 있었다. 그 이유는 미국에서는 지식인의 사회적 위신이 낮았다는 데 있다. 미국에는 독일과 같이 지식인들이 자신들의 사회적 지위와 위신의 상승을 위해 문화적 내셔널리즘을 추구할 만한 사회적 토양이 없었다.

내셔널리즘과 근대

이 책의 특징은 '관념'에 착안하여 내셔널리즘의 발생을 추적한 것에 있다. 저자는 네이션이라는 관념이 '인민' 일반으로 해석되게 된 '개념 혁명'에 착안하여, 다섯 가지 내셔널리즘의 네이션 관념에 나타나는 내용적 차이를 밝히고자 했다. 또한 내셔널리즘이 발생할 시기의 사회구조적·사회심리적 상황과 문화적 상황을 분석하고 있다. 특히 전통적인 사회구조가 변화하는 가운데서 귀족과 중간계층이 안고 있던 지위에 대한 불안과 명예욕에 착안한 점이 매우 흥미롭다. 이를 내셔널리즘의 발생에 관한 하나의 시각으로 삼고, 각 사례를 이후의 검토 대상으로 하면 좋을 것이다.

또한 내셔널리즘과 근대의 관계에 관한 저자의 논의는 특히 논쟁을 불러일으킨다. 그린펠드는 내셔널리즘을 근대의 현상이라고 하면서도 그 '발생'기를 자본주의와 산업화, 근대국가 형성 이전의 비교적 빠른 시기로 설정하고 있다. 그리고 초기에 발생한 내셔널리즘이 각각 내셔널리즘의 '모형母型, matrix'이 되어, 이후 각국의 근대화의 '길'(러시아혁명이나 나치즘을 포함한)을 강하게 규정했다는 논의를 전개한다. 이 점에서 사회적·정치적 근대화의 결과로서 내셔널리즘을 해석하는 앤더슨Benedict Anderson, 겔너Ernest Gellner, 홉스봄Eric Hobsbawm 등 최근의 내셔널리즘 연구 주류의 논의와 크게 다르다. 그린펠드는 이 인과관계를 역전시켜 내셔널리즘이 근대화를 촉진하는 역할을 담당했다고 논의하고 있다.

그러나 그린펠드가 '발생' 이후의 근대화 과정과 내셔널리즘의 관계를 충분히 검토하고 있다고는 말하기 어렵다. 이 때문에 상당히 조잡한 관념결정론적 숙명론에 빠져 있는 부분이 많다. 예를 들어 "독일에는 내셔널 아이덴티티가 존재하게 된 시점부터 이미 홀로코스트에 대한 준비가 되어 있었다"고 하고 있다. 이처럼 독일의 내셔널리즘에서 나치즘으로 진행하는 단계를 발견하려는 논의에 대해서는 독일의 마르크스주의에서조차 많은 반론을 제기할 것으로 예상된다.

독일에 한정되지 않고 저자가 생각하는 내셔널리즘의 발생기 이후에도 각 내셔널리즘의 모습은 다양했고, 또한 역사와 함께 변화했다. 이와 같은 면을 경시하고 내셔널리즘 '모형'의 규정력을 강조하는 저자의 논의는 내셔널리즘 이해를 단순화시킨다는 점에서 문제가 많다. 더욱이 저자의 내셔널리즘 분류도 전통적인 '시빅'과 '에스닉'의 유형에서 크게 벗어난 것이 아니다. 게다가 결국 '자유주의'적인 내셔널리즘을 미화하고, '권위주의'적인 내셔널리즘을 적대시하는 고전적인 대립도식으로 돌아가고 만다.

이와 같이 그린펠드는 내셔널리즘의 관념이 각국의 근대사회 형성 과정에서 수행한 역할을 강조한다. 이러한 그의 논의는 최근의 내셔널리즘 연구의 조류를 거스르는 특이한 주장이라고 말해도 좋을 것이다. 이러한 점이 책을 독특한 것으로 하고 있음도 분명하다. 이 책은 근대사회, 나아가 현대사회와 내셔널리즘의 관계를 생각할 때 하나의 논점을 제기하고 있다고 말할 수 있다.

참고문헌

L. Greenfeld, "Nationalism and Modernity," *Social Research*, Vol. 63, No. 1, 1996.

내셔널리즘과 근대에 관해 논한 그린펠드의 최근 저작. 대작 『내셔널리즘』을 저술한 저자의 생각을 잘 알 수 있다.

Hans Kohn, *The Idea of Nationalism*, Macmillan, 1944.

1944년에 출판된 내셔널리즘 연구의 고전 중의 고전. 특히 사상사·관념사의 관점에서 내셔널리즘의 역사를 다루고 있다. 내셔널리즘의 관념에 주목하고 있는 점과 '서'와 '동'이라는 분류 방식은 '시빅'과 '에스닉', '자유주의'와 '권위주의' 같은 그린펠드의 분석 틀에도 영향을 미치고 있다.

Rogers Brubaker, *Citizenship and Nationhood in France and Germany*, Harvard Univ. Press, 1992.

이 책과 같은 해에 같은 출판사에서 출판된, 사회학자의 내셔널리즘 비교 분석서. '정치적', '에스닉적'이라는 유형 개념을 사용하면서도 네이션 개념이 어떻게 형성되어 변화했는가를 18세기부터 오늘날에 이르기까지 분석하고 있다. 이 연구를 근거로 한다면, 그린펠드가 말하는 '내셔널리즘 모형'의 규정력은 그녀가 주장하는 것만큼 불변하는 것이 아니다. 그리고 '모형'에 얽매이지 않는 네이션 개념도 주장되고 있다는 것을 알 수 있다. 아울러 독일에서 '에스닉' 네이션 개념이 형성된 데에는 '서구'에 대한 '르상티망'뿐만 아니라 동유럽과의 경계 설정 문제가 중요한 역할을 했다는 것을 이 저작을 통해 알 수 있다.

Bernhad Giesen, *Die Intellektuellen und die Nation: Eine deutsche Achsenzeit*, Suhrkamp, 1993.

독일 내셔널 아이덴티티의 발생과 지식인의 관계를 분석한 책. 그린펠드의 지식인 분석(특히 실직하여 '부유하는' 교양시민층의 문제 등)과 겹치는 부분이 많지만, 기젠은 독일 지식인의 내셔널 아이덴티티의 다양성(낭만주의자로부터 청년 헤겔파에 이르는)에 착안하는 한편, 그 역사적 상황을 상세히 분석하고 있다. 이 저작은 독일통일(1871) 이전을 다루고 있지만, 기젠은 이 책의 속편도 이미 출판했다.

B·アンダーソン, 『想像の共同體』, 白石隆 외 譯, NTT出版, 1997.

E·ゲルナー, 『民族とナショナリズム』, 加藤節 監譯, 岩波書店, 2000.

E·ホブズボーム, 『ナショナリズムの歴史と現在』, 浜林正夫 외 譯, 大月書店, 2001.

내셔널리즘이 근대의 현상, 그것도 인위적인 구조물이라고 하는 최근 내셔널리즘 연구의 대표적인 저작의 하나. 앤더슨은 '출판자본주의'나 국가관료의 경력 형성, 겔너는 산업화와 교육의 발달, 홉스봄은 국가통치의 근대화(관료제와 의회민주제) 등 근대의 사회·정치적 변용이 내셔널리즘 발생의 요인이 되었음을 논하고 있다. 이에 대해서 그린펠드는 그들의 논의가 내셔널리즘을 어떠한 '현실'로 환원해서 설명하는 '유물론적' 또는 '구조주의적'인 논의라고 비판하고, 내셔널리즘의 '관념'에 주목할 것을 주장하고 있다.

국내 참고문헌

베네딕트 앤더슨, 『상상의 공동체』, 윤형숙 옮김, 나남출판, 2002.

베네딕트 앤더슨, 「원거리 내셔널리즘」, 한국민족연구원, 『민족연구』 제4호, 2000. 3.
한스 콘, 『19세기 유럽 민족주의』, 나종일 · 송규범 옮김, 탐구당, 1984.
한스 콘, 「민족주의의 개념 변천」, 이종린 옮김, 동아일보사, 『신동아』 제6호, 1965. 2.

야스마루 요시오, 『근대 천황상의 형성』

나리타 류이치成田龍一 | 전진호 옮김

安丸良夫, 『近代天皇像の形成』, 岩波書店, 1992.
『근대 천황상의 형성』, 박진우 옮김, 논형, 2008.

천황제로부터 천황상으로의 전환

근대 일본의 내셔널리즘을 고찰할 때 끊임없이 초점이 되는 것은 천황이며, 천황을 중심으로 하는 시스템인 천황제이다.

천황제라는 말(개념)은 1920년대 후반의 정치운동 속에서 일본공산당이 사용했고, 코민테른이 제시한 테제 속에 사용되었다. 그리고 이 말은 근대 일본의 국가권력을 집약하는 개념이 되었다. 이 개념은 근대 일본 연구에서 매우 중요한 개념으로, 극단적으로 말해 지금까지의 모든 근대 일본 연구는 천황제를 해명하는 데에 초점을 맞추고 있었다고 말할 수 있다. 또한 사상이나 정신의 역사적 고찰에서도 마찬가지여서, 근대 일본 민중의 심성이나 내셔널리즘, 혹은 울트라 내셔널리즘[1]을 설명할 때에도 천황제의 개념이 사용되어왔다.

그러나 1988년 가을 쇼와昭和 천황이 병환이 들고 그 다음 해 서거했을 무

1 1937년 일본이 만주를 침략한 이후 태평양전쟁에서 패전할 때까지 당시 지식인들을 중심으로 자본주의 지배구조를 배제하고 일반대중에 대한 천황 중심의 강력한 국가 지배체제를 구축하려 했던 일본의 사상적 성향 또는 사회운동을 의미한다. 국수주의國粹主義 내지 초국가주의超國家主義로 표현되기도 한다.

렵부터는 천황제를 대신하여 천황상天皇像이라는 말(개념)이 사용되기 시작했다. 다키 고지多木浩二의 『천황의 초상天皇の肖像』(1988)과 아스카이 마사미치飛鳥井雅道의 『메이지대제明治大帝』(1989), T. 후지타니T. フジタニ의 『천황의 패전트天皇のページェント』(1994) 등이 이와 같은 경향을 대표한다. 이 책 『근대 천황상의 형성』도 이 연구 조류를 결정적으로 만든 대표작 중 하나이다.

천황제에서 천황상으로 관심이 전환된 것은, 직접적으로는 쇼와 천황의 서거를 전후한 '자숙'이나 의례에 나타난 권위에 대한 착안 때문이었다. 그렇지만 이 시기는 때마침 내셔널리즘이 전환해가는 시기이기도 했다. 즉 베를린 장벽이 붕괴되어 독일이 통일되고 소련이 해체되는 등 세계적인 격동기였고, 세계의 새로운 질서 편성에 직면하여 근대 일본의 내셔널리즘 자체에 대한 재평가가 요구되고 있었다. 따라서 1990년대 초반의 시점에서 '천황상'을 분석한 이 저작은 필연적으로 근대 일본의 내셔널리즘에 대한 해석과 분석의 전환을 촉구하는 작품이 되었다. 야스마루 요시오는 (권력 대신) 권위로서의 천황에 착안한다고 말하면서, 천황제라는 기구 그 자체보다는 천황상이라는 천황의 이미지에 주목했다. 그리고 이러한 관심은 '광범위한 사람들의 환상幻想 과정에 속하는 문제'라고 하면서, 근대 일본의 문제로 확대해 고찰했다. 그 고찰 과정에서 그는 내셔널리즘에 관한 과제도 연구 대상으로 삼았다. 이리하여 이 책은 지금까지의 천황제 연구와 그에 기초한 근대 일본 연구·해석을 본질적으로 재검토했고, 이러한 작업을 통해서 기존의 내셔널리즘에 대한 인식과 평가를 크게 바꾸어놓게 되었다.

천황제와 '근대'

이 과제를 실천하기 위해 야스마루는 우선 주도면밀하게 방법적인 문제를 검토하고 있다.

근대 천황제 연구·고찰에서는 '매우 오래전 시대'로부터 천황제가 지속하고 있다는 '연속설'과 근대에서 기원을 찾고 연속을 비판하는 '단절설'이 주장된다. 근대 천황제 연구의 '고전학설'은 1930년대의 강좌파 마르크스주의[2]와, 근대 정치학의 마루야마 마사오丸山眞男와 그 학파의 학설이다. 이들 양자는 '연속설'의 바탕 위에서 천황제의 기본적 성격은 전근대성을 특징으로 한다고 파악하고 있다. 그런데 야스마루는 이들 연구·고찰과 달리 '단절설'을 주장하며, 천황제·천황상이 근대에 창출되었다고 강조한다. 야스마루에게 천황제라는 것은 '계급제 질서'를 확실히 확보함으로써 '안과 밖에서 밀려오는 체제 위기에 대처하여 문명화의 과정을 서두르기 위해 만든 이데올로기 장치'이며, 근대 전환기 일본사회의 '강한 불안과 공포'가 만들어낸 것으로 간주된다.

야스마루는 천황제에 대해, 위기의 시대에 '상징적 전체성'을 지향하는 '역사의 형성력'이 만들어낸 것이라고 인식하고 있다. 이와 같은 인식을 갖고 있는 야스마루는 "천황제를 논의하기 위해서는 근대 전환기의 천황제를 둘러싼 일본인의 정신적 동태動態를 해명하는 것이 전략적으로 필요하다"고 주장한다. 그리고 그는 메이지유신을 전후로 한 18세기 말부터 19세기 말까지의 시기에 "천황제에 관련된 이미지와 관념이 어떻게 전개되었는가 하는 주제"를 설정한다.

이것은 다시 말하면 근대 천황제를 '국민국가 일본의 형성 과정에 등장한 편성원리'로서 파악한다는 것이다. 근대 일본은 세계 시스템 속에서 국민국가의 형성이라는 형태에 적응해갔는데, 그 과정에서 '민족적 전통'으로서 천황을 '발명(창조)'하고, 위기에 맞서서 천황의 권위로 '권위적 질서'를 유지하고 근대화·문명화를 수행해간 것으로 표현된다. 여기에서 근대 천황제

2 1927년경부터 1937년까지 전개되었던 일본 자본주의 논쟁에서 노농파勞農派와 대립했던 마르크스주의자의 일파를 뜻한다. 이들은 메이지유신 이후의 일본은 절대주의 국가이며 일본의 자본주의는 반봉건적 지주제라고 규정하고, 일본의 프롤레타리아 혁명은 천황제를 타도하는 부르주아 민주주의 혁명을 선행적으로 실행한 이후라야 달성할 수 있다는 '2단계혁명론'을 주창했다.

는 일본의 후진성으로서 파악되는 것이 아니라, 서양 여러 나라와 일본이 기본적으로 '세계사적 동시성' 속에서 파악된다. 즉 일본 천황제는 전근대前近代의 유제遺制를 대표하고 뒤떨어진 것을 내포하는 존재가 아니라, 근대화·문명화를 실현하는 존재로 간주된다. 또한 천황제가 폭력과 강제로 사람들을 따르게 한 것이 아니라, 문명화라는 공통 목표를 실현하기 때문에 사람들이 자발적으로 천황제를 수용했다는 논점이 제시되고 있다.

확실히 천황제는 다른 왕권과 비교해보면 '특이성'을 갖지만, 그것은 일본 천황제의 특수성이 아니라 국민국가 유형의 문제로서 이해되어야만 한다고 주장된다. 야스마루의 근대 일본의 내셔널리즘에 대한 해석도 이러한 관점에서 이루어지고 있다

위기의식과 새로운 질서

야스마루가 이 책에서 논한 천황제-천황상에 대한 역사적 분석의 시점(특징)은 다음의 네 가지로 요약된다. ① 천황제를 종교와 민속의 저변에서부터 분석하고, ② 천황을 위기의 카리스마(문명화)의 상징으로서 파악하며, ③ 천황(제)의 수용과 함께 이에 대한 대항에 주목하고, ④ 이러한 점을 기초로 현대 천황제에 대해서 논하고 있다.

우선 이 책은 16세기 중반 오다 노부나가織田信長가 행한 '무력행사의 정통성'의 대상에 조정朝廷[3]까지도 포함되어 있는 것에서부터 이야기를 시작한다. 그리고 근세사회[4]의 권력은 무력의 위세를 수단으로 하는 '권력적 지배 질서',[5] 〔교토의〕 천황을 정점으로 하는 '의례적 질서', 그리고 '종교적 우주론적 질서'의 세 차원으로 구성되어 있다고 지적한다. 이러한 가운데 '하

3 천황이 정치를 행하고 있는 장소를 의미하며, 오다 노부나가 시기에는 천황이 거주했던 교토京都를 의미한다.

4 일본의 에도막부 시대를 말한다.

5 에도막부의 쇼군 지배체제를 말한다.

나의 통합성을 지닌 새로운 질서관념'이 형성되기 위해서는 '위기의식'이 필요했다. 야스마루는 한편으로는 사회의 위기의식이 종교적인 것으로 표상되고, 다른 한편으로는 근대 천황제가 이 위기의식에 근거하여 그에 맞서기 위해 합리화·질서화의 제도로 추진되었다고 지적하고 있다. 또한 제례 등의 민속적 세계는 '반질서적'인 것이었기에, 이것을 질서화하는 방향에서 천황제가 작용했다고 주장하면서, 민속(휴일, 축제, 청년단[6])과 종교의 심층부에서 천황제를 파악하려고 한다.

동시에 위기의식의 언설에 대해 논의해왔던 모토오리 노리나가本居宣長[7](1730~1801), 히라타 아쓰타네平田篤胤[8](1776~1843), 재야 국학, 후기 미토가쿠水戶學[9]는 '만세일계萬世一系(천황의 현인신설現人神說)',[10] 즉 황통의 연속성을 주장하고 근대 천황제를 구성하는 기본관념을 제기해왔다고 주장한다. 야스마루는, 근대 천황제를 구성하는 여러 관념들은 (이미 보아왔듯이) "위기의식을 점차 높이는 선동적demagogy 언설"이지만, 미토가쿠나 국학은 사람들의 불안과 공포에 실체를 부여해 "하나의 통합성을 지닌 체제적 위기의식을 구성"하여, 그것이 하나의 시대사조가 되었다고 말한다. 또한 그는, 노리나가는 '생활보수주의(자유주의)'를 근거로 했고, 아쓰타네는 '민속적 세계에 뿌리내린 질서화'(민속에까지 뿌리를 내린 질서의 재편)를 과제로 했다고 말한다. 그리고 아쓰타네의 '계층제 질서의 이념'을 지역사회에서 받아들인 것이 재야국학이라고 분석하고 있다. 이 재야국학은 근세 후기 황

6 촌락별로 형성된 청년 남자의 또래집단. 촌락의 경비와 제사 등에서 젊은 층을 통솔하는 역할을 수행했다.

7 고전문학의 주석과 문법 등의 연구에 뛰어난 업적을 남긴 에도江戶시대 중기의 국학자이다.

8 에도시대 말기에 국학 연구를 주도한 국학자로서 모토오리 노리나가의 제자이다.

9 미토가쿠란 에도 막부시대 미토 번주水戶藩主 도쿠가와 미쓰쿠니德川光圀가 『대일본사』를 편찬하면서 융성한 학파로서, 유학사상을 중심으로 국학, 사학, 신도를 융합시킨 학문을 지향했다. 황실의 존엄성을 주창해, 막부 말기 존왕양이운동에 큰 영향을 주었다.

10 일본의 천황가는 일본 열도에 신의 자손으로 내려와 일본 민족의 기원이 되었으며, 천황가는 시초부터 현재에 이르기까지 한 번의 역성혁명도 없이 연속되고 있다는 주장이다.

폐해진 촌락에서의 촌락 부흥운동이나, 촌락 지배자의 광범한 지역질서 재편 노력, 즉 '통속도덕형'의 생활규범과 노농형의 농업기술이 '모범촌'으로서 근대 일본의 지역질서 모델로 편제되는 가운데, 촌락 지배자가 이끈 지역질서 재건운동을 '신국神國 관념'과 천황 권위에 연결시켰다고 주장한다. 이와 같은 주장은 야스마루가 『일본의 근대화와 민중사상日本の近代化と民衆思想』(1974)을 시작으로 지금까지 제시해온 것이고, 천황상의 형성이라는 관점에서 재구성되어 종합화된다.

이러한 역사 과정을 천황 측에서 보면, 기성의 정치질서와 정치지도 속에서 (현실의 정치세력으로서는) 소수파에 지나지 않았던 입장을 "우주론적인 cosmological 우위성에 연결된 천황의 절대적 권위로 보완하여, 상황 돌파의 확신을 만들어내려고" 했다는 것이다.[11] 존왕양이운동은 천황의 권위와 위력을 극대화한다는 '전개축'에 의해, 기성의 정치질서와 정치지도〔에도막부 세력〕로부터 '이탈'한 정치세력을 이끌어냈다고 할 수 있다. 이 과정에서 천황은 '전통적 카리스마'[12]를 인정받게 되었다.

이때 국가권력의 정통성은 ① 천황의 초월적인 권위에 힘입어 실현되는, '사람들을 납득시키기에 충분한 도리'가 아니면 안 되며, ② 공론·공의에 적합한 것이 아니면 안 된다. 따라서 천황제는 문명개화를 추진하는 '초월적이고 계몽적인 새로운 권위(권력)'로 재편된다고 야스마루는 주장한다. 더 나아가 이것을 기초로 하여 야스마루는 국민국가로서의 통합을 실현시켜 나가는 큰 틀을 계속해서 제시한다. 종교정책, 즉 신불神佛분리,[13] 제정祭政일치, '신교信敎의 자유'와 공존하는 국가신도神道의 수립은, 국민국가적 통합

---

11 에도막부 말기, 봉건주의적인 에도막부를 타도하고 근대국가를 세워 근대화를 추진하려 했던 메이지유신 추진세력들은, 막부 타도 명분의 하나로 천황의 정치지배자로서의 권위를 복권시키고 서양세력에 대한 굴욕적인 개국을 반대한다는 의미의 존왕양이운동을 전개했고, 이를 통해 막부세력에 비해 소수파였던 자신들의 지지를 확대했다는 설명이다.

12 일본 민족 고유의 지배자로서의 정통성을 의미한다.

13 메이지 초기 메이지 정부는 신도를 국교화하기 위해 불교와 신도의 제례의식이 혼용되었던 종래의 관습을 없애고, 불교와 신도의 구분을 엄격히 하는 종교정책을 실시했다.

이 다양한 종교 및 사회 세력의 '자유'를 매개로 실현되어가는 과정이지만, 이러한 통합의 중심에는 '초월적 권위'로서의 천황이 있다는 것이다.

이어서 근대 천황상의 형성 과정과 이에 대한 대항에 대해서도 설명한다. 메이지明治정부 탄생 전후인 1866～1877년경은 질서가 가장 불안정한 시기였는데, 야스마루는 "사람들의 일상생활을 감싸 안고, 이 세계 전체의 질서와 안정을 가져오는 권위"가 천황에게 집약된다고 논하고 있다. 시대의 커다란 전환기에는 세계의 우주론적인 의미가 의식화되고 통합화되어가는데, 새로운 권력이 사람들이 생각할 수 없었던 신 정책을 전개할 때, 불안과 공포가 생겨나 '대항적 우주론cosmology'을 만들어낸다. 이때 새로운 권력은 폭력을 통해서 그 권위성과 정통성을 강제한다. 여기서 야스마루는 '정통설正統說 속에서 생겨난 이단異端'(O이단)과 '천황제적 정통설과는 이질적인 이단'(H이단)을 지적하면서 각각의 역사적 형상과 전개를 설명하고 있다. 근대화란 '민속적인 것'으로 구성된 민중의 생활세계 안에서 '문명화된 질서라는 일상화된 권력이 뿌리를 내려가는 과정'임에 틀림없다는 것이다. 그래서 제례와 종교에 주목할 때, 근대 초기에도 (에도막부 말기와 마찬가지로) 민속신앙적인 것과 메이지정부의 국가적 제례는 '거의 전면적인 대항적 존재'였다고 한다. 그렇지만 근대 천황제는 민속이라는 '주변 현실'과 공존해가면서 그것을 초월하는 권위가 되었다고 야스마루는 주장한다.

한편, 민권운동 등의 반정부운동도 권위의 중심을 추구하다가 천황제에 이르게 되었고, 천황제에서 자신들의 정통성의 근거를 찾으려 했다고 야스마루는 언급한다. '민권(국권)'형 내셔널리즘, 즉 민권의 발전이야말로 국권의 발전을 지탱한다고 하는 민권파는, 메이지유신과 메이지국가의 정통성 원리의 연장에 있는 반대파로 간주된다. 그러나 노골적인 탄압책이 시행되자, '민권(국권)'형 내셔널리즘의 틀에서 떨어져나가는 '경계인'이나 '일탈자'가 나오게 된다. 이 책은 민중의 정신 속 '천황의 권위'에 대해서도 언급하면서 '근대 천황상의 형성'에 관해서 고찰하고 있으므로, 필연적으로 근대 일본의 내셔널리즘에 접근하는 저작이 되었다고 말할 수 있다.

현대 일본의 '자유'와 내셔널리즘

이 책은 천황제 연구로서 요시모토 다카아키吉本隆明나 야마구치 마사오山口昌男의 연구 내용에 대해서 언급할 뿐만 아니라 역사학 분야 이외의 연구들에 대해서도 폭 넓게 언급하고 있다. 이 책에는 일본사 연구서로서는 이례적으로, 월러스틴Immanuel Wallerstein, 기어츠Clifford Geertz, 클라스트르Pierre Clastres, M. 더글러스M. Douglas, V. 터너V. Turner, 버거Gordon M. Berger와 루크만Thomas Luckmann, 만하임Karl Mannheim, 홉스봄Eric Hobsbawm과 레인저Terence Ranger 등과 같은 많은 이론가가 원용되고 있다. 또한 이 책에서는 근년의 국민국가론과 민족학의 우주론적 분석 등이 많이 다루어지고 있으며, 동시에 종래 일본사 연구의 성과와 거기에 사용된 사료史料가 동원된다. 따라서 이 책에서는 지금까지의 고찰이 비판적으로 논의되고 사료에 대한 새로운 해석이 제시되고 있다. 그 결과 매우 실증적인 태도와 이론적인 사고가 긴밀히 연결되고 있어, 긴장감이 넘치는 수준 높은 저작이 되었다.

야스마루의 설명 방법의 특징은 '오늘날의 우리들에게는 기묘한 착오'로 보이는 것을 시대 속으로 환원하여 그 역사적 문맥을 찾는 것에 있다. 즉, 역사적 상상력을 이용해서 "가능한 한 그 시대 사람들의 의식구조에 내재해서 이해하도록 노력하여야 한다"는 것이다. 이는 역사학의 방법을 철저하게 추구함으로써 생겨나는 방법론적 태도라고 말할 수 있다. 그러한 자세에서 저술된 이 책은 근대 천황제를 재정의함으로써 새로운 근대 일본상을 그렸고, 1990년대 내셔널리즘의 동향을 정확하게 응시하고 있는 저작이 되었다. 또한 이 책은 천황제를 근대 일본의 틀 속에서 논하는 것이 아니라, 현대 세계의 전개 속에서 고찰하고 천황상으로 전환하는 것을 제시하여, 그것을 열린

방법과 시야로써 그려냈다[야스마루의 저작 가운데는 이미 『일본 내셔널리즘의 전야日本ナショナリズムの前夜』(朝日新聞社, 1977)가 있다. 이 저작 속에 1970년대의 역사인식에 기초한 내셔널리즘(천황제론)이 나타나 있다].

이러한 역사상은 말할 나위도 없이 20세기 말의 내셔널리즘과 그것과 관련한 새로운 천황제에 대한 관찰·분석에 의해 뒷받침되고 있어, 양자는 불가분의 관계가 되어 있다. 즉 새로운 천황제는 현대 일본의 국민국가 편성 원리가 되어 있어, '선별(차별)의 원리'를 만들어낸다는 것이 야스마루의 주장이다. 일견 자유롭게 보이는 〔현대의 일본〕 사회가 실제로는 '선별(차별)의 체계'이며, 천황제가 권위와 가치순위를 결정하면서 이것들의 정점을 형성하고 있다. 바꾸어 말하면 현대 천황제는 질서를 확보하려는 사회의 요청으로 존재하고 있다. 따라서 "천황제는 질서와 권위에 따르는 '양민'인가 아닌가를 밝혀내는 심판대로서 지금도 충분히 기능하고 있다"는 것이다.[14]

자유란 국가에 귀속되어 그 질서 속에서 살아가는 것을 교환조건으로 한 자유이며, 국가는 그것으로 국민의식의 내부 깊숙이 자리 잡고 거기에서 활력을 조달해 통합을 실현한다. 그런데 야스마루는 천황제와 국민국가를 관련지어, "천황제는 이러한 국가와 국민의식의 틀 속에서 최고의 권위와 터부들을 집약하고 대표하는 것으로서, 지금도 질서의 요체로서 기능하고 있다"고 설명하고 있다. 16세기 중반부터 350년에 걸친 천황제·천황상의 분석을 마치며 이 책은 다음과 같이 결론짓고 있다.

> 그것(천황제)은 우리들 개개인이 자유로운 인간이라는 외관과 환상 속에서, 우리들이 얼마나 깊숙이 민족국가 일본에 귀속되어 있는가를 비추어주는 거울이며, 자유로운 인간이기를 희구하는 우리들의 삶에 강요된 굴욕의 기념비이다.

---

14 오늘날 일본 사회는 자유주의 사회가 되었음에도 일본 천황제는 여전히 최고의 권위와 가치 기준이 되기 때문에, 천황제에 따르지 않는 일본인은 양민으로 인정받지 못하게 된다는 것을 의미한다.

여기에서 세기말의 현대 내셔널리즘(새로운 천황제)에 대한 야스마루의 엄격한 비판적 자세가 엿보인다. 천황제는 결코 과거의 존재가 아니라는 것이다.

참고문헌

多木浩二,『天皇の肖像』, 岩波新書, 1988.

메이지 천황의 '어진영御眞影'의 제작 과정을 검증해서 근대 천황상의 형성을 설명한다.

藤田省三,『天皇制國家の支配原理』, 未來社, 1966 /『藤田省三著作集』1, みすず書房, 1998 수록.

근대 일본의 국가통합 논리를 천황제 논리의 형성·전개로 해명한다.

山本信良·今野敏彦,『近代教育の天皇制イデオロギー』, 新泉社, 1973.

학교행사인 운동회와 축제일의 의식을 분석하여 천황제 이데올로기를 논한다.

安丸良夫,『日本の近代化と民衆思想』, 青木書店, 1974 / 平凡社ライブラリー版, 1999.

일본 근대의 형성 논리를 '민중사상'—민중의 주체 형성 과정과 비교하며 논한다.

丸山眞男,『日本の思想』, 岩波書店, 1961.

일본에서의 '주체'의 부재를 천황제 사상의 존재의 귀결로서 해설한다.

T·フジタニ,『天皇のページェント』, 米山リサ譯, NHKブックス, 1994.

천황의 '순행[行幸]'이 '초상[御眞影]'으로 변화하는 과정에서 발생한 천황과 민중의 지배관계 전환을 분석하여 근대 권력의 모습을 해명한다.

色川大吉,『明治精神史』, 黃河書房, 1964 / 講談社學術文庫版, 1978.

근대 일본의 사상사적 연구를 통해 '민중사상'을 검토한다.

국내 참고문헌

스즈키 마사유키,『근대 일본의 천황제』, 류교열 옮김, 이산, 1998.

박진우,「근대전환기에 있어서 천황상과 민중」, 일본사학회,『일본역사연구』제2호, 1995. 9.

박진우,「근대 천황제 연구의 동향과 과제」, 한국일본사상사학회,『일본사상』제1호, 1999. 3.

박진우,「문명개화기의 천황상과 민중」, 한국일본학회,『일본학보』, 1998.

송영걸,「명치정부와 천황제 국가」, 한양일본학회,『한양일본학』제10집, 2002. 2.

장용걸,「명치초기 일본의 근대화 과정에 나타난 천황제에 관한 고찰」, 비교민속학회,『비교민속학』, 1998.

조용상,「근대 일본 천황제 형성의 정책 갈등론적 고찰」,『일본연구논총』제5호, 1991. 12.

폴 길로이, 『블랙 애틀랜틱』

스즈키 신이치로鈴木愼一郎 | 전진호 옮김

Paul Gilroy, *The Black Atlantic: Modernity and Double Consciousness*, Harvard Univ. Press, Cambridge(Mass.), 1993.
제2장 「主人, 女主人, 奴隷, そして近代のアンチノミー」, 毛利嘉孝 譯, 『現代思想』 24권, 3-4호, 青土社, 1996 수록.

인류학자이면서 문화비평가인 제임스 클리퍼드James Clifford는 자신의 디아스포라diaspora론에서 『블랙 애틀랜틱』[1]의 연구 의도를 이렇게 절묘하게 표현하고 있다. "길로이는, 지역적인 장場에서 스크래치[2]되고 더빙되면서 이동해가는(회전하는/바다를 건너는) 레코드판을 추적하고 있다." 이 책에서 길로이는 서양 계몽사상으로부터 흑인 지식인들의 활동과 현대 토착어vernacular의 표현 문화까지 논의하고 있다. 그가 여기서 그려내려고 한 것은, 내셔널리스트적인 혹은 민족 절대주의적인 '진정한 정치'로는 처리할 수 없는, 또한 서구 시민사회의 공적 영역의 그늘에 존재하면서, 대서양의 양측〔아프리카와 남미〕에 걸쳐 있는 공적 영역에 관한 것이다.

저자 길로이는 서문에서, 이 책은 요컨대 "피할 수 없는 혼혈화와 사상의 혼성混成에 대한 에세이이다"라고 말하고 있는데, 곳에 따라서는 약간 난해하다는 인상을 갖게 된다. 그러나 서로 관련된 많은 논점들이 반복적으로 교

---

1 이 장의 저자인 스즈키는 'black atlantic'을 '블랙 애틀랜틱' 혹은 '검은 대서양'으로 옮겨 적고 있으나, 옮긴이인 나는 원전의 본래 의미를 충실히 전달하기 위해 이를 '블랙 애틀랜틱'으로 통일했다.

2 디스크 자키DJ 등이 활용하는 사운드의 일종. 레코드판을 손으로 긁어서 소리를 내거나 효과음을 넣는 등의 기법을 말한다.

차되면서 의미가 서서히 풍부해져 가는 것이 이 책의 묘미이기도 하다. 요약이 쉽지는 않지만, 우선 각 장별로 다루고 있는 내용을 살펴보자.

각 장 소개

1장 「근대성의 대항문화로서의 블랙 애틀랜틱The Black Atlantic as a Counterculture of Modernity」에서는 우선 이 책 전체를 관통하는 문제 제기를 하고 있다. 즉, 근대 서양에서의 흑인 위치에 대해서 생각하는 것은, 문화를 다루는 학문 분야들이 의존하고 있는 균질적인 국민문화관이나 민족 절대주의를 파탄시키는 것을 의미한다는 것이다. 이러한 제기로 시작하여 우선, 영미의 문화연구에서의 내셔널리즘적 경향에 대해 주의를 촉구하면서, 이를 대신하는 '블랙 애틀랜틱'이라는 분석 단위에 대해서 기술하고 있다. 여기서의 비판은 우파뿐만 아니라 좌파에게도 미친다. 예를 들면 레이먼드 윌리엄스Raymond Williams, 에드워드 톰프슨Edward P. Thompson[3](1924~1993), 에릭 홉스봄Eric Hobsbawm 등의 영국 지식인론이나 대중론은 '영국다움'이라는 인종적 동질성을 전제로 하고 있다. 즉, '영국다움'은 흑인성과 상호배타적인 것으로, 내부에서 발생하여 형성되었다고 개념화되어 있다는 것이다. 다음으로 미국의 흑인 지식인 마틴 딜레이니Martin Robinson Delany(1812~1885)에 초점을 맞춘다. 딜레이니가 아프리카를 남성으로서 젠더화한 것이나 유럽의 민족적 마이너리티에 관심을 나타낸 것에서, 길로이는 자율적인 국가를 희구하는 흑인 내셔널리즘black nationalism의 계기를 찾고 있다. 한편, 딜레이니의 소설 『블레이크: 미국의 노예숙소*Blake: or, the Huts of America*』에서 길로이는 인종·문화적 유연성類緣性이 아니라 노예제의 기억을 공유하는 것을 기초로 한 트랜스내셔널한transnational 연대의 계기를

3 영국의 역사학자, 시민운동가.

찾고 있다.

2장 「주인, 여주인, 노예, 그리고 근대의 이율배반Masters, Mistresses, Slaves, and the Antinomies of Modernity」은, 근대에 관한 오늘날의 이론은 인종 혹은 에스니시티의 문제를 간과해왔고, 또한 근대적 자기自己는 인종적으로 무색無色한 것으로 생각되어왔다는 비판적 인식에 기초하여 기술되고 있다. 길로이는 마셜 버먼Marshall Berman(1940～)과 위르겐 하버마스Jürgen Habermas[4](1929～)를 언급한 후에, 근대가 순수하게 내재적인 비판에 의해 위기를 극복하고 계몽의 프로젝트를 완수하는 것은 불가능하다고 말하고 있다. 서양 문명에서 흑인 노예제는 절대 필요한 것이었기 때문에, 근대에 대해서 생각하기 위해서는 근대를 특징지은 주인과 노예라는 관계성을 재고再考하지 않으면 안 된다는 것이다. 여기에서 근대에 관한 저작들 속에서는 거의 감추어져왔던, 헤겔의 『정신현상학』에서의 주인과 노예의 변증법이 문제가 된다. 길로이는 아프리카계 미국인 작가 프레더릭 더글러스Frederick Douglass[5](1818～1895)의 자서전 『프레더릭 더글러스의 인생 이야기*Narrative of the Life of Frederick Douglass, an American Slave*』(1845)를 헤겔의 대안으로 파악하고 있다. 헤겔의 경우에서 노예는 주인에게 거역하면 죽임을 당한다는 죽음의 공포 때문에 주인에 대한 복종을 선택한다. 그러나 더글러스의 자서전에서 노예는 주인에 대한 복종이 계속된다면 오히려 죽음의 가능성을 선택한다. 더욱이 길로이는 더글러스의 자서전에서의 해방은 남성다움masculinity에 의한 해방이라고 한다. 그리고 아이를 데리고 노예생활로부터 도피하려고 나선 여성 노예 마거릿 가너Margaret Garner가 추격대에 포위되어 궁지에 몰리자 자신의 딸을 식칼로 살해했다는 에피소드를 두고 페미니즘의 문맥에서의 해방이라고 한다.

4 독일 프랑크푸르트 학파의 제2세대의 대표자로, 커뮤니케이션 사회이론으로 유명하다.
5 미국의 흑인 운동가. 노예제 폐지운동과 흑인의 권리 획득에 생애를 바쳤다.

3장 「예속으로부터 얻어지는 보석—흑인음악과 진실의 정치Jewels Brought from Bondage: Black Music and the Politics of Authenticity」에서는 신구新舊 흑인음악을 둘러싼 인종·민족적 진실성과 특수주의의 언설이 문제라고 지적한다. 이에 따르면, 이러한 종류의 언설은 호응antiphony 구조가 특징인 토착어로 표현되는 흑인음악의 근대에 대한 논평 기능을 빼앗아, 내셔널한 진실성이라는 기준을 설정하여 대서양의 양측에 걸쳐 있는 〔흑인〕음악적인 응답관계를 보이지 않게 만들어버린다는 것이다. 길로이는 또한 이들 언설과 연결되는 것으로서, 근래에 흑인 지식인 사이에 보이는 인종적 공동체를 비유하는 의미로서의 '가족'이라는 이야기와 흑인음악에서의 남성다움과 여성혐오를 도마에 올려놓는다. 그리고 이 가족 이야기가 '인종적 본질주의essentialism의 포스트 내셔널판'이라고 간파한다.

더욱이 이 장에서는 본질주의도 반본질주의anti-essentialism도 아닌 반反-반본질주의의 논의가 음악에서의 cut' n'mix[6](영국의 클럽음악에 관한 딕 헵디지Dick Hebdige의 문화연구서 이름이기도 하다)를 실례로 하여 설득력 있게 전개되어 있다. 여기서는 매우 다양한 음악가가 거론되고 있는데, 19세기부터의 흑인영가대인 피스크대학Fisk University의 주빌리 싱어즈Jubilly Singers, 미국의 래퍼, 영국의 레게reggae[7] DJ, 남아시아계 아티스트, 그리고 지미 헨드릭스Jimi Hendrix[8](1945~1970) 등이다.

4장 「지친 여행자를 격려하자—W. E. B. 두 보이스, 독일, 그리고 (비)위치정하기의 정치Cheer the Weary Traveller: W. E. B. Du Bois, Germany, and the Politics of (Dis)placement」는 제목 그대로 미국의 대표적인 흑인 지식인의 한 사람인 두 보이스William Edward Burghardt Du Bois[9](1868~1963)를

6 여러 곡을 하나로 합성하여 새로운 곡으로 만드는 것을 의미한다.

7 자메이카에서 생겨난 대중음악의 한 양식.

8 미국의 흑인 록 기타 연주자이자 가수. 그의 강렬한 기타 연주는 록 세계에 큰 영향을 미쳤다.

9 미국의 저술가이자 흑인 인권운동가이며, 흑인의 평등을 위한 사회운동에 헌신했고, 미국의 대외팽창정책에 반대하며 평화운동에 적극적으로 참여하기도 했다.

중심으로 논하고 있다. 두 보이스는 20세기 초의 저서인 『흑인의 영혼*The Souls of Black Folk*』(1903)에서 『블랙 애틀랜틱』의 부제에도 있는 이중 의식에 관해 논하고 있다. 두 보이스는 이 책의 첫머리에서 20세기의 문제가 '피부색에 의한 경계선의 문제'인 점을 '예언'하고 있다. 길로이는 이 장에서, 아프리카계 미국인의 배외주의적인 문화사의 교리에 갇히기 십상인, 또한 미국 실용주의pragmatism의 계보에 놓이기도 하는 두 보이스와 관련하여, 그의 생각으로부터 범아프리카주의의 가능성을 그려내려고 한다. 길로이가 이 장에서 두 보이스의 저작 가운데 주로 논하고 있는 것은, 전술한 『흑인의 영혼』과 미국의 흑인 의대생이 유럽의 베를린에서 흑인 유민이 된다는 이야기로 시작되는 『다크 프린세스*Dark Princess*』(1928)이다. 또한 사회학을 공부했고 미국 밖으로 이주한 경험이 두 보이스의 사고에 미친 영향에 대해서도 주의를 기울이고 있다. 두 보이스는 독일에서의 연구생활 중에 독일 내셔널리즘이나 헤겔파 철학과 가깝게 접하고 있었다.

5장 「눈물의 위로를 동반하지 않고서—리처드 라이트, 프랑스, 그리고 커뮤니티의 양면성Without the Consolation of Tears: Richard Wright, France, and the Ambivalence of Community」에서는 4장에서 논의한 것의 연속선상에서 아프리카계 미국인 작가 라이트Richard Wright[10](1908~1960)를 다시 읽고 있다. 이를 통해 유럽의 파시즘을 배경으로 하고, 또한 아프리카와 그 외 지역의 국가들이 구식민지로부터 독립해간 것을 배경으로 한 블랙 애틀랜틱의 정치학이 재음미되고 있다. 라이트는 미국 공산당에서 이탈하여 파리에 이주한 후, 그때까지 관심을 갖고 있었던 저항소설 대신 실존주의에 경도傾倒해간 작가였다. 아프리카계 미국인의 자민족 중심주의적인ethnocentric 문예비평은 라이트의 미국 거주기의 작품은 참되고 순수한 것으로 보고,

---

10 인종문제와 관련한 소설과 논픽션을 주로 저술했으며, 1930년대에는 미국 공산당에 가입하고 프롤레타리아적인 시를 발표하기도 했다. 1946년 파리로 이주해 살다가 그곳에서 생을 마쳤다. 20세기 미국에서의 인종문제 논의를 진전시키는 데 크게 기여한 것으로 평가받고 있다.

파리 거주기의 작품은 뒤떨어진 것으로 보는 경향이 있었다. 그런데 길로이는 라이트가 아프리카계 미국인을 다른 식민피지배자의 경우와 연계하여, 심리학적 연구를 포함한 인종적인 지배-종속관계에 대한 일반이론을 구축하려고 했던 점을 높게 평가한다. 예를 들어, 라이트가 자기의 생각을 옥타브 마노니Octave Mannoni[11](1899~1989)의 『프로스페로와 캘리반: 식민지화의 심리학*Prospero and Caliban: The Psychology of Colonization*』(1956)과 연결시키려고 했던 것에 주목하고 있다. 길로이에 의하면, 두 보이스와 마찬가지로 라이트도 인종의 차이를 초월한 보편적인 인간상과 인종적 특수성의 긴장관계를 민감하게 파악하고 있었다. 이러한 문맥에서 길로이는, 라이트가 인종적 공동체 혹은 민중적인 것에서 양면성을 찾아냈다는 점을 여성혐오라는 논점과 결부시켜 지적하고 있다.

6장 「사람에서 사람으로 전해지는 이야기가 아니다—살아 있는 기억과 노예의 숭고함Not a Story to Pass On: Living Memory and the Slave Sublime」은 이 책의 마지막 장이다. 여기서는 아프리카 중심주의가 의존하고 있는 정태적인 전통관, 곧 불변하는 본질의 반복이라는 사고방식이 비판되고, 그 대신 전통을 항상 혁신하고 변화시켜갈 것을 주장한다. 또한 이 장에서는 이 책을 관통하고 있는 중심 개념인 디아스포라를 바로 정면에서 거론하여, 유대민족의 의미를 지닌 이 말을 오늘날의 문화비평에 적용하는 것의 의의에 관해서도 논하고 있다. 더욱이 유대인과 흑인 사이의 교류가 이후의 블랙 애틀랜틱의 문화정치에서 보았을 때 중요해질 것이라고 주장한다. 「사람에서 사람으로 전해지는 이야기가 아니다」, 이것은 토니 모리슨Toni Morrison[12](1931~)의 『빌러비드*Beloved*』(1987)의 마지막 부분에서 인용한 것이다.

---

11 프랑스의 심리분석가이자 작가로, 마다가스카르에서 20년 이상 체재한 경험을 바탕으로 식민지배자와 식민피지배자의 심리를 분석한 저서와 논문들을 발표했다.

12 미국의 흑인작가로는 최초로 1993년 노벨문학상을 수상한 여류 작가로, 흑인여성에 대한 인종차별과 성적 학대를 고발한 작품이 많다.

소설 『빌러비드』는 전술한 마거릿 가너의 일화를 '재구성한' 이야기이다. 길로이는 나치가 저지른 홀로코스트와 마찬가지로, 미국에서의 인종과 관련한 폭거는 과학적 인종주의로 정당화되어 있었으며, 사람들은 이러한 폭거가 야기한 공포의 기억에 대해, 표상해낼 수 없는 '통로[穴]'를 통해서 마주할 수밖에 없다는 것이다. 그러나 이러한 행위에 의해서 또 다시 공공의 공간이 재구성되어간다는 것을 지적한다. 그리고 이것들과 관련하여 길로이는, 예를 들어 지그문트 바우만Zygmunt Bauman[13](1925~)이나 에마뉘엘 레비나스Emmanuel Levinas[14](1906~1995) 등이 유대인의 경우를 특별하게 보는 것은 흑인과의 대화를 차단하고 있기 때문이라고 비판적으로 언급하고 있다.

노예의 위치에서 근대의 구성을 재검토한다

다음으로 이 책 전체에 걸친 주요한 논점을 몇 가지 살펴보자.

두 보이스가 말하는 이중의식이란, "자기를 또 하나의 세계(백인세계)의 계시를 통해서만 봄"(『흑인의 영혼』)으로써, 서구인이면서 동시에 흑인이라는 자기의 이중성을 느끼는 것이다. 라이트도 같은 종류의 이중성을 '이중의 시점', '소름 끼칠 정도의 객관성'으로 논하고 있다. 그런데 이러한 위치에서는 인종을 초월하여 보편적인 인간으로 살고 싶다는 바람과, 그렇지만 항상 강자로부터는 인종차별을 받게 되는 특수한 존재로 규정되는 것 사이에 긴장이 발생한다. 길로이는 바로 이러한 위치야말로 근대와는 별개의 것도 아니고 근대 이후에 오는 것도 아니며, 근대성의 대항문화로서 블랙 애틀

13 폴란드 출신의 유대계 사회학자로, 폴란드 내 공산당의 반유대주의 운동이 격해지면서 영국으로 쫓겨와 현재까지 거주하고 있다. 근대성과 홀로코스트의 관계, 포스트모던 소비자운동 등에 대한 분석으로 유명하다.

14 러시아 태생의 유대계 프랑스 철학자이자 탈무드 학자로, 현상학, 실존주의, 유대사상 등을 배경으로 독자적인 윤리학 사상을 전개했다.

랜틱을 가능하게 하고 있다고 말한다. 왜냐하면 이러한 위치는 린치 등의 잔혹행위와 합리성이라는 서로 융합할 수 없는 것들이 공범으로 작용해온 결과인데, 이러한 위치에서의 시점만이 진보, 합리성, 보편성, 주체의 수미일관성 등, 근대를 구성하는 여러 범주의 사항들을 문제시할 수 있기 때문이라는 것이다. 길로이는 확실히, 신세계의 흑인은 "처음부터 본질적으로 근대적인 생활을 영위하게 되었다"고 말하는 C. L. R. 제임스Cyril Lionel Robert James[15](1901~1989)[『블랙 자코뱅—투생 루베르튀르와 산도밍고 혁명*The Black Jacobins: Toussaint L'Ouverture and the San Domingo Revolution*』(1938)]의 연속선상에 있다.

이러한 이중성의 반영으로서 길로이는 '약속 이행의 정치학'과 '변용의 정치학'의 긴장에 대해서도 논하고 있다. 전자는 시민사회의 원리에 따른 정의와 평등한 권리의 획득을 지향한다. 그러나 흑인은 자신의 위치가 시민사회의 주변으로 정해져 있었기 때문에 유토피아적인 연대, 즉 억압자와 피억압자 사이의 전혀 새로운 사회관계를 희구하는 변용의 정치학을 종말론 형태로 동시에 키워왔다는 것이다.

'블랙 애틀랜틱'이라는 공공권

지금 서술한 위치에 대해 구체적인 이미지를 만들어내는 것이 대서양이라는 바다이며, 선박[船]이다. 길로이는 J. M. W. 터너Joseph Mallord William Turner[16](1775~1851)가 그린 노예선 그림을 자주 언급한다. 또한 흑인 지식인들의 뱃사람 경력이나 선박과의 관계에 대해서도 관심을 보인다. 신세계

15 영국 식민지 시기 카리브해 연안의 트리니다드토바고 출신 작가이자 사회주의 이론가로, 1933년 런던으로 이주한 이후 서인도제도의 독립운동에 참여했고, 범아프리카주의의 대표적인 주창자가 되었다. 노동운동과 소수자자치운동, 탈식민지화를 위한 국제혁명운동 등을 주도했다.

16 18~19세기 영국의 낭만주의 화가로서 영국을 대표하는 국민적인 화가이다. 서양회화사에서 최초로 사실적인 풍경화를 본격적으로 그린 화가의 한 명이다.

의 흑인들에게 공통되는 핵심은 대서양을 지나는 노예선에서의 경험이다. 그러나 선박은 고유의 토지와는 다르게 움직이며 가는 것이므로, 그것은 세계 시스템의 '중심'과 규범적인 관계를 지니는 '주변'으로서의 기반조차 갖고 있지 못하다. 이러한 의미에서 신세계의 흑인은 세계 시스템의 중심은 물론, 주변에도 속할 수 없다. 물론 경로 체험을 공유하는 것으로 연결되는 사람들이 단일의 뿌리, 단일의 시원始原을 상상함으로써 공동성을 지닐 수도 있을 것이다.

길로이는 roots와 routes라는 동음이의어 세트를 잘 이용하여, 동일화의 계기로서의 뿌리와 경로의 긴장을 예리하게 의식하고 있다. 이것은 아프리카계 미국인의 자기애narcissism의 표현인 아프리카 중심주의에 대한 길로이의 비판으로 보인다. 이러한 종류의 아프리카 중심주의는 미국 외부에 있는 흑인 디아스포라와 연결해가려고 하지 않을 뿐만 아니라, 아프리카에 대해서도 정지한 과거의 이미지밖에 갖지 않는다. 따라서 이 아프리카 중심주의는 중간 항로의 폭력의 역사를 망각하고, 노예제 이전의 더럽혀지지 않은 아프리카의 영광을 고대 왕국에서 찾고 있다는 것이다. 1970년대 레게음악가인 버닝 스피어Burning Spear[17](1948~)의 "노예였던 날들을 기억하고 있는가?"라는 물음은 그 후, "(나일강 문명의) 시대를 기억하고 있는가?"라는 마이클 잭슨의 물음으로 바뀌고 말았다고 길로이는 경고한다.

표현 문화, 음악

그의 다른 저작을 읽어도 알 수 있듯이 길로이는 흑인음악에 정통하다. 현대의 흑인음악으로 한정해도, R&B와 힙합, 그리고 레게의 각 곡명들이 길로

17 본명은 윈스턴 로드니Winston Rodney로 자메이카 출신의 음악인이다. 그의 음악은 1930년대 자메이카 노동자와 농민을 중심으로 발생한 아프리카 회귀 성향의 종교운동인 라스타파리아니즘Rastafarianism의 메시지를 많이 담고 있으며, 2000년 그래미상을 수상하기도 했다.

이의 논의 속에서 마치 턴테이블 위의 레코드판과 같이 바꾸어지거나 교환되어 등장한다. 그것은 분명히 그의 부모가 영국으로 건너간 서인도제도(가이아나Guyana)계 이민이라는 그의 배경 때문이기도 하겠지만, 그러한 음악들을 가까이서 들어온 해석 공동체를 대표한다는 책임을 갖고 있기 때문이기도 하다.

『블랙 애틀랜틱』의 뛰어난 음악론은 먼저 반-반본질주의의 문맥에서 펼쳐진다. 흑인음악의 전통은 콜 앤드 리스판스call and response, 현대에서는 덥dub과 스크래치, 그리고 샘플링에 의해 무한한 버전을 만들어가는 것이라고 할 수 있다. 그런데 길로이는 이러한 흑인음악의 전통에서, 전통을 불변의 것으로 보는 본질주의도 아니고, 전통을 탈구축하는 반본질주의도 아닌, '변화해가는 동일한 것' [리로이 존스LeRoi Jones[18](1934~)의 『블랙 뮤직*Black Music*』]으로서 반-반본질주의의 매우 적절한 예를 본다.

또 하나의 뛰어난 음악론은 클리퍼드가 '비트를 뺀 문화비판'이라고 부른 것이다. 전술한 '변용의 정치학'의 유토피아는 세계의 종말로서 천년왕국을 기다리는 형태일 뿐 아니라, 실은 일상적인 형태로 흑인음악의 리듬 속에 싱커페이션syncopation[19]으로 균열을 만들고 있는 것이기도 하다. 즉 싱커페이션 또는 강약점을 약간씩 늦추는 것은 직선적이고 진보주의적인 시간의 흐름 속으로 미래와 과거로 통하는 틈새를 열어가는 것이다. 여기서 직선적이고 진보주의적인 시간이란, 국민국가에 이민이 동화한다거나 동화하지 않는다고 이야기할 때 이미지화되는 유형의 시간일 뿐이다. 또한 이러한 시간적 틈새는 인종적 폭거에 따른 공포 때문에 논의되지 못한 과거의 기억으로 통하는 '통로'이기도 하다.

18 본명은 Amiri Baraka로, 미국의 흑인 작가이자 음악비평가이다. 흑인차별, 인종주의, 성차별, 반유대주의 등에 저항하는 작품 활동으로 유명하다.

19 당김음. 약성부弱聲部에 강성부强聲部가 나타나도록 만든 멜로디. 재즈에 특징적으로 나타난다.

디아스포라

원래 유대인의 헤어지고 흩어짐에 사용되던 이 용어를 문화연구 속에서 문맥을 바꿔 사용한 것은 길로이가 처음이 아니지만, 역시 『블랙 애틀랜틱』의 영향력은 컸다. 디아스포라에 관한 길로이의 설명 이후에 등장한 논의는 대체로 다음과 같은 점을 중심으로 이루어지고 있다.

먼저, 디아스포라에도 포함되어 있는 국민국가에 대한 희구이다. 시오니즘에 의한 이스라엘 건국이 단적으로 보여주는 이 사실을 디아스포라의 비평이론은 어떻게 수용해가는 것일까, 또한 디아스포라라고 부를 수 있는 것의 내부 다양성은 어떻게 할 것인가, 계급과 젠더의 차이는 어떻게 할 것인가, 이동은 강제적인가 자발적인가 등에 관한 것들이다. 젠더에 관해 말하면, 길로이는 디아스포라의 어원에 '산종散種, dissemination'이라는 남성 중심주의적인 함의가 있다는 것을 의식하고 있었다. 디아스포라에는 (유대인적인?) 이념형 모델ideal type이 있는 것일까? 집단이동의 역사를 지니고 있지 않은 것, 예를 들면 다른 문화를 지지하는 팬들과 같은 존재는 디아스포라일까? 또한 디아스포라가 복수 포지션 사이를 유동하는 유목민nomad 주체라고 하는 포스트 모던적인 언설의 새로운 형태로서 받아들여질 가능성은 어떠한가? 코비너 머서Kobena Mercer[20]의 반본질주의에 대해 길로이는 반-반본질주의라는 형태로 이의를 제기한다. 그러나 클리퍼드는, 머서에게 길로이는 아프리카적 기원을 특권화하고 있는 것처럼 비칠 것이라고 적고 있다.

『블랙 애틀랜틱』에서 길로이는 디아스포라를 어디까지나 개별 문맥과 하나하나 따로 연결되면서 단련되어 가는 개념으로 파악하고 있다. 즉 디아스포라는 세계 각지의 이민을 어떤 기준에 맞추어 비교·고찰하는 일반이론을 구축해가기 위한 개념이 아니라는 것이다. 각자가 지금 있는 장소에 도달한

20 흑인의 디아스포라에 관한 영상예술 작가이자 흑인문화 연구자로, 미국의 뉴욕대학 등 여러 대학에서 흑인의 디아스포라에 관한 강좌를 운영하고 있다.

경위 속에서 디아스포라적인 계기에 관한 상상력을 발휘하여, 그러한 경로를 구성해온 권력이나 기억의 편제編制에 비판적으로 대응하는 것, 바로 그것이 디아스포라에 맡겨진 과제가 아닐까?

참고문헌

Gilroy, *'There Ain't No Black in the Union Jack': The Cultural Politics of Race and Nation*, Hutchinson, 1987.

흑인인 동시에 영국인이 되려고 하는 사람의 문화정치에 대한 책.

Gilroy, *Small Acts: Thoughts on the Politics of Black Cultures*, Serpent's Tail, 1993.

다른 저서와 공통된 논의 외에, 토니 모리슨과의 인터뷰, 스파이크 리론論, 벨 훅스Bell Hooks와의 대화, 게다가 레코드 재킷론도 수록했다.

ギルロイ, 「ディアスポラ再考」, 上野俊哉 譯, 『10+1』 4호, INAX出版, 1995 수록.

산종散種이라는 함의에 관한 논의의 연장이나, 카오스나 프랙탈 모델에 참조할 만하다.

Gilroy, *Against Race: Imagining Political Culture Beyond the Color Line*, Harvard Univ. Press, 2000 (=*Between Camps: Nations, Cultures and the Allure of Race*, Penguin, 2000).

인종적 동일성의 사고를 둘러싸고, 나치스부터 신인종주의, 소비문화, 바이오 폴리틱스까지 파악한 논의를 전개한다.

ジェームズ・クリフォード, 「ディアスポラ」, 有元健 譯, 『現代思想』 26권 7호, 青土社, 1998 수록.

디아스포라의 다양함, 내셔널리즘이나 토착주의와의 대조 등을 논한 『블랙 애틀랜틱』에 대해 언급하고, 나아가 유대인의 반反유대민족주의적 전통을 덧붙인다.

Hazel V. Carby, *Cultures in Babylon: Black Britain and African America*, Verso, 1999.

길로이와 같은 연구기관 출신의 문화연구자가 블루스, 흑인 페미니즘, 민중의 표상 등을 논한 것이다.

The Black Public Sphere Collective (ed.), *The Black Public Sphere: A Public Culture Book*, The Univ. of Chicago Press, 1995.

흑인의 공공권에 대해 정치, 음악, 출판, 소비 등에서 접근한 논문집. 길로이도 기고했다.

上野俊哉, 『ディアスポラの思考』, 筑摩書房, 1999.

길로이, 사이드, C. L. R. 제임스 등으로부터 촉발된 연구를 통해 디아스포라를 '지금 이 곳'에서 열려는 시도를 보여준다.

야엘 타미르, 『자유주의적 내셔널리즘』

오시무라 다카시押村高 | 전진호 옮김

Yael Tamir, *Liberal Nationalism*, Princeton Univ. Press, Princeton, 1993.

내셔널리즘은 인류악인가

이 책이 저술된 1990년대 전반은 국민국가라는 '테두리'가 느슨해짐에 따라 냉전 속에서 약화되어 있던 내셔널리즘이 다시 소생한 시대이다. 발칸의 민족분쟁, 에스토니아와 라트비아의 독립운동은 이른바 서구의 뒷마당에서 연쇄적으로 일어난 사건인 만큼, 유럽과 미국 사람들에게 강한 충격을 주었다. 미소 냉전체제의 종언이 세계평화를 가져올 것이라는 희망과, 내셔널리즘을 포함한 주요한 프로파간다propaganda는 20세기 중에 퇴색할 것이라는 예측은 민족분쟁에 의해 어긋났다.

이와 같은 사태에 기세를 올린 '자유주의자'는 내셔널리즘에 대한 비판의 강도를 높여갔다. 자유주의자들은 냉전 후 분출한 국지분쟁이 내셔널리즘이 극복해야만 할 인류악이라는 것을 재인식시켰다고 주장한다. 과거의 내셔널리즘은 억압, 폭력, 전쟁 등의 재앙을 불러왔다. 이는 내셔널리즘이 불관용, 공동체 이기주의, 오만한 조국애, 인종우월주의, 대량학살 등을 정당화했기 때문이라는 것이다. '이성에 대한 반항'으로 부를 수 있는 내셔널리즘은 부족部族본능, 격정과 편견, '개인 책임의 중압으로부터 해방되고 싶다는 욕구'를 불러일으켜, 자유로운 토론의 장으로서의 '열린 사회'를 종식시킨다는 것이다(칼 포퍼Karl Raimund Popper[1]). 요컨대 자유주의가 보는 내셔널리즘은 인간이 계몽되지 않은 증거이며, 19세기의 유물이다.

그러나 1970년대~1980년대에 걸쳐 이스라엘의 평화운동인 '피스 나우Peace Now'[2]의 선두에 섰고, 마이너리티의 참정권 획득운동에 몸을 던진 적도 있는 타미르는 실천을 통한 사회운동의 경험에서 다음과 같이 말한다. 내셔널한 감정의 의미를 이해하지 않으면, 오늘날 혼돈 상황의 기원을 밝혀낼 수가 없다. 내셔널리즘을 '태생적 욕구'라고 보는 입장은 내셔널리즘이 왜 문명사회에 이렇게까지 주효했는가 하는 이유를 설명할 수 없다. 그뿐 아니라 내셔널리즘을 외면한다면 선진 각국이 대부분 기초하고 있는 가치관, 또한 자유주의자 자신도 무의식적으로 의지하고 있는 가치관을 무시하는 결과로 끝난다. 또한 타미르는, 자유주의자는 부당하게도 내셔널리즘이나 민족자결의 원리가 식민지 시대를 종식시키는 데 중요한 기여를 했다는 사실을 망각하고 있다고 말한다.

내셔널리즘을 논할 때, 타미르는 다음과 같은 기본적인 입장을 취한다. 모든 사상은 과도하게 추구되면 재화災禍를 초래하며, 마르크스주의, 자유주의, 내셔널리즘도 그러하다. 그러나 이러한 점이 그 사상 자체가 악이라는 것을 의미하지는 않는다. 자유주의자가 말하는 바와 같이, 20세기에 내셔널리즘이 전체주의라는 인류 역사상 가장 비참한 체제를 낳은 것은 사실이다. 그러나 이러한 역사적 사실이 "내셔널한 감정 없이도 인간은 행복해질 수

1 오스트리아 빈 태생의 유대계 영국 철학자(1902~1994)로 순수 과학적 주장의 필요조건으로서 반증 가능성을 이론으로 발전시켰으며, 정신분석과 마르크스주의를 비판했고, 반증주의적인 관점에서 현실실증주의를 비판했다. 대표 저서는 전체주의 국가를 비판한 『열린 사회와 그 적들*The Open Society and Its Enemies*』(1945)이다.

2 1978년 이집트의 사다트Anwar Sadat 대통령이 이스라엘을 방문했을 때, 348명의 이스라엘 예비군들이 당시의 베긴Menachem Begin 수상에게 평화정책을 추진할 것을 청원했던 것이 계기가 되어, 현재까지 이스라엘 내 진보 성향의 NGO를 중심으로 아랍국가들 및 팔레스타인과의 평화관계를 구축해갈 것을 주창하는 시민운동이다.

있다"는 가능성을 증명하는 것은 아니다.

다시 말해 이 책은 내셔널리즘 비판의 풍조에 대항하여 '건전한 내셔널리즘'을 일으키고 옹호하는 작업이라고 해석할 수 있을 것이다. 타미르는 이 책을 통해 진정한 내셔널리즘이 자유주의자가 추구하는 자유, 평등, 공정이라는 여러 가치와도 충분히 양립할 수 있다는 것을 증명하고 있다. 타미르는 이 책에서 논하는 내셔널리즘을 '인간 본성과 세계 질서에 대한 하나의 사고방법'이라고 정의하고 있다. 이러한 정의에서도 명백하듯이, 타미르는 현실의 내셔널리즘 운동과는 일정한 거리를 유지하면서, 철학적이고 인식론적으로 논의를 전개시키고자 한다.

타미르는 옥스퍼드대학 베이리얼 칼리지에서 전공과정을 마치고, 현재는 텔아비브대학의 철학 상급 강사로 근무하고 있다.[3] 그녀의 거의 유일한 학술 저서라고 할 수 있는 이 책은 다음과 같이 구성되어 있다.

서론

1장 인간의 관념The Idea of the Person

2장 국민의 선택과 문화를 선택할 권리National Choices and the Right to Culture

3장 민족자결권The Right to National Self-Determination

4장 개별적인 이야기와 일반적인 요구Particular Narratives and General Claims

5장 마법의 대명사, '마이My' The Magic Pronoun 'My'

6장 숨겨진 아젠다—내셔널한 가치와 자유주의적인 신조The Hidden Agenda: National Values and Liberal Beliefs

---

3 타미르는 '피스 나우' 운동의 창시자 가운데 한 명이며, 1990년대 후반에는 이스라엘 시민권연합회의 의장을 맡기도 했다. 현재는 이스라엘 노동당의 활발한 여성 정치인으로, 2006년 5월부터 교육부장관을 맡고 있다.

자유주의자의 모순

자유주의자는 개인이 민족·문화적인 편견으로부터 해방되어, 스스로의 힘으로 결정을 내리고 책임을 지는 사회를 전제이자 이상理想으로 한다. 자유주의자에 따르면 개인은 이성적인 '자기반성'의 능력이 있기 때문에 문명적 색채에 사로잡히지 않으면서 집단의 압력에서 벗어날 수 있다고 생각한다. 자유주의자가 묘사하는 국가에서 법의 지배와 인권의 보장이 확보되어야만 하는 것은 개인의 자기결정을 촉진시키기 위해서이다. 이와 같은 국가에서는 서서히 집단 아이덴티티가 약화되고 집단적 폭력에 호소할 필요가 사라지게 되어, 국경 내 민족끼리의 대립도 제거될 것이다. 나아가 자유주의적인 교육으로 관용정신이 길러지고, 이는 해외에서 평화를 추진해가는 데에도 공헌할 것이다.

그러나 타미르는 이와 같은 〔자유주의자의〕 인간관, 사회관을 근본적으로 의심한다. 본래 자유주의자가 말하는 선택의 자유는 개인을 일정 방향으로 규정하는 집단적 가치가 개입하지 않고서는 기능하지 않는다. 자유주의자에 따르면, 공동체에 귀속하는 현상은 내셔널리스트가 말하는 '선조先祖의 공유' 때문에 나타나는 것이 아니라, 궁극적으로 개인의 '동의'에서 유래한다. 그러나 자신이 속할 문화를 스스로 선택하는 것이 가능하다고 한다면, 이는 그 사람이 이미 문화 내용에 물들었다고 하는 과거의 문화 체험이 존재하고, 그 문화가 무엇인지를 실감하고 있기 때문임이 명백하다. 거기에다 자유주의자가 말하는 자성自省을 거친 인간이, 태어나고 자란 문화를 송두리째 던져버려야만 하는 경우의 가능성은 희박하다. 실제로 자기의 문화를 모두 부정하는 급진적인 선택을 단행할 수 있는 인간은, 존재한다고 해도 극소수일 것이다.

그뿐 아니라 타미르는 자유주의자가 목표로 하는 이상적인 사회도 내셔널한 감정을 토대로 하지 않으면 성립하지 않는다고 본다. 즉 자유주의자의 논리로부터는 어떠한 공동체의 울타리가 인간에게 가장 어울리고 가치 있는 것인가를 이끌어낼 수는 없다. 공동체론의 결핍은 자유주의자가 '국민국가'를 무의식적으로 전제로 하고 있다는 증거이다. 존 로크를 대표로 하는 사회계약론의 전통이 명백하게 밝혀온 대로 자유주의적인 사회가 건전하게 가동할 수 있는 것은 역설적이지만 국민국가에서였다. 자유주의의 중심사상이며, 내셔널한 것에 대한 방파제로 이야기되는 '인권'이라 해도 역시 어떠한 '인권문화'를 상정하지 않는다면 그 성과를 기대할 수 없을 것이다.

타미르가 인간의 본성과 공동체 아이덴티티의 생성 과정을 검토할 때, 절차상의 '정正'을 지향하는 자유주의자보다도, 오히려 '선善'의 문화적 배경을 중시하는 공동체존중론자communitarian에게 공감하고 있는 것은 의심의 여지가 없다. 무엇보다도 타미르는 공동체로의 귀속을 '부분적으로는' 선택의 소산이라고 파악함으로써 공동체 존중론자와 스스로를 구별하고 있다. 단, 여기에서 문화를 '선택할 수 있다'는 것은 자유주의자가 말하는 바와 같이 자기 마음대로 바꿀 수 있음을 의미하는 것이 아니라, 자신의 문화의 내용을 한층 더 풍부하게 하고 그 폭을 다시 획정할 수 있음을 나타내는 것이다.

그런데 자유주의자는 선진 민주주의 국가 대부분이 '복지'라는 이름으로 일상생활의 구석구석까지 간섭하고 있는 현실을 '중립적 국가'라는 논법에 바탕을 두고 설명한다. 즉 도처에서 개인의 선택을 적극적으로 제약하는 국가라도 문화적으로 중립이라면, 자유주의의 공평원칙에 저촉되지 않는다고 판정된다는 것이다. 그러나 서구의 자유민주주의 국가가 공평하다면, 왜 소수민족의 반항이 끊이지 않는 것일까?

타미르에 의하면, 복지국가는 문화적 중립과는 멀고, 명백히 '일부의 사람들'을 우대하고 있다. 게다가 그들을 우대하는 근거는 자유주의자가 말하는 공평과 동의의 원칙과는 동떨어져 있다. 복지와 분배의 정의의 근거라는 것은, 실제로는 일부 사람들이 (자유주의자가 말하듯이 평등이 아니라) 불평등하게 대접받고 있지만 그들도 우리들과 '내셔널리티를 공유한다'는 신념인 것이다. 다시 말하면, 우대하는 측과 우대받는 측의 공동체 감각인 것이다. 타미르는 이와 같은 이유에서 국민 내의 격차가 벌어지고 있는 현대국가에서는 더더욱 내셔널한 감정이 불가결하다고 결론짓는다.

자유주의자와 내셔널리스트의 융화를 향하여

자유주의와 내셔널리즘은, 쌍방이 말하는 바와 같이 화해가 불가능한 대체관계일까? 타미르는 양자가 인간 본성과 아이덴티티를 어떻게 이해하고 있는가에 착안하면서 이 점을 검토하고 있다.

자유주의자의 주장에 따르면; 내셔널리즘은 항상 문화를 강제하고 개인의 선택을 제약하며, 종종 선택을 회피하기 위한 구실로 이용되기도 한다. 역으로 내셔널리스트 측은 '국적을 선택할 수 없다'는 것을 최대의 논거로 하여 내셔널리티를 숙명과 닮은 것으로 간주하고, 아이덴티티를 자각적으로 형성할 수 있다고 생각하는 자유주의자들을 비웃는다. 내셔널리스트는 문화의 자유선택이 사회의 분단을 초래할 것을 두려워하기 때문이다.

이와 같이 쌍방의 주장은 완전히 평행선을 달리고 있는 것처럼 생각된다. 그러나 타미르는 자유주의와 내셔널리즘이 반드시 벡터vector[4]가 다르지는 않다는 것을 인식론적인 분석에 의해 나타내고자 한다. 실로 자유주의는 '개인적 자유와 인격적 자립의 탁월성'을 찬미하는 이론이고, 내셔널리즘은 '국민문화를 담당하는 구성원, 역사의 연속성, 타자와의 경험의 공유'를 중시하는 이론이라는 차이가 있다. 그러나 아이덴티티 선택의 자유와 문화의

4 크기와 방향을 가진 양.

공유라는 두 가지 사상事象은 모두 인간의 생존조건에 관한 진리를 담고 있다. 한쪽을 희생시켜 다른 한쪽을 개화開花시키는 생존방식은 피해야만 할 것이다. 이와 같은 이해를 통해 자유주의적인 것과 내셔널한 것을 원리적으로 융화시킨다는 전망을 열어갈 수 있다.

자유주의자라면 자립, 자성, 선택을 중시하고, 내셔널리스트라면 귀속, 충성, 연대를 존중한다. 그러나 서로가 상대방의 가치를 승인한다면, 즉 자유주의자가 문화적 귀속을, 내셔널리스트가 개인의 자립을 각각 지지한다면, 양자는 공존할 수 없게 되는 것일까? 이에 타미르는 그렇지 않다고 말한다. 내셔널리스트가 아이덴티티 구축의 개별적 배경을 중시하는 자세는 인간 본성에 대한 보편주의적 시각과 모순되지 않으며, 자유주의자의 문화 선택주의는 선택이 역시 개별적 상황하에서 이루어진다는 사실을 배제하지 않는다. 즉, 자유주의적 내셔널리즘을 구상하는 것이나 내셔널한 발상을 사용하여 자유주의적인 여러 가치들을 심화시키는 것조차도 가능하다는 것이다.

무엇보다 이와 같은 융화가 이루어지기 위해서는 쌍방이 자신의 결점을 인정하고, 서로 다가가지 않으면 안 된다. 우선 내셔널리스트 측은 "스스로를 혈血과 지地의 수사(레토릭)로부터 해방시키고", "자성과 선택을 역사와 숙명과 같은 정도로 중요하다고 인정"할 수 있어야만 한다. 또한 자국의 문화를 보존하고 지킨다면, 모든 국민에게 똑같은 권리를 승인하지 않으면 안 된다. 한편 자유주의자 측은 선택이 무한하다는 환상을 버리고, 선택의 자유는 선택해야만 할 개개의 문화가 보전될 때 비로소 가능하다는 사실을 인정하지 않으면 안 된다. 더욱이 자유주의자는 과격한 민족 내셔널리즘ethno-nationalism에 대처하는 방법이 내셔널리즘 그 자체를 부정하는 것은 아니라는 점을 알 필요가 있다. 타미르는 이와 같은 양자의 화해로 태어난 자유주의적 내셔널리즘이야말로, 일상에서 우리들이 갖고 있는 감각에 한층 부합한다고 기술하고 있다. 이에 못지않게 중요한 것은 오늘날 우리들이 국가를 논할 때 참조하는 개념들의 대부분이 이미 자유주의적 발상과 내셔널한 사고의 혼합물이라는 점이다.

'자유주의적 내셔널리즘'을 제시한 타미르는 이와 같은 내셔널리즘에 있어 자결自決의 권리가 얼마나 중요한 것인지를 설명하고 있다. 타미르의 자결론의 특징은 자결의 주체를 민족, 언어, 혈통이 아니라 문화로 설정한 점에 있다. 문화집단의 자결을 옹호해야만 하는 것은, 자유주의자가 말하는 바와 같이 민족자결권이 '인권'의 자연적 연장이기 때문이 아니라, 문화가 아이덴티티의 주요한 속성이기 때문이다.

여기에서 타미르는 자유주의자가 자결을 주장하면서 범한 잘못을 지적한다. 요컨대 인권의 주장에 기초한 '자치'의 권리와 문화에 기초한 '자결'의 권리는 본질을 달리한다는 것이다. 실제로 민족자결을 행사하는 국가들 중에서 구성원의 자치를 인정하지 않는 체제는 존재한다. 더욱이 아시아와 아프리카 국가들 일부에서 보이는 것과 같이 '지배적인 다민족에 의해 실시되는 민주화'(인권상태의 개선)와 '자민족에 의한 권위주의'(민족자결의 추구)는 종종 교환관계trade off에 있다.

따라서 자결을 옹호하는 것은 자유주의자나 인권사상을 지지하는 것을 의미하지 않는다. 또한 이는 자결 행사의 유일한 장이 국민국가라는 결론을 이끌어내지 않는다. 타미르의 분석에 의하면, 오늘날 자결이라는 사고가 다양한 혼란을 불러일으키는 원인은 내셔널한 감정이 발생하는 무대가 국민국가에 한정되기 때문이다. 내셔널리즘이 국민국가에 대한 집착을 갖는다고 해도 '자유주의적 내셔널리즘'은 반드시 주권국가라는 공간을 필요조건으로 하는 것은 아니다. 타미르는 오히려 〔내셔널리즘 무대의〕 외연을 국민국가 이외에서도 구하도록 제창하고, 연방제, 지방분권 등에 대해 기대하고 있다.

평가와 전망

대립관계에 있는 것으로 비친 자유주의와 내셔널리즘 사이에서 원리적인 융합을 도모한 타미르의 작업은 의외로 대담한 시도였다고 말할 수 있다. 무엇보다도 문화 선택도 문화 보전도 인간 존재에 있어 불가결한 가치라는 타미르의 결론은 '상식에 의지'했다고 자신이 인정하고 있는 바와 같이, 온건하고 상식적인 수준에 머무르고 있다. 어떻든 타미르는 양자의 화해를 목표로 하고 있지만, 자유주의자와 내셔널리스트에게 똑같은 거리를 유지하고 있는 것은 아니다. 타미르 자신이 다른 개념으로 대체하는 것을 삼가고, "내셔널리즘이라는 용어에 집착했다"고 기술하고 있는 것에서도 밝혀졌듯이, 그녀가 기본적으로 의지하는 것은 공동체존중론자적인 내셔널리즘이다.

물론 개인적 자유의 존중이라는 요소를 더함으로써 내셔널리즘의 '독소'를 제거하려고 하는 사상적 전략은 타미르만의 독창적인 것이 아니다. 타미르가 지적 훈련을 받은 영국에는 이미 '시민 내셔널리즘civic nationalism'이라는 발상이 있다. 여기에서 말하는 시민이란 에스닉에 대립하는 개념이다. 시빅 내셔널리스트들은 국민의 속성을 인종, 언어, 혈통이 아니라 자립한 개인의 정치 참여의식에서 찾고, 온건한 내셔널리즘의 논리를 구성하고 있다. 그러나 인간 본성, 문화의 선택, 자기결정 등의 각각에 대해서 인식론의 관점에서 자유주의자와 내셔널리스트를 대조하여, 양자 융합의 여지를 탐구한 타미르의 공적은 크다. 영국 정치학계의 중진으로서 문화 내셔널리스트인 이사야 벌린Isaiah Berlin[5](1909~1997)은 이 책에 대해 "지적이고, 명석하고, 사려 깊고, 이론적으로 보아 절묘하고, 현실세계에 확실히 뿌리를 둔 것"이라는 최대의 찬사를 보내고 있다.

그렇다고 해도 타미르의 자유주의적 내셔널리즘론에 의문이 없는 것은 아니다. 실제로 이 책이 출판된 후 타미르에게 자유주의자, 내셔널리스트 쌍방으로부터 비판이 쏟아졌다. 불러일으킨 반향의 대강은 페이퍼백 판(제3쇄)의 「서문」에 첨가된 타미르의 반론에서도 엿볼 수 있다. 여기에서는 특히,

5 제정 러시아의 지배하에 있던 라트비아에서 출생하여 1921년 영국으로 이주한 유대계 영국 철학자이자 역사가로, 20세기 자유주의 사상과 이론을 대표하는 사람이다.

자유주의와 내셔널리즘이 인식론의 지평에서 융합될 수 있다고 설명하는 것만으로는, 냉전 종결 후의 현실이 그것과는 반대의 방향으로 움직이고 있다는 사실을 설명할 수 없다고 하는 비판을 언급해두고자 한다. 이 원리적 고찰을 토대로 자유주의적 내셔널리즘에 적합한 제도, 관습, 정책, 교육이란 무엇인가에 대한 의견이 제시되어야만 할 것이다. 정책론의 전망에 대해서 타미르는 '문화다원주의'의 가능성에 기대를 걸고 있지만, 상식적인 결론이라는 인상을 불식시키지는 못한다.

참고문헌

이 책은 내셔널리즘에 관한 타미르의 거의 유일한 논고로 속편이 기대된다. 자유주의적인 요소를 가미한 내셔널리즘 옹호론, 더욱이 영국의 지적 분위기를 반영한 것으로서는 우선 벌린, 던John Montfort Dunn[6](1940～), 스미스의 내셔널리즘론이 참고가 될 것이다(이 책에 수록된, 데이비드 밀러의 『내셔널리티에 관하여』에 대한 서평도 참조하기 바람).

I·バーリン, 「ナショナリズムの二つの概念—對談」, 齋藤純一 譯, 『みすず』 376호, 1992 수록.
J·ダン, 『政治思想の未來』, 半澤孝麿 譯, みすず書房, 1983.
A·D·スミス, 『ナショナリズムの生命力』, 高柳先男 譯, 晶文社, 1998.

국내 참고문헌

E. J. 홉스봄, 『1780년 이후의 민족과 민족주의』, 강명세 옮김, 창작과비평사, 1998.
박의경, 「자유주의적 민족주의: '자유' 이념과 '민족' 가치의 조화」, 한국국제정치학회, 『국제정치논총』 제35권 1호(1995. 12).

6 영국 케임브리지대학의 정치학 교수로, 존 로크의 정치사상을 연구한 저서가 많이 있으며, 현대 정치이론에 역사학적 관점을 적용하는 것에 중점을 둔 연구가 많다.

워커 코너, 『에스노내셔널리즘』

사토 시게키佐藤成基 | 전진호 옮김

Walker Connor, *Ethnonationalism: The Quest for Understanding*, Princeton Univ. Press, Princeton, 1994.
第3장「エスノナショナリズム」, 石川一雄 譯,『思想』, 岩波書店, 1995년 4월호 수록.

냉전이 종결된 후, 적지 않은 학자나 저널리스트가 "내셔널리즘은 현대 세계에서도 여전히 강력한 정치요인으로 지속되고 있다"고 논했다. 그러나 이 책의 저자인 미국 정치학자 워커 코너는 이미 1960년대부터 일관되게 이러한 주장을 반복하면서, 내셔널리즘의 힘의 원천을 탐구해왔다. 1994년에 출판된 『에스노내셔널리즘』은 1960년대 후반부터 1990년대까지 저자가 써온 논문을 수록한 논문집이다.

우선 이 책에 수록된 논문들을 책의 배열에 따라 소개한다. 편집 과정에서 코너는 제목을 변경하고, 내용의 반복을 피하기 위해 약간 수정을 했다. 그러나 각 장은 기본적으로 처음 게재되었던 논문과 동일하다고 보아도 무방하다. 여기서는 각 장의 초고가 되었던 논문의 원 제목과 그 초판 연도를 기록해둔다.

서문

제1부 에스노내셔널리즘과 연구자들

제1장 영국의 지적 전통The British Intellectual Tradition(처음 게재 시 제목 「자결自決: 새로운 국면Self-Determination: The New Phase」, 1967)

제2장 제2차 세계대전 후 미국에서의 연구American Scholarship in the Post-World War II Era(「네이션[1]의 구축인가, 네이션의 파괴인가?Nation-Building or Nation-Destroying?」, 1970)

제3장 최근의 발전More Recent Developments(「에스노내셔널리즘Ethno-nationalism」, 1987)

제2부 이해를 방해하는 몇 가지 주요 장해 요인의 검토

제4장 용어상의 혼란Terminological Chaos(「네이션은 네이션이며, 국가이며, 에스닉 집단이며……A Nation Is a Nation, Is a State, Is an Ethnic Group, Is a……」, 1978)

제5장 균질성의 환상Illusions of Homogeneity(「반구半球, 대륙, 지역, 단일 국가의 신화Myths of Hemispheric, Continental, Regional, and State Unity」, 1969)

제6장 경제적 설명의 유혹The Seductive Lure of Economic Explanations(「환경 내셔널리즘인가, 경제 내셔널리즘인가?Eco-or Ethno-Nationalism?」, 1984)

제7장 비역사적인 것—서구의 사례Ahistoricalness: The Case of Western Europe(「제1세계의 에스노내셔널리즘—역사적 시각 속의 현재Ethnonationalism in the First World: The Present in Historical Perspective」, 1979)

제3부 연구자와 내셔널 아이덴티티의 신화적 세계

제8장 인간은 내셔널한 동물이다Man Is a [R(n)ational] Animal(「이성을 넘어서: 에스노내셔널한 유대紐帶의 성질Beyond Reason: The Nature of the Ethnonational Bond」, 1993)

제9장 네이션은 언제 생겼는가?When Is a Nation?(「부족에서 네이션으로?From Tribe to Nation?」, 1991)

1 저자는 네이션nation과 민족을 동일시하는 것의 문제점을 지적하면서, 민족과 네이션을 구별하여 쓰고 있다. 이 책의 일본어 옮긴이 또한 네이션은 그대로 ネーション으로 음역하고 있다.

국가에 저항하는 내셔널리즘—코너의 문제제기

제2차 세계대전 이후, 사회주의 국가를 포함한 선진사회에서는 내셔널리즘을 지나간 과거의 것으로 이해하는 경향이 널리 나타났다. 내셔널리즘의 시대는 2차 대전에서 '파시즘'이 붕괴하면서 끝났다고 생각되었다. 그 후 서구 사회과학의 관심을 끈 것은 '제3세계'의 반反식민지 독립운동의 내셔널리즘이었다. 그러나 이것도 '근대화'로 향하는 과정에서의 과도기적 현상으로 간주되는 경우가 많았고, 이미 '근대화'를 달성한 선진사회에서는 내셔널리즘의 문제는 '해결이 난' 것이라는 생각이 대세를 이뤘다. 코너는 이와 같은 전후 사회과학의 내셔널리즘관에 일찍부터 이의를 제기해온 사회과학자의 한 사람이었다.

그는 세계 각지에서 일어나고 있는 분리·독립운동과 통일운동의 고조를 검토하면서 '제3세계'뿐만 아니라 '제1세계'와 '제2세계'에서도 내셔널리즘은 여전히 강력한 정치적 요인으로 작용하고 있다고 논했다. 이미 1960년대에 쓰인 이 책 제1장과 제2장에 수록된 논문 속에서(제2장은 1970년에 출판되었음) 코너는 카탈루냐Catalonia와 바스크Basque, 웨일스와 스코틀랜드, 북아일랜드, 남티롤Südtirol[2]의 독일인, 퀘벡, 벨기에의 왈론Walloon과 플라망Fleming, 루마니아의 마자르Magyar, 소비에트연방의 라트비아, 우즈베키스탄, 우크라이나, 유고슬라비아를 구성하는 여러 민족들의 구체적 사례를 언급하면서, 각지의 '네이션'이 '민족자결'을 내세우면서 일으키고 있는 운동을 검토하고 있다.

같은 현상은 '제3세계'에서도 보인다. 그러나 여기에서 코너가 주목하는 것은 이른바 '식민지 독립운동'이 아니라, 탈식민지국가에서의 분쟁이다. 예를 들면 타이의 라오Lao인, 나이지리아의 이그보Igbo인, 에티오피아의 에

2 오스트리아와 이탈리아에 걸쳐 있는 알프스산맥 동부 지역으로, 북티롤과 동티롤 지역은 오스트리아에 속하지만 나머지는 이탈리아 귀속되어 있는데, 이탈리아에 속한 지역 가운데 남티롤이 있다.

리트레아Eritrea 지방 등, 많은 사례에서 분리 독립, 자치, 국가 내의 지배권 등을 둘러싸고 투쟁하고 있는 상황을 확인할 수 있다. 종래의 사회과학은 이와 같은 분쟁을 '부족주의tribalism'라고 부르고, 근대화에 저항하는 퇴행적인 현상으로 간주했다. 코너는 이러한 분석 틀에 이의를 제기하고, 포스트식민지 상황에서의 분쟁을 '내셔널리즘'이란 용어로 다시 파악하고자 했다.

'제1세계', '제2세계', '제3세계'에서 코너가 공통적으로 이끌어낸 '내셔널리즘'은 국가에 저항하고, 국가를 파괴할 수도 있는 운동이다. 내셔널리즘을 '국가'로부터 분리하여, 국가 대항적인 현상이라고 파악한 점에서 코너의 시각이 전환되었다는 것을 명확하게 확인할 수 있다. 1960년대에 논해진 이러한 코너의 시각은 그 후의 논문에서도 반복되고 있다. 그의 시각에는 현재에도 여전히 유효한 현실성이 존재한다.

네 개의 기본적 논점

그러나 이 책에 수록된 논문들에서는 이러한 내셔널리즘에 대한 상세한 경험적 분석이 행해지고 있지는 않다. 이 책의 서문에서도 기술하고 있는 바와 같이, 이들 논문은 주로 내셔널리즘을 분석하기 위한 이론적 분석 틀을 검토하는 것을 목표로 하고 있다. 코너가 여기에서 고찰하고 있는 것은 전후의 사회과학이 왜 내셔널리즘을 충분히 검토할 수 없었는가 하는 문제이다. 코너는 그 이유를 그들이 이용한 분석 틀(또는 그들의 분석 틀에서 명백하게 전제로 하고 있는 이해)에서 찾아 이를 철저하게 비판한다. 그의 기본적 논점은 다음과 같다.

(1) '네이션nation'과 '국가state'

첫째는 '네이션'과 '국가'의 관계이다. 이 두 개념은 종종 혼동되어왔다. 예를 들면 유엔United Nations은 실제로는 주권국가들의 연합이다. 국제관계International relations도 사실상 주권국가들 간의 관계이다. 이와 같이 '네이션'이라는 용어가 암묵적으로, 그리고 확실하게 의식되지 않은 채 '국가'를 가리키는 것으로 사용되고 있는 경우가 많다. 또한 이와 관련하여 '네이션 스테이트nation state'는 '국가'의 동의어로서 일반적으로 사용되어, '내셔널리즘'은 종종 국가에 대한 충성심('애국주의')과 혼동되고 있다. 이러한 일상 용어법에서의 애매함은 사회과학에서도 대부분 그대로 답습되고 있다[코너는 전후 사회과학에서 '국가'와 '네이션'을 동일시하는 시각을 낳은 원인의 하나로서 독일과 일본에서의 '파시즘'의 영향이 있었다고 말한다. 이 두 '파시즘'에서는 국가와 '네이션'('민족'이나 'Volk')이 동일한 것으로 이해되었는데, 이들을 '네이션'의 전형으로 보는 시각이 전후 구미의 사회과학에 널리 퍼졌다는 것이다(제3장). 그러나 이와 같은 독일과 일본의 내셔널리즘의 해석 자체가 근년에 비판의 대상이 되고 있다]. 사회과학에서 '국가'와 '네이션'을 혼동하는 전형적인 예로서 이른바 '네이션 빌딩nation building'론이 있다. 여기에서 '네이션'이라고 불리는 것은 국가를 뜻하며, 따라서 '네이션 빌딩'이란 국가 밑으로 동화되고 통합되는 것을 의미한다.

그러나 '국가state'와 '네이션'은 전혀 다른 별개의 현상이다. 국가는 통치상의 제도와 그 영역인 것에 비해, '네이션'이란 공통의 혈통을 믿는 사람들의 집단이다. 다시 말하면 '네이션'은 본래 '에스닉' 집단인 것이다. 코너는 '에스니시티ethnicity'를 국가 내의 '마이너리티'에게만 한정하는 미국 사회학의 용어법을 거부하고, '에스닉 집단'도 기존의 국가 틀에 저항하여 스스로의 국가적 독립을 목표로 한 '자결'을 주장하는 일이 있을 수 있다고 한다.

'네이션'이 본래 '에스닉' 집단이라고 한다면, 모든 내셔널리즘은 정의상 '에스노내셔널리즘'이 된다(이 책의 제목인 '에스노내셔널리즘'도 보통의 '내셔널리즘'을 의미한다. 그러나 코너는 단순히 오해를 피하기 위하여 '에스노내셔널리즘'이라는 용어를 사용한 것이다). 또한 코너와 같은 의미에서 '네이션'을 사용할 경우 '네이션 스테이트'란 에스닉한 동질성을 가진 국가를 의미하게 된다. 이와 같은 의미에서의 '네이션 스테이트'는 세계에서 그 수가 매우 적고, 현대의 대부분의 국가는 '다민족적multinational' 국가가 된다(코너는 '네이션 스테이트'의 한 예로서 일본을 들고 있다). 종래의 사회과학은 이와 같은 다양한 네이션을 '에스니시티' 혹은 '부족' 등의 용어로만 파악해왔다.

(2) '근대화' 도식과 네이션

전후의 사회과학이 에스닉한 내셔널리즘을 충분히 다룰 수 없었던 또 하나의 이유로서 근대화론적인 전제를 들 수 있다. 이 전제에서는 산업이나 교육, 신문, 라디오, 텔레비전을 포함한 커뮤니케이션망이나 교통망의 발달과 같은 '근대'적 현상은, 사회이동과 상호접촉의 기회를 증가시킨다고 생각된다. 그 결과 종래의 지역적·문화적 차이는 평준화되고 '부족'적 대립은 완화되어, 균질적 '근대사회'가 만들어진다고 생각된다. 또한 이와 같은 균질적 근대사회가 근대국가로 '동화'된 것이라고 파악한 것이 앞에서 설명한 '네이션 빌딩'론이었다(단 '네이션 빌딩'론의 주요 저서로서 종종 인용되는 카를 도이치Karl Deutsch의 내셔널리즘론에서는 근대화가 동화를 촉진하는 측면과 에스닉적 대립을 조성하는 측면의 양면성을 갖는다고 인식되어, 도이치 자신도 이 양자 사이에서 흔들리고 있다. 참고문헌 Deutsch, 1953, 제2장).

그러나 코너는 이러한 '근대화론'적인 전제를 비판한다. 산업화와 사회이동의 증대는 결코 상호이해의 심화나 '동화'를 향하는 것은 아니며, 오히려 사람들이 다른 집단과의 문화 차이에 눈을 뜨게 되어 다른 문화집단과의 에스닉적인 대립을 심화하는 방향으로도 발전할 수 있다고 생각한다. 근대화는 분명히 한편으로는 지역적 편차를 해소하지만, 동시에 문화적 경계를 보다 명확히 한다. 근대화론자들은 문화적 차이로 인해 발생하는 동화에 대한 완강한 거부에 대해서는 인정하지 않고, 그 차이를 초월한 '동화'와 '통합'을 지나치게 낙관적으로 신뢰하고 있다고 본다. 코너에 의하면, 에스닉 집단의 충성심이 국가에 대한 충성심을 능가하는 경우가 역사적으로 보면 훨씬 많다는 것이다. 1960년대 이후 각지에서 발생하고 있는 내셔널한 분쟁의 격화는 이를 현실적으로 보여주고 있다.

내셔널리즘과 근대화의 관계는 단순한 비례 내지 반비례 관계에 있는 것이 아니다. '동화'와 '차별화'는 상호 대립 관계에 있고, 이 관계에서 일반법칙을 찾아내는 것은 어렵다. 근대화 속에서 내셔널리즘이 걸어온 발전 과정은 복잡하여, 역행하기도 하고 '부흥'하기도 하면서 예측 곤란한 과정을 따라간다. 따라서 일단 분쟁이 진정되었다고 해서 네이션 문제가 '해결'된 것은 아니며, 상황에 따라 다시 '재발'할 수도 있다. 이는 일단 영국에 '동화'한 것처럼 보였던 웨일스나 스코틀랜드 등에서 1960년대에 '돌연'히 내셔널리즘이 발생한 예에서도 알 수 있다.

(3) 심적 현상으로서의 네이션

'네이션'은 '객관적'으로 그 실체를 확정할 수 있는 집단이 아니다. 앞에서 기술한 것같이 '네이션'은 혈통의 공유를 자각하는 사람들의 집단이지만, 결코 객관적인 의미에서 혈통을 공유하고 있는 것은 아니며, 단순히 그렇게 믿고 있는 사람들의 집단에 불과하다. 또한 '네이션'은 그 인구수나 영역, 관습, 종교나 언어 등 혈통 이외의 구체적(코너가 많이 사용하는 용어에 따르자면 접촉 가능한tangible) 요인에 의해 '객관적'으로 정의되는 집단도 아니다. 구성원의 주관적 심리나 의식이야말로 네이션의 본질을 구성하고 있다고 코너는 생각하고 있다. 특히 가족과의 유추로 파악된 공통의 선조를 갖고 있다는 느낌sense, feeling이나 신념belief은 네이션에 강한 감정적 속성을 부여한다.

언어나 인종이나 종교 등과 같은 보다 구체적인 요인은 단순히 당사자 스스로에 의해 '네이션'을 상징하는 것으로서 이용되고 있을 뿐이다. 우리들이 이들 요인을 네이션의 기초로서 인식하고 있다면, 이는 내셔널리스트의 언설을 그대로 받아들이고 있는 것에 지나지 않는다. 예를 들면 아일랜드에서는 19세기 이후 언어적으로 '영국화' 하여, 〔아일랜드의 고유어인〕 게일어는 사실상 사용하지 않게 되었음에도 불구하고 내셔널한 의식은 오히려 높아져갔다. 즉 게일어는 '아이리시 네이션' 을 상징하는 것으로 이용된 것이지, 실제로 아일랜드인 집단 내부에서 커뮤니케이션 수단으로 사용되고 있었던 것은 아니다. 따라서 언어를 네이션의 상징으로 강하게 제기하는 것은 구성원의 심리나 의식일 뿐이다.

더욱이 경제적 격차가 내셔널리즘을 만들어냈다고 파악하는 '유물론적' 해석도 사회과학에서는 널리 보이는데, 이 또한 네이션을 구체적·객관적인 실재로 환원하여 파악하는 방법의 하나이다. 경제적 격차는 내셔널리즘을 격화시키는 '촉매' 의 역할은 수행하지만, 경제적 격차만으로 내셔널리즘의 감정과 감각까지를 설명할 수 있는 것은 아니다. 경제적 격차라는 통계적 사실은 오히려 앞에서 살펴본 언어나 종교, 혹은 '내셔널' 한 시나 그림, 음악 등과 같은 의미에서 '네이션' 을 상징하는 것으로 이용되고 있을 뿐이다.

(4) '과정' 으로서의 '네이션 형성'

심적 현상인 '네이션' 은 결코 영원불변의 존재가 아니지만, 그렇다고 해서 일시적으로 돌연히 출현한 것도 아니다. '네이션 형성nation-formation' 은 장기간을 요하는 과정이다. 대중현상으로서의 '네이션' 은 통상 우리들이 '네이션의 발생' 으로 이해하고 있는 시기보다도 훨씬 뒤에 와서 성립된 경우가 많다. 그러나 일부 엘리트의 언설에 의존하는 한, 이와 같은 대중현상으로서의 네이션을 정확하게 파악하는 것은 불가능하다. 이 문제는 마지막 장인 '네이션은 언제 생겼는가?' 에서 집중적으로 검토되고 있다. 코너는 유진 웨버Eugen J. Weber(1925~2007)가 프랑스의 네이션 형성을 분석한 것을 참조하고 있다. 웨버에 의하면, '프랑스' 에 대한 귀속의식은 17, 18세기의 절대주의 시대로부터 프랑스혁명을 거쳐 20세기 초 1차 대전에 이르는 장기간 동안 서서히 퍼져 나갔다는 것이다(참고문헌 참조). 이와 같은 '네이션 형성'의 과정은 널리 일반적으로 발견된다. 슬라브의 여러 민족과 그리스, 루마니아와 같이 이러한 과정 속에서 '네이션'의 경계조차 변화해간 경우도 적지 않다.

네이션 본질주의의 함정

이상과 같은 논의를 통하여 코너가 호소하는 것은 '네이션'이 (실로 뒤르켐적인 의미에서) '독자적 실재'라는 점으로 집약할 수 있을 것이다. 이는 국가와도 구별되며, 언어, 종교, 경제적 격차 등의 구체적 요인으로 환원하여 설명할 수 없는 것이다. 그러나 이 '독자적 실재'는 또한 '심적'인 실재이기도 하다. 즉 '네이션'은 그 구성원의 심리나 의식의 내부에 존재하는 '실재'인 것이다. 그리고 이와 같은 '독자적 실재'로서의 네이션은 근대화(여기에는 근년에 활발히 논의되고 있는 '글로벌화'를 포함해서 생각해도 무방할 것이다)에 의해 소멸하기보다 오히려 강화된다. 최근에 코너는 '네이션'이 오랜 과정을 통해 비교적 최근 들어 그 형태를 명확히 했다는 점, 그리고 그 경계가 변하기도 한다는 점(즉 네이션이 역사적 맥락에 의존한다는 점)을 인정하고 있다(앞의 (4)의 논점). 그러나 코너의 기본 자세는 네이션 본질주의이다. 그는 네이션이라는 현상의 근거를 다른 요인으로는 해소해버릴 수 없는 '에스노내셔널한 유대ethnonational bond'라는 '본질'에서 찾고 있는 것이다.

이와 같은 코너의 논의는 '에스노내셔널리즘'으로서의 내셔널리즘이라는 하나의 연구 영역을 개척했다. 특히 여기에서 중요한 것은 국가에 종속되지 않고, 오히려 저항도 하는 내셔널리즘의 존재이다. 이는 현재의 내셔널리즘 연구에서도 매우 중요한 하나의 시각을 제시한다고 말할 수 있다. 특히 이 시각에는 '국가'와 '네이션'을 혼동하고, '네이션'과 '에스니시티'를 분리하여 파악하려는 경향이 강한 일본 연구자들이 배워야 할 점이 많다[최근 일본에서의 '에스닉 내셔널리즘' 발생을 논한 연구로서 참고문헌에 있는 Doak (1997)의 저서가 있다].

그러나 코너는 국가와 네이션을 이원론적으로 파악함으로써 그의 네이션 개념 이해를 지나치게 경직시키고 있다. 그는 네이션을 국가와 분리시켜, 에스닉한 면에 일원화하고 만다. 그러나 현실의 네이션이 형성되는 과정에서 국가 혹은 준국가적인 틀의 역할을 무시할 수 없으며(유진 웨버의 논의는 이를 잘 나타내고 있다), 국가에 귀속하는 사람들의 집합을 '네이션'이라고 부르는 방법도 일반적으로 널리 정착해 있다. 더욱이 국가나 협의의 에스니시티 이외의 다양한 요인(예를 들면 공통의 역사적 기억)이 내셔널리즘의 '심적' 속성을 구성하고 있다. 코너의 분석 틀에서는 이와 같은 네이션과 내셔널리즘의 다의성을 오히려 배제해버리는 위험이 존재한다.

네이션과 국가의 관계에서 말하자면, 오히려 앤서니 스미스Anthony D. Smith와 같이 '영역적 네이션'과 '에스닉 네이션'이라는 '네이션의 이중성'을 인정한 논의가 보다 유익할 것이다. 또한 브루베이커Rogers Brubaker[3]는 국가, 에스니시티, 네이션 사이의 역동적인 관계에 착안하면서 내셔널리즘의 변화 과정을 분석하고 있다[참고문헌의 スミス(1999) 및 Brubaker(1996)를 참조]. 이처럼 코너의 분석 틀이 갖는 한계는 최근의 연구자들에 의해 극복되고 있다고 생각된다.

참고문헌

Walker Connor, *The National Question in Marxist-Leninist Theory and Strategy*, Princeton Univ. Press, 1984.

사회주의 운동과 체제 내에서 발생한 내셔널리즘의 문제를 소련, 유고슬라비아, 중국, 베트남 등의 사례를 통해서 비교사적으로 검토한 사례 연구. 연구의 양과 질에서 코너의 주요

3 미국 LA 캘리포니아대학의 사회학 교수로, 이민, 시민권, 내셔널리즘, 에스니티와 관련된 사회이론을 폭넓게 연구하고 있다.

저서로 볼 수 있다. 우선 코너는 각지에서 사회주의 혁명이 성공한 원인의 하나가 '민족자결' 에 호소하여 민중의 내셔널리즘을 효과적으로 이용한 점에 있다는 것을 강조한다. 이는 또한 레닌의 정치 전략에도 있었다. 그러나 레닌은 혁명 후의 사회주의 국가에서 네이션은 상호 융합하는 하나의 사회주의 사회에 동화해간다는 예견을 갖고 있었다. 그러나 스탈린에 의해 '형식에서는 내셔널리즘, 실제에서는 사회주의' 라는 표어 아래 네이션에게 준국가적인 자격이 인정되었다. 이러한 준국가적인 '형식' 을 인정받은 네이션은 이를 기초로 계속 존속했다. 사회주의가 갖는 국제주의적 특성에 대해 내셔널리즘은 그 '완강함' 을 나타냈던 것이다. 코너는 이러한 네이션 존속의 역사적 경위를 고찰하고 있다. 『에스노내셔널리즘』과 함께 읽어볼 만한 명저이다.

『思想』, 「特集 エスノナショナリズム」, 岩波書店, 1995년 4월호(제850호).

'에스노내셔널리즘' 에 관한 사례 연구가 수록된 『思想』 특집호. 『에스노내셔널리즘』의 일부(제3장)도 번역되어 게재되어 있다.

Kevin Doak, "What is a Nation and Who Belongs: National Narratives and Ethnic Imagination in Twentieth-Century Japan," in *The American Historical Review*, vol. 102, no. 2, 1997.

국가에 대항하는 '에스닉 내셔널리즘' 이 일본에 존재한다는 것을 주장한 역사 연구. 전전에서 전후에 걸친 좌익 지식인의 내셔널리즘에 대해 논하고 있다.

A. D. スミス, 『ネーションとエスニシティ』, 巢山靖司 · 高城和義 譯, 名古屋大學出版會, 1999.

'에스닉 내셔널리즘' 의 역사적 발생을 '영역적(시빅) 내셔널리즘' 과 연계해 검토한 비교 내셔널리즘 연구의 대표적 저작.

Rogers Brubaker, *Nationalism Reframed*, Cambridge Univ. Press, 1996.

'에스닉' 한 내셔널리즘을 국가, 마이너리티, 재외 마이너리티라는 세 가지 주체에 의한 운동으로 파악하고, 1차 대전 후 및 냉전 종결 후의 내셔널리즘을 분석한 책.

Karl Deutsch, *Nationalism and Social Communication: An Inquiry into the Foundations of Nationality*, The Technology Press of the Massachusetts Institute of Technology, 1953.

코너가 비판하면서도 일정한 평가를 부여하고 있는 '네이션 빌딩nation building' 론의 기초가 된 저작으로, 1950년대의 사회과학적 내셔널리즘 연구를 대표한다. 근대화에 따른 사회이동의 증대나 커뮤니케이션망의 발달이 내셔널리즘의 발생을 가능하게 했다는 논의가 전개된다. 이는 후의 앤더슨이나 겔너의 논점 몇 가지를 선취한 논고라고도 볼 수 있다.

Eugen Weber, *Peasants into Frenchmen: The Modernization in Rural France*, Princeton Univ. Press, 1976.

19세기 후반부터 20세기 초에 걸쳐 프랑스에서 '네이션' (국민) 의식이 형성되어온 사회적 과정을 분석한 책. 네이션과 교육 및 군대의 관계, 언어의 문제 등 흥미 깊은 논점이 검토된다. 책이 출판된 후 이 책의 제목이 너무 훌륭한 탓에 종종 책의 제목이 저자나 책의 내용과 무관하게 이야기될 정도로 유명해졌다.

국내 참고문헌

베네딕트 앤더슨, 『민족의식의 역사인류학』, 최석영 옮김, 서경문화사, 1995.

베네딕트 앤더슨, 「종족주의와 원격지 내셔널리즘의 출현」, 오문환 옮김, 대화출판사, 『대화』 제2호, 1994. 7.

이양호, 「종족, 민족 그리고 민족주의」, 경기대학교 사회과학연구소, 『사회과학논총』 제4호, 2001. 12.

이정덕, 「소수민족의 민족주의」, 한국정신문화연구원, 『정신문화연구』 제60호, 1995. 10.

한홍수, 「인종과 민족과 문화—역사과학의 영역에서」, 비판사, 『비판』 제4권 3호.

데이비드 밀러, 『내셔널리티에 관하여』

오시무라 다카시押村高 | 김지연 옮김

David Miller, *On Nationality*, Clarendon Press, London, 1995.

내셔널리즘에서 내셔널리티(국민이라는 것)로

내셔널리즘은 부정적인 측면을 많이 갖는다. 다문화주의자라면 바로 주변부에 대한 억압, 이질적인 것에 대한 동화, 대외적 팽창 등을 떠올릴 것이 틀림없다. 그러나 데이비드 밀러(1946~)는 아이덴티티identity의 원천으로서의 국민감정을 주저하지 않고 옹호한다. 냉전 후 내셔널리즘의 인상이 나빠지는 가운데 밀러는 국민이라는 집단의 존재 방식을 옹호하기 위해 수 편의 논문을 발표했다. 『내셔널리티에 관하여』는 그러한 논문들을 한 권의 책으로 정리한 것이다. 이 책은 다음과 같이 구성되어 있다.

1. 서론
2. 내셔널 아이덴티티National Identity
3. 내셔널리티의 윤리The Ethics of Nationality
4. 민족자결National Self-Determination
5. 내셔널리티와 문화다원주의Nationality and Cultural Pluralism
6. 내셔널리티는 쇠퇴하는가?Nationality in Decline?

밀러는 우선 내셔널리즘을 주장하는 사람과 비판하는 사람 모두, 오해를 근거로 내셔널리즘의 논리를 구성하고 있다는 점을 지적한다. 밀러에 의하면, 내셔널리즘에 대해 모든 아이덴티티를 아우르는 억압감정으로 표현하는 사람이나 또는 아이덴티티의 가장 중요한 원천으로 간주하는 사람도, 내셔널리즘을 '쓰나미'(해일), 즉 '인간이 통제할 수 없는 자연의 힘'과 유사한 것으로 해석하는 경향이 있다고 한다.

그러나 내셔널리즘은 변화를 겪어왔고, 인간이 전혀 개입할 수 없는 것이 아니다. 말하자면 "내셔널 아이덴티티를 갖는다는 것은 집단적인 자기규정의 지속적인 과정에 참여하는 것이다". 명백히 밀러는 구성주의constructi-vism나 사회구성주의[1]의 영향을 받고 있으며, 내셔널리즘을 실체로서가 아니라 현실과 인간 의식의 상호작용이 낳는 동태動態로서 해석하고 있다.

이렇게 내셔널리즘 논쟁의 축을 수정하면서 밀러는 스스로가 몰두해야 할 주제를 다음과 같이 요약하고 있다. 과연 국민nation이라는 것은 과거와 현재에 대한 잘못된 신념에서 유래하는 '상상 위에서' 존재하는 것인가? 그것이 단순한 상상의 산물이 아니라면 국민은 우리에게 어떠한 실천적 의무를 부과하는 것인가? 동포에 대해 특별한 의무를 지는 것은 당연한가? 국민에 의한 자치를 정당화하는 것은 무엇인가? 다문화주의의 대두에 직면하여 내셔널 아이덴티티를 어디까지 옹호해야 하는가?

이러한 문제를 해결하기 위해 밀러는 하나의 전략을 고안했다. 가치가 부여된 동시에 역사적 원한이 깃든 내셔널리즘이라는 용어를 피하고, 그 대신

1 정치학 내지 국제관계론에서 구성주의(또는 사회구성주의)는 미국에서 발달한 이론으로, 국제관계에서 국가 이익은 국가의 아이덴티티나 국제적 규범에서 형성된다고 주장한다. 또한 개별 국가가 국제사회 전체를 구성하면서 동시에 전체가 개별 국가를 규율한다고 생각하면서, 국제관계의 변화를 규범, 아이디어, 아이덴티티 등의 변화를 중심으로 설명한다.

에 '내셔널리티'라는 개념을 사용한다. 내셔널리티의 이론이야말로 공민권, 소수민족의 권리, 교육·문화의 진흥, 국경을 초월한 의무 등의 문제에 새로운 사고 방법을 가능하게 한다고 그는 말한다.

저자인 밀러는 자유주의의 비판적 검토 분야에서 많은 연구 업적을 남겼고, 현재는 옥스퍼드대학 너필드 칼리지Nuffield College에서 사회·정치이론을 강의하고 있다.

내셔널리티의 해명

밀J. S. Mill의 『대의정치론』에서 빌려온 내셔널리티라는 용어는 밀러의 설명에 의하면 다음과 같은 세 가지 요소를 포함하고 있다. 첫째, 국민nation이 인간 아이덴티티의 주형鑄型을 만든다는 사실이다. 따라서 '어디어디의 국민이다'라는 언설言說은 일정 종류의 실재적 근거를 가지게 된다. 둘째, 국민이 일종의 '윤리적 공동체ethical community'라는 점이다. 밀러는 동포에 대한 의무가 인류에 대한 의무와 질적으로 다르다고 한다. 예를 들어, 복지가 자국민에게 우선적으로 베풀어져야 한다는 말에 이의를 제기할 사람이 없다는 것이 그 증거라고 생각된다. 셋째, 동일한 국경 내부에서 생활하는 사람은 자결권을 요구하는데, 이 요구의 정당성은 명백한 것으로 간주된다는 점이다.

밀러는 오해를 피하기 위해, 이러한 명제들에 대한 타당성 언급을 유보해 놓는다. 즉 국민이 인간 아이덴티티의 일부를 구성한다는 것은 네이션을 아이덴티티의 일부로 하도록 '요구된다'는 의미가 아니라는 것이다. 더욱이 한 사람이 같은 국경 내에서 생활하는 타자에 대해 책임을 진다는 것은 '인류에 대한 의무'를 지지 않는다는 것과 동일하지 않다는 것이다. 마지막으로, 국민이 자결自決을 요구할 수 있다고 해서 자결의 주체가 '주권국가'에 국한되는 것은 아니라고 한다.

다음으로 우리가 국민적 공동체의 일원이라고 말하는 경우, 이 언설은 무엇을 주장하고 있는 것일까? 이것은 우선 공동체가 '신념의 공유'에 의해 조직되어 있으며, 동시에 구성원은 상대방을 같은 동포로 '간주하는' 것을 의미한다. 밀러는 여기서, 공유된 것이 인종이나 언어라는 겉모습이 아니라 내면이라는 점을 강조한다. 물론 내셔널리티는 상상물이나 환상illusion에 지나지 않고, 국민의 역사, 국경의 형성은 모두 허구fiction라는 내셔널리즘의 탈신화脫神話 작업이 유행하고 있다. 그러나 밀러에 의하면 신체적 속성에 근거한 객관적 '국민'이 존재하지 않는다고 해도 공통 감정을 품는다는 의미의 국민은 명백히 존재한다고 한다. 국민은 혈통을 공유하는 사람으로서, '구명보트'에서 우연히 운명을 함께해야만 하는 사람들일 수도 있으며, 공통의 문화·사회도덕·생활풍습을 함께 가진(가졌다고 서로 생각하는) 집단이라는 것이다.

국민의 특징으로서 공동체가 역사적 연속성을 유지하고 있는 점을 들 수도 있다. 국민은 이러한 의미에서 현 구성원만의 결속으로 성립하는 스포츠팀이나 기업과는 동일한 위치에 있지 않다. 또한 국민은 이러한 집단과는 달리 지리적으로 정해진 위치에 모국homeland을 갖고 있다. 내셔널리즘이 문화적으로뿐만 아니라 정치적인 내용을 가진 국가와 연결되어야 하는 필연성이 여기에 있다. 왜냐하면 국가야말로 지표地表의 관리를 위해, 지리적인 영역 위에서 정당한 권위의 행사를 요구할 수 있는 단체이기 때문이다.

그렇다면 네이션은 근대modernity에 나타난 특정한 개념인가, 아니면 인류의 보편적인 속성인가? 이 논쟁은 아직도 끝나지 않은 것으로 보인다. 전자로 해석하는 사람은 네이션을 산업사회와 함께 나타난 새로운 인간의 결합양식으로 파악하며, 후자로 해석하는 사람은 그것을 고대부터 계승된 자연스런 충성심으로 파악한다. 밀러는 두 견해 모두, 반만 타당하다고 본다. 물론 네이션이라는 개념의 유래를 근대 이전으로 소급할 수도 있다. 그러나 네이션이 능동적인 정치의 주체이며, 또 주권이라는 궁극적인 권력의 보유자라고 간주하게 된 것은 확실히 근대의 일이다. 나아가 제도나 정치가 국민의 의사나 아이덴티티의 표현 형태라는 발상은 근대 이외에서는 찾아볼 수 없다.

내셔널리티에서 그러한 근대성을 볼 수 있다면 '자결권'의 정당성은 명백한 것이 된다. 밀러의 생각에 따르면, 네이션이 정치적 자립을 목표로 하는 것은 정책이나 사회정의를 영토 내에서 관철시키지 않으면, 공통의 문화를 보전하고 민주주의를 실천할 수 없기 때문이라는 것이다. 자결을 위해 네이션과 국경을 가능한 한 일치시킬 필요가 있다. 그렇다고 해서 이것이 문화집단이나 에스닉ethnic 집단 모두가 자결권을 가져야만 한다는 결론을 유도하지는 않는다. 밀러는 내셔널리티와 에스니시티 및 문화를 개념적으로 분리하려고 시도하고 있다. 즉 내셔널리티는 개별적인 문화 자체가 아니라 문화 간의 융합 노력이 낳은 성과이다. 민주주의와 토론을 통해서 구축된 혼합된hybrid 아이덴티티만이 자결을 요구할 수 있는 네이션이 된다는 것이다.

밀러는 이러한 내셔널리티 분석을 효율적으로 사용하여 자유주의를 비판한다. 자유주의가 말하는 "인간은 아이덴티티를 자유로이 선택할 수 있고, 자유의지로 결정한 것만이 가치를 가진다"는 논리는 근거가 박약하다고 주장한다. 즉 인간은 백지 상태가 아니라 가족, 학교, 교회 등의 공동체나 제도에 의해 각인된 가치관에서 출발한다. 그리고 인간은 얼마 지나지 않아 이것들에 집착하지 않고, 서로 경합하는 가치관을 섭렵하면서 최종적으로 스스로의 아이덴티티를 획득한다는 것이다.

그러나 자신의 아이덴티티를 획득하는 단계가 되면, 내셔널리티를 배제하지 않으면 안 되는 것일까? 아니다. 예를 들어 프랑스인이라는 사실은 "어떠한 프랑스인이 되어야 하는가?"라는 선택의 여지마저 박탈하는 것이 아니다. 따라서 내셔널리티는 에스닉 아이덴티티와도 양립한다. 또한 내셔널리티는 권위주의와 운명적으로 연결되는 것이 아니므로, 토론식 민주주의나 연방제와도 가깝게 연결될 수 있다.

문화다원주의 비판

수년간 이른바 '아이덴티티의 정치', '급진적인 문화다원주의'가 융성하고 있다. 그러한 진영에 속하는 학자나 실천가는 그룹 아이덴티티의 공적 영역 진출을 환영하고, 게이gay, 원리주의자, 흑인이 정치 무대로 각자의 대표를 파견할 권리를 가진다고 생각한다. 그러한 '차이'의 주장은 서로의 관용에 만족하지 않고, 집단 간의 완전한 평등을 요구한다. 그들이 말하는 민주적인 정치제도라는 것은 즉, 차이를 승인하도록 조직된 제도인 것이다.

이러한 문화다원주의는 예외 없이 내셔널리즘을 비판한다. 그들은 내셔널리티는 문화적으로 중층적이어야 하는 사회에 대해 인위적인 획일을 강요한다고 주장한다. 또한 그들은 내셔널리티는 '정상normal'과 '비정상abnormal'이라는 구분을 설정하여, 타자他者의 희생 위에서 정상적인 한 사람을 공인한다고 주장한다. 문화다원주의자는 근대의 유물인 내셔널리티가 최종적으로 지역 및 에스닉 수준의 아이덴티티에 길을 양보하는 것을 꿈꾸고 있다.

문화다원주의자의 주장에 대해 밀러는 다음과 같이 반론한다. 소수자의 권리를 보호한다고 하면서 문화다원주의를 끄집어낼 것까지는 없다는 것이다. 왜냐하면 내셔널리티는 고정된 것이 아니라 사회적인 구축물이기 때문이다. 그 구축 과정에는 '자유토론'이 있어 소수자의 의견도 반영된다고 주장한다. 밀러는 내셔널리티와 소수자의 문화 아이덴티티가 공존하는 모범으로서, 오스트레일리아와 미국을 들고 있다. 오스트레일리아는 전후 대영제국과의 연결의 상징인 백호주의白濠主義를 포기하고 새로운 아시아·태평양 아이덴티티를 선택했다.

더욱이 미국의 내셔널 아이덴티티는 특정의 에스닉 집단에게 부담으로 작용하지 않는다. 언어(영어)가 문화적 색채를 떨쳐버리지 못하고 있지만, 그 이외의 제도에 대해서는 소수자도 〔제도〕 형성에 참여하고 있다고 단정할 수 있다. 또한 미국인이라는 아이덴티티를 가슴에 품기 위해 그 밖의 문화 아이덴티티와 단절할 것을 강요당하지는 않는다. 하이픈이 붙은 미국인(아일랜드계-미국인, 아시아계-미국인……)이라는 현상은 내셔널적인 것과 에스닉한 것이 평온하게 공존하는 증거로 볼 수 있다(우리는 이러한 밀러의 주장의 배경에서 앵글로색슨적인 세계관 혹은 지배자, 다수자의 편견을 간파할 수 있을지도 모른다).

문화다원주의에 대한 밀러의 다른 의견은 특히 교육론에서 잘 나타난다. 차이의 정치에 따르면, 공교육이 목표로 해야 하는 것은 에스닉 그룹에 의한 문화의 계승, 예를 들면 아프리카계-미국인에 의한 아프리카계-미국인을 위한 교육이다. 따라서 그 교육을 시행하는 사람은 그 차이를 짊어지는 사람이어야만 한다. 그러나 교육의 주요한 임무는 차세대에게 시민도덕을 가르치는 것이라고 생각하는 밀러는 에스닉 교육으로 특화함으로써 반사회적인 효과를 발생시킬 수 있다는 점을 우려하고 있다.

밀러는 오로지 〔에스닉적인〕 차이를 법적으로 인정받는 것만을 목표로 하는 문화다원주의가 치명적인 결함을 안고 있다는 점을 간과하지 않았다. 예를 들면 유대교에도 정통주의자, 자유주의자, 세속파 등 다양한 분파가 존재한다. 차이의 정치학은 이러한 모든 분파를 동등하게 대우할 수밖에 없기 때문에, 결국 차이를 '개인 수준'에까지 세분화한다. 가령 A가 X라는 문화를 공적으로 대표한다고 하자. 그 경우에도 A가 어느 범위까지 X를 대표하는가, A가 언제까지 X를 대표할 수 있는가는 더 이상 아무도 모른다. 즉 문화다원주의는 정치대표제도 그 자체를 근거 없이 행할 수밖에 없다는 것이다.

내셔널리티는 쇠퇴하는가

서로 다른 문화 간의 교류 확대, 경제의 글로벌화, 자유주의적 생활양식의 침투 등을 주목하게 되면, 밀러의 변론은 공허해지고 내셔널리티 의식이 쇠퇴하기 시작한 것처럼 보일지도 모른다. 이러한 현상은 밀러의 주장을 반증하는 것일까? 밀러는 이 문제에 대해 영국의 사례를 검토하고 있다.

역사적으로 말해서 영국에서 내셔널 아이덴티티가 희박해진 것은 '선진 산업사회'가 영국만의 현상이 아닌 것이 되었다는 점에 기인한다. 노동당 정권하에서의 경제적 쇠퇴가 영국인의 자존심 저하에 박차를 가했다. 더욱이 영국이 낳은 의회민주주의는 이미 개발도상국에 이식되어 영국적인 것이라고 생각할 수 없게 되었다. 오늘날에는 미국인이 미 헌법의 탁월함을 자랑거리로 삼으며, 또 전후 독일인조차도 중도中道정치, 온건한 정권 교체를 자랑스럽게 생각하고 있다. 더욱이 밀러는 영국의 아이덴티티 상실은 제국주의적인 사명의 종언과도 깊은 관련이 있다고 한다. 한때의 「백인의 책무The White Man's Burden」,[2] 「통치하라, 영국이여Rule, Britannia」[3]는 이제 영광이 아니라 수치스러운 오점이 되었기 때문이다.

그렇지만 밀러가 보는 바에 따르면, 아이덴티티의 유동화는 영국에서만 보이는 현상이 아니다. 자유민주주의하에서 생활하는 모든 국민은 민주제를 자국의 예지叡智로 간주할 수 없게 됨으로써, 비슷한 자신감의 상실을 경험하고 있다. 예를 들면 북유럽의 고도의 복지 수준이나 충실한 사회 권리, 나아가 프랑스에서의 모국어에 대한 집착도 국제화 속에서 의미가 퇴색했다고 이야기된다. 문화상대주의의 침투 속에서 '아시아적 권위주의'도 나름대로의 가치를 주장하기 시작했다. 자유주의 대 권위주의라는 도식 자체가 의미를 상실하고 있는 것이다.

그러나 밀러는 아이덴티티의 동요는 여러 선진국가에서 내셔널리티의 중요성이 저하하고 있다는 증거가 아니라, 문화가치나 정치원리에서 '불확실성'이 증가한 결과라고 말한다. 따라서 연대감이 동요하고 있는 오늘날만큼,

---

2 영국의 시인 러디어드 키플링Joseph Rudyard Kipling(1865~1936)의 시.

3 스코틀랜드의 시인 제임스 톰슨James Thomson(1700~1748)의 시로, 토머스 오거스틴 안Thomas Augustine Arne(1710~1778)이 곡을 붙여 영국의 애국가로 불리고 있다.

내셔널리티의 자각적 창조가 필요한 시대는 없었다고 한다. 그렇다면 영국이 내셔널한 감정을 다시 활성화시키기 위한 조건은 무엇일까? 밀러는 내셔널 아이덴티티의 '논쟁'을 활발하게 할 것, 또한 관습법에 의존하지 않고 '성문헌법'을 제정할 것, 그리고 '시민civic 교육'의 장점을 재검토할 것을 제시하고 있다.

참고문헌

밀러는 사회·공동체이론과 자유주의를 비판적으로 분석한 다음과 같은 업적을 남기고 있다.

David Miller, *Market, State, and Community*, Oxford Univ. Press, 1989.

David Miller ed., *Liberty*, Oxford Univ. Press, 1991.

David Miller·Michael Walzer eds., *Pluralism, Justice and Equality*, Oxford Univ. Press, 1995.

밀러의 머릿속에는 항상 영국의 시민civic 내셔널리즘의 전통이 있다. 그 점에 대해서는 이 책에 실린 그린펠드, 『내셔널리즘』, 스미스, 『네이션의 에스닉 기원』, 타미르, 『자유주의적 내셔널리즘』에 대한 서평을 비롯하여 다음을 참고하기 바란다.

押村高, 「ネーション」, 佐藤正志·添谷育志 編, 『政治概念のコンテクスト』, 早稲田大學出版部, 1999 수록.

야마노우치 야스시·V. 코슈먼·나리타 류이치 엮음, 『총력전과 현대화』

이요타니 도시오伊豫谷登士翁 | 김지연 옮김

山之內靖/V・コシュマン/成田龍一 編, 『總力戰と現代化』, 柏書房, 1995.

'평시의 전시화'

근대는 인간과 영토 양쪽에 명확한 경계를 폭력적으로 획정해온 역사이고, 경계를 둘러싼 전쟁이 반복된 시대였다. 내부의 타자와의 전쟁은 화해를 촉구하는 진통으로서 계속 기억되었고, 외부의 타자와의 전쟁은 종종 우리들을 갈라놓는 리트머스 시험지의 기능을 했다. 경계는 끊임없이 흔들렸고, 전쟁은 국민nation으로서의 공통의 경험과 타자에 대한 공포·차별을 양산해왔다. 그러나 인간의 기억에서, 그리고 역사나 사회과학에서 전쟁은 정상적인 상태 혹은 평상시로부터의 일탈, 이상한 시기로 생각되어왔다. 일탈이기 때문에 많은 문학이나 사상은 전쟁을 극한 상황으로 파악하고, 그 속에서 사람들의 내면이나 사회의 환부를 발견해내려고 한 것일지도 모른다.

사회과학이나 인문과학에서 전쟁 혹은 전시戰時는 어디까지나 평상시 혹은 균형 상태가 붕괴된 일탈 시기이고, 전시와 평시平時는 시기적으로 명확하게 구분되어왔다. 그러나 근대에서 전쟁은 과연 일탈한 시기인가? 인문과학이나 사회과학에서 전쟁을 다루는 것은 어떤 의미인가? 그리고 오늘날 전쟁에 대한 관심의 고조는 어떠한 불안감을 투영한 것인가? 전시와 평시, 그리고 전쟁터와 일상은 명백히 구분할 수 있는 것인가? 특히 모든 계층의 사람들을 동원하고 지구상의 모든 지역을 전쟁터로 끌어들인 두 차례의 세계대전은 근대라는 시대 속에서 어떻게 자리매김되었고, 현재의 시대에 어떠한 흔적을 남겨놓고 있는가?

이러한 질문에는 여러 가지 해답이 있을 것이다. 예를 들면, 근대의 역사는 전쟁과 평화, 그리고 전시와 평시의 순환적 반복이라고도 생각할 수 있다. 국민국가로의 끊임없는 분단은 제국주의적 대립과 침략에 의한 지배를 불가피하게 했으며, 전쟁의 계기를 항상 내포해왔다고 말할 수 있다. 혹은 현대를 전시와 평시의 차이가 사라진 시대로서, 즉 전시의 평시화 혹은 평시의 전시화로서 파악할 수도 있다. 여기서 다루는 『총력전과 현대화』는 기본적으로 후자의 생각에 근거하고 있다.

제2차 세계대전 기간(어떤 경우에는 제1차 세계대전을 포함한다)에 형성된 국민총동원체제는 공동체의 끊임없는 상상으로서의 국민국가가 실질적으로 완성된 형태이고, 근대의 연장선상에 있다. 그러나 총력전으로 치른 세계대전은 군산복합체제軍産複合體制를 형성했고, 이어서 복지국가체제로 전환되었다. 근대국가는 균질적인 공간으로서 국민국가를 구상하면서도 내부의 소수자를 배제했고, 폭력으로 외부의 식민지를 포섭하고 있었다. 이러한 국민국가는 내부와 외부 각각의 이질성을 끌어안고 있었다. 전쟁은 어떤 의미에서 이질적인 타자를 강제적으로 배제하고 포섭하는 과정이었다. 두 차례의 세계대전은 이러한 배제와 포섭에 의한 구분을 극단적으로 추진하여, 근대사회를 구성하는 사람들을 강제적으로 균질화하는 장치를 만들어냈다. 즉 정치나 경제조직뿐만 아니라 교육이나 미디어 등의 정치지배 기구가 이 시기에 발전하고 조직화되었다. 총동원체제의 과정에서 창출된 정치나 경제 혹은 문화의 기구야말로 전후 사회제도의 원형을 형성하고, 전후 국가체제 및 세계 편성으로 계승되었다고 주장된다.

이 책은 총력전으로 대결한 제2차 세계대전을 지금까지의 근대전쟁과 구별한다. 전쟁은 지금까지도 역사의 전환점으로 자리매김되었다. 그러나 총력전체제는 "근대사회가 그 성립기 이래로 안고 있었던 분쟁이나 배제의 순간에 개입해, 전 인민을 국민공동체의 운명적 일체성이라는 슬로건하에 통합하려고" 하는 '강제적 균질화'이며, "인적 자원을 전면적으로 동원할 때 불가피한 사회혁명을 담당했다는 점에서 합리화를 촉진시킨……기능주의적 재편성"(야마노우치, 10쪽)이라고 규정되고 있다. 즉 총력전체제의 가장 중요한 특질은 소수자나 여성 혹은 식민지 주민까지 포함한 강제적 균질화(국민화)로 사회변혁을 가져왔다는 점이다. 정치나 경제·사상만이 아니라 교육·정보·기술 등 모든 기구가 전쟁에 동원되어, 국민을 참가형 지배장치로 동원하는 시스템을 만들어낸 것이다. 총동원 과정에서 전쟁터와 일상생활의 터전, 그리고 군인과 일반인의 차이가 없어졌다. 그리고 전쟁으로 인해 유럽에서 발생한 심대한 인적·물적 피해는 계몽과 문명을 주창해온 근대라는 환상을 근저에서 뒤흔들었고, 근대에 대한 의구심을 저변에까지 폭넓게 확대시켰다.

야마노우치 야스시山之內靖의 방법적 서론에 이어서 제1부는, 총동원체제를 일본이나 독일에 국한된 파시즘체제로 파악하는 것이 아니라, 연합국 측을 포함한 세계적인 체제로서 비교를 시도한 M. 프린츠Michael Prinz,[1] G. 플렉스Gregory Flex와 R. 주섬 주니어Raymond A. Jussum Jr.[2]의 논문으로 구성되어 있다.

제2부는 전후 일본의 사회 편성, 민주주의, 교육, 기술, 여성의 사회 참여, 시민사회 등의 사상적 전제로서 전쟁 기간을 분석한 빅터 코슈먼J. Victor Koschmann,[3] 스기야마 미쓰노부杉山光信,[4] 나리타 류이치成田龍一,[5] 이와사

1 「나치즘과 근대화—독일에서의 최근 토론ナチズムと近代化—ドイツにおける最近の討論」.

2 「전쟁행위와 국가의 변용—제2차 세계대전에서의 일본과 미국戰爭行爲と國家の變容—第2次世界大戰における日本とアメリカ」.

3 「규율적 규범으로서의 자본주의의 정신—오쓰카 히사오의 전후 사상規律的規範としての資本主義の精神—大塚久雄の戰後思想」.

키 미노루岩崎稔,[6] 오우치 히로카즈大內裕和[7]의 논문으로 구성된다.

제3부는 전후 일본의 정치나 경제제도의 원형으로서 전쟁 기간을 다룬 아메미야 쇼이치雨宮昭一,[8] 오카자키 데쓰지岡崎哲二,[9] 사구치 가즈로佐口和郎,[10] 사토 다쿠미佐藤卓己[11]의 논문으로 구성되어 있다.

이들 각 논문의 집필자는 미묘한 차이를 안고 있으면서도 다음과 같은 주장들에서 거의 공통적인 이해를 보인다. 즉 ① 전시동원체제가 근대에서의 일탈이 아닌 오히려 균질적 공간으로서 상상된 근대를 전형적으로 체현한 것이라는 점, ② 전후의 복지국가제도, 관료체제나 산업정책 및 교육제도나 여성·소수자의 시민권 등의 다양한 제도나 기구 및 사상의 근간은 전전과 단절되어 존재하는 것이 아니라, 전쟁 기간의 동원 과정에서 형성되어왔다는 점, ③ 이러한 전시동원체제는 일본이나 독일 등 파시즘 국가라고 일컬어져왔던 국가들의 특수성에 기인한 것이 아니라, 영국이나 미국을 포함한 선진 국가들에서도 공통되는 하나의 시대 규정이라는 점 등이다.

즉, 전시동원체제는 근대의 일탈이 아닌 근대의 철저화이고, 전후체제라고 부르는 기본적 제도나 조직 혹은 사상이 총동원체제 기간에 형성되었으며, 전전과 전후의 사회시스템으로서의 연속성이 주장되었다. 더욱이 제2

---

4 「시민사회론과 전시동원—우치다 요시히코의 사상 형성을 둘러싸고 '市民社會' 論と戰時動員－內田義彦の思想形成をめぐって」.

5 「어머니의 나라의 여자들—오쿠 무메오의 전시와 전후母の國の女たち－奧むめおの '戰時' と '戰後'」.

6 「포이에시스poiesis적 메타 주체의 욕망—미키 기요시의 기술철학ポイエーシス的メタ主體の欲望－三木清の技術哲學」.

7 「교육에서의 전전·전시·전후—아베 시게타카의 사상과 행동教育における戰前 · 戰時 · 戰後－阿部重孝の思想と行動」.

8 「기성세력의 자기혁신과 글라이히샬퉁Gleichschaltung—총력전체제와 중간층旣成勢力の自己革新とグライヒシャルトウング－總力戰體制と中間層」.

9 「일본의 전시경제와 정부—기업 간 관계의 발전日本の戰時經濟と政府－企業間關係の發展」.

10 「산업보국회의 역사적 위치—총력전체제와 일본의 노사관계產業報國會の歷史的位置－總力戰體制と日本の勞使關係」.

11 「총력전체제와 사상전의 언설공간總力戰體制と思想戰の言說空間」.

차 세계대전은 파시즘 대 민주주의라는 이항대립 구도가 아니라 전후 미국을 중심으로 형성된 세계체제로 이어지는 것으로 파악되었다고 볼 수 있다. 이러한 전시동원기에 대한 평가는 엮은이 중의 한 사람인 코슈먼이 지적하듯이 새로운 시기 구분 혹은 역사인식을 시사하는 것이다. 즉 제2차 세계대전의 종식을 하나의 시대로서 시기 구분해온 종래의 관점과는 다른 것이고, 또한 제국주의를 하나의 시대로서 시기 구분하는 것도 아니며, 1920, 1930년대와 1970, 1980년대를 새로운 시기로 획정한 근대의 시기 구분이다('영어판' 서문).

이 책은 내셔널리즘을 과제로 다룬 것은 아니다. 또 직접적으로는 국민국가론을 전개한 것도 아니다. 오히려 이 책의 주제는 같은 출판사에서 나란히 출판된 『내셔널리티의 탈구축』과 함께 근대라는 시대의 상대화를 과제로 하여, 전후 사회과학이나 역사인식의 많은 부분이 내셔널한 틀 속에 있었다는 점을 비판하는 것이었다.

전후 민주주의체제의 평가

총동원체제론이 비판의 대상으로서 명시적 혹은 암시적으로 논해진 것은 크게 다음의 세 가지로 요약될 수 있다(총동원체제론에 대한 비판은 『총력전·파시즘과 현대사』, 『초극과 저항』 등 두 권의 책에서 전면적으로 전개되었다).

첫째, 전후 민주주의 혹은 복지국가체제를 적극적으로 평가해온 역사인식에 대한 비판이다. 전후 일본의 정통적 사상에서는 제2차 세계대전을 민주주의와 파시즘의 전쟁으로 파악하고, 민주주의의 승리야말로 전후체제의 기본 틀이라고 생각해왔다. 마찬가지로 일본의 전후 역사는 흔히 전전을 전근대적(봉건적)인 것으로, 전후를 근대적인 것으로 파악하거나 혹은 다이쇼大正 데모크라시의 중단을 가져온 15년전쟁(중일전쟁)이라는 식으로 표현하여, 1945년에 역사적 단절이 있었던 것으로 파악해왔다. 이러한 배경에는 마르크스주의 및 근대화론에 따른 국민국가적 발전사관과 계급사회론이 있었다.

파시즘과 뉴딜new deal을 같은 지평에서 파악했던 총력전체제론은 민주주의를 부정하고, 복지국가체제를 부정적으로 평가했다고 비판된다. 그러나 파시즘에 대한 비판은 그 자체가 미국 민주주의에 대한 절대적 평가를 가져왔고, 이러한 것들은 근대 관리장치로서 중요한 기능을 수행하는 민주주의가 안고 있는 근대사회의 함정을 간과하게 된다. 파시즘은 특수한 체제가 아니라, 뉴딜과 함께 근대의 위기에 직면한 자본주의가 취한 시스템이었고, 전후는 그 연장선상에서 구상되어왔다. 파시즘을 비합리적인 사회로 묘사함으로써 민주주의의 합리성을 주장하는 것은 합리성이 갖는 근대의 폭력을 간과해왔기 때문이다.

이것은 단지 전후 민주주의의 평가에 머무는 것이 아니라 민주주의를 표방하고 세계 전략의 근간에 자리 잡고 있는 미국을 중심으로 하는 전후체제에 대한 평가와도 깊이 관련된다. 파시즘을 특수화함으로써 성립하는 전후세계관은 한편에서는 미국의 세계전략과, 다른 한편에서는 패전국인 일본이나 독일 모두의 이익과 합치된다. 미국은 자유주의의 주도자로서 지위를 확보할 수 있었고, 패전국은 전쟁 책임을 애매하게 할 수 있었기 때문이다. 파시즘은 과연 특정 사회층이 주도해 구상한 것이었을까? 오히려 대중참가형의 사회에서 만들어진 것이 아니었을까?

총동원체제는 일정 영토의 주권이 미치는 범위 속의 사람들을 국민으로 동원하여 형성된 체제이다. 사람들의 국민화가 완성된 형태이다. 더욱이 이러한 국민화는 단순히 권력이 사람들을 끌어들이는 형태로 진행된 것이 아니라, 오히려 사람들의 적극적인 참여를 통해 '동원'이 가능하게 되었다는 것이 중요하다. 이것은 지배·피지배, 피해자·가해자라는 양자대립의 도식에서 탈피하여, 하나의 시스템으로 사회가 통합되어왔다는 것을 보여주는 것이다. 즉 국가권력의 폭력적 개입이나 강제적 포섭만으로 총동원체제가 형성된 것이 아니라, 오히려 사람들의 적극적 개입을 통해 국민적 동원이 기도되었다는 것이다. 총력전체제론은 전쟁이 총력전의 형태를 띠고, 모든 계층의 대중을 총동원함으로써 유지되어왔던 체제를 분석의 틀로 제시했다. 고도 경제성장과 복지국가에 대한 긍정적인 평가야말로 총동원체제가 갖는 역사적 위치를 애매하게 했던 것이다. 야마노우치는 "뉴딜형의 민주주의체제는 과연 우리에게 바람직한 사회를 약속했다고 말할 수 있을까"(9~10쪽)라고 문제를 제기한다.

시민사회론

둘째, 전후의 사회과학, 특히 오쓰카 히사오大塚久雄나 마루야마 마사오丸山眞男로 대표되는 시민사회파를 비판함으로써, 사회과학의 정책과학화 및 근대주의에 대한 비판의 입장을 선명하게 하려고 했다는 점이다. 전후 사회과학이나 사상의 원형의 많은 부분이 전쟁 기간에 형성되었다는 것은 오늘날 널리 알려진 사실이지만, 그것들이 정책과학으로 동원되고 근대 계몽주의에 함몰되어왔다는 것은 간과되어왔다. 야마노우치는 "제2차 세계대전 후 일본에서 유력한 학문적 조류의 하나였던 시민사회파의 형성을 총력전 상황이라는 역사 속에서 다시 자리매김하고, 거기서 이 학파의 문제성을 음미하고", "시민사회파가 서 있는 이론적 근거에 관해서 그 근원까지 거슬러 올라가 새롭게 음미"하여, "시민사회파의 맹점을 꺼내어 그 맹점을 실마리로 하여 새로운 방향을 구축"(야마노우치, 『일본의 사회과학과 베버 체험』, 6쪽)하겠다고 말하고 있다.

시민사회론과는 사뭇 대조적으로, 전쟁기 일본에서 추진된 여러 개혁이 전후 고도성장을 가능하게 했다고 평가하는 입장이 있다. 일본적 경영이나 경제 운영의 책정을 맡았던 관료체제가 만들어진 시기는 전쟁 기간이며, 전쟁기의 개혁이야말로 전후 민주주의와 복지국가체제의 기반이 된 고도성장의 전제조건을 형성했다고 평가된다. 나아가 〔전쟁기의〕 관리통화체제에 따른 지출확대정책spending policy에서, 국가의 경제정책을 이론적으로 지탱한 것은 케인스주의였다고 주장된다.

그러나 문제는 이러한 여러 개혁을 지탱해온 것은 여러 사회과학 영역에서의 체계화와 전문화였다는 점이다. 경제학이나 법학은 정책의 기본이념을 책정하고 관료를 양성하는 데에 치중했고, 연구자들은 전시체제에 적극적으로 관여하게 된다. 총동원체제의 관점에서 보았을 때, 전후 민주주의를 높이 평가하는 시민사회파와 전후 고도성장을 높이 평가하는 연속성론이라는 것은 근대주의라는 점에서, 더 이야기하자면 일종의 국가주의에 대한 긍정적 입장이라는 점에서, 공통된 기반을 가지고 있는 것이 된다. 인문·사회과학이 국가의 정책학 혹은 국가정책의 수행에 동원되거나 적극적으로 관여하게 되어, 그러한 지적 전통이 전후의 이러한 과학의 존재 방식을 규정해왔다는 것이다. 총동원체제론이 국민국가를 전제 혹은 주어진 것으로 생각해온 인문·사회과학의 존재방식에 대해 이처럼 비판한 것이야말로 이 주장이 거둔 하나의 성과이다.

제국주의론

셋째, 레닌과 그 후의 제국주의론에 따른 세계인식에 대한 비판이다. 야마노우치는 "제국주의라는 호칭의 한계를 의식했기 때문에 이 책에서는 총력전이라는 규정을 중심에 둔다"고 말한다. 그리고 그 이유에 대해서는 "레닌의 이름과 결부된 제국주의 개념에 대한 나의 위화감에서 유래"하며, 제국주의론이 "사상이나 의식의 영역에서 진행하는 역동성을 자각적으로 분석하지 않는다"(앞의 책, 9쪽)고 설명한다. 이것은 단순히 시기 구분의 문제가 아니라 저항 주체와 글로벌화의 문제로서 전개된다. 총동원체제는 세계적인 체제인데, 이러한 관점에서 본다면 식민지를 총동원체제 속으로 어떻게 포섭할 수 있었는가에 대한 고찰이 빠져 있었다는 것을 부정할 수 없다. 더욱이 전후 세계체제에서 남북문제 혹은 '개발주의', 전후체제의 또 하나의 극極이었던 사회주의의 평가는 충분하지 않다. 총동원체제에의 참가 방식도 다양할 것이다.

총동원체제가 단순히 제국주의 국가에서 국민국가의 완성 형태로서 존재한 것만이 아니라, 식민지 지역의 정치경제체제를 변혁시키고, 전후 남북문제의 원형을 형성했다는 점은 명백하다. 예를 들면 제1차 세계대전에서 제2차 세계대전에 이르는 시기에, 아시아에서 중국의 국민당 정권이나 인도의 국민회의파, 라틴아메리카에서 브라질의 바르가스Vargas 정권이나 멕시코의 카르데나스Cardenas 정권 등 포퓰리즘populism적인 성격을 띤 권력이 민족해방 혹은 국가통합을 내걸고 전개되었다. 식민지로부터 독립을 쟁취한 국가들의 정책체계는 전쟁기 제국주의의 식민지정책을 계승하고, 전후 개발전략으로 이어졌다.

제국주의가 전쟁기의 식민지정책을 전개하는 과정에서 내세울 수밖에 없었던 다문화주의적 정책은, 전후의 참정권운동이나 반인종주의 흐름의 원류가 되었다. 그러나 이러한 것들은 근대국가의 발전이 아니라, 원래 제국주의와 다문화주의의 친화성을 의미하는 것이다. 총동원체제론은 전시체제에 저항한 식민지나 소수민족을 전시체제 속에 모두 포함된 것으로서 묘사해버렸다는 점에서 비판된다. 전쟁에 대해, 그리고 그 이후의 관리 사회에 대해, 다양한 저항 주체가 대두했다는 것은 틀림없다. 문제는 이러한 주체를 어떻게 평가하느냐이다. 전후 좌익은 노동자를 대신하는 새로운 저항 주체를 식민지 해방운동에서 찾아왔다. 야마노우치는 이러한 비판들에 대해 "복지국가가 성립함으로써, 변경邊境에 놓이게 된 사회계층의 저항에 미래를 기대하는 유형의 사회이론이 마지막을 맞이했다"(앞의 책, 22쪽)고 반론한다.

총력전체제란 엘리트 내셔널리즘보다 대중을 끌어들인 내셔널리즘이 대두함을 의미한다. 이때의 동원은 폭력적 강제만으로 수행된 것이 아니라 오히려 적극적 참여를 촉구하는 형태를 취했다. 이것은 그 후에 정치·폭력적 지배로부터 문화·경제적 지배로 바뀌었다고 말할 수 있을 것이다. 모든 주체의 저항도 이러한 맥락에서 보면 하나의 참여 형태에 지나지 않게 된다. 저항 주체는 권력을 장악하면 폭력장치로 쉽게 전환되었으며, 문화적 지배 속으로 휩쓸려 들어가게 되었다. 저항 주체에 대해 집착하는 것은 스스로 저항의 주체성을 상실했다는 점을 투영시키는 것에 지나지 않는다.

홉스봄이 20세기의 특징을 고도성장과 전쟁에서 찾았을 때, 그 양자를 결합시키는 접점이 바로 제2차 세계대전기의 평가에 있었다는 것은 우연이 아니다(E. Hobsbawm, 『극단의 시대』). 또 하트Michael Hardt와 네그리Antonio Negri가 제국주의로부터 제국으로의 이행을 뉴딜에서 찾고 있는 것도 이 시기가 커다란 변혁의 시대였다는 것을 의미한다(Hardt & Negri, *Empire*). 그들에 의하면 뉴딜은 엘리트와 대중이 공범으로 내셔널리즘을 재구축하는 것이다. 그러나 엘리트와 대중의 공범 관계는 뉴딜에 한정된 것도 전쟁 기간에 한정된 것도 아니며, 바로 전후체제에서 성립했다. 총력전체제는 엘리트와 대중의 공범에 따른 내셔널리즘의 재구축이며, 글로벌화라는 것은 총력전체제에 의해 창출된 대중동원체제가 붕괴되어, 국경을 초월한 공간 속에서 재구축되는 과정으로 파악될 수 있을 것이다.

참고문헌

이 서평에서 제시한 문헌은 다음과 같다.

山之內靖, 『日本の社會科學とヴェーバー體驗』, 筑摩書房, 1999.

酒井直樹, フレッド・ド・バリー, 伊豫谷登士翁 編, 『ナショナリティの脫構築』, 柏書房, 1996.

Michael Hardt · Antonio Negri, *Empire*, Harvard Univ. Press, 2000.

赤澤史朗 외 編, 『總力戰・ファシズムと現代史』, 年報日本現代史, 現代史料出版, 1997.

栗原幸夫 編, 『超克と抵抗』, レヴィジオン 第二輯, 社會評論社, 1999.

그 밖의 문헌.

Marc Gallicchio, *The African American Encounter with Japan & China: Black Internationalism in Asia, 1895-1945*, The University of North Carolina Press, 2000.

중국·일본과 대면했던 한 미국 흑인이, '흑인 내셔널리즘black nationalism'의 흥망성쇠를 통해 아프리카계 미국인의 미국사회로의 통합과 그것이 안고 있는 과제를 명백히 했다. 미국의 역사를 내셔널 역사national history에서 해방시키려고 한 시도이다.

John Carlos Rowe ed., *Post-Nationalist American Studies*, University of California Press, 2000.

전후 세계체제의 형성자로서 미국의 존재에 대해 문제를 제기하고, 문화적 내셔널리즘과 함께 미국 예외주의의 논의를 재고한 새로운 미국 연구이다.

Ghassan Hage, *White Nation: Fantasies of White Supremacy in a Multicultural Society*, Pluto, 1998.

오스트레일리아에서 다문화주의가 가진 논점에 대해, 백인성白人性을 지지해온 지식인의 인식 틀을 날카롭게 지적하고 있다. 종래에 당연한 것으로 여겨졌던 정책과 논리의 맹점을 예리하게 지적한다.

ジークムント・バウマン,『リキッド・モダニティ』, 森田典正 譯, 大月書店, 2001.

경직성을 떨쳐버린 근대는 어디로 향하는지, 종래의 양자대립적인 세계가 붕괴하는 양태를 새로운 시각으로 고찰한 현대사회론이다.

ジョン・トムリンソン,『グローバリゼーション』, 片岡信 譯, 青土社, 2001.

글로벌화를 키워드로 삼아 전개한 다양한 연구를 포괄적으로 정리한 것이다.

ジョン・ダワー,『敗北を抱きしめて―第二次大戦後の日本人』, 三浦陽一 외 譯, 岩波書店, 2001.

제2차 세계대전의 승전국인 미국과 패전국인 일본의 공범 관계를 패전 후 일본의 다양한 가능성 속에서 그리고 있다. 포옹을 통해 만들어진 전후체제의 평가는 총력전체제론과 대조적이다.

ポール・ヴィリリオ,『速度と政治』, 市田良彦 譯, 平凡社ライブラリー, 2001.

전쟁에서 기술의 문제를 '속도'라는 키워드로 전개한 책. 인간의 제어를 넘어서는 기술의 발달과 그 위험성을 지적한다.

로저스 브루베이커, 『내셔널리즘의 재구성』

구로미야 가즈모토黑宮一太 | 김지연 옮김

Rogers Brubaker, *Nationalism Reframed: Nationhood and the National Question in the New Europe*, Cambridge Univ. Press, Cambridge (England); New York, 1996.

현재 캘리포니아대학 로스앤젤레스 캠퍼스의 사회학 교수인 브루베이커는 이민과 시민권 등에 대한 연구로 알려져 있다. 앞선 저서인 『프랑스와 독일의 시민권과 국민성*Citizenship and Nationhood in France and Germany*』[1] (1992)에서는 프랑스와 독일의 시민권 제도의 역사를 추적하고 있다. 그는 여기서 양국에는 서로 다른 특징적인 시민권(성)의 정의가 존재하는데, 이 차이는 그 국가의 역사에 깊게 뿌리를 두고 있는 '국민성nationhood'에 대한 이해 방식 때문에 생긴다고 밝히고 있다. 이 흥미 깊은 역사적 연구를 통해 그의 이름을 알게 된 사람이 적지 않을 것이다.

브루베이커는 소련 붕괴 이후 중·동부 유럽 지역에서 새로운 국가가 탄생하고, 각지에서 내셔널리즘이 발흥하는 유럽의 현상을 바라보면서 이 책을 저술했다. 이 책의 특징 가운데 하나는 1980년대 후반부터 1990년대에 걸쳐 유럽에서 몰아친 '내셔널리즘의 광풍'을 '재연resurgence'한 것이 아니라 '재구성했다reframed'는 점이다. 그는 중·동부 유럽의 구공산주의 국가들과 구소련 지역에서 내셔널리즘이 발생하면서 '새로운 유럽'이 나타났

1 이 장의 필자는 'nationhood'를 '국민인 것'으로 옮겼으나, 옮긴이는 '국민성'으로 번역했다.

다고 본다. 그리고 그러한 '새로운 유럽'에서 발생하고 있는 국가 수준의 문제는, 20세기 초반 〔1차 대전과 2차 대전 사이의〕 기간에 유럽에서 겪었던 그것과 매우 유사한 성질을 지니고 있다고 주장한다. 그는 이러한 오늘날의 유럽을 오래된 '신유럽'이라고 말한다. 또 이 책은 후술하듯이 그의 독특한 네이션 이해를 기초로 한 내셔널리즘 연구서이다. 이 책은 다음과 같이 구성되어 있다.

제1부 국민성과 내셔널리즘의 재고Rethinking nationhood and nationalism
- 제1장 국민성의 재고—제도화된 형태, 실천적 범주, 자연발생적인 것으로서의 네이션Rethinking nationhood: nation as institutionalized form, practical category, contingent event
- 제2장 소련과 그 계승 국가에서의 국민성과 민족 문제—제도론자의 설명Nationhood and the national question in the Soviet Union and its successor states: an institutionalist account
- 제3장 신유럽의 내셔널 마이너리티, 내셔널화하는 국가,[2] 외부의 내셔널 모국National minorities, nationalizing states, and external national homelands in the New Europe

제2부 오래된 '신유럽'과 그 새로움The Old 'New Europe' and the new
- 제4장 오래된 '신유럽'(과 그 새로움)에서 내셔널화하는 국가Nationalizing states in the old 'New Europe'—and the new
- 제5장 바이마르 기간의 독일과 '바이마르 러시아'에서의 모국 내셔널리즘Homeland nationalism in Weimar Germany and 'Weimar Russia'
- 제6장 제국 해체 후의 결과와 서로 융합하지 못하는 사람들Aftermaths of empire and the unmixing of peoples

---

2 이 장의 필자는 'nationalizing states'를 '국민화하는 국가'로 옮겼으나, 옮긴이는 '내셔널화하는 국가'로 번역했다.

네이션과 정치적인 '장場'

1980년대 이후 내셔널리즘 연구에서는 내셔널리즘이 근대사회의 산물이라는 '근대주의'가 주류를 점하고 있다. 이 입장에 따르면 내셔널리즘은 근대사회로 이행하는 시기에 등장하는 것이다. 그렇기 때문에 그것을 한 번 경험하는 곳에서는 두 번 다시 일어나지 않는다고 보았고, 그래서 '내셔널리즘의 종언'이 예측되었다. 그러나 이 예상이 빗나간 것은 그 후의 역사가 증명하고 있다. 1980년대 후반에서 1990년대에 걸쳐 유럽을 중심으로 전 세계에서 '내셔널리즘의 광풍'이 몰아쳤다. 많은 연구자들이 그 사태를 보고 놀랐고, 이 내셔널리즘의 재연再燃에 관한 많은 연구서가 나왔다. 그러나 이것이 정말로 내셔널리즘의 '재연'이었던 것인가.

소련 붕괴 이후 생겨난 많은 국가들이 내셔널리즘을 동반하면서 탄생한 것만을 놓고 본다면, 기존의 많은 연구들이 채용하고 있는 '국가 창설state-seeking/nation-building의 내셔널리즘'(여기서는 내셔널 정치체의 설립을 목표로 하고 있다)이 '재연'된 것처럼 생각할 수도 있다. 그러나 브루베이커는 이 과정 속에서 더 복잡한 양상을 찾아냈다. 그는 '국가 창설의 내셔널리즘'에서 무시되는 '기존의 정치체를 국민화해가는state-based/nation-shaping 내셔널리즘'을 발견했다. 그는 어떻게 해서 그것을 발견해낼 수 있었을까? 그것은 제1장에서 설명되고 있는 네이션에 대한 그의 독특한 이해 때문이었다. 그의 이러한 이해는 이 책의 논의에서 기본 전제가 되며, 그의 내셔널리즘론의 특징을 이룬다.

많은 연구자는 "네이션이란 무엇인가"라는 질문에서 시작한다. 그들이 이렇게 질문하는 것은 네이션을 현존하는 실체 혹은 실재하며 영속하는 공동체로서 생각하기 때문이다. 그리고 내셔널리즘을 논할 때에도 그러한 네이션의 존재를 전제로 한다. 그러나 브루베이커는 이러한 시각은 사회학적으로 매우 순박한 것이고, 그러한 시각으로는 소련 붕괴 후의 내셔널리즘을 분석할 수 없다고 주장한다. 그는 정치적·문화적 형태로서 제도화된 '국민'이라는 것이나, 현존하는 실체가 아닌 '실천적 카테고리로서의 네이션'이라는 것이 어떻게 내셔널리즘 속에 포함되어 있는가를 문제 삼아야 한다고 한다.

이러한 네이션의 이해에서 출발하는 그의 논의에 따르면, 내셔널리즘은 네이션에 의해 발생하는 것이 아니라 '네이션'이라는 범주가 실천적으로 사용되는 정치적 장場에서 야기되는 것이다. 그리고 이 정치적 장을 상호작용 속에서 서로 구성해가는 것들이 '내셔널화하는 국가nationalizing states', '외부의 내셔널 모국external national homeland', '내셔널 마이너리티 national minority'라는 세 가지 요소이다. 여기서 앞의 두 요소는 지금까지의 많은 내셔널리즘 연구에서 채용되어온 '국가 창설의 내셔널리즘'이 무시해온 것들이라고 브루베이커는 말한다. 그리고 그는 이와 같은 기존 연구의 네이션 및 내셔널리즘 이해를 비판하고, 상호 영향이 교차하는 이들 요소들의 삼자관계triadic nexus가 보다 세련된 분석 틀로서 필요하다고 주장한다.

세 가지 요소의 관계

여기에서 간단히 세 가지 요소를 설명하겠다. '내셔널화하는 국가'는 다음과 같은 특징을 갖는다. 그것에는 민족문화적으로 정의되는 '핵심이 되는 네이션'이 존재하고, 국가는 그 네이션을 위한 것이다. 즉 국가의 소유자는 '핵심이 되는 네이션'이 된다. 그러나 이 '핵심이 되는 네이션'은 국가의 정당한 소유자이긴 하지만, 그들의 특별한 이익은 현실화되거나 표명되지 않았다. 그 때문에 그들의 언어, 문화, 정치적 주도권 등을 촉진시키기 위해 특별한 정책이 필요하다. 이러한 정책은 그들이 새로운 국가의 소유자가 되기 이전에 차별적 대우를 받았던 것에 대한 대가로서 필요하게 된다.

그러나 새롭게 탄생하는 국가가 특정의 '핵심이 되는 네이션'에 의해 소유된다는 것은 그 국가 내에서 차별적인 대우를 받고 있는 다른 네이션, 즉

'내셔널 마이너리티'로 불리는 존재가 있다는 뜻이기도 하다. 그것은 단지 민족적 인구 통계에서 규정되는 정적인 집단을 의미하는 것이 아니라, 하나의 국가 내에서 명목상 혹은 정치적으로 지배적 지위에 있는 민족문화적 네이션(핵심이 되는 네이션)과는 다른 민족문화적 네이션이다. 그리고 이 네이션은 민족적인 수준이 아닌 내셔널 수준에서 자신의 내셔널리티를 국가가 승인해주기를 요구한다. 또한 이 네이션은 그 내셔널리티에 기초하여 자신의 문화적·정치적 권리를 주장하는 동적인 정치의 장場이 되기도 한다. 이 '내셔널 마이너리티'가 현재 '거주하고 있는' 국가가, 앞서 설명한 '내셔널화하는 국가'이지만, 그들은 그 국가 내에서 법적인 시민권을 공유하고 있을 뿐이다.

이것과 대비되어 자신들은 민족문화적으로 뿌리가 같기 때문에 '귀속되고 있다'고 생각하는 것이 '외부의 내셔널 모국'이다. 여기서 브루베이커가 제시하는 구체적인 예를 보면, '내셔널 마이너리티'로서 생각하는 사례는 소련 붕괴 후의 우크라이나 내 러시아인과 유고슬라비아 붕괴 후의 크로아티아 내 세르비아인이다. 이들에게 '내셔널화하는 국가'와 '외부의 내셔널 모국'은 각각 우크라이나와 러시아, 크로아티아와 세르비아가 된다.

그리고 이 세 가지 요소가 서로 영향을 미치면서 경합적인 투쟁의 장, 관계의 장을 만들어내고 있다. 신흥의 '내셔널화하는 국가'의 소유자인 '핵심이 되는 네이션'의 정치엘리트들은 자신의 언어와 문화 등을 촉진하려고 한다. 그러나 그 국가 내에 거주하는 '내셔널 마이너리티'의 지도자들은 자신의 문화적·영토적 자율을 요구하고, 동화나 차별이라는 현실의 정책이나 과정에 대해 저항한다. 그리고 그들 소수자의 '외부의 내셔널 모국'인 인접 국가의 정치엘리트들은, 같은 민족인 내셔널 마이너리티가 국가 내에서 어떠한 상황에 놓여 있는가를 감독하고, 때로는 그들의 이익을 지키기 위해 그들의 권리가 침해당하고 있는 것에 대해 〔'핵심이 되는 네이션'의 정치엘리트들에게〕 항의한다.

'내셔널화하는 국가'에 의한 내셔널리즘(예를 들면, 유고슬라비아 붕괴 후 새롭게 크로아티아라는 국가를 창설할 때의 내셔널리즘)과 '외부의 내셔널 모국'에 의한 내셔널리즘(세르비아가 크로아티아 내의 세르비아인의 권리가 지켜지고 있는가 등을 감독할 권리를 주장한다)은 서로 적대적인 관계이다. 전자가 자신의 영토나 전체로서의 시민권 등 국가 내부 지향의 내셔널리즘인 것에 반해, 후자는 영토나 시민권을 초월하여 민족문화적인 뿌리가 같기 때문에 '귀속하고 있는' 동료들을 향해, 〔내셔널화하는〕 국가nationalizing states의 외부로부터 발생하는 내셔널리즘이다. 이러한 경합하는 두 가지 주장 사이에 위치한 것이 '내셔널 마이너리티'이고, 이들의 내셔널리즘이다. 이들은 '내셔널화하는 국가'와는 민족문화적인 국적이 아닌 시민권을 공유하고 있고, '외부의 내셔널 모국'과는 시민권이 아닌 민족문화적 국적을 공유하고 있다고 생각한다.

브루베이커가 이러한 분석 틀을 제시하는 이유 중의 하나는 앞의 세 가지 요소가 구성하는 정치의 장에서는 '외부의 내셔널 모국'(또는 '내셔널 마이너리티')에 의한 네이션이라는 '상상된 질서'와, '내셔널화하는 국가'에 의한 국가라는 영토적으로 확정되고 조직되어 있는 실체 사이에 긴장관계가 존재하고 있다고 생각하기 때문이다. 그리고 이 긴장관계를 분석하는 데에는, 지금까지 지배적이었던 서구식의 국민국가nation-state 이해로는 충분하지 못하다고 생각하기 때문이다(그것이 응용된 것은 앞서 말한 '국가 창설의 내셔널리즘'이다). 이 서구식의 전통적 이해에서 네이션은, 국가의 아래에 포섭되어 국가와 일치하고, 국가에 의해 그 틀이 결정된다. 그러나 브루베이커가 분석 대상으로 삼은 중·동부 유럽에서는, 네이션이 국가와 일치하도록 영토·제도적인 국가의 틀을 강화하기보다는 여러 국가에 걸치는 존재인 것으로 이해된다. 이 때문에 서구식의 이해는 〔중·동부 유럽 국가의〕 분석도구로서 적당하지 않다. 그래서 브루베이커는 내셔널리즘이 '재연'하는 것이 아니라, 상호 영향을 미치며 경합하기도 하는 삼자관계에서 내셔널리즘이 '재구성'

되고 있다고 생각한다.

오래된 '신유럽'과 그 새로움

브루베이커는 소련이 붕괴한 이후의 '신유럽'에서는 앞에서 살펴본 바와 같은 삼자관계에서 내셔널리즘이 '재구성'되고 있다고 주장한다. 그러나 이 '신유럽'이 완전히 새롭게 태어난 것은 아니다. 브루베이커는 20세기 초 전간기와의 유사성을 발견해냈다. 그리고 제2부에서 전개되는 역사적 비교연구에서는 이 유사성과 함께 상이점도 부각된다.

브루베이커가 현대의 유럽에서 '내셔널화하는 국가', '외부의 내셔널 모국', '내셔널 마이너리티'의 사례로서 지적한 것은 유고슬라비아가 붕괴한 이후의 크로아티아, 세르비아, 크로아티아 내 세르비아인과, 소련이 붕괴한 이후의 우크라이나, 러시아, 우크라이나 내 러시아인이었다. 그리고 이것과 유사한 예로서 논의된 것이 '내셔널화하는 국가'로서 전간기의 폴란드와 바이마르 시기 독일에서의 '모국 내셔널리즘'이었다. 특히 바이마르 시기 독일에 대해서는 소련이 붕괴한 이후의 러시아와 매우 유사하다고 보고, '바이마르 러시아'라고 명명되는 적도 있다고 소개하면서 양자를 비교하고 있다. 굴욕적인 영토 상실과 강대국 지위의 실추를 겪고, 또한 인접한 약소국들에 비하여 압도적인 경제·군사력을 보유하지만, 다른 한편으로는 여러 인접한 '내셔널화하는 국가' 내에 거주하면서 권리를 침해당하여 취약한 처지에 놓여 있는 수백만의 동료 민족이 출현하게 되어, 이에 대한 대응이 필요하게 된다. 이처럼 바이마르 시기의 독일과 소련이 붕괴한 이후의 러시아는 '내셔널화하는 국가', '외부의 내셔널 모국', '내셔널 마이너리티'라는 세 요소가 만들어내는 관계가 유사한 것으로 지적된다.

그러나 브루베이커는 이렇게 오래된 '신유럽'에 대해서뿐만 아니라 '신유럽'으로 여겨진 그 새로움, 전간기와의 차이점 등에 대해서도 지적한다.

바이마르 시기의 독일과 러시아를 비교하면, 차이점은 러시아의 '모국 내셔널리즘'의 애매함이다. 바이마르 시기 독일의 경우는 19세기 중반 대大독일주의의 전통 위에 구축된 것이었다. 이에 비해 러시아의 '모국 내셔널리즘'은 그 같은 전통을 결여하고 있다. 이 때문에 이용할 수 있는 것은 무엇이든 모아놓은 듯한 언설이 된다. 예를 들어 다른 국가 내의 시민을 보호한다는 법적인 수사rhetoric로 이용되기도 하고, 인권을 끄집어내기도 한다. 러시아의 '모국 내셔널리즘'은 이렇게 기회주의적이었다. 그리고 브루베이커는 이러한 내셔널리스트의 어휘가 애매하고 때로는 일관성을 결여하고 있었기에, 그들의 내셔널리즘 대상이 누구인가 하는 것까지도 애매해진다고 말한다.

20세기 끝의 십수 년과 제1차 세계대전 이후의 전간기 모두, 제국 붕괴 후의 세계라는 점에서 그 유사성이 자주 지적되고 있다. 그러나 브루베이커는 바이마르 시기의 독일과 소련 붕괴 이후의 러시아의 '모국 내셔널리즘'이라는 관점에서 그 유사성뿐만 아니라 상이점까지도 치밀한 역사적 비교 고찰을 통해 설명해 보였다.

새로운 내셔널리즘론의 가능성

네이션을 실천적 카테고리로서 파악하여 이해하는 것이나, 세 가지 요소로 이루어진 정치적 장이라는 관계에서 내셔널리즘을 이해하는 것은 브루베이커 고유의 이해 방식이라고 말할 수 있다. 20세기 마지막에 등장한 내셔널리즘에 대해서 기존의 내셔널리즘론에 따라 내셔널리즘의 '재연'으로 보지 않고 '재구성'으로서 고찰하는 것은 매우 흥미 깊고 또 설득력이 있다. 그러나 이러한 새로운 분석 틀은 어느 정도 유효한 것일까?

브루베이커의 분석 대상이 주로 소련이 붕괴한 이후의 중·동부 유럽인 점을 고려하면 그 유효성은 제한적일 수밖에 없다고 생각된다. 그 자신은 이 분석 틀의 적용은 유럽에만 한정된 것이 아니라고 하면서 동남아시아 국가들의 화교를 가장 중요한 예로 들고 있다. 그러나 그가 제시한 사례 모두는 다민족적이며 제국적인 질서가 존재하거나 혹은 과거 존재했던 지역이다. 그러므로 그가 제시한 삼자관계로 모든 지역의 내셔널리즘이 분석 가능할지는 의심스럽다. 그래서 브루베이커의 내셔널리즘론이 최근의 연구들 가운데에서 어떠한 의미를 갖는가에 대해 마지막으로 부연해 언급하겠다.

브루베이커는 앞선 저서에서 프랑스와 독일에서 시민권과 국민성이 역사적으로 성립하는 과정을 고찰했다. 프랑스와 독일은 각기 다른 네이션 유형으로서 파악되는 경우가 많고, 전통적 이분법으로서 알려진 '시민-에스닉 이분법'의 대표적인 예로서 이해된다. 이 이분법은 네이션 및 내셔널리즘에 '시민적' 요소와 '민족적' 요소가 존재하는 것을 지적한다. 그리고 이 두 가지는 예를 들어 서구와 비서구, 프랑스와 독일, 중심적 네이션과 주변적 네이션 등에 각기 대응하는 성질이라고 생각된다. 논자에 따라서는 내셔널리즘 자체가 이 두 가지 성질을 다 갖추고 있는 것이라고 이야기한다. 그러나 이것은 '선과 악'이라는 도식 속에서 논의되기도 하고, 너무 단순화되기도 하는 등 문제도 많다. 그래서 최근의 내셔널리즘론 가운데에서 이 이분법을 극복하자는 것이 논의되고 있다. 이러한 시도를 여기에서는 소개할 수 없지만, 브루베이커가 이 책에서 제시한 세 가지 요소에 의한 분석은 그중 하나라고 말할 수 있다.

브루베이커 이론의 최대 특징 중 하나는 앞선 저서의 경우, 프랑스와 독일이라는 두 네이션에 대해 그 성격을 결코 고정적으로 파악하지 않고, 다양한 역사적·지정학적 요인에 의해 유동화하는 것으로 이해하고 있다는 점이다. 그리고 이 책의 경우는 네이션을 '실천적 카테고리'로 파악하고 그것이 사용되는 정치적 장을 중시하고 있는 점이다. 이러한 네이션 및 내셔널리즘에 관한 이해가 내셔널리즘의 성격을 고정적인 형태로 규정짓기 쉬운 기존의 이분법을 대체할 만한 새로운 분석 틀을 제시하고 있는 것은 분명하다.

참고문헌

Rogers Brubaker, *Citizenship and Nationhood in France and Germany*, Harvard Univ. Press, 1992.

프랑스와 독일의 시민권의 상이한 특징을 역사적 관점에서 논한 브루베이커의 전 저서.

Ernest Gellner, *Encounters with Nationalism*, Blackwell, 1994.

내셔널리즘에 관한 사상가들의 고찰과 함께 유럽의 역사를 시기별time zones 모델을 사용하여 살펴본다.

Derek Heater, *National Self-Determination*, St. Martin's Press, 1994.

윌슨이 민족자결이라는 생각을 어떻게 확립했는지에 대해 고찰한다. 전간기의 중·동부 유럽에 대해 상세하게 기술되어 있다.

다카시 후지타니, 『화려한 군주제』

가토 유지加藤裕治 | 김지연 옮김

Takashi Fujitani, *Splendid Monarchy: Power and Pageantry in Modern Japan*, Univ. of California Press, Berkeley, 1996.
『天皇のページェント』(抄譯), 米山リサ 譯, NHKブックス, 1994.
『화려한 군주—근대 일본의 권력과 국가의례』, 한석정 옮김, 이산, 2003.

문화연구에 의한 일본론

메이지유신 이후 근대 일본에서 천황 중심의 여러 가지 국가의례pageant가 국민국가 형성에서 수행한 문화적, 사회적, 정치적 역할은 무엇이었는가? 이 책은 천황의 순행巡幸, 승전기념식, 황실의 장례식과 결혼식 등의 국가의례가 국민적 아이덴티티 형성에서 중요했다고 간주한다. 그리고 이러한 국가의례에 대해, 국민을 포괄하는 공식문화를 창출하는 중요한 권력이 작용하는 장場으로 파악한다. 이러한 점에서 이 책은 종래의 일본사상사나 정치사에서의 (일본) 내셔널리즘 연구의 틀을 뛰어넘으려는 주목할 만한 시도였다고 말할 수 있다.

이 책의 특징은 무엇보다도 천황을 중심으로 한 웅장하고 화려한 의례의 장場뿐만 아니라 제도帝都의 창출, 경관景觀의 재편성에서부터 그림엽서, 기념우표라는 미세한 사물까지도 국가적 의미와 기호記號를 다양하게 포함하는 메시지를 주는 장치로 분석하고 있는 점이다. 또한 이 책은 이러한 분석을 가능하게 하는 정교한 방법(론)을 사용하고 있으며, 이러한 방법(론)을 가능하게 하는 상세한 실증성도 갖추고 있다.

즉 이 책은 근대 일본에서 국가의례의 상징성을 기어츠Clifford Geertz[1] (1926~2006)의 '극장 국가'[2] 모델로 분석하고 있고, 천황과 관련한 공식문화가 메이지 이후의 '만들어진 전통'이라는 점을 에릭 홉스봄을 참고하면서 명백히 했다. 이를 통하여 이러한 공식적인 문화가 피에르 노라Pierre Nora (1931~)가 지적하는 '기억의 장'[3]으로서 성립하고 있음을 논하고 있다.

또한 (메이지)천황에 의한 지배체제의 확립을 미셸 푸코Michel Foucault (1924~1986)의 권력론,[4] 칸토로비츠Ernst Hartwig Kantorowicz[5](1895~1963)의 '왕의 두 개의 신체'[6] 개념 등을 참고하여 대담하면서도 명쾌하게 분석하고 있다. 확실히 이러한 다양한 방법론을 도입해 분석한 것은 종래의 내셔널리즘 연구들과 비교해보면 특이하다고 할 수 있다. 더 나아가 이 책은 문학, 역사학, 사회학, 인류학 그리고 정신분석 등의 다양한 학문 영역을 자유로이 넘나들면서, 기존의 분석 틀을 초월한 인식을 제공하는 문화연구cultural studies의 성과를 충분히 활용하고 있다. 이러한 점에서 이 책은 일본의 국민국가 형성을 매우 독특한 관점에서 논하려고 시도하고 있다.

---

1 미국의 문화인류학자로서, 상징해석학적이고 의미론적인 인류학 발전에 크게 기여했다. 인도네시아 발리 섬 현장조사를 통해 『자바의 종교*The Religion of Java*』(1960), 『네가라: 19세기 발리의 극장국가*Negara: the Theatre State in Nineteenth-century Bali*』(1980) 등을 저술했다.

2 19세기 인도네시아의 발리 섬은 힌두교 왕국이었는데, 당시 발리 섬의 정치, 경제, 사회는 왕국과는 무관하게, 다양하게 존재하고 전개되었다고 한다. 당시 발리 왕국의 지배권 경쟁은 지배-종속을 전제로 한 무력 대결이 아니라 의례, 예능 등에서의 우열 다툼이 중심이 되었다고 한다. 이러한 발리 섬의 상황을 기어츠는 '극장 국가Theatre State'라고 주장했다.

3 *Les Lieux De Memoire*(1986). 프랑스 사학자인 피에르 노라는 프랑스인들의 과거 역사와 관련한 기억들에 대해 다른 편저자들과 함께 7편의 저서를 출판했다.

4 푸코는 자유롭고 평등한 개인을 창출해내는 근대사회의 권력 메커니즘을 문제화함으로써 현대사상에 큰 영향을 끼쳤지만, 모든 것을 권력에 환원시켜 설명하고 자유를 부정하는 주장이라고 비판받고 있다.

5 독일의 중세유럽 역사 연구자로, 나치스의 박해를 피해 영국을 거쳐 1938년 미국으로 망명한 유대인이다. 저서인 『신성로마제국 프리드리히 2세*Kaiser Friedrich der Zweite*』(1927)로 유명해졌다.

6 *The King's Two Bodies*(1957). 왕은 인간으로서의 왕과 정치체로서의 왕이라는 두 개의 신체를 소유한다고 주장하면서, 왕조, 왕관, 왕권 등을 냉철하게 해부해 왕권이 스스로 권위를 형성해 가는 메커니즘을 분석했다.

저자인 다카시 후지타니는 1953년 시카고에서 출생한 일본인 2세로, 캘리포니아대학 버클리 캠퍼스에서 동양사를 전공한 일본 연구자이다. 현재는 캘리포니아대학 샌디에이고 캠퍼스의 역사학부에서 일본 근대사 등을 담당하고 있다. 이 책은 1996년에 출판되었으나, 일본에서는 1994년에 초역인 『천황의 패전트天皇のページェント』가 먼저 출판되었다. 이 일본어 번역판에는 개개의 구체적 사례 부분이 생략되어 있어 일부 구성 면에서 이 책과는 다른 점이 있다. 또 최근의 천황의례를 분석한 일본어 번역 제5장 「'상징천황'과 전자미디어 시대의 국가의례」는 거꾸로 이 책에는 실려 있지 않다.

이 책의 전개

우선 이 책의 각 장을 요약해보자. 차례는 아래와 같다.

제1장 머리말—발명, 망각, 상기Inventing, Forgetting, Remembering
제1부 국가의 무대장치National mise-en-scene
제2장 순행巡幸에서 제도帝都로From Court in Motion to Imperial Capitals
제2부 근대의 패전트Modern Imperial Pageantry
제3장 황실의례의 발명Fabricating Imperial Ceremonies
제4장 일본근대의 군주제The Monarchy in Japan's Modernity
제3부 민중The people
제5장 군중과 황실의 패전트Crowds and Imperial Pageantry
제6장 후기—현재의 역사를 향하여Epilogue: Toward a History of the Present

제1장은 메이지 신정부에 의한 황실의례의 창출(순행, 승전기념식, 결혼식, 장례식 등)이나 공공장소 경관national landscape의 변조(기념상, 국가종교 시

설로서의 신사神社, 수도首都)가 국민공동체 형성 과정에서 중요한 '기억의 장'으로서 작용한 것을 개괄적으로 논하고 있다. 신정부에 의해 행해진 천황의 국가의례(순행 · 의례)는 도쿠가와德川의 번藩적인 정치 질서하에서 각 지역 공동체별로 단절되어 있었던 사람들에게 천황을 국가의 중심으로 인식시키고, 국민적 동일성을 확인시키려는 장치였다고 서술되고 있다.

제2장은 전술한 천황(황실)의 무대가 형성되는 과정을 실증적으로 논하고 있다. 특히 1880년대 후반을 경계로 '순행'하는 천황에서 '수도'에 존재하는 천황으로 변천한 과정이 분석되었다. 순행이라는 것은 구름 위의 존재였던 천황을 움직이고 볼 수 있는 실체로서 민중 앞에 나타나게 하고, 천황이 사회적 의미의 중심이라는 것에 현실성을 부여하는 시도였다. 그러나 1880년대 이후 순행은 점차 행해지지 않게 되었고, 수도의 고정이 중요한 문제가 되었다. 이 과정에서 도쿄東京는 문명과 정치를 담당하는 근대적인 의미의 장이 되었고, 한편에서 교토京都가 국가의 연속성을 확인하는 전통과 역사의 고도古都로서 자리 잡아 갔다. 이러한 일련의 과정은 국가의 동일성을 신민臣民에게 보여주는 중요한 상징적 '장場'의 창출이었던 것이다.

제3장에서는 1889년의 메이지헌법 반포 의식에서 1906년의 〔러일전쟁〕 개선대관병식凱旋大觀兵式에 이르는 많은 의례가 수도인 도쿄라는 무대가 성립하면서 가능해졌다는 것을 논하고 있다. 수도는 천황, 즉 군주의 시각적 권력을 충실히 행사하는 장소가 되었다. 그러나 이러한 국가 형성 과정에서 나타난 메이지천황의 죽음은 천황 중심의 국가적 상징질서를 위기에 직면하게 만들었다. 천황의 죽음을 둘러싼 의례는 천황의 영원성을 강조하고 황실의 과거 기억을 상기시킴으로써 이 위기를 회피하려고 했다. 이와 같은 각각의 의례 행위는 위기와 밀접한 관계를 맺으면서 '만들어진 전통'을 노골적으로 행사하는 장이 되었다.

제4장은 서구적인 '왕의 두 개의 신체'와의 유사한 구조 속에서 일본의 천황이 파악되었다는 점을 논하고 있다. 천황은 국가공동체의 세속적인 면

을 나타내는 육체를 지닌 인간적인 측면을 가지면서, 동시에 초월적이고 보편적인 신의 측면을 가진 것으로 이해되었다. 더욱이 도쿠가와 시대에 애매하고 비非남성적이었던 천황의 신체는 국민국가의 강인함을 상징하는, 역동적이고 힘이 강한 군인의 남성상으로 변화했다. 그리고 황후는 '현모양처'로 형상화되었다. 이러한 황실의 (근대) 가족상은 국민국가의 규범적 모델로서 성립되어갔다고 논의된다.

제5장에서는 이러한 공식문화가 도입되면서 민중에게는 어떠한 반응이 나타났는가에 대해 논하고 있다. 민중은 이 공식문화를 항상 저항 없이 향유한 것은 아니었고, 거부하거나 민속적인 것과 융합하면서 수용해갔다. 예를 들면 동원의 중요한 계기가 된 수도에서의 의례에 참가하는 여행은, 일찍이 종교적인 순례와 융합하여 이해되었다. 또한 천황을 중심으로 한 국가상과 경쟁하는 종교(오모토교大本教[7] 등)가 생겨나기도 했다. 그러나 이러한 혼합된 수용이, 반대로 사람들을 국민국가적인 동일성으로 동원하는 견인력으로 작용했다고 시사되고 있다.

제6장은 이 책이 중점적으로 논의해온 천황의 국가의례(패전트)의 의미를 개괄적으로 서술하고 있다. 동시에 메이지시대 이후의 국가의례와 천황상의 변천이 미시마 유키오三島由紀夫(1925~1970)의 '문화방위론'[8] 사상과 연계되어 논의된다. 더욱이 현대의 천황에 관한 문제들, 이를테면 매스미디어에 등장하는 현대 천황·황실의 위상과 천황의 시찰 대상 등이 논의된다.

---

7 1892년 데구치 오니사부로出口王仁三郎에 의해 신도神道계의 신흥종교로서 창립되어 거대 교단으로 크게 번성했으나, 1921년부터 태평양전쟁 때까지 정부의 탄압으로 종교 활동이 정지되기도 했다.

8 미시마는 『가면의 고백假面の告白』, 『금각사金閣寺』 등을 집필한 작가로, 1970년 전후 민주주의와 일본의 평화헌법을 비판하고 자위대를 국군화할 것을 주장하며 자결했다. 에세이 『문화방위론』(1969)에서 일본의 천황은 자위대로부터 의장사열을 받고 연대기連隊旗를 하사할 것을 주장했으며, 자위대의 명예회복과 미일안보로부터의 이탈과 자주방위를 역설했다.

의례의 장이 의미하는 것

메이지유신 이후 천황의 이러한 일련의 국가의례들에 대한 분석은 다음의 두 가지 논점을 중심으로 이루어졌다.

첫째로 논의되는 것은 국가의례와 이에 따른 수도의 창출, 경관의 재편성이, (천황을 중심으로 한 문화를 갖는) 국민으로서의 동일성을 사람들에게 인식시키는 중요한 '기억의 장'을 생산했다는 점이다. 후지타니는 메이지 이전의 일본은 문화적 동일성을 결여했고, 지역적으로는 분단되어 있었다고 말한다. 또한 천황도 민간신앙의 대상이긴 했지만, 비정치적이어서 국가와는 무관했다고 한다. 천황의 국가의례라는 것은 이러한 천황을 근대국가의 중심적 존재라고 사람들에게 인지시키면서, 동시에 국민적 동일성의 의식을 창출해내기 위한 기억을 구축하는 장이었다고 한다. 즉 국가의례는 민중의 일상세계에다가 국가에 의한 공식문화를 개재介在시킴으로써, 본래 국가적 의미 따위가 없었던 관습, 문화에다가 국가의 전통, 영원성, 번영, 힘 등의 의미를 꾸며 넣고, 이로부터 '국가의 기억'을 창출해내려는 시도라는 것이다.

그러므로 후지타니는 우리들이 당연시하는 천황상이 메이지유신 이후 근대화 과정에서 만들어진 것으로 보고 있다. 그리고 천황이 '일본의 전통·문화'라는 이야기는 일본의 근대에서 (국가의례를 통해) 만들어진 것이라고 강조한다. 강조하는 태도는 그러한 천황상이 일본의 정치구조·정신성의 본질이라고 (쉽게) 논의하는 태도에 대한 그의 비판이기도 할 것이다. 이것은 동시에 앤더슨Benedict Anderson이 제시한, "역사가의 객관적인 눈에는 네이션이 근대적인 현상으로 보이는 데 반해, 내셔널리스트의 주관적인 눈에는 그것이 오래된 존재로 보인다"는 내셔널리즘의 역설이 만들어지는 장場을 실제 국가의례의 예를 통해서 실증한 것이라고 말할 수 있다.

또 하나의 논점은 천황의 의례가 시각적인 지배를 가능하게 하는 장으로서 성립했다는 주장이다. 그러한 의례는 우선 천황의 신체를 사람들에게 보여주는 장이자, 천황의 신성함, 부富, 전통의 관념을 보여주는 장을 만들어냈다. 푸코에 의하면 그것이 바로 (군주를 중심으로 한) 연출된 군주제의 권력이 작동하는 장이었다. 군주(천황)가 권력의 중심이라는 것을 과시하는 장, 그것이 순행이나 국가의례인 것이다.

그러나 후지타니는 천황의 형상이 점차 볼 수 없는 존재가 되어갔다고 지적하고 있다. 즉 국가의례는 천황을 볼 수 있는 장이라기보다, 천황 시선의 객체이자 대상인 사람들이 가시화되는 장(개선대관병식 등)으로 변모해갔다. 거기서 사람들은 감시를 내면화한 규율·훈련의 권력행사에 동원되었다는 것이다. 후지타니는 군대와 신체의 분석을 시도한 별도의 논문(참고문헌 참조)에서 근대 일본이 이러한 감시의 시선하에서 '국민' 주체를 만들어갔다고 논하고 있다. 즉 (일본) 국민이라는 것은 천황의 (간접적인) 시선하에서 가시화되어, 그와 동시에 자기에 대한 감시를 내면화하는 주체로서 만들어졌다는 것이다.

근대 일본의 형성과 천황의 관계를 둘러싼 연구가 방대하게 존재한다. 그런 가운데서 이러한 권력론의 시점을 도입한 것은 (사상사적으로) 천황의 신권성이나 신화성 등에서 천황 권위의 근거를 논하는 연구들과는 차이가 있다. 이 책은 천황의 권위 창출과 관련하여 새로운 모델을 제시하면서 흥미롭게 고찰한 저서라고 말할 수 있다.

푸코의 권력론과의 관계

그러나 이상과 같은 시점에서의 분석은 한편으로 다양한 의문을 낳을 가능성도 있다. 후지타니도 충분히 자각하고 있는 것이지만, 푸코의 규율·훈련의 권력은 군주제적 권력과 정반대 편에 있다고 논의된다. 규율·훈련의 권력은 군주의 연출된 권력이 상실되어, 권력 관계를 내면화한 개인에게서 작동하는 것이다. 이 권력은 논리적인 개념이면서 동시에 서구의 역사적 권력모델의 변천 과정, 즉 왕(군주)의 지배로부터 그것을 필요로 하지 않는 '근대사회'로 전환되는 과정에서 논의되었다고 할 수 있다. 후지타니는 푸코가 이 두 가지 권력의 접합점으로 제시한 나폴레옹 1세를 예로 들면서, 천황의 가시적 지배에서는 이 두 가지 권력이 동일한 역사 시기에 융합되어 나타났다고 논하고 있다.

그러나 나폴레옹은 서구가 규율·훈련의 근대사회로 이행할 때 연출된 권력을 과시하는 군주제적 권력의 마지막 인물로서 강조되었고, 여기서 푸코는 군주 부재의 권력에 의해 달성되는 (규율·훈련의 권력에 기초한) '근대'성을 고찰하는 것에 역점을 두고 있었다고 할 수 있다. 그러므로 후지타니는 규율·훈련의 권력이 역설적으로도 천황의 시선 아래에서 작동했다고 지적하고 있는데, 이것은 푸코가 강조한 '근대'적 권력의 달성이 군주 부재하에서 작동한다는 함의를 간과해버리고 있는 것은 아닐까? 여기서 이러한 천황의 시선을 토대로 국민(주체)이 성립하는 사태가 존재하는 것이 확인된다면, 푸코의 주장과 대립하는 그러한 지배 구조가 가능하게 된 조건을 치밀하게 분석하는 것이 필요할 것이다. 왜냐하면 이러한 점이 규명되지 않는 한, 근대적인 것으로서 후지타니가 강조한 '천황에 의한 시각적 지배의 구조'가 역으로 일본에 특수한 것으로 논의되는 (내셔널리즘적인) 언설을 낳을 가능성도 있기 때문이다. 이러한 점은 칸토로비츠의 '왕의 두 개의 신체' 개념을 사용할 때도 나타난다.

후지타니는 당시의 천황이 서구의 '왕의 두 개의 신체' 개념과 유사한 구조 속에서 설명된다고(미묘하게 말을 돌려서) 논하고 있다. 그러나 칸토로비츠가 고찰하듯이 이 개념은 중세 전반기 서구사회에서 봉건적 논리가 해체된 이후 (로마법의 침투 등을 겪고) 절대군주제의 기초 위에서 달성된 정치적 허구를 나타내는 것이다. '근대'의 네이션이라는 것은 이 '왕의 두 개의 신체'를 (서구 사회가) 자기부정하는 가운데 달성되어갔다. 확실히 후지타니는 이 개념에서 천황 자체를 말한 것이 아니라 서구의 왕의 개념과 유사한 맥락에서 천황이 논의된 상황을 확인한 것에 지나지 않는다. 그렇다면 메이지 이후의 '근대'적 천황을 중심으로 한 국민국가를 구축할 때 이러한 서구의 절대군주제적인 '왕의 두 개의 신체'에서와 같은 동질성이 필요했던 〔당시 일본의〕 정치적인 문제와 논리야말로 (역사적인 문제로서) 설명되는 것이 바람직하다.

이러한 의문점은 이 책의 주된 취지에서 보면 사소한 이론에 치중된 것일지도 모른다. 그러나 이 책에 국한되지 않고 푸코의 개념은, 그가 문제 제기한 '근대'성에 대한 통찰을 다시 한 번 재고한 후에, 이러한 근대 일본과 천황을 둘러싼 논의에 도입될 필요가 있을 것이다.

'기억의 장'에 관하여

이 책에서 후지타니의 입장은 천황에 따라붙는 의례나 사물을 국민국가의 동일성을 확보하는 장치로서 기술하는 것이었다. 천황을 둘러싼 공식문화의 장은 확실히 강력하게 작용했고, 또 사람들도 이 의례에 호응하는 형태로 참여했다. 다만, 이러한 의례의 장은 일반적인 장의 기억을 초월하여, 국가적 기억으로서 공유되지 않는 것까지도 포함하여 기억시켜버리는 것이 아닐까? 예를 들면, 하치야 미치히코蜂谷道彦의 『히로시마일기ヒロシマ日記』에는 원폭투하 후의 혼란 속에서 아직도 천황의 사진을 봉환奉還하려는 사람들이 묘사된 부분이 있다. 이 부분에서는 반대로 천황의 사진과 천황·국가의 연결이 기묘하게 탈구되어 나타난다. 즉 〔천황의 의례에서는 천황이나 국가의 실체와 무관하게〕 일종의 독자성이 나타나는 장이 존재한다는 것을 읽어낼 수 있다. 후지타니의 저작이 일종의 '동원'론으로 읽힐 때, 거기에는 또 하나의 새로운 '내셔널리즘의 기억'이 생겨날 가능성도 있다. 이 악순환에 대항하기 위해서 기억의 장에 포함되지 않는 '기억'이라는 과제가 등장하며, 이 책은 이러한 과제를 해결하기 위해서도 다시 읽혀야 하는 중요한 저작이다.

참고문헌

フジタニ,「近代日本における權力のテクノロジー—軍隊, '地方', 身體」, 梅森直之 譯,『思想』845호, 岩波書店, 1994 수록.

근대의 규율훈련을 중심으로 논하면서 감금 공간으로서의 국민국가라는 흥미로운 개념을 제시한다.

ミシェル・フーコー,『監獄の誕生』, 田村俶 譯, 新潮社, 1977.

근대, 현대를 어떻게 생각하든 이 책을 읽는 것은 필수라고 할 수 있다.

多木浩二,『天皇の肖像』, 岩波書店, 1988.

메이지 천황의 초상 사진을 실마리로 해서 근대 일본의 정치사에 대한 참신한 분석을 시도했다.

李孝德,『表象空間の近代』, 新曜社, 1996.

'표상' 이라는 관점에서 메이지 일본의 편제를 포괄적으로 논하고 있다.

安丸良夫,『近代天皇像の形成』, 岩波書店, 1992.

엄밀한 자료 분석에 기초하여, 근대 천황제의 생성 과정을 논한 사상사적 연구의 명저.

牧原憲夫,『客分と國民のあいだ—近代民衆の政治意識』, 吉川弘文館, 1998.

민중의 '국민화' 에 대한 다양한 시선을 제시하고 있다.

E・ホブスボウム/T. レンジャー 編,『創られた傳統』, 前川啓治, 梶原景昭 외 譯, 紀伊國屋書店, 1992.

'전통은 창조된다' 는 시점을 제공한 기본서이다.

Martin Jay, *Downcast Eyes: The Denigration of Vision in Twentieth-century French Thought*, Univ. of California Press, 1993.

서구 사상에서 시각성의 문제를 개괄적으로 논한 책. 7장에서 푸코에 대해 다루고 있다.

エルンスト・H・カントーロヴィチ,『王の二つの身體—中世政治神學研究』, 小林公 譯, 平凡社, 1992.

이 책이 논하는 '두 개의 몸' 의 개념은 '근대' 를 고찰하는 데 반드시 필요하다.

クラウス・テーヴェライト,『男たちの妄想 1』, 田村和彦 譯, 法政大學出版局, 1999.

파시즘, 국민국가를 논하는 문체의 극한적인 가능성을 실천한 시도이다.

새뮤얼 P. 헌팅턴,
『문명의 충돌과 세계질서의 재구축』

우스키 아키라臼杵陽 | 김지연 옮김

Samuel P. Huntington, *The Clash of Civilizations and the Remaking of World Order*, Simon & Schuster, New York, 1996.
『文明の衝突—再現した '西歐' と '非西歐' の對立構圖』, 鈴木主税 譯, 集英社, 1998.
『문명의 충돌』, 이희재 옮김, 김영사, 1997.

냉전의 종식과 시작—「문명의 충돌?」과 「X논문」

1993년 여름, 미국의 권위 있는 외교잡지 『포린 어페어스*Foreign Affairs*』에 「문명의 충돌?」이라는 논문이 게재되었다. 논문이 주는 충격과 파급 효과는 절대적이었다. 원래 저자 새뮤얼 헌팅턴(1927~2008) 하버드대 교수는 국제정치학의 태두이자 미국의 세계전략에도 적잖이 영향을 행사하고 있는 것으로 보였다. 소련이 붕괴하여 냉전이 종식되고 걸프전쟁을 끝낸 시점에서, 탈냉전 후 세계정치의 향방이나 새로운 세계질서를 제시해주는 나침반이 없었다. 헌팅턴은 이처럼 향후 전망이 불투명한 상황에서 냉전 후의 세계정치를 단순 명쾌하게 설명하는 새로운 틀(헌팅턴이 말하는 '패러다임')로서 '문명의 충돌' 론을 주창했다. 그 충격의 정도로 말한다면, 1947년 같은 잡지에 게재되었던 조지 케넌G. Kennan의 「X논문」에 비견되는 획기적인 논문이라는 평가도 있을 정도이다. 케넌은 「X논문」에서 미·소 냉전의 개막을 사실상 선언하고, 냉전기 미국의 공식 독트린doctrine이 된 '대소對蘇 봉쇄론'을 전개했다.

일본에서도 「문명의 충돌?」은 『중앙공론中央公論』에서 거의 동시에 번역,

소개되었다. 그러나 번역에서는 원문에 붙어 있었던 의문부호가 없어지고, 원문에 없는 부제까지 붙어 「문명의 충돌—재현된 '서구'와 '비서구'의 대립구도」라는 단정적인 표현으로 일본의 독자들에게 제시되었다. 그런데 전체적으로 일본 언론계의 반응은 매우 비판적이었다. '문명의 충돌'론이 발표되고 나서 몇 개의 잡지에서 관련 특집을 마련했는데(참고문헌 참조), 일본의 논자들 사이에서는 '문명의 충돌'론이 문명론으로서는 치졸하다는 의견이 대부분이었다. 왜냐하면 헌팅턴의 논리는 틀리기도 하고 거칠어서, 너무도 많은 반론을 제기할 수 있었기 때문이다. 특히 일본을 고립된 '문명권'으로 다룬 것은, 냉전기 일본이 당연히 '서양The West'에 속한다고 보고 있었던 일본 지식인의 반발을 샀다. 또 헌팅턴은 일본과 중국을 다른 '문명권'으로 분류함으로써, 양국의 '문명의 충돌'을 미국의 국익 입장에서 기대하고 있는 것은 아닌가 하는 억측까지 나돌았다.

그렇다고 해도 일본에서도, 찬반 어느 쪽이든 '문명의 충돌'론이 화제를 불러왔던 점을 새롭게 검토하는 것은 의미 있는 일이다. 그것은 '문명의 충돌'론이 일본에서는 '일본인은 독특한가?'라는 오래되고도 새로운 일본인론으로서 읽히는 측면이 있었기 때문이다.

이데올로기적 대립에서 문명의 충돌로

내셔널리즘론으로서 '문명의 충돌'론을 읽으면, 헌팅턴은 '서양의 미국'을 대표하는 강렬한 정치적 메시지를 발하고 있는 것을 알 수 있다. 즉 서양문명권에 속하는 미국은 비서양 문명권들, 특히 이슬람문명권과 유교문명권의 연계에 대항하여 서양문명의 가치들을 방어해야 한다고 주장하고 있기 때문이다. 이러한 주장은 황색인종에 대한 황화론Yellow Peril, 黃禍論 혹은 무슬림에 대한 녹화론Green Peril, 綠禍論[1]과 같은 새로운 인종론의 등장이라

1 구미의 기독교 사회에서 이슬람교에 대한 혐오감을 표현하는 것. 녹색은 이슬람의 천국을 상징

고 오해될 수도 있는 측면을 포함하고 있다(平川祐弘, 「緣禍論梗概— 'イスラム脅威論'をめぐって」, 『アステイオン』 31호).

물론 서양과 비서양이라는 이분법적인 문명론으로서는 제1차 세계대전 후 독일의 문명사가인 슈펭글러Oswald Spengler(1880~1936)가 『서구의 몰락*The Decline of the West*』을 저술한 것을 시작으로, 아놀드 토인비Arnold Toynbee(1889~1975)의 『역사의 연구*A Study of History*』 등도 화제를 모아, 문명론의 계보는 구미에서 면면히 계속되고 있다고 말할 수 있다. 각각의 문명론에서 공통된 것은 시대 전환기의 세계에서 '서양'의 상대적 지위 저하와 그에 대한 불안이다.

더욱이 헌팅턴의 경우는 해결하기 곤란한 국내 사정을 배경으로 하고 있다는 시각도 있다. 즉 미국 내에서 히스패닉계 등 '비서양'계 이민이 증대하고 있기 때문에, 미국이 서양적인 성격을 상실할 가능성조차 있기 때문이라는 것이다. 그러한 위기를 회피하기 위해서라도 미국이 서양적인 가치들을 수호해야 한다는 편협한 내셔널리즘관에 기초한 이데올로기적 주장이 '문명의 충돌'론이라고도 해석할 수 있는 것이다.

그런데 이 논문에서는 냉전시대의 이데올로기 대립이 냉전 종식 후에는 문명의 대립으로 바뀐다고 주장된다. 이때 헌팅턴은 세계를 일곱 내지 여덟 개의 문명으로 나눈다. 즉 서구(서양)문명, 유교문명, 일본문명, 이슬람문명, 힌두문명, 러시아정교문명, 라틴아메리카문명, 아프리카문명(아프리카문명에 대해 그는 애매한 태도를 취한다)이다. 그리고 앞으로 중요한 분쟁은 이러한 문명권을 나누는 단층선fault line이 있는 곳에서 일어난다고 한다. 특히 '문명 간의 냉전'은 서구 대 이슬람 사이에서 일어나고, 또 이슬람과 유교의 연대가 서구에 위협이 된다는 시나리오가 '문명의 충돌'론의 핵심이 되고 있다.

'문명의 충돌'론에 대한 반향이 많아, 『포린 어페어스』지는 헌팅턴 교수

하는 신성한 색으로, 아랍연맹 국가들의 모든 국기에 녹색이 들어 있다.

에 대한 반론을 게재한 특집을 편성했다. 이 잡지에서 전개된 일련의 논쟁은 흥미로운 것이었는데, 여기서는 레바논의 시아파이자 아랍 무슬림 출신이면서 중동연구자로서 미국 언론계에서 활약하는 푸애드 아자미Fouad Ajami[2] (1945~)의 비판을 다루어보자.

아자미는 헌팅턴의 '문명' 관이 자의적이면서도 천편일률적이라고 비판하면서 "모든 문명, 그리고 모든 개인은 다양한 문명의 영향을 복잡하게 받고 있고, 이것은 근대화의 증거이다" 라고 하고, 동아시아에서는 현재 여러 나라가 경제성장에 매진하고 있는데 헌팅턴이 말하는 "유교세계가 과연 어디에 존재하는가"라고 묻고 있다. 이러한 논의 위에서 아자미는 이슬람에 대한 헌팅턴의 편견을 견제하면서 "헌팅턴은 이슬람과의 국경선을 분쟁으로 피에 물든 선으로 보고 있지만, 이것은 역으로 말하면 헌팅턴이 걸프전쟁을 둘러싼 사담 후세인의 해석을 수용한 것을 의미한다. 후세인과 헌팅턴에게 걸프전쟁은 문명 간의 전쟁이었다" 고 비아냥댔다. 현실의 이슬람 세계는 몇 개로 나뉘어 있고, 그 하부에서도 더욱 분열되고 있다.

또 아자미는 헌팅턴이 국가의 역할을 과소평가하는 것에도 반론을 제기한다. "여기서 명확히 해둘 것은 문명이 국가를 제어하는 것이 아니라 국가가 문명을 제어한다는 점이다. 국가라는 것은 필요하다면 혈연의 측면을 무시하고, 한편에서 그것이 자국의 이익이 된다면 우방, 심정, 민족적 연대를 끌어내어 이용한다" 고 하면서 문명까지도 이용하는 국가의 교활함을 강조하고 있다.

그러나 헌팅턴 자신은 「문명이 아니라면 도대체 무엇인가?—탈냉전기의 세계 패러다임」을 같은 잡지에 집필하고, 비판자 아자미에게 반론을 가했다. 헌팅턴은 아자미가 '문명의 충돌' 을 대체할 만한 설득력 있는 대안을 제시하지 못했고, 기껏해야 허위의 대안인 국가 패러다임 정도라고 단정적으

2 레바논 태생으로 미국의 존스홉킨스대학 중동문제연구 프로그램의 교수이자 중동문제 전문가이다. 본래 그의 출신 가문은 이란계이며, 미국의 이라크침공을 지지하기도 했다.

로 말하고 있다. 또한 "허위의 대안은 국가와 문명 간의 관계에 대해 전혀 근거없는 인위적인 입장을 취하고 있다. ……그러나 문명과 국가의 관계를 '제어control'라는 단어로 말하는 것은 무의미하다"고 말했다. 또한 헌팅턴은 "냉전시대에 국민국가가 세 개의 세계 구분(자유주의권, 공산권, 비동맹권) 중에서 어느 편엔가 속했던 것처럼, 국가는 특정 문명권에 속하고 있다. 냉전시대의 세 개의 구분이 소멸함과 동시에 세계 국가들은 문명의 맥락에서 자신의 아이덴티티나 이익을 규정하기 시작했고, 서유럽의 시민이나 국가들은 지금까지의 동東이라는 이데올로기적 위협 대신에 남南으로부터의 문화적인 위협을 인식하기 시작했다"고 설명했다. 그리고 이어서 헌팅턴은 터키와 마그레브Maghreb 국가들[3]로부터 유럽의 여러 국가로 유입되는 무슬림의 존재를 위협으로 간주하는 '이슬람의 위협', 즉 앞서 말한 '녹화론'적인 발상을 전개했다.

예언의 실현인가

헌팅턴은 『포린 어페어스』지에서의 논쟁을 거치면서 1996년 『문명의 충돌과 세계질서의 재구축』을 출판했다. 그러나 '문명의 충돌'론에 대한 기본입장은 변하지 않은 채, 분쟁 발생의 메커니즘을 다음과 같이 설명한다.

> 다른 문화 간의 분쟁은 두 가지 형태를 취한다. 지역적으로 미미한 수준에서는 문명의 단층선에서 분쟁이 일어난다. 이것은 서로 다른 문명을 가진 인접한 국가 간에 일어난다. 또한 한 나라 안에서 서로 다른 문명 집단이 있을 때도 일어난다. 즉 구소련이나 구유고슬라비아와 같이 구체제가 붕괴되고 새로운 국가를 건설하려는 집단이 생겨날 때 일어난다. 단층선의 분쟁은 이슬람교도와 비이슬람교도 간

3 아프리카 북서부의 모로코, 알제리, 튀니지, 리비아를 포함하는 지방.

에 일어나는 일이 특히 많다. (313쪽)

2001년 9월 11일, 헌팅턴의 '문명의 충돌' 예언이 최악의 형태로 실현된 것 같은 참상이 일어났다. 비행기 납치범에 의해 납치된 항공기가 승객을 태운 채 뉴욕의 세계무역센터와 워싱턴의 국방성 빌딩에 돌진했다. 미국 경제와 군사의 상징에 대한 자폭테러가 아랍 출신의 무슬림 테러리스트에 의해 실행된 것이다. 테러 당시 부시 대통령은 "이것은 전쟁이다"라고 말했고, '십자군' 이라는 말을 사용한 것으로 보도되었다. 부시 대통령은 일부 무슬림에 의한 테러라는 범죄행위를 '전쟁' 으로 간주함으로써 스스로 만들어낸 '미국 대 이슬람' 이라는 '문명의 충돌' 적인 함정에 빠졌다.

그러나 부시 대통령은 '테러와의 전쟁' 이라는 명목으로 아프가니스탄을 공격했다. 자폭 테러리스트들에게 범행을 명령했다고 지목한 오사마 빈 라덴을, 아프가니스탄을 실제로 지배하고 있던 탈레반이 숨겨주었다고 해서 테러 지원자도 테러리스트와 같은 죄를 지었다고 주장했다.

그런데 오히려 '문명의 충돌' 이 일어난 곳은 헌팅턴이 예상한 단층선이 아니라 미국의 중심부였다. 그 이유는 미국 내에서 무슬림 혹은 아랍계 주민에 대한 범죄자혐오증hate crime이라고 부를 수 있는 해코지나 습격 등이 빈발했기 때문이다. 부시 정권으로서는 그러한 국내의 알력을 피해가야만 했고, 그래서 '적' 은 이슬람이 아니라 테러라고 반복해 국민의 주의를 환기시킬 수밖에 없었다. 물론 왜 무슬림의 테러리스트는 상식적으로 생각할 수 없는 테러 행위를 했는가 하는 의문이 제기되었다. 이에 대한 해답은 '이슬람' 자체에 내재하는 문제다라는 형태로 논의되었고, 이로써 이 테러사건은 역시 무슬림은 기독교와는 다르다는 문맥에서 '문명의 충돌' 론을 강화하는 재료가 되었다는 것을 부인할 수 없다. 이러한 현상은 오히려 본래 미국에 존재한 이슬람 혹은 아랍에 대한 고정된 편견이 재현된 것이라고 보아야 할 것이다.

'문명의 충돌' 론의 함정 – '이슬람 위협' 론의 오류

전술한 아자미의 비판에서도 알 수 있듯이 헌팅턴의 문명론은 그 자신의 각각의 문명, 특히 이슬람, 중국, 일본에 대한 편견에 기초하고 있는 것이 아닌가 하는 의문이 있다. 본래 헌팅턴이 각각의 문명을 제대로 이해하려고 했는가 하는 비아냥대는 시선조차 나온다. 헌팅턴이 일반적인 미국인이 막연하게 가진 이슬람, 중국, 일본에 대한 공포심을 의도적으로 이용하고 있는 것으로도 생각된다. 예를 들면, 이슬람과 서양(서구)의 관계에 대해 언급한 다음과 같은 대목에서 '이슬람 위협론'에 입각한 그의 자세를 엿볼 수 있다.

> 빌 클린턴 대통령을 포함한 일부 서구인은, 문제는 서구와 이슬람교도 전체가 아니라 폭력적인 이슬람 과격파와의 사이에 있다고 주장해왔다. 그러나 이러한 클린턴 대통령의 주장은, 1400년에 걸친 역사가 그것이 옳지 않다는 것을 증명해준다. 이슬람교도와 러시아정교회 내지 서구 기독교 신도의 관계는 자주 격렬하게 대립했다. 20세기 자유민주주의와 마르크스·레닌주의의 투쟁은, 이슬람과 기독교의 계속된 격한 투쟁과 비교하면 일시적이고 표면적인 역사 현상이었다. (315쪽)

이처럼 헌팅턴은 공산주의 이상으로 '이슬람의 위협'을 선동하고 있다.

'문명의 충돌' 론은 자신감을 상실해가는 '서양'이 자기 문명의 아이덴티티를 주장하기 위해 이슬람, 유교, 혹은 유교·이슬람 연대 등 타자를 위협으로 표현하는 장대한 논의일지도 모른다. 또한 문명을 충돌시키고 싶다는 결론을 사전에 내린 주장(平野健一郎, 「文明の衝突か 文化の摩擦か?—ハンチントン論文批判」, 『比較文明』 10호, 27쪽)이었기에 사람들을 떠들썩하게 했다. 사실 헌팅턴 교수 덕분에 일본은 독특한 문화를 가진 매우 중요한 고립국으로서 일본 문명의 유일한 중심국으로 자리매김되었다. 이것은 '일본 내셔널리스트'를 자임하는 사람들에게는 축하할 일이지만, 세계에서 일본을 고립시키

려는 '헌팅턴의 덫'(야마우치 마사유키山内昌之)에 우리 자신이 걸려들 가능성이 없다고는 할 수 없다. 이러한 의미에서 '문명의 충돌' 론은 단순한 메시지임에도 불구하고, 일본인에 대한 경종이기도 하다고 생각해야 할 것이다.

참고문헌

Huntington, "The Clash of Civilization?," *Foreign Affairs*, Summer 1993, pp. 22-49(「文明の衝突—再現した'西歐'と'非西歐'の對立構圖」, 『中央公論』 1993년 8월호, 349~374쪽).

단행본 『문명의 충돌과 세계 질서의 재구축』의 기초가 된 저명한 논문. 문제를 제기한 헌팅턴의 주장이 요약되어 있다. 영문 제목은 「문명의 충돌?」이라고 의문부호가 붙어 있다.

Huntington, "If Not Civilization, What?", *Foreign Affairs*, vol. 72, no. 5, 1993, November/December(「'文明の衝突' 批判に應える」, 『中央公論』 1993년 12월호, 378~387쪽).

헌팅턴의 반론 논문이다.

ハンチントン, 『文明の衝突と二一世紀の日本』, 鈴木主稅 譯, 文春新書, 2000.

헌팅턴이 일본에서 한 강연 〈21세기 일본의 선택—세계정치의 재편성〉을 기초로 한 논집. 나카니시 데루마사中西輝政 교토대학 교수의 해설은 향후 일본이 취할 선택을 생각하게 하는 지침으로서 '문명충돌' 론을 평가하고 있다.

F·アジャミー, 「近代化と西歐文明の力」, 『中央公論』, 1993년 12월호, 388~397쪽.

헌팅턴의 「문명의 충돌?」에 가장 통렬한 비판을 한 논문으로, 『포린 어페어스』지에 게재되었다. 아자미는 레바논 출신의 미국의 저명한 중동전문가로서, 중동정치에 관한 저서도 여럿 있다.

蓮實重彦/山内昌之 編, 『文明の衝突か, 共存か』, 東京大學出版會, 1995.

도쿄대학 교양학부의 심포지엄 기록이다. 특히 무라타 유지로村田雄二郎, 「차이나 커넥션과 문명」은 현대 중국 연구자의 헌팅턴 비판 논문이다. 또한 엮은이인 두 사람의 대담은 글과 문맥을 이해하는 데 유용하다.

山内昌之, 『イスラムとアメリカ』, 岩波書店, 1995.

'문명의 충돌' 론이 일관되게 흐르고 있는 논고. 특히 태평양전쟁 시의 일본판 '문명의 충돌' 론자인 오카와 슈메이大川周明에 관한 주장은 현실성을 갖고 있으며, 많은 과제를 노출시키고 있다.

濱口惠俊 編著, 『日本文化は異質か』, NHK出版, 1996.

국제일본문화연구센터에서 실시된 심포지엄의 기록. 특히 찰머스 존슨Chalmers Johnson의 「강대화하는 아시아」는 냉전 후 아시아에 '문명의 충돌' 론을 적용하는 것의 오류를 지적하고 있다.

「特集 文明の衝突」,『アステイオン』 제31호, 1994.

「문명의 충돌?」 논문을 보고 기획한 것으로, 일본 지식인의 논의를 잘 보여준 특집. 미국인 사회학자 대니얼 벨Daniel Bell의 논고「의심스런 '충돌'」을 추가하여 설득력이 있다.

「特集 文明の共存—衝突説をこえて」,『比較文明』 제10호, 比較文明學會, 1994.

학회명에 '문명'이란 단어를 붙인 학회들이 '문명의 충돌'론에 비판을 가한 특집. 특히 히라노 겐이치로平野健一郎의 논문「문명의 충돌인가, 문화의 마찰인가?」는 텍스트로서「문명의 충돌?」을 철저하게 비판하고 있다.

이연숙, 『'국어'라는 사상』

가스야 게이스케糟谷啓介 | 김지연 옮김

イ・ヨンスク, 『'國語'という思想—近代日本の言語認識』, 岩波書店, 1996.
『국어라는 사상—근대 일본의 언어인식』, 고영진 · 임경화 옮김, 소명출판, 2006.

국민과 언어

'국민'의 존재에 있어서 언어가 매우 중요한 하나의 기둥이라는 점은 누구나 인정할 것이다. 르낭Renan처럼 '국민'은 그 구성원의 정치적 의지에 의해 구성된다고 생각하든, 피히테Fichte처럼 '국민'은 정치 이전의 자연적 유대로 성립된다고 생각하든, '국민'은 동일한 언어를 공유하는 공동체라는 것이 암묵적으로 전제된다. 그러나 그것은 언어가 공동체 구성원끼리의 현실적인 커뮤니케이션 수단을 확보해주기 때문이 아니다. 실제로 만난 적이 없는 사람을 '동포'로 느낄 수 있는 것은 그 사람이 반드시 자신과 동일한 언어를 말하고 있다는 확신이 있기 때문이다. 이 점을 강조한 것이 베네딕트 앤더슨Benedict Anderson이었다. 앤더슨은 언어가 '상상의 공동체를 만들어내고', '특정한 연대를 구축하는' 힘을 가졌다는 데에서 '국민'이라는 표상의 원천을 찾아냈다.

그러나 이것만으로는 내셔널리즘의 정의를 따라한 것에 지나지 않는다고도 말할 수 있다. 왜냐하면 언어는 결코 '국민'이 형성되기 이전에 존재했던 실체가 아니기 때문이다. 언어공동체의 구성원이 "우리들은 동일한 언어를 말한다"는 의식을 갖는 것 자체가 일정한 역사의 산물이다.

우리들은 막연히 "'일본'에 사는 '일본인'은 동일한 '일본어'를 말한다"고 생각하기 쉬우나, 이러한 언설은 일본이 근대 국민국가로 구축되어가면서 만들어진 것이다. 이 언설이 성립한 후 비로소 '일본', '일본인', '일본어'에 대해서 말할 수 있게 되었지, 그러한 실체가 이미 존재했던 것은 아니다. 그리고 이러한 언설을 가능하게 한 것이야말로 이 책이 말하는 "'국어'라는 사상"이다. '국어'는 이른바 '국민'과 '언어'가 결혼해 탄생시킨 근대의 못난 돌연변이이다. 이 책은 이러한 관점에서 '국어' 개념의 성립과 전개를 축으로 하여 근대 일본의 언어인식의 바탕을 재검토하려고 한다.

이 책의 내용

근대 일본에서 '국어'는 강력한 정치적 장치였다. '국어'라는 이름하에 국내에서는 표준어 교육에 의한 방언의 억압, 식민지에서는 이민족에 대한 동화정책, 점령지에서는 일본어 교육에 의한 천황사상의 선포가 추진되었다. 이런 과정에서 '국어(일본어)'로 '일본 정신'을 불어넣고, 순종적이고 동질적인 '신민'을 만들어내려는 언어 이데올로기가 지속적으로 펼쳐졌다. 그러면 이 '국어'라는 개념은 어떻게 해서 만들어졌을까? 이것이 이 책의 일관된 문제의식이다. 이 책의 내용을 차례로 살펴보면 다음과 같다.

머리말—언어와 '상상의 공동체'

서장 '국어' 이전의 일본어—모리 아리노리森有禮[1](1847~1889)와 바바 다쓰이馬場辰猪[2](1850~1888)의 일본어론

1 영국과 미국에서 유학한 정치가로, 메이지 일본의 초대 문교대신으로서 근대적 교육제도 확립에 크게 기여했으며, 영어의 국어화를 주장하기도 했다.

2 영국에서 유학한 사상가이자 정치가로, 자유민권사상을 소개하고 보급하는 데 전력을 기울였다.

제1부 메이지 초기의 '국어 문제'

제1장 국자문제國字問題[3]의 행방

제2장 언문일치와 '국어'

제3장 '국어'의 창성

제2부 우에다 가즈토시上田萬年[4](1867~1937)의 언어사상

제4장 초기의 우에다 가즈토시

제5장 〈국어와 국가와〉

제6장 '국어학'에서 '국어정책'으로

제3부 국어학과 언어학

제7장 잊혀진 국어학자 호시나 고이치保科孝一[5](1872~1955)

제8장 국어학사를 둘러싸고

제9장 국어의 전통과 혁신

제4부 호시나 고이치와 언어정책

제10장 표준어의 사상

제11장 조선과 독일령 폴란드

제12장 '동화'라는 것은 무엇인가

제13장 만주국과 '국가어'

제14장 '공영권어'와 일본어의 '국제화'

우선 저자는 일본어의 지위를 둘러싼 모리 아리노리와 바바 다쓰이의 대립, 메이지 초기 국자문제와 언문일치 운동을 살펴봄으로써 '국어'의 개념

---

3 국어로서의 일본어(표준어) 표기를 표음주의에 기초하여 변경시키려 했던, 메이지유신 이후 일본의 언어정책상의 문제를 의미한다.

4 독일에서 유학한 일본의 국어 및 언어학자로, 일본 국어학계에 근대적인 언어학과 음성학을 도입하여 국본의 국학전통을 비판적으로 계승하고 표준어 제정에 크게 기여했다.

5 유럽에 유학한 도쿄제국대학 국어학자로, 태평양전쟁 후 사용한자의 제한을 추진했고 현대일본어의 개정 작업 등에 기여했다.

이 점차 성숙해간 과정을 명백하게 설명한다. 그러나 '국어'의 개념이 완성되기 위해서는 청일전쟁에 의한 국가의식의 고양이 필요했다. 언어의식에 국가의식이 주입됨으로써 '국어'가 비로소 '국민'의 언어 표출 전체를 포괄하는 것이 가능해졌다는 것이다.

이 점에서 가장 중요한 지표가 된 것이 국어학자 우에다 가즈토시가 1894년의 청일전쟁 개전 직후에 행한 강연 〈국어와 국가와〉이다. 그러나 우에다의 역할은 이중적이었다. 한편에서 우에다는 "일본어는 일본인의 정신적 혈액"이라고 말하고, 〈국어와 국가와〉의 유기적·자연적 결합을 열렬히 주창했다. 그러나 다른 한편에서 우에다는 일본에서는 국어의 진정한 모습이 아직 인식되고 있지 않다는 것을 강조했다. 이렇게 우에다는 근대 언어학을 원리로 하는 '국어연구'의 필요성을 호소하면서, 이상적인 '국어'를 구현하기 위해 국어개혁을 단행했다. 사실, 우에다가 주도한 국어조사위원회의 결의사항에는 '음운音韻문자의 채용', '언문일치체의 채용', '표준어의 선정' 등이 표명되었다. 즉 우에다가 생각한 '국어'는 음성주의, 언문일치, 표준어라는 세 가지를 주축으로 구성되어 있었다.

이러한 〔국어의〕 방향은 우에다의 제자 호시나 고이치에 의해 계승되었다. 호시나는 국어조사위원회 보조위원에서 출발하여 그 후 문부성 보통학무국 촉탁직으로 있으면서 임시국어조사회, 임시로마자조사회, 국어심의회 등 전전의 주요 국어정책기관에서 매우 중요한 지위를 맡아, 국어개혁에 전 생애를 바쳤다.

그러나 호시나에게는 또 하나의 측면이 있다. 호시나는 국내의 '국어개혁'을 추진하는 것과 병행하여, 식민지에서 일관된 언어정책을 실시하려는 노력을 부단히 기울였다. 제국일본의 지배권 확대와 발을 맞추려 했던 호시나는 『독일속령 시대 폴란드의 국어정책獨逸屬領時代の波蘭に於ける國語政策』(1921)에서는 식민지 조선의 언어정책, 『국가어 문제에 관해서國家語の問題について』(1933)와 『국어정책國語政策』(1936)에서는 '만주국'의 언어정책,

『대동아공영권과 국어정책大東亞共榮圈と國語政策』(1942)에서는 그 제목대로 건설 중이던 '대동아공영권'의 국어정책의 중요성을 각각 역설했다. 이러한 저작에서 호시나는 국어정책을 통한 이민족의 동화야말로 식민지 지배를 안정시키기 위한 가장 중요한 과제임을 계속 지적했다. 그러나 호시나의 제언이 현실의 언어정책에서 활용된 흔적은 거의 없다. 호시나는 확고한 언어정책이 일본에 존재하지 않는 현실을 누누이 개탄했다.

이렇듯 이 책은 근대 일본의 " '국어'라는 사상"의 전개를 우에다에서 호시나로 이어지는 흐름 속에서 파악하려고 한다. 그러나 저자는 왜 이러한 관점을 취했던 것일까? 거기에는 단순한 역사서술로는 담아낼 수 없다는 저자의 예리한 문제의식이 있었다는 것을 지적하지 않을 수 없다.

언어와 국민국가

저자는 '국어' 이전과 이후 언어의 존재 양상 차이를 다음과 같이 대비시키고 있다. '국어' 이전의 언어체제하에서는 지배언어의 전통이 소수 문화엘리트만의 전유물이 되어도 문제가 없었다. 그런데 '국어'의 체제하에서는 모든 화자話者가 모든 언어영역에서 동일한 언어규범을 사용하는 것이 요구된다. 우에다가 '국어'는 "읽기, 쓰기, 말하기, 듣기를 할 때의 유일 기구"가 되어야 한다고 강조했던 의미가 여기에 있다고 저자는 보고 있다.

그러나 이러한 '국어'의 체제를 현실화하는 것이 가능할까? 이 점에 관해서 저자는 「머리말」에서 다음과 같이 논한다. 확실히 언어에는 공간적·시간적·사회적인 변이變異가 반드시 존재한다. 그러나 이러한 변이를 변이로서 파악하기 위해서는 이념 수준에서 어떤 동일한 '국어'상像이 정립되어 있을 필요가 있고, 이 이념적 언어상이 '국어'라는 것이다. '국어'는 영토 내 주민의 모든 언어 영역에 전능적으로 침투하고, 이질적인 언어를 항상 배제한다고 한다. '방언'을 쓰는 지방에서도, 다른 언어가 사용되는 식민지에서도, '국어'의 지배논리가 동일한 이유는 이 때문이라고 한다.

그런데 저자에 의하면 근대 일본에서 '국어'의 이념은 독특한 전도轉倒를 포함하고 있었다고 한다. 내가 보기에 이 책의 최대 의의는 이 전도를 명백하게 한 것이다. 첫째, '국어' 이데올로기는 객관적인 '일본어'라는 실체 위에 덮어씌운 외피가 아니라는 것이다. 일본어의 일체성이 당연한 것이라고 하기 위해서도 "'국어'라는 사상"이 요청되었다는 것이다. 둘째, 국민국가와 식민지주의의 관계에 관한 것이다. 지극히 상식적으로 생각하면, 일의 순서상 국민국가가 확립된 후에 나라 밖의 식민지 지배가 시작된다. 즉 식민지에 강제되는 언어 이데올로기는 '국어' 이데올로기의 연장과 확대로서 적용될 것이다. 그런데 근대 일본은 이미 확립한 '국어' 이데올로기를 식민지에 적용한 것이 아니라, 오히려 식민지의 언어지배 과정에서 '국어'가 세련되어졌고, 그 결과 더욱 흉포하면서도 취약한 모습을 동시에 드러냈다는 것이다. 확실히 '국어'는 동화정책을 위한 가장 강력한 무기였다. 그런데 식민지에서 '국어' 교육에 종사한 사람들은 가르쳐야 할 국어의 표준형이 없다고 부단히 불만을 토로했다. "근대 일본의 '국어정책'이 폭력적이었다는 것은 '국어'의 강대함이 아니라 그 취약성을 나타낸 것이었다"는 저자의 말은 이러한 사태를 나타낸다.

분명히 우에다 이후의 '국어' 사상에는 호시나와는 다른 흐름이 있다. 그 대표자가 야마다 요시오山田孝雄[6](1873~1958)와 도키에다 모토키時枝誠記[7](1900~1967)이다. 그들은 호시나 유의 '국어개혁'을 격렬하게 계속해서 비판했다. 그것은 국어개혁이 서구 근대언어학이라는 잘못된 관점에 서서 '국

6 일본의 국어학자로 태평양전쟁 이전에는 문부성의 국사편수관과 국사편수원장을 지냈지만, 전후의 실증적이고 독창적인 문법이론 연구로 유명하다. 전전의 국어개혁을 철저하게 비판했고 전전의 국수주의에 대한 사상적 근거를 제공했다는 지적을 받기도 했다.

7 언어학자로서 메이지 이전의 국어학사에 대한 검토를 바탕으로 서양언어학을 비판했고, 언어과정설로 불리는 독자적인 학설을 세웠다. 특히 도키에다는 식민지 조선의 일본어 보급에 관여했는데, 조선인의 황민화정책과 관련하여 조선어를 완전히 철폐하고 일본어를 모국어로 할 것을 주장했다.

어'의 전통을 파괴하려는 것처럼 보였기 때문이었다. 특히 야마다는 '국어개혁'이라는 발상 자체에 '국체'를 파괴하려는 '무서운 사상'이 숨어 있다고까지 쓰고 있다.

그러나 저자는 이러한 대립이 어디까지나 '국어'의 동일성이라는 무대 위에서의 대립이고, 양자는 상호 보완하는 역할을 했다고 지적한다. 이 보수파와 개혁파의 대립 자체가 일본의 언어적 근대를 형성하고 있다는 것이다.

이것을 전제로 하고, 이 책의 역점이 우에다에서 호시나에 이르는 '국어' 이데올로기의 흐름을 분석하는 데 놓인 것은 '국어'와 식민지주의의 내적인 관계가 의문시되었기 때문이다. 일관된 식민지 언어정책을 제언한 것은 국어의 전통을 지키려 하는 보수파가 아니라 국어개혁을 목표로 했던 개혁파였다. 이처럼 호시나로 대표되는 개혁파가 전후 '국어민주화'의 선구자였다고 한다면, 전후에 언어적 식민지주의는 어떻게 청산되었는가 하는 문제가 필연적으로 떠오르게 된다.

〔전전의〕 야마다의 '국어' 사상은 '국체'와 동일화하여, 외부와 대립하지 않는 폐쇄된 상태에서 무한히 팽창할 수 있었다. 저자는 이러한 국수주의적인 '국어' 사상은 〔전후에〕 그대로의 형태로는 더 이상 소생하지 못할 것이라고 말한다. 그런데 호시나의 '국어' 이념은 아직도 숨이 끊어지지 않았다. 현대 가나 표기와 한자 제한이라는 두 개의 기둥으로 이루어진 전후 국어개혁이 호시나의 비원이 실현된 것만은 아니다. 1980년대에서 1990년대에 걸쳐 갑자기 붐이 되었던 '일본어의 국제화' 논의는 거의 호시나의 몽상이 재현된 것이라고까지 말할 수 있다. 그 점에서 말하면 전전과 전후에는 아무런 단절이 없다. 저자는 '일본어의 국제화'론이 "'국가어'와 '공영권어'의 사상으로 직결된다"는 점을 지적하고 있는데, 이것은 현재에도 언어적 식민지주의가 '국어'에 내재함으로써 계속 잠복하고 있음을 의미한다.

'국어' 를 구성하는 세 가지 언설

이 책의 풍부한 내용을 읽고서, 독자는 다양한 시각에서 고찰을 한층 심화해가는 것이 가능할까? 예를 들어 내 나름의 시점에서 정리하면, 근대 일본의 " '국어' 라는 사상" 을 말하는 언설에는 다음 세 가지의 층이 쌓여 있다고 생각할 수 있다. 첫째는 국어의 동일성을 말하는 언설, 둘째는 '국어' 의 자연성·전통성을 말하는 언설, 셋째는 '국어' 의 정치적 지배성을 명시적으로 말하는 언설이다. 근대 일본의 " '국어' 라는 사상" 의 주된 가락을 이루고 있는 것은 둘째 언설이다. 즉 '국어' 의 정치적 지배성은 자연성의 연장으로서밖에 표상되지 않았다.

그것은 이 책 제13장에서 언급되는, 호시나의 '국가어' 개념에 대한 안도 마사쓰구安藤正次의 반발에 전형적으로 나타나고 있다. 호시나는 '만주국' 에서 조급하게 일본어를 '국가어' 로 규정하는 것과 같은 법적·정치적 조치를 취할 것을 요구했다. 그런데 국어개혁이라는 점에서나, 식민지 언어정책이라는 점에서도 호시나와 거의 같은 입장이었던 안도조차도 '국가어' 라는 법적 규정은 오히려 '국어' 의 지위를 약화시킨다고 호시나의 제언에 반대했다. '국어' 의 지배는 어디까지나 '자연' 의 연장에서 행해지지 않으면 안 되고, 원래 '정책' 의 대상이기 이전에 존재해야만 한다는 것이었다. 사실, 근대 일본에서는 국내는 물론이고 식민지에서도 '국어' 의 지위에 관한 법적 규정은 거의 존재하지 않았다. 왜냐하면 '국어' 의 우월성은 법적·정치적 이유에 의한 것이 아니라 어디까지나 '자연' 의 영역에서 해소되어야만 하는 것이었기 때문이다.

이 책에서 호시나가 〔국어를〕 다루는 태도가 이중적이라고 볼 수 있는 이유가 바로 이 점에 있다. 즉 호시나만이 '국가어' 라는 개념을 제창하는 것으로 '국어' 를 '자연' 의 영역에서 '인위' 의 영역으로 이동시키려 한 것이다. 이 점에서 보면 근대 일본의 '국어' 개념은 아직도 완성 단계에 도달하지 못하고 있는지도 모른다. 야마다의 신격화한 '국어' 사상은 이제는 부활하지 않겠지만, 호시나의 '국어' 사상은 전전과 전후의 경계를 뛰어넘어 온존되었을 뿐만 아니라 새로운 모습으로 재현될지도 모른다.

예를 들면, 요즘 화제가 된 영어를 제2공용어로 할 것인가 말 것인가에 대한 논쟁은 우선 '제1공용어'가 법적으로 정해지지 않으면 의미가 없다. 그런데 "일본에서는 일본어가 공용어이다"라는 법적 규정을 둘 필요가 있다고 생각하는 사람은 아직 소수일 것이다. 오히려 그러한 법적 규정을 두는 것 자체에 대해 저항할 사람이 많을지도 모른다. 그것은 지금도 대부분의 사람은 일본에서 일본어가 공용어라는 것이 자명하고 '자연스런' 사실이라고 생각하고 있기 때문이다. 그러나 다음과 같은 사람이 지금부터 나오지 않는다고는 말할 수 없을 것이다. 확실히 공용어에는 법적 규정이 필요하며, 일본에서 일본어가 유일한 공용어가 되는 것은 정치적으로 보아 필연적이라고 주장하는 사람이 나올지도 모르겠다. 즉, '국어'의 지배 근거를 '자연성'이 아니라 명확한 정치행위에 의한 것으로 하려는 태도이다. 참고문헌에서 제시한 논문「'국어'와 언어적 공공성」에서는 바로 이 문제를 논하고 있다. 이것은 저자의 작업에 새로운 방향성을 제시하는 것일지도 모른다.

이 책에서 호시나를 크게 다룬 것은 호시나가 전전의 국어정책을 주도했기 때문만은 아니다. 아마도 저자는 호시나를 앞으로 나타날 수 있는 언어적 네오내셔널리즘neo-nationalism의 선구형으로서 파악하고 있다. 그 네오내셔널리즘은 다수의 의지를 '자유로운 합의'라는 복면覆面으로 강제하려는 술책을 품고 있을 것이다.

우리들은 이 책을 읽음으로써 "'국어'라는 사상"의 한계를 확실히 분별할 수 있다. 이 언어 이데올로기는 내부에 몇 가지 균열을 안고 있다. 이 책은 '국어'의 폭력성을 외부로부터 파헤친 것이 아니라 그 내부의 모순을 확대함으로써 "'국어'라는 사상"을 내부로부터 붕괴시키려 한 것이다. 확실히 '국어'의 사상이 자연성을 가장假裝할 수 있는 시대는 끝나가고 있다. 그러나 그것은 결코 " '국어'라는 사상" 자체가 소멸하는 것을 의미하지 않는다. 그렇다면 "일본어의 동일성을 암묵적으로 전제하는 한, '국어'라는 무대 밖으로 나갈 수 없다"는 저자의 말을 어떻게 수용해야 하는가는 독자 각자에게 주어진 무거운 숙제가 될 것이다.

참고문헌

イ・ヨンスク, 「雜居への恐怖」, 河合隼雄, 養老孟司 編, 『現代日本文化論 7 / 體驗として異文化』, 岩波書店, 1997 수록.

조약개정으로 1899년부터 실시되었던 이른바 외국인의 '내지(본국)잡거內地雜居'를 둘러싼 지식인의 언설을 분석한 글. 근대 일본의 '외국인 혐오'의 기저에는 이질적인 타자와의 '잡거'를 두려워하는 심성이 내재하고 있다는 것을 지적하고 있다.

イ・ヨンスク, 「柳田國男と'國語'の思想」, 田中克彦・山脇直司・糟谷啓介 編, 『相關社會科學ライブラリ 4 / 言語・國家そして權力』, 新世社, 1997 수록.

저자는 야나기타 구니오柳田國男 속에서 호시나와 야마다와는 다른 제3의 '국어라는 사상'의 유형을 발견하고 있다. 야나기타는 표준어정책을 비판하면서도 '일본인＝일본어'라는 등식을 의심하지 않았기 때문에 '국어'를 자기충족적인 장으로밖에 생각하지 않는다는 것을 야나기타의 국어론・방언론에서 부각시키고 있다.

イ・ヨンスク, 「'國語'と言語的公共性」, 三浦信孝・糟谷啓介 編, 『言語帝國主義とは何か』, 藤原書店, 2000 수록.

이 논문에서 저자는 정치학이나 사회철학에서 논의의 대상이 되는 '공공성'의 개념을 언어적 측면에서 되묻고 있다. 그리고 '공공성'이 지배적 언어의 공유를 암묵적으로 전제한다면, 그것은 소수자의 동화와 배제로 연결될 위험이 있음을 지적하고, '대항적 공공성' 구축의 필요성을 말하고 있다.

龜井孝 외, 『日本語の歷史 6 / 新しい國語への步み』, 平凡社, 1965.

나온 지 30년이 넘은 저작이지만 아직도 배울 점이 많다. 특히 메이지기가 되어 형성된 '새로운 국어의 이념'이 학교교육을 통하여 제도화된 과정의 분석은 꼭 보아야 할 것이다. 더불어 가메이 다카시의 「국어라는 것은 어떤 언어인가?」(『龜井孝論文集』 제1권, 吉川弘文館, 1971 수록), 「천황제의 언어학적 고찰」(『中央公論』 1974년 8월호)도 참고할 것.

京極興一, 『'國語'とは何か』, 東苑社, 1993 / 개정판, 1996.

'국어'라는 말의 변천을 문헌학적인 입장에서 추적하고 있다. 국어교육이나 국어교과서와의 관련을 고찰하고 있는 것이 특징이다.

駒込武,『植民地帝國日本の文化統合』, 岩波書店, 1996.

근대 일본에서 이민족 지배를 위한 문화정책·교육정책의 전개 과정을 구체적인 역사 상황과 관련해서 종합적으로 서술하고 있다. 저자에 의하면 전전의 제국일본에서는 동화정책으로 이민족을 '일본인화' 하려는 논리가 있었던 반면, 실제 정책에서는 이민족을 배제하여 '일본인' 의 동일성을 유지하려는 경향이 우월했다.

安田敏朗,『帝國日本の言語編成』, 世識書房, 1997.

방대한 문헌을 섭렵하여 근대 일본의 '국민적 언어편제' 와 '제국적 언어편제' 의 존재 양상을 구석구석까지 그린 대작. 이 저자가 저술한『植民地のなかの'國語學'—時枝誠記と京城帝國大學をめぐって』(三元社, 1997)와『'言語' の構築—小倉新平と植民地朝鮮』(三元社, 1999)도 함께 참고할 것.

長志珠繪,『近代日本と國語ナショナリズム』, 吉川弘文館, 1998.

일본의 근대 형성기인 19세기에서 20세기 초기의 '국어 내셔널리즘' 형성을 역사학의 측면에서 논하고 있다. 특히 '국어와 국가國歌' 의 관계와 한자론 등 '국어' 의 음운중심주의적 이데올로기에 초점을 두고 있다.

小森陽一,『日本語の近代』日本の50年·日本の200年, 岩波書店, 2000.

'근대 일본문학' 의 허구성을 '근대 일본어' 의 허구성에까지 깊이 파고들어 철저하게 파헤치려 한 저작. 저자는 이연숙, 고마고메 다케시駒込武, 야스다 도시아키安田敏朗, 오사 시즈에長志珠繪의 연구를 토대로 하면서 국민국가, 식민지지배, 전쟁, 천황제 등의 주제가 어떻게 '근대 일본문학' 이라는 제도를 지탱하는 눈에 드러나지 않는 족쇄가 되었는지를 진지하게 설명하고 있다.

Daniel Baggioni, *Langues et nations en Europe*, Payot, 1997.

역사사회언어학적인 시점에서, 근대 유럽에서 '국민어' 가 형성되는 과정을 정치사, 사상사를 동원하여 장대한 스케일로 논하고 있다. 비슷한 유형의 책들 가운데에서도 넓은 시각과 예리한 관점이 돋보인다. 이 책을 간행한 직후 저자인 바조니는 안타깝게 53세의 젊은 나이로 세상을 떠났다.

Michel de Certeau, Dominique Julia, et Jacques Revel, *Une politique de la langue. La Révolution française et les patois*, Gallimard, 1974.

근대의 '국어' 이데올로기는 프랑스혁명에 이르러 비로소 완전한 형태로 등장한다. 이 저작에서 역사가 세르토(1925~1986)는 아날학파Annales School의 동료와 협력하여, 프랑스혁명의 최전성기에 행해진 방언조사의 분석을 기초로 '국어' 이데올로기의 심층을 파헤치고 있다.

사카이 나오키, 『사산되는 일본어 · 일본인』

다자키 히데아키田岐英明 | 김지연 옮김

酒井直樹, 『死産される日本語 · 日本人—'日本'の歴史: 地政的配置』, 新曜社, 1996.
『사산되는 일본어 · 일본인—일본의 역사: 지정적 배치』, 이득재 옮김, 문화과학사, 2003.

근대에 세상 사람들은 어떤 의미로든 어딘가의 국민nation에 속하는 존재로서 이해되었다. 물론, 인간은 그 역사에 있어서 항상 특정 집단 내지 공동체에 속해 있었다고 말할 수 있을 것이다. 그러나 현재의 우리들을 어디까지든 주술적인 힘으로 움직이지 못하게 하는 '어느 국민에게 속한다는 것'의 역사적 고유성을 어떻게 파악하는 것이 좋을까?

이러한 의문점에 사로잡힌다면 우리들은 사카이 나오키가 쓴 이 책에서 도움을 얻을 수 있다. 이하에서는 이 책의 논의 내용을 '종적種的 동일성', '구어口語의 제작', '사死의 공동체'라는 논점을 따라 살펴보겠다. 이 책의 구성은 다음과 같다.

Ⅰ 근대의 비판: 중단된 투기投企—일본의 1930년대

Ⅱ 국민 공동체의 '안'과 '밖'—마루야마 마사오丸山眞男와 충성

Ⅲ 국제사회에서의 일본국 헌법—사회성의 비유로서의 '이민'과 헌법

Ⅳ 편재하는 국가—두 가지의 부정: 『노-노 보이』를 읽고

Ⅴ 역사라는 말의 정치적 기능—천황제와 근대

〔부付〕 자기도취로서의 천황제—미국에서 이해하는 천황제 논의

Ⅵ 사산되는 일본어 · 일본인—일본어라는 통일체의 제작을 둘러싼 (반反)역사적 고찰

Ⅶ '서양으로의 회귀'와 인종주의—현대 보수주의와 지식인

〔부付〕 인종주의에 관한 제언

종적種的 동일성

저자는 동일성identity을 크게 두 종류로 나눈다.

첫째는 관계적 동일성이다. 이것은 부모-자식, 남편-아내, 상사-부하와 같은 관계에서 각각의 인간이 차지하는 위치라고 생각하면 좋을 것이다. 사람은 인생의 어느 순간을 보아도 다양한 관계에 동시에(사람은 동시에 아버지이고, 남편이고, 상사일 수 있다) 속해 있고, 그뿐 아니라 언뜻 보면 서로 모순된 위치를 동시에 차지한다. 예를 들어 부모와 자식은 언뜻 보면 대립하여 서로 양립하지 않는 것처럼 생각할 수 있으나, 실은 누군가의 자식이 아닌(아니었던) 아버지는 보통 없을 것이다.

이렇듯 관계적 동일성에 있어서 개인은 여러 관계의 묶음 속에서, 이른바 연결 부분이 되고 있는 것으로 이해할 수 있다. 구체적인 관계의 여러 장면은 서로 갈등을 만들어내는 경우도 있지만, 그러나 관계적 동일성에 있어서 개인은 〔특정 관계에〕 속하고, 그리고 눈앞에 있는 모든 장면을 관통하여 유지되는 동일성이라는 것에 관심을 기울이지 않는다고 하기보다는, '모든 장면' 같은 것에 관해 말하는 것을 가능하게 하는 판정기준을 애시당초 상정하고 있지 않을 것이다.

그에 반해 종적種的 동일성은, 마치 고양이가 고양이인 것은 고양이의 새끼로 태어났기 때문이며, 개와의 관계나 말과의 관계에서 고양이인 것을 규정하는 것이 아니듯이, 다른 것(종)과의 관계에서 벗어나 자기규정을 할 수 있는(할 수 있을 것처럼 생각되는) 동일성을 의미한다. 하나의 개체가 동시에

고양이이면서 또한 개일 수 없는 것처럼, 종적 동일성에서 각각의 동일성은 상호 배제된다.

종적 동일성이라는 것은 특별히 글자의 의미대로 생물학적 종에만 관련되는 문제는 아니다. 오히려 오늘날 '국민'이라는 것은 종적인 동일성이 가장 두드러진 것이고, 혹은 젠더gender(남녀의 차이)나 섹슈얼리티sexuality(예를 들면 동성애와 이성애의 차이) 등도 이러한 종적 동일성의 노선에 따라 이해되는 경우가 많다. 종적 동일성은 일종의 본질주의, 즉 하나의 개체 내에는 그 개체보다 상위에 위치하는 뭔가 보편적인—그러나 정말로 모든 것을 포섭하는 보편이 아니라 일정한 부분이 제한을 받기 때문에, 추상적인 보편이 아니라 구체적인 보편이라고 잠정적으로 부를 수 있는—요소가 실체로서 내속內屬하고 있는 듯한 이미지로서 이해할 수 있을 것이다.

그러나 종적 동일성의 이와 같은 '타자와의 관계의 부재'는 결코 자연스러운 것은 아니다. 이러한 '타자와의 관계의 부재' 자체는 일종의 역사적으로 산출된 것이라고 생각해야 마땅하다. 적어도 그렇게 생각하는 점에서부터 근대에 관한 계보학적인 질문이 시작된다.

실제로, 종적 동일성의 '타자와의 관계의 부재'가 본질로서 이미 주어져 있다면, 지금도 우리들이 집요하게 매달리는 수많은 '인종주의'나 '민족' 대립의 상당수는 흔적도 없이 사라져버렸을 것이고, 제국주의가 사람들에게 가져다준 고난의 모습은 상당히 달라졌을 것이다. 개인이 어느 집단에 속하는가의 문제가, 그 개인이 단지 자신의 내부를 응시하기만 하면 거기에서 발견할 수 있는, 자신의 내부에 확실하게 속하고 있는 '본질'에 의해 결정되는 것이라고 한다면, 얼마나 행복할까?

사카이가 강조하는 것은, 오늘날 우리들이 국민이라는 종적 동일성에 따라 자신을 이해하고, 타자를 분류하고, 또 자타의 관계를 구축하고 있다는 것이다. 물론, 오늘날 관계적 동일성이 무의미해진다는 것은 아니다. 실제로 사람은 다양한 관계 속에 있다. 그 관계는 결코 같은 국민인가 아닌가라는 점에서 구분되는 것은 아니다. 하지만 지배적인 것은 종적 동일성이어서, 직업상의 관계 혹은 친구관계나 연인, 부부, 부모자식이라는 관계에서조차도 자신이 관여하고 있는 관계를 반성하려고 하면, 그것을 종적 동일성에서의 관계로 파악해버리려고 한다.

"종적 동일성으로 파악하려고 한다"고 돌려 말하는 방식을 취하는 데에는 이유가 있다. 그것은 종적 동일성은 일종의 통제적 이념, 혹은 행위의 준칙으로서만 존재하기 때문이다. "일본인이라는 국민은, 일본어라는 국어는, 존재하는 것이 당연하다, 존재하지 않으면 안 된다"라는 식이다.

그러면 '일본인'이란 것은 구체적으로 무엇인가 하면 '중국인은 아니다', '영국인은 아니다', '프랑스인은 아니다' 등의 부정의 총합, 혹은 단적으로 말해 '비일본인이 아니다'라는 이중부정으로밖에 말할 수 없는 공허한 존재이다. 저자는 거기에 있는 것은 타자로부터(타자에게 있어서) 자기 자신은 〔일본인이〕 아니라는 인정을 받고 싶어하는 자기도취narcissism라고 지적하고, 이 메커니즘을 한 쌍의-형상화라고 부른다. 그것은 우선 타자를—그것은 '중국'이든 '서양'이든 어디라도 좋지만—분할 불가능한 하나의 충만한 실체와 같은 것으로 규정해놓아, 그 반사에 의해 자신도 단일의 실체로서 규정되는 행동이다. 더욱이 근대 개인주의가 전제로 하는 개인의 개체성(분할 불가능성)도 '국민'이라는 '실체'의 분할 불가능성에 개인이 동일화하는 범위 내에서만 가능하게 된다.

국민이라는 공동체의 종적 동일성이 마치 타자와는 관계없이 스스로 존재하고 있는 것처럼 보이는 것은 이러한 한 쌍의-형상화를 통해서 그 밖의 다양한 관계를 폐기 혹은 억압하고 있기 때문이라고 말할 수 있을 것이다. 즉 한 쌍의-형상화는 "모든 관계적 장면을 통람通覽하는 초월(론)적 시점"의 형성 메커니즘이기도 하다. 여기에서 알 수 있는 것은 '한 쌍의-형상화'의 '쌍'이라는 말에 이끌려, 이 개념을 상상의 이항 대립으로만 이해해서는 안 된다는 것이다. 이른바 이것은 국민인 것, 그 자체를 말할 수 있는 장소를 만드는 것이다.

그곳은 다른 국민에 속하는 사람들끼리는 그 본질에 있어서는 서로 이해할 수 없는 것이 (거의 신비한 직관에 의해) 어떤 이유 때문인지 이해할 수 있는 장소이다. 그곳으로 동일화한다면, 직관에는 부여되지 않을 것이 직관되는 장소. 그것이, 국민이라는 것의 핵이 늘 무엇이라고 명확하게 말할 수 없는 '느낌', 일체감(사카이는 '일치communion'라는 표현을 사용한다)으로 이해되기 때문일 것이다.

'구어의 제작'

여기에서 '구어口語'에 대해 조금 생각해보자. 저자가 지적하는 것은 '구어'라는 것이 주제로 되는 것은 '문어文語'와 대비되기 때문이며, 인류가 출현한 이래 말을 하고 있었을 것이라는 점과는 직접적으로 관계가 없다는 것이다. '구어'라는 것은 오히려 '말하고 있는 것처럼 표기되는 문어'이다. 다만 '말하고 있는 것처럼'이라고 해도 그것은 문체상의 문제는 아니라는 것에 주의하지 않으면 안 된다. 사카이에 의하면 '구어'라는 것은 피발화태被發話態, énoncé[1]의 주체와 발화행위發話行爲, e'nonciation[2]의 주체를 관계 지어주고 확정하는 일정한 방식이다. 여기서 그의 섬세한 논의를 과감하게 요약한다면, 피발화태의 주체와 발화행위의 주체가 동일하고, 피발화태의 이해가 발화행위의 장면으로의 회부와 발화행위의 주체로의 동일화에 의해 확보되는 사태를 언어에서의 본래적인 존재방식으로서 규정하는 것과의 상관에서 부상하는 언어적 형상이 바로 구어인 것이다.

'구어'는 발화행위의 몸짓에 대한 착안을 포함한다. 그것은 저자가 지적하듯이 한편에서는 발화행위가 위치를 정하는 장면마다 단편화 경향을 포함

1 진술되는 내용을 의미한다.

2 발화는 입을 열어 말을 한다는 뜻으로, 말(이야기)을 꺼내는 것을 의미한다.

하는 것이면서, 그 단편화를 탈피하여 국민어라는 통일체가 형성되어가는 것은―아마 베네딕트 앤더슨Benedict Anderson이나 프리드리히 키틀러Friedrich A. Kittler[3](1943~) 등이 지적하듯이―글로 쓰인 것의 (출판자본의 성장과 동반한) 유통 편성의 변화가 음성과 쓰인 것의 관계를 변용시켜가기 때문일 것이다. 즉, '말한다는 몸짓으로의 동일화' 에의 (메타meta) 동일화, 바꾸어 말하면, 말하는 목소리에 대한 동일화의 몸짓에 점차 감염되어가는 연쇄로서 '구어' 의 주체와 그 공동성이 형성되어간다.

사카이가 '구어' 의 전형적인 예로 든 '아아' 라는 비탄의 목소리는 매우 시사적이다. 무슨 말인가 하면, 그것은 키틀러가 역시 근대의 언설 편성에서 피발화태의 전형으로 생각하는 호프만Ernst Theodor Amadeus Hoffmann (1776~1822)의 『모래 사나이*Sandman*』에 나오는 자동인형 소녀가 지르는 작은 비명, '아아' 를 생각나게 하기 때문이다. 구체적인 의미작용signification으로 분절화되지 않기 때문에, 의미sense에 충만한 것으로 간주되는 피발화태, '아아' 이다. 이 발화의 직접 상대도 되지 않았을 듣는 사람(독자)의 오해에 의해서, 즉 발화 행위의 주체에 대한 듣는 사람의 욕망에 의해 가장 본래적인 발화라고 여겨지는 것이 피발화태이다.

일찍이 마에다 아이前田愛는 소설의 언문일치 문체를, 독자인 나에게만 말을 거는 친밀한 음성으로서 묘사했지만, '구어' 에 취한 사람은 전부 그 귓전에 나에게만 친밀하게 소곤거리는 목소리―비탄의, 감탄의, 그리고 환희의 '아아'―를 갖고 있다. '구어' 를 듣는 사람은 그 귓속에 가만히 소리를 들려주는 '타자他者' 의 입술을, 혀를 항상 몸에 지니고 있는 것이다.

모든 것이 아무리 분절화된 피발화태라도, 그것이 '진정으로 이해되었다' 고 말할 수 있기 위해서는 그것에 회부되지 않으면 안 되는 것으로 상정되는, 이 '아아' 의 주체, 이것이야말로 '국민' 인 것이다.

---

3 독일 작센 주 출신의 문필가이자 미디어평론가로, 루르Ruhr대학과 베를린대학의 현대독일학과 미디어론 담당 교수이기도 했다.

이러한 '구어'로서의 '일본어'의 제작 시도는, 저자에 의하면 18세기에 일어났다. 그것은 그때 국민어로서의 일본어를 사람들이 말하기 시작한 것이 아니라 통제적 이념으로서 일본어와의 관계에서, 당시 복종複綜언어적 상황이 일종의 결여태로서 파악되었던 것이다. 그때 참고할 점으로서 고대에 구어로서의 일본어가 전부 통하는 공동체가 가상적으로 구축되었다. '일본어'는 그것이 산출되었던 최초부터, 이미 없는 것으로서 상정되었던 것이다. 그러한 의미에서, 일본어라는 것은 18세기에 '사산死産된' 존재인 것이다. 사카이는 당시의 막번체제에 대해서 이 '일본어의 사산'이 일정한 비판적 의의를 갖고 있음을 인정한다. 그러나 19세기 후반 이후 일어난 '일본어의 사산'의 부활은 국민주의적이고 제국주의적인 경향을 피하기 어려워, 비판의 대상이 되지 않으면 안 된다.

그런데 이 '일본어의 사산'은 18세기라는 이른바 '일본의 근대화' 혹은 '일본이 세계 자본주의에 편입되었던 시기'보다 앞선 시점에서 설정되고 있다. 이것은 어찌된 일인가? "일본에도 독자적인 근대화가 있었다"고 사카이는 말하고 싶은 것인가. 그렇다면 단지 자기도취는 아닐까? 물론 그렇지 않다. '일본'의 근대는 내발적인 것인가, 그렇지 않다면 당시의 외부의 영향에 의한 것인가 하는 질문은 말할 것도 없이, 이미 '일본'의 존재를 전제로 하고 있다. 다만, 사카이가 물으려는 것은 "일본 근대의 기원은 일본 내에 속하는 것인가, 아니면 외부에 속하는 것인가"라는 것과 같은 질문을 애당초 가능하게 하는, 안과 밖의 구분을 가진 '일본'이라는 것의 기원이라는 점을 망각해서는 안 된다. 영향인가, 독자성인가 하는 이분법과는 다른 장면을 설정하는 것이고, 그것이 언설로서 언어를 파악하는 것의 요체일 것이다. 그렇게 함으로써 우리들은 자기도취적인 한 쌍의-형상화를 대상화할 수 있을 것이다.

사死의 공동체

이 책에서 일관하고 있는 모티브는 실제 사死의 공동체로서의 국민 및 국민주의에 대한 투쟁이라고 말할 수 있다. 국민을 위해 죽는 일, 그리고 죽이는 일, 이것을 어떤 방법으로 거부할 수 있을 것인가? 이 책에서 논의되는 다케우치竹內好의 저항이나 존 오카다John Okada의 소설에서 두 번 반복된 노No(『노-노 보이*No-No Boy*』[4])의 문제 혹은 일본국 헌법 제9조[5]라는 테마들은 모두 기본적으로 이와 같은 죽음의 투기投企(投機)에 의해 형성된 공동성에 대한 거부의 방법을 제시하고 있다.

'아아'의 주체는 (항상) 이미 죽어 있다. 어쨌든 그것은 사산되었기 때문이다. 통제적 이념으로서의 '국민'이나 '국민어', 즉 이 죽은 자를 소생시키기 위해서 호프만의 소설 『모래 사나이』의 주인공과 같이 우리들의 입술을 생명 없는 것의 입술에 포개고, 우리들의 생명과 훈기를 그것에 전해주는 것만으로 충분하지 않다. 우리들 자신의 입술에서 이 소리, '아아'가 새어나올 정도로 '국민'과 동일화하지 않으면 안 된다. 우리들 자신을 그 이념의 구체적인 한 예로 하여 신체를 이루는 것이어야 한다. 우리들 자신을 하나의 '아아'로 작게 외치게 함으로써 우리들은 '국민'과 '국민어'를 이 세계에 실존하게 한다. '아아', 그것은 우리들이 죽어갈 때의 희미한 신음으로서만 들리는 것이 아니다. 그뿐 아니라 '국민'에 동일화된 사람이 다른 '국민'이나 '국민'답지 않은 자를 속박하고, 또 그 몸에 칼을 찌를 때에 그 반응을 느끼면서, 자기도 모르게 새어 나오는 환희의 소리이기도 하다. 국민의 실존으로서의 '아아'.

'아아', 자기도 모르게 입에서 튀어나온 환희의 소리를 만약 내가 정말로

---

4 2차 대전 중 미국 내에 강제수용되었던 일본계 미국인들이 일본인인 것을 부정하고 미국인으로 미국에 충성할 것이 강요되었던 상황에서 표출된 그들의 절망과 무기력한 삶을 그린 소설이다.

5 일본의 현행 헌법 제9조는 일본의 비무장과 국제분쟁에서의 무력 사용의 포기를 규정하고 있다.

꺼림칙한 것으로 느낀다면, '국민' 형태를 만드는 한 쌍의-형상화의 자기도취를 완성시킬 수 있을 이 가학적인sadistic 환희를 거부하려고 한다면, 그 난해한 돌려 말하기—그것은 '일본인'이나 '일본어'의 존재를 전제로 하지 않고 말하려 하는 것에서 유래한다—를 두려워하지 않고, 이와 같은 부연된 해설이 아니라 이 책 자체에 몰두해보자. 이 책 속에 담겨 있는 개념들은, 나의 내면의 '국민이라는 것의 환희'를 도려내기 위한 예리한 도구로서 반드시 도움이 될 것이다.

참고문헌

酒井直樹,『日本思想という問題—飜譯と主體』, 岩波書店, 1997.

본문 중에는 충분히 다루어지지 않았으나 '해석'—어떤 언어에 관해서 그 내부와 외부를 구별함과 동시에, 그 양면을 동시에 볼 수 있는 (불가능한) 포지션position도 상정해버리는—이라는 기묘한 실천에 대해 생각하는 것이, 사카이 이론의 근본에 있다.

Naoki Sakai, *Voices of the Past: The Status of Language in Eighteenth-Century Japanese Discourse*, Cornell Univ. Press, 1991.

이른바 유학이나 국학 등 지식인의 언설뿐 아니라 당시 발흥한 출판 자본에 의해 유통된 책을 포함하여, 18세기 일본에서 '번역이라는 실천계實踐系'의 변용을 추적한 저작이다. 다음의 키틀러의 책과 비교하여 읽으면 흥미가 있다.

Freidrich A. Kittler, *Discourse Networks, 1800/1900*(tr. by Michael Metteer), Stanford Univ. Press, 1990.

독일어 원제를 그대로 해석하면 『글자입력 시스템 1800/1900』이 되는데, 그 제목대로 글자입력 시스템으로서의 미디어(인쇄·출판이나 축음기, 영화 등 이른바 '미디어'뿐만 아니라 '핵가족' 같은 것도 포함하여)의 편성의 변용을 1800년(괴테시대)에서 1900년(니체시대)까지 추적한 책이다.

前田愛,『近代讀者の成立』, 有精堂, 1973 / 岩波現代文庫, 2001.

근대에서의 '구어' 성립에 대해 가르쳐주는 점이 많다.

가토 노리히로, 『패전후론』

강상중姜尙中 | 김지연 옮김

加藤典洋, 『敗戰後論』, 講談社, 1997.
『사죄와 망언 사이에서』, 서은혜 옮김, 창작과비평사, 1998.

이 책은 전후 50년을 전기로 삼은 일본의 논단에서 다양한 파문을 일으켰던 화제의 책이다. 저자는 『미국의 그림자アメリカの影』(1985)로 데뷔하여 그 이후 정력적으로 다채로운 문예평론 활동을 계속 펼치고 있는 가토 노리히로이다.

이 책의 주제 중 하나인 '어투의 문제'부터 말하자면, 가토의 '어투'는 보통의 수단으로는 다룰 수 없을 정도로 뒤틀려 있고, 신랄한 해학이나 독특한 비유, 곡해도 두려워하지 않는 돌려 말하기 등, 다양한 시도가 행해지고 있다. 그것은 유대인 대량학살이라는 심각한 문제를 '메마른 빈정거림 같은' 어투로 묘사하려고 했던 한나 아렌트Hannah Arendt[1](1906~1975)의 『예루살렘의 아이히만*Eichmann in Jerusalem*』(1963)과 마찬가지로 경박한flippant 어투를 장점으로 하는 것이다. 독자들 중에서 반발이나 저항을 느끼는 움직임이 있다면, 그것은 내용도 그렇지만 '약간 건방진' 정도의 어투 때문이라

1 독일에서 태어난 유대인 여성 정치철학자로, 미국으로 망명하여 『전체주의의 기원*The Origins of Totalitarianism*』(1951)에서 나치즘과 스탈린의 공산주의 등 전체주의 성립의 원인을 연구했으며, 『예루살렘의 아이히만』에서는 나치독일에서 유대인 대량학살의 책임자였던 아돌프 아이히만Adolf Eichmann이 반유대주의나 정신 병력을 갖고 있지 않은 평범한 사람이었음을 밝혀, 나치범죄자들이 정신적으로 문제가 있는 사람들이었다는 주장을 반박했다.

고 말할 수 있을지도 모른다. 그것은 저자가 처음부터 의도한 바이고, 감히 그러한 도발의 복선을 깔면서 '전후戰後'를 둘러싼 '공동성'의 해체를 꾀하는 점에 저자의 궁극적인 목적이 있다.

전후 일본의 인격 분열

그러면 '전후'를 둘러싼 '공동성'이란 것은 무엇인가? 가토의 말을 빌리면, 그것은 지킬과 하이드[2]적인 '인격 분열'을 통하여 반대의 극에 있으면서, 그러나 '공동의 어투'라는 점에서는 공통된 '공동성'이라고 한다. 즉, 그것은 예를 들면 '지난 전쟁'의 전사자에 관해 말하자면, 3백만에 이르는 자국민 사망자를 떳떳지 못하고 수치스러워해야 마땅한 동족의 희생자라고 느끼면서, 아시아 타국의 2천만 사망자에 대한 추도와 사죄를 말하는 '구호헌파舊護憲派'의 '공동적인 어투'와, 후자에 대한 사죄에는 눈을 감은 채 전쟁을 자위자존을 위한 정의의 전쟁이라고 강변하고, 전자에 애도를 표하려고 하는 '구개헌파舊改憲派'의 '공동성에 가까운 어투' 등이다.[3]

요컨대 가토의 견해에 의하면, 전후 일본은 지킬과 하이드처럼 인격 분열을 초래하여, 도의적 긍지를 지니지 못하는 국민으로 둔갑한 것이 된다. 그것을 가토는 다음과 같이 말하고 있다.

---

2 R. L. B. 스티븐슨이 1886년 발표한 가상 소설『지킬 박사와 하이드 씨*The Strange Case of Dr. Jekyll and Mr. Hyde*』의 주인공. 오늘날 이중인격을 말할 때 이 작품의 제목을 연상할 정도로, 이 작품은 현대인의 성격분열을 암시한다.

3 1947년 미군의 점령 기간 중에 제정된 현행 일본헌법은 태평양전쟁의 패전국인 일본이 다시는 국제전쟁을 일으키지 못하도록 비무장과 전쟁포기를 규정하고 있다. 그런데 일본의 완전한 자주독립을 위해 현행 헌법의 관련 조항을 개정하여야 한다고 주장한 과거의 개헌파들은 일본의 침략전쟁과 전쟁책임을 부인하고 자국의 침략전쟁으로 피해를 당한 주변국 국민들에 대한 법적인 피해보상을 외면하기도 했다. 이에 반해 일본의 침략전쟁을 인정하고 주변국 피해자들에 대한 일본 정부의 피해보상을 지지한 일본인들은 현행 일본헌법을 일본을 평화국가로 지켜줄 안전장치로 인식하고 현행 헌법의 개정에 반대해왔다.

> 전후 일본 문제의 핵심은 아마 여기에 있다. 이것은 역사를 책임질 주체가 전후 일본에 형성되지 않았다는 사태이고, 이 인격 분열이 회복되지 않는 한, 전후 일본이라는 균형감을 상실한 공간에서는 사상이 살아 숨 쉬는 공공公共의 공간이 없다는 것을 의미하고 있다. (232쪽)

『패전후론』의 궁극적인 목적은 정말로 그러한 분열을 뛰어넘어 '역사를 책임질 주체'를 일으켜 세우는 데 있다는 것이다.

이 국민 주체 형성의 논리는, 실제로 전쟁, 더욱이 잘못된 침략전쟁과 그 비참한 패전에 정면으로 맞서는 주체가 행동을 개시하지 않으면, 도의적 책임과 그 수행에 의한 '일본 국민의 자부심과 긍지'(52쪽)가 영원히 일본 국민에게는 부여되지 않는다는 '수난'의 의식에서 비롯된 것이다. 좀 더 파고들어 이야기하면, 『패전후론』의 앞부분에서 가토가 교묘하게 토로하고 있듯이 "전후라는 시간은 패전국에 의해서야말로 진정으로 살아날 수 있기에", 따라서 패한 전쟁을 한 국민이야말로 도의적으로 보다 깊고, 윤리적으로 보다 높은 위치에 설 가능성이 있다. 그럼에도 불구하고 일본은 전후에 그것이 나타나지 않아, 아무리 시간이 흘러도 '도의적인 수렁 상태'에서 빠져나오질 못하고 있다. 이것은 오로지 국민 주체의 인격 분열에 기인하기 때문이라는 것이다.

가토의 생각 속에는 '지는 것이 이기는 것'이라는 역전逆轉의 윤리관이 내재해 있는 것처럼 생각할 수 있다. 즉, 전쟁에 지는 것으로써, 그리고 패전이 강요한 '뒤틀린 삶의 방식'을 '뒤틀림'으로 꿋꿋이 살아감으로써, 어떤 의미에서 전승국보다도 도의적으로 보다 높은 숭고한 위치에 설 수 있다는 도의적 내셔널리즘의 감정이 가토를 사로잡고 있다.

이 책의 키워드인 '뒤틀림'의 감각이란, 패전으로 "모든 것이 거꾸로 뒤바뀐 '거꾸로 된 세상'"에서 살아간다고 하는 평범하지 않은 감성을 가리킨다. '정의'를 표방한 전쟁이 '의義'가 없는 침략전쟁이 되고, "나라와 국민을 위해 죽었던 병사들의 '죽음'"이 무의미해질 뿐만 아니라, 삼가야 마땅한 '만행'으로 간주되는 '뒤틀림'. 더욱이 원자폭탄이라는 최대의 '무력에 의한 위협'에 의해 '강요당한' 헌법의 가치관을, 전후의 일본 국민이 전체적으로 올바른 것이라고 수용하고, 그것을 후대에 중요하게 여겨왔다는 사실.

그럼에도 불구하고 가토가 울분을 느끼는 것은, 그러한 '원점의 오점'을 보고도 못 본 척하며 조금도 부끄럼 없이 평화헌법 수호의 목소리를 소리 높여 외치는, 이른바 호헌파로 불리는 지식인들의 면면 때문이다. 가토는 그러한 지식인들의 '수치심을 모르는 것'에 대해 계속 언어의 돌팔매질을 한다. 그 증거로서 가토가 든 것은 걸프전쟁 때 젊은 문학자들이 중심이 되어 발표한 반전성명이다. '반전'의 이유를 평화헌법의 존재에서 찾은 그 성명은, 가토의 눈에 '경박하고 무모한' 자기기만에 따른 '역사 감각의 부재'를 대표하는 것으로 비쳤던 것이다. 왜냐하면 가토에 의하면, 거기에는 전후의 '뒤틀림'의 감각과 헌법에 얽혀 있는 '원점의 오점'의 의식이 제거되어, 헌법 개정과 자주헌법 제정을 주창하는 대립자들도 끌어들일 듯한 '공공성'의 '어투' 같은 것은 기대할 여지도 없기 때문이다. 요컨대 '뒤틀림'을 의식하지 않고, 그리고 '원점의 오점'에 무감각한 호헌과 평화의 언설의 경박함과 그 '무지한' 자기긍정이야말로, 그에 대해 내놓고 적의를 드러내는 개헌파와 더불어 국민적 주체를 인격 분열로 내몬 원흉인 것이다.

그 결과 패전국민으로서 전후를 살아와, 도의적으로 보다 고상한 지위를 약속받을 수 있었던 일본 국민이었지만, '도의적 천민pariah'의 처지가 되어 왔다는 것이다. 어떻게 하면 일본 국민이 다시 도의적 자부심을 회복하고 역사 책임의 주체가 되어, 그에 상응하는 존경을 얻을 수 있을 것인가? 이것이야말로 가토의 절박한 과제이다.

내적 '뒤틀림' 으로부터 세계성의 획득으로

가토가 국민적 주체의 인격 회복을 위해 제시하고 있는 선택은 위험스러운 전도顚倒가 포함된 방법이다. 그것은 다름 아니라 3백만 자국 희생자에 대한 애도를 통하여 타국의 2천만 희생자에 대한 사죄에 이르는 길을 더듬어가는 것으로, 역사를 형성하는 국민 주체를 고안해내는 선택이다. 가토에 의하면, 이것만이 전후의 " '뒤틀림' 과 '오점' 을 극복하고, 하나의 세계성으로 빠져나가는" 단 하나의 통로이며, 또 그것만이 전후라는 것의 가능성을 최대한 살려낼 수 있는 방법이 된다.

원래 가토는 그러한 '우리' 를 세우는 방법이 다시 국민을 내셔널하게 하는 새로운 형태의 내셔널리즘에 빠뜨릴 위험성을 충분히 인식하고 있다고 말한다. 그리고 국민이라는 틀을 세우지 않고 역사를 형성하는 주체를 모색하는 것은, 결과적으로 "지금 어떤 내셔널한 국민이라는 틀을 방치했다가 끝내는 그것과 공조하는 것에 도달한다"(53쪽)고 비판한다. 오히려 국민국가의 소멸을 주시하면서, "내셔널한 것으로서의 국민이라는 단위의 해제"를 꾀하기 위해서도 한번은 '뒤틀림' 을 자각한 국민적 주체를 바로 세울 필요가 있으며, 이를 위해서는 멀리 돌더라도 희생자에 대한 애도의 회로를 지나지 않으면 안 된다는 것이다. 이러한 지적인 곡예曲藝를 필요로 하는 것과 같은 주체 형성의 논리야말로 '공동성' 을 관통하여 '안에서 밖으로 나가' 세계성을 획득할 수 있다고 가토는 강조한다.

> 그 새로운 '우리' 는 당연히 공동성으로서의 국민과 같은 범주 안에 있지만, 그것은 그 범주 안에서 종래의 내셔널한 국민의 자세와 대립하고 있다. 종래의 내셔널한 공동성이 그러한 다른 종류의 '우리' 와 대치對置하지 않고, 해체를 거쳐 보다 개방된 것으로 된다는 것은 있을 수 없다는 것이다. (53쪽)

이 표현이 쉽사리 그대로 납득할 수 있을 만큼 명석하지 않다는 것은 분명하다. 과연 인격 분열을 뛰어넘고, 주체로서 바로 선 국민이 내셔널한 틀을 깨고 종래의 내셔널한 국민을 뒤집어엎는다는 것은 어떠한 것인가. 그러한 새로운 '우리'들이 보다 강력하게 내셔널한 성격을 띠지 않는다고 누가 장담할 수 있을까? 이 점과 관련된 것이지만, 『일본이라는 신체日本という身體』에서 전개하고 있듯이 가토에게 있어서 '공동성'을 해체하는 방법은, 계몽적인 시민주의나 관념적인 '외부'와 대치하는 포스트 모던적인 현대사상에 의한 것이 아니다. 그에게는 '내부에서만 열리는 문을 가진 폐쇄 공간'의 '안으로부터 나가는' 것만이 세계성으로 올라가는 회로를 열 수 있다는 강한 집착이 있는 것으로 보인다. 그리고 그러한 세계성에 이르는 '개인성'이나 '공공성'을 거쳐야만 '공동성'은 파괴된다는 것이다.

단지 여기에서도 논리의 실타래는 엉켜 있다. 가토는 '공동성'에 대치하기 위해 '공공성'을 주장하는 것은 아니다. 거기에는 무엇보다도 '내가 하는 말', 그 '어투'가 필요하다고 가토는 말한다.

> 공동성을 죽이기 위해서는 공동성의 단위인 '나'의 장소에서, 이면의 어둠인 내가 되어 이야기할 수밖에 없다. 내가 하는 말이란 무엇인가. 사성私性은 사적인 privé 세계로부터 박탈된 존재에 지나지 않는다. 나는 말을 빼앗겼다. 나에게 남아 있는 것은 어투인 것이다. (267쪽)

아렌트의 경박한 '어투'에 이중 복사된 자신의 '어투'의 유래를 가토는 이렇게 말하고 있다.

내셔널한 틀에 비추어

이상이 대강 『패전후론』의 '어투'이지만, 역시 몇 가지의 문제점이 해결되지 않은 채 앙금처럼 남아 있다는 인상을 가질 수밖에 없다.

우선 첫째, 국민 주체의 인격 분열에 관한 것이다. 과연, 전쟁의 기억에 관해 전승국과 패전국을 불문하고 투명한 국민적 통합을 가능하게 할 것 같은 공공의 기억public memory 등이 존재하는 것인가? 만약 존재한다면, 그것은 매우 이데올로기적인 작위의 소산으로밖에 생각할 수 없을 것이다. 그것은 예를 들면 미국이나 오스트레일리아의 전쟁기념관 같은 애국주의적이고 전의戰意를 고양시키는 '기억의 장소', '애도의 장소'를 생각하면 명확하다. 그 '엄숙한 공간' 속에서 우리들이 찾아내는 것은, 전쟁의 공적 기억으로서의 내셔널 히스토리를 공동으로 '기념' commemoration하는 축전을 통하여 끊임없이 국민에게 '(재再)재현' 하려고 하는 내셔널리즘의 손때가 묻은 계략이다.

게다가 최근 화제가 되었던 존 다워John W. Dower(1938~)의 『패배를 끌어안고*Embracing Defeat*』[4]가 세밀화를 그려내듯이 분명히 해준 바와 같이 '전후의 원상原象'은 실제로 놀라울 정도로 다양한 이미지로 채색되어 있었다. 그것은 가토가 굳게 생각하고 있듯이, '뒤틀림'이나 '오점'이라는 말로는 도저히 표현해낼 수 없을 정도로 "만화경을 엿보듯이 끝없이 변화하고 있었고" (Dower, 앞의 책), '매춘부'에서 암시장의 상인, 대중오락 잡지의 독자, 퇴폐적인 작가나 평론가, 대중적인 영웅과 정치가, 관료, 신흥종교의 신자에 이르기까지, 다양한 농담이 흘러넘치는 패전에 대한 반응이 마구 뒤섞여 있고, 있는 그대로 드러나는 여러 문제들이 분출하고 있었다. 가토가 그리는 '전후의 원상', 그 이미지는 오히려 '뒤늦게 깨닫는 지혜'의 느낌이 없지도 않다.

둘째, 전후 일본국 헌법이 〔미국의 점령군에 의해〕 강제로 제정되었다고 가

4 미군점령기(1945~1952) 일본에 상륙한 미군병사가 목격한 일본인들의 모습을 그린, 미국 최고 역사가인 존 다워의 작품으로, 2000년 퓰리처상을 수상했다. 그때의 일본인들은 패전에 따른 굴욕과 증오의 모습이 아니라 개혁에 대한 희망이 가득한 모습이었으며, 패배를 인식하면서도 승자의 개혁명령에 적극적으로 호응하는 모습이었다고 묘사했다.

토는 단정하고 있지만, 그 의미는 매우 피상적으로 해석되고 있고, 실태에 접근하고 있다고 말하기 어렵다. 확실히 가토가 전후 집요하게 대일본제국 헌법의 폐기에 이의를 제기한 미노베 다쓰키치美濃部達吉에 관하여 언급하고 있듯이, "점령되어 있으면서도, 자유라고 느낀다면 그러한 자신이 어딘가 이상하다. 어떠한 억압이 느껴지기" 때문이다. 그것이 점령군의 은근한 '힘'이었다는 것은 에토 준江藤淳[5](1932~1999) 등이 점령군 '민간검열지대民間檢閱支隊'의 사전검열에 관해서 정밀조사를 한 대로이다. 그럼에도 불구하고 패전 후의 공간에 어딘가 긴장에서 벗어난 것 같은 밝음이 있고, 전쟁 기간 중에는 생각할 수 없었던 자유와 활달함이 있었다는 것은 부인할 수 없다. 평화헌법은 그것이 이를테면 미 점령군을 '대필자ghostwriter'로 하고 있다 할지라도, 그 탄생을 열렬히 환영한 패전국민의 지지가 없었다면 그렇게 신속하게 사회에 정착되지 않았을 것이다.

세 번째로 지적하고 싶은 것은 지킬과 하이드라는 국민적 주체의 인격 분열의 은유 문제이다. 이 점은 이미 첫 번째 문제점에서 지적한 대로이나, 여기에서 특히 문제로 삼고 싶은 것은 지킬과 하이드라는 은유가 이미 패전 직후부터 일부 논자에 의해 비유적으로 사용되어왔다는 점이다. 가토는 기시다 슈岸田秀[6](1933~)의 일본 국민의 정신분석적인 언설에서 힌트를 얻은 것 같다. 지킬과 하이드라는 표현은 이를테면 1947년『신조新潮』1월호에 게재할 예정이었으나, 최고사령부GHQ의 검열에 의해 발간 금지 처분을 받은 다케야마 미치오竹山道雄[7](1903~1984)의「하이드 씨의 심판」에서 이미

5 전후 일본을 대표하는 문학가의 한 사람이며, 1946년 헌법이 연합국 최고사령부GHQ에 의한 전후 일본의 매스미디어 검열 속에서 제정되었고, 전후 일본의 민주주의는 최고사령부의 속박에서 벗어날 수 없었다고 비판했다.

6 일본의 심리 및 정신 분석학자로, 일본의 근대를 정신분열병으로 분석하고 있다.

7 일본의 평론가이자 소설가로, 전후 중도보수의 입장에서 일본의 사회주의를 찬미하는 풍조를 경계했고, 좌우익 양쪽의 전체주의 성향을 비판했다. 1948년 11월 극동국제군사재판에서 일본전범들에 대한 판결이 확정되고 4개월이 지난 후, 다케야마는「하이드 씨의 심판」이라는 수필을 발표해 지킬과 하이드의 양면성을 지적하고, 근대문명이야말로 피고이며 연합국의 역사도 식민지제국주의 역사라고 비판했다.

그 애매함의 효력을 발휘하고 있다.

다케야마의 '어투'에 의하면, 전쟁의 최대 책임자는 일본 천황도 아니고 군벌도 아니며 일본 국민도 아닌, 근대문명이라는 것이다. 이 근대문명은 서구나 미국과 같은 '부유한 집의 손님방에 있을 때는 실제로 칭찬할 만한 훌륭한 지킬 박사'의 우아함을 나타내주지만, 그것이 일단 일본과 같이 '가지지 못한 나라', '국제적 빈민굴'에 발을 들여놓자마자, '하이드적인 모습'으로 변모하고, '암흑 속의 악마'로 변해버리고 말았다는 것이다.

이러한 다케야마의 은유는 가토가 표현한 국민 주체의 인격 분열과는 조금 다르고, 미국을 중심으로 한 승자와 일본과 같은 패자의 적대적 관계는 사실은 같은 '근대문명'의 두 개의 얼굴, 그 명과 암이 다르게 나타난 것이라고 이야기하려는 것이다. 다만 어느 쪽에든 공통되는 것은 자신들 '일본인'의 고뇌는 '행복한 미국인'에게는 도저히 이해될 수 없다고 하는 피해자 의식이다. 그러나 이 피해자 의식은 '불행한 아시아인'을 빠뜨린 '소실의 메커니즘'에 의해 비로소 가능하게 된 것이고, 그 소실이야말로 사실은 미일이국간주의美日二國間主義 증후군의 병리적인 발현일 뿐이다. 역으로 이야기하면, 이 증후군에 사로잡힌 피해자 의식에서 볼 때, 지킬과 하이드의 이야기는 그 은유 내용의 차이는 있어도 일본의 '곤궁 상태'를 가리키는 데 편리하고, 그 의미에서 매력적이면서도 수월한 표현이었다. 피해자 의식에 의지한 가토의 지킬과 하이드의 '어투'는 아렌트적인 '경박함'과는 상반되는 것일 뿐 아니라, 당연히 가토가 아렌트와는 달리 내셔널한 '공동성'의 입장에서 이야기하고 있음을 드러내고 있다.

넷째, 개인적으로 가장 마음에 걸리는 것은 가토의 다음과 같은 표현 부분이다.

> 불속에서 땅에 쓰러졌다. 그러자 누군가가 자기 위로 엎어져, 정신이 들어보니 그 사람은 재가 되어 있었고 이미 불이 꺼졌는데, 자신은 그 재로 인해 보호되어 살아

남았다. 그 자신이 제일 먼저 해야 할 일이 자신을 지켜주고 죽은 그 사람을 부정하는 것이라면, 그러한 뒤틀린 삶 속에서 과연 '정해正解'는 있는 것일까? 전쟁에 진다는 것은 어떠한 경우에는 그러한 '뒤틀림'을 삶의 조건으로 하는 것이다. (11~12쪽)

『패전후론』을 읽기 시작하면서 계속 신경이 쓰인 것은 바로 이 부분이었다. 가토는 알기 쉬운 예를 보이려고 한 것이었을지도 모른다. 곡해나 오해를 각오하고 예로 든 이야기라 하더라도, 과연 전쟁에서 자국의 군대는 자국민을 지켜주었던가. 오키나와沖繩에서, 구만주에서 무슨 일이 일어났는지 가토가 모를 리 없다. 백보를 양보하여 가토가 예로 든 이야기를 인정한다고 해도, '자신을 지켜주고 죽은 그 사람'은 도대체 어떤 '공동성'에 속해 있었던 것인가? 그 가운데에 구식민지 출신의 '황군'은 없었던 것인가. 그렇지 않다.

그러면 그들은 '패전 후'에 어떻게 되었는가. 가토의 해부를 사용한다면, '일본'이라는 '공동성'의 '밖'으로 내몰린 '근심거리'가 되었던 것이다. 그 '근심거리'들이 걸어간 패전 후와 가토가 '오점'이라고 부르는 일본의 패전 후는 어떠한 분단 속에서 각자의 역사를 걷고 있었던가? 왜 그곳에 눈으로 볼 수 없는 두꺼운 경계가 생겨버렸는가? 그리고 그것에 의해 무엇이 보이지 않게 되었는가?

'안으로부터 밖으로 나가는' 길에 의해서는, 그것이 영원히 명백하지 않은 채로 끝날 것이다. 이러한 의미에서 『패전후론』은 여전히 내셔널한 국민의 틀을 깨고 나왔다고는 도저히 말할 수 없는 것이다.

참고문헌

加藤典洋, 『戰後的思考』, 講談社, 1999.

『패전후론』이 간행된 이후의 비판을 반영한 작품으로, 『패전후론』의 속편에 해당하는 평론집이다.

高橋哲哉, 『記憶のエチカ』, 岩波書店, 1995.

전쟁의 가해자가 피해자의 기억을 부정하고, '망각의 구멍'에 빠지려 하는 시대 기억의 시련에 대해 쓴 철학적 역작이다.

高橋哲哉, 『戰後責任論』, 講談社, 1999.

'역사수정주의'에 관한 비판적인 언설을 전개하고 있다.

ジョン・ダワー, 『敗北を抱きしめて』, 三浦陽一・高杉忠明 譯, 岩波書店, 2001.

패전 직후의 역사를 고찰하는 데 뛰어난 역사서이다.

進藤榮一, 『戰後の原象』, 岩波書店, 1999.

제목대로 일본의 전후 출발점에 대한 이미지를 다시 생각하는 데 시사적이다.

江藤淳, 『落葉の掃き寄せ』, 文藝春秋, 1981.

『패전후론』에서 전후의 시작이 '오점'이나 '뒤틀림'이라고 한 감각의 소재와 피해자 의식을 생각하는 데 도움이 된다.

金石範・金時鐘, 『なぜ書きつづけてきたか, なぜ沈默してきたか』, 平凡社, 2001.

『패전후론』과 같은 '어투'가 '일본인' 이외의 '타자他者'를 어떻게 배제하고 있는가, 또 그러한 '타자'의 어떠한 비참한 역사 기억이 침묵을 강요당해왔는가 등의 경위를 육성을 통해 알려주는 책이다.

요시노 고사쿠, 『문화내셔널리즘의 사회학』

나카무라 마키코中村牧子 | 김동명 옮김

吉野耕作, 『文化ナショナリズムの社會學—現代日本のアイデンティティの行方』, 名古屋大學出版會, 1997.
『현대 일본의 문화내셔널리즘—현대 일본 아이덴티티의 행방』, 김태영 옮김, 일본어뱅크, 2001.

제1장 일본인론과 문화내셔널리즘

제2장 에스니시티와 내셔널리즘의 사회이론

제3장 자민족독자론의 비교 (1)—'일본인론' 론의 특수성을 넘어서

제4장 자민족독자론의 비교 (2)—내셔널 아이덴티티 표현의 유형

제5장 일본인론

제6장 일본인다움의 언설과 '인종적' 사고

제7장 일본인론의 '소비'

제8장 일본인론의 지식사회학—네 가지의 통설과 그 비판적 검토

제9장 소비사회에서의 문화내셔널리즘—일본인론의 '재생산'과 이문화異文化 매뉴얼

1970년대 이후의 일본인론

"일본인은 관계성(아이다가라間柄)을 소중히 한다", "일본사회는 종적 사회(다테샤카이縱社會)이다", "어리광(아마에甘え)이야말로 일본인의 정신문화"……. 누구라도 어디선가 반드시 들어본 말일 것이다. 이 말들을 엮어내

는 일본인론은 1970년대부터 1980년대 초반에 걸쳐서 생겨나, 1980년대 이후에는 광범한 영향을 끼치게 되었다. 이 현재적인 중요성을 갖는 일본인론과 '일본인론' 론의 분석이 이 책의 주제이다.

일본인론에 관한 지금까지의 연구는 마치 자민족에 대해 논하는 것은 일본인뿐인 것처럼, 일본 이외의 사례를 시야에 넣지 않는 이야기식으로 해왔다. 이 책은 이런 현상을 비판하고 일본인론을 수많은 자민족독자론 중의 하나로 자리매김함으로써, 문화내셔널리즘 비교이론의 틀에 넣으려고 한다. 이 틀을 통해 일본인론 분석의 실마리를 풀어내려고 한 점이 이 책의 첫 번째 특색이다. 그리고 이것은 이 책이 높은 평가를 받아온 점이기도 하다.

저자인 요시노 고사쿠는 영국의 런던정경대학London School of Economics의 내셔널리즘 세미나에서, 어니스트 겔너와 앤서니 스미스로부터 내셔널리즘 논의를 본격적으로 배웠다. 문헌에도 나와 있듯이, 요시노는 (문화) 내셔널리즘의 국제비교라는 견지에서 이미 저서나 논문을 여러 편 발표하고 있다. 이러한 연구에서 축적해온 연구 방법이 이 책에서도 충분히 활용되고 있다.

요시노에 따르면 문화내셔널리즘이라는 것은 "네이션의 문화적 아이덴티티가 결여되어 있거나, 불안정하거나, 위협에 직면해 있을 때에 그 창조, 유지, 강화를 통해서 내셔널한 공동체의 재생을 목표로 하는 활동" 이다. 이 활동 속에서 자주 네이션의 문화적 아이덴티티에 관한 사고방식이 지식인이나 문화 엘리트에 의해서 체계화되어, 비교적 교양 수준이 높은 다른 사회집단에 수용되었다. 따라서 이 체계화되어 수용된 사고방식은 문화내셔널리즘의 중요한 부품이다. 그러한 부품에 해당하는 것이 전후 일본에서는 바로 일본인론이었다고 요시노는 생각하고 있다.

비교 틀로서의 문화내셔널리즘 유형

이 책의 전반부에서 제시된 비교의 틀은 문화내셔널리즘에 관한 두 쌍의 유형으로 이루어진다.

최초에 등장하는 것은 '창조형 문화내셔널리즘'과 '재구축형 문화내셔널리즘'이라는 한 쌍의 유형이다. 창조형 문화내셔널리즘이란 특정 민족이 네이션으로서 그 민족에 속하는 개개인이 공유하는 공통 이해가 아직 없는 상태에서, 근대적 네이션으로서의 일체성(내셔널 아이덴티티)을 창출해가는 것을 의미한다. 이것은 국가 주도로 대중을 동원하고 교육을 통해서 영향을 미친다. 민족의 기원으로부터 설명하기 시작하는 역사주의적인 지향이 보이고, 역사를 이야기하는 시인 같은 유형의 지식인이 지도력을 발휘한다. 예를 들면 1890년대 이후의 터키에서는 민족주의적인 시인이 영향력을 가져, 학회를 설립하고 잡지를 발행하여 범투르크주의를 높이 내세우고 공통 언어를 보급시킬 필요성을 설파했다.

한편, 재구축형 문화내셔널리즘이란 것은, 이미 내셔널 아이덴티티가 공유되고 있는 상태에서 자민족('우리들')과 타자('그들')의 차이가 불안정해진 상태에 대응하는 것이며, 내셔널 아이덴티티의 유지·촉진·강화를 지향하는 것이다. 여기서는 경계주의적인 특징이 전면에 나오고 사회학자나 문화인류학자와 같은 유형의 지식인이 권위를 가진다. 가령 1970~1980년대의 네덜란드에서는 언론인, 비평가, 작가, 여행가 등 여러 유형의 사회비평가들이 '아마추어 사회학자'로서 네덜란드인의 국민성에 강한 흥미를 보이며 논의하고 있었다고 한다.

문화내셔널리즘의 또 다른 한 쌍의 유형은 '전체론적·추상적' 문화내셔널리즘과 '제도론적·구상적具象的' 문화내셔널리즘이다. 전체론적이라는 것은 민족을 마치 개인과 같이 독자적인 정신을 가진 존재로서 파악해, 그것으로 민족의 아이덴티티를 표현하는 것이다. 전체론적·추상적 문화내셔널리즘은 민족의 각 구성원 사이에 이미 네이션의 기본적인 공통성에 관한 지식이 보급되어 있다는 것을 전제로, '국민성'이나 '민족정신'과 같은 추상적인 표현을 표방하는 것이기도 하다. 미국에서처럼 다양한 문화 요소를 포함하는 가운데에서 '자유'라는 매우 추상적인 원리를 표방하는 내셔널리즘이 생겨나기도 한다.

한편, 제도론적·구상적 문화내셔널리즘의 경우, 영국과 같이 이전에 공유되고 있던 기본적인 공통성을 '팝', '하이 티high tea',[1] '의회'와 같은 구체적인 제도에 의해 상징하기도 한다. 인도와 같이 다민족국가여서 기본적인 공통성을 결여한 경우에는 '산스크리트 문자'와 같은 언어·문자, 혹은 복장 등의 명확한 특징으로 네이션의 일체성을 표현하기도 한다.

이러한 풍부한 사례들은 그 자체로서 매우 흥미로운 것이지만, 여기서는 일본인론과 관련된 것만 이야기하려 한다.

재구축형이면서 전체론적 · 추상적—일본 문화내셔널리즘의 특징

1970년대 이후 일본의 문화내셔널리즘은 재구축형으로 분류된다. 일본에서는 메이지유신 이래 국가 주도로 창조형 문화내셔널리즘이 침투하고 있었다. 전후에는 그러한 소양을 가진 일본인이 여러 국가의 사람들과 접촉하게 되었기 때문에, 그때의 주요한 과제는 〔외국인들과의〕 접촉으로 흔들리게 된 '우리들'-'그들' 사이의 경계를 새롭게 재구축하는 것이었다. 실제로 일본인론은 서양과의 차이를 강조한다는 특징을 갖는다.

또한 일본의 문화내셔널리즘은 전체론적·추상적이다. 일본인론은 세 개의 주요한 문화영역—① 이문화 간 커뮤니케이션론, ② 사회문화론, ③ 정신문화론—을 다룬다. ①의 이문화 간 커뮤니케이션론은 사업상 대화의 현장

1 영국에서 오후 4~5시경에 먹는 홍차와 샌드위치 중심의 가벼운 식사.

등에서 보이는 비언어적·비논리적 커뮤니케이션(침묵, 복예腹藝[2] 등)을 일본적 특징으로 나타낸다. ②의 사회문화론은 일본 사회관계의 특징을 간인주의間人主義[3]나 종적 사회 등의 용어로 논한다. 이는 주로 일본적 고용관행·노사관계·의사결정 메커니즘 등의 문맥에서 이야기된다. 그리고 ③의 정신문화론은 '어리광' 등의 주요 개념을 이용해, ①이나 ②의 특징을 발현시켜 세대 사이에서 전파시키는 중요한 요인으로 일본인의 성격을 논한다. 일본인으로서 자연적으로 형성되고 계속해서 갖게 되는 성질—'일본인의 피'—을 일본인의 행동에 대한 설명원리로 간주한다. 커뮤니케이션 양식이나 사회관계 등의 문화를 그러한 '인종'으로서의 일본인에 결부시킴으로서, 일본인론은 '우리들'과 '그들'의 차이를 변화할 수 없는 것으로 인식시키는 역할을 하고 있다.

개개인은 왜 일본인론을 '소비'했는가

이 책의 후반부에서는 전후 일본의 문화내셔널리즘에서 나타난 일본인론의 궤적을 상세하게 살펴본다. 이 분석은 '일본인론의 소비'라는 국면에 주목해서 이루어진다. 이것이 이 책의 두 번째 특색이다.

여기서 말하는 '소비'라는 것은 상징이나 언설을 수용한다는 의미이다. 지금까지의 일본인론이 일본인론의 '생산' 면의 분석, 즉 텍스트 비판으로 일관하고 있는 데 반해, 저자는 텍스트가 어떠한 사람들에게 어떻게 읽히고, 변형·재생산되었는지 의문을 던진다.

이 의문은 앞의 유형화의 성과를 토대로 하고 있다. 전후 일본의 문화내셔

2 연극에서 무언으로 맡은 역의 분위기를 살리는 일.

3 하마구치 에슌濱口惠俊이 일본인의 행동양식을 개인주의와 비교하여 집단주의적 특징을 구성하는 개념으로 제시한 것으로, 일본의 사회조직에서 개인에 대한 평가는 개인의 능력과 개성이 중심이 되는 것이 아니라 주어진 역할에 대한 수행 정도, 인간관계 등이 중시된다는 주장이다.

널리즘이 전체론적·추상적이라고 하는 것, 이는 일본인론에 대해 말하는 일본인이 '전체론적 사고'에 얽매여 있을 가능성에 대한 주의를 촉구한다. 일본인 연구자의 종래의 수법, 즉 국가의 시점을 그대로 일본인 전체의 시점으로 가정하는 수법 그 자체가 반드시 상대화되어야 하지 않을까? 문화내셔널리즘은 다양한 의도를 가진 담당자에 의해 지탱되고 있는 것은 아닐까? 이 경고를 받아들이는 것으로부터 '내셔널리즘의 소비'라는 획기적인 계기가 생겨난 것이다.

구체적인 분석에 있어서, 저자는 현지조사라는 수법으로 대상에 접근해 들어간다. 조사 대상자로서 선택된 것은 혼슈本州 중부의 지극히 평균적인 한 도시에 거주하는 교양중간층(교육자와 기업인)이다.

여기에서도 유형화의 성과는 활용되고 있다. 재구축형 문화내셔널리즘에서는 국가가 주도적인 역할을 담당하는 창조형 문화내셔널리즘과는 달리, 불안정화한 경계에 가장 가까운 사람들이 주요한 담당자가 된다. 때문에 일본의 문화내셔널리즘의 부품인 일본인론을 분석할 때는 국가의 운동보다도 이문화와 접촉하는 경계선에서의 움직임을 보는 것이 큰 의미가 있다.

조사에서는 일본인론에 강한 관심을 보인 것이, 교양중간층 중에서도 특히 기업인이라는 것이 밝혀졌다. 그런데 기업인은 일본인론을 어떠한 의미로 '소비'한 것일까? 이 책에 등장하는 많은 조사 대상자는 일본인론에 다가간 계기가 외국인과의 실제 교류에서 상대에게 일본인의 사고를 전할 실마리, 이문화를 이해하는 시점, 혹은 자신이 속한 일본의 직장 조직을 이해하는 시점 등을 얻기 위함이었다고 답하고 있다. 주변 환경에 관한 구체적이고 실천적인 관심이 그들을 일본인론의 소비로 향하게 했던 것이다. 일본인론이 기업 내 여러 관계나 상거래 현장과 결부되어 이야기되는 경향을 띠는 것도 일본인론을 소비하는 사람들의 이러한 실천적 관심에 따른 것이다.

소비사회의 매커니즘이 의도하지 않은 내셔널리즘을 생산한다

'소비'는 일본인론이 수용된 현장을 나타냄과 동시에 또 하나의 보다 중요한 국면을 비추어낸다. 일본인론이 소비사회의 메커니즘에 들어와 작동되는 것, 이것이야말로 이 책에서 전후 일본 문화내셔널리즘의 중요한 특징이라고 주장되는 것이다.

경영진 등의 비즈니스 엘리트는 일본인론을 직장의 젊은이에게 자료로 배포하고, 기업에서는 종업원용 '이문화 매뉴얼'을 쉽게 정리함으로써, 일본인론을 '재생산'하는 문화중개자의 역할을 한다. 이렇게 해서 쉬워진 일본인론이 주변의 문제 해결을 지향하는 현장의 기업인에 의해 소비된다. 현재 '이문화 매뉴얼'은 대기업이나 출판사에서 대량생산되어 시장에 떠돌아다니고 있다. 소비자도 신입사원이나 이문화를 접하면서 일하는 일본어 교사 등 다양한 사람들로 확대되었다. 지금 일본인론은 소비사회의 원리에 따라서 이문화 산업이라는 형태로 재생산되어 소비되고 있다.

저자는 일본인론이 이렇게 소비사회의 톱니바퀴에 끼어듦으로써 생각지 않은 결과가 나타난 것에 주목한다. '이문화 매뉴얼'은 본래 상호이해를 목적으로 하고 있었음에도, 이 매뉴얼이 일본과 외국(특히 미국)을 극단적으로 대조하여 묘사함으로써 오히려 일본인과 외국인의 넘기 어려운 문화장벽을 인식하게 하고 말았다는 것이다. 결코 내셔널리스트는 아닌 사람들이 대량생산된 '이문화 매뉴얼'—그 원래 저자도 꼭 내셔널리스트라고는 할 수 없다—을 우연히 손에 넣음으로써 문화내셔널리즘의 담당자가 된다. 소비사회의 메커니즘은 의도하지 않은 결과로서 내셔널리즘을 생산한다. 이것은 종래의 내셔널리즘론에서는 보이지 않는 참신한 주장이라고 말할 수 있다.

내셔널리즘 비교연구의 열쇠가 되는, 사회학적 소집단 분석

이 매력적인 문화내셔널리즘론의 중심어가 '소비'임은 말할 필요도 없다. 그러나 '소비'가 현대 일본사회의 모습을 규정하는 데에서 그토록 큰 힘을 가질 수 있었던 것은 일본인론의 주요 담당자가 '기업인'이었던 덕분이다. 그럼에도 불구하고 이 책에서는 '왜 기업인일까?'라는 의문에 충분히 대답하고 있지 않다. 이것은 사토 시게키佐藤成基가 「서평」에서 이 책에 던진 비판 중에서도 지적되었던 것이다. 사토는 이 문제를 푸는 방향으로서 '국제화' 등의 거시적인 시점의 도입이라는 중요한 제안을 하고 있지만, 여기서는 감히 좀 다른 방향에서의 해결 가능성에 관해 언급해두고 싶다. 이는 이 방향으로의 돌파구는 이미 이 책 가운데에—'개인과 개인의 가까운 집단 사이의 관계를 분석하는 의의'에 대한 주목으로서—준비되어 있기 때문이다.

원래 사람이 다른 나라 사람과 접촉하면서 생긴 마찰 등을 이문화 접촉의 문제로 해석하려면, ① 이 사람에게 이미 내셔널 아이덴티티가 확실히 뿌리내리고 있고, ② 마찰 등이 네이션을 의식시키는 문맥에서 생기고 있어야 한다. ①에 관해서 저자는 과거 일본에서의 창조형 문화내셔널리즘의 융성을 언급하고 있다. 국가가 교육 등을 주도하면서 모든 일본인이 내셔널 아이덴티티를 공유하게 되었다는 것이다.

그렇지만 원래 이 책은 '소비'를 재구축형 문화내셔널리즘에만 관계된 것이 아닌 보편적 개념으로서 나타내고 있다. 창조형 문화내셔널리즘도 개개인은 각자의 가까운 문제에 관련시켜서 '소비'할 것이다. 전전 일본의 내셔널리즘이 개인과 국가를 직접 연결시키는 대신에 개개인의 가까운 소집단에 대한 충성을 국가에 대한 충성으로 승화시키는 형태를 취했다는 것은 잘 알려져 있다. 그러한 소집단마다 들어 있는 '소비'의 의미나 강도를 무시하고 균질한 국민의 탄생을 가정하는 것은 그야말로 '전체론적 사고'로 비난받아야만 한다. 또한 이 책에서도 생산적이지 않은 것으로 생각된다. '소비'를 이론의 중심에 위치시키기 위해서는 재구축형의 국면에 멈추지 않고 창조형의 국면에 관해서도 철저하게 소집단에 집중해야만 하는 것이다.

이 관점에서 재검토해보면, 기업은 독특한 성격을 가진 소집단이다. 하자마 히로시間宏가 밝힌 바와 같이, 제1차 세계대전 무렵의 기업(특히 대기업)은 가족경영주의를 채용해 일본 민족의 결속을 강조하는 가족주의 국가를 저변으로부터 지탱하고 있었다. 전후에도 그 원리의 상당 부분이 재생되었다. 그런데 기업은, 창조형 문화내셔널리즘을 특히 강하게 수용하고 그 전통을 전후에 계승한 소집단이라고 말할 수는 없을까? 이러한 배경 때문에 기업인은 내셔널 아이덴티티를 강하게 갖게 되고 문제해결에 있어서 일본인론을 적극적으로 수용한다고 하는 결과를 초래한 것은 아닐까?

②에 관해서도 기업은 그 구성원으로서 행동하는 사람들에게 자기 자신이나 접촉 상대의 귀속처歸屬處로서 네이션을 상대적으로 강하게 의식시킨다. 그러한 소집단에 속하기 때문에 바로 기업인은 접촉에서 생긴 마찰 등을 이문화 접촉의 문제로 이해하고, 일본인론의 소비 사이클이 가동되도록 하는 역할을 다할 수 있었던 것은 아닐까?

이와 같이 내셔널리즘의 현상을 이해하는 데에서 개인이 속한 소집단 분석의 의의는 이 책에서 주장되고 있는 것 이상으로 크다. 단지 '소비'라는 시점이 관통하는 한, 이 책의 틀은 이 방향으로 더욱더 발전하여 풍부한 성과를 가져올 것임에 틀림없다. 이와 같이 내셔널리즘이라는 대상에 사회학적으로 접근하는 가능성을 처음 보여주었다는 의미에서도, 이 책은 바로 '문화내셔널리즘의 사회학'이라는 이름에 걸맞은 한 권의 책이다.

참고문헌

佐藤成基, 「書評: 吉野耕作 著『文化ナショナリズムの社會學』」, 『社會學評論』 49권 4호, 1999 수록.

요시노가 일본인론을 ① 내셔널리즘 비교연구의 장으로 끌어내어 '소비'에 주목함으로써,

② 수용하는 자가 되는 사회층과 ③ 수용하는 자 측의 능동적인 메커니즘을 말할 수 있게 된 점을 높이 평가하고 있다.

土居健郎, 『'甘え'の構造』, 弘文堂, 1971.

일본 정신문화의 핵이 '어리광'에 있다는 관점이 지니는 공죄功罪를 논한다. 수동적이고 타자 의존적인 일본인이라는 이미지를 보급하는 데에 큰 영향을 미친 저작이다.

中根千惠, 『タテ社會の人間關係—單一社會の理論』, 講談社, 1967.

일본인론 가운데서도 사회문화론의 영역에서 이론적으로 큰 영향을 끼쳤다. 사회인류학자인 저자가 풍부한 경험을 기초로 일본의 사회구조로서의 '종적 원리'를 논한 저작이다.

間宏, 『日本勞務管理史硏究』, ダイヤモンド社, 1964.

제1장 '가족경영주의와 가족주의 관리'에서는 전전 일본 기업의 노무관리 관행과 그 이데올로기적 기반의 형성 과정이 상세히 논의되고 있다.

濱口惠俊, 『'日本らしさ'の再發見』, 日本經濟新聞社, 1977.

일본의 독자적인 개념 도식을 이용한 일본 연구를 제창하고, 서양의 '개인'에 대응하는 일본의 '간인間人'과 일본에서 중요한 가치를 갖는 '관계성[間柄]' 등의 개념을 사용하여 사회문화론 영역에서의 일본인론을 주도했다.

吉野耕作, 「民族理論の展開と課題— '民族の復活'に直面して」, 『社會學評論』 37권 4호, 1987 수록.

민족을 둘러싼 논쟁에서 쓰이는 세 개의 서로 다른 분석 차원을 판별함으로써, 여러 이론을 정리하고 논쟁이 갖는 몇 가지 약점을 보완할 것을 제안한다.

Kosaku Yoshino, *Cultural Nationalism in Contemporary Japan: A Sociological Enquiry*, Routledge, 1992.

이 책(1997년 간행)의 기반이 된 영문 저작. 현대 일본의 사례를 중심 소재로 한 문화내셔널리즘 비교이론이다.

吉野耕作, 「消費社會におけるエスニシティとナショナリズム—日本とイギリスの'文化産業'を中心に」, 『社會學評論』 44권 4호, 1994 수록.

비교분석의 틀을 활용하여, 소비행동을 통한 민족성의 창조·재생에 관해서 일본과 영국을 비교한다.

가야트리 스피박, 『탈식민 이성비판』

모토하시 데쓰야本橋哲也 | 김지연 옮김

Gayatri Chakravorty Spivak, *A Critique of Postcolonial Reason: Toward a History of the Vanishing Present*, Harvard Univ. Press, Cambridge (Mass.), London, 1999.
『ポストコロニアル理性批判』, 高橋明史 · 浜邦彦 · 上村忠男 · 本橋哲也 譯, 月曜社, 2003.
『포스트식민 이성비판』, 태혜숙 · 박미선 옮김, 갈무리, 2005.

역설을 낳는 전략적 입장

스피박이 단독으로 저술한 세 번째 책의 제목 『교육기관 속에서 밖으로 나가*Outside in the Teaching Machine*』(1993)가 시사하듯이, 그녀는 항상 자기 스스로의 위치를 한편으로는 연구자나 교육자로서 제도나 실천 내부에 두고, 동시에 단순히 '외부자'나 '주변인'으로서의 특권성에 안주하지 않고 '내부적 · 폐쇄적'인 문화의 정치학을 비판하는 사람으로서의 입장을 지킨다. 그리고 그녀는 매우 변칙적이고 모순에 가득 찬 입장을 시종일관 유지하고 있다. 주변이나 외부에 머물면서 중심을 비판한다고 하는 아이덴티티의 정치역학의 함정을 피함으로써 페미니즘이든, 마르크스주의든, 탈식민지주의든, 이론의 중심 지향을 계속 비판하고, 중심 그 자체가 주변적이라는 것을 폭로한다. '페미니스트, 마르크스주의자, 해체주의자deconstructionist'로서 그녀는 자신의 존재방식을 다음과 같이 서술한다.

> 나의 입장은 어느 곳에서 보아도 반동적일지 모른다. 마르크스주의자들에게는 상당히 규칙에 얽매여 있는 것으로 보일 것이고, 페미니스트들에게는 남성에게 너

무 동화되어 있는 것으로 보이며, 토착 이론가들에게는 서양이론의 숭배자로 보이기 때문이다. 그래도 나는 이러한 시각에 당황하면서도 기분이 좋아짐을 느끼지 않을 수 없다. (1990)

이렇게 그녀의 위치는 상황과 사례에 따라 매우 전략적이라고 할 수 있다.

1941년 인도 서벵골 지방 캘커타의 '전형적인 도시의 중산계급' 가정에서 태어난 스피박은 자신을 '인도 독립 이후 최초의 지식인 세대'로 부른다. 캘커타대학에서 영문학으로 학사학위를 받은 후 미국 코넬대학 대학원에서 폴 드 맨Paul De Man 밑에서 공부한 것이, 그 후 해체주의자로서의 그녀의 연구 자세를 결정짓는다. 현재는 컬럼비아대학의 교수인데, 스피박은 모든 기회를 활용하여 전 세계의 대학이나 회의에서 강의나 강연을 할 뿐 아니라 벵골 지방의 문맹자들 사이에서 교육계몽 활동을 지속하는 등 현재 가장 존경을 받는 이론가 · 교육자의 한 사람이다.

스피박을 포함하여 인도 출신이면서 유럽과 미국에서 활약하는 지식인, 대학교수를 지적 디아스포라diaspora로서 파악하여 비판하는 자세가 필요할 것이고, 또 그것이 이 책의 중요한 주제 중의 하나이기도 하다. 그러나 일본에 있는 우리가 그렇게 비판하려 하는 경우, 인도에 대해서 어느 정도 알고 있는가, 혹은 인도에 사는 사람을 위해 어느 정도 실제로 관여하고 활약하고 있는가 하는 의문이 우선 들 것이다.

일본에서 지적 직업에 종사하고 있는 많은 사람들이 인도에 관해서 스피박, 바바Homi K. Bhabha[1](1949～) 등과 같은 미국 내 인도 지식인을 경유해 안다고 해도, 인도 국내의 지인이나 중개자를 갖고 정보나 활동의 근거를 직접 얻는 경우는 좀처럼 없는 것이 실상이 아닐까. 내셔널한 틀을 초월한 연구나 비평이라고 해도 국민국가의 틀에 따른 억압이나 차별이 계속 강화

1 인도 출신의 비평가이자 문학자로, 현재 하버드대학 교수이며 탈식민지주의 이론가로 유명하다.

되는 현실 속에서는, 연구자나 지식인이 '탈내셔널리즘'이나 '혼종화hybridization'를 제창하는 것 자체의 헤게모니 구조를, 그러한 학문적 언설이 덮어 가려서는 안 된다. 더욱이 예를 들어 인도를 근대에 구축된 남아시아 지역의 하나로 하고, 20세기 일본 제국주의의 죄상과 책임까지도 포함하여 고찰한다는 시점은 단지 디아스포라와 이민배척주의nativism를 대립시켜 생각하는 것만으로는 심화되지 않을 것이다. 그 점에서 스피박이라는 비평가의 활동은, 유럽이 주도해온 근대의 한 역사적 귀결로서 나타난 오늘날의 글로벌 현상 속에서, 정치경제적 변용을 시야에 두고 문화나 아이덴티티의 표상을 재검토해가자는 문제의식에서 보았을 때 걸출한 중요성을 가지고 있다.

내셔널리즘의 탈구축

이 책은 스피박의 네 번째 저작으로, 인터뷰집 한 권을 제외하면 세 번째 논문집이고, 20세기 마지막 10년간 광범위한 영향력을 갖기 시작한 탈식민지주의나 문화연구cultural studies라는 비평 · 학문 연구 동향에 대해 현시점에서 총괄적으로 비판한 책이다. 많은 부분은 이미 발표한 논문을 토대로 하면서, 그것을 수정하여 편성한 형태이다.

서문에 이어 제재별로 제1장 철학, 제2장 문학, 제3장 역사, 제4장 문화, 그리고 부록으로 탈구축에 대한 해설이 붙어 있으며, 칸트의 책 제목을 흉내낸 제목으로 보아, 종합적인 현대문화 비평으로서 매우 야심적인 자세가 명확하게 엿보인다.

서문에 몇 가지 기본적인 핵심 개념이 제시되고 있어, 그것들부터 살펴보겠다. 우선 스피박은 이 책의 목적이 '토착의 정보제공자Native Informant'의 형상을 추구하는 것이라고 말한다. 스피박에 의하면 "1989년 이후 탈식민지주의의 주체 가운데에는 식민지주의의 주체인 것을 탈피하여 토착의 정보제공자로서 행동하는" 경향이 증가했다. 그런데 이러한 경향은 정보산업이 지구 전체에 걸쳐 발달하여, 토착의 정보제공자가 토착의 지혜나 생물학적 지식을 판매하는 에이전트로 활약하면서 더욱 강화되어간다. 이러한 변화에 호응하여 학문·연구 동향의 측면에서는 식민지 언설 주체의 연구로부터 국가나 민족의 틀을 초월하는 문화연구로 발전해갔고, 스피박 자신도 그러한 문화연구를 정면으로 부정하는 것이 아니라 '변동하는 현재를 포착하는 전략적 거점'으로서 그 위상을 중시한다.

스피박이 이 책에서 반복하여 비판하는 대상으로 든 것은 선진국의 엘리트 이론가나 '사회적 실천'을 스스로 표방하는 학자들에게 나타나고 있는 '인가된 무지sanctioned ignorance'의 문제이다. 서양과 비서양이라는 것을 한쪽은 이론을 산출·주도하고, 또 다른 쪽은 제재·실례를 제공한다는 이항대립의 구도로 파악하는 것처럼, 식민지주의적 지식생산의 구상으로부터 도출되는 것은, 무엇이 이론이나 지적 관심의 대상이 되어야만 하고, 무엇이 그렇게 되지 않아도 좋은가를 결정하는, 압도적으로 불평등한 지적 헤게모니의 구도이다. 그러한 패권을 장악하는 측은 '다른 읽을거리를 무시할 수 있는 특권'을 장악하고, 거기에서 이를테면 '그것은 젠더나 인종을 너무 강조한 편협한 읽을거리'라고 말하는 것 같은, 언뜻 '이데올로기에 구속되지 않는 공평한' 주장을 하는 것이 가능하게 된다. 이러한 지식이나 학문연구도 글로벌한 규모에서 분업체제가 성립되어 지知의 생산도 권력적으로 구조화되었다는 것이다. 예를 들면 '제3세계'에서의 미성년노동이라는 문제에 대하여 선진국의 매우 이기적인 논리와 감상적 관심의 양상이 나타나고 있다고 스피박은 주장한다.

탈구축의 실천으로서 이 책에서 스피박이 시도하고 있는 것은, 국민국가의 틀을 초월한 현대의 사회상황이나 문화가 전달되는 방식, 지식 생산의 존재방식이라는 현실을 바탕으로 내셔널리즘이나 이민배척주의를 극복하는 것이다. 그리고 그는 이러한 극복이 성취되도록 글로벌화나 탈식민지주의에 대한 단순한 승인이나 칭찬을 보여주는 것이 아니라, 각각의 글로벌한 생산소비의 관계나 개개의 탈식민지 연구 언설의 양태를 견실하게 검증하여, 그중에서 여전히 강고하게 존재하는 식민지주의적인 경제 착취 체제나 지식의 헤게모니 구조를 비판한다. 따라서 이 책의 제목에 있는 '비판critique' 이라는 것은 그러한 현대의 탈식민지주의적이고 글로벌한 상황에서 드러나는 지식이나 상품의 생산관계의 한가운데에서, 자기와 타자의 아이덴티티의 표상구조를 재검토한다는 것이다. 이것은 곧 스피박 자신이 '제1세계' 와 '제3세계', 구미국가들의 학문연구기관과 벵골 농촌이라는 필드field를 왕복하면서 배워가는, 혹은 그녀 자신의 표현을 빌린다면, '특권을 잊고 해체해가는unlearn' 과정에서 안과 밖의 이항대립을 무효로 해버리려는 듯한 실천의 기록일 따름이다. 그때 스피박이 반복하여 참고하고 이론적·실천적 기반으로서 기초로 삼는 이론이 페미니즘이다. 그것은 당연히 마르크스주의적인 생산·유통·소비의 관계에 대한 분석을 통한 페미니즘이고, 그러한 시야가 누락된 선진국의 문화주의적 보편주의에 편승하는 '백인여성 중심주의 페미니즘' 의 패권과 그 글로벌한 경제 착취의 공범관계는 엄격한 비판의 대상이 되고 있다.

텍스트의 독해에서 현상의 개입으로

스피박 자신이 인정하고 있듯이 특히 처음의 세 장에서 다루어진 텍스트군群은 지배적 문화의 형상인 주류파 언설에 속하는 '정전正典' 적 텍스트이다. 그것은 '문학교사' 를 자임하는 그녀의 탈구축적 독해에 가장 유효한 선택이다. 이러한 선택은 동시에 그러한 문학 텍스트의 독해를 통해, 지배적 문화표상이 세계의 패권구조를 강화하지 못하도록 버팀목을 대는, 즉 '문화에 대한 식자독해 표현능력cultural literacy' 의 실현을 도모하는 계몽 프로젝트를 반영하고 있다. 따라서 그러한 텍스트의 독해는 종종 텍스트의 표현에 숨어 있는 부분이나 상극에 주목하여 전통적 해석의 함정을 찌르게 된다.

제1장 '철학'에서 다루는 세 사람의 철학자, 칸트, 헤겔, 마르크스에 대해 초점을 두고 있는 것은 그들 저작에서의 '타자'의 표상이다. 예를 들면 칸트가 『판단력 비판』에서 오스트레일리아 원주민이나 푸에고fuego 섬[2]의 주민을 언급한 것에 대해서, 전통적인 철학 독해에서 본다면 '불필요한' 독해를 시도하는 스피박은, 칸트에게서는 이성적 주체의 개념이 지정학적으로 차별화가 되어 있어, 그것은 문화적 인간의 범위를 본질적으로 한정하는 제국주의의 공리일 뿐이라고 논한다. 마찬가지로 헤겔이 『역사철학』에서 인도의 『바가바드기타*Bhagavadgita*』[3]에 관하여 '온정적으로 절찬한' 것에 대해, 헤겔의 독해는 『바가바드기타』가 역사 진보에 기여한 가치를 저평가하여 단조롭고 내용이 빈 나열이 되고 말았다고 비판한다. 이와 달리 『바가바드기타』를 역사 이야기의 역학으로 바꿔 위치시킨다면, 그것을 정치적 권력관계에 개입하려는 것으로 읽을 가능성이 시사된다. 즉 유럽의 '타자'에 대한 헤겔의 생각은 '타자'를 식민지 피지배자로 내셔널한 틀 속에 일관되게 가둬 넣는 것이라고 논의되고 있다.

칸트와 헤겔이 이렇게 '토착의 정보제공자'를 필요로 하면서 '잃어버린 대상'으로서 배제하는 반면, 마르크스의 경우에는 타자와의 차이에 관해서 보다 글로벌한 차원의 논의를 안고 있다는 것이 스피박의 평가이다. 그녀가 여기에서 특히 문제로 삼는 것은 마르크스의 『정치경제학 비판 요강』에서 등장한 '아시아적 생산양식'이라는 개념이다. 스피박에 의하면 오늘날 '토착의 정보제공자'가 국제적인 금융기관이나 개발원조기구에서 활약하면서 그 모습이 은폐되어 있는 듯한 상황이 되어, '아시아적 생산양식'이 마르크스의 텍스트를 탈구축적으로 열어가는 단서가 된다. 그것은 자본주의 역사

2 남아메리카 대륙 남쪽 끝에 있는 섬. 1520년 마젤란이 발견, 원주민들이 태우는 불길을 보고 '불의 땅'이라는 뜻의 티에라델푸에고라는 이름을 붙였다.

3 인도 힌두교의 서사시적 경전의 하나로서, '신의 노래Song of God'라는 뜻이다.

를 '유럽적 생산양식'의 역사로 해버리려는 설명의 '단층선'을 가시화하기 때문이다. 사미르 아민Samir Amin[4](1931~)의 『불균형 발전』에서 나타난 제국주의론을 참고하면서 스피박은 '아시아적 생산양식'이 일반 가치형식과 확대 가치형식의 투쟁이 차별화되어 일어나는 장소이며, 그 하나가 결과적으로 자본주의가 된다는 마르크스의 해석을 제시했다. 오늘날 자본주의의 세계금융자본질서에 의한 변용도 그 제국주의적인 발전의 하나로서 파악되고, 거기에서야말로 마르크스를 현대의 글로벌한 경제·사회적 착취 상황에서 논리적으로 재음미하는 길도 열 수 있다는 것이다.

스피박에 있어서 탈구축적인 독해의 유효성은 그러한 현상에 개입하는 것에서 정말로 명백해지고, 그것은 문학 텍스트 해석의 경우에도 일관하고 있는 자세이다. 제2장 '문학'에서는 샬럿 브론테Charlotte Bronte(1816~1855)의 『제인 에어*Jane Eyre*』, 보들레르Charles Baudelaire(1821~1867)의 「백조白鳥」, 키플링Rudyard Kipling(1865~1936)의 「정복왕 윌리엄」, 메리 셸리Mary Shelley(1797~1851)의 『프랑켄슈타인*Frankenstein*』, 진 리스Jean Rhys(1890~1979)의 『넓은 사르가소 해*Wide Sargasso Sea*』, 마하스웨타 데비Mahasweta Devi[5](1926~)의 「익룡Pterodactyl, Puran Sahay, and Pirtha」, J. M. 쿳시J. M. Coetzee[6](1940~)의 『적*Foe*』을 다루는데, 19세기에서 현대까지 여성이 집필한 텍스트와 표상이 문제가 된다. 전체적으로 처음의 세 작품에서는 제국주의의 공리와 여성의 아이덴티티 표상의 공범성이 문제가 된다. 그에 반해 뒤의 네 작품에서 여성을 포함한 '타자'의 묘사법은 제국주의적인 억압 상황 속에서 안이한 아이덴티티의 정치학에 의존하지 않는 투쟁의 가능성을 나타내고 있다는 것이다. 텍스트 내의 '타자'의 표상을 단순한

4 이집트 태생의 경제학자로, 네오 마르크스 사상과 경제발전론으로 유명하며, 특히 아랍권의 자주발전론과 상대주의적 문화론을 주장한다.

5 인도의 사회행동가이자 작가.

6 남아프리카 공화국 출신의 소설가이자 문학비평가로, 서구문명의 합리성을 비판하고 동물보호 운동에 적극적으로 참여하고 있으며, 2003년 노벨문학상을 수상했다.

저항이나 억압의 표식으로서 자리매김하는 것이 아니라, 그 텍스트가 그려내는 현실의 힘의 관계를 '교섭'의 장으로서 파악하여, 거기에서 변혁의 가능성을 탐구하려는 그녀의 비평 자세야말로 탈구축 비평이라는 이름에 부합된다.

제3장 '역사'에서는 인도의 미망인 순장(사티satī[7]) 관습을 주요 주제로 다루며, 제국주의의 역사가 사실은 유럽이 원하는 듯한 공평하고 탐욕이 없는 역사가 아니라, 내면에 많은 균열과 모순을 안은 역사라는 점이 유럽의 식민자가 남긴 역사자료를 해독하면서 명백해진다. 그와 동시에 식민화된 서벌턴subaltern으로서의 주체도 결코 단일한 형태가 아니라 매우 다른 유형이 혼합된 양상이었다. 사티라는 것은 인도의 전통적인 가부장제도의 권위구조와 영국 식민지주의의 개입 간의 상호 갈등 속에서 모순이 표출된 것이고, 그러한 의미에서 서벌턴은 실증주의적 역사기술에는 친숙하지 않은 형상인 것이다. 이번에 새로이 추가해 서술한 한 절에서 스피박은 현재의 상황을 감안하여 서벌턴이 선거권을 가질 가능성을 전망하면서 시민권의 문제에 깊이 파고들고 있다.

제4장 '문화'는 이 책 속에서도 가장 현대적인 부분으로 최근 문제들을 다루고 있다(그렇기 때문에 초점이 약간 확산되고 있다는 인상을 지울 수 없다). 프레드릭 제임슨Frederic Jameson[8](1934~)의, 포스트모더니즘을 후기 자본주의의 논리로 보는 주장을 검토하면서 스피박은 우리들의 사회나 문화가 계속 변동하고 있다며, 탈식민, 혼합hybrid, 초국경transnational, 포스트모던, 서벌턴 등의 유행하는 명사名辭에 의존하여 일방적으로 이해하는 것의 위험성을 경고했다. 그녀가 현대의 글로벌한 문화적·경제적 착취 상황의

---

7 인도에서 사티 혹은 수티suttee라고 한다. 미망인이 남편을 따라 장작더미 위에서 타죽는 것을 말하며, 인도에서는 이 풍습이 1829년 법으로 금지되기까지 존속했다.

8 미국의 문학비평가이자 마르크스주의적 정치이론가로, 현대 문화 추세의 분석가로 유명하다. 그는 포스트모더니즘을 조직화된 자본주의의 압력하에서 일어나는 문화의 입체화로 설명했다.

예로 드는 패션이나 섬유산업의 세계는, 그것이 개발도상국의 여성이나 젊은 노동자에 의지하면서, 한편에서는 선진국의 이해利害에 따른 디아스포라 지식인의 활약이 서구 미디어 속에서 모두 다뤄진다는 모순을 안고 있다. 이러한 상황에서 개발도상국은 환경 악화의 심각한 영향을 직접 받을 뿐 아니라 글로벌 자본의 요구와 결탁한 현지 자본가들의 탐욕의 대상이 되고 있는 것이다. 이러한 현상에 대해 스피박이 호소하는 것은 서벌턴 여성의 정보독해 능력을 향상시키는 일과, 사람들이 공동으로 행하는 '글로벌리즘을 포위하는 대항운동'이다. 이러한 것들과 관련해서 선진국의 지식인이 해야 하는 역할이 매우 중요하다는 것이다.

내셔널과 트랜스내셔널의 틈새에서

스피박이 이 책에서 다양한 제재와 주제를 이용하면서, 거듭해서 강조하려는 것은 현재의 글로벌한 정치·경제·문화 상황이 내셔널한 틀과 그것을 초월한 것의 대립이라는 방식으로는 결코 이해되지 않을 뿐만 아니라, 착취와 억압이라는 문제도 해결되지 않는다는 점이다. 그리하여 이 책은 개개의 사례를 상세하게 규명함으로써, 어떻게 지역적인 구조가 국제 상황과 공범관계가 되고, 또 어떻게 하면 토착의 노력이나 운영이 글로벌리즘을 타파할 가능성을 갖게 되는가를 갈파한다. '고전적' 텍스트이건, 현실에서 계속 일어나는 문제이건, 그것을 탈구축적으로 독해하고 교섭의 장으로 열어가고 있는 것이다. 스피박에게 '내셔널리즘의 탈구축'이라는 것은 트랜스내셔널리즘의 변혁과 불가분한 관계에 있다.

참고문헌

Spivak, "Translation of and 'Introduction' to Jacques Derrida," in *Of Grammatology*,

Johns Hopkins Univ. Press, 1976.

스피박의 출발점인 서문은 장대하고 난해해서, 여기에 들어가면 (나를 포함한) 대부분의 사람은 좌절한다.

Spivak, *In Other Worlds: Essays in Cultural Politics*, Methuen, 1987(『文化として他者』, 鈴木聰 외 譯, 紀伊國屋書店, 1990).

버지니아 울프Virginia Woolf, 워즈워스Wordsworth 등 '정전正典'의 독해, 페미니즘, 마르크스주의, 해체주의에 대해 논한 이론 편, 그리고 데비Mahasweta Devi의 번역 두 편과 그에 대한 논고, 서벌턴 역사연구에 관한 논문으로 구성된 첫 번째 논문집이다.

Spivak, Sarah Harasyam eds., *The Post-Colonial Critic: Interviews, Strategies, Dialogue*, Routledge, 1990(『ポストコロニアルの思想』, 清水和子・崎谷若菜 譯, 彩流社, 1992).

대화체이므로 이해하기 쉽고, 그녀의 기본자세가 단적으로 나타나 있다. 일본어 번역본은 읽기 어렵다는 것이 유감이다.

Spivak, *Outside in the Teaching Machine*, Routledge, 1993.

미국의 대학교육을 비판하고, 하니프 쿠레이시Hanif Kureishi의 영화, 루시디Salman Rushdie의 소설 등 현대의 문제를 많이 다루고 있으며, 스피박의 윤리적 방향성을 명확하게 보여준 두 번째 논문집이다.

Donna Landry and Gerald MacLean eds., *The Spivak Reader: Selected Works of Gayatri Chakravorty Spivak*, Routledge, 1996.

스피박의 주요 논문과 인터뷰를 수록한 간편한 한 권의 책이다. 책 끝부분에 실린 스피박의 저작 리스트도 도움이 된다.

Spivak, "Can the subaltern speak?," in Cary Nelson and Larry Grossberg eds., *Marxism and the Interpretation of Culture*, Univ. of Illinois Press, 1988; reprinted in Patrick Williams and Laura Chrisman eds., *Colonial Discourse and Post-Colonial Theory: A Reader*, Harvester, 1994(『サバルタンは語ることができるか』, 上村忠男 譯, みすず書房, 1998).

스피박 하면 이 논문이라고 할 정도로 유명한 논문이다. 푸코Michel Foucault[9](1926~1984)에 대한 비판에서 인도의 '사티(미망인 순장)'에 대한 고찰까지 다루고 있다.

Spivak, Ranajit Guba eds., *Selected Subaltern Studies*, Oxford Univ. Press, 1988(『サバルタンの歴史—インド史の脱構築』, 竹中千春 譯, 岩波書店, 1998).

스피박의 '서벌턴 역사파'에 대한 개입을 획정한 「역사학의 탈구축」을 포함한 인도사학의 가장 중요한 전기를 마련한 논문집이다.

9 니체와 하이데거로부터 사상적인 영향을 받은 프랑스 구조주의 철학의 대표자이며, 근대의 이성 철학에서 무시했던 광기와 성의 문제를 권력에 의한 억압구조의 틀로 새롭게 해석했다.

Spivak, "Displacement and the discourse of woman," in Mark Krupnick ed., *Displacement: Derrida and After*, Indiana Univ. Press, 1983; reprinted in Anthony Easthope and Kate McGowan eds., *A Critical and Cultural Theory Reader*, Univ. of Toronto Press, 1992(「轉位と女のディスクール」, 鵜飼哲・武內旬子 譯, 『現代思想』 1985년 1월호 수록. 「置き換えと女性の言說」, 長原豊 譯, 『現代思想』 1997년 12월호 수록).

탈구축과 페미니즘을 논의한다.

Spivak, "In a Word," Interview, with Ellen Rooney, *differences* 1: 2, Summer 1989; reprinted in *Outside in the Teaching Machine*(「一言で言えば……ガヤトリ・スピヴァックに聞く」, 長井香理 譯, 『批評空間』 제2기 3호, 1994 수록).

제목 그대로 우선 이것부터 보면 스피박의 전략을 납득할 수 있다.

Spivak, "Acting bites / Identity talk", *Critical Inquiry* 18: 4, Summer 1992(「斷片を演じる/アイデンティティの話」, 小野俊太郞 譯, 『みすず』 1993년 7・10월호 수록).

아이덴티티 특집으로서 중요한 논문들이 나란히 실려 있는 이 호에서 스피박도 전략적 본질주의의 문제를 고찰했다.

Spivak, "The Politics of translation," in Michele Barrett and Anne Phillips eds., *Destabilizing Theory: Contemporary Feminist Debates*, Polity Press, 1992; reprinted in *Outside in the Teaching Machine*(「飜譯の政治學」, 鵜飼哲・崎山政毅・本橋哲也 譯, 『現代思想』 1996년 7월호 수록).

문화 번역의 문제를 주변에 위치한 사람의 입장에서 고찰했다.

Spivak, "Challenges of women's history"(「女性史の異議申し立て」, 後藤浩子 譯, 『思想』 1999년 4월호 수록).

1998년 일본을 방문했을 때 후쿠오카에서 한 강연 내용이다. 페미니즘의 입장에서 학문과 교육의 접점을 묻고 있다.

『現代思想』 特集スピヴァク, 1999년 7월호.

「サバルタン・トーク」(吉原ゆかり 譯), 「デリダにおけるマルクスの限界と可能性」(長原豊 譯), 「權力/知, 再論」(高橋明史・師玉眞理 譯), 「エコー」(中尾知代 譯) 등의 논문 번역, 鵜飼哲・崎山政毅의 인터뷰, 수 편의 우수한 스피박론을 싣고 있어, 스피박에 관하여 일본어로 기술된 가장 총괄적인 책이다.

太田好信, 『民族誌的近代への介入―文化を語る權利はだれにあるのか』, 人文書院, 2001.

문화인류학의 입장에서 스피박의 '타자의 윤리'에 공감하는 논고가 들어 있다.

小森陽一, 『ポストコロニアル』, 岩波書店, 2001.

탈식민지주의를 일본 식민지주의의 역사로 돌아보려는 현상 비판서이다.

崎山政毅, 『サバルタンと歷史』, 青土社, 2001.

그람시Antonio Gramsci의 서벌턴 개념에 대한 재검토부터 라틴아메리카의 현대사까지 새로운 '역사의 문체'를 구상한다.

トリン・T・ミンハ, 『女性・ネイティヴ・他者—ポストコロニアリズムとフェミニズム』, 竹村和子 譯, 岩波書店, 1995.
아시아와 '제3세계' 로부터의 페미니즘의 발진·발신을 생각할 때 결정적인 실마리가 되는 책이다.
古谷嘉章, 『異種混淆の近代と人類學—ラテンアメリカのコンタクトゾーンから』, 人文書院, 2001.
흑인 노예의 역사와 브라질의 근대사, 과테말라의 예술 등을 제재로 하여, 스피박이 말하는 '변혁의 계기로서의 교섭' 의 구체적인 예를 검증한다.

옮긴이 후기

내셔널리즘이라는 용어는 연구자뿐만 아니라 일반인들도 자주 사용하는 용어이다. 또한 내셔널리즘론은 19세기부터 최근에 이르기까지 활발하게 논의되어온 인기 주제이다. 이 책의 엮은이이자 필자인 오사와 마사치가 「머리말」에서 밝혔듯이 내셔널리즘은 정치학, 사회학, 역사학, 사회언어학, 문화연구, 문학연구, 철학 등 매우 다양한 영역에서 논의되고 있다. 그러므로 내셔널리즘에 관한 세계 각국의 연구 저서는 헤아릴 수 없을 만큼 많다.

보통 내셔널리즘 연구자들은 자신의 전공 영역에 국한하여 내셔널리즘을 연구하므로, 다른 영역에서 내셔널리즘이 어떤 내용으로 논의되는지에 대해서는 사정이 어두운 것이 보통이다. 그렇기 때문에 내셔널리즘이 어느 분야에서 어떠한 방법으로 연구되었고, 그 논의의 흐름과 주요 주제는 무엇인지 등에 대해 총괄적이면서 신뢰할 만한 정보를 제공해주는 문헌은 거의 없다.

그런데 『내셔널리즘론의 명저 50』의 필진 35명은 이러한 방대한 연구 작업을 수행했다. 먼저 이들이 선별한 50권의 명저들은 각 분야의 내셔널리즘을 연구하고 이해하는 데 빼놓을 수 없는 필독서들이다. 그리고 각 필자들은 자신의 전공 분야의 명저들을 골라, 그 책의 내용을 단순히 정리하고 소개하는 데 그치지 않고, 내셔널리즘 논의의 관점에서 그리고 주관적인 관점에서 평가하고 비교·분석하는 작업까지 수행했다. 이 책은 내셔널리즘에 관심을 가지고 있는 연구자, 대학생, 일반인들에게 내셔널리즘에 대한 학문적인 논의가 어떤 영역에서 어떤 내용으로 진행되어왔는가에 대한 총괄적인 정보를 충실하게 제공해준다.

이 책의 번역은 김영작 교수를 중심으로 한 번역자 10명의 공동 노력으로 완성되었다. 번역은 대체로 다음의 세 단계로 진행되었다. 먼저, 10명의 번역자들은 각자 분담한 부분에 대해 일차 번역을 수행했다. 그러고 나서 각 번역 내용의 타당성과 표현의 일관성을 위해 김영작 교수를 중심으로 수십 차례의 세미나를 진행했다. 마지막으로, 전체 내용의 총괄 정리와 마무리를 이이범 교수가 맡아 수행했다.

이러한 세 단계 작업에는 예상보다 훨씬 많은 시간과 노력이 소요되었다. 무엇보다도 소개된 50권의 명저들이 다양한 분야에 걸쳐 있고, 필자 35명의 주관적인 해석과 표현이 많았기 때문이었다.

한편 이 책에는 해당 명저의 내용과 필자 자신의 평가 의견이 명확하게 구분되지 않는 모호한 부분도 적지 않았다. 그 때문에 번역에서는 먼저 원문 그대로 옮기는 데 충실하려고 노력했지만, 명저의 내용인지 필자의 평가 의견인지 문맥상으로 소신껏 파악할 수밖에 없었던 부분도 있었다.

또한 이 책은 내셔널리즘에 관련된 영문 및 일문 저서에 대해 일본어로 쓴 평론서이다. 그러므로 영문 저서인 경우 또다시 한글로 이중 번역되고 있어, 원 저서의 용어와 표현의 의미가 희석되어 번역될 위험성이 내재한다. 이런 점은 평론서와 번역서에 내포될 수밖에 없는 구조적인 한계라고 이해된다. 번역자들은 이러한 한계를 인식하고 독자들이 필자들의 주관적인 평론을 쉽게 이해할 수 있도록 원래의 서평에 없는 용어 해설과 관련 도움 설명들을 가능한 한 많이 추가하도록 노력했다.

마지막으로 이 번역서가 출간되기까지 많은 도움을 주신 일조각의 김시연 사장님과 편집부, 그리고 책임 편집자인 김인숙 씨에게 고마움을 전한다.

2010년 2월

김영작 · 이이범

찾아보기

ㄴ

ㄷ

ㄹ

ㅁ

ㅂ

ㅅ

ㅇ

집필자 소개

가스야 게이스케糟谷啓介
히토쓰바시一橋대학교 대학원 언어사회연구과. 언어사상사, 사회언어학

가토 유지加藤裕治
지바千葉대학교 대학원 사회문화과학연구과 박사과정. 문화사회학, 일본 매스미디어사

강상중姜尙中
도쿄東京대학교 사회정보연구소. 정치학, 정치사상사

고바야시 도시아키小林敏明
라이프치히대학교 동아시아연구소. 철학, 정신병리학

구로미야 가즈모토黒宮一太
교토京都대학교 대학원 인간·환경학연구과 박사과정. 내셔널리즘 및 국가에 관한 고찰

나리타 류이치成田龍一
니혼日本여자대학교 인간사회학부. 역사학, 근대일본사

나카무라 마키코中村牧子
사이타마埼玉학원대학교 인간학부. 비교사회론, 역사사회학

니시타니 오사무西谷修
도쿄東京외국어대학교 대학원 지역문화연구과. 프랑스사상

다나카 가쓰히코田中克彦
주쿄中京대학교 사회학부, 히토쓰바시一橋대학교 명예교수. 언어학, 몽골학

다자키 히데아키田崎英明
'정치적인 것'과 '섹슈얼리티'의 이론

다케다 세이지竹田青嗣
메이지明治학원대학교 국제학부. 철학, 문예평론

도미야마 이치로富山一郎
오사카大阪대학교 대학원 문학연구과. 역사학

마루카와 데쓰시丸川哲史
가쿠슈인學習院대학교 동양문화연구소. 대만문학·영화, 포스트 콜로니얼 비평

마치무라 다카시町村敬志
히토쓰바시一橋대학교 사회학부. 사회학, 도시연구, 에스니시티론

모리 요시타카毛利嘉孝
규슈九州대학교 대학원 비교사회문화연구원. 사회학, 문화연구, 도시론, 미디어론

모토하시 데쓰야本橋哲也
도쿄東京도립대학교 인문학부. 영국문화 및 문학, 포스트 콜로니얼 연구

문경수文京洙
리쓰메이칸立命館대학교 국제관계학부. 정치학

사이토 준이치齋藤純一
요코하마横浜국립대학교 경제학부. 정치이론, 사상사

사카이 나오키酒井直樹
코넬대학교 비교문학부 아시아학부. 비교사

상, 문화이론, 번역론

사키야마 마사키崎山政毅

리쓰메이칸立命館대학교 문학부. 라틴아메리카 근현대사, 제3세계 사상연구

사토 다쿠미佐藤卓己

국제일본문화연구센터, 종합연구대학원대학. 미디어사, 독일현대사

사토 시게키佐藤成基

이바라키茨城대학교 인문학부. 내셔널리즘, 비교역사사회학, 사회이론

세키 히로노關曠野

문필가. 사상사

스즈키 신이치로鈴木愼一郎

신슈信州대학교 인문학부. 문화인류학, 카리브해연구

오사와 마사치大澤眞幸

교토京都대학교 대학원 인간·환경학연구과. 이론사회학, 비교사회학

오시무라 다카시押村高

아오야마青山학원대학교 국제정치경제학부. 국제관계사상사, 유럽지역연구

오쓰카 가즈오大塚和夫

도쿄東京도립대학교 인문학부. 사회인류학, 중동 민속지학

와카바야시 미키오若林幹夫

쓰쿠바筑坡대학교 사회과학계. 사회학, 도시론, 미디어론

요시노 고사쿠吉野耕作

도쿄東京대학교 대학원 인문사회계연구과. 내셔널리즘의 사회학

우스키 아키라臼杵陽

국립민족학박물관 지역연구교류기획센터. 중동연구

이시자와 다케시石澤武

이슬람지역연구 제2반 사무국, 외무성 비상근 전문조사원. 인도네시아의 종교와 문화

이요타니 도시오伊豫谷登士翁

히토쓰바시一橋대학교 대학원 사회학연구과. 글로벌리제이션 연구, 이민연구

이효덕李孝德

시즈오카靜岡문화예술대학교 문화정책학부. 표상문화론, 일본연구

하라 다케시原武史

메이지明治학원대학교 국제학부. 일본정치사상사

하시모토 쓰토무橋本努

홋카이도北海道대학교 대학원 경제학부. 경제사상, 정치철학

내셔널리즘론의 명저 50

1판 1쇄 펴낸날 2010년 3월 30일

엮은이 | 오사와 마사치
옮긴이 | 김영작·이이범 외
펴낸이 | 김시연

펴낸곳 | (주)일조각
등록 | 1953년 9월 3일 제300-1953-1호(구 : 제1-298호)
주소 | 110-062 서울시 종로구 신문로 2가 1-335
전화 | 734-3545 / 733-8811(편집부)
733-5430 / 733-5431(영업부)
팩스 | 735-9994(편집부) / 738-5857(영업부)
이메일 | ilchokak@hanmail.net
홈페이지 | www.ilchokak.co.kr

ISBN 978-89-337-0586-5 03300
값 28,000원

* 이 도서의 국립중앙도서관 출판시도서목록(CIP)은 e-CIP 홈페이지
(http://www.nl.go.kr/cip.php)에서 이용하실 수 있습니다.
(CIP제어번호 : CIP2010000972)